제16판

앳킨슨과 힐가드의 심리학

ATKINSON & HILGARD'S INTRODUCTION TO PSYCHOLOGY, 16TH EDITION

Susan Nolen-Hoeksema · Barbara L. Fredrickson · Geoffrey R. Loftus · Christel Lutz 지음

정영숙 · 신현정 · 정봉교 · 이광오 · 양윤 · 고재홍 · 이재식 · 심은정 옮김

Cengage

Australia • Brazil • Canada • Mexico • Singapore • United Kingdom • United States

Cengage

Atkinson & Hilgard's Introduction to Psychology, Brief Version,
Sixteenth Edition

Susan Nolen-Hoeksema
Barbara L. Fredrickson
Geoffrey R. Loftus
Christel Lutz

ISBN: 9781408044100

ISBN: 978-89-98521-54-7

Cengage Learning Korea Ltd.
14F YTN Newsquare 76 Sangamsan-ro
Mapo-gu Seoul 03926 Korea

Cengage is a leading provider of customized learning solutions with employees residing in nearly 40 different countries and sales in more than 125 countries around the world. Find your local representative at: **www.cengage.com**.

To learn more about Cengage Solutions, visit **www.cengageasia.com**.

Printed in Korea
Print Number: 02 Print Year: 2022

역자 서문

『앳킨슨과 힐가드의 심리학 원론(Atkinson & Hilgard's Introduction to Psychology)』 15판을 번역한 지 5년이 흘렀다. 130여 년의 역사를 가지고 있는 현대 심리학의 관점에서 볼 때 5년은 그렇게 긴 시간이 아닐 수도 있지만, 심리학의 엄청난 발전 속도를 감안하면 우리나라에서 심리학에 입문하는 학생들을 위한 개정판의 번역 작업도 미룰 수가 없다.

직접 집필하는 방법을 택할 수도 있겠지만, 심리학과 같이 가공할 속도로 발전해 가는 학문의 개론서를 집필한다는 것은 여러 학자가 모든 것을 접고 전력투구해도 불가능에 가까운 작업일 수 있다. 60여 년에 걸쳐 열여섯 차례나 개정된 이 책은 전 세계적으로 심리학 개론서의 표준이 되어 왔으며, 역자들은 이 책을 번역할 수 있는 영예로 직접 집필하지 못한 아쉬움과 미안함을 대신하고자 한다.

16판 번역에는 역자진의 변화가 있었다. 이화여자대학교의 양윤 교수, 영남대학교의 정봉교 교수와 이광오 교수, 부산대학교의 신현정 교수와 정영숙 교수는 이번 번역에도 함께했다. 한편 부산대학교의 이재식 교수와 심은정 교수, 경남대학교의 고재홍 교수가 새로이 참여하게 되었다.

역자 모두 저자들이 전달하려는 내용과 의도를 철저하게 반영하면서도 우리글답게 표현하고자 노력했다. 그렇다 하더라도 그 표현이 역자들의 능력을 넘어설 수 없기에 다소 어색하거나 잘못된 부분이 눈에 띌 수도 있을 것이다. 독자들의 많은 피드백을 기대한다.

마지막으로 이 책을 출판해 준 박학사의 구본하 사장님과 편집진에게도 감사드린다.

2016년 8월

역자 일동

차례

2 심리학의 생물학적 기초 32

3 심리 발달 68

4 감각과 지각 104

6 언어와 사고 214

7 동기와 정서 260

8 성격과 지능 308

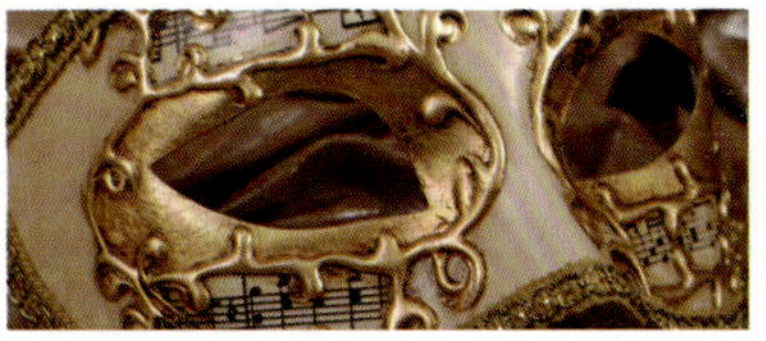

9 스트레스, 건강 및 대처 352

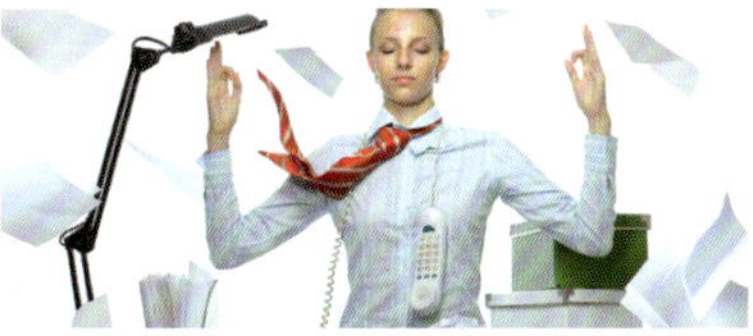

10 정신장애와 치료 382

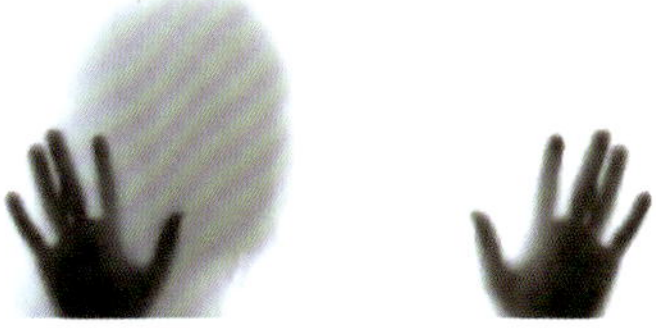

11 사회심리 426

1

심리학이란 무엇인가

심리학의 범위

심리학psychology은 행동(behavior)과 정신과정(mental process)의 과학적 연구라고 정의할 수 있다. 아래에 제시하는 짧은 예에서 알 수 있는 것처럼, 굉장히 다양한 문제들이 이 정의를 만족시키고 있다(모든 문제는 이 책의 여러 부분에서 더 상세하게 논의할 것이다).

뇌 손상과 얼굴 재인

뇌에 손상이 있으면 행동에 이상한 일이 발생하는데 이것은 전혀 놀라운 일이 아니다. 놀라운 것은 특정 부위의 손상이 그 사람의 행동을 특정하게 변화시킨다는 것이다. 예를 들면 오른쪽 뇌의 특정 부위에 손상을 입은 결과로 친숙한 얼굴을 인식할 수 없게 되는 경우가 발생한다. 그러나 얼굴 이외의 다른 사물은 정상적으로 알아본다. 이름하여 안면실인증prosopagnosia이다. 신경학자인 올리버 색스(Sacks, 1985)는 그의 책『아내를 모자로 착각한 남자』에서 유명한 예를 들었다. 또 다른 사례에서는 어떤 안면실인증 환자가 누군가가 자신을 쳐다보고 있다고 웨이터에게 불평했는데, 알고 보니 그것은 거울에 비친 자기의 모습이었다. 이러한 사례들은 정상적인 뇌가 어떻게 작동하는지에 관해 많은 것을 알려 준다. 이는 심리적 기능 중 어떤 것, 예를 들면 얼굴 재인은 뇌의 특정 부위에 국지화되어 있음을 보여 준다.

특성귀인

인파로 붐비는 백화점에서 자선을 구하는 한 사람이 어떤 여성에게 접근하여 기부를 요청하고 있다고 상상해 보자. 그 여성은 50달러를 기부했다. 당신은 이 여성이 인정 많은 사람이라고 생각하는가, 아니면 많은 사람들이 지켜보고 있었기 때문에 할 수 없이 기부한 것이라고 생각하는가? 이러한 상황을 연구하기 위해 실험이 고안되었는데, 상황적 압력이 크기 때문에 거의 모든 사람들이 비슷하게 행동함에도 불구하고 대다수의 사람들이 이 여성을 인정 많은 사람으로 평가한다는 것을 보여 주었다. 다른 사람의 행동을 설명할 때, 사람들은 성격 특성의 인과적 효과를 과대평가하고 상황 요인의 인과적 효과를 과소평가하는 경향이 있다. 이러한 실수를 사회심리학자들은 기본적 귀인오류fundamental attribution error(그림 1.1 참조)라고 부른다. 기본적 귀인오류를 과잉정당화 효과(독서에 대한 보상으로 공짜 피자를 얻는 프로그램을 이야기할 때 언급했다)와 비교하면 타인을 평가하는 것과 자신을 평가하는 것 사이에 중요한 차이가 있음을 알게 된다. 자신의 행동을 이해하고자 할 때 우리는 상황적 원인을 과대평가한다.

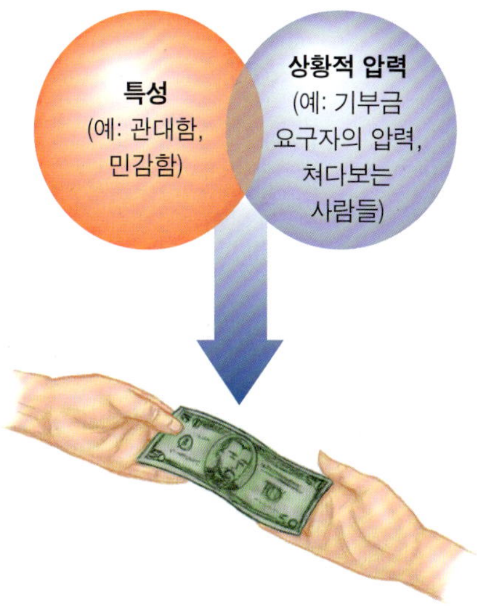

그림 1.1 특성귀인. 어떤 사람의 자선 행동이 그의 특성에 의한 것인지, 상황에 의한 것인지를 결정하는 데 있어서 우리는 특성이 중요한 요인이라고 믿는 편향성을 보인다. 이것이 기본적 귀인오류이다.

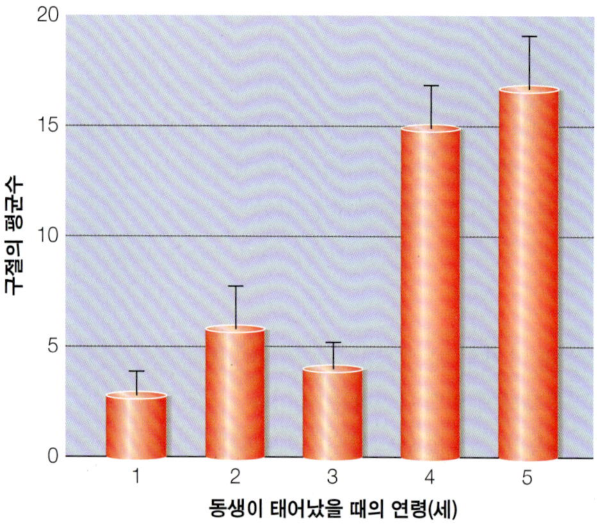

그림 1.2 아동기 기억상실증의 경계. 참여자들로 하여금 동생이 출생했을 당시의 기억을 자유롭게 회상하도록 하고, 그들이 언급한 구절의 평균수(동생이 태어났을 당시 참가자의 연령 함수)로 나타냈다.

아동기 기억상실증

대다수의 성인은 어린 시절의 사건을 회상할 수 있지만 어느 시점을 넘어서지는 못한다. 거의 대부분의 사람들은 생애 초기 3년간의 사건을 회상할 수 없는데, 이를 **아동기 기억상실증** childhood amnesia이라고 부른다. 동생의 출생과 같은 중요한 사건에 대해 생각해 보자. 동생이 태어난 것이 세 살이 지난 후라면 당신은 아마 그 기억을 가지고 있을 것이다. 그러나 세 살이 되기 전에 동생이 태어났다면 당신은 전혀 또는 거의 그 일을 기억하지 못할 것이다(그림 1.2 참조). 생애의 첫 3년 동안에 우리는 상당히 풍부한 경험을 하기 때문에 아동기 기억상실증은 매우 놀라운 현상이다. 우리는 무력한 신생아로 태어나서 기어 다니고 옹알이를 하는 젖먹이로, 더 나아가 걸어 다니고 말할 수 있는 아이로 성장하는 것이다. 그러나 이러한 획기적 사건들이 우리의 기억에는 거의 흔적을 남기지 않는다.

비만

영국 성인의 대략 1/4, 미국 성인의 1/3 이상이 **비만** obese이다. 그들의 체중은 신체 구조와 키에 적절한 수준에서 30% 이상을 초과하고 있다.

이는 네덜란드 성인 인구의 10%, 일본 성인 인구의 3%라는 낮은 수치와 비교된다. 비만은 위험하다. 비만은 당뇨병, 고혈압, 심장병, 심지어 일부 암에 걸릴 확률을 증가시킨다. 심리학자들은 어떤 요인이 과식하게 만드는지에 관심을 가지고 있다. 하나의 요인은 과거의 식량 결핍이다. 쥐들의 먹이를 박탈했다가 원래의 체중으로 회복될 만큼의 먹이를 주고, 그 후 원하는 만큼 먹을 수 있게 하면 이 쥐들은 먹이 박탈을 경험하지 않은 쥐들에 비해 더 많이 먹는다.

대중매체의 폭력성이 아동의 공격성에 미치는 영향

TV 폭력물 시청이 아동을 더 공격적으로 만드는가에 대한 논란이 오랫동안 지속되었다. 많은 의견은 TV 폭력물 시청이 아동의 행동에 영향을 준다고 믿고 있지만, 어떤 사람들은 폭력물의 시청이 **카타르시스 효과** cathartic effect가 있다고 주장한다. 폭력물은 아동이 폭력을 대리로 표현하게 함으로써 **공격성** aggression을 감소시키거나 완전히 제거할 수도 있다. 그러나 연구는 카타르시스 효과를 지지하지 않는다. 7~11세의 남녀 430명을 대상으로 한 최신 관점의 연구에서는 높은 폭력성을 띤 미디어에 노출될 때 남녀 아동 모두 신체적으로 폭력적일 가능성이 분명히 증가한다는 것을 밝혔다(그림 1.3 참조).

심리학의 역사적 기원

심리학의 뿌리는 고대 그리스의 위대한 철학자들로 거슬러 올라갈 수 있다. 그들 중 가장 유명한 소크라테스, 플라톤, 아리스토텔레스는 정신 생활에 관한 근본적인 질문을 던졌다. 의식이란 무엇인가? 사람들은 본래 합리적인가, 비합리적인가? 자유선택이라는 것이 실제로 존재하는가? 이러한 질문 및 유사한 많은 질문은 수천 년 전에 그러했던 것처럼 지금도 중요하다. 그 문제들은 마음과 정신과정의 문제를 다루며, 심리학의 인지주의적 관점을 구성하는 주요 요소이다.

다른 심리학적 질문은 신체와 인간 행동의 문제를 다루며, 그것들 역시 긴 역사를 지니고 있다. 의학의 아버지라고 불리는 히포크라테스는 소크라테스와 같은 시기를 살았다. 그는 살아 있는 유기체와 그 부분들의 기능에 관한 연구인 **생리학** physiology에 깊은 관심을 가지고 있었다. 그는 뇌가 신체의 여러 기관을 어떻게 통제하는지에 대해 중요한 관찰을 했다. 이러한 관찰은 심리학에서 생물학적 관점의 기원이 된다.

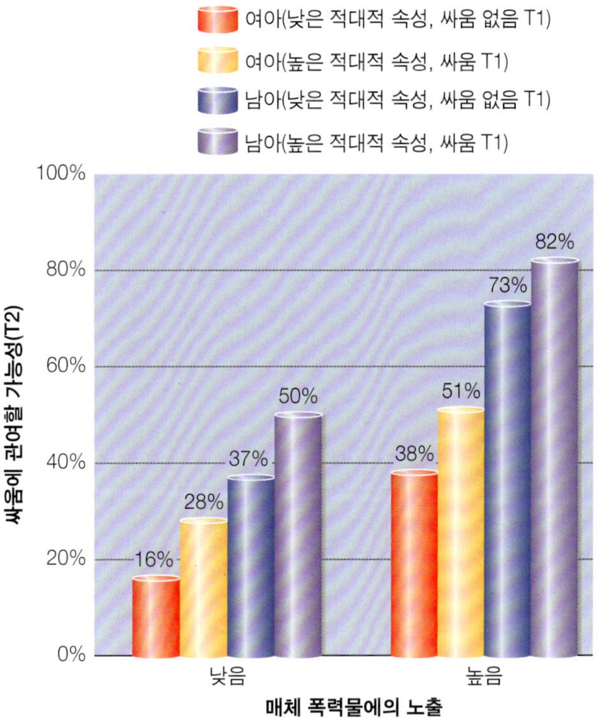

그림 1.3 **아동기의 TV 폭력물 시청과 성인기 공격성의 관계.** 고전적인 연구의 결과로, 9세 남녀의 TV 폭력물 시청 선호 정도(T1)와 그들이 19세가 되었을 때 동료들이 평정한 폭력 행동(T2)이 서로 연관이 있다는 사실을 보여 준다.

선천 · 후천 논쟁

인간 심리에 관한 최초의 논쟁 가운데 하나인 선천 · 후천 논쟁은 오늘날에도 여전히 존재한다. **선천 · 후천 논쟁** nature–nurture debate의 핵심에는 인간의 능력이 생득적인가, 아니면 경험에 의해 습득되는가라는 질문이 있다. **선천 견해** nature view는 인간이 생득적인 지식과 현실 이해력을 가지고 세상에 태어난다고 주장한다. 초기의 철학자들은 이러한 지식과 이해가 주도면밀한 추론 및 내성에 의해 확인 가능하다고 믿었다. 17세기에 데카르트는 어떤 관념[예를 들면 신(神), 자기(自己), 기하학적 공리, 완전, 무한 등]이 생득적이라고 논증함으로써 선천 견해를 지지했다. 또한 데카르트는 인간의 신체를 하나의 기계로 개념화한 것으로 유명한데, 그에 따르면 인간의 신체는 다른 기계와 똑같은 방식으로 연구될 수 있다. 이것은 마음에 관한 현대적 정보처리 관점의 뿌리인데, 이에 대해서는 이 장의 후반부에서 이야기하겠다.

후천 견해 nurture view는 지식이 경험 및 세계와의 상호작용을 통해 습득된다고 주장한다. 그리스 철학자 중 일부 이론가들에게서 이런 견해를 발견할 수 있지만, 이 견해는 17세기 영국의 철학자 존 로크와 강하게 연결되어 있다. 로크에 의하면 출생 시에 인간의 마음은 **백지** tabula rasa, 즉 인간이 성장하는 동안 경험으로 지식과 이해를 '기록하게' 될 깨끗한 칠판이다. 이러한 견해는 **연합주의 심리학** associationist psychology을 탄생시켰다. 연합주의자들은 생득적인 관념이나 능력이 있음을 부정한다. 대신에 그들은 마음이란 감각을 통해 들어온 관념, 그리고 유사 및 대비와 같은 원칙에 의해 연합된 관념으로 가득 차 있다고 주장한다. 기억 및 학습에 관한 오늘날의 연구는 초기의 연합 이론과 관련성을 가지고 있다.

고전적인 선천 · 후천 논쟁은 최근 수십 년 동안 매우 미묘하게 바뀌었다. 인간의 사고와 행동이 주로 생물학적인 것인가, 경험적인 것인가를 논하는 사람들이 여전히 있기는 하지만 대부분의 심리학자들은 통합적인 입장을 취한다. 그들은 생물학적인 과정(유전 또는 뇌 속에서 일어나는 과정)이 사고, 감정, 행동에 영향을 끼친다는 것을 인정하지만 경험 또한 큰 역할을 한다고 말한다. 그러므로 오늘날의 의문은 인간의 심리를 형성하는 것이 선천적이냐 후천적이냐에 있는 것이 아니라, 두 가지가 어떻게 결합하여 그 일을 해내느냐에 있는 것이다. 선천 · 후천 문제는 이어지는 장의 여러 부분에서 등장할 것이다.

과학적 심리학의 대두

철학자들과 과학자들은 여러 세기에 걸쳐 정신과 신체의 기능에 지속적인 관심을 보였지만, 과학적 심리학은 빌헬름 분트(Wilhelm Wundt)가 1879년에 독일의 라이프치히대학교에 최초의 심리학 실험실을 설립한 19세기 후반에 시작된 것으로 인정되고 있다. 분트의 실험실 설립의 원동력은 마음과 행동이 행성 또는 화학물질이나 신체기관처럼 과학적 분석의 대상이 될 수 있다는 믿음에 있었다. 분트의 연구는 주로 감각, 특히 시각에 관한 것이었지만 그와 동료들은 **주의** attention, 정서, 기억에 대해서도 연구했다.

빌헬름 분트는 라이프치히대학교에 세계 최초로 심리학 실험실을 설립했다.

분트는 내성법에 의지하여 정신과정을 연구했다. **내성법** introspection이란 자기 자신의 지각, 사고, 감정의 정체를 관찰하고 기록하는 것을 말한다. 내성법의 예로는 어떤 물체가 얼마나 무겁다고 지각하는지, 불빛이 얼마나 밝게 보이는지에 관한 사람들의 보고와 같은 것을 들 수 있다. 내성법은 철학에서 물려받은 것인데 분트는 거기에 새로운 차원을 덧붙였다. 그것은 순수한 자기관찰만으로는 충분하지 않아서 실험에 의해 보강되어야 했다. 분트의 실험은 자극의 물리적 차원(예: 강도)을 체계적으로 변화시켰으며, 내성법을 사용하여 이러한 물리적 변화가 사람들의 자극에 대한 의식 경험을 어떻게 변화시켰는지를 알고자 했다.

내성법에 의존하는 것은 아주 빠른 심적 사건에 대해서는 효과적이지 않음이 드러났다. 집중적 훈련을 거친 후에도 사람들은 단순한 감각 경험에 대해서조차 서로 다른 내성을 보고했으며, 이러한 차이로부터 이끌어 낼 수 있는 결론이 거의 없었다. 그 결과 내성법은 현대 인지적 관점의 중심에 서지 못했다. 그리고 앞으로 알게 되겠지만, 내성법에 대한 일부 심리학자들의 반발은 새로운 다른 관점의 발전에 큰 역할을 했다.

구성주의와 기능주의

19세기에 화학과 물리학은 복합물(분자)을 그 요소(원자)로 분석함으로써 커다란 진전을 이루었다. 이러한 성공은 서로 결합하여 더 복합적인 경험을 만들어 내는 심적 요소를 찾도록 심리학자들을 고무시켰다. 화학자들이 물을 수소와 산소로 분석했던 것처럼, 심리학자들은 레모네이드의 맛(지각)을 달콤함, 씁쓸함, 차가움(감각) 등과 같은 요소로 분석할 수 있었다. 미국에서 이러한 접근의 대표적 주자는 코넬대학교의 티치너(E. B. Titchener)로, 그는 분트에게 사사했다. 티치너는 심리학의 이러한 학파를 기술하기 위해 **구성주의**structuralism—정신구조의 분석—라는 용어를 도입했다.

그러나 심리학자들 중에는 구성주의의 순수한 분석적인 측면에 반대하는 사람들도 있었다. 하버드대학교의 저명한 심리학자 윌리엄 제임스(William James)는 의식의 요소를 분석하는 것이 의식의 유동적이고 사적인 성질을 이해하는 것보다 덜 중요하다고 느꼈다. 그의 접근법에는 **기능주의**functionalism라는 이름이 붙었는데, 이는 유기체가 환경에 적응하고 환경 속에서 제대로 기능하기 위해서는 마음이 어떤 일을 해야 하는가에 대해 연구하는 것이었다.

적응에 관한 19세기 심리학자들의 관심은 찰스 다윈의 진화론 출간에서 시작되었다. 어떤 사람들은 의식이 개인의 활동을 유도하는 데 기여하기 때문에 진화해 온 것이라고 주장했다. 유기체가 환경에 어떻게 적응하는지 알기 위해 기능주의자들은 심리학이 실제의 행동을 관찰해야만 한다고 말했다. 그러나 구성주의자와 기능주의자 모두 아직은 심리학을 의식 경험의 과학으로 간주하고 있다.

행동주의

구성주의와 기능주의는 20세기의 심리학이 발달하는 초기에 중요한 역할을 수행했다. 각 관점은 심리학의 영역에 체계적인 접근법을 제공했기 때문에 경쟁적인 심리학파로 간주되었다. 그러나 1920년대에 이르러 이 두 학파는 3개의 새로운 학파, 즉 행동주의, 형태심리학, 정신분석학에 의해 대체되었다.

그중에서 **행동주의**behaviorism는 북아메리카의 과학적 심리학에 가장 큰 영향을 미쳤

윌리엄 제임스, 존 B. 왓슨, 지그문트 프로이트, 이 세 사람은 심리학의 초창기 역사에서 중심적인 인물이다. 제임스는 기능주의를 발전시키고 왓슨은 행동주의를 주창했으며, 프로이트는 정신분석의 이론과 방법을 창시했다.

다. 그 설립자인 왓슨(John B. Watson)은 의식 경험이 심리학의 대상이라는 주장에 반발했다. 왓슨은 동물과 인간의 행동을 연구할 때 의식에 대해서 아무런 언급도 하지 않았다. 그는 동물심리학과 아동심리학은 그 자체가 과학으로 성립할 수 있을 뿐만 아니라, 성인을 대상으로 하는 심리학이 따라야 할 하나의 모범을 제공한다고 단언했다.

심리학이 과학이 되기 위해서는 심리학적 데이터가 다른 과학들의 데이터처럼 공개적 검토가 가능해야만 한다고 왓슨은 믿었다. 행동은 공개적인 것이고 의식은 사적인 것이다. 과학은 공개적인 사실만을 다루어야 한다. 당시 내성법에 대한 심리학자들의 참을성이 한계에 도달했기 때문에 새로운 행동주의는 빠르게 인기를 얻었고, 미국의 많은 젊은 심리학자들은 스스로를 '행동주의자'로 부르게 되었다[러시아의 생리학자 이반 파블로프(Ivan Pavlov)의 조건반응에 관한 연구는 행동 연구의 중요한 부분으로 간주되었으나, 행동주의의 광범위한 영향력은 왓슨에게서 말미암은 것이다].

왓슨과 스키너(B. F. Skinner)를 비롯한 행동주의 추종자들은 거의 모든 행동이 조건형성의 결과물이며, 환경은 특정 습관을 강화함으로써 행동을 만들어 낸다고 주장했다. 예를 들면 아이의 울음을 그치게 하기 위해 과자를 주는 것은 우는 습관을 강화(보상)하는 것이다. 조건반응은 가장 작은 단위의 행동으로 간주되며, 이것으로부터 더욱 복잡한 행동이 만들어진다. 특별한 훈련이나 교육에 의해 형성된 모든 종류의 복잡한 행동 패턴은 조건반응을 서로 엮어서 자아낸 직물과 같은 것으로 간주되었다.

행동주의자들은 심리학적 현상을 자극과 반응이란 용어를 사용하여 논의하고자 했으며, **자극-반응(S-R) 심리학**이란 용어를 탄생시켰다. 여기서 주목할 것은 S-R 심리학 그 자체가 이론도 아니고 관점도 아니며, 그냥 심리학적 정보를 전달하는 데 사용되는 일련의 용어라는 것이다. 이러한 용어는 지금도 심리학에서 종종 사용되고 있다.

형태심리학(게슈탈트 심리학)

1912년경 행동주의가 미국에서 인기를 얻기 시작하던 무렵, 독일에서는 게슈탈트 심리학(또는 형태심리학)이 나타나고 있었다. 게슈탈트 Gestalt는 독일어로 '형태' 또는 '윤곽'을 의미하는데, 막스 베르트하이머(Max Wertheimer)와 동료인 쿠르트 코프카(Kurt Koffka), 볼프강 쾰러(Wolfgang Köhler) 등의 방법을 가리키는 데 사용된다. 이들 모두는 나중에 미국으로 이주했다.

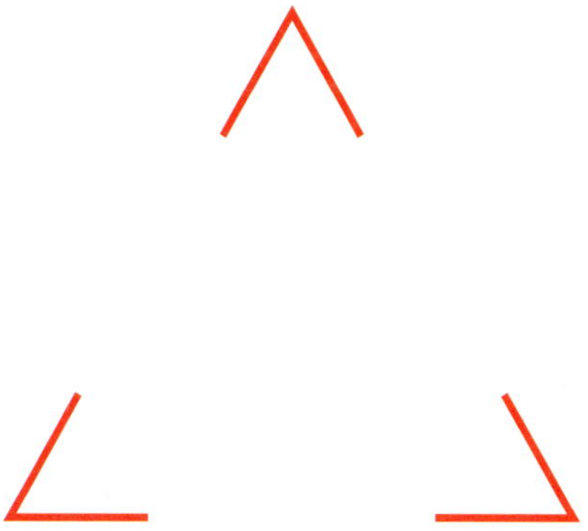

그림 1.4 게슈탈트 도형. 정삼각형을 이루는 3개의 각을 볼 때 우리는 하나의 커다란 삼각형을 인지하는 것이지, 3개의 작은 각을 보는 것이 아니다.

형태심리학자들의 일차적 관심사는 지각이었으며, 그들은 지각 경험이 자극의 패턴과 경험의 체제화에 의존한다고 생각했다. 우리가 실제로 보는 것은 자극과 자극의 배경뿐만 아니라 자극의 전체적 패턴과 관련되어 있다. 전체는 부분의 합이 아닌데, 이는 전체가 부분들 사이의 관계에 의존하기 때문이다. 예를 들면 그림 1.4에서 우리가 보는 것은 하나의 커다란 삼각형(즉 하나의 형태 또는 게슈탈트)이지 3개의 각이 아니다.

운동 지각, 크기 판단, 조명에 따른 표면색 변화 등과 같은 지각의 문제가 형태심리학자들의 주요 관심사였다. 그러한 경향은 학습, 기억, 문제해결 등에 대해서도 지각중심적인 해석을 시도하게 만들었으며, 이는 현대 인지심리학 연구의 초석을 놓는 데 도움이 되었다.

형태심리학자들은 또한 현대 사회심리학의 창시자들—쿠르트 레빈(Kurt Lewin), 솔로몬 애쉬(Solomon Asch), 프리츠 하이더(Fritz Heider)는 게슈탈트 원리를 확대하여 대인관계 현상을 이해하는 데 사용했다—에게도 영향을 미쳤다(Jones, 1998). 예를 들면 애쉬(1946)는 사람들이 보는 것은 독립된 부분이 아니라 전체라는 게슈탈트 원리를 사물 지각과 같은 단순한 사례에서 대인 지각과 같은 훨씬 복잡한 사례로 확대해서 적용했다(Taylor, 1998). 또한 그들은 주어지는 자극에 의미와 구조를 부여하는 과정을 자동적이고 비자각적인 것으로 보았는데, 이러한 게슈탈트적 관점은 오늘날에도 사회인지와 관련된 연구에 영향을 주고 있다(Moskowitz et al., 1999).

정신분석학

정신분석학 psychoanalysis은 20세기 초반에 지그문트 프로이트(Sigmund Freud)에 의해 창시된 성격 이론이자 정신치료법이다.

프로이트 이론의 중심에는 무의식 unconscious—우리가 자각하지 못하는 사고, 태도, 충동, 소망, 동기, 정서—이라는 개념이 있다. 프로이트에 의하면 용납 불가능한(금지된 또는 처벌되는) 소망은 우리의 의식적 자각에서 추방되어 무의식의 한 부분이 되는데, 이는 거기에서도 계속해서 우리의 사고, 감정, 활동에 영향을 준다. 무의식적인 사고는 꿈, 발화 실수, 매너리즘(기행증) 등에 표현된다. 프로이트는 환자를 치료하는 동안 자유연상법free association을 사용했는데, 이는 무의식적 소망을 자각하는 하나의 방법으로서 마음에 떠오르는 것을 무엇이든 말하도록 환자에게 지시하는 것이었다. 꿈의 분석도 같은 목적으로 사용되었다.

프로이트의 고전적 이론에서 무의식적 소망의 이면에 있는 동기는 항상 성 또는 공격과 관계가 있었다. 이런 이유로 프로이트의 이론은 처음 나왔을 때 널리 수용되지 못했다. 현대의 심리학자들이 프로이트의 이론을 전폭적으로 수용하는 것은 아니지만 사람들의 사고, 목표, 동기가 때때로 의식적 자각 밖에서 작동할 수 있다는 데에는 동의하고 있다.

20세기 중반의 심리학

형태심리학과 정신분석학의 중대한 기여에도 불구하고 제2차 세계대전 이전까지는 행동주의가 심리학을 지배했는데, 특히 미국에서 그러했다. 전쟁이 끝난 후 심리학에 대한 관심이 높아졌다. 정교한 도구와 전자 장비가 실험실에 도입되고 광범위한 문제를 조사하면서 초기의 이론적 접근이 지나치게 제한적이라는 것이 밝혀졌다.

이러한 견해는 1950년대 컴퓨터의 발전으로 힘을 얻게 되었다. 컴퓨터는 과제—체스를 두거나 수학의 정리를 증명하는 등의 일—를 수행할 수 있었는데, 예전에 이러한 것들은 인간만이 할 수 있는 일이었다. 컴퓨터는 심리과정을 이론화하는 데 필요한 강력한 도구를 심리학자들에게 제공했다. 1950년대에 출판된 일련의 논문에서 허버트 사이먼(Herbert Simon, 노벨상 수상)과 동료들은 심리적인 현상이 어떻게 컴퓨터를 사용하여 모사될 수 있는가를 기술했다. 많은 심리학적 이슈가 **정보처리 모형**information-processing model을 사용하여 재조명되었다. 이 모형은 인간을 정보처리자로 간주하며, 행동주의보다 더욱 역동적인 접근법을 심리학에 제공했다. 또한 정보처리적 접근은 형태심리학과 정신분석학의 개념을 더욱 명확하게 표현할 수 있게 해 주었다. 마음의 본성에 대한 초기의 개념은 이제 구체적인 용어로 표현되고 실제의 데이터를 가지고 평가할 수 있게 되었다. 예를 들어 인간 기억의 작동을 컴퓨터가 정보를 저장하고 인출하는 방식과 유사한 것으로 생각할 수 있다. 컴퓨터가 임시 저장고 속에 있는 정보를 내부의 메모리칩(RAM)으로 옮기고, 그것을 다시 훨씬 더 영구적인 저장고인 하드디스크로 옮기는 것처럼, 우리의 작업기억은 장기기억으로 가는 정류장의 역할을 할 수 있다(Atkinson & Shiffrin, 1971a; Raaijmakers & Shiffrin, 1992).

1950년대 심리학에 중대한 영향을 끼친 또 다른 사건은 현대 언어학의 발전이다. 언어학자들은 어떤 언어를 듣고 말하는 데 필요한 정신 구조물에 관한 이론화를 시작했다. 이 분야의 개척자는 놈 촘스키(Noam Chomsky)로서, 1957년에 출간된 그의 책 『통사구조(Syntactic Structures)』는 언어를 심리적으로 분석하는 데 최초로 성공했으며, 심리언어학이라는 분야의 등장을 자극했다.

동시에 신경심리학에서도 중대한 진전이 이루어졌다. 뇌와 신경계통에 대한 여러 발견은 신경적 사건과 정신과정 사이에 분명한 관련성이 있음을 보여 주었다. 지난 수십 년간 생의학 기술의 진보는 이 관련성에 대한 연구를 급속하게 진전시켰다. 1981년에 로저 스페리(Roger Sperry)는 뇌의 특정 부위와 사고 및 행동 과정의 연관성을 밝힌 공로로 노벨상을 받았다. 2장에서 이에 대해 살펴볼 것이다.

정보처리 모형, 심리언어학, 신경심리학의 발전은 심리학의 '인지 혁명'을 일으켰으며, 이는 거의 전 영역에서 사고의 전환을 낳았다. 인지심리학은 심적 과정과 구조의 과학적 분석을 주요 관심사로 하고 있으나 사고와 지식만을 다루는 것은 아니다. 당신은 이 책에서 인지심리학적 접근법이 지각, 동기, 정서, 임상심리, 성격, 사회심리 등을 포함하는 아주 많은 영역에 적용되고 있음을 알게 될 것이다. 인지 혁명으로부터 약 20년이 지난 후 다른 종류의 혁명이 발생하는데, 이는 정서과학이라고 불리는, 정서의 과학적 연구에 대한 재조명이다.

요약하면, 20세기 동안에 심리학의 초점은 원위치로 돌아왔다. 심리학자들은 과학적 탐구에 부적합하다는 이유로 의식 경험을 거부하고 관찰 가능한 외적 행동의 연구로 전향했다가 다시 한 번 마음의 내면을 이론화하는 일에 착수했다. 그러나 이번에는 새롭고 더 강력한 도구를 가지고 그 일을 한다는 것이 다르다.

현대 심리학의 관점

심리학적 관점 psychological perspective이란 무엇인가? 기본적으로 그것은 하나의 접근법, 즉 심리학의 여러 문제를 바라보는 방식을 말한다. 심리학의 어떠한 문제에 대해서도 여러 관점에서 접근이 가능하다. 실제로 이는 한 사람이 취하는 어떤 활동에 대해서도 진실이다. 당신이 누군가에게 모욕을 당하고 나서 그 사람의 얼굴을 주먹으로 때렸다고 가정해 보자. 생물학적 관점에서는 이 행위를 특정 뇌 영역과 관련된 것으로, 그리고 팔 근육을 활성화하는 신경충격으로 기술할 수 있다. 행동주의적 관점에서는 신체 내부의 어떤 것도 언급하지 않으면서 그 행위를 기술할 수 있다. 모욕은 하나의 자극이고 당신은 주먹질로 거기에 반응한 것이며, 주먹질은 과거에 보상에 의해 학습된 반응이다. 인지주의적 관점에서는 그 행동을 산출하는 데 관여한 정신과정에 초점을 맞추며, 목표와 계획이라는 용어를 사용하여 주먹질을 설명할 것이다. 당신의 목표는 자신의 명예를 방어하는 것이고, 공격적인 행동은 그 목표를 달성하기 위한 계획의 한 부분이다. 정신분석적 관점에서는 당신의 행위가 무의식적 공격 본능의 한 표현이라고 기술될 것이다. 또한 주관주의적 관점에서는 공격적 행동이 어떤 사람의 발언을 개인적 모욕으로 해석함으로써 생긴 반응으로 기술될 것이다.

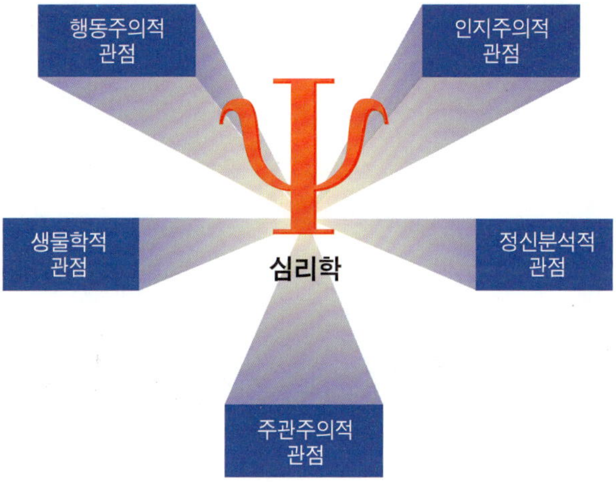

그림 1.5 심리학의 여러 관점. 심리적 현상의 분석은 여러 관점에서 가능하다. 각 관점은 사람들이 왜 그렇게 행동하는지에 대해서 조금씩 다른 설명을 내놓는데, 그렇게 함으로써 인간의 전체적인 이해에 기여한다. 그리스 문자 프사이(Ψ)는 심리학(psychology)을 가리키는 약자로 종종 사용된다.

하나의 심리학적 행위를 기술하기 위해 많은 방법이 가능하겠지만 이 다섯 가지 관점은 현대 심리학의 주요 접근법을 대표한다(그림 1.5 참조). 이 다섯 관점은 책 전체에 걸쳐서 다룰 것이므로 여기서는 각각의 요점만 간략하게 살펴보겠다. 명심할 점은 이 접근법들이 상호 배타적인 것은 아니라는 사실이다. 그것들은 동일하고 복잡한 현상의 서로 다른 측면에 초점을 맞추고 있다고 할 수 있다. 사실을 말하자면, 많은 심리학적 문제를 이해하기 위해서는 다양한 관점을 포괄하는 절충적 접근eclectic approach이 필요하다.

생물학적 관점

인간의 뇌에는 100억 개 이상의 신경세포와 거의 무한수에 가까운 신경세포 간 연결이 존재한다. 뇌는 우주에서 가장 복잡한 구조물일 것이다. 원칙적으로 모든 심리적 사건은 뇌 및 신경계의 활동과 관련된다고 말할 수 있다. 인간 행동에의 생물학적 관점biological perspective은 외적 행동을 신체 내부에서 일어나는 전기적 활동 및 화학적 활동과 연관시키려고 한다. 생물학적 관점을 취하는 연구는 행동과 정신과정의 근저에 있는 신경생물학적인 과정을 발견하고자 한다. 예를 들면, 우울증에 대한 생물학적 접근은 이 질병을 신경전달물질의 수준이 비정상적으로 변화한 것으로 이해하고자 한다. 신경전달물질이란 뇌에서 생산되어 신경세포 간의 전달을 가능하게 해 주는 화학물질을 말한다.

앞서 나왔던 문제 하나를 가지고 이 관점을 살펴보자. 뇌 손상 환자의 얼굴 재인에 관한 연구는 뇌의 특정 부위가 얼굴 재인에 전문화되어 있음을 보여 준다. 인간의 뇌는 좌반구와 우반구로 나뉘는데, 얼굴 재인에 할당된 부위는 대개 우반구에 위치한다. 인간의 뇌는 상당히 반구 전문화가 되어 있다. 대다수의 오른손잡이는 좌반구가 언어 이해를 전문으로 하고, 우반구가 공간관계의 해석을 전문으로 한다.

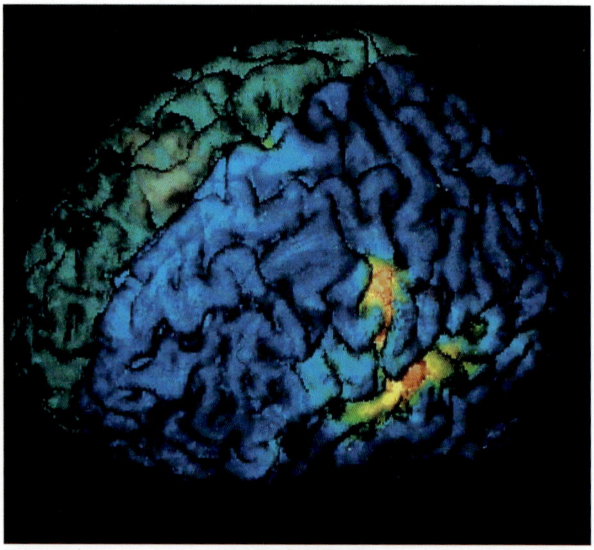

연구자들은 심리적 작업을 하는 동안의 뇌 사진을 찍음으로써 뇌 부위 중 어디가 어떤 심리적 현상의 근저에 있는지를 알 수 있다. 위 사진은 말소리를 듣는 중의 뇌 활동을 삼차원으로 보여 주는데, fMRI(기능적 자기공명 영상)를 이용하여 촬영된 것이다. 빨강은 활동이 가장 왕성한 부분을, 노랑은 중간 크기의 활동을 나타낸다. 사진에서 뇌 활동은 베르니케 영역에 집중되어 있다. 이것은 인간 심리에 대한 생물학적 접근법의 좋은 예이다.

생물학적 관점은 기억 연구에도 도움이 된다. 이는 특정 뇌 구조의 중요성을 강조하는데, 예를 들어 해마는 기억을 고착화하는 데 관여한다. 아동기 기억상실증은 미성숙한 해마 때문에 생길 수 있는데, 해마는 생후 1~2년이 지나야 완전히 발달한다.

행동주의적 관점

심리학의 역사에 관한 개관에서 언급했듯이 행동주의적 관점behavioral perspective은 관찰 가능한 자극과 반응에 주목하며, 거의 모든 행동을 조건형성과 강화의 산물로 간주한다. 예를 들면 사회생활에 대한 행동주의적 분석은, 어떤 사람들과 상호작용하는지(사회적 자극), 그들에 대해서 어떻게 반응하는지(보상, 처벌, 또는 중립), 그들이 다시 어떻게 반응하는지(보상, 처벌, 또는 중립), 그리고 그 반응들이 상호작용을 유지시키는지 혹은 중지시키는지에 주목한다.

이 접근법을 예를 통해 더 알아보자. 비만의 경우를 살펴보면, 비만인 사람 중에는 특정한 자극(TV 시청)이 있을 때에만 과식(특정한 반응)을 하는 사람들이 있는데, 이 자극의 회피를 학습하는 것이 많은 체중 조절 프로그램의 한 부분을 구성한다. 공격성의 경우, 아이가 공격 반응을 더 잘 나타내게 되는 것은 다른 아이를 때리는 공격 반응이 보상을 받을 때(상대 아이가 도망갈 때)이지, 그 반응이 처벌을 받을 때(상대 아이가 대항할 때)가 아니다.

역사적으로 엄격한 행동주의적 접근은 개인의 정신과정을 전혀 고려하지 않으며, 심지어 현대의 행동주의자들도 자극과 반응 사이에 개재하는 정신과정에 대해 언급하지 않는 것이 보통이다. 그러나 엄격한 행동주의자가 아닌 심리학자들은 사람들이 자신의 의식 경험에 대해 말한 것(언어적 자기보고)을 기록하며, 그 자료에 근거하여 정신활동을 추론한다. 비록 지금은 자신을 엄격한 행동주의자로 규정하는 사람이 매우 적지만, 현대 심리학의 많은 부분은 초기 행동주의자들의 작업에서 발전해 나온 것이다.

인지주의적 관점

현대의 인지주의적 관점은 부분적으로는 심리학의 인지적 뿌리로의 회귀이며, 부분적으로는 추론, 계획, 결정, 의사소통과 같은 복잡한 인간 활동을 무시했던 행동주의의 편협함에 대한 반발이기도 하다. 19세기의 인지주의와 같은 점은 현대의 **인지주의적 관점** cognitive perspective도 지각, 기억, 추론, 결정, 문제해결과 같은 정신과정에 관심을 두고 있다는 것이다. 그러나 19세기의 인지주의와 다른 점은 현대의 인지주의적 접근은 내성법에 의지하지 않는다는 것이다. 대신에 다음과 같은 가정을 한다. (1) 정신과정의 연구에 의해서만 우리는 인간이 하는 일을 완전히 이해할 수 있다. (2) 우리는 정신과정을 객관적인 방법으로 연구할 수 있는데, 그것은 (행동주의자들이 했던 것처럼) 특정 행동에 주목하지만 그 근저에 어떤 정신과정이 있는지를 해석하는 것이다. 이러한 해석을 하는 데 인지심리학자들은 종종 마음과 컴퓨터의 비유를 이용하곤 한다. 입력 정보는 여러 가지 방식으로 처리된다. 그것은 선택되고, 비교되고, 이미 기억 속에 있는 정보와 결합되고, 변형되고, 재배열된다고 한다.

이 장의 앞부분에서 이야기했던 아동기 기억상실증이란 현상을 검토해 보자. 우리가 생애의 첫 몇 년간을 자세히 기억하지 못하는 것은 우리의 경험을 기억 속에 정리하는 방식이 성장하면서 크게 달라졌기 때문일 수도 있다. 그러한 변화는 언어 능력이 급성장하는 세 살쯤에 특히 두드러지는데, 이 시기에 언어는 기억을 정리하는 새로운 방법을 제공한다.

정신분석적 관점

지그문트 프로이트는 미국에서 행동주의가 발전하던 바로 그 시기에 유럽에서 인간 행동의 정신분석적 개념화를 추진했다. 어떤 면에서 정신분석학은 19세기적 방식으로 인지와 생리를 혼합한 것이다. 프로이트는 의식, 지각, 기억과 같은 인지 개념을 생물학적 본능과 결합하여 인간 행동에 관한 대담한 새로운 이론을 만들었다.

정신분석적 관점 psychoanalytic perspective의 기본 가정은 행동이 무의식적 과정에서 비롯된다는 것이다. 무의식적 과정은 사람이 자각하지는 못하지만 그럼에도 불구하고 행동에 영향을 주는 신념, 공포, 욕망을 가리킨다. 프로이트는 어린 시절에 부모와 사회에 의해 금지되거나 처벌되는 다수의 충동이 생득적 본능이라고 믿었다. 우리는 이러한 충동을 가지고 태어나기 때문에 그것들이 행사하는 집요한 영향은 적절한 방식으로 다루어져야 한다. 충동을 금지하면 그것들은 자각의 영역에서 무의식의 영역으로 이동할 뿐 사라지지 않는다. 충동은 정서적인 문제나 정신질환의 증상으로 나타나거나 예술적 또는 문학적 활동과 같은 사회적으로 용인된 행동으로 나타난다. 예를 들어 당신이 아버지에게 분노를 느끼고 있지만 그것을 표현할 수 없다면 분노는 무의식적이 될 것이며, 그것은 꿈속에서 아버지가 처참한 사고로 큰 부상을 입는 형태로 표현될 것이다.

프로이트는 인간도 동물과 똑같은 원초적 본능(주로 식욕, 성, 공격성)을 가지고 있으며, 이러한 충동을 제한하려고 하는 사회와 끊임없는 갈등을 일으킨다고 믿었다. 정신분석적 관점은 이 장의 앞에서 언급했던 문제들을 새로운 방식으로 바라볼 것을 제안한다. 예를 들어 프로이트는 공격 행동이 생득적 본능에서 나온다고 주장했다. 이 주장은 인간의 심리를 연구하는 학자들로부터 그다지 인정받지 못하고 있지만, 동물의 공격성을 연구하는 심리학자 및 생물학자들의 견해와는 일치한다.

주관주의적 관점

주관주의적 관점 subjectivist perspective은 인간 행동이 객관적 세계에 의해서가 아니라 지각된 세계에 의해 결정된다고 주장한다. 인지주의적 접근과 마찬가지로 주관주의적 관점도 게슈탈트 전통에서 유래했으며, 행동주의의 편협함에 대해 반발했다. 비록 인지심리학과 연합되어 있지만, 주관주의는 성격 및 사회심리학에 아주 깊이 침투되어 있다. 이 관점이 주장하는 바에 의하면, 인간의 사회행동을 이해하기 위해서는 개인들이 상황을 어떻게 정의하는지를 파악해야 하는데, 그것은 문화, 개인의 성장 배경, 현재의 동기 상태에 따라 달라진다. 이 관점은 문화적 차이와 개인적 차이를 인정하며, 동기와 정서의 효과에 대해서도 개방적이다.

어떤 의미에서 사람들이 자신의 주관적 현실을 능동적으로 구성한다는 생각은 내성적 방법을 필요로 할 것 같다. 그러나 주관주의자들은 주관적 자기보고에만 의지하지 않는데, 사람들은 주관적 현실을 자신이 만들었다는 것을 모르기 때문이다. 이러한 **순진한 사실주의** naïve realism는 사람들이 구성한 주관적 현실이 객관적 세계의 충실한 재현이라고 생각하는 경향을 가리킨다. 그래서 주관주의적 접근은 판단과 행동의 체계적 관찰도 실시한다. 주관주의적 관점이 잘 나타나 있는 초기의 한 고전적 연구는 사람들이 값비싼 동전은 그 크기를 과대평가한다는 사실을, 그리고 값싼 동전에 비해서 훨씬 더 크게 평가한다는 사실을 발견했다. 그리고 이러한 경향은 가난한 아이들에게서 더 두드러졌다(Bruner & Goodman, 1947; 일반적으로 동전은 1940년대에 훨씬 값어치가 있었다).

특성귀인의 문제에 대해 다시 한 번 생각해 보자. 사람들이 타인의 행위를 어떻게 이해하는가에 대한 연구—앞에 나왔던 50달러 기부의 예—는 상황이 그 속에 있는 사람들에 의해 어떻게 정의되는가에 대한 주관주의적 강조에서 비롯된 것이다(Heider, 1958). 사람들이 타인의 행동을 타인의 성격 특성에 귀인하는 한결같은 경향에 대해서, 현대적 연구는 서구 문화가 오랫동안 개인의 능동성을 강조해 왔기 때문에 서구인들이 상황의 영향을 보지 못하게 된 것이라고 설명한다(Nisbett et al., 2001). 마찬가지로 폭력적 미디어와 공격성의 연관에 대한 주관주의적 견해에 의하면 폭력적 미디어의 습관적 소비는 공격적 도식과 스크립트를 주입하고 강화하며, 그것은 나중에 대인 접촉을 정의하는 데 사용된다(Anderson & Bushman, 2001).

심리학적 관점과 생물학적 관점의 관계

행동주의적 관점, 인지주의적 관점, 정신분석적 관점, 주관주의적 관점은 모두 순전히 심리적인 개념(지각, 무의식, 귀인 등)에 의지하고 있다. 이 관점들이 때때로 동일한 현상에 대해 서로 다른 설명을 내놓지만 그 설명은 항상 심리적이다. 하지만 생물학적 관점은 다르다. 심리적 개념을 사용하면서 생리학이나 생물학에서 빌려온 개념(신경전달물질, 호르몬 등)도 사용한다.

생물학적 관점이 심리학적 관점과 직접 접촉하는 하나의 방식이 있다. 생물학에 경도된 연구자들은 심리학의 개념과 원리를 생물학의 개념과 원리를 이용하여 설명하려고 한다. 예를 들면 연구자들은 얼굴을 인지하는 보통의 능력을 특정 뇌 영역에 있는 뉴런과 그것들 간의 상호 연결로 설명하려고 시도할 수 있다. 그러한 시도를 **환원주의** reductionism 라 부르는 것은 그들이 심리학적 개념을 생물학적 개념으로 환원하려고 하기 때문이다. 이 책에서는 성공적인 환원주의의 예를 소개할 것이다. 한때 심리학적 수준에서만 이해 가능했던 것들이 이제는 생물학적 수준에서 적어도 부분적으로는 이해 가능한 상황이 된 것이다.

만약 환원주의가 성공적이라면, 도대체 심리학적 설명을 위해 수고할 필요가 있겠는가? 심리학은 그저 생물학자들이 모든 것을 밝혀낼 때까지만 할 일이 있는 것인가? 그 대답은 분명하게 '아니다'이다.

첫 번째로 심리학적 발견, 개념, 원리는 생물학 연구자들의 작업을 안내한다. 뇌세포가 수십억 개에 이르고 뇌세포 사이의 연결이 무수히 많기 때문에, 생물학 연구자들이 어떤 뇌세포를 연구할 것인지를 자의적으로 결정해서는 의미 있는 발견을 기대하기 어렵다. 오히려 그들의 노력을 특정 뇌세포 집단에 집중하게 해 주는 어떤 안내자를 찾아야 한다. 심리학적 발견은 그 안내자의 역할을 한다. 예를 들면 심리학적 연구는 말소리를 구별하는 능력과 공간적 위치를 구별하는 능력이 서로 다른 원리를 따른다는 것을 알려 준다.

개념 설명

심리학의 다섯 관점

생물학적 관점	행동과 정신과정의 근저에 있는 신경생물학적 과정의 이해를 지향함
행동주의적 관점	조건형성과 강화에 의해 관찰 가능한 행동의 이해를 지향함
인지주의적 관점	지각, 기억, 추론, 결정, 문제해결 등의 정신과정 및 행동과의 관련성을 이해하고자 함
정신분석적 관점	성적 충동과 공격 충동에서 기인하는 무의식적 동기에 의해 행동을 이해하고자 함
주관주의적 관점	사람들이 능동적으로 구성하는 주관적 현실에 의해 행동과 정신과정을 이해하고자 함

따라서 생물심리학자들은 이 두 종류 변별 능력의 신경학적 근거를 뇌의 서로 다른 부위에서 찾는 것이 좋다(단어 변별에 대해서는 좌반구, 공간위치 변별에 대해서는 우반구). 또 다른 예로, 만약 심리학적 연구가 어떤 운동 기술의 학습이 느리지만 소거시키기 어렵다는 것을 알려 주었다면, 생물심리학자들은 비교적 느리지만 뉴런 간의 연결을 영속적으로 변화시키는 뇌 과정에 주의를 집중해야 할 것이다(Churchland & Sejnowski, 1988).

두 번째로 인간의 생물학적 메커니즘은 과거 상황 및 현재 환경과 협응하여 작동한다. 예컨대 비만은 (1) 체중을 증가시키는 유전적 성향(생물학적 요인), (2) 나쁜 식사 습관(심리학적 요인), (3) 날씬함을 추구하는 문화적 압력에 대한 반발(사회문화적 요인) 등의 결과이다. 생물학자들은 첫 번째 요인을 이해하고자 하지만, 인간의 식사 습관에 영향을 주는 과거의 경험과 현재의 환경을 탐구하고 설명하는 일은 여전히 심리학자들의 몫이다.

하지만 환원주의를 향한 달리기는 계속 빨라지고 있다. 심리학의 많은 주제에 대해 우리는 이제 심리학적 설명도 가지고 있고, 그것과 관련되는 심리학적 개념이 뇌 속에서 어떻게 구현되고 실행되는지에 관한 지식도 가지고 있다(예: 뇌의 어떤 부위가 관여하고 있는지, 그것들이 서로 어떻게 연결되어 있는지). 이런 유형의 생물학적 지식은 완전한 환원주의가 아니겠지만 여전히 매우 중요하다. 기억 연구자들은 오랫동안 작업기억과 장기기억을 구분해 왔는데(둘 다 심리학적 개념이다), 이제 그들은 이 두 종류의 기억이 실제로 뇌 속에 다르게 부호화되어 있음을 알고 있다. 그런 이유로, 이 책에서 다룰 많은 주제에 대해 심리학적 수준에서 알려진 것뿐만 아니라 생물학적 수준에서 알려진 것들도 개관할 것이다.

사실 이 책 그리고 심리학 일반의 중심 주제는 심리학적 현상의 이해가 심리학적 수준과 생물학적 수준 모두에서 가능하다는 것이다. 생물학적 분석은 우리에게 심리학적 개념이 어떻게 뇌에 실현되어 있는지를 보여 준다. 그러므로 두 수준의 분석이 모두 필요하다(사회적 상호작용을 다루는 어떤 주제에 대한 생물학적 분석은 이제 막 시작되었을 뿐이지만 말이다).

심리학의 주요 하위 영역

지금까지 우리는 심리학의 주제와 관점을 살펴봄으로써 심리학을 이해하려고 했다. 이해를 더욱 높이기 위해 많은 심리학자들이 무슨 일들을 하는지, 그리고 21세기에 떠오르는 분야는 무엇인지 살펴보자.

심리학 분야의 학위를 가지고 있는 사람들의 절반 정도는 대학에서 일한다. 가르치는 일 이외에 그들은 연구를 하고 카운슬링을 한다. 어떤 사람들은 학교, 병원, 연구소, 정부 기관, 기업 등에서 일한다. 또 어떤 사람들은 개업을 하여 돈을 받고 심리학적 서비스를 제공한다. 그렇다면 심리학에 어떤 하위 영역이 있는지 살펴보자.

생물심리학

생물심리학자 biological psychologist(생리심리학자라고도 함)는 생물학적 과정과 행동의 관계를 탐구한다.

인지심리학

인지심리학자 cognitive psychologist는 사람의 문제해결, 기억, 언어, 사고 등과 같은 내적 정신과정을 연구한다.

발달심리학

발달심리학자 developmental psychologist는 인간의 발달에 대해, 그리고 출생에서 노후에 이르기까지 행동을 형성하는 요인에 대해 관심을 가지고 있다. 그들은 언어와 같은 특유의 능력도 연구하는데, 예를 들면 아동이 어떻게 언어를 습득하는지, 언어가 왜 유아기와 같은 인생의 특정 시기에 발달하는지를 연구한다.

사회심리학 및 성격심리학

이 두 영역은 중복된다. **사회심리학자** social psychologist는 사람들이 자신이 속한 사회를 어떻게 지각하고 해석하는지, 그리고 그들의 신념, 정서, 행동이 실제의 또는 가상적인 타인에 의해서 어떻게 영향을 받는지를 연구한다. 그들은 또한 집단의 행동에도 관심을 갖고 있으며, 사람들 사이 또는 사람들 가운데 존재하는 관계에 관심을 갖고 있다. **성격심리학자** personality psychologist는 세상과 상호작용하는 개인의 스타일, 그리고 그 스타일을 규정하는 사고, 정서, 행동을 연구한다. 따라서 그들은 개인차에 흥미를 나타내며, 또한 모든 심리학적 과정을 종합하여 한 인간 전체에 통합된 설명을 제시하려고 한다.

임상심리학 및 상담심리학

임상심리학자 clinical psychologist는 심리학자 중 그 수가 가장 많다. 그들은 정신질환, 약물 중독, 결혼 및 가족 갈등과 같은 정서와 행동의 장애를 진단하고 치료하는 일에 심리학적 원리를 응용한다. **상담심리학자** counseling psychologist는 임상심리학자와 같은 일을 하지만 주로 덜 심각한 문제를 다룬다. 그들은 고등학생이나 대학생을 대상으로 일을 하는 경우가 많다.

학교심리학 및 교육심리학

정서적으로 심각한 문제가 저학년에서부터 나타나기 때문에 많은 초등학교가 심리학자를 고용하는데, 이들은 아동 발달, 교육, 임상심리 분야에서 훈련을 받은 사람들이다. 이러한 **학교심리학자** school psychologist는 학생들의 학습장애와 정서장애를 다룬다. 반면에 **교육심리학자** educational psychologist는 학습과 교수의 전문가이다. 그들은 중 · 고등학교에서 일하기도 하지만 종종 대학의 교육학부에서 일하기도 하는데, 교수 방법의 연구 및 교사의 훈련이 그들의 일이다.

조직심리학 및 공학심리학

조직심리학자 organizational psychologist[산업심리학자(industrial psychologist)라고도 함]는 기업을 위해 일한다. 그들은 특정 업무에 가장 적합한 사람을 선발하는 일을 담당하거나 협동과 팀워크를 촉진하기 위해 구조를 개선하는 일을 담당한다. **공학심리학자** engineering psychologist[인간요인 공학자(human factor engineer)라고도 함]는 인간과 기계의 관계를 향상하고자 한다. 예를 들어 그들은 인간-기계 상호작용을 향상하기 위해 계기판과 제어기가 가장 효율적으로 배치된 기계를 설계하며, 이는 수행, 안전, 편리를 향상한다.

심리학의 연구 방법

지금까지 심리학자들의 연구 주제 및 관점에 대해 살펴보았다. 이제는 연구 방법에 대해 살펴보자. 일반적으로 연구는 두 단계, (1) 과학적 가설의 생성, (2) 가설의 검증으로 이루어진다.

가설의 생성

어떤 연구든 첫 단계는 연구 주제에 대한 **가설** hypothesis—검증할 수 있는 주장—을 생성하는 것이다. 아동기 기억상실증을 예로 들면, 사람들이 사건이 일어났던 원래 장소에 돌아가면 아동기에 대한 더 많은 기억을 회상해 낼 것이라는 가설을 만들 수 있다. 연구자들은 어떤 방법으로 그러한 가설에 도달할까? 그 답은 한 가지가 아니다. 자연적 상황을 면밀하게 관찰하면 좀 더 쉽게 가설을 만들어 낼 수 있다. 예를 들면 고향에 돌아갔을 때 초등학생 시절을 더 많이 회상할 수 있음에 주의를 기울여 그것을 바탕으로 어떤 가설을 생성할 수 있다. 또한 연구 주제에 관한 책이나 논문 등 관련된 과학적 문헌에 친숙해지면 도움이 될 수 있다.

그러나 과학적 가설의 가장 중요한 출발점은 종종 과학적 **이론** theory이다. 이것은 어떤 현상에 대한 상호 관련적인 명제들의 집합이다. 예를 들면 성적 동기의 한 이론은 동성애 또는 이성애에 유전적 성향이 있다고 주장한다. 이 이론은 검증 가능한 가설을 생성하는데, 일란성 쌍둥이—동일한 유전자를 가지고 있다—는 이란성 쌍둥이에 비해서 서로 간에 동일한 성적 지향성을 나타내는 경우가 더 많다는 것이다. 이에 대립하는 이론은 성적 지향성의 원인으로 아동기의 경험을 강조하는데, 역시 검증 가능한 상호 경쟁적인 가설을 생성한다. 앞으로 이 책에 나오겠지만, 서로 경쟁하는 이론에서 도출된 가설의 검증은 과학적 지식을 진보시키는 강력한 방법 중의 하나이다.

과학적 scientific이란 용어가 의미하는 바는 데이터를 수집하는 데 사용되는 연구 방법의 (1) 공정성(특정한 가설을 선호하지 않는다), (2) 신뢰성(다른 전문가가 관찰을 반복하더라도 동일한 결과를 얻는다)이다. 여기서 다룰 방법은 이러한 두 가지 특성을 다 가지고 있다. 비록 어떤 것은 특정한 관점에 더 잘 맞지만 방법과 관점은 서로 독립적이다.

실험

가장 강력한 과학적 방법은 실험이다. **실험** experiment은 원인과 결과에 관한 가설을 검증하는 강력한 수단이다. 연구자는 실험실에서 면밀하게 조건을 통제하고 변수들 사이의 인과관계를 찾기 위해 측정을 실시한다. **변수** variable란 여러 가지 값을 취할 수 있는 어떤 것이다. 예를 들어 어떤 실험자가 수면의 양이 기억에 변화를 가져오는지 알고자 한다고 하자(아동기 경험의 회상은 수면이 부족하면 감소하는가?). 만약 기억 수행이 수면 시간의 길이에 따라서 체계적으로 변한다는 것을 보여 준다면, 두 변수 사이의 정연한 인과관계가 발견되었다고 할 수 있다.

변수에 대한 정교한 통제는 실험을 다른 과학적 관찰과 다르게 한다. 예를 들어 좋은 성적에 대해 돈을 주면 학생의 수학 성적이 올라간다는 가설이 있다고 하자. 실험자는 참가자들을 다음 세 조건 중 하나에 무선으로 배정한다. 좋은 성적을 내면 한 집단에는 10달러를, 다른 집단에는 5달러를 주기로 하고, 또 다른 집단에게는 돈에 대해 아무런 말도 하지 않았다. 그런 다음 실험자는 세 집단의 성적을 측정하고 비교하는데, 그럼으로써 돈의 액수(가정된 원인)가 성적(가정된 효과)을 향상했는지 알 수 있다.

이 실험에서 돈의 액수는 독립변수이다. 참가자들이 하는 일과 독립적인 변수이기 때문이다. **독립변수** independent variable는 실험자의 완전한 통제하에 있으며, 실험자는 그것을 만들어 내고 변화시킨다. 가정적 원인에 해당하는 것이 독립변수이다. 가정적 효과는 **종속변수** dependent variable이다. 독립변수의 값에 의존하는 것으로 가정되기 때문이다. 앞의 실험에서 종속변수는 수학 문제의 성적이다. 실험자는 독립변수를 조작하고 종속변수를 관찰한다. 종속변수는 거의 언제나 참가자의 행동을 측정한 값이다. 'A는 B의 함수이다'라는 표현은 한 변수가 다른 변수에 의존함을 나타낸다. 돈을 받는 집단은 **실험집단** experimental group이라 하며, 가정적 원인이 제공되는 집단이다. 돈을 받지 않는 집단은 **통제집단** control group이라 하는데, 가정적 원인이 제공되지 않는 집단이다. 일반적으로 통제집단은 실험집단과의 비교를 위한 기준선 역할을 한다.

앞서 기술한 실험의 중요한 특징 중 하나는 참가자들을 집단 또는 조건에 무선적으로 배정한다는 것이다. **무선할당** random assignment은 각 참가자가 어느 집단에 배정되느냐가 동일한 확률임을 나타낸다. 무선할당이 없으면 실험자는 독립변수 이외의 다른 변인이 결과에 영향을 미치지 않았다는 확신을 가질 수 없다. 예컨대 실험자는 참가자들이 자기가 속할 집단을 선택하게 해서는 안 된다. 대부분의 참가자들은 고액 집단에 속하기를 바라겠지만, 압력에 민감한 사람들은 오히려 무보수의 편안한 집단에 속하기를 원할 수도 있다. 그렇게 되면 집단이 서로 다른 성격의 사람들을 대표하기 때문에, 돈의 액수가 아니라 성격의 차이로 한 집단의 성적이 다른 집단보다 좋게 나올 수 있다. 또는 실험자가 보상 집단을 먼저 실험하고 무보상 집단을 나중에 실험한다고 가정해 보자. 이것은 잠재적인 많은 문제를 발생시킨다. 아마 성적은 시간(아침, 점심, 저녁)의 함수가 될 수도 있다. 또는 저녁 무렵에 실험에 참가한 사람들은 다음 날 있을 기말고사 때문에 더 안절부절못할 수도 있다. 통제되지 않은 이러한 변수 이외에 실험자가 모르는 많은 다른 변수들이 실험의 결과를 어떤 방향으로 편향시킬 수 있다. 그러한 문제들이 참가자를 무선으로 할당함으로써 해결될 수 있는 것이다. 무선할당을 통해서만 우리는 성격, 참가 시간, 실험 시기 등의 가외 변수가 각 조건에 골고루 포함되었으며, 따라서 결과에 편향적 영향을 주지 않았다는 것을 확신할 수 있다. 무선할당은 실험의 가장 중요한 요소이다.

실험이라는 방법은 실험실 밖에서도 사용 가능하다. 비만 연구를 예로 들면, 다양한 체중 조절법의 효과는 분리된, 그러나 유사한 집단에 이 방법들을 실시함으로써 연구할 수 있다. 실험이란 논리의 문제이지 장소의 문제가 아니다. 그러나 대부분의 실험은 실험실에서 행해지는데, 주된 이유는 실험실 환경에서 행동의 정확한 측정과 변수의 보다 완전한 통제가 가능하기 때문이다. 여기서 다시 무선할당은 중요한 문제가 된다. 비만 병원 두 이 서로 다른 방법을 사용하여 서로 다른 결과를 얻었을 때, 우리는 방법의 차이가 원인이라고 자신 있게 결론을 내리기 어렵다. 왜냐하면 두 병원의 환자들은 서로 다른 유형의 사람들일 수도 있고, 병원 직원들의 문화적 배경이나 기대 또한 서로 다를 수 있기 때문이다.

지금까지 이야기한 실험들은 하나의 독립변수가 하나의 종속변수에 미치는 효과를 조사하는 것이다. 연구에 단 하나의 독립변수만 사용하는 것은 연구 문제에 따라서 너무 제한점이 많을 수도 있다. 심리학 연구에서는 **다중변수 실험** multivariate experiment—여러 개의 독립변수를 동시에 조작하는 실험—이 일반적이다. 수학 문제 풀기에 서로 다른 액수의 돈을 제공하는 가상적 실험에서 실험자는 문제 난이도도 변화시킬 수 있다. 그러면 이제 거기에는 6개의 참가자 집단이 있게 된다. 각 집단은 세 가지의 보상 액수 중 하나와 두 가지의 문제 난이도(쉬운 문제 vs 어려운 문제) 중 하나의 결합을 대표한다.

측정

실험을 사용하는 심리학자들은 크기나 양에 대한 언급을 자주 하지 않을 수 없다. 때때로 변수는 수면 박탈 시간이나 약의 용량 같은 물리적 방법에 의해서 측정된다. 또 다른 경우에는 어떤 순서를 나타내는 방식으로 척도화된다. 공격 감정을 평가할 때 심리치료자는 **전혀**, **드물게**, **때때로**, **자주**, **항상**에 이르는 5점 척도를 사용한다. 정확한 전달이란 목적을 달성하기 위해 실험은 어떤 형태의 **측정** measurement, 즉 변수에 숫자를 배정하는 체계를 필요로 한다.

실험에서는 보통 한 사람이 아니라 많은 참가자들에 대해 측정을 실시한다. 따라서 결과는 숫자의 집합인 데이터이며, 요약하거나 해석될 수 있다. 이 일을 위해 실험자는 **통계**

학 statistics을 사용할 필요가 있는데, 통계학은 개별 대상으로 구성된 전집에서 데이터를 추출하고, 그 데이터로부터 전집에 관한 수학적 추론을 하는 것이다. 통계학은 실험 연구뿐만 아니라 다른 방법에서도 중요한 역할을 한다. 가장 흔한 통계치는 **평균** mean으로, 점수들의 합계를 개체의 수로 나눈 것이다. 하나의 실험집단과 하나의 통제집단이 있는 연구에서는 비교해야 할 평균이 2개이다. 실험집단 참여자의 점수 평균과 통제집단 참여자의 점수 평균이 그것이다. 실험자는 이 두 평균의 차이에 관심이 있다. 평균의 차이가 크다면 그것을 그대로 받아들일 수 있다. 그러나 그 차이가 작다면 어떻게 할 것인가? 측정에 오류가 있을 수 있다면 어떻게 할 것인가? 1~2개의 극단치가 그 차이를 가져왔다면 어떻게 할 것인가? 통계학자들은 이러한 문제를 해결하기 위해 어떤 차이의 유의미도를 결정하는 검사를 개발했다. 심리학자가 두 집단 간의 차이가 **통계적으로 유의미** statistically significant하다고 말할 때, 그것은 데이터에 대해 통계적 검증을 실시했으며, 그 결과로 차이가 우연한 것이거나 1~2개의 극단치에 의한 것이 아니라는 확신을 갖게 되었음을 의미한다.

상관

모든 문제가 실험법에 의해 연구될 수 있는 것은 아니다. 연구자들이 어떤 참가자를 어떤 조건에 배정할 것인지를 통제할 수 없는 상황이 많이 있다. 예를 들어 거식증(anorexia) 환자들이 정상 체중인 사람들보다 맛의 변화에 더 민감하다는 가설을 검증한다고 해 보자. 우리는 정상 체중자들을 선택하고 그들 중에 과반수가 거식증 환자이기를 기대할 수는 없다. 대신에 이미 정상 체중이거나 거식증인 사람들을 선택하여 그들의 미각이 다른지를 조사한다. 일반적으로 말해서 상관법을 사용하여 우리가 통제할 수 없는 변수가 다른 변수들과 연관이 있는지, 즉 상관이 있는지를 결정한다.

위의 예에서 체중 변수는 단 2개의 값, 즉 거식증과 정상 체중이다. 그러나 한 변수가 더 많은 값을 갖게 하고, 한 변수의 값들이 다른 변수의 값들과 관련되어 있는 정도를 조사하는 것이 보통이다. 이를 위해서 상관계수라는 기술 통계치가 사용된다. **상관계수** correlation coefficient는 2개의 변수가 관련되어 있는 정도의 추정치이다. r이라는 기호를 사용하며, −1.00에서 +1.00 사이의 숫자로 표현한다(정적인 관계이면 +1.00, 부적인 관계이면 −1.00). 비록 드물지만 숫자 1.00은 완벽한 관련성을 나타낸다. 숫자 0은 전혀 관련성이 없음을 나타낸다. r이 0에서 1로 커짐에 따라 관련성의 강도도 커진다.

상관은 +이거나 −일 수 있다. 부호는 두 변수가 **정적 상관관계** positive correlation를 가지는지(즉 두 변수의 값이 함께 증가하거나 감소하는지) 또는 **부적 상관관계** negative correlation를 가지는지(즉 한 변수의 값이 증가하면 다른 변수의 값이 감소하는지)를 가리킨다. 예를 들어 강의 결석 횟수와 최종 성적의 상관은 −0.40이 될 수 있다(결석을 많이 할수록 성적이 더 낮다). 반면에 강의 출석 횟수와 성적 사이의 상관은 +0.40이 될 수 있다. 관련성의 크기는 똑같지만, 부호는 우리의 관심이 결석에 있는지 출석에 있는지를 보여 준다.

상관계수를 더 잘 이해하기 위해 그림 1.6에 제시된 가상적 연구를 살펴보자. 이 연구

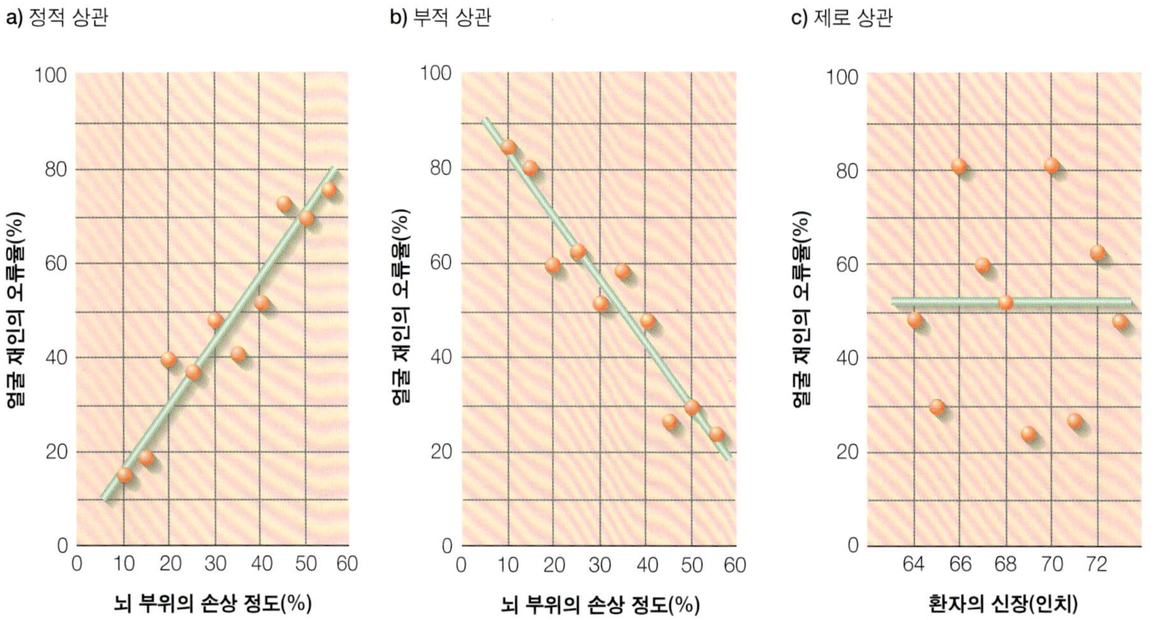

환자들은 뇌 손상의 정도에 따라서 수평축에 순차적으로 배열된다. 손상이 가장 큰 환자(55%)는 오른쪽 끝에 위치하며, 손상이 가장 작은 환자(10%)는 왼쪽 끝에 위치한다. 그래프상의 각 점은 얼굴 재인 검사에서 각 환자가 얻은 점수이다. 여기서 상관은 0.90이다.

동일한 데이터를 그래프로 그린 것이지만, 여기서는 정답의 비율에 초점을 맞추었다. 상관은 −0.90이다.

얼굴 재인 검사에서 신장을 함수로 하여 환자의 수행을 나타낸 것이다. 상관은 0이다.

그림 1.6 상관을 보여 주는 산포도. 이 가상적인 데이터는 10명의 환자에 대한 것으로, 이들은 얼굴 재인에 관여하는 것으로 알려진 뇌 부위가 손상되었다.

는 얼굴 재인에 문제가 있는 뇌 손상자(안면실인증)를 대상으로 한다. 목적은 얼굴 재인의 장애 정도 또는 오류가 손상된 뇌조직의 양에 따라 증가하는지를 조사하는 것이다. 그림 1.6a의 각 점은 얼굴 재인 검사에서 각 환자가 범한 오류의 비율이다. 예를 들어 10%의 뇌 손상이 있는 사람은 얼굴 **재인 검사**recognition test에서 15%의 오류율을 나타내는데, 55%의 뇌 손상이 있는 사람은 75%의 오류율을 나타낸다. 얼굴 재인의 오류가 뇌 손상의 정도에 따라 항상 증가한다면 그래프의 점들은 왼쪽에서 오른쪽으로 가면서 위로 올라갈 것이다. 그래프에서 점들이 모두 대각선 위에 있게 되면 상관은 $r=1.0$, 즉 완벽한 상관을 이룰 것이다. 그러나 1~2개의 점이 선을 약간 벗어나 있다면 상관은 0.90이 될 것이다. 이렇게 큰 상관계수는 뇌 손상의 정도와 얼굴 재인의 오류 사이에 아주 강한 관련성이 있음을 가리킨다. 그림 1.6a에서 상관계수는 양수인데, 이는 뇌 손상이 크면 오류도 많기 때문이다.

만약 얼굴 재인 검사의 오류에 주목하지 않고 정반응에 주목한다면 그림 1.6b처럼 될 것이다. 이제 상관계수는 −0.90으로 음수인데, 이는 뇌 손상이 클수록 정반응이 적기 때문이다. 그림 1.6b의 대각선은 그림 1.6a의 대각선과 반대 방향이다.

마지막으로 그림 1.6c를 살펴보자. 이 그림은 얼굴 재인의 오류를 환자 키의 함수로 나타낸 것이다. 물론 키와 얼굴 재인 사이의 관련성은 기대할 수 없고, 그래프도 관련성이 없음을 보여 준다. 점들은 왼쪽에서 오른쪽으로 가면서 일관성 있게 증가하지도 감소하지도 않으며, 그저 수평선을 중심으로 오르락내리락할 뿐이다. 상관계수는 0이다.

심리학 연구에서 상관계수 0.60 이상은 대단히 큰 것이다. 0.20과 0.60 사이의 상관계수는 실제적으로 그리고 이론적으로 가치가 있으며, 예측하는 데 유용하게 사용된다. 0과 0.20 사이의 상관계수는 신중하게 판단해야 하고, 예측하는 데는 거의 소용이 없다.

검사

상관법은 보통 적성, 성취, 또는 다른 심리적 특성의 측정(앞서 이야기한 얼굴 재인 검사 등)에 사용된다. 검사test는 어떤 특성(뇌 손상, 계산 능력, 손잡이, 또는 공격성)에서 서로 다른 사람들이 균일한 상황에 처하도록 한다. 검사 점수의 차이는 다른 변인의 차이와 상관을 가질 수 있다. 예를 들면 계산 능력의 검사에서 얻은 점수는 대학의 수학 강의에서 얻게 될 학점과 상관이 있을 수 있다. 상관계수가 크면 검사 점수는 새로운 학생들 중 누가 고급 강좌에 배정되어야 할지를 결정하는 데 사용할 수 있다.

상관과 인과관계

실험 연구와 상관 연구 사이에는 중대한 차이가 있다. 전형적인 실험 연구에서는 하나의 변수(독립변수)를 체계적으로 조작하여 그것이 다른 변수(종속변수)에 미치는 영향을 알 수 있다. 하지만 이와 같은 원인–결과의 관계를 상관 연구에서는 추론할 수 없다.

예를 들어 연구들은 아동이 TV 폭력물을 많이 시청할수록 더 공격적임을 보여 준다. TV 폭력물을 많이 시청하면 공격적이 되는 것일까, 아니면 공격적인 아동일수록 TV 폭력물을 더 많이 시청하는 것일까? 만약 우리가 가지고 있는 것이 상관계수가 전부라면 무엇이 원인이고 결과인지 말할 수 없다. 그러나 이 장의 앞부분에서 언급한 것처럼, TV 폭력물의 시청과 공격 행동 사이에는 인과관계가 있음을 다른 연구들이 보여 주고 있다. 실험자들은 독립변수를 조작하고 실험 참가자들을 여러 조건에 무선으로 배정했다.

두 변수 사이에 상관이 있지만 어느 한쪽이 다른 쪽의 원인이 아닌 경우도 있을 수 있다. 예를 들면 흡연이 암을 유발한다는 것을 면밀한 의학 실험이 밝혀내기 여러 해 전에 이미 흡연과 폐암의 상관이 알려져 있었다. 즉 담배를 피우는 사람들이 암에 더 많이 걸린다는 것은 이미 알려져 있었다. 그러나—담배 회사들이 재빨리 지적했듯이—이러한 상관은 제3의 원인이 존재할 가능성을 부정하지 못했다. 예를 들어 스모그가 많은 도심에 사는 사람들이 공기가 깨끗한 교외에 사는 사람들보다 담배를 더 많이 피운다면 높은 발암률의 원인은 흡연이 아닌 대기오염에 있을 가능성도 있는 것이다.

요약하면, 2개의 변수가 상관될 때 한 변수에서의 차이가 다른 변수에서 차이의 원인일 가능성이 있다. 실제로 상관은 인과관계의 전제 조건이다. 그러나 추가 실험을 하지 않고는 그러한 결론이 정당화될 수 없다. 상관관계가 반드시 인과관계는 아니기 때문이다.

관찰

직접 관찰

연구의 초기 단계에서 설명에 다가가는 가장 효율적인 방법은 **직접 관찰** direct observation—연구 중인 현상을 자연 상태에서 관찰하는 것—이다. 동물이나 인간의 행동을 세심하게 관찰하는 것은 대다수 심리학 연구의 출발점이다. 예를 들어 영장류를 그 자연 서식지에서 관찰하면 그들의 사회 조직에 대해 많은 것을 알 수 있고, 이후 실험실 연구에 도움이 될 것이다. 갓난아이를 비디오 촬영하면 출생 직후의 세세한 활동 및 그들이 반응하는 자극의 종류를 알 수 있다. 그러나 자연발생적 행동을 관찰하는 관찰자들은 그들의 편견이 보고에 영향을 주지 않도록 사건을 정확하게 관찰하고 기록하는 훈련을 받아야 한다.

연구 문제가 부분적으로 생물학적인 것이라면 관찰법도 실험실에서 사용될 수 있다. 예를 들어 윌리엄 매스터스와 버지니아 존슨(Masters & Johnson, 1966)은 인간의 성행동을 생리적 측면에서 관찰한 고전적 연구에서, 실험실에서 성적 반응을 직접 관찰하는 방법을 개발했다. 데이터에는 (1) 행동의 관찰, (2) 생리적 변화의 기록, (3) 참가자들에게 성적 자극을 주기 이전, 도중, 이후 그들의 감각에 관한 질의응답이 포함되었다. 비록 인간의 성행동에는 생물학적 차원 이외에도 많은 차원이 있음을 연구자들도 인정했지만, 성적 반응의 해부학적이고 생리학적인 측면에 대한 관찰은 인간 성행동의 본질을 이해하는 데 뿐만 아니라 성적 문제를 해결하는 데에도 크게 기여했다.

설문조사법

직접 관찰로 연구하기 어려운 문제는 설문지 및 인터뷰를 통한 간접 관찰로 연구할 수 있다. **설문조사법** survey method의 사용자는 사람들이 규칙적인 운동과 같은 특정한 행동을 하는지를 직접적으로 관찰하지 않는다. 그들은 사람들에게 특정한 행동을 하는지, 안 하는지를 단지 물어볼 뿐이다. 그러나 설문조사는 직접 관찰보다 편견에 더 많이 노출된다. 특별히 유의할 것은 **사회적 호감 효과** social desirability effect로서, 이것은 사람들이 자신을 더 좋게 보이고자 할 때 발생한다(예: 사람들은 실제보다 더 많이 운동을 한다고 말하고 싶어 한다). 그렇지만 설문조사는 중요한 결과를 많이 산출해 왔다. 예를 들어 매스터스와 존슨의 연구 이전에 인간의 성행동에 관한 지식의 대부분은 앨프리드 킨제이(Alfred Kinsey)와 동료들이 20년 앞서 실시한 광범위한 설문조사에서 나온 것이다. 수천 건의 인

현장 연구는 실험 연구가 할 수 있는 것보다 사회행동에 대해서 더 많은 것을 알려 줄 수 있다. 셜리 스트럼 교수는 케냐에서 한 무리의 비비를 20년 이상이나 지속적으로 관찰해 왔다. 동물을 하나하나 파악하고 행동과 사회적 상호작용을 매일 기록한다. 스트럼 교수의 데이터는 비비의 정신 능력과 비비 사회에서 우정의 역할에 관해 귀중한 정보를 제공한다.

터뷰에서 얻은 정보가 분석되었고, 그 결과 2개의 개척적인 업적이 나왔다. 『남성의 성행동』(Kinsey, Pomeroy, & Martin, 1948)과 『여성의 성행동』(Kinsey, Pomeroy, Martin, & Gebhard, 1953)이 그것이다.

설문조사는 사람들의 정치적 견해, 제품의 선호도, 건강보험의 수요 등을 조사하는 데 사용되어 왔다. 갤럽 여론조사(Gallup poll)와 미국 인구통계(U.S. census)가 아마 가장 유명한 설문조사일 것이다. 적절한 설문조사를 위해서는 사전에 면밀하게 검토된 설문지를 대상자들에게 제공해야 하는데, 대상자들은 그들이 속한 전체를 확실히 대표하는 사람들로 선정되어야 한다.

사례사

또 하나의 간접 관찰은 **사례사** case history를 얻는 것으로서, 사례는 개인 특정적인 생애의 일부이다. 이것은 사람들에게 자신의 과거 경험을 회상할 것을 요구한다. 예를 들어 연구의 관심이 성인 우울증의 아동기 선행 요인에 있다면 연구자는 생애 초기의 사건에 대한 질문으로 연구를 시작할 수 있다. 이러한 사례사는 과학적인 목적을 위해 작성된 전기이며, 개인차를 연구하는 심리학자들에게 중요한 데이터이다.

사례사의 큰 제한점은 개개인의 기억과 과거 사건의 재구성에 의존한다는 것인데, 그것들은 불완전하거니와 종종 왜곡될 수도 있다. 그래서 다른 종류의 데이터를 사용하여 사례사에서 얻은 정보를 확인하는 것이 보통이다. 예를 들어 사망 증명서와 같은 공식 기록이 특정 날짜를 확인하기 위해 사용될 수도 있고, 친척들에게 해당 사건의 회상을 부탁할 수도 있다. 그러나 그 제한점 때문에 사례사는 이론이나 가설을 검증하는 데 사용되기보다는 가설을 만드는 데 사용된다. 이렇게 만들어진 가설은 그 후 엄밀한 방법에 의해 검증되거나 많은 참가자들의 자료와 비교될 것이다. 과학자가 사례사를 이용하는 방식은 치료자나 의사가 어떤 환자의 진단과 치료를 위해 사례사를 사용하는 방식과 동일하다.

문헌 개관

심리학 연구에서 사용되는 방법 중 마지막으로 설명할 것은 문헌 개관이다. **문헌 개관** literature review은 어떤 주제에 관한 기존의 연구들을 학술적으로 요약한 것이다. 심리학은 굉장히 빠르게 발전하는 분야이므로, 신속한 문헌 개관은 어떤 가설이나 이론에 대해 축적된 과학적 증거 중에 나타나 있는 어떤 패턴을 평가하는 데 불가결한 도구이다.

문헌 개관에는 두 가지 형태가 있다. 하나는 **서술적 개관** narrative review으로, 연구자는 이전에 행해진 연구들을 언어적으로 기술하고, 가용한 심리학적 증거의 강점에 대해 논의한다. 심리학 고급 강좌를 수강하는 대학생들은 기말 과제로 특정한 주제의 서술적 개관을 작성한다. 또 하나의 개관은 점점 더 인기를 얻고 있는 **메타분석** meta-analysis이라는 것으로, 연구자는 통계적 방법을 이용하여 기존의 연구들을 결합하거나 기존의 연구들에 관한 어떤 결론을 이끌어 낸다. 개개의 실험에서 참가자들은 사례로 취급되며, 각 사례는 고유한 데이터를 제공하고 이 데이터는 통계적으로 요약된다. 메타분석에서는 개개의 연구가 하나의 사례로 취급되고, 각 연구는 고유한 요약 데이터를 제공하며, 이 데이터는 더욱 높은(메타) 수준에서 요약된다. 상상이 될지 모르겠지만, 메타분석은 서술적 개관보다 더 체계적이고 공평하다는 장점을 가지고 있다. 이 책에서도 가끔 메타분석의 결과를 인용하여 어떤 심리학 이론이나 가설에 대한 증거로 제시하곤 할 것이다.

심리학 연구의 윤리

심리학자들은 살아 있는 존재를 연구하기 때문에 연구수행 중에 발생할 수 있는 윤리적 문제에 신경을 써야 한다. 미국심리학회(American Psychological Association, APA) 및 캐나다와 영국, 다른 여러 국가의 심리학회는 인간 및 동물 피험자의 취급과 관련한 가이드라인을 발간했다. 미국의 예를 들자면 연방법으로 공공 연구기금을 받는 연구소들이 내부에 감찰위원회를 설치할 것을 요구하고 있는바, 이 위원회는 계획된 연구가 참가자들을 적절하게 다루는지를 점검한다.

인간을 대상으로 한 연구

실험 참가자에 대한 윤리적 대우의 첫 번째 원리는 **최소 위험성**minimal risk이다. 대부분의 경우, 연구 중 발생할 수 있는 위험은 일상생활의 위험과 크게 다르지 않아야 한다. 참가자를 신체적 위해나 부상에 노출시켜서는 안 된다는 것은 분명하지만, 심리적 스트레스의 경우 어느 정도까지 허용할지에 대한 것도 항상 분명하지는 않다. 일상생활에서도 사람들은 때에 따라 무례하거나 거짓말을 하거나 남을 화나게 하지만, 연구자가 연구 목적을 위해 그러한 방법으로 참가자들을 대하는 것이 윤리적으로 용납되는 것은 어떤 상황에서일까? 이러한 문제를 사안별로 검토하는 것이 감찰위원회이다.

두 번째 원리는 **사전 동의**informed consent이다. 참가자들은 그들의 협력 의사에 영향을 줄 수 있는 연구의 모든 측면에 대해서 사전에 설명을 들어야 하며, 그 후에 자발적으로 연구에 참여하고 원하면 언제라도 불이익을 받지 않고 실험을 중지하는 것이 허용되어야 한다. 최소 위험성 원리와 마찬가지로 사전 동의도 실시하기가 항상 쉬운 것은 아니다. 특히 사전 동의는 연구의 상식적인 요구 조건과 충돌할 수도 있다. 예를 들어 피험자는 연구가 검토 중인 가설에 대해 모르고 있어야 한다는 요구 조건과 충돌할 수 있다. 만약 연구자가 친숙한 단어의 목록을 외우는 참가자를 생소한 단어의 목록을 외우는 참가자와 비교하는 계획을 가지고 있다면, 사전에 참가자들에게 앞으로 단어 목록을 외워야 할 것이라고만 말해도 윤리적인 문제가 발생하지 않는다. 참가자들은 자신이 외워야 하는 목록이 서로 간에 어떻게 다른지 알 필요가 없다. 또한 참가자들이 전혀 예상하지 않았던 깜짝 퀴즈에 답하라는 요구를 받더라도 윤리적인 문제가 발생하지 않는다. 그러나 만약 연구자가 원하는 것이 화가 났거나 당혹스러운 기분의 참가자와 보통 상태의 참가자를 비교하는 것이라면 어떻게 될까? 분명한 것은, 사전에 참가자들에게 그들을 무례하게 다루어서 화나게 하거나 실험실 장비의 일부를 손상시켰다고 믿게 하여 당혹스럽게 할 것이라고 알려 준다면 연구자는 타당한 결과를 얻지 못한다는 것이다. 따라서 그러한 경우에는 사후에 가능한 한 빨리 참가자들에게 해명해 주어야 한다고 가이드라인에 규정되어 있다. **해명**debriefing 중에는 실험 절차에 대해 알려 주지 않은 이유 또는 그들을 속인 이유가 설명되어야 하며, 그들이 전과 동일한 자존심을 가지고, 그리고 연구에 대해 좋은 인식을 가지고 실험실을 떠날 수 있도록 모든 감정적 앙금을 해소시켜야 한다. 감찰위원회는 해명 절차가 과제에 적절한 것인지 확인할 필요가 있다.

윤리적 연구의 제3의 원리는 **사생활권** right to privacy이다. 연구 중에 취득한 개인의 신상 정보는 극비로 취급해야 하며, 당사자의 동의 없이 다른 사람에게 제공할 수 없다. 많이 쓰는 방법은 참가자를 확인할 수 있는 이름이나 정보를 연구에서 수집한 정보와 분리하는 것이다. 그러면 데이터는 부호나 사례 번호로만 확인된다. 실험자를 제외한 누구도 어떤 참가자가 어떻게 반응했는지 알 수가 없다. 또 다른 방법은 통합한 데이터(예: 동일 집단 또는 동일 조건의 참가자를 평균한 데이터)만을 보고하는 것이다. 이렇게 함으로써 역시 개별 참가자들의 사생활권을 보호할 수 있다.

이러한 윤리적 조건이 모두 만족된다고 하더라도 연구자는 연구의 비용(경제적 비용이 아니라 인간적 비용)을 잠재적 혜택과 비교해야 한다. 참가자를 속이거나 당혹스럽게 하는 실험을 반드시 해야 할 필요가 있는가? 연구자와 심사위원회가 그런 연구가 가치 있는 —실용적으로 또는 이론적으로—정보를 발견할 수 있다고 상당히 확신할 수 있을 때에만 연구를 실시할 수 있다.

동물 연구

윤리 기준을 지켜야 하는 또 다른 분야는 동물을 사용하는 연구이다. 약 7%의 심리학 연구에서 동물이 사용되며, 그중 95%가 쥐와 새이다. 심리학자들이 동물을 사용하는 이유는 두 가지이다. 첫 번째는 동물의 행동 그 자체가 관심의 대상인 경우이다. 두 번째는 동물 시스템이 인간 시스템의 모델을 제공할 수 있는 경우로서, 인간으로부터 얻는 것이 불가능하거나 비윤리적인 지식을 동물 연구에서 얻을 수 있다. 실제로 동물 연구는 **불안** anxiety, 스트레스, 공격성, 알츠하이머병과 같은 심리적 문제를 이해하고 치료하는 데 큰 역할을 해 왔다(Carroll & Overmier, 2001). 동물을 사용하는 연구가 윤리적이냐 아니냐에 대한 논쟁이 계속되고 있지만, 미국에서 대다수의 심리학자(80%)와 심리학 전공 학생(72%)은 동물의 사용을 지지하고 있다(Plous, 1996a, 1996b). 하지만 광범위한 지지 속에서도 동물에게 고통이나 피해를 주는 일부 연구에 대한 우려의 목소리가 있다. 이러한 우려를 해소하기 위해 미국 연방정부 및 미국심리학회의 지침은 모두 동물에게 가해지는 고통과 피해가 그 연구에서 얻는 지식에 의해 충분히 정당화될 수 있어야 한다고 요구한다. 미국심리학회의 지침 또한 연구자에게 동물을 학대하지 않고 고통과 피해를 최소화해야 할 도덕적 의무가 있음을 강조하고 있다. 실험실 동물의 생존 환경과 관리에 관한 구체적인 규칙은 이러한 도덕적 의무가 어떻게 이행되어야 하는가를 규정하고 있다.

이러한 구체적인 지침과는 별도로 연구 윤리의 중요한 원칙은 심리학 연구에 참여하는 사람과 동물이 연구의 완전한 파트너로 간주되어야 한다는 것이다. 이 책에서 소개하는 연구 중 일부는 앞에서 말한 윤리 지침이 제정되기 이전에 행해진 것으로서, 오늘날이라면 대부분의 감찰위원회가 허용하지 않았을 것이다.

찬|반|논|쟁

우리는 본래 이기적인가?

우리는 본래 이기적이다.

George C. Williams, 뉴욕주립대학교(스토니브룩 캠퍼스)

그렇다. 우리는 특별한 생물학적 의미에서 이기적인데, 그 의미는 인생, 윤리, 또는 그와 관련된 주제를 논의할 때 염두에 두어야 하는 중요한 것이다(Williams, 1996: 3장, 9장). 그 방식은 우리의 유전자가 요구하는 특별한 것이다. 유전자는 극도로 이기적인데, 그렇지 않았다면 살아남지 못했을 것이다. 많은 세대를 통한 전달에 가장 적합한 유전자만이 전해져 내려올 수 있다. 유전자는 자신을 더 왕성하게 전파하는 신체를 만들 필요가 있었고, 그 유전자는 다른 어떤 경쟁자보다 우수했다. 개개인은 성인이 될 때까지 살아남아야 하고, 또 번식에 필요한 자원(먹이, 둥지, 짝 등)을 성공적으로 쟁취해야 이러한 유전자 게임에서 이길 수 있다.

이러한 의미에서 우리는 필연적으로 이기적이지만, 그렇다고 해서 이기적이지 않기를 기대해서는 안 된다고 말하는 것은 아니다. 개체는 다른 개체가 자원을 획득하거나 손실 또는 위험을 피하는 것을 도울 수도 있고 종종 돕기도 한다. 그러한 행동을 생물학적으로 이해하기 위해서는, 외면상으로 자비롭게 보이는 행동이 일어나는 상황을 잘 관찰할 필요가 있다.

도움 주기의 가장 좋은 예는 부모가 자식에게 하는 행동이다. 이에 대한 분명한 설명은, 부모가 자식을 돕지 않으면 그들의 유전자를 성공적으로 전달할 수 없다는 것이다. 포유류의 어미는 자식을 보살피고, 어미새는 새끼에게 먹이를 물어다 주고, 식물은 씨앗 속에 최적의 영양소를 축적한다. 그러나 이러한 종류의 희생은 일반적으로 어른 동물이 어린 동물에게 도움을 주는 것과는 다르다. 거기에는 항상 부모가 자기 새끼를 구별하고 도움 주기를 자기 새끼에게만 국한하는 메커니즘이 작동하고 있다.

만약 모든 번식이 유성생식이고 배우자가 서로 가까운 관계가 아니라면 새끼는 각 부모의 유전자를 반씩 소유한다. 부모의 관점에서 보면 새끼는 유전자를 전달하는 데 있어서 자기 자신의 절반 정도의 중요성만 가진다.

이러한 유전자의 부분적 동일성은 자식뿐만 아니라 모든 친척에게도 해당된다. 자식뿐만 아니라 친척 일반에 대해서도 도움을 주는 것은 사람의 유전적 이기심에서 나오는 것이다. 그러한 행동은 친족 선택(kin selection)에서 나온 것인데, 친족 선택은 혈연관계의 정도와 확률을 적응적으로 이용하게 한다. 혈연적 연결의 단서 cues가 존재하는 한, 사람은 친척을 타인보다 선호하며, 먼 친척보다 가까운 친척(부모, 자식, 형제)을 더 선호한다.

스스로 알을 품고 새끼를 양육한다면, 자신의 둥지에 암컷이 알을 낳도록 하는 수컷이 진화적으로 더 유리하다. 그러나 암컷이 바람을 피운다면 어떻게 될까? 수컷은 암컷이 다른 수컷과 교미하지 않았고, 그래서 알이 모두 자기 것임을 확신할 수 있을까? 암컷이 짝 이외의 수컷과 교미하는 것은, 동의에 의한 일이건 아니건 많은 종에서 일어난다. 그러한 종의 수컷은 암컷의 행동을 예의 감시하며, 다른 수컷을 자신의 영역에서 몰아내는 데 열심이다. 당연히 예상할 수 있는 일이지만, 알 중의 평균 10%가 경쟁자에 의해 수정되는 종의 수컷은 암컷이 전혀 바람을 피우지 않는 다른 종들에 비해서 새끼에게 덜 성실하다.

친족 선택은 비이기적으로 보이는 행동을 일으킨다. 혈연관계가 없는 개체들이 즉시적 또는 전망적 상호 이득을 위해 서로 돕는 호혜도 그렇다. 다른 개체의 친족 선택적 또는 이타적, 협동적 본능을 이기적으로 이용하거나 조작하는 것도 그렇다. 암컷 새의 경우도 수컷과 마찬가지로 새끼가 자기 자식인지 확신할 수 없다. 왜냐하면 탁란(Sayler, 1992), 즉 주인이 외출한 둥지에 알을 낳는 일이 많은 종에서 일어나기 때문이다. 암컷은 다른 암컷의 부모 본능을 이용하여 유전적인 이득을 얻는 것이다.

이러한 속임수와 조작이 가장 발달한 종이 바로 인간인데, 여기에는 언어 능력이 활용된다. 셰익스피어에 의하면 헨리 5세는 자신의 군대를 '우리 형제들'이라고 불렀다. 여성주의 지도자들은 '자매애'를 부르짖는다. 다른 사람의 정서를 이용하고 조작하는 것은 가치 있는 이유를 위해서일 수도 있고 그렇지 않을 수도 있다.

George C. Williams

찬|반|논|쟁

우리는 본래 이기적인가?

우리는 본래 이기적이지 않다.

Frans B. M. de Waal, 에모리대학교

> "인간은 아주 이기적이라고 여겨져 왔지만 인간의 본성에는 분명히 몇 가지 원리가 있다. 그것들은 인간으로 하여금 다른 사람의 행운에 관심을 갖게 하고, 다른 사람의 행복이 자신에게 꼭 필요한 것으로 생각하게끔 한다. 비록 그가 남의 행복을 볼 수 있는 기쁨 이외에 그것으로부터 아무것도 얻는 것이 없다 할지라도 말이다."
>
> — 애덤 스미스(1759)

레니 스커트닉이 비행기 사고의 희생자를 구하기 위해 워싱턴디시의 얼어붙은 포토맥 강에 뛰어들었을 때, 또는 네덜란드 시민이 제2차 세계대전 동안 유대인에게 피난처를 제공했을 때, 그들은 생판 모르는 타인을 위해 자신의 생명에 대한 위협을 감수했다. 마찬가지로 시카고의 브룩필드 동물원에 사는 저지대 고릴라 빈티 후아는 자신의 우리로 떨어져 기절한 한 소년을 구조했다. 그것은 누구도 가르쳐 주지 않은 행동이었다. 이러한 예는 우리 인간에게 도움이 되기 때문에 깊은 인상을 받는다. 감정이입과 도덕성의 진화에 관한 연구에서 나는 한 동물이 다른 동물을 보호하거나 다른 동물의 고통에 반응한다는 증거를 아주 많이 발견했기 때문에 생존이 투쟁하는 힘뿐만이 아니라 때로는 협동과 친절에도 의존한다고 확신하게 되었다(de Waal, 1996). 예를 들면 침팬지 사회에서는 공격을 당한 희생자에게 다른 침팬지가 접근하여 어깨를 부드럽게 감싸 주는 일이 흔하다.

이렇게 서로 보살피는 경향이 있음에도 불구하고 생물학자들이 인간이나 동물을 완전히 이기주의자로 묘사하는 경우가 다반사이다. 그 이유는 이론적인 것이다—모든 행동은 행위자 자신의 이익을 위해서 진화한다는 것이다. 유전자가 그 주인을 이롭게 하지 않는다면 그 유전자 또한 자연선택의 과정에서 불리한 위치에 놓이게 된다는 생각은 논리적으로 타당하다. 그러나 동물의 행동이 그 자신을 위해서 진화했기 때문에 동물을 이기적이라고 말하는 것이 과연 옳은가?

어떤 행동이 수백만 년의 진화를 거쳐 나타나게 된 과정은, 지금 여기에 살고 있는 어떤 동물이 왜 그렇게 행동하는가를 고찰할 때 아무런 도움이 안 된다. 동물들은 오직 행동의 직접적인 결과만을 볼 수 있으며, 그것 또한 항상 그들에게 분명한 것은 아니다. 우리는 거미가 파리를 잡기 위해 그물을 만든다고 생각하지만 그것은 기능적인 수준에서만 옳은 이야기이다. 거미가 자신의 그물이 무엇에 쓰이는 것인지를 알고 있다는 증거는 없다. 다시 말하면, 행동의 목표는 그 근저에 있는 동기에 대해서 아무것도 말해 주지 않는다.

최근 들어 '이기심'이라는 개념이 그 일상적 의미를 벗고 심리학 이외의 영역에서도 사용되고 있다. 이제 그 용어는 자기기여와 비슷한 말로 간주되지만, 이기심에 포함된 의미는 자기에게 기여하려는 의도, 즉 어떤 특정한 행동으로 얻는 이득에 관한 지식이다. 담쟁이덩굴은 나무를 휘감고 올라감으로써 그 자신의 이익에 기여하지만, 식물은 본래 의도와 지식이 없기 때문에 수사학적인 의미에서가 아니라면 이기적이라고 할 수 없다. 똑같은 이유로 유전자는 이기적일 수 없다.

찰스 다윈은 적응을 개체의 목표와 혼동하지 않았으며, 이

타적인 동기를 인정했다. 이러한 점에서 그는 도덕 철학자이며 경제학의 아버지인 애덤 스미스로부터 영감을 받았다. 스미스는 경제를 이끄는 원리로 자기이익을 강조한 사람으로 알려져 있지만, 또한 인간 능력으로서의 공감에 대해 저술했다는 사실은 자기기여적 행동과 이기적 동기 사이의 구분에 관해 많은 것을 드러낸다.

이러한 소질의 기원은 전혀 신비로운 것이 아니다. 협동하면서 살아가는 모든 종은 집단에 대한 충성심과 타 개체를 돕는 경향을 보인다. 이러한 경향은 밀접한 사회생활 속에서 진화해 온 것으로, 그 성향이 동료와 친척에게 혜택을 주었고 그들은 호의에 보답할 수 있었다. 그러므로 도움을 주고자 하는 충동은 그것을 가지고 있는 개체에게 전혀 생존적인 가치가 없는 것은 아니다. 그러나 이 충동은 진화에 기여한 결과로부터 분리되었으며, 그 결과 수익자가 외부자여서 전혀 대가를 기대할 수 없을 때에도 이 충동이 표현된다.

모든 행동이 이기적이라고 하는 것은 지구상의 모든 생명이 태양 에너지의 변형이라고 말하는 것과 같다. 두 주장 모두에 일반적인 의미가 없는 것은 아니지만 우리 주위에서 관찰하는 다양성을 설명하는 데에는 별로 도움이 되지 않는다. 어떤 동물들은 무자비한 경쟁을 거쳐 생존하는 한편, 다른 동물들은 상호 부조를 통해 생존한다. 각각에 관여되어 있는 심리적 경향의 차이를 구별하지 않는 관점이 진화생물학자에게는 유용할지 모르겠다. 그러나 심리학에는 그와 같은 관점이 차지할 자리가 없다.

침팬지는 서로를 '위로하는' 동물로 알려져 있다. 그들의 행동은 행위자가 분명하게 얻을 수 있는 이득이 보이지 않음에도 이루어지는 동정의 한 형태로 보인다. 이러한 '위로'는 아직까지 다른 동물에서 보고되지 않았다.

2 심리학의 생물학적 기초

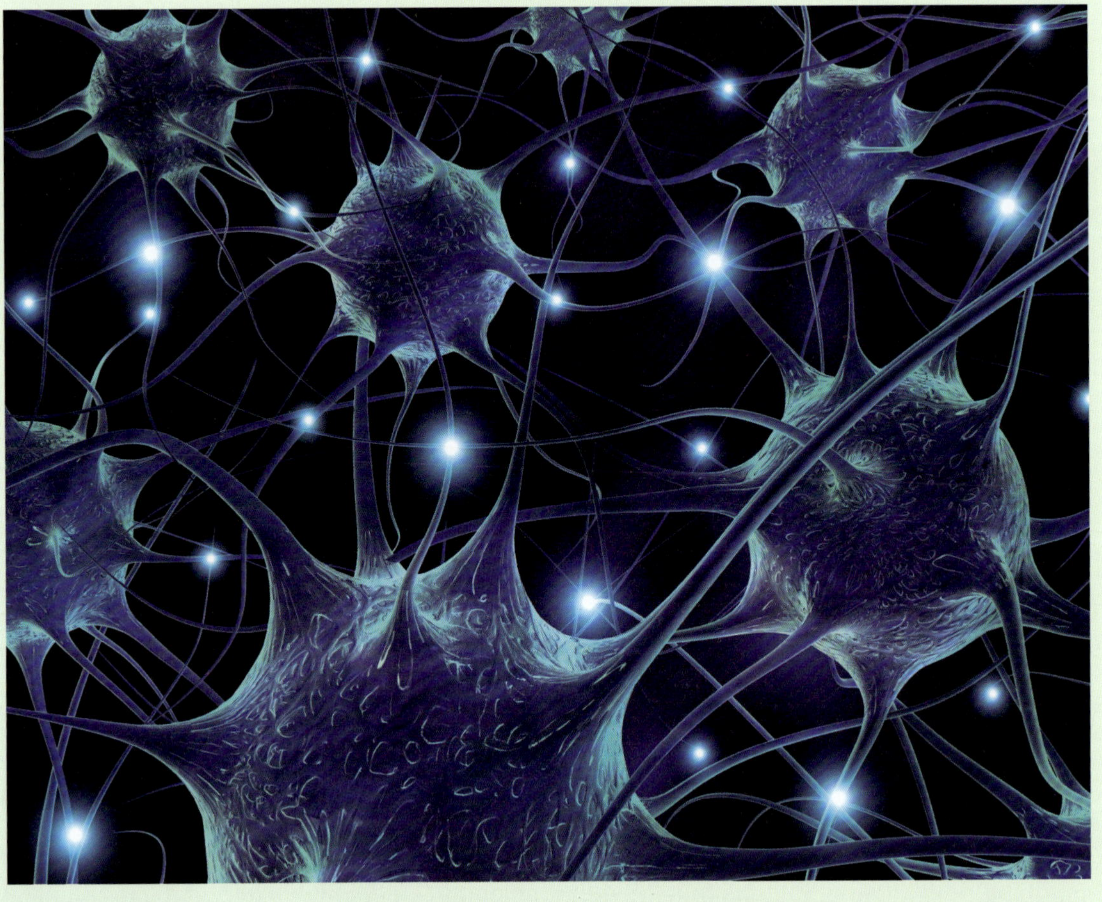

뉴런, 신경계의 형성 단위

신경계의 기본 단위는 **뉴런** neuron인데, 이것은 다른 뉴런, 내분비선 및 근육에 신경충동 또는 정보를 전달하는 전문화된 세포이다. 모든 뉴런은 공통적인 특징을 갖고 있다(그림 2.1 참조). 세포체(cell body 또는 soma)로부터 뻗어 나온 다수의 짧은 가지는 **수상돌기** dendrite('나무'를 의미하는 그리스어 *dendron*에서 유래됨)라고 불리는데, 이는 인접한 뉴런으로부터 신경충동을 받아들인다. **축색** axon은 세포체로부터 뻗어 나온 가느다란 관으로, 다른 뉴런(또는 근육과 내분비선)에 신호를 전달한다. 축색은 끝부분에서 시냅스 종말(synaptic terminal) 혹은 **종말단추** terminal button라고 불리는 작은 돌기 부위에 도달하는 다수의 가느다란 가지로 나누어진다.

종말단추는 실제로 인접한 뉴런과 직접 접촉하지 않는다. 종말단추와 수신 뉴런의 세포체 또는 수상돌기 사이에는 약간의 공간이 있다. 이 연결부를 **시냅스** synapse라고 하며, 그 공간 자체는 **시냅스 공간** synapse gap이라고 불린다. 신경충동은 축색을 따라 내려와서 종말단추에 도달하면, 시냅스 공간으로 퍼져 나가서 다음 뉴런을 자극하는 화학물질인 **신경전달물질** neurotransmitter을 분비시킨다. 여러 뉴런으로부터 뻗어 나온 축색은 단일 뉴런의 수상돌기와 세포체에 대해 시냅스를 형성한다. 이런 방식으로 시냅스후(수신하는) 뉴런은 다수의 시냅스전 뉴런에서 오는 정보를 통합한다.

뉴런은 일반적 기능에 따라 세 가지 범주로 분류된다. **감각 뉴런** sensory neuron은 수용기로부터 받은 충동을 중추신경계에 전달한다. **수용기** receptor는 신체적 혹은 화학적 변화를 탐지하여 이런 사건들을 충동으로 바꿔 주는 감각기관, 근육, 피부 및 관절에 있는 전문화된 세포이다. **운동 뉴런** motor neuron은 뇌 혹은 척수에서 외부로 나오는 신호를 근

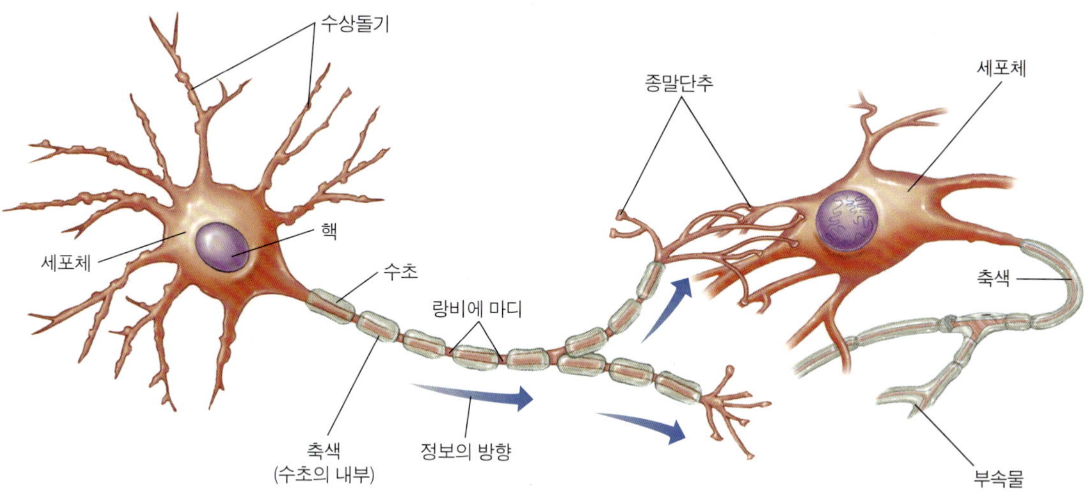

그림 2.1 세포체에서 뉴런과 시냅스의 도해. 화살표는 신경충동의 방향을 나타낸다. 어떤 축색은 가지를 치는데 그 가지는 분지라고 불린다. 많은 뉴런의 축색은 신경충동의 속도를 증가시켜 주는 절연된 수초로 둘러싸여 있다. 많은 상이한 축색은 각기 반복적으로 가지를 쳐서 단일 뉴런의 수상돌기와 세포체에서 시냅스를 형성한다. 축색의 각 분지는 신경전달물질을 담고 있는 종말단추에 도달한다. 신경전달물질이 방출되면 신경충동을 시냅스를 건너서 수신 세포의 수상돌기 혹은 세포체로 전달한다.

육과 분비선까지 전달한다. **중간 뉴런**interneuron은 감각(구심성) 뉴런과 운동(원심성) 뉴런을 연결하며, 중추신경계와 눈에서만 발견된다.

신경nerve은 수백 또는 수천의 뉴런으로부터 연장된 축색의 다발이다. 예를 들면 시신경은 눈으로부터 뇌까지 신호를 전달한다. 단일 신경은 감각 뉴런과 운동 뉴런 양자로부터 오는 축색을 포함할 수 있다. 뉴런의 세포체는 일반적으로 신경계의 도처에서 모여서 집단을 이룬다. 뇌와 척수에서 뉴런의 세포체 집단을 **핵**nucleus(복수형은 nuclei)이라고 부른다. 뇌와 척수 외에서 발견되는 뉴런의 세포체 집단은 **신경절**ganglion(복수형은 ganglia)이라고 불린다.

신경계는 뉴런과 더불어 **교세포**glial cell라고 불리는 다수의 비신경세포를 갖고 있는데, 이는 뉴런 사이에 산재해 있다. 교세포는 뉴런보다 숫자상으로 많고 뇌 부피의 반 이상을 차지한다. 교세포는 오랫동안 뉴런을 지지하는 체계를 제공한다고 여겨졌다. 교(glia)라는 이름은 '접착제(glue)'를 의미하는 그리스어에서 유래되었는데, 그 기능 중 하나를 시사한다—뉴런을 어떤 위치에 고정한다. 교세포는 뉴런 사이를 절연시킨다. 게다가 교세포는 뉴런에 영양분을 제공하고, 노폐물을 모으거나 죽은 뉴런과 이물질을 흡수함으로써 뇌에서 '청소를 하는' 것처럼 보이는데, 이로 인해 뉴런의 신호 전달 기능이 유지된다(Haydon, 2001). 최근의 증거에 따르면 교세포는 지지적 기능 이상의 기능을 갖고 있다. 예를 들면 교세포는 태아 발달 동안 필수적이며 새로운 뉴런이 이동해 가는 길을 제공한다(Allen & Barres, 2009). 교세포는 신경신호의 전달에 능동적으로 관여하는 것처럼 보인다(Gourine et al., 2010).

활동전위

이제까지 설명하지 않은 한 가지 중요한 용어는 신경충동(neural impulse)이다. 정보는 뉴런을 통해서 **활동전위**action potential—세포체로부터 축색의 종말까지 전해지는 전기화학적 충동—라고 불리는 신경충동의 형태로 전달된다. 활동전위는 **이온**ion이라고 알려진, 전하를 띤 분자들이 뉴런의 안팎으로 드나드는 운동의 결과이다. 활동전위의 발생을 이해하기 위한 열쇠는 뉴런이 정상 상태일 때 어떤 이온이 매우 선택적으로 세포의 안팎으로 드나들 수 있게 한다는 것을 아는 데 있다. 즉 뉴런의 세포막은 반투과적(semi-permeable)인데, 이것은 어떤 이온은 세포막을 쉽게 통과하고 다른 이온은 세포막에 있는 특수한 통로가 열린 경우를 제외하고는 통과가 허용되지 않는다는 것을 의미한다.

어떤 뉴런이 활동전위를 발생시키지 않고 있을 때 안정적(resting)이라고 한다. 안정 상태일 때 세포막은 Na^+ 이온을 투과시키지 않으므로 이 이온은 뉴런 밖에서 높은 농도를 유지한다. 대조적으로 안정 세포막은 K^+ 이온을 투과시키므로 이 이온의 세포 내 농도가 높다. **이온펌프**ion pump라고 불리는 별개의 단백질 구조가 세포의 안팎으로 이온을 퍼내거나 퍼넣어서 세포막 내외의 불균등한 이온 분포를 유지하는 것을 보조한다. 예를 들면 이온펌프는 Na^+ 이온이 세포 안으로 스며들 때마다 밖으로 내보내고, K^+ 이온이 뉴런 밖으로 새어 나갈 때마다 안쪽으로 되돌려 놓는다. 안정 뉴런은 이런 방식으로 Na^+의 농도를 세포 밖에서는 높게, 세포 내에서는 낮게 유지한다. 이온통로와 펌프의 전체 효과는 안정 뉴런의 세포막을 전기적으로 **분극화**polarize하는데, 뉴런의 내부를 외부에 비해 음극으로 만든다. 안정 상태 뉴런의 전위는 **안정전위**resting potential라고 불린다. 대부분의 뉴런에서 안정전위는 약 −70mV(밀리볼트)이다. 뉴런의 안정전위는 배터리의 충전 상태와 유사한데, 둘 다 에너지 저장을 위해 전기화학적 기울기(electrochemical gradient)를 이용한다. 뉴런의 에너지는 활동전위를 일으키는 데 사용할 수 있다. 어떻게 이런 일이 일어날까?

어떤 뉴런이 다른 뉴런으로부터 자극을 받으면 세포막 안팎의 전위가 변화한다. 이런 자극은 시냅스전 뉴런에 의해 방출되는 신경전달물질의 작용으로 발생하고 시냅스후 뉴런이 수용한다. 전위의 변화가 작으면 특별한 일이 발생하지 않는다. 예를 들어 전위가 약 −60mV까지 올라가면 뉴런의 이온펌프는 곧 −70mV의 안정 상태로 복귀시킬 것이다. 그러나 전위 변화가 충분히 크면 상이한 유형의 사건이 발생한다. 대부분의 뉴런에서 −55mV가 **흥분역치**excitation threshold인데, 전위가 이 값 이상으로 올라가면 세포막이 일시적으로 불안정해지고 잇따라 활동전위가 발생한다. 달리 말하면, 외부 자극에 의해 초래되는 초기의 **감분극**depolarization이 역치 이상으로 전위를 증가시킨다. 이것은 일시적으로 막전위의 역전(감분극이라 불림)을 일으키는 단계형의 사건을 초래한다. 첫째로, 축색에 위치하는 전압 의존적인 Na^+ 통로가 갑자기 열려서 Na^+ 이온이 막을 통과하여 세포 안으로 들어갈 수 있다. 양전하를 띤 Na^+ 이온은 반대의 전하가 서로 당기고 세포 안이 음전하 상태이기 때문에 세포 안으로 흘러 들어간다. 이제는 축색에서 그 영역의 내부가 외부에 비해 상대적으로 양극이 되는데 약 +40mV까지 올라간다. 다음으로 다른 양이온(특히 K^+)이 밀려 나가고, 이온펌프는 막전위의 전기적 균형을 원래의 상태로 복귀시킨다. 이러한 모든 과정은 단지 몇 밀리초(millisecond, msec) 이내에 발생하고, 이에 따라 발생하는 전위의 스파이크를 활동전위라고 한다(그림 2.2 참조).

축색을 따라 하행하는 활동전위의 속도는 초속 1m에서 120m까지 변동할 수 있다. 그 속도는 축색이 **수초**myelin sheath로 덮여 있는가에 따라 영향을 받는다. 수초는 축색을 둘러싸고 있는 전문화된 교세포로 이루어졌고 그 사이에는 작은 공백이 있다(그림 2.1 참조). 이 작은 공백은 프랑스 해부학자의 이름을 따서 **랑비에 마디**node of Ranvier라고 한다. 수초에 의한 전기적 절연은 신경충동이 한 랑비에 마디에서 다음 마디로 도약하는 **도약전도**saltatory conduction를 가능하게 해 준다. 이것은 축색을 따라 전파되는 활동전위의 속도를 매우 증가시킨다(saltatory는 '도약하는' 것을 의미하는 라틴어 *saltare*에서 유래했다). 수초화는 특히 활동전위의 신속한 전달이 중요한 경우(예: 골격근을 자극하는 축색을 따라 전달되는 경우)에 두드러진다.

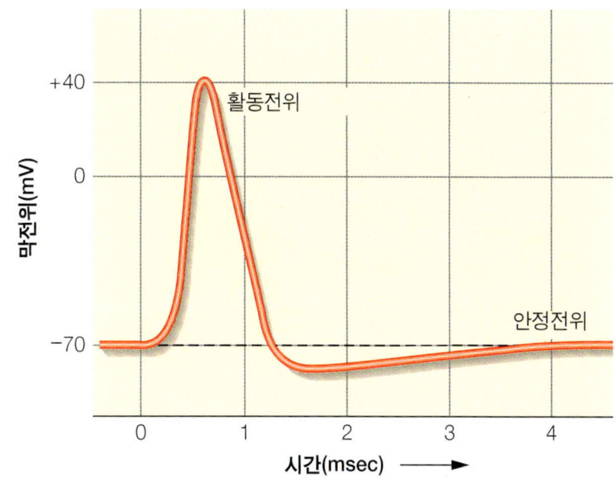

그림 2.2 활동전위.

시냅스 전달

신경 정보 전달에 의해서 발화된 활동전위는 뉴런이 할 수 있는 전부임을 아는 것이 중요하다. 뉴런은 한 번의 짧은 펄스를 나타내는 활동전위를 발생시키고 몇 천분의 1초 동안 무반응 상태가 된다. 이것은 시냅스전 뉴런에 의한 자극이 역치 수준을 넘어설 때만 일어날 수 있다. 따라서 뉴런은 어떤 시냅스 입력에 대한 반응으로 활동전위를 발사하거나 혹은 발사하지 않을 수 있는데, 뉴런이 활동전위를 발사하면 전위의 크기는 항상 동일하다. 이것은 **실무율** all-or-none law이라고 불린다. 뉴런의 활동전위에 대해서는 소프트웨어의 지시를 실행하는 데 컴퓨터가 사용하는 2진 신호(0과 1)를 유추하여 생각해 볼 수 있다. 뉴런은 활동전위를 발사하거나(1) 발사하지 않는다(0). 활동전위는 일단 시작되면 축색을 따라 내려가서 그 축색의 여러 축색종말에 도달한다.

앞서 언급했듯이 뉴런은 시냅스에서 직접적으로 연결되지 않고 그 신호는 작은 공간을 넘어가야만 한다(그림 2.3 참조). 활동전위는 축색을 따라 아래로 이동하고 종말단추에 도달했을 때 종말에 있는 시냅스 소낭(synaptic vesicle)을 자극한다. 시냅스 소낭은 신경전달물질을 담고 있는 작은 구형의 구조이다. 그것은 자극을 받으면 시냅스에 신경전달물질을 방출한다. 신경전달물질은 시냅스전 뉴런으로부터 확산되어 시냅스 공간을 건너서 시냅스후 뉴런의 수상돌기 막에 자리 잡고 있는 단백질인 수용기(recepter)와 결합한다.

신경전달물질과 수용기 부위는 조각 그림 맞추기 또는 열쇠와 자물쇠의 조각처럼 잘 들어맞는다. **자물쇠와 열쇠 작용** lock-and-key action은 수신 뉴런에서 이온통로의 투과성을 변화시킨다. 이 변화의 효과는 흥분적이거나 억제적일 수 있다. **흥분적** excitatory 효과는 양전하를 띤 이온(Na^+)을 시냅스후 뉴런에 들어가도록 만들어서 감분극을 초래한다(세포막의 안쪽이 이전보다 양전하를 띠게 된다). 이것은 시냅스후 뉴런이 흥분역치에 도달할 가능성을 높이고, 활동전위를 발생시킬 가능성도 높여 준다. 수신 뉴런에서 이온통로의 투과성 변화는 **억제적** inhibitory일 수도 있다. 이 경우에 양전하를 띤 이온(K^+)이 뉴런 외부로 나가거나 음전하를 띤 이온(Cl^-)이 뉴런 내부에 들어온다. 시냅스후 뉴런은 **과분극** hyperpolarized(안쪽이 이전보다 더 음전하를 띰)된다. 결과적으로 그 뉴런은 흥분역치에 도달할 가능성이 낮아지고 활동전위를 발생시킬 가능성도 낮아진다.

일단 신경전달물질이 방출되어 시냅스 공간에 확산되면 그 작용은 정확한 통제를

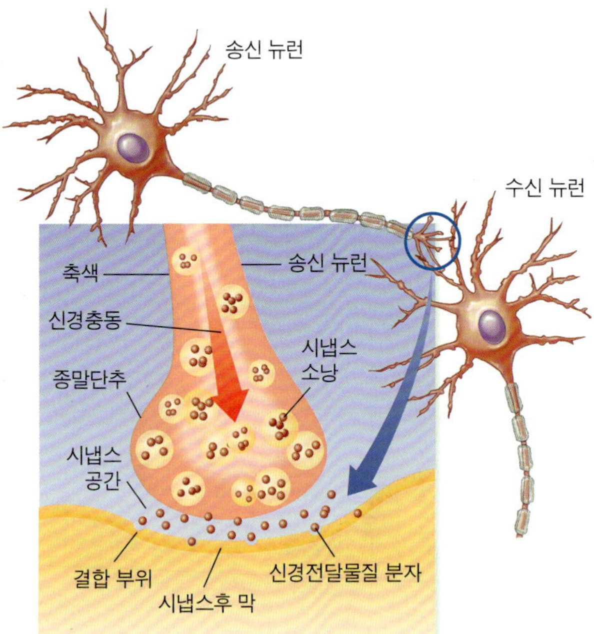

그림 2.3 시냅스 공간에 신경전달물질 방출. 신경전달물질은 시냅스 소낭에 의해 시냅스전 막으로 이동하고, 시냅스 소낭은 그 막과 융합되어 내용물을 시냅스 공간에 방출한다. 신경전달물질은 시냅스 공간에 확산되어 시냅스후 막에 있는 수용기 분자와 결합한다.

유지하기 위해 매우 신속해야만 한다. 어떤 신경전달물질에서는 방출했던 시냅스 종말에 의해 그 신경전달물질을 다시 흡수하는 **재흡수** reuptake로 시냅스가 거의 즉시 청소된다. 재흡수는 신경전달물질의 작용을 중단하고 축색종말이 더 많은 물질을 생산하는 노력을 줄여 준다. 다른 신경전달물질의 효과는 시냅스 공간에서 그 신경전달물질을 화학적으로 분해하여 비활성화시키는 효소의 작용인 **분해** degradation에 의해서도 종결된다.

신경전달물질

100개 이상의 상이한 신경전달물질이 확인되었고 추가로 더 발견될 것이 확실하다(Kandel et al., 2000). 일부 신경전달물질은 한 가지 유형 이상의 수용기와 결합할 수 있고 상이한 유형의 수용기에 따라 상이한 효과를 초래한다. 어떤 신경전달물질은 두 가지 유형의 수용기 분자에 관여하기 때문에 어떤 부위에서는 흥분적이고 다른 부위에서는 억제적이다. 이 장에서 신경계의 신경전달물질에 대한 모든 것을 논의할 수는 없다. 대신에 행동에 영향을 주는 몇 가지에 초점을 맞출 것이다.

아세틸콜린

아세틸콜린(acetylcholine)은 신경계 전반에 걸쳐 많은 시냅스에 존재한다. 그것은 보통 흥분적이나 수용 뉴런의 세포막에 있는 수용기 분자의 유형에 따라 억제적일 수도 있다. 아세틸콜린은 특히 새로운 기억 형성에 핵심적인 해마(hippocampus)라고 불리는 전뇌 영역에 많이 분포되어 있다(Eichenbaum, 2000). 이 신경전달물질은 노인에게 기억 및 다른 인지적 기능의 손상을 초래하는 심각한 장애인 알츠하이머병에 두드러진 역할을 한다. 아세틸콜린을 생산하는 전뇌의 뉴런이 알츠하이머 환자의 경우 퇴화된다. 아세틸콜린이 적게 생산될수록 기억 상실이 더 심각하다.

아세틸콜린은 또한 운동 뉴런 축색과 골격근 섬유 간의 모든 시냅스에서도 방출되어 근육을 수축시킨다. 아세틸콜린에 영향을 주는 약물은 근육 마비를 초래할 수 있다. 예를 들면 부적절하게 포장된 통조림 식품의 박테리아에서 생기는 보툴리눔 독소(botulinum toxin)는 아세틸콜린의 방출을 차단하고, 호흡에 사용되는 근육을 마비시킴으로써 죽음을 초래할 수도 있다. 전쟁에 이용하려고 개발된 어떤 신경가스와 여러 살충제는 일단 그 뉴런이 흥분되면 아세틸콜린을 분해하는 효소를 파괴함으로써 마비를 초래한다. 분해 과정이 실패하면 신경계에서 아세틸콜린이 통제할 수 없을 정도로 증가하고, 정상적인 시냅스 전달이 불가능하다.

노르에피네프린

노르에피네프린(norepinephrine) 또는 노르아드레날린(noradrenaline)은 주로 뇌간에 있는 뉴런에 의해 생산되고 경계 상태와 각성을 초래한다. 뇌에서 노르에피네프린을 증가시키거나 감소시키는 약물은 사람의 기분 수준 증가 또는 감소와 관련이 있다. 코카인(cocaine)과 암페타민(amphetamines)은 노르에피네프린의 재흡수를 느리게 함으로써 그

작용을 지속시킨다. 이런 지연 효과 때문에 수신 뉴런은 오랜 시간 동안 활성화된 채로 있고, 이것은 그 약물의 흥분적인 심리적 효과를 일으킨다. 대조적으로 **리튬**(lithium)은 노르에피네프린의 재흡수를 가속시키므로 사람의 기분을 우울하게 만든다.

도파민

도파민(dopamine)은 화학적으로 노르에피네프린과 매우 유사하다. 이것은 동기와 정서적 쾌감의 조절에 관여한다. 최근 중독 연구자는 도파민이 보상의 **유인적 현저성**(incentive salience)을 조절하는 것—달리 말하면 우리가 어떤 것을 얼마나 원하는가—과 관련이 있다는 것을 보여 주었다(Schultz, 2002). 뇌의 어떤 영역에서 과다한 도파민은 조현병을 발병시킬 수 있고, 어떤 영역에서 지나치게 부족한 도파민은 파킨슨병에 걸리게 할 수 있다. **클로르프로마진**(chlorpromazine) 혹은 **클로자핀**(clozapine)과 같이 조현병을 치료하는 약물은 도파민 수용기를 차단한다. 이와 반대로 파킨슨병 치료에 처방하는 L-도파는 뇌에서 도파민을 증가시킨다.

세로토닌

세로토닌 serotonin은 노르에피네프린처럼 기분 조절에 중요한 역할을 한다. 예를 들면 낮은 수준의 세로토닌은 우울감과 관련이 있다. 세로토닌 재흡수 억제제는 뉴런에서 재흡수를 차단함으로써 뇌에서 세로토닌 수준을 증가시키는 항우울제이다. 우울증에 일반적으로 처방되는 약물인 **프로작**(Prozac), **졸로프트**(Zoloft), **팍실**(Paxil)은 세로토닌 재흡수 억제제이다. 세로토닌은 수면과 식욕 조절에 중요하기 때문에 섭식장애인 폭식증을 치료하는 데 사용된다. 흥미롭게도 환각제인 **리세르그산디에틸아마이드**(lysergic acid diethylamide, LSD)는 뇌에서 세로토닌 수용기와 결합하여 효과를 나타낸다.

글루타메이트

흥분성 신경전달물질인 글루타메이트(glutamate)는 아미노산이며, 다른 어떤 전달물질보다 중추신경계의 뉴런에 더 많이 존재한다. 글루타메이트는 방출되면 근처에 있는 뉴런을 감분극시키기 때문에 흥분성이다. 글루타메이트는 세 가지 이상의 하위 유형이 존재하는데, 특히 그중 하나인 NMDA 수용기는 학습과 기억에 영향을 미치는 것으로 여겨졌다(Madden, 2002). 그것은 자신을 탐지하는 데 이용되는 화학물질(N-methyl-D-aspartate)에 의해 명명되었다. 글루타메이트 신경전달의 방해는 조현병과 관련이 있다.

GABA

또 다른 주요한 아미노산 신경전달물질은 감마아미노낙산(gamma-aminobutyric acid, GABA)이다. 이 물질은 주요한 억제성 전달물질인데, 사실상 뇌의 대부분 시냅스는 GABA를 이용한다. GABA 수용기를 차단하는 약물인 **피크로톡신**(picrotoxin)은 GABA의 억제적 영향이 없으면 뇌가 근육 운동을 통제할 수 없기 때문에 경련을 일으킨다. **벤조디아제핀**(benzodiazepines) 계열 항불안제의 진정 효과는 GABA의 억제적 작용의 결과이다.

뇌의 체제화

뇌의 체제화를 이해하는 한 가지 방식은 기능에 의해서이다. 캐나다 연구자인 폴 맥린(MacLean, 1973)은 인간의 뇌를 각각 진화적 변화로 인해 발달한 세 가지 동심의 층으로 생각할 수 있다고 제안했다. (1) 가장 원시적 행동을 조절하는 **중심핵** central core, (2) 정서를 조절하는 **변연계** limbic system, (3) 고등한 지적 과정을 조절하는 **대뇌피질** cerebral cortex이 그것이다.

뇌의 구조를 기술하는 좀 더 공통적인 접근은 위치를 기초로 하여 뇌를 세 가지 영역으로 나눈다(그림 2.4와 그림 2.5 참조). (1) **후뇌** hindbrain는 척수와 인접한 뇌의 후방에 있는 모든 구조들을 포함한다. (2) **중뇌** midbrain는 뇌의 중앙에 있다. (3) **전뇌** forebrain는 뇌의 전방에 위치한 구조들을 포함한다.

후뇌

후뇌는 척수의 상단에 있으며 기본적인 생명 기능에 결정적이다.

연수

두개골로 들어가는 척수의 바로 위에 조금 확장된 부위가 **연수** medulla이며, 호흡과 직립

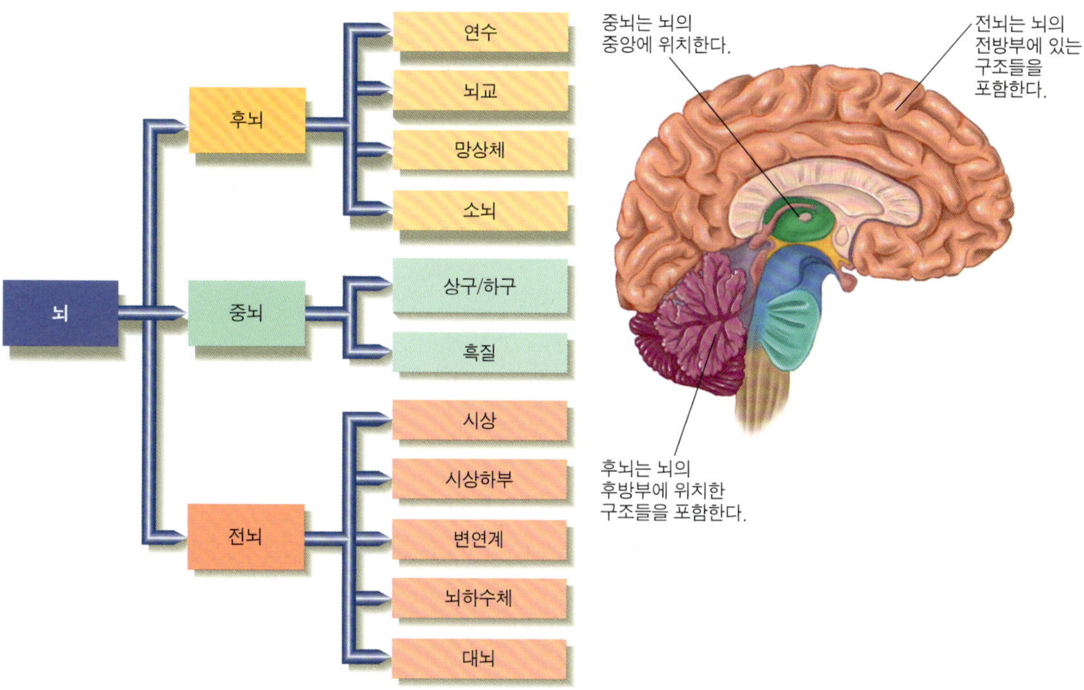

그림 2.4 뇌의 체제화.

자세의 유지를 돕는 몇 가지 반사를 통제하는 가느다란 구조이다.

뇌교

연수 위에 **뇌교** pons가 있는데, 이 구조는 주의 집중과 수면의 타이밍을 조절하는 데 중요하다. 여기서 척수에서 상행하는 주요 신경로가 교차하여 뇌의 우측이 신체의 좌측과 연결되고, 뇌의 좌측이 신체의 우측과 연결된다.

망상체

하위 뇌간에서 전뇌의 시상까지 연장되고, 다른 중심핵의 구조를 거쳐 가는 신경회로의 망을 **망상체** reticular formation라고 부른다. 이 뉴런의 망은 각성을 통제하는 작용을 한다. 어떤 전압의 전류가 고양이 또는 개의 망상체에 심은 전극을 통해서 흐르면 그 동물은 잠이 들고, 좀 더 신속하게 변하는 파형을 가진 전류에 의한 자극은 잠자는 동물을 깨운다. 또한 망상체는 우리가 특정 자극에 주의를 집중하는 능력에 역할을 한다. 모든 감각수용기는 망상체로 모여드는 신경섬유를 가지고 있는데 그것은 필터와 같이 작용한다. 망상체는 어떤 감각 정보를 차단하고 어떤 감각 정보를 대뇌피질(즉 의식적 자각)까지 보낼 것인가를 결정한다.

소뇌

연수의 조금 위에 위치한 뇌간의 후방에 부착된 주름진 구조를 **소뇌** cerebellum라고 부르는데, 이 구조는 일차적으로 운동의 조정 및 타이밍과 관련이 있다. 구체적 운동은 더 고등한 수준에서 시작되나 그 운동의 조정은 소뇌에 달려 있다. 소뇌의 손상은 급작스럽고 조정되지 않은 운동을 초래한다. 소뇌는 운동 조정과 더불어 새로운 운동 반응의 학습에 중요하다(Boyden et al., 2004).

중뇌

인간의 중뇌는 상대적으로 작다. 중뇌는 뇌교의 바로 위에 있으며, 전뇌에 의해 둘러싸여 있다.

상구와 하구

중뇌는 2개의 작은 구조인 **상구** superior colliculus와 **하구** inferior colliculus를 포함하는데, 이 구조들은 감각 정보를 뇌로 연결해 주고 운동 통제(안구 운동을 포함)를 하는 데 중요하다.

흑질

중뇌의 다른 중요한 구조는 **흑질** substantia nigra인데, 도파민 경로(보상 경로라고도 불림)

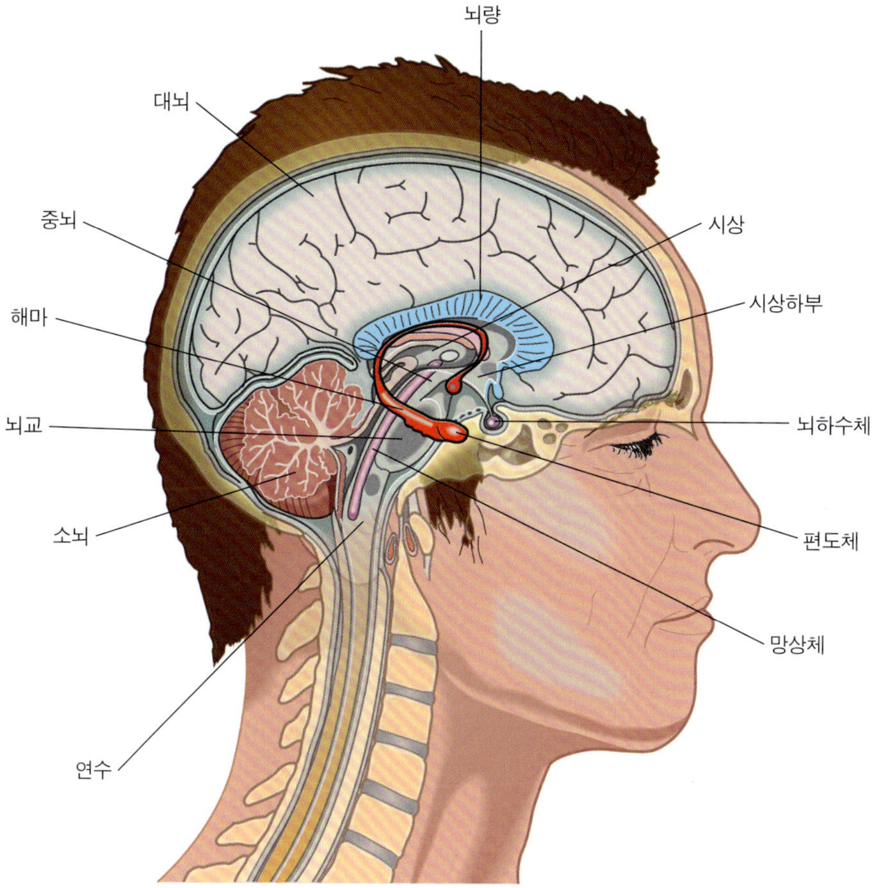

그림 2.5 인간 뇌의 주요 구조.

에서 결정적인 부분이다. 파킨슨병에서 퇴화되는 것이 바로 흑질이다.

전뇌

인간의 전뇌는 상대적으로 크고, 중뇌와 일부 후뇌를 덮고 있다(그림 2.5 참조). 전뇌에서 가장 큰 부위는 대뇌인데, 다른 동물보다 인간이 가장 잘 발달되어 있다. 뇌의 외층은 대뇌피질(cerebral cortex 혹은 cortex)이라고 불리는데, '나무껍질'을 의미하는 라틴어에서 유래했다. 뒤에서는 이 구조가 심리적 기능을 위한 뇌의 가장 중요한 영역이라는 것을 알게 될 것이다. 전뇌의 다른 구조(시상, 시상하부, 변연계를 포함하는 영역)는 대뇌의 아래에 있으며, 이를 피질하(subcortical) 구조라고 한다.

시상

대뇌반구의 내부에서 중뇌의 상부에 위치한 2개의 달걀형 신경세포핵 집단이 시상 thalamus이다. 이 구조는 감각수용기로부터 들어오는 시각과 청각 같은 정보를 대뇌에 전해 주는 감각 중계소의 기능을 한다.

시상하부

시상하부 hypothalamus는 시상의 바로 아래에 위치한 매우 작은 구조이다. 시상하부에 있는 중추는 먹기, 마시기, 성행동을 조절한다. 시상하부는 자율신경계에 영향을 행사함으로써 항상성을 유지하는 데 관여한다. **항상성** homeostasis은 정상적인 체온, 심장박동, 혈압과 같은 건강한 유기체의 특징이 되는 기능 수준을 의미한다. 유기체가 스트레스를 받고 있을 때는 항상성이 무너지고, 이 불균형을 교정하기 위해 여러 과정이 작동한다. 예를 들어 너무 더우면 땀을 흘리고, 너무 추우면 몸을 떤다. 이 두 과정은 정상 체온을 회복시키는 경향으로 보이며, 시상하부에 의해 통제된다. 또한 시상하부는 정서의 감각과 스트레스를 유발하는 상황에 대한 반응에 중요한 역할을 한다. 시상하부에 있는 어떤 영역에 대한 약한 전기 자극은 쾌감을 발생시키고, 인접한 영역에 대한 자극은 불쾌감을 발생시킨다.

뇌하수체

뇌하수체 pituitary gland는 내분비선(endocrine system)이라 불리는 선체계 중 가장 중요한 부위이다. 시상하부는 바로 밑에 연결된 뇌하수체에 영향을 미침으로써 내분비체계를 통제하고 호르몬을 생산한다.

변연계

뇌의 중심핵 주변에서 시상하부와 밀접하게 연관된 것이 **변연계** limbic system인데, 이것은 중심핵에 의해 조절되는 어떤 본능적 행동에 대해 추가적인 통제를 실행하는 것처럼 보이는 구조이다. 어류와 양서류같이 초보적인 변연계만을 가진 동물은 정형적인 행동을 통해 먹기, 공격하기, 도망가기, 교미하기와 같은 활동을 수행한다. 포유류에서 변연계는 이런 본능적인 패턴 중 일부를 억제하고 유기체로 하여금 환경의 변화에 대해 좀 더 유연하고 양호하게 적응할 수 있도록 허용해 준다.

변연계의 일부인 **해마** hippocampus는 기억에 전문적 역할을 한다. 이 역할은 1950년대에 뇌전증을 치료하기 위해 외과적 수술로 그 구조를 제거한 사람에서 발견되었다. 환자는 그 수술에서 회복되자마자 오랜 친구를 쉽게 알아보고, 초기의 경험을 쉽게 회상하고, 읽기를 할 수 있고, 어린 시절에 학습한 기술을 쉽게 수행했다. 그러나 수술을 받기 전해에 발생한 사건은 거의 회상할 수 없었고, 수술 후에 발생한 사건도 기억할 수 없었다. 예를 들면 그날 몇 시간 동안 함께 있었던 낯선 사람을 나중에 알아보지 못했다.

변연계는 또한 정서 행동과도 관련이 있다. 아몬드형의 피질하부 구조인 **편도체** amygdala는 정서 기억, 특히 공포 반응을 포함하는 정서 기억의 형성(7장, 공포 조건형성 참조)에 결정적이다. 1930년대와 같은 초기에 연구자는 편도체가 손상된 원숭이가 공포의 두드러진 감소를 나타낸다고 보고했다(Klüver & Bucy, 1937). 편도체가 손상된 사람은 공포의 **얼굴 표정** facial expression을 인식할 수 없거나 새로운 공포 반응을 학습할 수 없다

(Bechara et al., 1995). 최근 편도체는 사회 행동에 역할을 하는 것으로 보였는데, 편도체의 크기는 개체의 사회망 크기 및 복잡성과 관련이 있다(Bickart et al., 2011).

대뇌피질

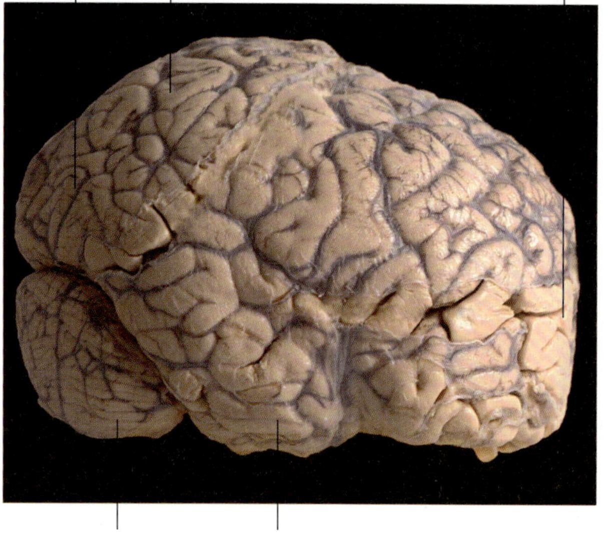

그림 2.6 인간 뇌의 사진.

각각의 감각체계는 대뇌피질의 특수 영역에 정보를 전달한다. 운동 반응 혹은 신체 부위의 운동은 피질의 특수한 영역에 의해 통제된다. 감각피질이나 운동피질이 아닌 피질의 나머지 부분은 **연합피질**(association cortex)로 이루어진다. 이 영역은 인간 피질의 대부분에 해당하며 기억, 사고 및 언어와 관계가 있다. 보존 처리된 뇌의 피질은 대체로 신경의 세포체와 비수초화된 섬유로 이루어지기 때문에 회색으로 보이며, 그래서 회백질(gray matter)이라고 한다(그림 2.6 참조). 더 내부로 가면 대뇌는 대체로 수초화된 축색으로 이루어져서 백색으로 나타나므로 백질(white matter)이라고 한다.

피질은 뇌의 좌측과 우측이 **뇌량** corpus callosum으로 연결된 2개의 **반구** hemisphere로 구성된다. 반구는 기본적으로 대칭적이고, 그 사이에는 깊숙한 구분선, 즉 **대뇌종렬** longitudinal fissure이 있는데 이를 좌반구와 우반구로 부른다. 각각의 반구는 4개의 **엽** lobe—전두엽, 두정엽, 후두엽, 측두엽—으로 나누어진다. 이것들은 다양한 기능을 수행하는 대뇌피질의 넓은 영역이다. **전두엽** frontal lobe은 머리의 정수리 근처에서부터 옆면으로 귀까지 이르는 깊게 파인 고랑인 **중심렬** central fissure에 의해 **두정엽** parietal lobe과 구분된다. 두정엽과 **후두엽** occipital lobe 사이의 구분은 덜 분명하다. 편의상 두정엽은 중심구 뒤 뇌의 정수리 부분에 있고, 후두엽은 뇌의 후방에 있다고 말할 수 있다. 뇌의 측면에 있는 깊게 갈라진 틈인 **외측렬** lateral fissure은 **측두엽** temporal lobe을 구분하도록 해 준다(그림 2.7 참조).

중심렬 바로 앞에 있는 **일차운동영역** primary motor area은 신체의 수의적 운동을 통제한다. 운동피질이 손상되면 운동이 장애를 겪는다. 운동신체지도는 신체의 어떤 부위가 피질의 상대적으로 큰 영역(예: 손)과 관련이 있다는 것을 보여 준다. 신체는 운동피질에서 대략 거꾸로 선 모습으로 표현된다. 예를 들면 발끝의 운동은 머리의 꼭대기 근처 부위에 의해 통제되나, 혀와 입의 운동은 운동영역의 바닥 근처 부위에 의해 통제된다. 신체 우측의 운동은 좌반구의 운동피질에 의해 지배되고, 우반구는 좌측의 운동을 지배한다.

두정엽에서 중심렬에 의해 운동영역과 분리되어 있으며, 감각 경험에 관여하는 영역을 **일차체감각영역** primary somatosensory area이라고 한다. 이 영역이 전기적으로 자극될 때 반대쪽 신체의 어느 곳에 감각 경험을 일으킨다. 뜨거움, 차가움, 촉감, 통증 및 신체 운동

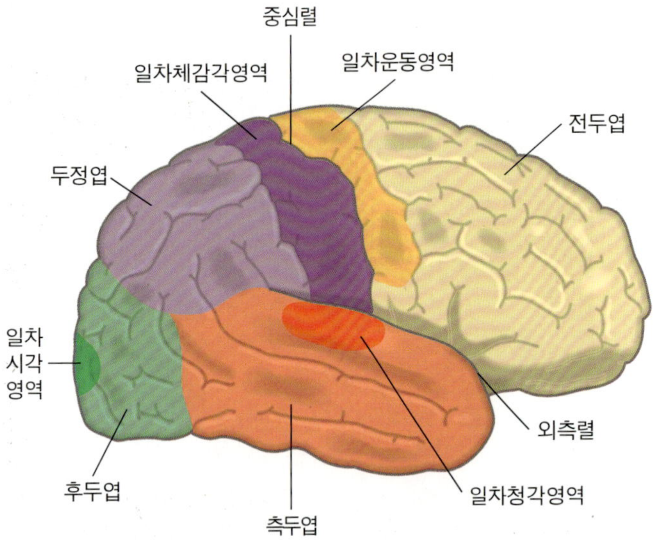

그림 2.7 대뇌피질(외측 조망)

감각이 여기서 표상된다. 일반적으로 어떤 신체 부위와 연합된 체감각 영역의 크기는 그 신체 부위의 민감성 및 사용 정도와 관계가 있다. 예를 들면 너구리는—자신의 환경을 탐색하고 조작하는 데 앞발을 집중적으로 사용함으로써—각각의 발가락을 위한 영역을 포함하여 앞발을 통제하는 커다란 피질 영역이 있다. 대부분의 환경을 예민한 수염으로 탐색하는 쥐는 각각의 수염에 대응하는 분리된 피질 영역을 갖고 있다.

피질 후두엽의 뒷부분에는 **일차시각영역** primary visual area이 있다. 그림 2.8은 두 눈으로부터 **시각피질** visual cortex에 도달하는 시신경섬유와 신경로를 보여 준다. 오른쪽 눈으로부터 진행하는 시신경섬유의 일부는 우반구로 가는 반면에, 나머지는 **시교차** optic chiasm라고 불리는 교차점에서 교차하여 반대 반구로 넘어가는데, 동일한 배열이 왼쪽 눈에도 적용된다. 구체적으로 말하면 두 눈의 오른쪽에서 오는 섬유는 뇌의 우반구로 가고, 두 눈의 왼쪽에서 오는 섬유는 좌반구로 간다. 결과적으로 좌측 시야는 우반구에 표상하고 우측 시야는 좌반구에 표상한다. 이 사실은 때때로 뇌의

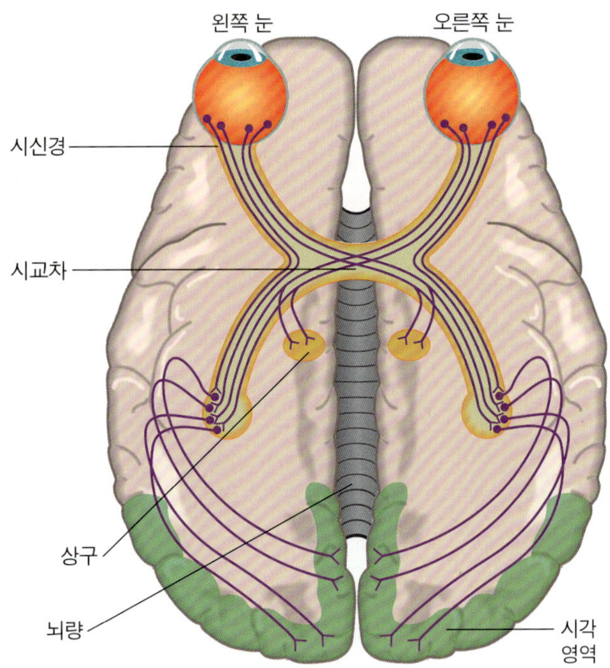

그림 2.8 시각 경로. 망막의 안쪽 또는 코 쪽의 반으로부터 오는 신경섬유는 시교차에 이르러 뇌의 반대쪽으로 넘어간다. 망막의 바깥쪽 또는 측면의 반으로부터 오는 신경섬유는 뇌의 같은 쪽으로 간다. 그래서 망막의 오른쪽에 도달하는 자극은 우반구로 전달되고, 망막의 왼쪽에 도달하는 자극은 좌반구에 전달된다. 또한 눈으로부터 오는 입력의 일부는 안구 운동 통제를 위해 상구로 직접 간다.

종양 혹은 다른 기형의 위치를 정확히 찾아내는 데 도움이 된다.

각 반구의 측면에 있는 측두엽 표면에 위치한 **일차청각영역**primary auditory area은 복잡한 청각 신호—인간의 말소리처럼 소리의 시간적 패턴—를 분석하는 데 관여한다. 양쪽 귀에 대한 입력은 피질의 양측에 있는 청각영역에 표상되어 있으나 반대쪽에 대한 연결이 더 강하다. 오른쪽 귀는 우측과 좌측의 일차청각영역 모두에 정보를 보내지만 좌측 뇌의 청각영역에 더 많은 정보를 보낸다. 유사하게 왼쪽 귀는 우측에 더 많은 정보를 보낸다.

앞서 언급했듯이 감각 또는 운동 과정에 직접 관여하지 않는 대뇌피질의 영역은 **연합영역**association area이다. 전두연합영역(frontal association areas) 혹은 전전두피질(prefrontal cortex)은 운동영역의 앞에 있는 전두엽 일부분이다. 이 영역은 기억, 사고, 계획 및 의사결정에 관여한다(Miller & Cohen, 2001). 전전두피질은 사고 과정을 점검하고 조작화하며 어떤 행동을 선택하는 반면에 다른 행동을 억제하므로 뇌의 '집행부'로 설명되었다. 뇌의 이 영역이 손상된 사람은 목표 지향적 행동 계획하기와 주의 집중하기에 어려움을 보인다. 게다가 자신의 행동에 따른 사회적 · 도덕적 결과에 대한 이해의 감소를 보일 수 있다(Koenigs et al., 2007).

후방연합영역(posterior association areas)은 일차감각영역 근처에 있고 특정 감각에 기여하는 하위 영역으로 구성된 것 같다. 예를 들면 측두엽의 아랫부분은 시지각과 관계가 있다. 이 영역의 손상은 상이한 형태를 재인하고 변별하는 능력의 결손을 초래한다. 비록 이 영역의 손상 환자는 형태를 '볼 수 있고' 그 윤곽을 추적할 수 있지만 그 형태가 무엇인지 알 수 없으며 다른 형태와 구분할 수도 없다(Gallant et al., 2000).

뇌의 비대칭성

얼핏 보면 뇌의 두 반구는 거울상처럼 보인다. 그러나 부검 중에 측정된 좌반구는 대체로 우반구보다 크다. 또한 우반구는 산재한 개별적인 뇌 영역들을 연결하는 긴 신경섬유를 많이 갖고 있는 반면에, 좌반구는 제한된 영역 내에서 다수의 상호 연결을 하는 짧은 신경섬유를 많이 갖고 있다(Hellige, 1993).

언어

언어를 위한 뇌 기제에 대한 많은 정보는 뇌 손상 환자들의 관찰로부터 얻는다. 그 손상은 종양, 머리를 침투하는 부상, 또는 혈관의 파열로 인한 것일 수 있다. **실어증**aphasia이란 용어는 뇌 손상에 의해 일어나는 언어 결손을 일컫는 데 사용된다. 일찍이 1861년 프랑스 의사 폴 브로카(Paul Broca)는 말하는 능력의 상실로 고통을 겪다가 사망한 환자의 뇌를 검사했다. 그는 좌반구 전두엽의 외측렬 바로 위에 있는 영역의 손상을 발견했다(그림 2.9 참조). **브로카 영역**Broca's area으로 알려져 있는 이 영역은 말소리의 산출에 관여한다. 브로카 영역이 손상된 사람은 표현성 실어증(expressive aphasia)을 경험하며, 단어를 정확하게 발음하는 데 어려움을 겪고, 느리면서 힘들게 말한다. 그들의 말은 의미는 있지만 몇 개의 핵심 단어만을 포함한다. 명사는 일반적으로 단수형으로 표현하고 형용사, 부사, 관사, 접속사를 자주 생략한다. 그러나 구두 혹은 필기된 언어를 이해하는 데는 문제

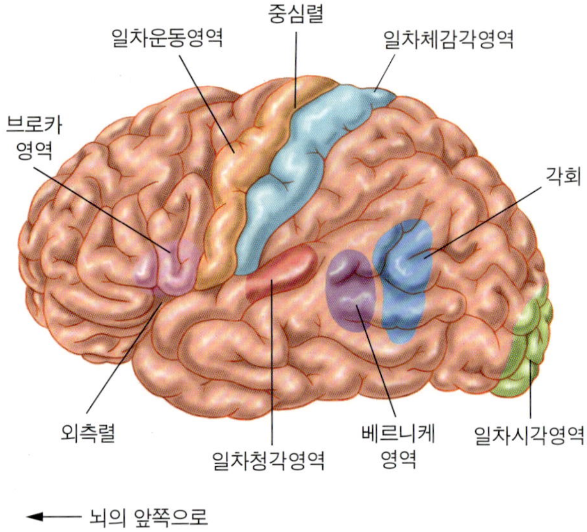

그림 2.9 좌반구 피질의 기능 전문화. 피질의 주요 부위는 운동을 일으키고 감각 입력을 분석하는 데 관여한다. 운동영역, 체감각영역, 시각영역, 청각영역, 후각영역을 포함하는 이 영역은 뇌의 양 반구에 존재한다. 어떤 다른 기능은 한 반구에만 위치한다. 예를 들면 브로카 영역과 베르니케 영역은 언어의 산출과 이해에 관여하고, 각회는 단어의 시각적 형태와 청각적 형태를 대응시키는 것을 돕는데, 이런 기능은 인간 뇌의 좌반구에만 존재한다.

가 없다. 우반구에서 이와 대응되는 영역에 대한 파괴는 언어장애를 초래하지 않는다. 말소리를 이해하고, 단어를 쓰고, 필기된 단어를 이해하는 데 관여하는 영역도 보통 좌반구에 위치해 있다. 좌반구를 손상시키는 뇌졸중은 우반구에 국한된 뇌졸중보다 언어장애를 발생시킬 가능성이 높다. 모든 사람이 좌반구에 언어중추를 갖고 있는 것은 아니며, 일부 왼손잡이는 우반구에 언어중추를 갖고 있다.

1874년 독일의 연구자 카를 베르니케(Carl Wernicke)는 피질의 다른 영역–이 영역 또한 좌반구에 있지만 측두엽에 위치한다–손상이 **수용성 실어증**(receptive aphasia)이라고 불리는 언어장애와 관련이 있다고 보고했다. **베르니케 영역** Wernicke's area(그림 2.10 참조)이라고 알려진 이 위치가 손상된 사람들은 단어를 이해할 수 없는데, 즉 단어를 들을 수는 있지만 그 의미를 알지 못한다. 또한 이들은 어려움 없이 적절한 발음으로 단어의 어절을 발성할 수 있으나 어법에 오류를 범하고, 이들의 말은 의미가 없는 경향을 보인다. 베르니케는 결손을 분석하여 뇌가 언어의 산출과 이해에 어떤 기능을 하는지 설명하는 모형을 개발했다. 그의 모형은 100년 이상 되었지만 일반적 특징은 지금까지 정확한 것처럼 보인다. 노먼 게슈빈트(Norman Geschwind)는 이 아이디어에 기초하여 **베르니케-게슈빈트 모형**(Wernicke-Geschwind model)으로 알려진 이론을 개발했다(Geschwind, 1979).

누군가 말한 단어를 이해하기 위해 그것은 청각영역에서 베르니케 영역으로 전달되어야만 한다. 거기서 단어의 형태가 청각적 부호와 대응되고, 이어서 그 단어의 의미를 활성화한다. 필기 단어가 제시될 때 처음에는 시각영역에 등록되고, 그다음으로 **각회**(angular gyrus; 그림 2.9 참조)에 전달되며, 그곳에서 단어의 시각적 형태와 베르니케 영역에 있는 청각 부호가 연합되는데, 일단 단어의 청각 부호가 발견되면 그 의미도 찾게 된다.

베르니케-게슈빈트 모형은 실어증 환자가 보이는 많은 언어 결손을 설명해 준다. 브로카 영역에 국한된 손상은 언어 산출을 방해하나 구어 혹은 문어의 이해에는 영향을 미치지 않는다. 베르니케 영역의 손상은 언어 이해의 모든 측면을 파괴하지만, 브로카 영역이 온전하기 때문에 비록 표현된 말이 의미가 없다고 할지라도 단어를 적절히 발음한다. 또

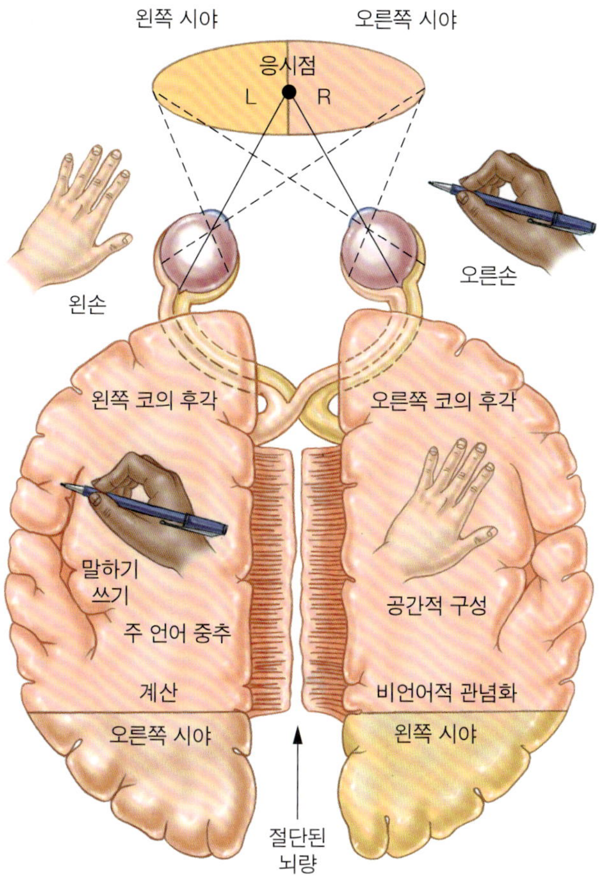

그림 2.10 두 대뇌반구에 대한 감각 입력. 눈을 정면으로 똑바로 고정하면 응시점의 좌측에 있는 자극은 우반구에 투사되고, 우측에 있는 자극은 좌반구에 투사된다. 좌반구는 오른손의 운동을 통제하고, 우반구는 왼손을 통제한다. 청각은 그 입력이 대체로 교차되나 일부 소리 표상은 들어온 쪽의 귀와 같은 쪽의 반구로 간다. 좌반구는 쓰기와 말하기, 언어 및 수학적 계산을 통제한다. 우반구는 단지 단순한 언어만을 이해할 수 있고, 주요 능력은 공간적 구성과 형태의 이해에 관여하는 것 같다.

한 이 모형은 각회가 손상된 사람이 읽을 수는 없지만 말을 하거나 이해하는 데 어려움을 보이지 않는다는 것을 정확히 예측한다. 마지막으로, 손상이 청각영역에 국한되면 그 사람은 정상적으로 읽거나 말할 수는 있으나 말을 이해할 수는 없다.

분할 뇌 연구

언어에서 좌반구의 역할이 알려진 지는 꽤 되었지만, 각 반구가 무엇을 할 수 있는가를 연구하는 것은 최근에야 가능해졌다. 정상적인 사람의 경우 뇌는 통합된 전체로 기능한다. 한 반구의 정보가 뇌량(corpus callosum; 그림 2.10 참조)이라고 불리는, 양 반구를 연결하는 역할을 하는 넓은 신경섬유의 띠를 통해서 다른 반구로 전달되기 때문이다. 이 연결 교량은 어떤 유형의 뇌전증에서는 문제가 되는데, 왜냐하면 한 반구에서 시작한 발작이 반대쪽으로 넘어가서 그 반구에 있는 뉴런을 광범위하게 발작시키기 때문이다. 그런 대발작을 예방하려는 시도로 신경외과의는 심한 뇌전증을 보이는 환자의 뇌량을 외과 수술을 통해 절단했다. 이 분할 뇌 환자는 좌반구와 우반구의 기능에 대한 중요한 통찰을 제공했다.

뇌량이 절단되었을 때 어떤 일이 일어나는가를 이해하기 위해 그림 2.10을 살펴보자. 우리는 운동신경이 뇌를 떠날 때 교차되기 때문에 좌반구가 우측 신체를 통제하고, 우반구는 좌측 신체를 통제한다는 것을 알고 있다. 우리는 또한 언어를 발생시키는 영역(브로카 영역)이 좌반구에 있다는 것도 알고 있다. 눈이 정면을 향해 고정되어 있을 때 응시점의 좌측에 있는 영상은 두 눈을 통해 뇌의 우측으로 가고, 응시점의 우측에 있는 영상은 뇌의 좌측으로 간다. 그러므로 각 반구는 '자신의' 손이 정상적으로 기능을 하는 시야의 반을 볼 수 있는데, 예를 들어 좌반구는 우측 시야에 있는 오른손을 본다. 정상 뇌에서는 한 반구에 들어오는 자극이 신속하게 다른 반구에 소통되고, 뇌는 하나의 단위로 기능한다. 이제부터 뇌에 대한 이런 세 가지 사실을 놓고, 뇌량이 절단되어—분할 뇌가 되어—두 반구가 서로 소통할 수 없는 경우를 살펴보자.

이 분야에서 선구적인 연구를 수행한 로저 스페리(Roger Sperry)는 1981년에 노벨상을 받았다. 스페리의 검사 상황 중 하나에서 분할 뇌 수술을 받은 사람은 손을 가린 스크린 앞에 앉아 있었다(그림 2.11a 참조). 그의 시선은 스크린의 중심에 있는 한 점에 고정된다. 단어 *nut*가 스크린의 좌측에 1/10초 동안 번쩍하고 나타난다. 이 시각 신호가 좌측 신체를 통제하는 우측 뇌로 간다는 것을 상기하라. 그 사람은 자신의 좌측 손을 갖고 시야로부터 숨겨진 대상 사이에서 *nut*를 쉽게 끄집어낼 수 있다. 그러나 그는 스크린에 무엇이 비춰졌는가를 실험자에게 말할 수 없었는데, 왜냐하면 언어가 좌반구에 의해 통제되지만 *nut*의 시각상은 좌반구에 전달되지 않았기 때문이다. 그는 질문을 받으면 자신의 왼손이 무엇을 하고 있는지를 알지 못하는 것 같았다. 왼손으로부터 오는 감각적 입력이 우반구로 가기 때문에 좌반구는 왼손이 느끼는 것 혹은 하고 있는 것에 관한 정보를 받지 못한다. 모든 정보는 *nut*라는 단어의 원래 시각적 입력을 받았던 우반구에 피드백된다.

이 실험에서는 단어를 스크린에 1/10초보다 짧게 비춰야만 한다. 더 오래 지속되면 사

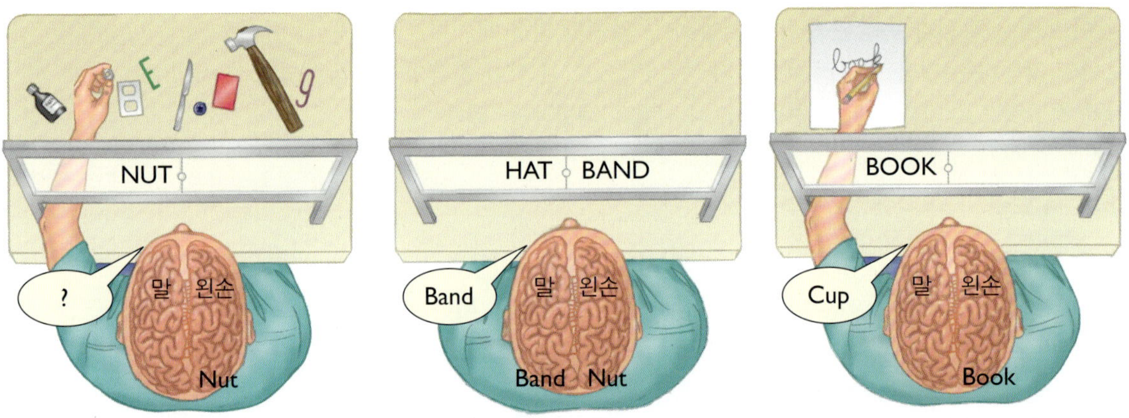

a) 분할 뇌 환자는 대상의 이름이 우반구에 비춰졌을 때 왼손으로 만져 그 대상을 정확하게 집지만, 그 대상의 이름을 말할 수 없고 자신이 무엇을 했는지를 설명할 수 없다.

b) *hatband*라는 단어를 비추면 *hat*은 우반구로 전해지고 *band*는 좌반구로 전해진다. 분할 뇌 환자는 *band*라는 단어를 보았다고 반응하지만 어떤 종류의 *band*인지는 알지 못한다.

c) 처음에는 일상 대상(*book*과 *cup*)의 목록이 양 반구에 제시된다. 다음으로 목록 중 한 단어(*book*)가 우반구에 투사된다. 단어를 쓰라는 지시를 받으면 왼손은 *book*이라고 쓰기 시작하지만, 질문을 받으면 자신의 왼손이 무엇을 썼는가를 알지 못하고 *cup*이라고 추측한다.

그림 2.11 두 대뇌반구의 능력 검사.

람의 안구가 움직이고 단어가 좌반구에도 투사된다. 사람이 안구를 자유롭게 움직일 수 있을 때는 정보가 양측 반구로 전달되는데, 이것은 뇌량의 절단으로 인해 초래된 결손이 일상적 활동에서 쉽게 드러나지 않는 한 가지 이유이다.

추가 실험은 분할 뇌 환자가 좌반구에서 무엇이 진행되고 있는가를 말로써만 의사소통할 수 있다는 것을 입증했다. 그림 2.11b는 다른 검사 상황을 보여 준다. 이 상황에서 *hatband*라는 단어를 스크린에 비추면 *hat*은 우반구로, *band*는 좌반구로 전달되었다. 그는 본 단어가 무엇인가에 대해 질문을 받았을 때 *band*라고 응답했다. 어떤 종류의 *band*를 보았느냐고 질문을 받았을 때는 여러 가지 추측—'rubber band', 'rock band', 'band of robbers' 등—만을 했고, 단지 우연적으로만 *hatband*라고 말했다. 다른 합성 단어(예: *keycase*와 *suitcase*)를 이용한 검사도 유사한 결과를 보여 주었다. 우반구가 지각한 것은 의식적인 인식을 하도록 좌반구에 전달되지 않았다. 뇌량이 절단되면 각 반구는 다른 반구의 경험을 알아차리지 못하는 것 같다.

분할 뇌 환자는 눈을 가리고 친숙한 대상(빗, 칫솔, 또는 열쇠 주머니)을 왼손에 놓으면 그것이 무엇인지를 아는 것처럼 보이고, 적절한 몸짓으로 그것을 사용하는 시범을 보일 수 있다. 그러나 이렇게 아는 것을 말로는 표현할 수 없다. 그들이 그 대상을 조작하는 동안에 무엇을 하고 있는지 질문을 받으면, 그 대상으로부터 좌반구(언어 반구)로 가는 감각 입력이 차단되어 있는 한 알지 못한다. 그러나 그 환자의 오른손이 우연히 그 대상에 접촉하거나 또는 그 대상이 어떤 특징적인 소리(열쇠 주머니가 딸랑거리는 소리)를 내면 언어를 다루는 반구가 즉시 정확한 대답을 한다. 비록 우반구는 말소리를 산출하지는 못하지만 어떤 언어적 능력은 갖추고 있다. 처음에 들었던 예에서 우반구는 *nut*라는 단어의 의미를 재인했고, 그 단어를 필기할 수도 있게 한다. 그림 2.11c에 예시된 실험에서 분할 뇌 환자는 우선 컵, 칼, 유리잔과 같은 일상적인 대상의 목록을 보았다. 이 목록은 단어가 양 반구에 모두 투사될 수 있을 만큼 오랫동안 제시된다. 다음으로 그 목록을 치우고 그 단어 중 하나(예: *book*)가 스크린의 좌측에 매우 짧게 제시되어 우반구로 간다. 환자들은 본 것을 쓰도록 요청받았을 때 왼손이 *book*이라고 쓰기 시작했다. 왼손으로 무엇을 썼냐는 질문을 받으면 그들은 원래의 목록에 있던 단어 중 어떤 것을 알지 못하고 추측했다. 그들은 자신이 어떤 것을 쓰고 있다는 것을 아는데, 왜냐하면 신체를 통해 쓰기 운동을 느낄 수 있기 때문이다. 그러나 단어를 보고 쓰는 우반구와 언어를 통제하는 좌반구 사이의 소통이 없기 때문에 쓰고 있는 것을 말할 수는 없다(Sperry, 1968, 1970; Gazzaniga, 1985; Hellige, 1990).

반구 전문화

분할 뇌 환자에 대한 연구는 두 반구가 상이한 기능을 한다는 것을 보여 준다. 좌반구는 언어를 표현하는 능력을 지배한다. 그것은 복잡한 논리적 활동을 수행할 수 있고 수학적 계산에 능숙하다. 우반구는 매우 단순한 언어만을 이해할 수 있다. 예를 들면 그것은 너트, 빗과 같은 대상을 선택함으로써 단순 명사에 반응할 수 있으나 좀 더 추상적인 언어 형태는 이해할 수 없다. 우반구는 '윙크하라', '인사하라', '머리를 흔들어라', '미소를 지어라'와 같은 단순한 명령을 받는 경우에도 좀처럼 반응을 하지 않는다.

그러나 우반구는 잘 발달된 공간 및 패턴 감각을 갖고 있다. 우반구는 기하학적 도형 및 투시도(perspective drawing)를 그리는 데 좌반구보다 우월하다. 우반구는 좌반구보다 복잡한 디자인에 맞춰서 색채 블록을 더 효율적으로 조립할 수 있다. 분할 뇌 환자는 도안에 있는 디자인에 맞추어 블록을 조립하는 데 오른손을 사용하도록 요청받으면 많은 실수를 한다. 때때로 그들은 오른손의 실수를 자동적으로 수정하려는 왼손을 막는 데 곤란을 느낀다.

정상인을 대상으로 하는 연구는 두 반구가 상이한 전문 기능을 갖고 있음을 확인해 주는 경향이 있다. 예를 들면 언어적 정보(단어 또는 무의미 철자)는 우반구보다 좌반구(즉 오른쪽 시야)에 짧게 제시된 경우에 더 빠르고 정확하게 확인될 수 있다. 반면에 얼굴, 정서를 나타내는 얼굴 표정, 선의 기울기, 혹은 점의 위치 확인은 우반구에서 더 빨리 발생한다(Hellige, 1990). 또한 뇌파(EEG)를 이용한 연구는 언어 과제를 수행할 때는 좌반구의 전기적 활동이 증가함을, 공간 과제를 수행할 때는 우반구의 전기적 활동이 증가함을 보여 준다(Kosslyn, 1988; Springer & Deutsch, 1989).

이런 논의는 두 반구가 독립적으로 작용한다는 것을 의미하지는 않는다. 그 반대가 사실이다. 양 반구는 전문화에서는 다르지만 자신의 활동을 계속적으로 통합한다. 각 반구의 전문적인 기여보다 더 중요하고 상이한 심적 기능을 가능하게 하는 것은 바로 이 상호작용이다.

자율신경계

앞에서 말초신경계는 두 부분의 신경계로 이루어졌다고 언급했다. **체성신경계**(somatic system)는 골격근은 통제하고 피부, 근육 및 다양한 감각수용기로부터 정보를 받는다. **자율신경계**(autonomic system)는 뇌와 척수의 밖에 있는 신경계이다. 이는 분비선과 심장, 혈관, 위와 장의 내층을 포함하는 평활근(smooth muscle)을 통제한다. (이 근육은 현미경에서 보이는 모양 때문에 평활근이라고 불린다. 반면에 골격근은 줄무늬 모양이다.) 자율신경계(ANS)가 통제하는 소화나 혈액순환 같은 많은 활동은 자율적으로 또는 자동적으로 조절되고, 사람이 수면을 취하거나 혹은 무의식적일 때에도 계속된다는 데에서 이런 이름이 붙었다. 자율신경계의 활동은 신경계, 특히 **시상하부**에 의해 통제된다.

자율신경계는 교감신경계, 부교감신경계와 같이 두 부분으로 나누어지는데, 이 둘의 작용은 종종 길항적(호혜적)이다. **교감신경계** sympathetic nervous system는 일반적으로 강한 각성을 보일 때 활동적이고, **부교감신경계** parasympathetic nervous system는 휴식과 관련이 있다. 전형적으로 교감신경계는 신체가 어떤 반응('투쟁 또는 도피'로 불리는 반응)을 하도록 준비시키는 '위기(emergency)' 중에 활성화될 것이다. 부교감신경계는 그런 반응을 한 후에 신체를 회복시킬 것이다. 그림 2.12는 다양한 신체기관에 대한 두 체계의 대조적인 효과를 보여 준다. 이 두 체계 사이의 균형은 정상(항상성의)—극단적인 흥분과 영양분을 취하는 평온 사이의 어느 곳—신체 상태를 유지한다.

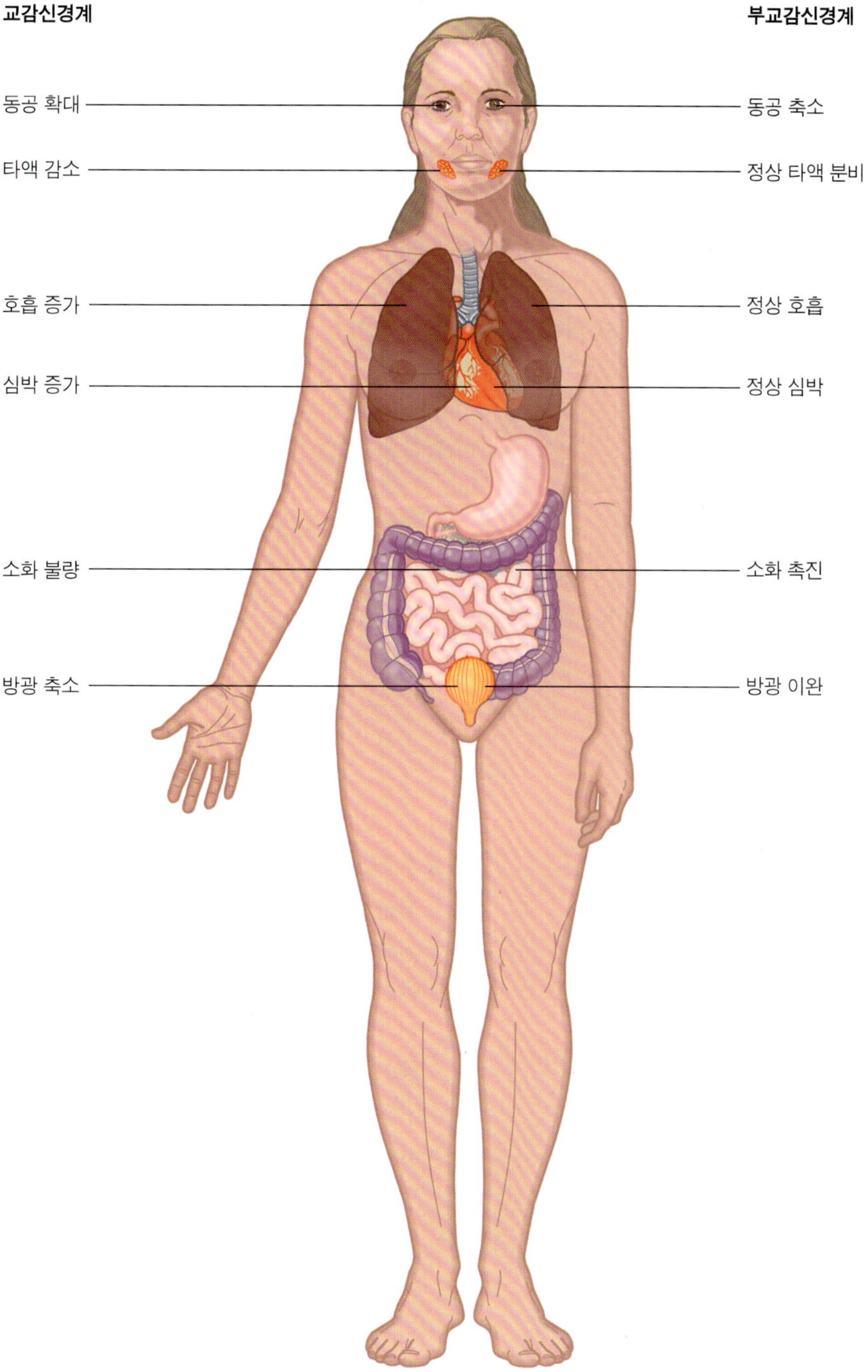

그림 2.12 자율신경계. 교감신경계는 능동적 반응을 위해 신체를 활성화하고, 부교감신경계는 신체를 회복시켜 신체 자원을 보존한다.

내분비체계

우리는 신경계가 근육과 내분비선을 직접 활성화함으로써 신속히 변하는 신체 활동을 통제한다고 생각할 수 있다. 내분비선은 땀, 젖, 호르몬과 같은 특수한 물질을 분비하는, 신체 전반에 위치한 기관이다. **내분비체계** endocrine system는 신체 세포 집단의 활동성에 간접적으로 영향을 미침으로써 아주 느리게 작용한다. 그것은 내분비선에 의해 혈류에 분비되어 신체의 다른 부분에 전달되며, 그 정보를 인식하는 세포는 특수한 영향을 미치는 화학물질인 **호르몬** hormone에 의해서 그런 작용을 한다(그림 2.13 참조). 호르몬은 상이한 유형의 세포에 대해 다양한 방식으로 작용한다. 각 표적 세포는 자신에게 작용하는 호르몬 분자를 인식하는 수용기를 갖춘다. 수용기는 혈류의 호르몬 분자를 수용하여 세포로 유입시킨다. 어떤 내분비선은 신경계에 의해 활성화되고, 또 어떤 내분비선은 신체의 내적 화학 상태 변화에 의해 활성화한다.

주요한 내분비선 중 하나는 뇌하수체(pituitary)이다. 이 분비선은 부분적으로 뇌의 연장 구조이며, 시상하부 바로 아래에 있다(그림 2.13 참조). 뇌하수체는 '우두머리선(master gland)'이라고 불리는데, 이는 대부분의 상이한 호르몬을 생산하여 다른 내분비선의 활동을 통제하기 때문이다. 뇌하수체 호르몬의 하나인 성장호르몬은 신체의 성장을 조절하는 데 결정적인 역할을 한다. 왜소증(dwarfism)은 성장호르몬이 부족한 경우에 초래되고, 거인증(gigantism)은 너무 많은 경우에 발생한다. 뇌하수체에 의해 방출되는 다른 호르몬은 갑상선, 성선, 부신피질과 같은 다른 내분비선에 작용한다. 많은 동물들에서 구애, 교미 및 생식 행동은 신경계 활동과 성선에 대한 뇌하수체의 영향 간의 복잡한 상호작용에서 비롯된다.

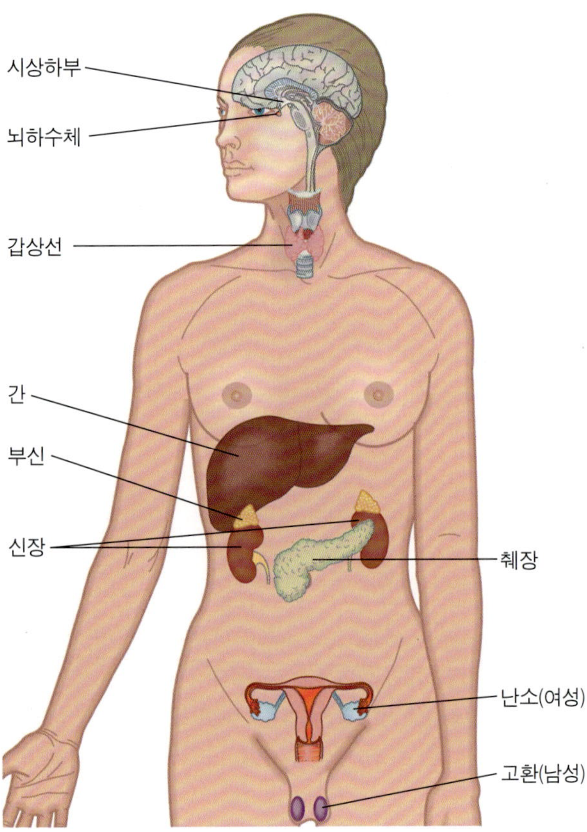

그림 2.13 주요 내분비선과 시상하부.

뇌하수체와 시상하부의 관계는 복잡한 상호작용을 보여 준다. 시상하부에 있는 어떤 뉴런은 스트레스(공포, 불안, 통증, 정서적 사건 등)에 대한 반응으로, 관처럼 생긴 구조를 통해서 뇌하수체에 운반되는 부신피질자극호르몬 방출 인자(corticotropin-releasing factor, CRF)를 분비한다. CRF는 뇌하수체를 자극하여 신체의 주요 스트레스 호르몬인 부신피질자극호르몬(adrenocorticotropic hormone, ACTH)을 방출시킨다. 이에 따라 ACTH는 혈류에 의해서 부신 또는 다른 기관으로 운송되어 30

여 개의 호르몬을 방출시키는데, 그것들 각각은 위기 상황에서 신체의 적응을 위한 역할을 한다. 예를 들면 세포에서 글루코스의 요구가 위기 상태에 증가하고, 스트레스를 받을 때 방출되는 부신호르몬인 코르티솔은 신체에 저장된 지방을 글루코스로 전환시키는 것을 촉진한다. 흥미롭게도 코르티솔은 인지적 기능에도 영향을 미친다. 코르티솔은 낮은 수준일 때 기억을 향상하지만, 높은 수준일 때는 기억장애와 뉴런의 죽음을 초래한다.

부신은 사람의 기분, 에너지 수준 및 스트레스를 해결하는 능력에 중요한 역할을 한다. 부신의 중심핵은 에피네프린과 노르에피네프린(또는 아드레날린과 노르아드레날린으로 알려짐)을 분비한다. 에피네프린은 위기에 대해 유기체를 준비시킨다. 이는 자율신경계의 교감신경계와 연합하여 평활근과 땀샘에 영향을 미친다. 또한 위와 장의 혈관을 수축시키고 심장박동을 빠르게 만든다. 노르에피네프린도 유기체가 위기에 반응하도록 준비시킨다. 이는 뇌하수체를 자극하여 부신선의 피질에 작용하는 호르몬을 방출시키고, 그다음으로 간을 자극하여 신속한 행동을 하는 데 필요한 에너지를 신체에 공급하기 위해 혈당 수준이 증가한다.

내분비체계의 호르몬과 뉴런의 신경전달물질은 유사한 기능을 수행하는데, 둘 다 세포 간의 정보를 전달한다. 신경전달물질은 인접한 뉴런 간 정보를 전달하고 그 효과는 고도로 국소화된다. 그러나 호르몬은 신체의 먼 곳까지 전파될 수 있고, 상이한 유형의 세포에 대해 다양한 방식으로 작용한다. 이런 차이에도 불구하고 이 화학적 전령 중 일부는 두 가지 기능을 한다. 예를 들어 에피네프린과 노르에피네프린이 뉴런에 의해 분비될 때는 신경전달물질로 작용하고, 부신선에 의해 분비될 때는 호르몬으로 작용한다.

수면과 꿈

지금부터 수면에 대해 살펴볼 것이다. 수면은 각성과 공통점이 없어 보여도 이 두 상태 사이에는 유사성이 있다. 꿈속에서의 사고 유형과 깨어 있을 때의 사고 유형이 여러 가지 측면에서 서로 상이할 수 있어도, 꿈은 우리가 잠을 자면서도 사고하고 있다는 것을 나타낸다. 우리가 꿈을 기억할 수 있다는 사실로부터 알 수 있는 것처럼 우리는 수면 동안에 기억을 형성한다. 수면은 완전히 무활동적인 상태가 아니다—어떤 사람은 수면 동안에도 걸어 다닌다. 잠자는 동안 환경에 대해 완전히 둔감한 것도 아니다—아기의 울음소리를 듣고 엄마는 금방 깨어난다. 또한 수면은 전적으로 무계획적인 것도 아니다—어떤 사람은 특정 시간에 맞추어 깨어나고자 마음먹고 그렇게 할 수 있다. 이 절에서는 수면과 꿈의 몇 가지 측면을 살펴본다.

수면 단계

어떤 사람은 수면에서 쉽게 깨어날 수 있지만 다른 사람들은 그러기가 쉽지 않다. 1930년대에 시작된 연구(Loomis, Harvey, & Hobart, 1937)는 수면의 깊이를 측정하고 꿈이 나타날 때를 확인할 수 있는 민감한 기법을 개발했다. 이러한 연구에서는 수면 동안 자발적

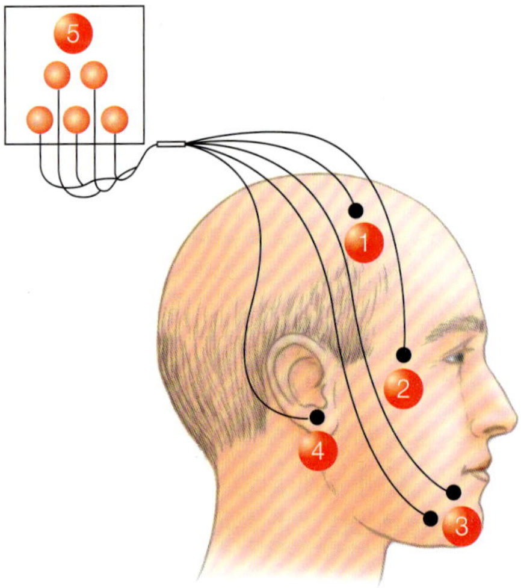

1 두피에 부착된 전극은 뇌파의 패턴을 기록한다.

2 눈 근처에 부착된 전극은 안구 운동을 기록한다.

3 턱에 부착된 전극은 근육에서 일어나는 긴장도와 전기적 활동을 기록한다.

4 귀밑에 부탁된 전극은 증폭기를 거쳐 회로를 구성하기 위한 중성 전극이다.

5 증폭기는 여러 가지 패턴으로 그래프를 그려 낸다.

그림 2.14 수면 동안의 전기생리적 기록을 위한 전극의 배열. 이 그림은 전형적인 수면 실험에서 사람의 머리와 얼굴에 전극을 부착하는 방식을 보여 준다.

뇌 활동과 관련 있는 두피의 전기적인 변화뿐만 아니라 꿈 동안 일어나는 안구 운동까지도 측정할 수 있는 장비를 사용했다. 뇌의 전기적 변화를 도표로 기록하거나 뇌의 전기적 파형을 기록한 것을 **뇌전도**(electroencephalogram) 또는 EEG라고 한다(그림 2.14와 그림 2.15 참조). EEG는 전극 밑의 대뇌피질 표면에 있는 수천 개의 뉴런이 보이는 전위에서의 빠른 변화를 측정한 것이다. 이것은 피질 활동을 대충 측정한 것이기는 하지만 수면 연구에 매우 유용한 것으로 입증되었다.

뇌파의 패턴을 분석해 보면 수면에는 5단계가 있음을 알 수 있다. 4단계까지는 수면의 깊이가 각기 다르고 5단계의 수면은 빠른 안구 운동(또는 REM) 수면이라 불린다. 눈을 감고 쉬고 있을 때는 8~12Hz까지의 규칙적인 뇌파를 특징적으로 보여 주는데, 이를 알파파라고 한다. 1단계 수면으로 들어가면 뇌파는 약간 불규칙적인 모습으로 바뀌고 진폭도 줄어든다. 2단계 수면에 들어가면 방추 모양의 파형(12~16Hz의 짧고 리드미컬한 반응)과 간혹 EEG가 급속하게 솟아올랐다가 떨어지는 이른바 K-복합파라 부르는 뇌파의 출현이 특징적으로 나타난다. 3단계와 4단계의 깊은 수면에 들어가면 1~2Hz의 느린 파형이 나타나는 것이 특징인데, 이러한 느린 파형을 델타파라고 부른다. 일반적으로 3단계와 4단계의 수면 동안에는 잠자는 사람을 깨우기 어렵다. 그러나 이들은 자기 이름과 같은 친밀한 사람의 이름이나 아기의 울음소리와 같은 개인적 자극에 의해서는 쉽게 깨어날 수 있다. 단순히 시끄러운 소리와 같이 자신과 상관없는 방해는 무시될 수 있다.

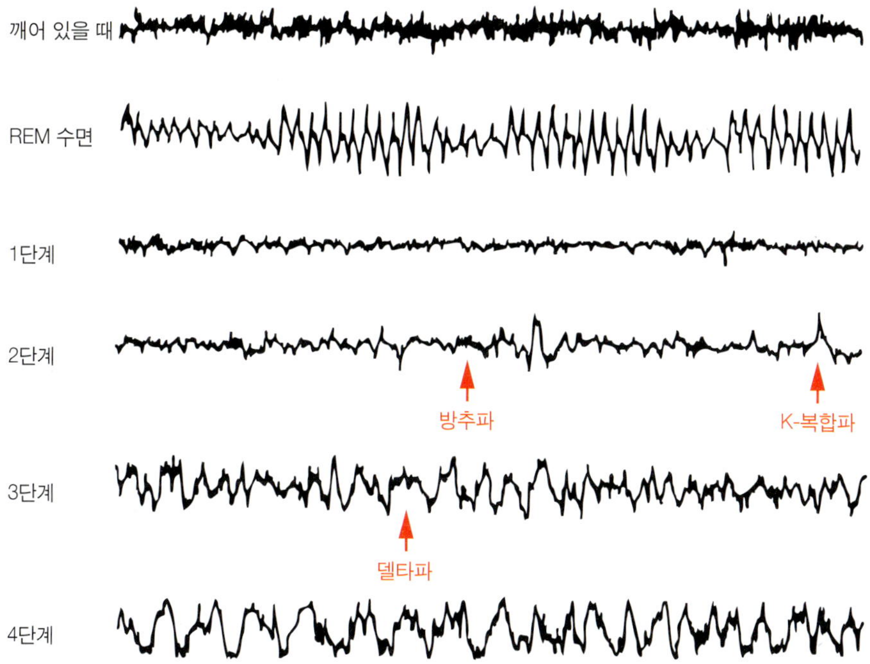

그림 2.15 수면 동안의 전기생리적 활동. 이 그림은 깨어 있을 동안과 여러 수면 단계 동안의 EEG를 기록한 것이다. 깨어 있는 단계(눈을 감은 채 이완된 상태)에서는 알파파(8~12Hz)가 관찰된다. 1단계 수면은 기본적으로 깨어 있는 상태에서 더 깊은 수면 단계로 들어가는 단계이다. 수면방추파(12~16Hz의 짧은 파형)와 K-복합파(뇌파의 패턴에서 급격하게 상승한 후 하강하는 부분)가 나타나면 2단계 수면이 된다. 델타파(1~2Hz)가 나타나면 3단계와 4단계 수면이 되는데, 이 두 단계는 델타파의 양만 다르다. 즉 3단계에서는 20~50%가 델타파인 데 비해 4단계에서는 델타파가 50%를 넘는다.

수면 단계의 연속

1시간 정도 잠을 자고 나면 또 다른 변화가 일어난다. EEG는 매우 활동적이 되지만(심지어 깨어 있을 때보다 더 활동적일 수도 있다) 여전히 깨어나지 않고 잠자는 상태를 보인다. 눈 가까이 부착해 놓은 전극에서는 빠른 안구 운동이 매우 현저하게 나타나기 때문에 눈꺼풀 밑의 안구가 움직이는 것을 쉽게 관찰할 수 있다. 이 단계의 수면을 **REM 수면**REM sleep이라 부르고, 이 단계 앞에 있는 4단계까지의 수면을 **비REM 수면**non-REM(또는 NREM) sleep이라 한다.

이러한 다양한 수면 단계는 밤 동안 교대로 나타난다. 수면은 NREM 단계로부터 시작하여 몇 번의 수면 주기—각 주기마다 REM과 NREM을 보인다—가 나타난다. 그림 2.16은 하룻밤 동안 젊은 성인이 보여 주는 전형적인 수면의 모습이다. 그림에서 볼 수 있는 것처럼 각성 단계에서부터 깊은 수면(4단계)으로 매우 빠르게 진행된다. 수면에 들어간 후 70분쯤 지나면 3단계 수면으로 잠깐 돌아왔다가 곧바로 첫 번째 REM을 보인다. 깊은 수면 단계(3단계와 4단계)는 수면이 시작되는 처음 부분에서 나타나는 반면, 대부분의 REM은 수면의 뒷부분에서 나타난다는 것에 주목하라. 이것이 전형적인 수면 패턴이다. 깊은 단계의 수면은 수면의 후반부에 이르러 REM 수면이 현저하게 많아지면서 사라진다. 8시간의

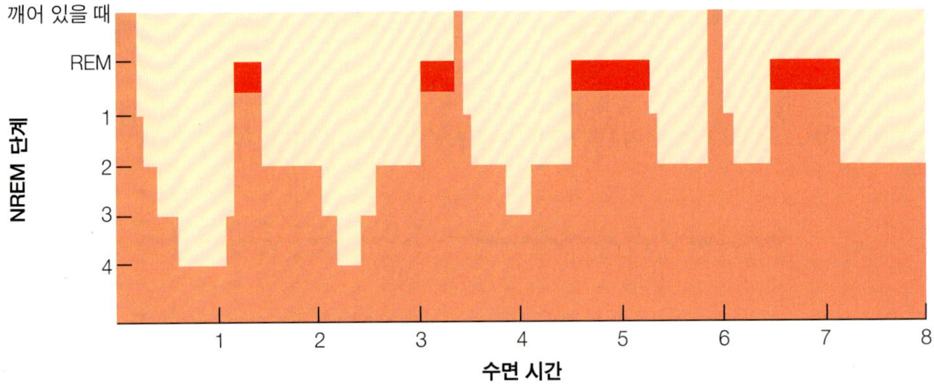

그림 2.16 수면 단계의 연속. 이 그래프는 전형적인 야간 수면 동안 일어나는 수면 단계의 순서와 시간을 예로 든 것이다. 사람들은 수면의 첫 몇 시간 동안 1단계에서부터 4단계의 수면으로 계속 들어간다. 그런 후 3단계를 거쳐 REM 수면으로 돌아간다. 그 후부터는 비REM 시기와 REM 시기가 주기적으로 반복되며, 수면 시작 후 3시간 반과 6시간 후에는 잠깐 동안 깨어나기도 한다.

수면 과정 동안 4~5번 정도의 분명한 REM 시기가 있다. 아침이 되면서 가끔 잠깐 깨어 있을 수 있다.

수면 주기의 패턴은 나이에 따라 달라진다. 예컨대 신생아는 총 수면 시간 중 반 정도를 REM 수면으로 보낸다. 5세에 이르면 총 수면 시간 가운데 REM 수면이 20~25% 정도로 줄어든 후 노인이 될 때까지 그대로 유지된다. 노인이 되면 REM 비율이 18% 또는 그 이하를 유지한다. 노인은 3, 4단계의 깊은 수면을 적게 경험하며(어떤 경우는 이 단계의 수면이 아예 없어지기도 한다) 밤 동안에 보다 자주 그리고 보다 오랫동안 깨어 있다. 사람들은 나이가 들어 감에 따라 자연스럽게 불면증이 생기는 것 같다(Liu & Ancoli-Israel, 2006).

REM과 NREM의 비교

NREM 수면 동안에는 안구 운동이 없어지고, 심박률과 호흡률이 현저하게 감소하며, 근육이 이완되고, 뇌의 대사율이 각성 상태에 비해 25~30% 정도 감소한다. 이와 대조적으로 REM 수면 동안에는 빠른 안구 운동이 10~20초 동안 폭발적으로 일어나며 심박률이 증가하고 뇌의 대사율이 각성 시기에 비해 더욱 증가하게 된다. 더구나 REM 수면 동안 우리의 근육은 거의 완전하게 마비된다. 단지 심장, 횡경막, 눈 근육, 평활근(내장과 혈관 근육 같은)과 같은 근육만이 최소한으로 활동한다. 요약하면 NREM 수면은 매우 이완된 상태의 신체화가 특징인 반면, REM 수면은 뇌는 활성화되어 있지만 몸은 실제로 마비되어 있는 것이 특징이라고 할 수 있다.

생리학적 증거에 의하면 REM 수면에서는 뇌가 감각이나 운동 통로와 단절되어 있다는 것을 시사한다. 신체의 여러 부위로부터 올라온 감각 자극이 뇌로 진입하는 통로가 차단되고, 뇌로부터 내려가는 운동 통로도 차단된다. 그럼에도 불구하고 뇌는 뇌간에서 시작되는 큰 뉴런의 전기적 방출에 의해 여전히 자발적으로 활동한다. 이 뉴런은 안구 운동과 신체 운동을 통제하는 뇌의 여러 부위로 뻗어 있다(Stoerig, 2007). 아울러 REM 수면 동안 정서적 기억을 처리하는 데 관여하는 뇌 영역에서의 활동이 유의하게 증가한다(Maquet, 2000).

REM 수면 동안 수면자를 깨워서 물어보면 약 80%가 꿈을 꾸었다고 말하지만, NREM 수면 동안 깨운 수면자는 50%만이 꿈을 꾸었다고 보고한다(Stoerig, 2007). REM 수면에서 깬 사람들은 정서적이고 비논리적인 특징을 가진, 시각적으로 생생한 꿈을 보고할 뿐만 아니라 시각피질도 매우 활동적인데, 이것은 꿈이 시각적임을 다시 한 번 보여 주는 것이다. 이러한 특성은 우리가 전형적으로 꿈이라는 것에 대해 알고 있는 것이다. 깨어나기 전에 오랜 시간 REM을 보인 사람들은 보다 길고 정교한 꿈을 보고한다. 이와 달리 NREM 꿈은 REM 꿈만큼 시각적이거나 정서적이지 않고, 각성 시 일어났던 직접적 경험과 밀접하게 관련되어 있다. 어떤 꿈을 꾸었는지 그리고 얼마나 자주 꿈을 꾸었는지에 대한 것과 관련지어 언급했듯이 REM 시기와 NREM 시기의 정신활동은 서로 다르다.

수면 이론

왜 어떤 사람은 어떤 시간에 깨어 있는데 다른 사람은 잠들어 있을까? 수면 연구의 대표자인 데일 에드가와 윌리엄 디멘트(Edgar & Dement, 1992)는 **수면과 각성에 관한 대립 과정 모형** opponent-process model of sleep and wakefulness을 제안했다. 이 모형에 따르면 뇌는 수면에 빠지게 하거나 각성을 유지하는 경향성을 지배하는 두 가지 대립 과정을 갖고 있다고 한다. 두 가지 대립 과정은 항상적 수면추동 과정과 시간 의존적 각성 과정이다.

항상적 수면추동 과정 homeostatic sleep drive process은 낮 동안의 각성을 안정적으로 유지하기 위해 필요한 수면량을 확보하려는 생리학적 과정이다. 이 과정은 밤 동안에 활발하게 이루어질 뿐만 아니라 낮 동안에도 이루어진다. 하루 종일 수면 욕구는 계속적으로 생긴다. 만약 지난밤에 잠을 적게 잤다면 낮 동안 졸리는 경향성이 현저하게 증가할 것이다.

시간 의존적 각성 과정 clock-dependent alerting process은 매일 특정한 시간이 되면 잠에서 깨도록 하는 뇌 속의 과정을 말한다. 이것은 소위 생물학적 시계에 의해 통제되는데, 뇌의 중추에는 2개의 정밀한 신경 구조가 있다. 이 시계는 각성의 리듬을 포함해서 일련의 심리적 · 생리적 변화를 통제하는데, 이러한 리듬은 거의 24시간마다 나타나기 때문에 24시간 **주기 리듬** circadian rhythm이라 부른다(이 용어는 '돌아서'라는 뜻의 라틴어 *circa*와 '하루'라는 뜻의 *dies*에서 유래한 것이다). 생물학적 시계는 빛에의 노출에 의해 영향을 받는다. 즉 낮 동안의 밝은 빛은 수면을 유도하는 호르몬인 **멜라토닌** melatonin이란 물질의 분비를 멈추게 한다.

두 대립 과정, 즉 항상적 수면추동 과정과 시간 의존적 각성 과정은 수면과 각성의 일일 주기를 이루기 위해 상호작용한다. 어떤 주어진 시간에 잠들거나 깨어 있거나 하는 것은 이 두 과정의 상대적 강도에 의존한다. 낮 동안에는 시간 의존적 각성 과정이 수면추동을 이기지만 밤에는 수면 욕구가 보다 강해짐으로써 각성이 감소하게 된다. 늦은 밤이 되면 생물학적 시계는 무활동성을 보여 수면에 들게 된다.

수면장애

젊은 성인은 하루에 평균 9시간 정도 잠을 자야 하지만 대부분의 사람들은 대략 7.5시간 혹은 그 이하로 잠을 잔다(National Sleep Foundation, 2009). 이와 유사하게 대부분의 중년은 하루에 7~8시간의 수면이 필요하지만 대부분은 수면 시간이 7시간도 되지 않는다. 수면 박탈의 영향은 누적되는데, 24시간 주기 동안 충분하게 수면을 취하지 않으면 '수면 부채(sleep debt)'의 증가를 경험하게 된다(Wolfson, 2001). 수면 박탈의 결과로 나타나는 것은 낮에 졸리는 것만이 아니다. 다음과 같은 통계치를 고려해 보자.

- 하룻밤 수면 시간이 6시간이 안 되는 사람은 최소한 7~8시간 자는 사람들에 비해 사망률이 70% 더 높다(Ikehara et al., 2009; Kryger et al., 1994).
- 밤마다 혹은 이틀 밤 연속해서 5시간만 잠을 잔 사람은 수학 문제나 창조적 사고 과제를 수행하는 데 눈에 띄게 저조함을 보인다. 따라서 밤샘하는 것은 시험을 잘 칠 수 있는 능력을 심각하게 해친다(Wolfson, 2010). 이와 달리 수면은 기억 형성에 중요하기 때문에 잠자기 전(충분하게 잘 수 있을 만큼 일찍)에 공부하는 것은 정보의 파지를 향상할 수 있다.
- 운전자의 반 이상이 지난 1년 동안 운전하면서 졸아 본 적이 있고, 28%는 잠에 빠진 적이 있다고 보고했다. 중상자를 야기한 교통사고의 거의 28%는 졸음 운전에 의해 발생한다(National Sleep Foundation, 2009).
- 체르노빌 원자력 발전소와 스리마일 섬 원자력 발전소의 사고는 이른 아침에 발생했는데, 이때 야간 근무 작업자들은 피곤한 상태여서 제어 패널의 경고 신호를 알아채지 못했다(Mitler & Miller, 1995).

수면 연구자들은 정상적으로 취하는 8시간의 수면 외에 2시간 더 수면을 취하면 각성이 유의하게 증가한다는 사실도 보여 주었다. 대부분의 사람들은 8시간의 수면으로도 충분히 잘 일할 수 있지만 그렇다고 최상의 수준으로 일하는 것은 아니다. 더구나 수면을 충분히 취하지 못하는 경우는 부족한 수면 시간을 보충할 수 있는 여유도 충분하지 않을 때가 많을 것이다. 한 시간 정도의 부족한 수면으로도 부주의, 실수, 질병, 사고를 일으킬 가능성이 증가한다(Wolfson & Armitage, 2008). 10시간 정도의 야간 수면을 취하지 못했다 하더라도 충분한 휴식을 취할 수 있는 8~9시간의 수면만으로도 과도한 수면 부채를 피할 수 있다.

수면 부족은 학생의 학업 성과를 저조하게 만드는 가장 흔한 원인이다.

어떤 사람들은 충분히 수면을 취하고자 노력할 때조차도 수면에 심각한 어려움을 겪는다. 충분한 수면을 취하지 못함으로써 일상적 기능에 만성적인 손상이 있을 경우이 사람은 수면장애sleep disorder로 진단될 수 있다. 다음 절에서는 흔하게 나타나는 수면장애의 유형에 대해 살펴볼 것이다.

불면증

불면증insomnia이란 수면을 시작하거나 수면을 유지하는 데의 만성적 어려움, 혹은 활력이나 각성을 재충전하지 못하는 수면을 취하는 것을 말한다. 불면증을 갖고 있는지의 여부는 대부분 주관적인 문제이다. 수면 연구실에서 연구해 보면 불면증을 호소하는 많은 사람들이 거의 완벽할 정도의 정상적 수면을 보이기도 하는 반면, 불면증을 호소하지 않는 사람들이 오히려 눈에 띄는 수면장애를 보이기도 한다(Carney, Berry, & Geyer, 2004). 이는 불면증이 실재하는 것이 아님을 의미하는 것은 아니다. 단지 수면 부족에 관한 사람들의 주관적 보고와 객관적 측정치가 항상 상관이 있음을 의미하는 것이 아님을 시사한다.

50%에 이르는 많은 성인들이 생애의 어느 시점에, 특히 스트레스를 경험할 때는 더 자주 불면증을 겪었다고 보고했다(Wolfson, 2001; Zhang & Wing, 2006).

발작수면과 무호흡증

비교적 희귀하기는 하지만 심각한 수면장애는 발작수면과 무호흡증이다. DSM-5는 수면-각성장애를 새롭게 정의하여 발작수면(지금은 뇌단백질 중 하나인 히포크레틴의 결핍과 관련 있는 것으로 알려졌다)을 다른 유형의 과다수면장애(hypersomnolence disorder)와 구분한다. 발작수면narcolepsy을 가진 사람은 불가항력적이고 반복적으로 나타나는 졸림의 공격에 시달리고, 편지를 쓰거나 자동차를 운전하거나 대화를 하는 동안에도 금방 수면에 빠지고 만다. 교수가 강의를 하는 도중 학생이 수면에 빠지는 것은 정상적인 일이겠지만, 교수가 강의 도중 수면에 빠진다면 이것은 발작수면이다. 이러한 발작수면은 하루에도 여러 번 발생할 수 있으며 단 몇 초부터 30분 동안 지속될 수도 있다. 발작수면 환자는 낮 동안의 수면 발작 때문에 직업을 유지하기가 어려우며 운전하는 것도 매우 위험할 수 있다. 발작수면은 청소년기에 자주 발병하지만 매우 드문 수면장애이다.

본질적으로 발작수면은 REM 수면이 낮 시간 동안 일어나는 것이다. 발작수면 동안 환자는 매우 빠르게 REM 상태에 들어가는데, 이것이 너무 신속하게 진행되기 때문에 자리에 눕기도 전에 근육 통제를 상실하게 된다. 더구나 많은 환자들은 발작수면 동안 현실이 REM 꿈으로 대치되는 것과 같은 환각을 경험한다고 한다. 발작수면은 가계로 이어져 내려오는데, 특수한 유전자나 유전자 조합이 이 질병에 취약하게 한다(Carney et al., 2004).

무호흡증apnea은 잠자는 동안 호흡이 멈추는 것을 말한다. DSM-5에서는 폐쇄성 수면 무호흡-저호흡증과 중추성 수면 무호흡을 포함한 무호흡증의 몇 가지 상이한 유형을 확인했다. 무호흡증이 일어나는 데는 두 가지 이유가 있다. 첫째는 뇌가 횡경막과 호흡 근육에 신호를 보내지 못해 호흡이 멈추는 경우이다. 둘째는 입천장 위에 있는 근육이 너무 이완되어 기도를 부분적으로 폐쇄함으로써 호흡 근육이 공기를 끌어들이지 못하게 되어 기도가 완전히 막히기 때문이다. 무호흡증이 발생하는 동안에 혈중 산소 수준이 급감하는데, 이 때문에 신체는 응급 호르몬을 분비한다. 이러한 반응 때문에 수면자는 다시 숨을

저명한 수면 연구자 윌리엄 디멘트의 실험에서 발작수면 개가 갑자기 수면에 빠진 모습. 1,000명 중 1명 정도가 심신을 약화하는 이러한 수면장애로 고생하고 있다.

쉬기 위해 스스로 잠에서 깨게 된다.

대부분의 사람들은 매일 저녁 몇 번의 무호흡증을 경험하지만 심각한 수면 문제를 가진 사람들은 매일 밤 수백 번의 무호흡 증상을 보이기도 한다. 이럴 때마다 수면자는 호흡을 하기 위해 깨어나지만 이러한 깨어남이 너무 짧기 때문에 잘 인식하지 못한다. 무호흡증으로 고통 받는 사람들은 매일 밤 12시간 이상 잠을 잠을 자지만 그 이튿날까지도 너무 졸려서 제대로 기능할 수 없고 대화 도중에 수면에 빠질 수도 있다(Vandeputte & de Weerd, 2003). 수면 무호흡증은 노인들에게서 흔하다. 수면제 복용은 각성을 힘들게 하여 무호흡증의 기간을 연장하므로(뇌에 산소 결핍이 일어나는 동안) 치명적일 수 있다는 것이 밝혀졌다.

꿈

꿈을 꾸는 것dreaming은 하나의 변성의식 상태인데, 꿈에 나타나는 영상 스토리는 기억, 현재의 걱정이나 관심, 정서, 환상, 이미지로 구성된다. 비록 많은 사람들이 아침에 일어나 그날 밤에 꾸었던 꿈을 회상하지는 못하지만 REM 수면 연구의 증거에 의하면, 꿈을 회상하지 못하는 사람들도 꿈을 회상하는 사람들과 마찬가지로 자주 꿈을 꾼다. 깨어났을 때 무슨 일이 일어났는지가 꿈을 회상할 수 있는지를 결정하는 중요한 요인으로 보인다. 만약 꿈을 꾸고 난 직후 어떤 간섭이 있다면 꿈에 대한 기억이 응고되지 않는다. 다시 말해 꿈은 기억 속에 저장될 수 없다(Cohen & Wolfe, 1973).

또 다른 연구자들은 꿈을 회상하겠다는 개인적 동기와 꿈에 대한 흥미가 꿈의 회상 능력에 대한 좋은 예언치가 된다고 주장한다(Schredl, 2007 참조). 만약 잠에서 깨어나자마자 어떤 꿈을 꾸었는지 회상하려고 노력한다면 꿈의 내용을 회상할 수 있다는 것이다. 그렇게 하지 않으면 꿈은 금새 사라지고 만다. 우리는 꿈을 꾸었다는 것 자체는 알 수도 있지만 어떤 꿈을 꾸었는지는 기억할 수 없다.

어떤 꿈은 거의 순간적으로 끝나 버리는 것으로 보인다. 알람시계가 울릴 때 우리는 화재가 발생하고 소방차가 요란한 사이렌 소리를 울리며 도착하는 장면 등의 복잡한 기억을 갖고 잠에서 깨어난다. 알람시계가 여전히 울리고 있기 때문에 우리는 시계 소리가 꿈을 만들어 낸 것이라고 생각한다. 그러나 연구는 알람시계 소리나 그 밖의 다른 소리는 이전 기억이나 꿈에서 보았던 완전한 장면을 다시 복원시킬 뿐이라고 시사한다. 깨어 있을 때도 우리는 이러한 경험을 할 수 있다. 예를 들어 우리는 하나의 단서로도 풍부한 기억을 이끌어 낼 수 있다.

어떤 사람들은 꿈에 나타나는 사건이 너무 정상적이어서(대부분의 꿈은 괴기하거나 비논리적인 특성이 있다) 꿈을 꾸고 있는 동안에도 자신이 깨어 있거나 의식이 있는 것처럼 느끼는 **자각몽** lucid dream을 꾸기도 한다. 자각몽을 꾸는 사람은 꿈속에서 자신이 꿈꾸고 있는지 깨어 있는지를 알아보기 위해 다양한 '실험'을 하는 것 같다고 보고한다. 또한 이들은 꿈을 꾸고 있는 동안의 '허위 각성(false awakening)'을 보고하기도 한다. 예컨대 자각몽을 꾼 어떤 사람은 꿈을 꾸고 있는 동안 꿈속에서 일어나는 사건을 자신이 통제하고 있다는 것을 보여 주기 위해 콜택시를 부르려고 했다는 것을 깨달았다. 운전사에게 차비를 지불하기 위해 잔돈을 꺼내려고 주머니에 손이 넣었을 때 그는 깨어났다고 생각했다. 그리고 그는 곧 동전 몇 개가 자신의 침대에 흩어져 있는 것을 발견했다. 이때쯤 되어 그는 확실히 깨어났고, 자신이 다른 자세로 누워 있음을 알았다. 물론 침대에 동전이 흩어져 있지 않았음은 두말할 나위도 없었다(Brown, 1936). 그러나 비교적 소수의 사람만이 가끔 규칙적으로 자각몽을 꾼다는 점을 주목하라(LaBerge, 2007).

우리는 좋은 꿈을 꾸고 싶어 하지만 꿈의 내용을 마음대로 조정하기는 어려운 일이다.

내용이 끔찍한 꿈을 흔히 **악몽**이라고 한다. 어쩌다 꾸는 악몽은 흔한 일인데, 사람들의 85%가 지난 1년 동안 악몽을 꾸었다고 보고했다(Levin & Nielsen, 2007). 8~25%의 사람들은 매달 악몽을 꾼다고 보고

했는데, 이 수치는 여러 문화에 걸쳐 유사한 수준으로 보고된다. 여러 문화에 걸쳐 2~6% 정도의 사람들이 매주 악몽을 꾼다고 보고했는데, 이러한 빈도의 악몽은 정신건강 문제를 일으킬 수도 있다(Levin & Nielsen, 2007).

꿈의 이론

꿈의 기능에 관한 가장 초기 이론의 하나는 지그문트 프로이트가 제기했는데, 그는 '꿈은 마음의 무의식적 활동을 알 수 있게 하는 왕도(王道)'의 역할을 한다고 제안했다. 그는 꿈이란 소망 충족의 가장된 시도라고 믿었다. 이것은 꿈이란 받아들여질 수 없어 무의식 속에 억압해 버린(예: 이성의 부모에 대해 갖는 성적 갈망 등) 소망, 욕구, 또는 생각을 드러낸 것을 의미한다. 이러한 소망과 생각은 꿈의 잠재적 내용이다. 프로이트는 꿈의 잠재적 내용이 표출적 내용(꿈의 실제적 이야기를 이루는 특징과 사건)으로 어떻게 전환되는지 설명하기 위해 검열이라는 은유를 사용했다. 실제로 프로이트는 이런 검열이 수면자로 하여금 억압된 충동을 상징적으로 표현하게 해 줌으로써, 만약 위장되지 않은 형태로 의식에서 그대로 떠올릴 경우 경험할 수 있는 죄의식과 불안을 회피할 수 있도록 하여 수면자를 보호한다고 언급했다.

프로이트에 따르면 잠재적 내용을 표출적 내용으로 전환하는 것이 '꿈 작업(dream work)'인데, 꿈 작업의 기능은 의식으로 접근 가능할 수 있게 무의식 속의 내용을 암호화하고 위장하는 것이다. 그러나 때로 꿈 작업이 실패하여 이로 인해 야기된 불안이 꿈꾸는 사람을 깨우게 된다. 꿈의 본질은 의식적으로 받아들이기에는 너무 고통스럽고 죄의식이 느껴질 수 있는 소망이나 욕구에 대한 충족을 표현하는 것이다(Freud, 1933).

이후의 연구는 프로이트 이론의 몇 가지 측면에 도전하게 되었다. 꿈에 관한 수십 편의 논문을 개관한 후 피셔와 그린버그(Fisher & Greenberg, 1977, 1996)는 꿈의 내용이 심리적 의미를 갖는다는 증거는 많지만, 프로이트가 제안한 바와 같이 잠재적 내용과 표출적 내용을 선명하게 구분할 수 있는 믿을 만한 증거는 없다고 했다. 대부분의 심리학자들은 꿈이 정서적 내용에 초점을 두고 있다는 프로이트의 일반적 결론에는 동의하지만, '꿈 작업'이란 개념과 꿈은 소망 충족을 나타내는 것이라는 관점에 대해서는 의문을 제기하고 있다.

프로이트 시대 이후 다양한 이론이 등장하여 수면과 꿈의 역할을 설명하는 데 진전을 이루었다. 예컨대 에번스(Evans, 1984)는 수면, 특히 REM 수면을 뇌가 외적 세계로부터 해방되어 낮 동안 받아들인 정보를 선별하여 기억 속으로 통합하는데 이러한 '현실로부터 단절된' 시간을 사용하는 시기라고 보았다(Crick & Mitchinson, 1983 참조). 우리는 REM 수면 동안 일어나는 정보처리를 의식적으로는 알지 못한다. 그러나 뇌는 꿈을 꾸는 동안에 잠깐 동안 '현실과 연결된' 상태로 되돌아오고, 의식적 마음은 꿈을 꾸면서 발생하는 정보 내용의 부분적 변경과 재조직화를 살펴본다. 뇌는 외부 세계로부터 주어지는 정보를 해석할 때와 거의 같은 방식으로 꿈속의 정보를 해석하기는 하지만, 차이가 있다면 뇌가 꿈을 꿀 때는 꿈의 특징인 일종의 유사 사건(pseudo-event)이 일어나도록 한다는 것이다. 에번스에 의하면 꿈은 REM 수면 동안 검색되고 저장된 방대한 정보의 작은 일부분에 지나지 않는다. 그리고 그것은 우리의 의식적 마음이 잠깐 흘끗 본 것이고, 우리가 깬 다음

기억할 수 있는 것이다.

꿈을 분석해 보면 꿈의 정서적 내용은 매우 다양하다(Businck & Kuiken, 1996; Kuiken & Sikora, 1993). 여기에는 악몽, 공포감을 주는 꿈, 자신을 행복하게 해 주는 중요한 타인들에 관한 사교적 꿈, 심한 슬픔을 주는 사랑하는 사람의 상실에 관한 꿈, 혹은 혼란과 기이함을 야기하는 기괴한 꿈 등이 포함될 수 있다. 꿈의 내용이 개인의 갈등을 반영할 수도 있지만 꿈이 이 갈등을 해결하는 데 반드시 기능하는 것은 아니다(Levin & Nielsen, 2007). 꿈에는 그날 있었던 일의 조각이 나타날 수 있지만 모든 기억이 포함되는 것은 아니다(Nielsen & Stenstrom, 2005). 그보다는 어머니를 닮은 낯선 사람을 꿈속에서 보는 것과 같이 낮에 일어났던 일의 파편이 포함될 뿐이다. 더구나 꿈속에는 긍정적 감정보다 부정적 감정이 더 많다. 한마디로 꿈은 전날 활동의 단순한 연장이라고 볼 수 없다.

찬|반|논|쟁

국소화하기 혹은 국소화하지 않기—그게 문제입니다

국소화하기

Annick Ledebt, 암스테르담자유대학교

상이한 심리적 및 운동 기능이 뇌에서 발생한다는 생각은 현재에는 잘 확립되었고 더 이상 의문의 여지가 없다. 사실상 18세기와 19세기에 발생한 열띤 논쟁은 감정, 성격 및 정신 능력이 물질적인 신체와 비물질적인 영혼에 존재하는가를 중심으로 한다.

19세기에 골상학 운동(프란츠 요제프 갈에 기초를 둠)은 성격 특질(예: '소유감'과 '자만심')과 지적 능력(예: '사실의 기억'과 '모방 능력')이 뇌 표면의 상이한 영역에 국소화되었다는 생각을 전파했다. 이 영역은 두개골에서 돌출되어 있어서 두개골 표면의 검사가 어떤 능력이 잘 발달되었는가를 평가할 수 있도록 해 준다고 여겨졌다. 오늘날 골상학은 사이비 과학으로 생각되지만, 그 당시에는 정서와 같은 심리적 기능이 뇌에 있는 것이지 심장에 있지 않다는 주장으로 주의를 돌리게 했다. 골상학은 두개골이란 가시적인 구조로 뇌를 이해했지만, 뇌의 내부를 살피는 것은 뇌의 기능에 관한 다른 관점을 제공했다.

19세기 후반에 폴 브로카와 카를 베르니케에 의한, 다양한 뇌 손상 환자의 증세에 대한 주의 깊은 관찰은 뇌에서 기능의 국소화를 새롭게 조명했다. 브로카에 의해 기술된 환자는 'tan' 이외의 어떤 단어도 말로 표현하지 못하는 언어 결손(실어증)에 걸렸다. 놀랍게도 그의 언어 이해 능력은 정상인 것 같았다. 브로카는 사후 부검을 통해 좌측 하전두엽이 손상된 것을 발견했고, 그래서 언어 산출이 그곳에 국소화될 것이라고 추측했다.

베르니케는 특수한 언어 이해의 문제를 보이지만 말로 표현할 수는 있는 어떤 환자에 대해 기술했다. 이 환자는 후상측두회가 손상되었다. 두 유형의 실어증에 대한 다른 설명이 곧 제시되어 이 중대한 발견을 확인해 주었다. 언어 이해와 언어 산출 사이의 연결을 설명하기 위해 베르니케는 자신이 찾아낸 측두 영역과 브로카 전두 영역 사이에 직접 연결이 존재할 것으로 예상했다.

뇌에서 특수한 기능과 특수한 영역을 연결지으려는 시도는 아직 뇌의 해부학이 이끌고 있으나, PET, 뇌자도(MEG), fMRI 및 연관 확산 텐서 MRI 뇌신경섬유지도와 같은 다양한 뇌 영상 기법을 이용한 온라인 뇌 기능에 대한 지식을 고려하는 것도 증가하고 있다. 이 기법은 뇌 손상이 있는 혹은 뇌 손상이 없는 살아 있는 사람의 뇌 활동의 복잡성을 평가할 수 있게 해 준다. 특수한 기능에 대한 특수한 뇌 영역의 관여를 증명하는 것은 뇌 손상 환자에 대한 설명에 의존할 뿐만 아니라 현재에는 뇌 손상이 없는 사람이 특정 과제를 수행하고 있을 때의 뇌 활동에도 기초를 둔다.

언어의 측면에 관해서는 현재 측두엽과 전두엽에서 언어 이해와 표현의 국소화와 더불어 좌반구의 다른 부위(예: 하두정엽)가 언어에 관여한다는 증거가 있다. 이 상이한 뇌 영역은 베르니케 영역과 브로카 영역 간의 직접 경로와 이 두 영역을 하두정엽과 연결하는 간접 경로의 신경망 내에서 서로 연결되어 있다(Catani et al., 2005).

현대의 언어 연결주의 설명은 초기의 두 피질영역의 발견을 국소화된 중추보다는 분산된 뉴런의 집단을 포함하는 병렬 분산처리를 하는 더 복잡한 신경망과 통합했다. 이 연결주의 설명의 주요한 생각은 브로카와 베르니케 영역 내에서 부분 전문화된 피질 영역이 신경섬유 다발의 하위 집합에 의해 연결된다는 것이다. 그러므로 우리는 브로카와 베르니케 같은 선도 신경학자들에 의해 제안된 언어의 국소화가 포기되지 않았고, 오히려 다수의 병렬적 연결에 의해 연관된 좀 더 정교한 국소화 영역의 모형으로 전환되었다고 주장할 수 있다.

어떤 기능의 상이한 측면에 기여하는 뉴런의 중요한 노드는 더 희미한 경계를 갖고, 그래서 이전에 생각했던 것보다 더 유동적(즉 뇌조직의 가소성)으로 보이는 영역의 뇌에서 집단을 이루는 것 같다. 언어와 같은 기능의 상이한 측면은 복잡한 신경망에서 분산될 수 있으나 어떤 신경망을 구성하는 상이한 노드는 뇌의 특수한 위치에 우선적으로 자리 잡고 있는 것 같다. 그러므로 신경망의 상이한 위치에서 발생한 손상은 과거의 국소화 생각을 지지하는 다른 문제를 초래한다.

언어 기능의 경우에 명명(적절한 단어를 사용하여 색깔 혹은 다른 측면으로 어떤 대상을 확인하는 능력), 반복(단어나 문장을 반복하는 능력), 듣기 이해(발화된 언어를 이해하는 능력)와 같은 상이한 기본적 능력의 하나가 뇌 손상에 의해, 다른 능력에서는 기능의 상실이 없이도 장애를 겪을 수 있을 것이다. 이런 특수한 장애는 언어신경망의 특수한 위치에 영향을 주는 집중적 손상과 관련이 있고, 그것은 이 특수한 능력의 국소화가 전적으로 없는 언어신경망에 대한 반대 주장을 하는 것이다.

언어의 신경심리학으로부터 나온 이 예는 기능의 국소화에 대한 탐색이 뇌의 복잡한 연결성에 관한 최근의 발견을 고려하고, 특수한 피질(피질하부) 위치가 어떤 과정에 전문화되었다고 고려하는 것이 적절함을 인정해야 한다는 점을 설명하는 데 기여한다. 그럼에도 불구하고 어떤 신경망 요소의 전문화는 영구하게 고정되어 있지는 않고 그 신경망의 기능이 계속적으로 학습(Friederici et al., 2011)과 뇌 손상의 영향을 받고 있다.

찬|반|논|쟁

국소화하기 혹은 국소화하지 않기－그게 문제입니다

국소화하지 않기

John Stins, 암스테르담자유대학교

PET나 fMRI 같은 뇌 영상 기법은 살아 있는 인간 뇌의 기능을 알아보는 극적인 창을 제공한다. 환경 조건을 체계적으로 조작하고 그 결과로 인한 뇌 활동을 기록함으로써 뇌의 '지도'를 그리는 것이 원칙적으로 가능해야만 한다. 이 지도 내의 각 지역 혹은 부분은 언어, 추리, 얼굴 재인 등과 같은 특수한 기능에 기여한다.

뇌 영역이 전문화된 심리적 기능을 수행한다는 생각은 뇌 손상 연구에서 기원한다. 피니어스 게이지, 브로카의 환자 Tan과 H같이 유명한 사례 연구는 뇌의 전문화된 국소화 성질에 대한 강력한 증거를 제공한다. 이 이론은 기능적 전문화로 알려졌고 큰 직관적 호소력을 갖고 있는데, 결국 신체의 상이한 부위(예: 손, 신장, 눈)는 아주 상이한 기능을 수행한다는 것이다. 왜 뇌는 해부학적으로 이와 같이 조직화되지 않아야만 하는가?

다수의 연구자는 기능적 전문화의 생각에 의문을 갖고, 대신 뇌의 전형적인 특징은 고도의 연결성이라는 점을 강조하기 시작했다. 어떤 추정에 의하면 인간 뇌는 믿기 어려울 정도인 10^{15}개의 연결로 구성된다. 뇌 연결성에 관한 연구는 때때로 공간적으로 분리되어 있는 뇌의 다양한 부위 사이의 고도로 유동적이고 진행 중인 상호작용을 그 출발점으로 한다. 우리의 사고, 감정 및 의식적 경험을 발생시키는 것은 정확히 이 분리된 영역들 간의 신경적 상호작용 패턴이라는 것을 인정하기 시작한다. 이 견해는 건강한 신경인지적 기능 그리고 정신과적 · 신경학적 증후에 관한 새로운 관점을 가져왔다.

뇌의 연결성에 관한 연구는 신속하게 증대되는 연구 분야이고, 여기서 심리학자, 신경과학자, 수학자가 팀을 이루어 뇌의 내부에서 총체적 정보 전달이 어떻게 우리의 사고, 감정 및 행동을 일으키는가를 연구한다. 그러나 이런 새로운 접근은 대가를 치르는데, 뇌의 연결성에 대한 조작적 측정을 찾는 것이 결코 분명하지 않다는 것이다.

유행하는 접근법은 문제를 단순화하고, 소위 '엣지(edge)'를 경유하여 서로 연결된 커다란 노드의 집합으로 뇌의 모형을 만드는 것인데, 이로 인해 고도로 상호 연결된 정보 경로의 망을 이룬다. 뇌(회백질)를 특징짓는 해부적(하드웨어에 내장된) 연결성은 원거리 노드 사이의 신속한 정보 교환을 일으킬 수 있다. 어떤 과제를 하는 동안에 그 연결망에서 둘 혹은 그 이상의 노드가 상관된 행동을 나타낼 때 우리는 기능적 연결성에 관해 말한다. 그래프 이론이라고 불리는 수학의 한 분야는 전반적 연결성, '허브'(다른 노드와 많은 연결을 이루고, 그래서 전반적 신경망의 기능에서 필수적인 노드)의 존재 같은 신경망의 다양한 속성 그리고 하위 집합의 노드가 고도의 연결성을 갖는 클러스터나 모듈을 형성하는가를 특징짓는 데 사용된다.

기능적 연결성은 정적이 아니라는 것을 주목하라. 그것은 과제의 요구나 환경적 상황에 의해 변할 수 있고, 학습 혹은 병리의 결과로 변할 수 있다.

이런 접근법의 힘에 대한 예로서 반덴휴벨(van den Heuvel et al., 2009)은 19명의 안정 상태의 전체 뇌 fMRI 활동을 측정했다. 각 뇌는 9,500개의 소위 복셀(노드)과 그것들의 상호작용(엣지)으로 구성된 신경망으로 모형화된다. 이 신경망의 효율성은 나중에 측정된 IQ를 강력하게 예측한다. 달리 말하면 지적 수행은 다중의 뇌 영역이 얼마나 효율적으로 정보를 전달하거나 통합하는가와 관련이 있다. 더 주목할 것은 이 연합이 뇌가 활동을 하지 않는 때, 즉 특정 과제를 하지 않을 때 관찰된다는 것이다.

다른 예로 신경망 이론은 의식의 상태를 양화하는 데 매우 성공적이었다. 진과 충(Jin & Chung, 2012)의 개관은 마취나 혼수 혹은 식물인간 상태 같은 의식의 장애를 초래하는 뇌 손상에 기인한 의식의 변화를 연구한 일단의 연구에 대해 설명했다. 그 발견 중 하나는 의식의 장애가 전반적 연결성에서 총체적 감소 그리고 선택된 뇌 영역 사이의 단절에 의해 특징지어진다는 것이었다. 그 개관은 연결성 분석이 의식의 신경적 기제를 해결하는 데 도움을 준다는 것을 보여 준다.

연결성 분석은 정신과적 증후에서 총체적인 뇌 조직화를 연구하는 데 사용되었다. 알렉산더-블로흐 등(Alexander-Bloch et al., 2010)은 아동기에 발병한 조현병(COS)을 가진 아동 집단에서 연결성을 연구했다. 그 분석은 COS에서 뇌 신경망이 국소적 정보 전달을 위해 효과적이지 않은 반면에 총체적 정보 전달은 우수해 보인다는 것을 밝혔다. 이 발견은 조현병에서 마음의 단편화는 매우 실제적 현상이고 전반적으로 뇌 신경망이 구성된 방식을 반영한다는 아주 흥미로운 가능성을 제기한다.

기능적 뇌 연결성에 관한 연구는 배후의 신경 구조에 대해 어떤 가정을 하지 않는다. 비록 뇌가 각각 전문화된 기능을 하는 다수의 기능적 모듈로 구성되리라는 것이 부정되지는 않을지라도 뇌가 유동적이고 계속적인 유동 상태에 있다는 것을 인정한다. 연구자는 다양한 뇌 부위가 어떻게 집단을 이루고 협동하는가에 초점을 둠으로써 인지과학을 주도한 기능적 전문화의 생각을 넘어가기를 희망하고, 흥미로운 새로운 접근법을 이용하여 뇌가 어떻게 과제를 수행하는가에 관한 일부 오랜 수수께끼를 해결하기를 바란다.

3 심리 발달

유전 대 환경
발달 단계
신생아의 능력
시각
청각
미각과 후각
학습과 기억
아동기의 인지 발달
피아제의 단계 이론
피아제 이론에 대한 대안
마음 이론
도덕판단의 발달
성격과 사회성 발달
기질
초기의 사회행동
애착
자기개념
찬반 논쟁: 부모는 아동 발달에 어떤 역할을 하는가?

미국 소도시에 있는 한 초등학교의 새 학기가 시작되는 날, 부모 초청의 밤에 생긴 일이다. 초등학교 1학년 담임을 맡은 볼랜드 선생님은 학급 학생들의 부모에게 1년 동안 부모가 해야 할 여러 가지 활동에 관해 간략하게 알려 준다. 부모들은 교실 주위를 다니면서 아이들의 작품을 감상하며 서로를 알게 된다. 몇몇 부모는 볼랜드 선생님에게 다가가 자기소개를 하고 선생님에게 고마움을 표시한다. 한 아이의 아버지인 필립이 선생님에게 다가와 선생님이 제안한 목표에 대해 몇 가지 질문을 던지기 시작한다. "아이들이 언제 읽기를 배우나요? 올해 안에 덧셈과 뺄셈을 제대로 할 수 있나요? 우리 아들은 1년이 지나면 짧은 글짓기를 할 수 있을까요?" 볼랜드 선생님은 초등학교 1학년은 글을 읽고 쓰며, 셈을 할 수 있는 기초 능력을 함양하는 시기라고 설명해 준다. 그리고 아이들마다 발달 속도가 다르기 때문에, 올해 안에 그렇게 되는 아이도 있을 것이고 그렇지 않은 아이도 있을 것이라고 대답한다. 그런데 학부형 필립은 이 대답에 수긍하지 않고, 자기 아들이 지능검사에서 '우수한' 아이로 판명되었기 때문에 올해 말까지는 모든 목표를 달성할 것으로 기대한다고 말한다.

필립의 질문에서 풀려난 볼랜드 선생님은 심호흡을 하고 자기 책상을 말끔히 정돈하기 시작한다. 그때 샘이라는 학부형이 선생님에게 다가간다. 그 역시 선생님을 열심히 쳐다보더니 또 다른 질문 공세를 가한다. 샘은 유아용 지능검사에서 '우수한' 아이로 판명된 자기 아들에 관한 이야기를 시작한다. 그런데 샘의 관심은 필립의 관심과 아주 다르다. "나는 우리 아이가 정상적인 아이가 되길 바랍니다. 아이가 이제 7살이니 힘든 것은 좀 더 나중에 해야 할 것입니다. 나는 우리 아이가 학교생활을 재미있고 즐겁게 하길 바랍니다. 우리 아이는 영리한 아이라고 하니 선생님이 지나치게 밀어붙이시지 않았으면 합니다."

부모는 자기 아이에 관해 아주 다른 기대를 할 수 있다. 특히 첫아이의 경우, 이러한 기대는 종종 자신의 아동기 체험이나 대중매체 또는 친구들로부터 들은 이야기에서 비롯된다. 아이들은 발달 속도의 개인차가 크다. 이 장에서는 '정상' 발달 과정을 언급할 테지만 아이에 따라, 가정과 문화에 따라 차이가 있다는 것을 기억해야 한다.

모든 포유류 중에서 인간은 자급자족하기까지 가장 긴 성숙 기간과 학습 기간을 필요로 한다. 일반적으로 유기체의 신경계가 복잡할수록 성숙하는 데 시간이 더 오래 걸린다. 여우원숭이는 태어나자마자 스스로 움직일 수 있고, 곧 혼자 힘으로 살 수 있다. 어린 원숭이는 몇 달 동안 어미에게 의존하고, 침팬지는 몇 년간을 의존한다. 인간과 가장 비슷한 침팬지조차도 같은 연령의 인간보다 훨씬 앞서 어른 원숭이로 기능하게 된다.

발달심리학자들은 인간 기능의 다양한 측면이 시간에 걸쳐 어떻게, 그리고 왜 발달하는지에 관심을 갖는다. 이들은 키와 몸무게의 변화 및 운동 기술의 습득과 같은 신체 발달, 사고 과정, 기억, 언어 능력과 같은 인지 발달, 그리고 자기개념과 대인관계의 변화 같은 성격과 사회성 발달에 초점을 맞춘다. 특정 심리적 능력과 기능의 발달은 뒤에서 자세히 언급될 것이다. 이 장에서는 전 생애에 걸친 심리적 발달에 관한 일반적인 개관을 하면서 두 가지 핵심 질문을 던지게 될 것이다. (1) 발달 과정을 결정하는 데 아동의 생물학적 요인과 환경에 있는 사건이 어떻게 상호작용하는가? (2) 발달은 점진적이고 연속적인 변화 과정인가, 아니면 질적으로 구분되는 일련의 급격한 단계인가?

유전 대 환경

인간 발달 과정에서 유전(천성)과 환경(양육) 중 어느 것이 더 중요한가는 몇 세기 동안 논쟁을 벌여 온 주제이다. 17세기 영국의 철학자 존 로크(John Locke)는 당시 만연했던, 어린아이는 어른의 축소판이라는 생각을 거부했다. 당시 만연했던 생각은 아이가 세상에 태어날 때 이미 많은 능력과 지식을 갖고 태어나며 성장하기만 하면 그러한 특성이 출현한다는 것이었다. 이런 입장과 달리 로크는 신생아의 정신이 **백지 상태**라고 생각했다. 이 백지판에 아이가 경험하는 것들, 즉 보는 것, 듣는 것, 맛보는 것, 냄새 맡는 것, 느끼는 것이 그대로 기록된다. 로크에 따르면 모든 지식은 우리의 감각을 통해 생겨난다. 지식은 전적으로 경험에 의해 제공되는 것으로, 선험적 지식은 없다.

찰스 다윈의 진화론(1859)은 인간 발달의 생물학적 기초를 강조하는데, 많은 연구자들로 하여금 유전의 역할을 중요하게 여기도록 만들었다. 다윈은 유기체가 환경과 조건에 적응한 후 자신의 유전자를 후속 세대에 전달할 수 있는 자연도태 과정을 통해 특정 능력이 유전자 코드로 전달됨을 주장했다. 이는 발달 과정에서 나타나는 많은 능력이 학습의 순수한 산물이기보다는 생물학에 기초하고 있음을 시사한다.

그런데 20세기 행동주의가 생겨나면서 환경론자의 입장이 다시 주도권을 쥐게 되었다. 존 왓슨, 스키너와 같은 행동주의자들은 인간의 천성이 완전히 변화될 수 있다고 주장했다. 즉 초기의 훈육은 아이의 유전적 속성에 관계없이 어떤 종류의 어른으로도 바꿀 수 있다는 것이다. 왓슨(Watson, 1930, p. 104)은 이런 주장을 아주 극단적으로 표현했다.

> 나에게 건강한 아이 12명과 이 아이들을 양육할 수 있는 공간을 주고 어느 아이든 임의로 지정하기만 하면, 아이의 재능, 취향, 성향, 능력, 적성, 조상의 인종에 관계없이 그 아이를 의사, 법률가, 예술가, 상인, 심지어 거지나 도둑에 이르기까지 어떤 유형의 사람으로도 만들 수 있다고 나는 장담한다.

오늘날 대부분의 심리학자들은 유전과 환경 둘 다가 중요한 역할을 할 뿐만 아니라, 이 둘은 지속적으로 상호작용하여 발달을 이끈다는 데 동의한다. 신생아는 뇌에 1,000억 개 정도의 뉴런을 갖고 있지만 이 뉴런 간의 연결은 그리 많지 않다. 뉴런 간의 연결은 출생 직후 급속하게 발달하여 생후 3년이 지나면 뇌의 무게는 출생 때의 3배가 된다(DiPietro, 2001). 뇌 발달은 주로 유전 요인과 생애 초기 아이가 환경으로부터 받는 자극이나 결핍, 두 요인 모두에 의해 영향을 받는다.

신생아는 환경으로부터 특정 정보를 입력할 수 있는 역량을 갖고 태어나서 아주 일찍 또는 아주 빨리 특정 기술이나 개념을 학습할 수 있는 것으로 보인다. 언어 습득이 좋은 예이다(Chomsky, 1986). 종종 부모는 아이에게 "이것은 공이야. 공이라고 한번 말해 볼래?"라고 특정 단어를 가르치려고 한다. 반면에 부모는 자녀에게 문법적으로 정확한 문장을 가르치는 데 많은 시간을 들이지 않는다. 그런데 아이가 문장을 말하기 시작하면 아이의 문장에는 일부 문법 규칙이 반영되어 나타난다. 분명한 것은 아이가 부모로부터 들었던 문장을 그대로 단순 모방하지는 않는다는 것이다. 예를 들어 이 책의 저자 중 한 사람의 아들이 말한 첫 번째 문장은 'I do it myself(내가 할 거야)'였는데, 부모는 아이에게 이런 식으로 말한 적이 결코 없다는 것이다. 아이는 단지 일상 언어를 접할 뿐인데 이를 통해 언어의 복잡한 구조를 학습할 능력을 갖추고 있는 것이다.

선천적인 생물학적 시간표에 의해 결정되는 발달조차도 환경적 사건에 의해 영향을 받는다. 수정되는 순간, 수정된 난소의 유전적 구조에 의해 엄청나게 많은 개인적 특성이 이미 결정된다. 유전자는 우리를 물고기도 침팬지도 아닌 사람으로 발달하게 하는 프로그램을 제공한다. 또한 성별, 피부색, 머리색 그리고 전체 신체 크기 등을 결정한다. 이렇게 유전적으로 결정된 특성은 **성숙**maturation—선천적으로 결정되어 외부 사건과 비교적 무관한 성장 순서 및 변화—과정을 통해 드러난다. 태아는 정해진 계획에 따라 발달하고, 몸을 돌리거나 발로 차는 행동 역시 성장 단계에 따라 일정한 순서를 따른다. 그러나 자궁의 환경이 어떤 식으로든 심각할 정도로 비정상이 되면 성숙 과정이 혼란스러워진다. 예를 들어 산모가 임신 3개월경(유전적으로 프로그래밍된 계획에 따라 태아의 기초 기관이 발달하는 시기)에 풍진에 걸리면, 감염 시기에 태아의 어떤 기관이 결정적인 발달 시기에 있었느냐에 따라 시각장애, 청각장애, 또는 뇌 손상 아이로 태어날 수 있다. 태아의 정상적인 성숙에 영향을 줄 수 있는 다른 요인은 산모의 영양실조, 흡연, 알코올과 약물 사용 등이다.

출생 후 운동 발달 역시 유전적으로 프로그래밍된 성숙과 환경의 영향 간 상호작용을 보여 준다. 실제로 모든 아이들은 동일한 순서로 운동 행동을 하게 된다. 즉 뒤집기, 혼자 앉기, 가구 잡고 일어서기, 기기, 걷기의 순이다. 그러나 이러한 운동이 진행되는 속도는 다르다. 발달심리학자들은 이러한 차이를 야기하는 학습과 경험의 중요성을 오랫동안 거론해 왔다. 초기의 연구에서는 아니라고 했지만(Dennis & Dennis, 1940; Gesell & Thompson, 1929; McGraw, 1935/1975), 이후의 연구에서는 연습이나 별도의 자극이 어느 정도까지는 운동 행동의 출현을 가속화할 수 있음을 보여 준다. 예를 들어 신생아는 걷기 반사를 보인다. 신생아를 똑바로 세우고 발을 건드리면 신생아의 다리는 걷는 동작과 비슷한 움직임을 보인다. 케냐의 농촌 지역에 사는 킵시기스 사람들처럼 일부 문화권에서는 부모가 유아에게 앉고, 서고, 걷는 것을 열심히 가르치는 경우 미국 아이들보다 3~5주 앞서 이러한 발달 지점에 도달하게 된다(Cole & Cole, 2001). 이와 반대로, 동부 파라과이에 사는 유목민인 아체족은 살고 있는 숲이 너무 조밀해서 아이 스스로 움직이는 경험을 거의 하지 못한다. 여기서 길러진 아이들은 미국 아이들보다 1년 후에 걷기 시작한다(아동 중기에 이르면 미국 아이들을 따라잡고 더 앞설 가능성이 크지만).

언어 발달은 유전적으로 결정된 특성과 경험 간의 상호작용을 보여 주는 또 다른 예이다. 정상적인 발달 과정에서 모든 유아는 말하는 것을 배우는데, 이것은 신경 발달이 어느 수준에 도달하고 난 이후라야 가능하다. 거의 예외 없이 생후 1년이 지나서야 유아는 문장을 말할 수 있다. 그러나 사람들이 이야기를 많이 해 주고, 말다운 소리를 내는 것에 강화를 주는 환경에서 자란 유아는 그런 관심을 받지 못한 유아보다 더 일찍 말한다. 예를 들어 유럽 중류 가정의 아이들은 대략 생후 1년 무렵이면 말하기 시작한다. 과테말라의 외진 마을 산마르코스에 사는 아이들은 어른들과 언어적 상호작용이 거의 없고, 2살 이상이 되어야 첫 단어를 말한다(Kagan, 1979). 여기서 환경은 아동이 언어 기술을 습득하는 속도에는 영향을 주지만 최종 발달 수준에 영향을 주는 것은 아님을 기억해야 한다.

발달 단계

발달 단계를 설명할 때, 몇몇 심리학자는 불연속적이고 질적으로 구분되는 **발달 단계**stage of development를 제안한다. 우리 대부분은 이 개념을 비공식적으로 사용하고 있다. 우리는 생애를 보통 유아기, 아동기, 청소년기, 성인기로 구분한다. 부모들은 자신의 청소년기가 '반항 단계'였다고 말할지도 모른다. 그러나 발달심리학자들은 보다 정교한 개념을 갖고 있다. 단계 개념에는 어느 한 단계의 행동들이 하나의 주도적 주제 또는 응집성을 지닌 일련의 특성을 중심으로 조직화되고, 어느 한 단계에서의 행동은 더 앞선 단계나 더 나중의 단계와 질적으로 다르며, 그리고 모든 아동들은 동일한 순서로 동일한 단계를 거친다는 것이 포함되어 있다. 환경 요인은 발달을 가속화하거나 늦출 수 있지만 단계의 순서를 바꿀 수는 없다. 어떤 아이라도 앞 단계를 거치지 않고 다음 단계로 나아갈 수는 없다. 이 장의 후반부에서 보게 되겠지만, 발달이 질적으로 구분되는 단계의 고정된 순서를 따라 진행된다는 데 동의하지 않는 발달심리학자들도 있다.

단계 개념과 밀접하게 연결된 개념으로 인간 발달에서의 **결정적 시기**critical period—발달이 정상적으로 진행되기 위해 개인의 삶에서 특정한 경험이 있어야 할 결정적인 시기—가 있다. 태아의 일부 신체 발달에서 결정적 시기가 확인되었다. 예를 들어 임신 후 6~7주는 정상적인 성기관이 발달하는 결정적 시기이다. 원시적인 성기관의 남성 성기와 여성 성기로의 발달은 XX 또는 XY의 성염색체 배열에 관계없이 남성 호르몬에 의해 좌우된다. 염색체가 어느 쪽이든 남성 호르몬이 없으면 여성 성기가 발달된다는 뜻이다. 남성 호르몬이 나중에 투입되더라도 이미 일어난 변화를 바꿀 수는 없다.

심리적 발달에서는 결정적 시기가 그렇게 잘 확립되어 있지는 않다. 아마도 **민감기**sensitive period—특정 유형의 발달에 최적의 기간—가 있다는 것이 보다 정확한 말일 것이다. 어떤 행동이 이 민감기에 잘 확립되지 않으면 그 행동은 충분히 발달되지 않을 수 있다. 예를 들어 생후 1년은 친밀한 대인 애착을 형성하는 민감기로 보인다(Rutter et al., 1990). 취학 전기는 특히 지적 발달과 언어 획득에 중요한 시기이다(DeHart et al., 2000). 6~7세 이전에 언어를 충분히 접해 보지 않은 아동은 전혀 언어를 획득하지 못할 수도 있다(Goldin-Meadow, 1982). 이런 민감기 동안 아동이 접한 경험은 그 후에는 변경하기 힘든 방식으로 미래 발달 과정을 형성할 수 있다.

신생아의 능력

19세기 말 심리학자 윌리엄 제임스(William James)는 신생아는 세상을 '윙윙거리는 엄청난 혼돈'으로 경험한다고 제안했는데, 이런 생각은 1960년대까지도 만연했다. 이제 우리는 신생아가 모든 감각 기능을 지닌 채 세상에 태어나고, 새로운 환경을 학습할 준비가 잘 되어 있음을 알고 있다.

영아는 자신이 무엇을 하고 있는지, 무엇을 생각하고 있는지 설명하거나 말할 수 없기 때문에, 발달심리학자들은 영아의 능력을 연구하기 위한 독창적인 절차를 고안해야만 했다. 기본 방법은 유아의 환경을 바꾸고 그에 대한 반응을 관찰하는 것이다. 예를 들어 연구자는 어떤 음조나 불빛을 제시하고 영아의 심장박동률에 변화가 있는지, 고개를 돌리는지, 또는 젖꼭지를 보다 세게 빠는지 등을 살핀다. 이것은 영아가 그 변화를 감지했는지를 시사하는 것이 될 것이다. 연구자들은 종종 변별이나 관심의 측정치로 영아의 응시 행동을 사용한다. 예를 들어 연구자는 영아에게 2개의 서로 다른 자극을 동시에 제시하고, 영아가 어느 쪽을 더 오래 응시하는가를 살필 수 있다. 어느 한쪽을 오래 응시하면, 그것은 영아가 두 자극을 구분할 수 있고, 어느 하나를 다른 것보다 더 선호한다는 것을 알려 주는 셈이 된다. 연구자가 사용하는 또 다른 방법은 기대-위반 패러다임인데, 이 방법은 기대되거나 기대되지 않는 사건을 영아에게 제시하는 것이다(예: 물체가 표면에 정지하거나, 물체가 공중에 떠 있는 것). 영아는 기대하지 않은 결과를 더 오래 응시할 것이다(연구자가 영아에게 서프라이즈를 제공하는 것으로 간주). 이 방법은 세상이 작동하는 측면을 이해하는 것이 성인의 방식과 연계되어 있는지를 밝히는 데 사용될 수 있다. 여기서는 영아의 시각에 관한 연구로부터 시작하여 영아의 능력에 관한 연구 결과를 소개한다.

시각

신생아는 시력이 낮고, 초점을 전환할 수 있는 능력이 제한되어 있으며, 심한 근시이다. 컴퓨터로 합성한 그림 3.1(왼쪽)은 엄마의 얼굴이 영아에게 어떻게 보일 수 있는지를 보

그림 3.1 **시력.** 신생아는 시력이 낮기 때문에 가까이에서 본다고 할지라도 엄마의 얼굴을 선명하게(오른쪽) 보지 못하고 모호하게(왼쪽) 본다.

그림 3.2 정상 얼굴과 일그러진 얼굴. 3개월 정도의 영아는 일그러진 얼굴보다 정상적인 얼굴을 더 선호한다. 이런 선호는 태어날 때부터 있는 것 같다.

여 준다. 생후 7~8개월까지 영아의 시력은 성인의 시력에 가까워진다(Keil, 출판 중). 신생아는 사물을 적극적으로 살피는 데 많은 시간을 쏟는다. 세상을 체제화된 방식으로 훑고, 자신이 볼 수 있는 전체 범위인 **시야**visual field에서 어떤 대상이나 변화를 감지했을 때는 멈춘다. 이들은 특히 사물의 모서리처럼 큰 대조가 있는 부분에 끌린다. 사물 전체를 살피지 않고 모서리가 가장 많은 부분을 계속 응시한다. 또한 평범한 것보다는 복잡한 형태를, 직선보다는 곡선이 있는 형태를 더 선호한다.

신생아에게 **얼굴 선호**facial preference—선천적으로 얼굴을 좋아하는 것—가 있음을 보여 주는 증거가 있다. 신생아는 일그러진 얼굴이나 텅 빈 얼굴보다는 정상적인 얼굴을 더 좋아하며, 공포에 질린 얼굴보다 행복한 얼굴을 더 선호하기도 한다(Farroni et al., 2007). 신생아의 뇌는 얼굴에 주의를 기울이고 얼굴에서 정보를 얻을 수 있도록 준비되어 있는 것 같다(Johnson & Morton, 1991). 또한 나이 든 아동과 어른만큼 정확하게 얼굴을 인식하지는 못하지만, 아주 일찍부터 얼굴에 관한 엄청난 학습이 일어나고 있다. 예를 들어 신생아는 일그러진 얼굴보다는 정상적인 얼굴을 좋아하지만(그림 3.2 참조), 눈이 서로 떨어져 토끼처럼 보이는 아주 왜곡된 얼굴도 정상적인 얼굴만큼 응시했다. 반면에 3개월 된 영아는 왜곡된 얼굴보다는 정상적인 얼굴을 분명히 더 선호했다(Bhatt et al., 2005). 그리고 신생아는 같은 문화권의 얼굴이나 같은 인종의 얼굴에 대한 선호를 보이지는 않았으나, 생후 3개월 된 영아는 주변에서 자주 보는 인종의 얼굴을 더 선호했다(Bar-Haim et al., 2006; Kelly et al., 2009). 신생아는 얼굴의 기본적 특징을 지각하고 자주 보는 얼굴에 대해 매우 빠르게 학습할 수 있도록 준비되어 있는 것 같다.

청각

26~28주 된 태아는 날카로운 소리에 움직인다. 신생아는 소리 나는 쪽으로 고개를 돌린다. 흥미로운 점은 영아의 고개 돌리기 반응은 생후 6주 무렵에 사라졌다가, 눈으로 소리 나는 쪽을 찾게 되는 시기인 3~4개월이 되어서야 다시 생겨난다는 것이다. 고개 돌리기 반응이 일시적으로 사라지는 것은 아마도 대뇌피질하 영역에서 통제되는 반사 반응이 소리 나는 쪽으로 움직이는 자발적 시도로 성숙한다는 것을 의미한다. 4개월까지 영아는 어둠 속에서도 소리 나는 쪽으로 향하는데, 이는 영아가 어떤 사물에는 어떤 소리가 있는지

를 학습하는 데 도움을 준다(Keil, 출판 중).

영아는 특히 사람의 말소리를 빨리 학습하는 것 같은데, 이런 학습은 엄마의 뱃속에서 시작될 수 있다. 신생아는 낯선 이보다 엄마의 목소리를 더 선호하며, 심지어 엄마의 목소리라 하더라도 엄마가 들려주지 않았던 낯선 이야기보다 임신 마지막 주에 크게 소리 내어 읽어 주었던 이야기를 더 선호한다(DeCasper et al., 1994). 또한 신생아는 말소리가 아닌 소리보다는 말을 더 선호한다(Vouloumanos & Werker, 2007). 아마도 영아는 자궁 안에서 나지막한 엄마의 목소리를 지각했을 것이다. 또한 영아는 엄마가 사용하는 언어의 고유한 특성을 알게 되었을 것이다. 프랑스인 엄마의 아이는 불어를 사용하는 여성과 러시아어를 사용하는 여성을 구분할 수 있지만, 불어도 사용하지 않고 러시아어도 사용하지 않은 엄마의 아이는 불어와 러시아를 구분하기 어려울 것이다(Mehler et al., 1988). 영아가 구분하는 것은 어떤 언어의 특정한 리듬인 것 같다. 영아는 네덜란드어와 영어처럼 언어의 리듬이 비슷한 언어는 구분하기 어렵겠지만, 일본어와 폴란드어처럼 리듬이 다른 두 언어는 쉽게 구분할 수 있을 것이다(Ramus, 2002).

여러 문화권에서 성인은 어린 영아에게는 더 나이 든 아동이나 성인에게 말하는 방식과는 아주 다른 방식으로 말하는데, 높은 음조를 사용하여 독특하게 말하면서(예: 어린아이에게 'hello'를 말할 때에는 아주 높은 음조로 시작하여 점차 음조를 낮추면서 길게 'hellll-loooo'라고 말한다) 음소 사이에 쉬는 시간이 길다. 이런 언어 스타일을 흔히 아기 말투 또는 어미 말투라고 하는데, 이는 아이가 원하고 필요로 하는 것과 잘 부합되는 것 같다. 생후 첫 한 달 동안 영아는 정상적인 말투보다 어미 말투를 더 선호하는데, 낯선 이가 말하는 경우에도 그렇다. 어미 말투는 영아가 단어 간 경계를 파악하는 데 도움을 준다(Cooper et al., 1997; Fernald, 1985; Thiessen et al., 2005). 6개월밖에 안 된 영아도 자기를 인정하는 목소리와 그렇지 않은 목소리의 억양을 구분할 수 있으며, 인정하지 않는 억양보다 인정하는 억양에 대해 미소를 더 많이 보이는데, 이런 반응은 언어가 다른 경우에도 그렇다(Fernald, 1993). 따라서 영아는 주변의 언어에서 중요한 의미를 추출할 수 있으며, 특히 자신을 향해 가장 자주 사용되는 말에 관심을 보이는 것 같다.

미각과 후각

영아는 출생 직후부터 미각을 구분할 수 있다. 영아는 짜고 쓰고 시고 덤덤한 액체보다는 단 액체를 더 좋아한다. 단 액체에 대한 특징적인 반응으로 가벼운 미소를 닮은 이완된 표정을 짓는데, 때때로 입술을 핥기도 한다. 신 액체를 맛보면 입을 오므리고 코를 찡그린다. 쓴 것을 맛보면 입꼬리를 내리면서 혀를 내밀어 싫다는 표정을 짓는다.

신생아는 냄새도 구분할 줄 안다. 신생아는 달콤한 향기 쪽으로 고개를 돌리고 심장박동률과 호흡이 느려지는데, 이는 흥미로움을 나타내는 지표이다. 암모니아 냄새나 썩은 달걀 냄새 같은 불쾌한 냄새는 고개를 다른 쪽으로 돌리게 만들고 심장박동률과 호흡이 높아지는데, 이는 불편감을 나타내는 지표이다. 영아는 아주 미세한 냄새의 차이도 구분할 수 있다. 젖을 먹인 지 며칠이 안 되어, 영아는 일관성 있게 다른 산모의 젖이 묻은 패드보다는 엄마의 젖이 묻은 패드 쪽으로 고개를 돌린다(Russell, 1976). 모유를 먹는 유아만이 엄마만의 냄새를 감지하는 이러한 능력을 보여 준다(Cernoch & Porter, 1985). 한편 우유를 먹는 유아는 자기가 먹는 조제된 우유 냄새와 젖 냄새를 제시했을 때 젖 냄새를 더 좋아했다(Porter et al., 1992). 선천적으로 영아는 젖 냄새를 좋아하는 것으로 보인다. 대체적으로 냄새를 구분하는 능력은 분명한 적응적 가치가 있다. 그것은 영아로 하여금 유해 물질을 피하게 하여 생존 가능성을 높이게 된다.

학습과 기억

영아는 학습할 수도 없고 기억할 수도 없다고 생각한 적이 있었다. 그러나 이것은 사실이 아니다. 몇 개의 고전적 연구로부터 생의 초기 영아가 학습하고 기억할 수 있다는 증거가 나오고 있다. 한 연구에서는 태어난 지 몇 시간밖에 되지 않는 영아가 버저 소리와 다른 소리에 따라 고개를 좌우로 돌리는 것을 학습했다. 영아는 어떤 소리가 있을 경우에는 오른쪽으로 고개를 돌리면 맛있는 액체를 맛보았고, 버저가 울릴 경우에는 고개를 왼쪽으로 돌리면 맛있는 액체를 맛보았다. 몇 번의 시행 후 영아는 소리가 있을 때에는 오른쪽으로, 버저가 울릴 때에는 왼쪽으로 정확하게 고개를 돌렸다. 그다음 실험자는 절차를 역으로 바꾸었다. 즉 버저가 울릴 경우에는 오른쪽으로, 소리가 있을 때에는 왼쪽으로 고개를 돌려야 맛있는 것을 맛볼 수 있었다. 영아들은 이 새로운 과제도 곧 익혔다(Siqueland & Lipsitt, 1966).

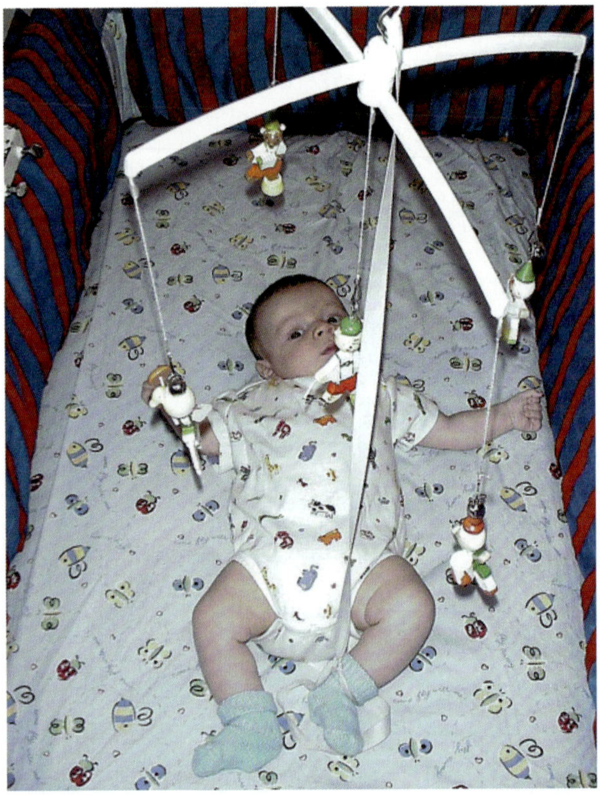

그림 3.3 **영아 기억 연구.** 한 연구에서 3개월 된 영아는 자기 다리에 부착된 리본을 잡아당겨 모빌을 움직이게 하는 것을 쉽게 학습했다. 이 영아는 8일 후 동일한 상황에서 검사했을 때 이 행동을 기억했다.

3개월이 되면 영아는 기억을 잘한다. 영아의 한쪽 다리를 요람 위에 있는 모빌과 연결되도록 리본으로 묶은 경우, 3개월 된 영아는 모빌을 움직이려면 어느 쪽 다리나 팔을 움직여야 하는지를 재빨리 파악했다. 8주 후에 이 영아들을 같은 상황에 두었을 때에도 어느 쪽 다리 또는 팔을 움직여야 하는지를 기억했다(Rovee-Collier, 1999; 그림 3.3 참조).

보다 놀라운 사실은 영아가 출생 전 엄마의 자궁 안에서 경험한 감각을 기억한다는 것이다. 앞서 신생아가 사람의 목소리와 다른 소리를 구분한다고 언급했다. 또한 영아는 다른 소리보다 사람의 목소리를 더 좋아한다. 출생 후 며칠이 지나면, 영아는 녹음된 말이나 음악 소리를 듣기 위해 인공 젖꼭지를 빨도록 학습시킬 수 있다. 이들은 다른 소리나 악기 소리보다는 사람의 말소리를 듣기 위해 더 열심히 빤다(Butterfield & Siperstein, 1972). 또한 남자의 목소리보다는 여자의 목소리와 심장 박동 소리를 더 좋아하고, 다른 여자의 목소리보다는 엄마의 목소리를 더 좋아한다. 그러나 다른 남자의 목소리보다 아빠의 목소리를 더 좋아하지는 않았다(Brazelton, 1978; DeCasper & Fifer, 1980; DeCasper & Prescott, 1984; 그림 3.4 참조).

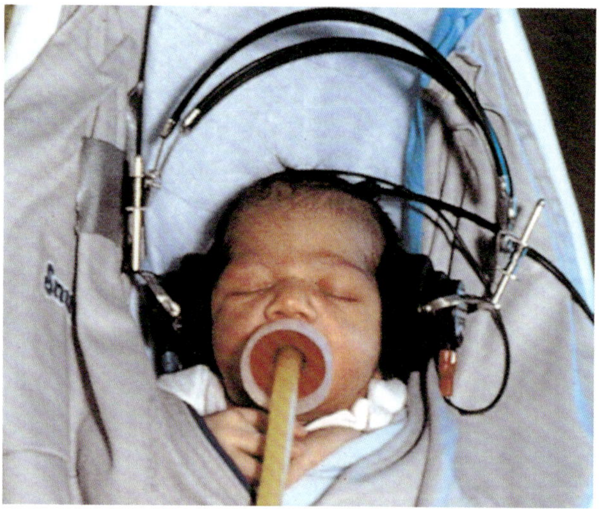

그림 3.4 소리에 대한 선호. 이어폰을 통해 선호하는 소리가 나올 때 신생아는 인공 젖꼭지를 더 세게 빪으로써 특정 소리(엄마 목소리)에 대한 선호가 있음을 보여 준다.

이런 선호는 태내에서 경험한 소리에서도 나타난다. 예를 들어 엄마의 목소리는 자궁 안에서도 들을 수 있는데, 이는 신생아가 다른 소리보다 엄마의 목소리를 더 좋아하는 것을 설명할 수 있을 것으로 보인다(Richards et al., 1992). 가장 놀라운 사실은 태아가 실제로 사람이 말하는 것 중의 일부를 변별한다는 것을 입증하는 증거가 있다는 것이다. 특별한 한 실험에서 임산부는 임신 마지막 6주 동안 매일 어린이 동화에서 발췌한 내용을 큰 소리로 읽었다. 예를 들어 일부 임산부들은 닥터 수스의 책 『모자 속의 고양이(The Cat in the Hat)』 앞부분 28개 단락을 읽었다. 다른 임산부들은 같은 책의 마지막 28개 단락을 읽었는데, 주된 명사가 바뀌어 이 후반부 이야기는 '모자 속의 고양이'가 아니라 '안개 속의 개'에 관한 이야기가 되었다. 아이가 태어날 때까지 임산부들은 총 3시간 동안 선택된 이야기 중 하나를 읽었다.

영아가 태어난 지 2~3일 후에 영아에게 빠는 속도를 기록할 수 있도록 고안된 특수 젖꼭지를 빨게 했다(그림 3.4에 있는 장치와 같음). 특수 젖꼭지 빨기를 통해 영아는 다음과 같은 녹음된 소리를 들을 수 있었다—엄마의 목소리로 녹음된, 엄마의 자궁 안에서 들었던 이야기, 또는 엄마의 목소리로 녹음된, 이전에 듣지 못했던 이야기, 또는 다른 여자의 목소리로 녹음된, 엄마의 자궁 안에서 들었던 이야기, 또는 다른 여자의 목소리로 녹음된, 이전에 듣지 못했던 이야기. 이전 실험에서처럼 이 영아들은 낯선 여자의 목소리보다는 엄마의 목소리를 더 좋아하여 빠는 속도가 증가했다. 그런데 더 놀라운 사실은 이 영아들이 엄마 뱃속에서 들어 보지 못했던 이야기보다는 들어 본 이야기를 더 선호했다는 것인데, 이 결과는 이야기를 낯선 여자가 읽은 경우에도 나타났다(DeCasper & Spence, 1986).

요약하면, 여기서 언급한 연구들은 아이가 세상에 '백지 상태'로 태어난다고 보는 관점뿐만 아니라 신생아가 '윙윙거리는 엄청난 혼돈'으로 세상을 경험하는 것으로 보는 관점에도 도전을 던진다. 영아는 지각과 학습을 잘할 수 있는 준비가 된 채로 세상에 태어나는 것이 분명하다.

아동기의 인지 발달

아동기에 가장 괄목할 만한 발달 중의 하나는 인지 발달이라는, 사고하고 추론하는 능력의 성장이다. 지적 변화를 서술하는 방식은 스위스 심리학자 장 피아제(Jean Piaget, 1896~1980)로부터 지대한 영향을 받았다. 피아제 이전에는 아동의 인지 발달에 관한 심리학적 생각이 두 가지 관점, 즉 발달의 '유전' 요인을 강조하는 생물학적 성숙과 '환경'을 강조하는 환경 학습론 관점이 주도해 왔다. 이와 달리 피아제는 아동의 자연스러운 성숙 능력과 환경의 상호작용에 초점을 두었다. 이 장에서는 피아제의 인지 발달 이론을 소개한 후 이 이론에 대한 대안과 보다 최근의 연구를 살펴볼 것이다. 또한 인지 발달에 관한 러시아 심리학자 레프 비고츠키(Lev Vygotsky)의 이론을 거론할 텐데, 이 이론은 원래 1930년대에 발간된 것으로 최근에 이르러 새로운 흥미를 끌고 있는 이론이다.

피아제의 단계 이론

부분적으로는 자신의 아이들에 대한 관찰을 토대로 피아제는 아이의 자연스러운 성숙 능력과 환경 간의 상호작용 관계에 흥미를 갖게 되었다. 그는 아동을 생물학적 발달이나 외적 자극을 수동적으로 수용하는 개체가 아니라 이런 과정에 능동적으로 참여하는 개체로 보았다. 그는 아동을 환경에 있는 사물과 사건을 대상으로 실험하고, 무엇이 일어날지 살피는 '호기심 많은 과학자'로 간주했다. ('곰 인형의 귀를 빨면 기분이 어떨까?' '접시를 식탁에서 떨어뜨리면 어떻게 될까?') 이런 유형의 실험을 통해 아동은 **도식** schemas—물리적 세계와 사회적 세계가 작동하는 방식—을 구성한다. 새로운 대상이나 사건을 접하면 아동은 그것에 동화(assimilate)하려고 한다—기존의 도식으로 그것을 이해하는 것이다. 피아제는 새로운 경험이 기존의 도식과 맞지 않으면 아동이 훌륭한 과학자처럼 **조절** accommodation—어떤 도식을 새로운 정보에 맞도록 수정하는 것—할 것으로 보았는데, 이로써 아동의 세상에 대한 이론이 확대되어 간다(Piaget & Inhelder, 1969). 예를 들어 한 소년이 소방관에 대해 갖고 있는 도식이 부피가 큰 소방복을 입은 남자 어른이라면, 여성이 소방관이 될 수 있다는 것을 믿으려 하지 않을 것이다. 이 소년은 여성은 '옷을 잘 차려입어야' 한다고 주장할 수 있다. 그러나 여성 소방관을 많이 보게 되면 이 소년은 소방관에 대한 자신의 도식을 조절할 것이고, 여성도 소방관이 될 수 있다는 사실을 수용할 것이다.

심리학 전공 대학원생으로서 피아제의 첫 번째 직업은 지능검사를 개발한 알프레드 비네(Alfred Binet) 밑에서 지능검사를 실시하는 것이었다. 이 일을 하던 중 그는 아동들의 실수 유형과 그 이유에 대해 궁금해하기 시작했다. 아동의 추론과 성인의 추론에 어떤 차이가 있는가? 그는 자기 아이들이 노는 것을 유심히 관찰한 후, 아이들에게 간단한 과학 문제와 도덕 문제를 제시하고, 아이들이 왜 그런 대답을 하는지 그 이유를 설명하도록 했다. 피아제는 관찰을 통해 아동이 사고하고 추론하는 능력은 일련의 질적으로 다른 단계로 진행된다는 것을 확신하게 되었다. 그는 인지 발달을 크게 네 가지 주요 단계로 나누었는데, 각 단계에는 여러 하위 단계가 있다. 주요 네 단계는 감각운동 단계, 전조작 단계, 구체적 조작 단계, 형식 조작 단계이다(개념 설명 참조).

개념 설명

피아제의 인지 발달 단계

나이는 평균적 나이를 말한다. 아동들은 지능, 문화적 배경, 사회경제 요인에 따라 상당히 다를 수 있다. 그러나 진행 순서는 모든 아동들이 동일하다고 가정한다. 피아제는 각 단계를 보다 자세하게 서술했다. 여기서는 각 단계의 일반적 특징만 언급했다.

단계	특징
1. 감각운동기 (생후~2세)	• 자신과 대상을 구분한다. • 자신을 행위의 주체로 인식하고 의도적으로 행동하기 시작한다. 예를 들어 모빌을 움직이려고 줄을 잡아 당기거나 딸랑이 소리를 듣기 위해 딸랑이를 흔든다.
2. 전조작기 (2~7세)	• 언어를 사용하는 것을 배우고, 심상과 단어로 대상을 표상한다. • 사고는 여전히 자기중심적이므로 타인의 관점을 이해하기 어렵다. • 대상을 하나의 속성에 따라 분류한다. 예를 들어 모양에 관계없이 모든 빨간 블록을 함께 모으거나 색깔에 관계없이 모든 네모 블록을 함께 모은다.
3. 구체적 조작기 (7~11세)	• 대상과 사건에 대해 논리적으로 생각할 수 있다. • 보존 개념 성취: 수의 보존(6세), 양의 보존(7세), 무게의 보존(9세) • 여러 가지 속성에 따라 대상을 분류하고, 크기와 같은 단일 차원에 따라 서열화할 수 있다.
4. 형식 조작기 (11세 이후)	• 추상적 명제에 관해 논리적으로 생각할 수 있고, 가설을 체계적으로 검증할 수 있다. • 가상 문제, 미래, 이념적 문제에 관심을 갖는다.

감각운동 단계

피아제는 영아가 자신의 행위와 그 행위의 결과 간의 관계를 발견하는 데 분주한 시기인 생후 첫 2년간을 **감각운동 단계** sensorimotor stage라고 불렀다. 예를 들어 영아는 어떤 대상을 붙잡기 위해 얼마나 멀리 팔을 펼쳐야 하는지, 테이블의 모서리로 접시를 밀어 넘어뜨리면 어떤 일이 벌어지는지를 탐색한다. 이런 식으로 영아는 외부 세계와 분리된 자기개념을 발달시키기 시작한다.

아동 자신이 외부 세계와 분리된 것을 이해하는 데 가장 중요한 측면은, 세상이 물체들로 구성되어 있는데 이 물체들은 눈에 보이지 않더라도 계속 존재한다는 것을 이해하는 것이다. 이 개념은 **대상영속성** object permanence이다. 장난감을 천으로 덮으면 8개월 된 영아는 손을 뻗어 보지만 곧 그것을 멈추고 장난감에 흥미를 보이지 않는다. 이들은 놀라지도 않고 당황하지도 않으며 장난감을 찾으려는 시도를 하지 않는데, 이는 마치 그 장난감이 존재하지 않는 것처럼 행동하는 것이다(그림 3.5 참조). 이와 달리 10개월 된 영아는 천 밑에 숨겨 두거나 스크린 뒤에 있는 장난감을 적극적으로 찾는다. 10개월 된 영아는 대상영속성 개념을 획득하게 되어 보이지 않을 때에도 대상이 존재한다는 사실을 아는 것 같다. 그러나 이 월령에도 탐색에 한계가 있다. 특정 장소에 숨겨진 장난감을 여러 번 찾아본 영아는 어른이 그 장난감을 다른 장소로 옮기는 것을 본 경우에도 계속 이전의 장소에서 장난감을 찾는다. 1살 무렵이 되어서야 비로소 아이는 이전 시행에서 일어난 것과 관계없이 마지막으로 보았던 장소에서 장난감을 찾는다.

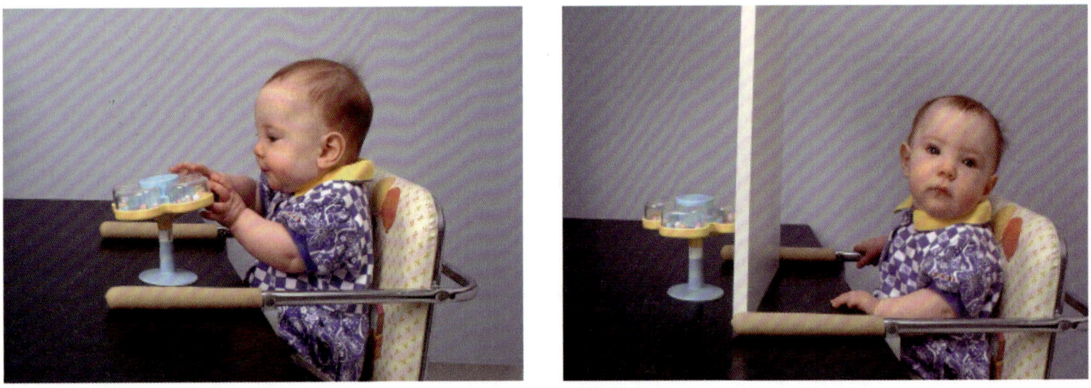

그림 3.5 **대상영속성.** 장난감을 스크린으로 가렸을 때 영아는 그것이 존재하지 않는 것처럼 행동한다. 이런 관찰을 통해 피아제는 영아가 아직 대상영속성 개념을 습득하지 않았다고 결론지었다.

전조작 단계

대략 1세 반부터 2세까지 아동은 상징을 사용하기 시작한다. 단어가 사물이나 사물의 집단을 의미하고, 하나의 대상은 여러 가지 용도로 사용될 수 있다. 3세 아동은 나무 막대기를 말로 취급하여 그것을 타고 이리저리 방을 돌아다니기도 하고, 자동차로 사용하기도 한다. 인형이 아빠가 되었다가 다른 때에는 아기가 되기도 한다. 3~4세 아동은 상징적 용어로 생각할 수 있긴 하지만, 이들이 사용하는 단어와 심상은 아직 논리적으로 체제화되어 있지 않다. 전조작 단계preoperational stage 동안 아동은 특정한 규칙이나 조작operation을 아직 이해하지 못한다. 조작이란 논리적 방식으로 분리하고, 결합하고, 정보를 변형하는 정신과정이다. 예를 들어 길고 좁은 잔의 물을 짧고 넓은 잔에 부으면 성인은 마음에서 그 변형의 역을 생각할 수 있기에 물의 양이 변하지 않았음을 안다. 즉 넓은 잔에 있는 물을 좁은 잔에 쏟아붓는 것을 상상하여 원상태로 되돌릴 수 있다. 전조작 단계의 아동은 가역성과 다른 정신 조작에 대한 이해가 없거나 빈약하다. 따라서 피아제에 따르면 전조작기 아동은 보존conservation 개념—물질의 양이 그 형태가 달라지더라도 동일하다는 이해—를 아직 습득하지 않은 상태이다. 아동은 긴 잔에서 넓은 잔으로 물을 붓는 경우에 그 물의 양이 보존된다는 것(동일하게 있다는 것)을 이해하지 못한다(그림 3.6 참조).

피아제는 전조작적 사고가 시각적 인상에 의해 압도된다고 생각했다. 덜 분명하지만 보다 핵심적인 특성인 양이나 무게보다 찰흙 모양의 변화는 아동에게 더 큰 영향을 준다. 시각적 인상에 대한 이러한 신뢰는 수의 보존 실험에서도 잘 나타난다. 두 줄의 장기알을 일대일 대응으로 제시하면 어린 아동들은 정확하게 그 두 줄의 장기알이 같다고 말한다(그림 3.7 참조). 그런데 그중 한 줄의 장기알을 서로 가깝게 모아 놓으면, 5세 아동은 장기알이 없어지지 않았음에도 불구하고 손대지 않은 줄의 장기알이 더 많다고 말한다. 장기알이 길어 보이는 시각적 인상이 일대일 대응 관계에서 나타난 수의 성질을 압도해 버린다. 그러나 7세 아동은 사물의 수가 이전과 동일하다면 그것은 같아야만 한다고 생각한다. 이 나이에는 수의 동질성이 시각적 인상보다 더 중요해진다.

피아제에 의하면, 전조작기 아동의 핵심적인 또 다른 특징은 자기중심성egocentrism이

그림 3.6 양의 보존. 4세 아동은 2개의 짧고 넓은 유리잔에 똑같은 양의 물이 있다고 인정했다. 그런데 한쪽 유리잔의 물을 좁고 긴 유리잔에 부으면 그것이 더 많다고 말한다. 이 아동은 더 나이가 들어야 모양이 다른 2개의 잔에 동일한 양의 물이 들어 있다고 말할 것이다.

그림 3.7 수의 보존. 각각 10개로 이루어진 두 줄의 장기알을 똑같이 펼쳐 놓았을 때, 대부분의 아동들은 개수가 똑같다고 말한다. 그런데 그중 한 줄을 더 넓게 펼치면 6~7세 이하의 아동은 원래 있는 줄의 장기알이 더 적다고 말한다.

다. 전조작기 아동은 자신과 다른 관점을 인식하지 못한다. 이들은 자기 아닌 다른 모든 사람들도 자신과 동일한 방식으로 환경을 지각한다고 믿는다(Piaget, 1950a). 이것을 입증하기 위해 피아제는 '세 산 문제'를 만들었다. 아동에게 높이가 다른 3개의 산이 배치되어 있는 테이블 주위를 걸어 보게 한다. 그다음 아동을 테이블의 어느 한쪽에 서게 하고, 테이블의 나머지 편에 위치를 달리한 인형을 놓는다(따라서 세 산에 대해 아동과는 다른 조망을 갖게 됨). 그리고 아동에게 인형이 보는 것을 나타내는 사진을 선택하게 한다. 6~7세 이하의 아동은 대부분 세 산을 보는 자신의 조망을 나타내는 사진을 선택한다(Piaget & Inhelder, 1948/1956).

피아제는 자기중심성이 전조작기 사고의 경직성을 말해 준다고 생각했다. 어린 아동은 자신과 다른 입장의 요지를 파악하지 못하기 때문에 자신의 도식을 수정하여 환경의 변화를 고려하지 못한다. 이는 이들이 조작을 전환할 수 없고, 양을 보존할 수 없는 이유이다.

조작 단계

7~12세 사이에 아동은 다양한 보존 개념을 습득하고 다른 논리적 조작을 수행하기 시작한다. 이들은 길이나 무게와 같은 차원을 근거로 대상을 순서대로 나열할 수 있다. 또한 이들은 일련의 행위에 대한 정신적 표상을 할 수 있다. 5세 아동은 친구의 집에 가는 길을 찾을 수는 있지만 당신에게 그곳을 가르쳐 줄 수 없고, 가는 길을 연필과 종이로 그려 줄 수도 없다. 그들은 어떤 장소에서 돌아야 한다는 것을 알고 있기 때문에 스스로 길을 찾아갈 수는 있지만 그 길에 대한 전체 그림을 갖고 있지는 않은 것이다. 반면에 8세 아동은 그 길에 대한 지도를 쉽게 그릴 수 있다. 피아제는 이 시기를, 아동이 추상적인 용어를 사용하지만, 직접적으로 감각 접근이 가능한 구체적 대상에 대해서만 그렇게 하는 **구체적 조작 단계** concrete operational stage라고 부른다.

11~12세 무렵이 되어서야 아동은 성인의 사고방식에 도달한다. **형식적 조작 단계** formal operational stage에 개인은 순전히 상징적 용어로 추론할 수 있다. 형식적 조작 사고를 검증하는 한 검사에서 아동은 진자가 움직이는 속도(진동의 주기)를 결정하는 요인을 찾아내고자 했다. 고리에 달려 있는 긴 줄과 줄 끝에 매달 수 있는 여러 개의 추가 제공된 상황에서 아동은 줄의 길이를 다양하게 할 수 있고, 매다는 추의 무게도 바꿀 수 있으며, 그 추를 놓는 위치도 바꿀 수 있다. 구체적 조작 단계에 있는 아동은 주어진 변인의 일부를 바꾸면서 시도하지만 아직 체계적인 방식으로 하지는 못했다. 그러나 보통의 청소년은 일련의 가설을 설정하고 그것을 체계적으로 검증했다. 이들은 어느 한 변인(추의 무게)이 진자의 속도에 영향을 주는지 추론하고, 나머지 모든 변인을 일정하게 고정하고 한 변인만을 바꾸었을 때 그 영향이 나타나는지 확인한다. 이 변인이 진자의 속도에 영향을 주지 않는 것으로 보이면 그 변인을 배제하고 다른 변인으로 시도해 본다. 모든 변인을 고려하는 것은—각 가설에 대한 결과를 모두 살피고, 이런 결과를 확증하거나 부정하고—형식적 조작 사고의 핵심이다.

피아제 이론에 대한 대안

일반적으로 발달심리학자들은 앞에서 제시한 발견들이 피아제가 아동의 능력을 과소평가했다는 것을 입증한다는 데 동의한다. 그리고 그의 이론은 많은 영역에서 도전을 받고 있다. 그러나 피아제 이론에 대한 최선의 대안에 대한 합의는 없다. 일부 심리학자들은 정보처리 접근을 선호하고, 다른 학자들은 지식 습득과 사회문화적 접근을 선호한다.

정보처리 접근

우리는 피아제의 입장에 도전하는 많은 실험이 인지 발달을 몇 개의 분리된 **정보처리 기술** information-processing skill—환경으로부터 정보를 수집하고 분석하는 구체적 기술—의 습득으로 보는 연구자들에 의해 비롯된 것임을 앞서 보았다. 정보처리 입장에 있는 연구자들은 표준 피아제식 과제가 이런 기술과 그 과제로 알아낼 수 있다고 생각되는 기술을 분리시키지 못했다고 생각한다. 그런데 이 연구자들 간에 정확하게 피아제 이론의 어떤 측면에 도전을 던져야 하는지에 관해서는 일치하지 않는다. 예를 들어 발달이 질적으로 서로 다른 단계인지, 아니면 연속적인 변화 과정인지와 같은 중요 문제에 서로 다른 의견을 피력하고 있다. 어떤 연구자들은 단계의 모든 개념이 폐기되어야 한다고 생각한다(Klahr, 1982). 이들의 입장에서는 분리된 기술들이 일련의 분리된 단계로 발달하는 것이 아니라 부드럽게 연속적으로 발달한다. 그러나 다른 정보처리 이론가들은 정보처리 기술에서의 점진적 변화가 실제로 불연속적이고 단계적 사고의 발달을 이끈다고 생각한다(Case & Okamoto, 1996). 이 이론가들은 신피아제 학파로 불린다. 신피아제 학파의 일부 연구자들은 진정한 단계가 있지만, 그것은 매우 좁은 지식의 영역 안에만 있다고 제안한다. 예를 들어 아동의 언어 기술, 수리적 이해, 사회적 추론 등이 단계와 같은 양상으로 발달할 수 있지만, 각 영역은 비교적 다른 영역과는 독립적으로 나름의 속도에 따라 진행한다는 것이다(Mandler, 1983).

지식획득 접근

일부 발달심리학자들은 유아기 이후 아동과 성인은 본질적으로 동일한 인지 과정과 능력을 지니고 있고, 이 둘 간의 일차적 차이는 성인이 보다 확장된 지식을 갖는 것으로 본다. 여기서 **지식** knowledge이란 사실을 양적으로 더 많이 아는 것이 아니라, 특정 영역에서 사실을 구성하는 방식에 대해 더 깊이 이해하는 것이다. 지식획득 접근의 한 예는 시글러(Siegler, 1996)의 인지 발달의 **중복파 이론**인데, 이 이론은 어느 한 시점에 아동이 문제해결을 위해 다중 방식을 사용하지만, 나이가 들고 경험이 많아지면서 일부 책략은 더 자주 사용하게 되고 어떤 책략은 덜 사용하게 된다는 것이다.

사실과 사실을 체제화하는 것 간의 구분은 10세 체스 전문가 집단과 체스 아마추어 대학생 집단이 벌인 토너먼트 경기에 관한 연구에서 나타났다. 무선 숫자 목록을 기억하고 회상하게 했을 때, 대학생들이 10세 아동들보다 훨씬 잘했다. 그러나 장기판 위에 놓인 말의 실제 배열을 기억하는 능력을 검증했을 때, 10세 체스 전문가들이 18세 체스 아마추어 대학생들보다 더 잘했다(Chi, 1978). 두 집단의 이러한 차이는 인지 발달의 단계 차이나 상이한 정보처리 능력의 차이가 아니라 영역 한정적 지식의 차이인 것이다. 이들은 10세이지만 체스의 기저 구조를 보다 심층적으로 파악하고 있기 때문에, 분리된 정보 조각들을 보다 의미 있는 단위로 묶음으로써, 그리고 받아들이기 어려운 배치는 배제함으로써 기억에서 그 배열을 체제화하고 재구성할 수 있었다.

나이가 많아짐에 따라 인지 발달에서의 질적인 변화보다는 세상에 대한 지식 축적이 피아제의 보존 과제를 해결하는 능력이 증가되는 이유가 될 수 있다. 예를 들어 양이나 수가 '더 많은 찰흙' 또는 '더 많은 과자'를 규정짓는 결정적 속성이라는 것을 모르는 아동은 외형만 바뀌어도 양이 바뀌었다고 판단하기 십상이다. 하지만 더 나이 든 아동은 '더'라는 핵심 결정 속성을 학습했을지도 모른다. 이 가설이 옳다면, 한 영역에서 보존에 실패한 아동이라도 그 영역을 이해하느냐에 따라 다른 영역에서는 보존을 습득할 수 있다.

사회문화적 접근

피아제는 아동이 환경과 상호작용한다는 점을 강조했지만, 그의 마음에 있는 환경은 즉각적인 물리적 환경이었다. 사회적이고 문화적인 맥락은 피아제 이론에서는 실제로 아무런 역할이 없다. 그런데 아동들이 배워야만 하는 많은 것은 자신이 속해 있는 문화가 현실을 보는 방식, 사회에서 기대하는 사람들의 역할과 성차, 자신의 고유 문화에서 사회관계를 지배하는 규칙과 규범이다. 이런 영역에서는 보편적으로 타당한 사실이나 현실을 보는 정확한 입장이 없다. 발달에서 **사회문화적 접근** sociocultural approach을 취하는 사람들에 따르면 아동은 '참'지식을 찾는 물리 과학자가 아니라, 그 문화의 눈을 통해 사회적 현실을 보는 방식을 학습함으로써 토착민이 되어 가려는 한 문화의 신참으로 본다(Rogoff, 2000).

문화는 여러 가지 방식으로 아동의 발달에 영향을 줄 수 있다(Keil, 출판 중).

- 특정한 활동을 할 수 있는 기회를 부여함으로써 영향을 준다. 아동은 관찰을 통해, 직접 경험으로, 아니면 적어도 활동에 관한 이야기를 들음으로써 학습할 수 있다. 사막에서는 물이 귀하기 때문에, 칼라하리 사막에 사는 쿵족 아동은 한쪽 컵에서 다른 컵으로 물을 붓는 식의 양 보존을 습득하지는 못할 것이다. 반면에 시애틀이나 파리에 사는 아동은 사막에서 샘의 근원을 찾는 방법을 배우지는 않을 것이다.
- 특정 활동의 빈도를 결정함으로써 영향을 준다. 예를 들어 발리 문화에서는 전통 춤이 중요하다. 따라서 발리에서 성장한 아동은 유능한 댄서가 된다. 그러나 노르웨이 아동은 스키나 스케이트 전문가가 된다.
- 상이한 활동을 연결하는 방식에 의해 영향을 준다. 예를 들어 도자기를 만드는 것이 중요한 문화에서는 아동이 점토로 모양을 만드는 것이 부모와의 상호작용, 그리고 시장에 그것을 파는 것과 연계되어 있을 가능성이 크다. 도자기를 만드는 것이 중요하지 않은 문화에서는 아동이 점토로 모양을 만드는 것을 유아원에서의 놀이로 볼 것이다.
- 활동에서 아동의 역할을 통제함으로써 영향을 준다. 많은 문화권에서 고기는 슈퍼마켓에서 사는 것이지, 아동(그리고 아동의 부모)이 고기를 제공하는 동물을 잡는 덫을 놓고, 죽이고, 고기를 준비하는 데 아무 역할도 하지 않는다. 하지만 어떤 문화에서는 일찍부터 아동이 가족의 식량을 마련하기 위해 사냥하고, 죽이고, 고기로 만드는 법을 배운다.

이러한 관점의 인지 발달은 러시아 학자 레프 비고츠키(Vygotsky, 1934/1986)의 연구에서 그 기원을 찾을 수 있다. 비고츠키는 일차적으로 세상에 관해 더 많이 이해하고 새로운 기술을 개발하도록 도와주는 지식을 가진 선도자에게 지도받는 도제식 전달을 통해 세상을 더 잘 이해하게 되고 전문가로 나아간다고 생각했다. 그는 또한 인지 발달의 두 수준을 구분했다. 아동의 실제 발달 단계와 아동의 잠재적 발달 수준이 그것이다. 전자는 아동의 실제 문제해결 능력에서 드러나고, 후자는 성인이나 자기보다 더 잘 아는 또래가 지도하여 아동에게 진전이 있는 과제에서 확인된다. 비고츠키에 따르면 어떤 아동의 인지 발달 수준을 온전하게 이해하여 적절한 교육을 하기 위해서는 그 아동의 잠재적 발달 수준과 실제 발달 수준을 둘 다 알아야 한다.

언어는 인간이 사회적 의미를 교환하는 일차적 수단이기 때문에 비고츠키는 언어 발달을 인지 발달의 핵심으로 보았다. 실제로 그는 언어 획득을 아동 발달의 가장 중요한 측면으로 간주했다(Blanck, 1990). 언어는 새로운 기술과 지식을 발달시키는 데 중요한 역할을 한다. 성인과 또래가 아동을 도와 새로운 과제를 숙달시킬 때, 그들 간의 대화는 아동의 사고의 일부가 된다. 그다음 아동은 자신이 새로운 기술을 수행할 때 자신의 행동을 안내하기 위해 자신의 언어를 사용한다. 피아제가 자기중심적 언어라고 부르는 것을 비고츠키는 인지 발달의 핵심적 요소로 간주했다. 아동은 자신을 안내하고 방향을 제공하기 위해 자신에게 말한다. 이런 유형의 자기지시를 사적(private) 언어라고 한다. 이전에 어른으로부터 들은 어떤 과제(예: 구두 신기)를 어떻게 실행하는지에 대해 스스로에게 지시하는 아동에게서 이런 과정을 관찰할 수 있다(Berk, 1997).

마음 이론

성인으로서 우리는 다른 사람들의 마음—생각하고, 기대와 신념을 갖고 있고, 나름의 가정을 갖고 있다는 것 등—을 알고 있다는 것을 반영하는 방식으로 행동하고 생각한다. 타인에 대한 많은 행동은 타인이 무엇을 생각하고 있는지에 대한 이해에 바탕을 두고 있다. 예를 들어 오후 2시에 커피를 마시려고 친구와 만나기로 했는데 지금 하고 있는 모임이 2시 반이 되어서야 끝날 것 같다. 우리는 그 친구가 2시에 커피숍에서 만나리라 기대하고 있다는 것을 알기에, 모임을 하는 도중에 잠깐 시간을 내서 전화를 하여 조금 늦겠다고 말한다. 또한 종종 어떤 상황에 관해 우리 자신이 무엇을 생각하는지 평가해 보거나 신념에 잘못된 것이 있는지 의문을 제기하면서 자신의 사고 과정을 살펴본다. 이런 식의 사고에 대한 사고를 **초인지** metacognition라고 한다.

인간은 아주 일찍부터 타인이 마음을 갖고 있다는 것을 이해할 수 있다. 6개월에서 9개월까지 일반적으로 영아는 타인의 눈이 어디를 응시하는지 따라감으로써 물체와 사건에 대해 타인과 경험을 공유할 수 있다(Bakeman & Adamson, 1984; Scaife & Bruner, 1975). 예를 들어 엄마가 방 저쪽에 있는 장난감을 보거나 가리키며 "저기에 있는 장난감을 보자."라고 말하면 영아는 장난감을 향한 엄마의 응시나 손가락 가리키기를 따라갈 것이다. 이를 **공동 주의** joint attention라고 부른다(Bruner, 1975). 이 능력은 사회적 소통과 언어 발달에 결정적이다. 공동 주의의 발달은 뇌의 특정 영역 발달, 그리고 조금 전에 언급된 바와 같이 다른 사람들이 영아와 함께 물체나 사건 또는 사람에 대한 참조를 자주 경험한 것, 이 두 가지로 인해 생겨나는 것 같다(Mundy & Jarrold, 2010).

공동 주의의 발달이라는 기초로부터 아동은 바람, 지각, 신념, 지식, 사고, 의도, 감정과 같은 기본 마음 상태에 관한 지식을 발달시킨다. 이런 지식을 흔히 **마음 이론** theory of mind이라고 부른다. 아동의 마음 이론에 대한 정교화는 생애 초기 몇 년에 걸쳐 점진적으로 발달한다. 다음은 마음 이론에 관한 전형적인 연구로 기본적인 발달적 사실을 보여 준다(Flavell, 1999).

실험자는 5세 아동에게 사탕 그림이 그려진 사탕 상자를 보여 주고, 그 안에 무엇이 있다고 생각하는지 묻는다. 아동은 '사탕'이라고 대답한다. 그다음 아동은 상자 안을 들여다보고는 그 상자 안에 사탕이 아니라 크레용이 있다는 것을 알고는 놀란다. 이때 실험자는 아동에게 아직 이 상자를 들여다보지 않은 다른 아동이 이 상자 안에 무엇이 있으리라고 생각할지를 묻는다. 그 아동은 '사탕'이라고 대답하고, 이렇게 속인 것에 재미있어 한다.

이제 실험자는 3세 아동에게 같은 절차를 실시한다. 원래 예상되는 대답은 '사탕'이었는데 놀랍게도 아동의 대답은 '크레용'이었다. 더욱 놀라운 것은, 더 심화된 질문에서 3세 아동은 원래 자기는 그 상자에 크레용이 있다고 생각했고, 심지어 거기에 있었다는 말을 듣기까지 했다고 주장한다.

이 결과에 대한 기본적인 해석은, 취학 전 아동은 타인이 자신과 다른 마음과 생각이 있다는 마음 이론을 아직 갖고 있지 않고, 그래서 사람들이 자신과 다른 신념을 지니고 있거나 실제와 다른 신념을 갖고 있다는 것을 이해하지 못한다는 것이다.

아동의 마음 이론은 어떻게 발달하는가? 바르치와 웰만(Bartsch & Wellman, 1995)은 세 단계의 발달 순서가 있다고 주장한다. 첫째, 2세 무렵 아동은 단순한 바람, 정서, 지각적 경험에 대한 초보적인 개념을 갖고 있다. 아동은 사람들이 원하는 것이 있고, 공포스러워할 수 있으며, 사물을 보고 느낄 수 있음을 이해한다. 그러나 사람들이 외부의 사물과 자신의 내적 바람이나 신념을 정신적으로 표상할 수 있음을 이해하지 못한다. 둘째, 3세 무렵 아동은 바람뿐만 아니라 신념과 생각에 관해 언급하기 시작한다. 그리고 신념이 사실일 수도 있고 틀릴 수도 있다는 것과 사람마다 신념이 다를 수 있음을 이해하는 것 같다. 그러나 여전히 자신의 행위와 타인의 행위를 신념보다는 바람에 근거하여 설명한다. 마지막으로, 4세 무렵 아동은 사람들의 생각과 신념이 행동에 영향을 주고 사람들은 실제와 다른 신념을 가질 수 있다는 것을 이해하기 시작한다. 5세가 되면 대부분의 아동은 틀린 신념 과제를 해결할 수 있다(Callaghan et al., 2005).

한편 타인의 마음을 이해하는 기초 능력이 2세 이전에도 있다는 주장이 있다(Tomasello, Carpenter, & Liszkowski, 2007). 좋은 예는 1세 영아가 어른의 주의를 끌기 위해 가리키기 행동(pointing)을 사용하는 것이다. 이런 행동은 영아가 어른의 마음이 자신과는 다르며, 가리키기 행동을 통해 어른의 주의를 자신이 흥미를 느끼는 대상으로 유도할 수 있음을 알고 있다는 것을 시사한다. 가리키기 행동이 어른의 마음(주의)을 의도적으로 이끌어 내는 데 사용된다는 것을 보여 주는 실험이 있는데, 이는 영아가 인형과 같은 물건을 가리키는 것을 어른이 무시하는 실험으로, 어른의 이런 행동이 영아를 불쾌하게 하여 어른의 주의를 끌려는 시도를 계속 반복하게 만든다(Liszkowski et al., 2004). 앞서 언급된 응시 패러다임을 사용한 다른 연구에서도 영아가 타인이 틀린 신념을 가질 수 있음을 일부 이해하는 것을 보여 준다(Onishi & Baillargeon, 2005; Luo, 2011). 아마도 초기 마음 이론 연구는 영아가 알고 있는 것을 입증하기 위해 너무 복잡한 과제를 요구함으로써 어린 아동의 역량을 과소평가했을지 모른다.

마음 이론에 관한 연구 중 가장 흥미로운 응용 분야의 하나는 DSM-5에 규정된 **자폐 스펙트럼 장애 autism spectrum disorder** 연구이다. 자폐 스펙트럼 장애는 아동이 타인에게 반응을 보이지 않고 타인과의 의사소통에 중대한 문제가 있는 심각한 장애이다. 사이먼 배런-코언(Baron-Cohen & Wheelwright, 2004)은 자폐 스펙트럼 장애를 가진 아동의 경우 기본적인 마음 이론이 부족하고, 마음 이론의 부족이 타인의 감정, 바람, 신념을 이해하는 능력을 손상한다고 제안했다. 그 결과, 자폐아에게는 사람도 사물처럼 되어 버릴 수 있다. 이 때문에 자폐아는 타인에게 관심을 보이지 않고 자신의 내적 세계로 물러나게 된다. 자폐 스펙트럼 장애를 갖고 있었지만 생애 동안 많은 것을 달성했던 작가 템플 그랜딘은 다음과 같이 서술했다.

> 대부분의 사람들에게 자연스럽게 일어나는 사회적 상호작용이 자폐증을 가진 사람들에게는 엄청나게 힘겨운 일이다. 어렸을 적에 나는 나를 이끌 본능이 없는 동물처럼 살았다. 나는 언제나 시행착오를 거쳐서 배워야만 했다. 나는 언제나 최선의 방식으로 행동하려고 애썼으나 결코 맞지 않았다. 나는 모든 사회적 상호작용에 관해 생각해야만 했다. 다른 학생이 비틀스를 보고 기절했을 때, 나는 그 반응을 일종의 흥미로운 사회적 현상이라고 불렀다. 나는 토착민의 방식을 이해하려고 애쓰는 과학자와 같았다. 나는 참여하고 싶었지만 그 방식을 몰랐다. (Grandin, 1995, p. 132)

도덕판단의 발달

아동의 사고 발달에 관한 연구와 아울러 피아제는 아동의 **도덕판단**moral judgment, 아동의 도덕적 규칙과 사회적 관습에 대한 이해가 어떻게 발달하는지에 관심을 두었다. 그는 아동의 전반적인 인지 발달 수준이 도덕판단을 결정한다고 생각했다. 그는 상이한 연령의 아동들이 규칙 있는 게임을 하는 것을 관찰하여, 아동이 규칙을 이해하는 것이 일련의 네 단계를 거쳐 발달한다고 제안했다(Piaget, 1932/1965). 첫 번째 단계는 전조작기 초기에 나타난다. 이 단계의 아동은 '병행 놀이'를 하는데, 이는 아동이 각자 나름의 사적인 고유한 규칙을 따르는 것이다. 예를 들어 어떤 아동은 다양한 색깔의 공깃돌을 크기가 큰 몇 개의 무더기로 분류하고, 그다음 작은 돌을 모을지는 모른다. 이 '규칙'은 아동의 놀이에 어떤 규칙성을 부여하지만 수시로 바뀌고, 협동이나 경쟁 같은 집합적 목적이 없다.

5세 무렵 아동은 규칙을 따르려는 의무감이 발달하는데, 규칙을 하느님이나 부모와 같이 권위를 가진 자에 의해 주어진 절대적 도덕 명령으로 간주한다. 규칙은 영원하고 신성한 것이며 바꿀 수 없는 것이다. 글자 자체에 복종하는 것이 그것을 바꾸기 위해 제공되는 어떠한 인간적 이유보다 중요하다. 예를 들어 이 단계의 아동은 마블 게임에서 출발선의 위치를 함께 놀고 싶어 하는 어린 아동에게 맞추어 바꿀 수 있지 않겠냐는 제안을 거부한다.

이 단계의 아동은 행위를 판단할 때 의도보다는 그 행위의 결과에 의해 판단한다. 피아제는 아동들에게 짝으로 구성된 여러 개의 이야기를 들려주었다. 한 이야기에서 어떤 소년은 엄마가 집에 없을 때 잼을 훔쳐 먹으려다가 컵 하나를 깼고, 다른 소년은 아무런 잘못 없이 우연히 여러 개의 컵을 깼다. 피아제는 누가 더 나쁜 아이인지 물었다. 전조작기 아동은 행위에 깔려 있는 의도나 동기에 상관없이 컵을 많이 깬 사람이 더 나쁘다고 판단했다.

피아제의 도덕발달 세 번째 단계에서는 아동이 일부 규칙이 사회적 관습—모든 사람들이 동의하면 임의적으로 바뀔 수 있는 협동적 동의—이라는 것을 인식하기 시작한다. 아동의 도덕 실재주의도 감소한다. 도덕판단을 할 때, 이 단계의 아동은 개인의 의도와 같은 주관적 고려에 비중을 두고, **처벌**punishment을 불가피한 신의 징계가 아니라 인간의 선택으로 본다.

형식적 조작기의 시작은 도덕 규칙에 대한 아동의 네 번째이자 마지막 단계와 일치한다. 청소년은 자신이 접해 보지 못한 상황까지도 다룰 수 있는 규칙을 생성하는 데 흥미를 보인다. 이 단계는 도덕추론의 이념적 방식으로 특징짓는데, 단순히 개인적이고 대인관

개념 설명

도덕추론의 단계

콜버그는 나이가 들면서 도덕판단이 다음의 단계를 따라 발달한다고 생각했다.

수준 I	전인습적 도덕성
단계 1	처벌 지양(처벌을 피하기 위해 규칙을 준수)
단계 2	보상 지향(보상을 얻고 혜택을 돌려받기 위해 동조)
수준 II	인습적 도덕성
단계 3	착한 소년 · 소녀 지향(타인의 비난을 피하기 위해 동조)
단계 4	권위 지향(권위 있는 기관의 제재를 피하고 개인의 의무를 수행하지 않은 것에 대한 죄책감을 피하기 위해 법과 사회 규칙을 준수)
수준 III	후인습적 도덕성
단계 5	사회계약 지향(공공복지에 핵심적인 것으로 공인된 원칙에 따라 이끌린 행위; 또래로부터 존중을 받고 자기존중을 유지시키는 원칙)
단계 6	윤리적 원칙 지향(일반적으로 정의, 인간 존엄, 평등을 가치롭게 여기는 자율적 윤리 원칙에 따라 이루어진 행위; 자기비난을 피하기 위해 지키는 원칙)

계적인 상황이 아니라 보다 넓은 사회적 이슈를 다루게 만든다.

미국 심리학자 로렌스 콜버그는 피아제의 도덕추론 연구를 청소년기와 성인기까지 확장했다(Kohlberg, 1969, 1966). 그는 연구 참여자들에게 도덕적 딜레마를 제시함으로써 도덕판단의 발달에서 보편적 단계를 찾고자 했다. 한 이야기에서는 약을 살 돈이 부족한 남편이 죽어 가는 아내에게 필요한 약을 약제사에게 싼 값으로 달라고 부탁한다. 그러나 약제사가 거절하자 그 남편은 약을 훔치기로 작정한다. 참여자들에게 그 남편의 행위의 옳고 그름에 대해 응답하도록 요청한다.

콜버그는 이런 식의 여러 딜레마에 대한 대답을 분석하여 도덕판단의 여섯 발달 단계를 구성했는데, 각 단계는 세 수준, 즉 **전인습적** preconventional 단계, **인습적** conventional 단계, **후인습적** postconventional 단계로 이루어진다(개념 설명 참조). 대답은 그 행위의 옳고 그름이 아니라 그 결정을 하게 된 이유에 근거하여 채점되었다. 예를 들어 '아내가 죽어 가는 것을 내버려 두면 곤란에 빠질 것이다'라는 이유로 남편이 약을 훔쳐야 한다고 동의하거나, '약을 훔치면 붙잡혀 감옥에 가게 될 것이다'라는 이유로 남편이 약을 훔치지 말아야 한다는 대답은 둘 다 수준 I 또는 전인습적 수준으로 채점된다. 두 경우 모두 예상되는 처벌을 근거로 남편의 행위의 옳고 그름이 평가된다.

콜버그는 모든 아동들이 10세 무렵까지는 수준 I에 있다고 보았다. 이 시기부터 다른 사람의 의견을 고려하여 행위를 평가하기 시작하는데, 이는 인습적 수준을 규정하는 특성이다. 대부분의 청소년은 13세까지 수준 II에서 추론할 수 있다. 피아제와 마찬가지로 콜버그는 형식 조작기에 도달한 사람만이 수준 III에 해당되는 후인습적 도덕성에 필요한 추상적 사고를 할 수 있다고 주장했는데, 이 수준은 보다 고차원적인 윤리적 원리의 관점에서 행위의 정당성이 평가된다. 가장 높은 단계인 6단계는 추상적인 윤리 원칙을 구성하고 자기비난을 피하기 위해 그 원칙을 고수하는 능력이 요구된다.

콜버그는 '명확한 원칙에 근거한' 단계 6 유형의 사고를 보이는 비율이 연구에 참여한 성인의 10% 미만이라고 보고했다. 앞서 소개된 아내를 구하려는 남편 이야기에 대해 16세 청소년이 보인 반응이 그 예이다. '사회 법칙에 의하면 (그 남편은) 잘못되었다. 그러나 하느님의 자연법에 의하면 약제사가 나쁘고 남편이 옳다. 사람의 생명이 이익보다 더 우선적이다. 누가 죽느냐에 상관없이, 죽어 가는 사람이 생판 모르는 사람일지라도 그는 죽어 가는 사람을 구할 의무가 있다.'(Kohlberg, 1969, p. 244) 콜버그는 죽기 전에 자신의 이론에서 단계 6을 삭제했다. 때때로 수준 III은 단순하게 높은 단계의 원칙적 추론으로 칭해지기도 한다.

콜버그는 미국, 멕시코, 타이완, 터키를 포함한 여러 문화권의 아동을 통해 이러한 단계 순서에 대한 증거를 제시했다(Colby et al., 1983; Nisan & Kohlberg, 1982). 반면에 사람들은 상황에 따라 서로 다른 규칙을 사용하고, 그 단계는 계기적 순서로 나타나지 않는다는 증거도 있다(Kurtines & Greif, 1974). 또한 이 이론은 '남성 중심적' 이론이라는 비판도 받고 있는데, 도덕에서 관계의 통합과 연속에 대한 배려 및 관심에 기초한 '여성적' 스타일의 추론보다는 정의와 의로움에 기초한 '남성적' 스타일의 추상적 추론을 더 강조하기 때문이다(Gilligan, 1982).

또한 피아제의 연구와 콜버그의 연구 모두 지나치게 언어 능력에 의존함으로써 어린 아동의 도덕추론 역량을 과소평가했다는 비판을 받고 있다. 최근에는 영아도 타인의 행위가 착한지 나쁜지 판단할 수 있고(즉 도덕판단 가능) 나쁜 행위자보다 착한 행위자를 더 좋아한다는 결과를 보여 주는 연구가 제시되고 있다. 예를 들어 일련의 실험에서 6개월 된 영아와 10개월 된 영아에게 공을 언덕 위로 올리도록 돕는 도우미 물체와 그 공을 언덕 아래로 밀어 내리는 방해꾼 물체가 있는 장면을 보여 주었다. 그다음 영아들에게 도우미 물체와 방해꾼 물체가 담긴 접시를 제시하고 둘 중 하나를 선택하게 했다. 6개월 영아와 10개월 영아 모두 압도적으로 방해꾼 물체보다 도우미 물체를 선택했다(Hamlin et al., 2007).

다른 연구에서는 영아가 타인의 고통에 불편해하고 그 고통을 제공한 주체에게 화를 내는 것을 보여 주었으며, 걸음마기 아동은 보상에 대한 기대가 없을 때에도 타인을 도울 수 있음을 보여 준다(Wynn, 2008 참조). 이런 증거들은 인간이 진화론적으로 이타적으로 처신할 준비가 되어 있으며, 친족이 아니거나 나중에 보답을 받을 수 없는 사람들에게조차 이타적일 수 있음을 주장하도록 이끄는 근거가 된다.

성격과 사회성 발달

아내 크리스틴은 아들 마이크를 낳아 집으로 돌아오자마자, 마이크가 첫째인 매기의 아기 때와는 다르다는 것을 알아차렸다. 매기는 아주 순한 아이여서 장모님과 처제들은 매기가 아주 빨리 규칙적인 수면과 수유를 하게 된 것과 변화에도 아주 쉽게 적응하는 것을 보고 놀랐다. 매기는 아무 데서나 잠을 잘 잤고, 친척들이 모이는 큰 명절에 이 사람 저 사람의 손에 넘겨지는 것도 전혀 불편해하지 않았다. 물론 실제로 마이크를 다루기가 힘든 것은 아니었다. 그러나 규칙적으로 되는 데 많은 시간이 걸렸고 인내도 많이 필요했다. 마이크는 처음 목욕하는 것부터 거른 완두콩을 처음 맛보는 것까지 새로운 경험을 할 때마다 약하긴 하지만 분명하게 저항을 보였다. 그러나 아내는 마이크를 달래고, 애쓰고, 시간을 더 주면 결국에는 새로운 것에 적응한다는 사실을 곧 알아차렸다(DeHart et al., 2000, p. 213).

크리스틴처럼 많은 부모들은 둘째 아이가 첫째 아이와 아주 다른 성격을 갖고 있다는 데 종종 놀랄 때가 있다. 생후 첫 주부터 영아는 활동 수준, 환경의 변화에 대한 반응, 과민성의 개인차를 보인다. 어떤 아이는 많이 우는가 하면, 어떤 아이는 별로 울지 않는다. 어떤 아이는 조용하게 기저귀를 갈고 목욕을 하는가 하면, 어떤 아이는 발로 차고 몸부림친다. 어떤 아이는 모든 소리에 예민하고, 어떤 아이는 아주 큰 소리가 아니면 알아듣지 못한다. 영아는 안아 주는 것에 대한 반응도 다르다. 어떤 아이는 안아 주는 것을 좋아하고 안아 주는 사람에게 더 찰싹 달라붙지만, 어떤 아이는 뻣뻣해지고 고함을 지른다(Rothbart & Bates, 1998). **기질** temperament은 이러한 기분과 관련된 성격 특성을 가리키는 말이다.

기질

기질의 차이가 생의 초기에서부터 나타난다는 사실은 모든 영아의 행동이 환경에 의해 조성된다는 전통적 입장에 도전을 던진다. 예를 들어 까다로운 영아의 부모는 영아의 문제가 자기 탓이라고 책망하는 경향이 있다. 그러나 신생아를 대상으로 한 연구는 여러 가지 기질의 차이가 선천적으로 타고나는 것이고, 부모와 영아 간의 관계는 상호 교호적, 달리 말하면 영아의 행동에 따라 부모의 반응도 달라진다는 것을 보여 준다. 쉽게 달랠 수 있고, 안아 주면 달라붙고, 울음을 멈추는 영아는 부모로 하여금 자신이 잘하고 있다는 유능감과 뿌듯함을 높여 준다. 영아를 달래려는 부모의 노력에도 불구하고 계속 울고 뻣뻣한 영아는 부모로 하여금 자신이 제대로 하지 못한다는 느낌과 거부당한다는 느낌을 갖게 만든다. 부모가 제공하는 자극에 영아가 반응할수록(안아 주면 안기고 조용해지며, 이야기하거나 함께 놀면 흥미를 느끼면서 깨어 있는 것) 부모와 아이는 사랑의 연대를 형성하기가 더 쉽다.

기질에 대한 개척자적인 연구는 1950년대에 140명의 중·상류층 영아를 대상으로 시작되었다. 처음 자료는 부모와의 면접을 통해 수집되었고, 나중에 교사와의 면담과 아동에게 실시된 검사 점수가 보완되었다. 아홉 가지 특질상에서 점수를 얻었는데, 나중에 이 점수는 크게 세 가지 기질을 분류하는 데 사용되었다. 즐겁게 놀고, 규칙적으로 잠을 자고 먹으며, 새로운 상황에 쉽게 적응하는 영아는 **순한 기질** easy temperament로 분류되었다(표집의 약 40%). 안절부절못하며, 잠자고 먹는 것이 불규칙하고, 새로운 상황에 강렬하게 부정적으로 반응하는 영아는 **까다로운 기질** difficult temperament로 분류되었다(표집의 약 10%). 비교적 반응이 없고, 새로운 상황에서 약간의 위축을 보이며, 새로운 상황에 적응하는 데 순한 영아보다 시간이 더 필요한 영아는 **더딘 기질**slow to warm up temperament로 분류되었다(표집의 약 15%). 나머지 35%는 아홉 가지 척도의 어느 차원상에서도 높거나 낮은 점수를 얻지 않았다(Thomas et al., 1963).

원표집 중에서 133명을 성인기까지 추적하여 또다시 기질과 심리적 적응을 측정했다. 그 결과, 기질의 연속성에 대한 혼합된 증거가 나타났다. 그러나 생애 첫 5년간에 걸친 기질 점수에서는 높은 상관을 나타냈다. '까다로운' 기질의 아동은 '순한' 아동보다 나중에 학교 문제가 더 많이 나타났다. 성인기에 측정한 기질과 적응 측정치도 3세, 4세, 5세에 얻은 아동기 기질 측정치와 유의한 상관을 보였다. 그 외 모든 상관은 낮았으며(약 0.3), 각 변인을 구분하여 살펴본 결과, 측정된 아홉 가지 특질 대부분이 시간에 걸친 연속성이 거의 없거나 전혀 없었다(Chess & Thomas, 1984; Thomas & Chess, 1986, 1977).

기질의 안정성에 관한 이 초기 연구는 몇 가지 방법론적 문제로 비판을 받았다. 그것은 영아의 기질을 주로 부모의 보고에 의존했는데, 부모는 관찰자라기보다 자기 아이를 긍정적으로 또는 부정적으로 평가하여 편파적 판단을 할 가능성이 있다. 부모의 보고와 영아에 대한 직접 관찰 두 가지를 모두 사용한 후속 연구에서는 생의 초기에 보이는 기질적 특성의 안정성이 낮다는 것을 보여 준다. 즉 생후 2개월 때의 기질이 5세 때의 기질과 그렇게 유사하지는 않았다. 그러나 적어도 걸음마 시기에 측정된 아동의 기질은 나중의 정서적 특성과 행동적 특성을 예측한다(Rothbart & Bates, 1998). 한 연구에서는 79명의 아동을 생후 21개월에 지나치게 억제되거나 전혀 억제되지 않은 아동으로 분류했다. 13세가 되었을 때, 21개월에 억제된 아동으로 분류되었던 아동들은 비행 행동과 공격 행동 같은 행동의 외재화 문제 검사에서 점수가 낮았다(Schwartz et al., 1996). 다른 연구에서는 기질의 한 측면인 낯선 사건에 접근하거나 회피하는 경향성이 시간이 지나도 어느 정도 안정성을 보였다(Kagan & Snidman, 1991). 기질은 어느 정도 유전에 의해 영향을 받는다는 증거가 있다. 몇몇 연구는 이란성 쌍둥이보다 일란성 쌍둥이 간에 기질적 유사성이 높음을 보여 준다(Rothbart & Bates, 1998). 이란성 쌍둥이보다 일란성 쌍둥이 간에 기질적 유사성이 더 높다는 것은 유전자가 기질에 중요한 역할을 한다는 것을 암시하는데, 일란성 쌍둥이는 동일한 유전자를 공유하는 반면에 이란성 쌍둥이는 형제와 마찬가지로 동일한 유전자를 갖고 있지 않기 때문이다.

연구자들은 기질의 연속성 또는 불연속성이 아동의 유전자형(유전적으로 물려받은 특성)과 환경 간 상호작용의 함수임을 강조한다. 특히 이들은 건강한 발달의 핵심이 아동의 기질과 가정환경 간의 조화로운 일치라고 생각한다. 까다로운 아이를 둔 부모가 행복하고 안정된 가정생활을 제공하면 아이의 부정적이고 까다로운 행동은 나이가 들면서 감소한다(Belsky et al., 1991). 토머스와 체스는 칼이란 아이의 사례를 예로 들었는데, 칼은 생후 초기부터 5세까지 아주 까다로운 기질을 드러낸 아이였다. 칼의 아빠는 아들의 '원기왕성한' 기질을 기쁘게 보았고, 새로운 상황에 대해 아들이 부정적인 반응을 하도록 허용했다. 칼은 잘 자라서 점차 '순한' 사람이 되었다. 23세에는 분명하게 '순한' 기질 집단에 속하게 되었다. 그럼에도 불구하고 종종 생활환경이 바뀌면 잠깐씩 칼의 본래 기질이 나타났다. 예를 들어 아동기에 피아노를 배우기 시작했을 때 그는 강렬한 부적 반응을 보였고, 그 후 천천히 적응하여 결국에는 열심히 몰두했다. 대학에 입학했을 때에도 유사한 양상을 보였다(Thomas & Chess, 1986).

아동의 기질을 형성하는 데 있어서 유전자와 환경의 상호작용에 대한 강력한 증거는 생후 일찍부터 따로 길러진 쌍둥이 연구에서 나온다(Plomin, 1994). 따로 길러진 일란성 쌍둥이는 기질의 측면으로 간주되는 억제 경향성과 부적 정서 표현에 어느 정도 유사성을 보였다. 그러나 따로 길러진 일란성 쌍둥이의 유사성은 함께 길러진 일란성 쌍둥이에 비해 유사성이 낮았다. 이는 환경이 중요하다는 것을 암시한다.

초기의 사회행동

신생아는 태어난 지 얼마 되지 않아 성인의 전반적인 얼굴 표현을 모방할 수 있는데, 이는 신생아가 사회적 상호작용을 할 수 있도록 준비되어 태어난다는 것을 의미한다(Meltzoff & Decety, 2003). 5개월까지 보통의 영아는 엄마나 아빠의 얼굴을 보고 미소 짓는다. 부모는 이것을 좋아하면서 미소가 오래 유지되도록 한다. 실제로 이렇게 일찍부터 미소를 짓는 영아의 능력은 이것이 부모-아이 연대를 강화하기 때문에 진화되어 왔을 것이다(Goldstein, 1987). 부모는 아이의 이런 미소를 아이가 자신을 알아보고 사랑한다는 것으로 해석하는데, 이는 부모로 하여금 보다 다정하고 흥미로운 반응을 하도록 만든다. 따라서 서로를 강화하는 하나의 사회적 상호작용 시스템이 형성 및 유지된다.

세상의 모든 영아는 비슷한 나이에 미소 짓기 시작하는데, 이는 미소가 시작되는 데 성숙이 중요하다는 것을 암시한다. 시각장애를 갖고 태어난 아동도 정상적으로 볼 수 있는 아동과 비슷한 나이에 미소를 짓는데, 이는 미소 짓기가 선천적 반응임을 나타낸다(Eibl-Eibesfeldt, 1970).

3~4개월 무렵이 되면 영아는 친숙한 집안 식구들의 얼굴을 보거나 목소리를 들으면 더 많이 웃고 더 좋아함으로써 친한 사람들을 알아보고 선호한다는 것을 드러낸다. 그러나 낯선 사람에게는 선호를 보이지 않는다. 7~8개월 무렵 많은 영아들은 낯선 사람이 다가오는 것을 경계하고 불편을 드러내며, 낯선 상황에 있거나 낯선 사람과 함께 있으면 심하게 저항하기 시작한다. 부모는 이전에는 유모의 관심을 기분 좋게 받아들이고 사람을 좋아하던 영아가 부모가 나가려고 준비하면 달랠 수 없을 정도로 울고 부모가 떠난 후에도 한참 동안 계속 우는 것에 무척 당황해한다. 모든 영아들이 다 이러한 낯가림을 나타내는 것은 아니지만, 8~12개월 사이에 낯가림을 보이는 영아의 수가 급격하게 증가한다. 부모와 분리되는 것에 대한 불편은 14~18개월 사이에 최고조를 이루고, 그 후 점진적

영아의 미소 짓는 능력은 돌보는 사람과의 사회적 상호작용을 강화하는 역할을 할 수 있다.

으로 감소한다. 3세가 되면 대부분의 아동은 부모가 없어도 다른 아동이나 성인과 편안하게 상호작용을 할 만큼 충분히 안정된다.

위의 두 가지 공포가 나타나고 사라지는 것은 양육 조건에 의해 거의 영향을 받지 않는 것으로 보인다. 미국에서 태어나 전적으로 가정에서 길러진 아동이나 보육센터에 다니는 아동 모두에게서 전반적으로 동일한 양상이 관찰되었다. 케이건과 동료들(Kagan et al., 1978)이 수행한 연구에서 엄마가 방을 떠날 때 우는 아동의 비율은 문화에 따라 다르지만, 연령과 관련되어 시작하고 감소하는 양상은 아주 유사하다는 것을 보여 주었다.

이런 체계적 시기를 어떻게 설명할 수 있을까? 두 가지 요인이 시작과 감소에 중요한 것 같다. 하나는 기억 용량의 발달이다. 생후 6~12개월 사이에 영아는 점차 과거의 사건을 보다 잘 기억할 수 있고, 과거와 현재를 비교하는 능력도 발달한다. 이것은 영아로 하여금 낯설거나 예측 불가능한 사건을 탐지하고 때때로 두려움을 느끼게 만들 수 있다. 낯가림의 출현은 낯설거나 기대하지 않은 다양한 자극에 대한 공포의 출현과 같은 것이다. 4개월 된 영아에게는 재미있으면서 이상하게 보이는 마스크나 도깨비 상자가 8개월 된 영아에게는 두렵고 불편한 물건이 되기도 한다. 낯선 사람과 물건이 대체로 해를 입히지 않는다는 것을 알게 되면서 이런 공포는 점진적으로 감소한다.

또한 기억 발달은 아동이 자신을 돌보는 이가 가까이 있지 않을 때 불편해하는 **격리 불안** separation anxiety과도 관련되는 것으로 보인다. 만약 영아가 1분 전에 부모가 있었다는 것을 기억할 수 없고, 그것과 지금 부모가 없다는 것을 비교할 수 없다면, 영아는 부모를 '그리워할' 수도 없다. 부모가 방을 떠나면 영아는 무엇인가 잘못되었다는 것을 아는데, 이로 인해 심리적 불편이 초래된다. 과거에 분리된 사례를 기억하는 것이 증가할수록 아동은 사라진 부모가 돌아오리라는 것을 더 잘 예측할 수 있고, 그래서 불안이 감소하게 된다. 1978년 케이건, 키어슬리와 젤라조는 이 현상을 언급했다. 연구자들이 알아낸 사실은, 엄마가 방을 떠날 때 우는 아동의 비율은 문화에 따라 다르지만(이들은 아프리카 부시멘, 과테말라 인디언, 이스라엘 키부츠, 과테말라 안티구아족을 연구했음), 격리 불안이 시작되고 감소되는 연령은 전 문화에 걸쳐 비슷하다는 것이었다.

두 번째 요인은 돌보는 이로부터 독립하는 **자율성** autonomy의 증진이다. 1세 아동은 여전히 성인의 보살핌에 의존한다. 그러나 2~3세 아동은 스스로 장난감 선반에 갈 수 있다. 또한 자신의 요구와 감정을 전달하기 위해 언어를 사용할 수도 있다. 전반적으로 돌보는 사람에 대한 의존이 감소하고, 특히 친숙한 돌보는 사람에 대한 의존이 감소하면서 부모가 있는지가 아동에게 덜 중요해진다.

애착

애착 attachment은 영아가 특정 사람들과 가까이 있으려 하고, 그들이 있으면 더 안정감을 느끼는 경향을 지칭하는 말이다. 심리학자들은 처음에는 엄마에 대한 애착이 발달하는 것이 영아의 가장 기본적인 욕구 중의 하나인 먹을 것의 원천이기 때문이라고 이론화했다. 그러나 이와 맞지 않는 사실이 있다. 예를 들어 오리 새끼와 병아리는 태어난 후 스스로 먹이를 먹지만, 여전히 어미를 따라다니고 어미와 함께 많은 시간을 보낸다. 어미가

그림 3.8 인공 어미에 대한 원숭이의 반응. 철사 어미가 우유를 제공하더라도 어린 원숭이는 천으로 된 어미와 더 많은 시간을 보낸다. 천으로 된 어미는 낯선 물체를 탐색할 수 있는 안전 기지가 된다.

있음으로써 오는 평안함은 어미가 새끼를 먹여 주는 기능에서 비롯되는 것이 아니다. 원숭이를 대상으로 한 잘 알려진 일련의 실험에서도 어미와 새끼의 애착에는 먹여 주는 것 이상이 존재함을 보여 주었다(Harlow & Harlow, 1969).

어린 원숭이는 출생 직후 곧장 어미와 분리되어 나무와 철사로 만들어진 2개의 인공 어미가 있는 우리 속에서 길러졌다. 한 어미의 몸은 철사로 되어 있었다. 다른 어미는 기포 고무와 벨벳 천으로 되어 있었는데, 이는 매달리기 좋도록 만들어진 것이었다(그림 3.8 참조). 어느 한쪽의 인공 어미 가슴에 우유병을 매달아 우유를 제공할 수 있는 장치를 만들었다.

실험은 어린 원숭이가 먹이를 제공하는 인공 어미에게 항상 달라붙는지를 알아보는 것이었다. 결과는 분명했다. 어느 어미가 우유를 제공하느냐에 관계없이 어린 원숭이는 천으로 만든 어미에게 내내 달라붙어 있었다. 전적으로 수동적이지만 부드럽게 접촉하는 이 어미가 안정감의 원천이었던 것이다. 예를 들어 낯선 상황에 놓여 분명한 공포를 보인 어린 원숭이는 천으로 된 어미와 접촉할 수 있으면 그 공포가 감소되었다. 어린 원숭이는 한 손이나 한 발로 천으로 된 어미를 붙들고, 그렇지 않으면 다가가기 힘든 공포의 물체를 기꺼이 탐색했다.

안기기 좋은 인공 어미와의 접촉이 '어미로서의 돌봄'의 중요한 측면이기는 하지만, 이것은 만족스러운 발달의 충분조건이 아니다. 생후 첫 6개월 동안 다른 원숭이들과 격리되어 인공 어미와 함께 길러진 어린 원숭이는 어른 원숭이가 되면서 이상한 행동을 보였다. 이들은 다른 원숭이들과 정상적인 상호작용을 거의 하지 못했고(불안하여 웅크리고 있거나 비정상적인 공격 행동을 보임), 부적절한 성행동을 보였다. 생후 초기에 사회적 박탈을 경험했던 암컷 원숭이가 교미에 성공했을 경우(상당한 노력 후에) 형편없는 어미가 되었고, 첫 새끼를 방임하거나 학대하는 경향을 보였다—나중에 낳은 새끼들에게는 보다 나은 어미가 되었다. 그런데 이 원숭이들은 모든 사회적 접촉이 박탈되었다는 것에 주목해야 한다. 인공 어미로 길러진 원숭이들이 생후 첫 6개월 동안 또래 원숭이들과 상호작용을 할 수 있도록 해 주면 성인 원숭이로 잘 적응했다.

원숭이에 관한 연구를 인간 발달에 일반화하는 데에는 여러 가지 주의가 필요하지만, 인간 영아가 자신을 돌보는 주된 사람에게 보이는 애착도 같은 기능을 한다는 증거가 있다. 인간 영아의 애착에 관한 대부분의 연구는 1950년대와 1960년대에 심리학자 존 볼비

표 3.1 낯선 상황 절차의 에피소드

1. 엄마와 아이가 방으로 들어온다. 엄마는 아이를 장난감이 놓여 있는 마루에 내려놓고 방의 맞은편 끝에 가서 앉는다.
2. 낯선 여자가 방으로 들어온다. 잠시 조용히 앉아 있다가 엄마와 이야기를 나눈다. 그런 다음 장난감을 갖고 노는 아이와 어울리려는 시도를 한다.
3. 엄마는 눈에 띄지 않게 방을 나간다. 아이가 당황해하지 않으면 낯선 여자는 조용히 자리로 돌아와 앉아 있는다. 아이가 당황해하면 낯선 여자는 아이를 달랜다.
4. 엄마가 돌아와 놀고 있는 아이와 어울린다. 그 사이 낯선 여자는 방을 빠져나간다.
5. 엄마가 다시 방을 떠난다. 이 경우 아이는 방에 혼자 있게 된다.
6. 낯선 여자가 다시 돌아온다. 아이가 당황해하면 낯선 여자는 아이를 달랜다.
7. 엄마가 다시 돌아온다. 낯선 여자는 방을 빠져나간다.

로부터 시작되었다. 볼비는 탁아소와 병원에 있어 엄마와 분리된 영아 및 어린 아동들의 행동을 관찰하면서 애착에 관심을 갖게 되었다. 그는 연구를 통해 생의 초기에 한 사람 또는 몇 사람과 안정된 애착을 형성하지 못한 아동은 성인기에 친밀한 인간관계를 형성하기 어렵다고 확신하게 되었다(Bowlby, 1973).

볼비의 동료 중 한 사람인 메리 에인스워스는 우간다, 미국의 아동과 엄마를 집중적으로 관찰하여 12~18개월 사이 유아의 애착 안정성을 측정하는 실험실 절차를 개발했다(Ainsworth et al., 1978). **낯선 상황**strange situation으로 불리는 이 절차는 아이를 주로 돌보는 이가 방을 떠나고 다시 돌아올 때 아이의 반응을 관찰하는 일련의 에피소드로 구성된다(표 3.1 참조). 일방향 거울을 통해 이러한 전체 과정에서 유아의 행동을 관찰하는데 유아의 활동 수준과 놀이에 대한 몰입, 울음과 다른 불편의 징후, 엄마와의 근접성과 엄마의 주목을 얻으려는 시도, 낯선 이와의 근접성과 기꺼이 상호작용하려는 정도 등을 기록한다. 이러한 행동을 토대로 유아는 다음의 세 가지 집단 중 하나로 분류된다.

안정 애착securely attachment. 엄마가 떠나는 것(에피소드 3과 5)에 당황해하느냐에 관계없이, 안정된 애착으로 분류된 유아는 엄마가 돌아왔을 때 엄마와의 상호작용을 추구한다. 일부 유아는 멀리서 장난감을 갖고 계속 놀면서 단지 엄마가 돌아온 것 자체를 좋아한다. 또 어떤 유아는 엄마와 신체적 접촉을 하려 한다. 여전히 전 회기 동안 내내 완전히 엄마에게만 몰두하여 엄마가 떠날 때 강한 불편을 보이는 유아도 있다. 미국 유아의 대다수가 이 범주에 속한다.

불안정 애착: 회피형insecurely attachment: avoidant. 이 분류에 속하는 유아는 엄마와 다시 만났을 때 엄마와의 상호작용을 회피한다. 어떤 유아는 엄마를 완전히 무시한다. 상호작용을 시도하기도 하고 회피하기도 하는 복합적인 유아도 있다. 회피적인 유아는 엄마가 방에 있을 때 엄마에게 별로 관심을 보이지 않고, 엄마가 떠날 때에도 별로 불편해하지 않는다. 유아가 불편을 느끼더라도 엄마나 낯선 여자 모두가 쉽게 달랠 수 있다.

불안정 애착: 양가형insecurely attachment: ambivalent. 엄마와 다시 만났을 때 엄마에게 저항을 보이면 이 범주로 분류된다. 이들은 동시적으로 신체적 접촉을 추구하기도 하고 거부하기도 한다. 예를 들어 이들은 안아 주면 울다가 내려놓으면 화난 듯 소리를 지를 수

도 있다. 어떤 유아는 아주 수동적인데, 엄마가 돌아오면 엄마를 보고 울지만 엄마에게 기어 오지 않고, 엄마가 다가오면 저항을 보인다.

일부 유아는 위의 세 범주 중 어디에도 속하지 않는 것으로 보이기 때문에, 보다 최근의 연구에서는 네 번째 범주인 **혼란된**disorganized 애착을 포함하고 있다(Main & Solomon, 1986). 이 범주에 속하는 유아는 종종 모순적인 행동을 보인다. 예를 들어 이들은 엄마를 쳐다보지 않으면서 엄마에게 다가가고, 엄마에게 다가가서는 회피해 버리며, 안정되었다가도 갑작스레 울음을 터뜨린다. 어떤 유아는 혼란스럽고, 정서가 없거나 우울해 보이기도 한다. 학대를 받거나 부모가 정신장애를 갖고 있는 유아는 이 범주에 속할 가능성이 높다.

양육 방식

영아의 애착 차이를 설명하려고 할 때, 연구자들은 주로 일차 양육자(대체로 엄마)의 행동에 관심을 둔다. 발견된 주된 사실은 아동의 욕구에 대한 양육자의 **민감한 반응성**sensitive responsiveness이 안정 애착을 초래한다는 것이다. 안정 애착을 보이는 아이의 엄마는 일반적으로 아이가 울면 신속하게 반응하고, 아이를 안을 때 사랑스럽게 안는다. 또한 이들은 아이의 욕구에 자신의 반응을 맞춘다(Clarke-Stewart, 1973). 예를 들어 수유를 할 때 이들은 아이가 보이는 신호로써 언제 젖을 먹이고 언제 끝낼지를 파악하고, 아이가 좋아하는 것에 관심을 갖는다. 이와 반대로, 불안정 애착을 보이는 아이의 엄마는 아이가 보내는 신호를 따르지 않고 엄마 자신의 욕구나 기분에 따라 반응한다. 예를 들어 이들은 주목받으려는 아이의 울음에 대해, 자신이 아이를 안고 싶을 때에는 반응하지만 그렇지 않을 때에는 울음을 무시해 버린다(Stayton, 1973).

모든 발달심리학자들이 양육자의 반응성이 영아의 애착 행동의 주된 원인이라고 생각하는 것은 아니다. 영아가 지닌 선천적 기질에 주목하는 연구자들도 있다(Campos et al., 1983; Kagan, 1984). 아마도 일부 아이들을 '순하게' 만드는 기질은 '까다로운' 기질의 아이들보다 훨씬 더 안정된 애착이 되게 만든다. 앞서 보았듯이 아이에 대한 부모의 반응은 종종 그 자체가 아이의 행동에 따른 것이다. 예를 들어 까다로운 아이의 엄마는 아이와 함께 지내는 시간이 적은 경향이 있다(Green et al., 1983). 애착 양상은 아이의 기질과 부모의 반응성 간의 상호작용을 반영한다.

이에 대해 애착 이론가들은 '민감한 반응성' 가설을 지지하는 증거를 지적한다. 예를 들어 생후 첫해에는 아이의 울음에 대한 엄마의 반응이 바뀌는 것보다 아이의 울음이 더 많이 바뀐다. 더욱이 아이의 울음이 그 울음에 대한 엄마의 후속 반응을 예측하는 것보다는, 3개월에 걸친 엄마의 반응이 그다음 3개월에 걸친 아이의 울음을 훨씬 더 잘 예측한다. 요약하면, 아이가 엄마의 반응에 영향을 미치기보다는 엄마가 아이의 울음에 더 많은 영향을 미치는 것 같다(Bell & Ainsworth, 1972). 일반적으로 안정 또는 불안정 애착을 형성하는 데 엄마의 행동이 가장 중요한 요인인 듯하다(Isabella & Belsky, 1991).

이러한 논쟁을 해결해 줄 다른 연구가 있다. 애착 분류는 엄마가 떠날 때 아이가 보이는 고통에 근거한 것이 아니라, 엄마가 돌아올 때 아이가 어떻게 반응하느냐에 근거한 것임을 상기해 보자. 그런데 영아의 기질은 전자를 예측하는 것이지 후자를 예측하는 것이 아니다(Frodi & Thompson, 1985; Vaughn et al., 1989). 순한 기질의 아이는 전형적으로 엄

애착 유형은 영아의 기질과 부모의 반응성을 반영한다.

마가 떠날 때 힘들어 하지 않는다. 엄마가 돌아오면 반갑게 맞이하거나(안정 애착을 보이는 것임) 불안정 애착의 회피형을 보인다. 까다로운 아이는 엄마가 떠날 때 심적인 고통을 보인다. 그리고 엄마가 돌아오면 이들은 엄마를 찾고 매달리려고 하거나(안정 애착을 보이는 것임) 불안정 애착의 양가형을 보이기도 한다(Belsky & Rovine, 1987). 양육자가 떠나고 돌아오는 것에 대한 아동의 전반적인 반응은 아동에 대한 양육자의 반응성과 아동의 기질, 둘 다에 의해 결정된다.

후기 발달

생활사에서 가족의 경험에 큰 변화가 없다면 유아기의 애착 분류는 몇 년 후에 재측정했을 때에도 여전히 안정적이다(Main & Cassidy, 1988; Thompson et al., 1982). 스트레스를 주는 삶의 경험은 아동에 대한 부모의 반응에 영향을 주기 십상이고, 부모의 반응은 또다시 아동의 안정감에 영향을 주게 된다.

또한 초기 애착 유형은 아동이 새로운 경험을 대처하는 방식과도 연관되는 것 같다. 한 연구에서 2세 아동들에게 도구 사용이 필요한 일련의 문제를 제시했다. 일부 문제는 아동의 역량 안에 있는 것이었고, 다른 문제들은 꽤 어려웠다. 12개월 때 안정 애착으로 평가된 아동들은 열의를 갖고 지속적으로 그 문제에 접근했다. 어려운 문제에 직면했을 때 이들은 거의 울지 않고 화내지도 않았다. 오히려 어른의 도움을 구했다. 그러나 12개월 때 불안정 애착으로 평가되었던 아동들은 아주 다르게 행동했다. 이들은 쉽게 좌절감을 느끼고, 화내고, 도움을 구하지도 않았으며, 어른의 지시를 무시하거나 거부하는 경향을 보이고, 문제 푸는 것을 쉽게 포기했다(Matas et al., 1978).

이 연구 및 이와 유사한 연구들은 생후 12개월까지 안정되게 애착된 아동은 새로운 경험에 잘 대처할 수 있는 준비가 되어 있다는 것을 암시한다. 그런데 아동의 초기 애착 질이 직접적으로 나중의 문제해결 능력에 영향을 주는지는 확신하기 어렵다. 영아기에 아동의 욕구에 반응적인 부모는 아마도 초기 아동기 동안에도 계속해서 효율적인 양육—자율성과 새로운 경험에 대처하는 노력—을 권장하지만, 도움이 필요할 때에는 도움을 줄 수 있도록 준비된 양육을 했을 것이다. 그러므로 아동의 역량은 2년 전에 있었던 관계를 반영하기보다는 현재의 부모-아동 관계 상태를 반영할 가능성이 크다. 앞서 보았듯이 낯선 상황에서 행동에 영향을 주는 아동의 기질이 취학 전 아동의 역량에도 영향을 줄 것이다.

표 3.2

낯선 상황으로 측정한 애착 유형 비율은 문화에 따라 매우 다르다. 일부 영아는 애착 유형을 분류하기가 어렵고 D유형 애착(혼란 애착)도 있기 때문에 세 가지 유형의 합이 100이 되지는 않는다.

	회피형	안정형	불안형
스웨덴	21.57%	74.51%	3.92%
이스라엘	8.43%	56.63%	33.73%
영국	22.22%	75.00%	2.78%
일본	0.00%	68.33%	31.67%
독일	48.90%	32.65%	12.24%
네덜란드	34.15%	5.85%	0.00%
미국	21.70%	66.04%	12.26%

애착 분류에서의 문화적 차이

에인스워스는 우간다에서 일부 연구를 수행했지만, 그녀의 연구 대부분은 미국 중류층의 아동을 대상으로 이루어졌다. 후속 연구는 낯선 상황에서 아동이 보이는 반응을 토대로 분류된 전통적인 애착 유형의 비율이 문화에 따라 매우 다양함을 보여 준다(표 3.2 참조). 예를 들어 대부분의 독일 아동은 회피 애착이나 불안 애착 중 하나로 분류되었다. 미국, 네덜란드, 스웨덴, 영국 아동과 비교했을 때 일본과 이스라엘 아동은 불안 애착 비율이 훨씬 높은 것으로 나타났다(Thompson, 1998).

이러한 문화적 차이는 낯선 상황 과제가 여러 문화에서 엄마와 아동의 관계 질을 나타내는 지표로 부적절하기 때문일 수 있다(Keil, 출판 중). 예를 들어 대부분의 일본 아동은 어린 시절부터 엄마와 떨어지지 않는다. 따라서 낯선 상황에서 만들어진 강제적인 분리가 아동에게 큰 두려움을 주어 '불안정: 불안' 애착으로 분류되었을 수 있다. 반대로 일부 독일 아동은 어려서부터 엄마와의 독립을 권장받았을 것이다. 따라서 낯선 상황에서 아동은 실제로 독립성을 보여 주었는데, 이러한 아동의 반응은 '불안정: 회피' 애착으로 분류되었을 수 있다. 이런 결과는, 낯선 상황에서 나온 결과가 아동의 문화적 맥락 안에서 이해되어야 하며, 어떤 문화가 다른 문화권보다 아동을 더 안정 애착으로 기른다는 결론을 내려서는 안 된다는 것을 말해 준다.

자기개념

18개월 된 아이에게 알아차리지 못하게 이마에 붉은 얼룩을 묻힌 다음 거울 앞에 세우면 아이는 얼룩을 지우기 위해 자기 이마에 손을 올릴 것이다(Gallup, 1998). 거울 검사로 불리는 이 검사는 어린 아동이 거울 속에 있는 이미지가 자신이며, 그 모습이 늘 보이는 자기와 다른 모습이라는 것을 인식한다는 것을 알려 준다. 18개월 이전에 거울 검사를 하면 아이는 자신의 이마에 손을 갖다 대지 않고 거울 속에 있는 '다른 아이'의 이마에 손을 대려고 할 것이다.

아동의 **자기개념** self-concepts은 나이가 들면서 서서히 발달하며, 자신의 여러 가지 상이한 측면을 포함한다(Harter, 1998; Neisser, 1988). 여기에는 공간 속에서의 자기 신체에 대한 인식과 시간 속에서의 자기인식이 포함된다(어제나 오늘이나 나는 나이다). 아동은 타인과 상호작용하면서 사회적 주체로서의 자기와 타인과의 관계 속에서 자신의 역할을 포함하여 보다 넓은 사회적 · 문화적 맥락 속에서의 자신에 대한 인식을 발달시킨다. 마음 이론에서 살펴보았듯이 아동은 다른 사람들이 접근할 수 없는 사적인 실체로 자신을 인식하기도 한다.

자기존중감

나이가 들면서 아동의 자기개념이 발달한다.

아동의 자기에 관해 가장 널리 연구되는 측면은 **자기존중감** self-esteem인데, 이는 자신에 관한 가치 지향적 판단이다(Harter, 1998). 일반적으로 아동의 자기존중감은 학령 전기부터 청소년기에 이르기까지 몇 가지 변화 양상을 보인다. 학령 전 아동은 때때로 우스울 정도로 자신에 관해 지나치게 긍정적인 입장을 취하는 경향이 있다. 3세 아동은 자신이 동네에서 가장 용감하고 빠르며 똑똑하다고 뽐낼 수 있다. 이러한 극단적 자기낙관론은 어린 아동에게는 적응적일 수 있는데, 실패가 잦을 때 아동에게 끈기를 갖고 지속할 수 있는 자신감을 제공한다.

학령 초기 아동도 자신을 긍정적으로 보는 경향이 있지만, 학령 전기 아동만큼 비현실적으로 긍정적이지는 않다. 학령 초기 아동은 자신을 타인과 비교하기도 하지만, 더 어렸을 때의 자기와 현재의 자기를 더 자주 비교하면서 키가 더 커졌고, 힘이 더 세어졌고, 몸이 더 커졌다고 말한다(Ruble & Frey, 1991). 이들은 어떤 과제에서 실패하면 실망할 수 있지만(Lewis et al., 1992), 그 실패가 반드시 전반적인 자기인식에 지속적으로 부정적 영향을 주지는 않는다.

학령 중기(대략 8~12세) 아동은 자신과 자신이 지닌 기술을 타인과 많이 비교하게 되는데, 이런 사회비교가 아동의 자기존중감에 영향을 주기 시작한다(Frey & Ruble, 1990). 예를 들어 축구 팀에 소속된 한 아동이 자신은 팀에 있는 다른 친구들만큼 공을 멀리 차지 못하거나 빨리 달릴 수 없다는 것을 알아차리고, 자신은 친구들만큼 훌륭한 선수가 아니라고 결론 내릴 수 있다. 아동의 자기존중감은 종종 영역 한정적이다. 예를 들어 자기는 운동을 잘 못하지만 산수는 잘한다고 말하는 아이가 있다. 학령 중기 아동은 서로 다른 영역에서의 자기 능력을 구분할 수 있으며, 그 능력에 대해 특질적 귀인을 하기 시작한다. 예를 들어 결코 운동을 잘할 수 없다고 생각하는 아이의 경우에도 수학은 계속 잘하려고 노력할 수 있다.

끝으로, 청소년기와 초기 성인기에는 사회비교가 자기존중감의 핵심이 된다. 젊은이들은 자신이 타인과 비교하여 어떤지, 그리고 타인이 자신을 어떻게 생각할지에 관해 매우 관심이 많다. 이러한 사회비교와 평가는 자신을 얼마나 긍정적으로 생각하는지에 지대한 영향을 미친다(이런 평가에 얼마나 취약한가는 개인에 따라 차이가 있다). 젊은이들은 자신에 대한 인식이 점점 복잡해지며, 지속적인 특질과 성향적 관점에서 자신을 생각하는 것이 증가한다. 많은 사회에서 젊은이들은 자기 스스로의 평가와 재능 및 능력에 대한 타인의 평가를 근거로 인생 선택을 시작해야만 한다.

찬|반|논|쟁

부모는 아동 발달에 어떤 역할을 하는가?

부모는 자녀의 성격이나 지능에 지속적인 영향을 미치지 않는다.

Judith Rich Harris

당신의 부모는 당신이 어렸을 때 아주 잘 보살펴 주었다. 그들은 많은 것을 가르쳐 주었다. 어릴 때 기억을 돌이켜 보면 부모는 매우 훌륭하게 그 역할을 해냈다. 그럼에도 불구하고 부모는 당신의 성격이나 지능, 또는 행동하는 방식에 지속적인 영향을 주지는 않았을 것이다.

믿기 어려운 사실인가? 잠시 당신의 선입견을 제쳐 두고 다음의 증거를 생각해 보자. 예를 들어 생물학적 연계가 있는 쌍과 생물학적 연계가 없는 쌍 또는 동일한 환경에서 양육되거나 다른 환경에서 양육된 쌍을 비교함으로써 유전자의 영향과 가정환경의 영향을 분리시킨 연구를 생각해 보자(Plomin et al., 2012). 이런 연구 결과는 유사한 유전자가 사람을 유사하게 만들지만, 공유된 가정환경은 사람을 유사하게 만들지 않는다는 것을 보여 준다. 만약 생물학적으로 연관이 없으면서 동일한 가정에서 성장한 두 사람이라면, 동일한 전집에서 무작위로 뽑힌 두 사람에 비해 성격이나 지능이 더 유사하지는 않다. 함께 길러진 형제나 자매간에 보이는 유사성은 모두 그들이 지닌 공통적인 유전자 탓이다. 어느 한 가정의 입양아는 다른 가정에서 길러진 입양아만큼 서로 닮지 않는다. 평균적으로 볼 때, 명랑한 부모가 기른 입양아는 불평 많은 부모가 기른 입양아보다 더 나은 것이 없고, 책을 좋아하는 부모가 기른 입양아가 오페라를 좋아하는 부모가 기른 입양아보다 더 영리한 것도 아니다(Harris, 1995, 2009).

이런 결과는 일반적인 아동 발달 관점에 들어맞지 않는데, 이 결과를 지지하는 여러 가지 자료가 쌓이고 있다. 예를 들어 평균적으로 보면, 부모의 관심을 얻기 위해 형제들과 경쟁해야만 하는 형제가 있는 아동의 성격이 외동아의 성격과 다르지는 않다(Falbo, 2012). 오늘날 부모들이 아들과 딸을 비슷하게 대하려고 열심히 애쓰고 있지만 소년과 소녀 간의 행동 차이는 감소하지 않는다(Serbin et al., 1993). 집에서 한국어나 스페인어를 사용하더라도 또래와 영어로 말하는 아동은 결국 영어를 사용하는 사람이 된다. 아동이 집 밖에서 배운 언어는 부모가 가르친 언어보다 우선권을 갖게 되는데, 이 경우 아동은 부모와 달리 외부에서 배운 언어를 유창하게 말한다(Harris, 2006).

그런데 문제가 있는 부모 밑에서 자란 아동은 문제를 일으키고, 사랑을 받은 아동은 학대받은 아동보다 더 낫다는 증거에 관해서는 어떻게 생각하는가? 이 증거의 문제점은 유전과 환경의 영향을 분리하거나 원인과 결과를 구분할 수 없는 연구로부터 나온 것이라는 점이다. 자녀의 문제는 문제 있는 부모가 제공한 열악한 환경 때문인가, 아니면 그 부모로부터 물려받은 성격 특성 때문인가? 따뜻한 포옹이 밝은 성격으로 발달하게 만드는 것인가, 아니면 아이의 밝은 성격이 부모로 하여금 껴안도록 만드는 것인가? 보다 개선된 기법을 사용한 연구로 판단해 보면 그 문제는 적어도 부분적으로는 유전에 의한 것이고, 아동의 성격이 포옹을 유발한 것으로 보인다(Reiss, 2005).

일부 발달심리학자들은 부모가 아동에게 중요한 영향을 미치지만 그 영향을 측정하기가 어렵다는 주장으로 그들을 당혹케 만드는 사실에 대한 설명을 피하려 한다. 이 어려움은 특정 양육 방식의 결과가 아동의 유전자 구성에 따라 달라진다는 사실에 기인한 것으로 본다(Collins et al., 2000). 다른 사람에 비해 유전적으로 더 취약한 사람이 있다는 것은 분명하지만(Caspi et al., 2011), 이런 사실이 앞서 언급했던 연구에서 나타난 부정적 결과를 설명해 주지는 못한다(Harris, 2006). 이는 함께 양육된 일란성 쌍둥이가 종종 성격이 다르며 정신건강 문제에 차이가 있다는 것도 설명하지 못한다. 동일한 유전자를 지닌 일란성 쌍둥이는 부모의 양육에 비슷하게 반응해야 한다. 그러나 같은 집에서 길러진 쌍(부모가 똑같이 다루었을 것임)이 출생 직후 분리되어 양육된 쌍과 다르지 않았다(Bouchard & McGue, 2003).

아동이 집에서 행동하는 방식에 부모가 영향을 준다는 데에는 논란의 여지가 없다. 그런데 이것은 또 다른 논란의 근원이 된다. 아동이 집에서 행동하는 방식은 교실이나 운동장에서 어떻게 행동하느냐를 예측하는 좋은 지표가 아니라는 것이다. 사회적 맥락이 달라지면 다르게 행동한다는 것을 발견할 때, 일반적으로 연구자들은 부모와 함께 있을 때 행동하는 방식이 그 이외의 다른 곳에서 행동하는 방식보다 더 중요하고 지속적이라고 가정한다. 그러나 집에서는 한국어나 스페인어를 말하고 바깥에서는 영어를 말하는 아동은 성인기에 영어를 일차 언어로 사용한다. 집에서 다쳐 울면 동정심을 받던 남자아이도 운동장에서 다치면 울지 않는 것을 배우고, 성인이 되면 거의 울지 않는다. 집에서 오빠나 언니에게 꼼짝 못하던 아이라고 해서 또래에게도 꼼짝 못하라는 법은 없다(Abramovitch et al., 1986). 아동은 집에서 행동하는 방식과 집 밖에서 행동하는 방식을 별도로 배우고, 집 밖에서 하던 행동이 성인기까지 이어진다. 이것은 그럴 듯한데, 성인기에는 부모의 집에서 지내지 않기 때문이다.

아동이 서둘러 성장하고 성인 세계를 무력하게 모방하여 자신의 세계를 본다는 개념은 성인 중심적인 사고이다. 아동의 목표는 자신의 어머니나 아버지처럼 되지 않는 것인데, 이것이 성공한 아동이다. 아동은 집 밖의 세상에서 잘 어울리는 법을 배워야만 하고, 그 규칙은 다르다.

Judith Rich Harris

찬|반|논|쟁

부모는 아동 발달에 어떤 역할을 하는가?

부모는 자녀의 발달에 도구가 된다.

Jerome Kagan, 하버드대학교

한 아동이 사회에 최대한으로 적응하는 데 필요한 기술, 가치, 사회행동의 발달에는 여러 가지 독립적인 힘의 조화가 필요하다. 이런 것들 중 가장 중요한 것은 다음과 같다. (1) 아동이 유전적으로 물려받은 기질적 편향. (2) 아동이 속한 사회계층, 인종, 가족의 종교 등으로 이런 요인은 나중에 정체감의 기초가 된다. (3) 형제나 또래와의 사회적 관계. (4) 아동기와 청소년기를 보낸 역사적 시기와 문화. (5) 부모의 행동과 성격 등.

부모가 아동에게 미치는 영향에는 두 가지 형태가 있다. 첫째는 부모와 아동 간의 직접적인 상호작용으로, 여기에는 부모가 자녀에게 상이나 벌을 주는 행동, 아동을 칭찬하는 기술, 그리고 아동 자신이 사랑받고 있다고 여길 수 있는 부모의 애정 표현 행동 또는 거절이나 적대감으로 해석되는 부모의 무관심과 거부의 행동 표현 등이 포함된다. 대화하고 책을 읽어 주는 부모의 자녀는 어휘가 가장 잘 발달하고, 지능 점수가 높고, 학업 성적도 좋다(Raikes et al., 2006). 자녀에게 이유를 설명하면서 복종을 요구하는 부모의 자녀는 보다 건전한 아동이 된다(Kagan, 1998). 미국의 10개 도시에서 가정에서만 길러진 아동과 매주 다양한 보육을 받는 보육센터에 다닌 아동 1,000명 이상을 대상으로 수행된 한 연구에서는 가족의 힘이 나타났다. 가족은 나이 든 아동의 성격과 인지 기술에 가장 중요한 영향을 미쳤다(NICHD Early Childcare Research Network, 2004). 심지어 전쟁 때문에 고아원에서 양육되거나 집이 없어진 아동도 4세 전에 따뜻하고 지지적인 가정에 입양되는 경우, 초기의 결핍 때문에 발달하지 못한 지적 기술과 사회적 기술을 회복할 수 있었다(Rathbun et al., 1958).

문화와 역사적 시기에 따라 동일한 행동에 대한 해석이 달라진다. 17세기 뉴잉글랜드에서 자란 거의 모든 청교도 부모의 자녀들은 엄하게 벌을 받았지만, 그들은 이것을 부모가 자신이 더 훌륭한 사람이 되기를 바라기 때문이라고 해석했다. 따라서 현재 뉴잉글랜드에서 엄한 처벌로 일어날 만한 부정적 결과가 17세기에는 발생하지 않았다. 몇 세기 전 중국 부모들은 더 매력적인 미래의 신부로 만들기 위해 어린 딸의 발을 묶곤 했다. 이런 행위는 매우 고통스러웠고 걷는 데 상당히 힘들었지만, 대부분의 소녀들은 자신을 위한 것으로 믿었기 때문에 고통을 받아들였다. 하지만 오늘날에는 같은 식의 해석이 나타나지 않는다. 중요한 원리는, 발달에 결정적인 것은 실제 행동이 아니라 부모의 행동을 아동이 어떻게 해석하느냐 하는 것이다.

또한 부모의 성격과 행동도 자녀에게 영향을 미치는데, 부모의 이러한 성격이나 행동이 반드시 아동과 직접적으로 상호작용할 필요는 없다. 아동은 종종 자신에 관해 부정확한 결론을 내리는데, 그것은 자신이 어머니와 아버지의 생물학적 자식이므로 부모에게 속하는 일부 자질을 지니고 있다고 가정하기 때문이다. 이렇게 정서적 요소가 실린 신념을 동일시라 부르는데, 동일시는 가족에 대한 자부심과 충성심의 근거가 되기도 하고, 알코올 중독, 범죄, 실직 등 부모의 바람직하지 못한 자질에 대한 수치심의 근거가 되기도 한다. 만약 부모를 따뜻하고, 공평하며, 재능이 많다고 지각하면, 아동은 자기 역시 이러한 좋은 자질을 지니고 있다고 생각하기 십상이고, 그 결과 실제보다 더 많은 자신감을 느낄 것이다. 이와 반대로 부모를 거부적이고, 부당하게 벌을 주며, 재능이 없다고 지각하는 아동은 자신도 이런 바람직하지 못한 일부 자질을 갖고 있다고 가정하기 때문에 수치심을 느끼게 된다(Kagan, 1998).

6~7세까지 아동은 자기 가족이 속한 사회계층을 알기 시작한다. 풍요로운 중산층 아동은 경제적으로 하위 계층에 속한 아동에 비해 행위 주체감이 크며, 더 많은 혜택을 받고 있다고 생각하게 된다. 후자는 상대적으로 결핍된 물질적 혜택을 심리적 역능감의 부족으로 인식하기 쉽다. 이런 신념은 인생이 힘들고 자기 자녀가 살아가면서 심각한 장애물에 직면할 것이라는 부모의 행위와 의사소통에 의해 대체로 지지된다. 그 결과, 북아메리카와 유럽에서 아동이 성장하는 사회계층은 지능 점수, 학업 성적, 범죄 가능성, 미래의 직업, 다양한 질병을 가장 잘 예측하는 지표이다(Werner & Smith, 1982; Johnson et al., 1990).

대중매체에 의해 널리 보급된 신경과학과 유전학의 획기적인 진전은 많은 미국인과 유럽인에게 유전자가 청소년의 지적 능력과 정서적 능력의 중요한 원인이 된다고 설득시키고 있다. 그런데 이런 주장은 과장된 것이다. 가족은 많은 심리적 특성의 차이를 야기하는 데 중요한 원인이 되는데, 특히 가치, 학구적 재능, 권위에 대한 태도에는 지금까지 유전자가 밝혀 준 것보다 더 큰 영향을 준다. 오늘날 유전적 결정론의 인기가 많은 것은 아동의 바람직하지 못한 행동이 가정 탓이라는 점을 없애 주기 때문이다.

고대든 현대든 대부분의 사회는 가족이 아동에게 중요한 영향을 미친다는 것을 믿는다. 그러나 그것을 측정하기란 어렵다. 부모가 아동에게 거의 영향을 주지 않는다는 주장은 안개 낀 아침에 나무를 볼 수 없기 때문에 나무가 없어졌다고 주장하는 것과 마찬가지이다.

Jerome Kagan

4 감각과 지각

감각 양상의 특징
- 역치 민감도
- 신호탐지 이론

시각
- 빛과 시각
- 시각체계
- 빛의 감지
- 패턴의 감지

통각
- 통각체계
- 통각의 비자극적 결정요인

지각은 무엇을 위한 것인가
- 입력되는 감각 정보의 처리와 이용
- 지각의 다섯 가지 기능

주의
- 선택적 주의

위치 파악
- 대상의 분리
- 거리 지각
- 운동 지각

재인
- 전역에서 국지로의 처리
- 결합 문제: 전주의적 과정과 주의 과정
- 대상의 파악
- 자연물의 재인과 하향 처리
- 재인의 실패

추상화

지각 항등성
- 항등성의 개념
- 형태 항등성
- 크기 항등성
- 착각

몇 해 전의 어느 따뜻한 일요일, 두 젊은이—알렉스와 켄이라고 하자—가 하루 일정의 사냥에 나섰다. 그들은 아무도 없는 산림 도로를 걸으며 사냥에 관해 많은 대화를 나누었다. 그들은 주로 곰에 대해 이야기했다. 알렉스는 한 주 전에 곰을 한 마리 본 적이 있어서 두 사람은 이 위험한 동물에 대해 걱정을 했다. 그들은 자신들의 사냥총이 강력하다는 것을 알고 있었으며, 곰이 강력한 동물이라는 것 또한 알고 있었다. 두 사냥꾼은 계속 경계를 늦추지 않았다.

그들이 산림 도로를 내려와서 집으로 향한 시각은 거의 자정 무렵이었다. 달도 떠 있지 않았다. 두 사람은 그날의 사냥으로 피곤했다. 그들이 커브를 돌았을 때 갑자기 낮게 으르렁거리는 소리가 들렸다. 그들은 그 소리가 50m 전방의 도로 한가운데에서 천천히, 그러나 불길하게 꿈틀대는 검고 커다란 어떤 동물이 내는 소리라고 지각했다. 겁에 질린 그들은 총을 겨누고 발사했다. 으르렁거리는 소리와 꿈틀거림이 갑작스럽게 멈추었다. 잠시 후 분명한 인간의 비명 소리가 밤하늘을 가로질렀다. 곰을 죽였다는 안도감은 혼동과 절망으로 뒤바뀌었고, 그들이 쏜 게 곰이 아니라는 사실이 드러났다. 그것은 두 사람이 잠을 자고 있던 텐트였다. 한 사람은 총알에 맞아 이미 죽었고, 다른 사람은 그의 옆에 무릎을 꿇고 앉아서 공포에 질린 비명을 지르고 있었다.

이 끔찍한 사건 직후에 실시된 조사에서 켄의 총알은 텐트를 관통하고 알렉스의 총알이 사람을 죽였음이 드러났다. 그에 따라 알렉스는 과실치사 혐의로 기소되었다. 이 살인의 비극은 법정에서도 알렉스의 비탄으로 재현되었다. 그러나 알렉스와 켄이 확신하는 한 가지 사실이 있었다. 그들이 그날 밤 지각한 것은 곰이지 텐트가 아니었다는 것이다. "그것이 곰이 아니라는 사실을 알았다면 우리는 쏘지 않았을 것입니다." 검사는 이러한 주장이 가소롭고 무가치한 거짓말이라며 기각했다. 증거물로 총알 구멍이 선명한 텐트가 법정에 제출되었으며, 검사는 배심원들에게 물었다. "어떻게 피고인들이 이 사각형의 노란색 텐트를 갈색 곰으로 오인할 수 있겠습니까?"

정말로 어떻게 그럴 수 있을까? 액면 그대로 보자면 검사의 질문은 합당한 듯하다. 게다가 법정에 놓인 커다란 노란 텐트는 전혀 곰처럼 생기지 않았다. 그러나 반세기에 걸친 지각 연구—이 경우에는 시지각의 연구—는 그 상황에서 켄과 알렉스가 텐트를 곰으로 지각한 것이 결코 불합리한 일이 아니라고 설명한다.

감각 양상의 특징

어느 감각체계든 환경으로부터 어떤 형식의 정보를 접수하고 그것을 다시 뇌 속에서 어떤 형식의 신경표상으로 **변환한다**. 어떤 감각 양상에서 작용하는 메커니즘은 적어도 2개의 과정을 포함한다. (1) 데이터 획득—대부분의 경우는 환경으로부터, 그러나 또한 기억으로부터, (2) 변환, 즉 그런 정보가 신경표상으로 전환된다. 그러므로 어떤 감각체계의 작동을 이해하기 위해서는 두 단계가 필요하다. 첫째, 어떤 형식의 환경 정보에 대해 어떤 차원이 중요한지를 이해한다. 둘째, 그 차원이 어떻게 감각기관에 의해서 신경표상으로 변환되는지 이해한다. 어떠한 형식의 정보든 그에 대응하는 차원은 크게 '강도'와 '나머지 모든 것'으로 나누어진다.

역치 민감도

강도에 주목하는 것은 매우 중요하다. 비록 정보의 형태나 유형이 다르더라도 강도는 모든 형태의 정보에 공통이기 때문이다. 빛을 예로 들면, 강도는 1초 동안 입력되는 광자의 수에 해당한다. 반면에 소리의 강도는 음압파의 진폭에 해당한다.

직관적으로, 강한 자극은 감각기관에 더 강하게 영향을 준다. 밝은 빛은 희미한 빛보다 시각체계에 더 큰 영향을 주며, 큰 소리는 작은 소리보다 **청각체계** auditory system에 더 큰 영향을 준다. 이러한 직관적 관찰은 중요하지만 놀랄 만한 것은 아니다. 이것은 사과는 아래를 향해 떨어진다는 상식적 관찰과 유사하다. 그리고 뉴턴이 떨어지는 사과를 보고 중력에 관해 상세하고 수량화된 이론을 발전시킨 것과 마찬가지로, 감각심리학자들도 물리적 자극 강도와 그에 따른 감각 크기의 관계를 상세히 기술하고 수량화하고자 오랫동안 노력했다.

절대역치: 최소 강도를 찾아서

어떤 감각 양상의 민감도를 평가하는 기본적인 방법은 역치, 즉 자극이 존재한다는 것을 아는 데 필요한 최소한의 자극 강도인 **절대역치** absolute threshold를 측정하는 것이다. 예를 들면 어둠 속에서 분별할 수 있는 가장 약한 불빛의 강도가 그것이다. 우리의 감각 양상은 사물이나 사건의 출현이나 변화에 극히 민감하다. 표 4.1은 5개의 감각에 대해 탐지 가능한 최소 자극이 대략 어느 정도 크기인지를 보여 준다. 이 최소치에 대해 가장 중요한 것은, 최소치가 얼마나 작은가 하는 것과 감각 양상이 얼마나 예민한가 하는 것이다.

절대역치는 **정신물리적 절차** psychophysical procedure를 사용하여 결정된다. 정신물리적 절차는 자극의 물리적 크기(예: 빛의 물리적 강도)와 자극이 발생시키는 심리적 반응(그 빛이 얼마나 밝게 보이는가)의 관계를 측정하는 실험 방법이다. 대부분의 정신물리적 절차에서 실험자는 먼저 역치 부근(전혀 보이지 않는 정도에서 겨우 보이는 정도까지)의 강도를 가진 자극들을 선택한다. 일련의 **시행** trial을 통해 자극들은 한 번에 하나씩 무선적으로 제시되며, 참가자들에게는 자극이 보이면 '예'라고 대답하고 보이지 않으면 '아니요'라고 대답하도록 지시한다. 자극들은 여러 번 제시되며 '예' 반응의 비율이 자극 강도별로 결정된다.

그림 4.1은 이러한 실험에서 얻은 결과이다. 그래프는 정신물리함수(psychophysical function)라 불리며, 참가자의 수

표 4.1 최소 자극

여러 가지 감각에서 최소 자극의 크기.

감각	최소 자극
시각	한밤에 48.28km 전방에 있는 촛불 1개
청각	6.10m 떨어진 곳의 시계 소리
미각	7.57L의 물에 용해한 티스푼 1개분의 설탕
후각	6개의 방에 퍼진 한 방울의 향수
촉각	뺨에서 1cm 떨어진 곳에서 나는 파리의 날갯짓

행을 자극 강도에 따른 함수로 보여 준다. 여기서 '예' 반응의 비율은 자극 강도(그림에서는 가상적 단위가 사용됨)가 증가함에 따라 서서히 증가한다. 참가자의 수행을 이러한 그래프로 나타낼 때, 심리학자들은 대개 탐지 정확률이 50%인 자극 강도를 절대역치로 정의한다. 그림 4.1에서 정확률이 50%일 때 자극 강도는 약 28단위이므로, 정의에 따르면 28단위가 절대역치이다.

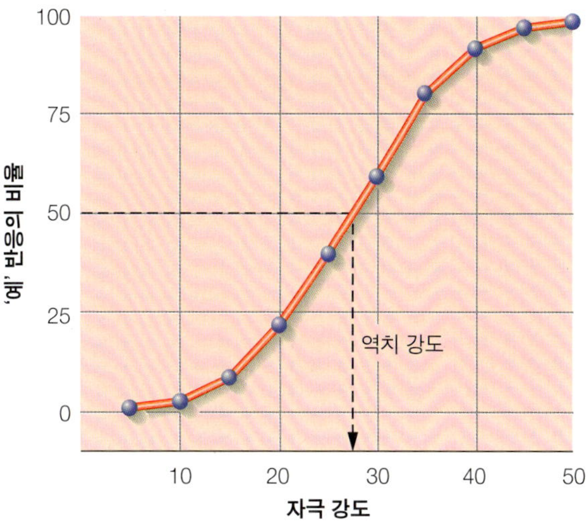

그림 4.1 탐지 실험에서 얻은 정신물리함수. 수직축은 참가자가 "예, 자극이 있습니다."라고 반응한 횟수의 비율이다. 수평축은 자극 강도의 크기이다. 이러한 그래프는 어떠한 자극 차원에 대해서도 얻을 수 있다.

차이역치: 강도 변화의 탐지

절대역치는 자극이 0과 구별되기 위해 강도가 0에서 어느 정도 증가되어야 하는가를 측정한다. 임의로 정의된 어떤 수준의 **표준자극** standard으로부터 자극 강도가 얼마나 증가되어야 비로소 새로운 다른 수준의 자극으로 판단되는가? 이것이 변화탐지의 측정이다. 전형적인 변화 탐지 연구에서는 관찰자들에게 한 쌍의 자극이 제시된다. 그중 하나는 표준자극으로서 다른 자극을 비교하기 위한 것이다. 나머지 하나는 비교자극이다. 한 쌍의 자극이 제시될 때마다 관찰자는 비교자극에 대해서 '더 크다' 또는 '더 작다'라고 반응해야 한다. 측정되고 있는 것은 **차이역치** difference threshold 또는 **최소가지차이** just noticeable difference(jnd)로, 2개의 자극을 구별하는 데 필요한 자극 강도의 최소 차이를 말한다.

빛의 밝기 변화에 대한 시각체계의 민감성을 측정한다고 생각해 보자. 이런 실험에서는 표준자극(50W 전구)이 비교자극(47~53W 범위)과 수십 번에 걸쳐 나란히 제시된다. jnd를 추정하기 위해서는 비교자극이 표준자극보다 더 밝다고 판단된 횟수의 비율을 계산한다. 두 점을 고려하는데, 하나는 '더 밝다' 비율이 75%인 지점(예: 51W)이고 다른 하나는 25%인 지점(예: 49W)이다. 심리학자들은 이 두 점 사이 거리의 절반이 jnd라는 데 동의한다. 이 경우에 추정된 jnd는 (51−49)/2=1W이다. 변화에 대한 민감도가 높다는 것은 자극 간의 미세한 차이를 놓치지 않는다는 것을 의미하는데, 그렇다면 jnd의 추정치가 작을 것이다. 민감도가 그다지 높지 않다면 jnd는 클 것이다.

자극 강도와 민감도 사이의 관계는 150년 전 2명의 독일 과학자, 생리학자인 에른스트 하인리히 베버(Ernst Heinrich Weber)와 물리학자인 구스타프 페히너(Gustav Fechner)에 의해 연구되었다. 베버와 페히너의 선구적 발견은 표준자극의 값이 클수록 감각체계가 강도 변화에 덜 민감해진다는 것이다. 다양한 환경에서 그 관계는 다음과 같이 기술할 수 있다. 변화를 감지하기 위해서 증가되어야 하는 자극 강도는 표준자극의 강도에 비례한다. 예를 들어 방 안에 25개의 촛불이 켜져 있는 상태에서 당신이 촛불 2개의 증가를 감지할 수 있다면(8% 증가), 100개의 촛불이 켜져 있는 방 안에서는 변화를 감지하기 위해 8개(8%×100=8)의 촛불을 추가해야 한다. 이러한 비례관계는 베버-페히너의 법칙으로 알려져 있

표 4.2 여러 자극질의 최소가지차이

(탐지가 가능하기 위해 필요한 변화의 비율)

자극질	최소가지차이(jnd)
빛의 강도	8%
소리의 크기	5%
소리의 높이	1%
향기의 농도	15%
소금의 농도	20%
무게	2%
전기 충격	1%

으며, 비율상수(위의 예에서는 8%)를 **베버비** Weber fraction라고 부른다. 표 4.2는 여러 감각질의 전형적인 jnd를 보여 준다.

표 4.2가 보여 주는 것은, 다른 무엇보다도 우리가 일반적으로 빛과 소리의 변화에 더 민감하고, 맛과 냄새의 변화에 덜 민감하다는 것이다. 이러한 값들은 변화를 신뢰롭게 감지하기 위해 자극이 어떤 수준으로부터 얼마나 변화되어야 하는가를 알려 준다. 예를 들면 무대의 조명 수준을 미묘하게, 그러나 감지 가능하게 변화시키기 위해 극장 매니저는 빛의 수준을 10% 증가시켜야 한다. 이런 정도의 변화는 100W 전구에 대해 10W의 증가를 의미하지만, 10,000W의 무대조명에 대해서는 1,000W의 증가를 의미한다. 마찬가지로, 어떤 청량음료 제조회사가 경쟁사보다 더 단맛의 음료수를 생산하고자 한다면 단맛의 베버비를 이용할 수 있을 것이다. 이것이 정신물리적 절차에 관한 마지막 요점이다. 정신물리적 절차는 종종 현실 세계에 직접적으로, 그리고 용이하게 응용될 수 있다. 예를 들어 트윙키—미국의 인기 있는 스낵 과자—에는 스테아릴젖산나트륨, 폴리소베이트60, 황산칼슘과 같은 첨가물이 포함되어 있다. 이런 화학물질은 맛이 좋지 않다. 그러나 제조회사가 화학첨가물의 강도를 절대적 미각 역치 이하로 떨어뜨리면 과자 맛을 저하하지 않고 보존제로 첨가할 수 있다.

신호탐지 이론

언뜻 보면 감각체계가 하는 일은 아주 단순해 보인다. 만약 중요한 무엇이 어딘가에 있다면, 예를 들어 폐에 악성 종양이 있다면 악성 종양으로부터 오는 감각 정보를 이용하여 악성 종양의 존재를 파악하는 것이다. 그렇게 해서 관찰자는 가능한 치료법을 생각하는 등의 적절한 행동을 취할 수 있다.

그러나 실제로 인생은 그렇게 단순하지 않다. 모든 통신 엔지니어들이 잘 알고 있듯이 어떤 종류의 정보건 **신호** signal와 **소음** noise으로 구성되어 있기 때문이다. '소음'이란 용어를 우리가 일상생활에서 쓰는 불쾌한 청각적 신호를 가리키는 단어와 혼동해서는 안 된다("라디오에서 엄청나게 크고 불쾌한 소음이 들린다."라고 말할 때의 소음을 가리키는 것이 아니다). 과학의 세계에서 '신호'는 정보의 중요한 부분을 가리키고, '소음'은 정보의 중요하지 않은, 관심의 대상이 되지 않는 부분을 가리킨다. 아래의 시각 양상에서 한 예를 보여 줄 텐데, 소음은 어떤 종류의 정보에도 포함되어 있다. 중요한 것은, 어떠한 감각 양상에서든 탐지기의 임무는 신호를 차폐하거나 방해하는 소음으로부터 신호를 구분해 내는 것이다.

이러한 문제가 실생활에서도 일어남을 보기 위해 미국에서 일어난 의료사고 소송 하나를 살펴보자. 1990년대 후반에 있었던 의료사고 소송이다. 방사선과 의사인 A씨는 일상적 건강진단 과정에서 환자 P씨의 흉부 사진을 조사했다. 불행하게도 P씨의 가슴에는 작지만 암으로 보이는 종양이 있었는데 A씨는 그것을 발견하지 못했고, 3년 후에 크게 자라 버린 종양 때문에 P씨는 사망했다. P씨의 가족은 A씨를 상대로 소송을 제기했다. 그들은 X선 사진에 종양이 나타나 있었으며, A씨는 그것을 찾아낼 수 있었다고 주장했다. 재판 과정에서 P씨의 가족은 또 다른 방사선과 의사인 B씨를 전문가 증인으로 채택했다. 증언을 준비하기 위해 B씨는 먼저 P씨의 사망 직전 사진을 보았는데 그 사진에는 크고 흉측한 종양이 뚜렷이 나타나 있었다. 이어서 B씨는 최초 촬영 사진(A씨가 보았던 사진)을 보았으며, A씨가 당시에 간과했던 작은 종양을 금방 찾아냈다. B씨의 결론은 이랬다. B씨가 처음 사진에서 종양을 찾아냈듯이 A씨도 동일한 사진에서 그것을 발견할 수 있었을 텐데, A씨가 그것을 발견하지 못한 것은 태만에서 비롯된 것이다.

이 소송은 감각과 지각의 측면에서 몇 가지 흥미로운 쟁점을 가지고 있다. 하나는 '사후 시력은 1.0(hindsight is 20/20)'이라고 부르는 것으로 다른 장에서 언급할 것이다. 이 장에서는 **감각** sensation과 **편향** bias의 구분에 초점을 맞출 것이다. 이 구분을 이해하기 위해 X선 사진이 정상인지, 아니면 종양이 있는지를 결정해야 하는 방사선과 의사의 과제를 생각해 보자. 좀 어려운 과학적인 용어를 사용하면 이 과제는 소음 속에 묻혀 있는 신호를 탐지하는 것이다. 이러한 개념이 그림 4.2에 설명되어 있다. 3개의 사진이 있는데 각각의 배경은 동일하며 무선적인 시각적 소음으로 구성되어 있다. 당신의 과제는 작고 검은 다이아몬드 모양의 얼룩이 있는지를 판단하는 것이다. 이 과제는 X선 사진에서 종양을 발견해야 하는 방사선과 의사의 과제와 흡사하다.

우선 그림 4.2의 왼쪽 사진을 살펴보자. 거기에는 소음만 있다(사진을 일부러 그렇게 만들었다). 신호가 있다고 할 수 있을까? 작은 다이아몬드 모양이 있다는 충분한 증거는 없지만, 화살표가 가리키는 오른쪽에 신호처럼 보이는 소음의 집합이 있다. 아마 당신은 그것을 신호로 판단하는 잘못을 범할 수 있고, 아니면 정확하게 그것이 소음일 뿐이라고 판단할 수도 있다. 가운데 사진에서는 화살표가 가리키는 곳에 약한 신호가 있다. 이 경우에 당신은 올바른 결정을 할 수도 있고, 그것을 여전히 소음으로 감지하여 잘못 판단할 수도

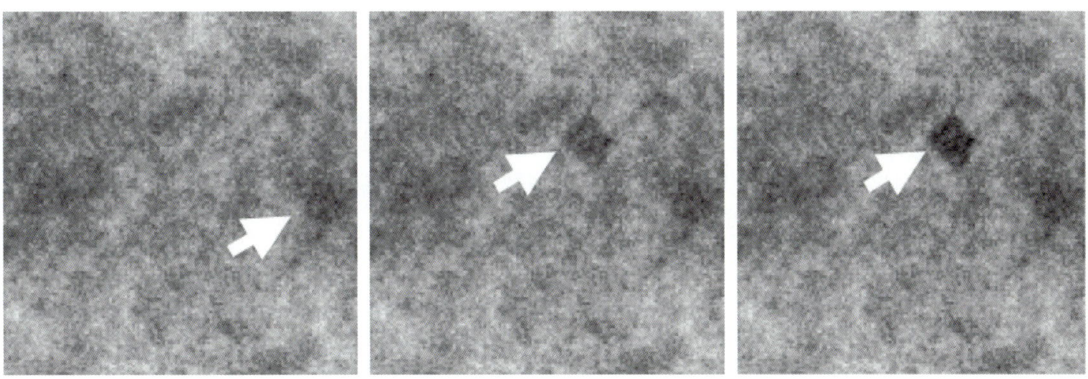

그림 4.2 소음 속에 묻혀 있는 신호. 각 사진의 배경은 무선적 소음으로 구성되어 있다. 왼쪽 사진에서는 화살표가 가리키는 작은 얼룩이 신호처럼 보이지만 실제로는 신호가 없다. 가운데 사진에서는 화살표가 가리키는 것이 신호이지만 강도가 약하다. 오른쪽 사진에서는 신호가 강하고 뚜렷하다.

있다. 마지막으로 오른쪽 사진에는 강한 신호가 나타나 있으며, 당신은 틀림없이 그것을 신호로 판단할 것이다.

적중과 오경보

이제 당신에게 그림 4.2에 있는 것과 같은 자극이 하나씩 제시된다고 하자. 어떤 것은 왼쪽 사진처럼 소음만이 있고, 다른 것은 오른쪽 사진처럼 소음과 신호가 모두 있다. 당신의 과제는 신호가 들어 있는 사진에 대해서는 '예'라고 반응하고, 소음만 있는 사진에 대해서는 '아니요'라고 반응하는 것이다. 이 과제를 완벽하게 수행하는 것은 가능하지 않다. 이 유를 알고 싶다면 그림 4.2의 왼쪽 사진을 보라. 그것을 살펴보고, 거기에 신호가 있다고, 즉 화살표가 가리키는 작고 검은 얼룩이 당신이 찾아야 하는 그 얼룩이라고 판단할 수 있다. 따라서 당신은 '예'라고 반응할 수도 있겠지만 그것은 틀린 반응이다. 당신은 오경보를 행한 것이다. 적중(hit)은 신호가 있을 때 '예'라고 올바르게 반응한 경우이고, **오경보** false alarm는 소음만 있음에도 '예'라고 잘못 반응한 경우이다.

이러한 신호탐지 실험에서 소음만 제시된 시행 중 '예'라고 잘못 반응한 시행의 비율, 즉 오경보율(false-alarm rate)을 계산할 수 있다. 우리는 또한 소음+신호가 제시된 시행 중 올바르게 '예'라고 반응한 시행의 비율, 즉 **적중률** hit rate을 계산할 수 있다.

이제 우리는 어떠한 감각기관의 민감도도 조사할 수 있는 강력한 도구를 갖게 되었다. 신호가 없는 경우에도 관찰자들은 어떤 확률로, 즉 오경보율의 확률로 '예'라고 반응한다. 따라서 우리는 적중률이 오경보율을 넘어설 때에만 관찰자가 신호를 탐지한다고 추론할 수 있다. 적중률이 오경보율을 크게 초과할 때에는 민감도가 높다고 추론한다. 적중률이 오경보율보다 그다지 크지 않을 때에는 민감도가 낮다고 추론한다. 적중률이 오경보율과 동일하다면 민감도가 0이라고 추론한다.

민감도와 편향

이제 관찰자가 자신의 오경보율을 자유로이 선택할 수 있다고 해 보자. 그리고 두 사람의 관찰자, 샬럿과 린다가 있다고 하자. 두 사람이 신호를 탐지하는 능력은 똑같지만 한 가지 중요한 차이점이 있다. 샬럿은 '꼼꼼한' 관찰자로서 신호 출현을 결정하기 위해 상당히 많은 증거를 필요로 한다. 샬럿은 거의 '예'라는 반응을 하지 않는데, 그것은 그녀의 오경보율이 매우 낮지만 적중률 또한 매우 낮다는 것을 의미한다. 반면에 린다는 '관대한' 관찰자로서 약간의 증거만으로도 신호가 출현했다고 반응한다. 린다는 '예'라는 반응을 주저 없이 하며, 따라서 오경보율이 높고 적중률도 높다.

신호탐지 분석의 가장 유용한 특징은 **편향** bias(β라고 쓰며 '베타'라고 읽는다)과 **민감도** sensitivity(d'이라고 쓰며 '디프라임'이라고 읽는다)를 구분하는 것이다. 샬럿과 린다는 동등한 민감도를 가지고 있을지 모르지만 상당히 다른 편향을 가지고 있다.

의료사고 소송의 문제로 다시 돌아가자. 두 사람의 관찰자, A씨와 B씨가 있다. 원고는 A씨의 민감도(종양을 찾아내는 능력)가 B씨에 비해 나쁘며, 따라서 A씨의 과실이 인정된다고 주장한다. 그러나 우리는 최초의 촬영 사진을 보고 A씨는 종양을 찾지 못했으나 B씨는 찾았다는 사실로부터 그와 같은 결론을 이끌어 낼 수는 없다는 것을 알고 있다. 단순히 B씨의 "예, 종양이 있습니다."라고 반응하는 편향이 A씨의 그것보다 더 컸을 가능성이 있다. 이러한 설명은 실제로 상당한 일리가 있다. 심리학자들은 신호탐지 상황에서 편향에 영향을 미치는 요인의 하나가 기대expectation임을 발견했다. 신호가 출현할 것이라는 관찰자의 기대가 클수록 관찰자의 '예' 반응 편향 또한 커진다. 다시 말해 B씨에게는 종양 출현을 기대할 충분한 이유가 있었으나 A씨에게는 그럴 이유가 없었다.

시각

인간에게는 (1) 시각, (2) 청각, (3) 후각, (4) 미각, (5) 촉각(또는 피부 감각), (6) 신체 감각(예: 자신의 머리가 몸통으로부터 어떤 위치에 있는지를 감지하는 것)이 있다고 일반적으로 인정된다. 신체 감각은 강도와 질이 항상 의식되지는 않기 때문에 시각이나 청각처럼 많이 연구된 감각보다 덜 다루게 될 것이다.

시각, 청각, 후각만이 먼 거리에 있는 정보를 수집할 수 있는데, 인간의 경우 이 중에서 시각이 가장 섬세하다. 이 절에서는 시각이 반응하는 자극 에너지가 무엇인지, 그리고 시각체계, 특히 수용기가 어떻게 변환 과정을 수행하는지, 시각 양상이 강도와 질에 관한 정보를 어떻게 처리하는지에 대해 이야기할 것이다.

빛과 시각

각 감각은 특정한 형태의 물리적 에너지에 반응하는데, 시각의 경우 물리적 자극이 빛이다. 빛은 일종의 전자기 에너지로서 태양이나 우주의 다른 곳에서 방사되며 지구상에 항상 충만하다. 전자기 에너지에는 빛뿐만 아니라 우주선, X선, 자외선, 적외선, 라디오파, TV 전파도 포함된다. 파(波)로서 전달되는 전자기 에너지는 파장(파의 한 꼭대기에서 다음 꼭대기까지의 거리)이 아주 짧은 우주선(1조분의 4cm)부터 아주 긴 라디오파(6~8km)까지 굉장히 범위가 넓다. 우리의 눈은 그 연속 중에서 극히 일부분에만 반응한다. 인간의 눈이 반응할 수 있는 전자기 에너지(빛)는 그 파장이 대략 400~700nm(나노미터는 10억분의 1m) 정도로, 전체 전자기 에너지 중의 극히 일부분에 해당한다.

시각체계

인간의 시각체계는 눈, 뇌의 여러 부분, 그리고 눈과 뇌 사이의 경로로 구성된다. 그림 2.8에 있는 시각경로 그림을 잠시 들여다보자. 시각체계가 아주 단순하게 그려져 있는데, 우리가 앞을 바라보고 있다고 가정할 때, 세상의 오른쪽 반은 뇌의 왼쪽에서 처리되고 왼쪽 반은 오른쪽 뇌에서 처리된다는 사실에 주목하라.

시각에서의 첫 단계는 물론 눈이다. 눈은 2개의 체계를 가지고 있는데, 하나는 망막에 상(image, 像)을 형성하고 또 하나는 그 상을 전기적 신호로 변환한다. 두 체계의 중요한

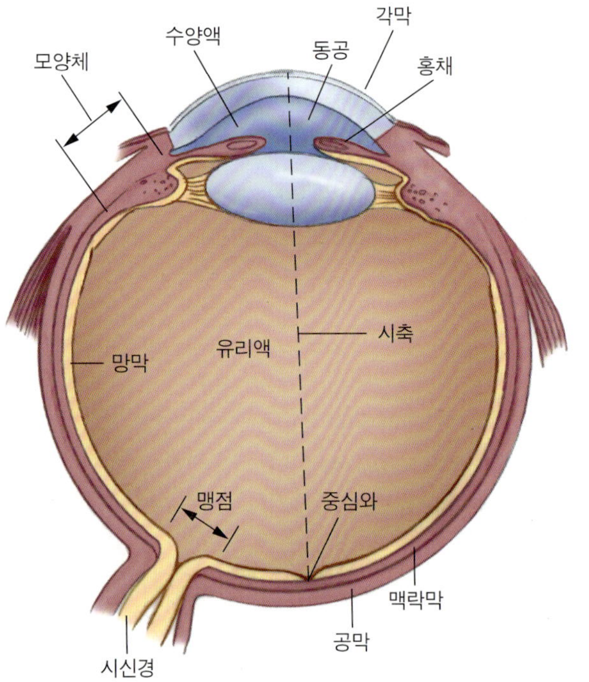

그림 4.3 오른쪽 눈의 조감도. 빛이 눈으로 들어와서 망막에 도달하려면 각막, 수양액, 렌즈, 유리액을 지나야 한다. 눈에 들어오는 빛의 양은 동공에 의해 조절된다. 동공은 눈의 앞에 보이는 작은 구멍이며 홍채로 구성되어 있다. 홍채는 반지 모양의 근육으로 수축하거나 이완할 수 있고, 그렇게 하여 동공의 크기를 조절한다. 홍채 색깔이 바로 개인의 눈 색깔(푸른 눈, 갈색 눈 등)이다.

부분을 그림 4.3에서 볼 수 있다.

눈은 종종 카메라에 비유된다. 이러한 비유는 시각체계의 여러 부분에 대한 오해를 초래하지만 상을 형성하는 체계에 대해서는 적합하다. 상을 형성하는 체계는 대상에서 반사된 빛을 수합하여 **망막** retina 위에 그 대상의 상을 만든다. 망막은 안구 뒤에 있는, 얇은 막처럼 생긴 조직이다. 상을 형성하는 체계는 각막, 동공, 렌즈로 되어 있다. 이런 것들이 없더라도 빛을 볼 수는 있겠지만 패턴을 볼 수는 없다. 각막은 투명하고 눈의 앞쪽에 있다. 빛은 여기로부터 들어오며, 이것에 의해 굴절되어 상이 형성되기 시작한다. 렌즈(수정체)는 빛을 망막에 수합하는 과정을 완성시킨다. 멀리 떨어진 대상에 초점을 맞추기 위해 렌즈는 모양을 바꾼다. 가까이 있는 대상의 경우에는 두꺼워지고, 멀리 있는 대상의 경우에는 얇아진다. 근시인 사람은 렌즈가 멀리 떨어진 대상에 초점을 맞출 수 있을 만큼 얇아지지 않는다. 한편 원시인 사람은 렌즈가 가까이 있는 대상에 초점을 맞출 수 있을 만큼 두꺼워지지 않는다. 정상적 시각을 가진 사람들도 나이를 먹으면(40세가 넘어 가면) 렌즈가 그 모양을 바꾸어서 초점을 맞추는 능력을 많이 잃어버린다. 이러한 광학적 결점은 안경이나 콘택트렌즈로 교정할 수 있다.

동공 pupil은 상을 형성하는 체계의 세 번째 요소로, 빛의 수준에 반응하여 그 지름이 바뀌는 동그란 구멍이다. 어두운 곳에서는 커지고 밝은 곳에서는 작아지는데, 빛의 수준에 관계없이 상의 질을 일정하게 유지하기 위해 필요한 양의 빛을 확보하는 데 도움을 준다.

망막에 상이 만들어지면 이어서 변환이 일어난다. 변환체계의 중심은 수용기이다. 두 종류의 수용기가 있는데 특이한 모양 때문에 간상체와 원추체로 불린다. 이것들은 서로 다른 목적을 위해 전문화되어 있다. 먼저 **간상체** rod는 밤을 위한 수용기세포로 낮은 강도의 빛에서 작동하고 낮은 해상도의 흑백으로 이루어진 감각을 가져온다. 또한 **원추체** cone는 낮을 위한 수용기세포로 강한 강도의 빛에 반응하고 고해상도의 색채가 있는 감각을 가져온다. 망막은 뉴런들의 네트워크이며, 아울러 지지세포와 혈관이 포함된다.

우리는 대상을 자세히 보려고 할 때 눈을 이리저리 움직여서 대상이 **중심와** fovea에 투사되도록 하는데, 중심와는 망막의 중심부에 있는 작은 영역이다. 이렇게 하는 이유는 망막에서의 수용기 분포와 관련이 있다. 중심와에는 수용기가 풍부하게 밀집되어 있다. 중심와의 바깥, 즉 망막의 주변부에는 수용기가 적다. 수용기가 밀집되어 있다는 것은 고해상도를 의미하는데, 비유하자면 똑같은 크기의 화면이 더 많은 화소 수(예: 1600×1200)로 설정되었을 때가 더 적은 화소 수(예: 640×480)로 설정되었을 때보다 해상도가 더 높은 것과 같은 이치이다. 그러므로 고밀도의 중심와는 망막에서 해상도가 가장 높은 부분이며, 대상을 세밀하게 보기에 최적한 부분이다.

대상으로부터 반사된 빛이 수용기세포와 접촉하면 수용기는 빛을 전기적 신호로 변환한다. 간상체와 원추체는 감광색소, 즉 빛을 흡수하는 화학물질을 포함하고 있다. 감광색소가 빛을 흡수하면 신경충격의 발생으로 이어지는 과정이 시작된다. 이러한 **변환** transduction 과정이 끝나면 전기적 신호는 중간의 연결 뉴런을 거쳐서 뇌로 들어간다. 간상체와 원추체의 반응은 처음에 양극세포로 전달되고, 거기서 다시 신경절세포(ganglion cell)라고 불리는 뉴런으로 전달된다. 신경절세포의 길다란 축색은 시신경을 이루면서 눈 밖으로 나와 뇌를 향해 올라간다.

시신경과 시각피질 사이에는 외측슬상체(LGN)라 불리는 구조가 있고, 시각 정보는 모두 이곳을 통과해야 시각피질에 도달할 수 있다. 여기가 바로 시각 정보가 신경부호화에 의해 조직화되는 곳이다. LGN은 분산적 부호화를 통해 시각 신호를 투사하거나 분리하는 것을 돕는다. LGN의 계층화는 망막 대응적이며 그것은 시각피질에 의해 복사된다. 시신경이 눈에서 나가는 곳에는 수용기가 없으므로 그곳에 자극의 상이 맺히면 우리는 볼 수가 없다. 우리는 시야에 있는 이 구멍—맹점(blind spot)이라 부른다—을 의식하지 못하는데, 그 이유는 뇌가 자동적으로 그 구멍을 메우기 때문이다(Ramachandran & Gregory, 1991).

빛의 감지

민감도

빛에 대한 민감도는 간상체와 원추체에 의해서 결정된다. 간상체와 원추체는 서로 다른 점이 세 가지 있는데, 그것은 밝기, 즉 빛의 강도의 지각과 관련된 수많은 현상을 설명한다. 첫 번째 차이는 간상체와 원추체가 서로 다른 수준의 빛에 의해 활성화된다는 것이다. 대낮에 또는 밝은 실내에서는 원추체만이 활동적이고, 간상체는 의미 있는 어떠한 신경신호도 발생시키지 않는다. 반달이 떠 있는 밤이나 어두운 실내에서는 간상체만 활동한다.

두 번째 차이는 간상체와 원추체가 서로 다른 과제를 부여받고 있다는 것인데, 이는 간상체와 원추체가 신경절세포와 연결되어 있는 방식에 잘 나타나 있다. 각 신경절세포는 바로 옆에 있는 다른 신경절세포들과 서로의 활동을 억제하는 방식으로 연결되어 있다. 신경절세포는 또한 긴 축색에 의해서 뇌의 시각 영역과 연결되어 있다. 축색은 모두 함께 시신경을 구성한다. 하나의 원추체는 하나의 신경절세포와 연결되지만 하나의 간상체는 여러 개의 신경절세포와 연결된다. 원추체와 연결된 신경절세포 간에는 서로 간의 신경적 활동을 억제하는 연결이 있으나, 간상체와 연결된 신경절세포들 사이에는 그런 연결이 없다.

회로의 이런 차이를 이해하기 위해 한 줄기의 스포트라이트가 원추체나 간상체에 제시되었다고 생각해 보자. 그것이 원추체에 주어졌을 때는 그 원추체와 연결된 단 하나의 신경절세포만이 반응한다. 그러나 한 줄기의 빛이 간상체에 주어졌을 때는 신경절세포 3개의 활동이 증가한다. 이러한 결합 방식은 신호가 어떻게든 뇌에 도달하게 해 주지만, 빛의 정확한 위치가 어디인지를 확신하지 못하게 만든다. 원추체와 연합된 신경절세포들 사이의 연결은 밝은 조명 아래에서 형태 지각을 향상한다. 반면에 여러 개의 간상체가 하나의 신경절세포로 수렴하면 낮은 조명 아래에서 빛에 대한 민감도가 향상된다. 실제 사례를 가지고 말하자면, 독서처럼 고해상도를 요하는 작업은 조명이 밝은 곳에서만 할 수 있는데, 그래야 원추체가 활동하기 때문이다.

세 번째 차이는 원추체와 간상체가 망막의 서로 다른 곳에 집중해 있다는 것이다. 중심와에는 원추체는 많지만 간상체가 없다. 반면에 주변부에는 간상체가 풍부하고 원추체는 매우 적다. 밤에 별을 볼 때는 간상체의 분포를 충분히 고려하는 것이 좋다. 흐린 별을 가능한 한 뚜렷하게 보기 위해서는 그 별의 약간 옆을 바라보아야 한다. 이렇게 함으로써 별에서 온 빛이 많은 수의 간상체를 활성화할 수 있다.

패턴의 감지

시력 visual acuity은 사물의 세세한 부분을 분간하는 눈의 능력을 말한다. 시력을 측정하는 여러 방법 중에서는 안과에서 사용하는 차트가 친숙하다. 이 차트는 1862년 네덜란드 안과 의사 헤르만 스넬렌(Herman Snellen)에 의해 고안되었다. **스넬렌 시력** Snellen acuity은 안경을 쓸 필요가 없는 정상적인 사람과 비교하여 측정한 시력이다. 20/20의 시력은 20피트 거리에서 정상적인 사람이 읽을 수 있는 문자를 읽을 수 있는 상태를 말한다. 20/100의 시력은 정상적인 사람이 100피트 거리에서도 읽을 수 있는 문자를 20피트 거리에서야 읽을 수 있는 경우를 가리킨다. 이 경우의 시력은 정상보다 낮은 것이다.

스넬렌 차트는 시력을 측정하는 가장 좋은 방법은 아니다. 첫째, 문자를 모르는 사람들에게는 소용이 없다. 둘째, 20피트 거리의 시력만을 대상으로 할 뿐 독서와 같이 아주 가까운 거리에서의 시력을 측정하지 않는다. 셋째, **공간시력** spatial acuity(형태의 차이를 보는 능력)과 **대비시력** contrast acuity(밝기의 차이를 보는 능력)을 구분하지 않는다. 그림 4.4는 시력검사에 사용되는 전형적 패턴을 보여 주는데, 화살표는 탐지되어야 하는 중요한 부분을 가리킨다. 그 부분이 흑에서 백으로 밝기가 변하는 지역임에 주목하라(Coren et al., 1999).

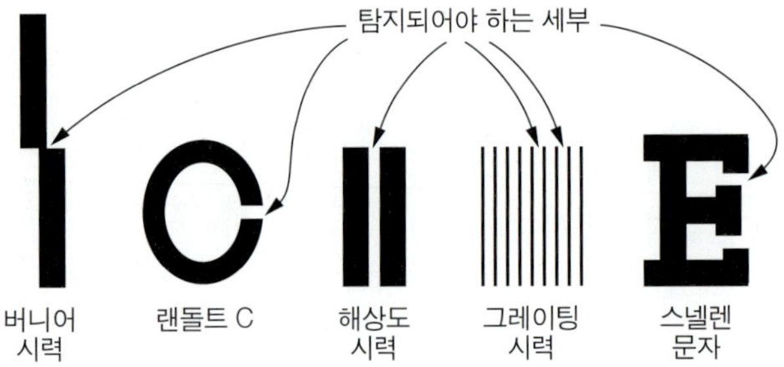

그림 4.4 시력검사에 사용되는 패턴. 화살표가 가리키는 부분이 변별되어야 한다.

패턴을 볼 때 감각 경험은 시각 뉴런이 명암에 관한 정보를 수용하는 방법에 의해 결정된다. 시각 패턴의 가장 원초적인 요소는 모서리, 즉 윤곽선으로서 이것은 밝기가 어두워지는 곳 또는 밝기가 밝아지는 곳을 말한다. 모서리 탐지에 미치는 가장 빠른 영향 중 하나는 망막의 신경절세포가 상호작용하는 방식 때문에 발생한다. 이러한 상호작용의 영향은 그림 4.5에 있는 헤르만 격자(Hermann grid)라는 패턴을 이용하여 관찰할 수 있다. 흰 선이 교차하는 지점에서 회색 얼룩을 볼 수 있을 것이다. 그런데 이상한 것 중의 하나는 당신의 시선이 머물러 있는 바로 그 교차점에는 회색 얼룩이 나타나지 않는다는 것이다. 회색 얼룩은 다른 교차점에서만 나타난다.

이 착시는 이웃하는 신경절세포들 사이의 연결이 서로의 활동을 억압하기 때문에 생기는 결과이다. 교차점의 한가운데에 위치하는 신경절세포의 경우 이웃하는 4개(위, 아래, 좌, 우)의 신경절세포로부터 신경점화를 감소시키는 신호를 받는다. 이런 현상을 외측 억제(lateral inhibition)라고 한다. 반면에 교차점 이외의 흰 선에 위치한 신경절세포는 신경점화를 감소시키는 신호를 위아래 또는 좌우에 있는 2개의 세포로부터만 받는다. 교차점이 흰 선보다 더 어두워보이는 것은 교차점에 위치한 신경절세포들이 점화를 감소시키는 신호를 더 많이 받기 때문이다.

그렇다면 회색 얼룩은 왜 우리의 시선이 고정된 교차점에서는 보이지 않고 다른 교차점에서만 보이는가? 감소 신호의 전달 범위가 중심와에서는 좁고 주변부에서는 크기 때문이다. 이러한 배치는 중심와에서의 시력을 주변부보다 좋게 만든다.

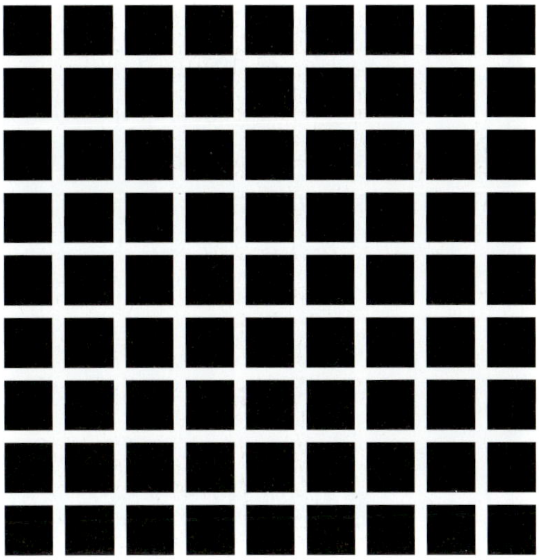

그림 4.5 헤르만 격자. 흰 선의 교차점에 나타나는 회색 얼룩은 착각이다. 우리의 눈과 뇌는 그것을 보지만 종이 위에는 그것이 존재하지 않는다. 회색 얼룩이 실제로는 없다는 것을 확인하려면 눈을 다른 교차점으로 이동해 보라. 당신의 시선이 머물러 있는 바로 그 교차점에는 회색 얼룩이 나타나지 않는다는 것에 주목하라. 회색 얼룩은 시야의 주변부에 있는 교차점에서만 나타난다.

통각

우리의 감각 중에서 고통만큼 우리의 주의를 잡아끄는 것도 없다. 우리는 때때로 다른 감각에 대해 지루한 느낌을 가지지만 고통을 무시하기는 어렵다. 그것이 가져다주는 불쾌함에도 불구하고 고통의 감각이 없다면 우리는 위험에 처하게 될 것이다. 또한 아이들은 뜨거운 스토브에 손을 대지 않거나 자신의 혀를 깨물지 않는 것을 학습할 수 없을 것이다. 실제로 어떤 사람들은 유전적 장애를 가지고 태어나는데, 그들은 고통을 느끼지 못하며 대개는 일찍 죽는다. 사망의 주된 이유는 부상으로 인한 조직 퇴화인데, 만약 그들이 통증을 느낄 수 있었다면 그 부상을 피할 수 있었을 것이다.

통각체계

조직 손상을 일으킬 만큼 강한 자극은 무엇이나 통각 자극이다. 그것은 압력, 온도, 전기 충격, 또는 자극성 화학물질일 수 있다. 이러한 자극은 피하의 화학물질 분비를 유발하고, 그것은 다시 높은 역치를 가진 수용기를 자극한다(변환 단계). 이 수용기는 전문화된 자유신경종말을 가진 뉴런이며, 연구자들에 의해 여러 유형이 발견되었다(Brown & Deffenbacher, 1979). 고통의 질에 대한 차이는 부상을 입으면서 즉시 느끼는 고통인 **위상성 통증**phasic pain과, 부상이 있고 난 후에 경험하는 고통인 **긴장성 통증**tonic pain을 구분하는 것이 아마도 가장 중요하겠다. 위상성 통증은 전형적으로 날카롭고 즉각적인(강도가 급히 올라갔다고 급히 떨어지는) 고통이며 지속 시간이 짧은 반면, 긴장성 통증은 전형적으로 둔하고 오래 지속되는 고통이다. 발목을 삐면 찢어지는 듯한 파상적인 통증(위상성 통증)을 즉각적으로 느끼지만 잠시 후에는 부상 부위의 팽창으로 인한 지속적인 통증을 경험하기 시작한다. 이 두 가지의 고통은 서로 다른 신경경로에 의해서 일어나며, 이 경로는 피질의 서로 다른 부위에 도달한다(Melzack, 1990).

통각의 비자극적 결정 요인

통각의 강도와 질은 다른 어떤 감각보다 더 많이 직접적 자극 이외의 요인, 예를 들어 문화, 기대, 과거 경험 등의 영향을 받는다. 문화의 놀라운 영향은 비서구 사회에서 행해지는 의식에서 볼 수 있는데, 서구인에게는 참기 힘든 것처럼 보이는 고통이 가해진다. 하나의 인상적인 예는 '갈고리 그네 타기' 의식으로, 이는 인도의 여러 지역에서 행해진다.

> 이 의식은 고대의 관습에서 유래한 것인데, 한 사회집단의 어떤 구성원이 신의 권능을 재현하기 위해 선택된다. 선택된 사람(또는 사제)의 역할은 한 해의 특정 기간 동안 이웃하는 여러 마을의 아이들과 곡식을 축복하는 것이다. 이 의식에서 놀라운 일은, 강철 갈고리 2개를 사제의 등판 양쪽에 피부와 근육 아래로 깊숙이 찔러 넣는 것이다. 그리고 2개의 갈고리는 특별히 제작된 카트의 꼭대기에 밧줄로 연결된다(그림 4.6 참조). 그리고 카트를 동네에서 동네로 끌고 다닌다. 그동안에 사제는 계속 밧줄에 매달려 있는 것이 보통이다. 그러나 각 마을에서의 의식의 클라이맥스에 다다르면 그는 등에 박힌 갈고리에 매달린 채 그네처럼 스스로를 흔들면서 아이들과 곡식을 축복한다. 놀랍게도 사제가 고통을 느낀다는 증거는 없다. 오히려 그는 '고양된 상태'에 있는 것 같아 보인다. 나중에 갈고리를 제거하면 재를 바르는 것 외에 아무런 의학적 처치 없이도 상처가 빨리 회복된다. 2주가 지난 뒤에는 그의 등에 아주 희미한 자국이 남을 뿐이다. (Melzack, 1973)

분명히 고통은 감각수용기의 문제일 뿐만 아니라 마음의 문제이기도 하다.

방금 설명한 현상은 **통로제어 이론**gate control theory of pain을 탄생시켰다(Melzack & Wall, 1982, 1988). 이 이론에 따르면, 고통을 감지하기 위해서는 피부의 통각수용기가 활동하는 상태에 있을 뿐만 아니라 척수의 '신경통로(neural gate)'가 열린 상태에 있어서 통각수용기로부터 온 신호가 뇌로 가도록 해야 한다(이 통로는 척수의 어떤 섬유가 활성화되면 닫힌다). 신경통로는 피질에서 내려오는 신호에 의해 닫힐 수 있기 때문에, 지각된 통증의 강도는 갈고리 그네 타기 의식에서처럼 개인의 심적 상태에 의해 약화될 수 있다. 신경통로란 정확하게 무엇인가? 거기에는 **수도주변회백질**periaqueductal gray(PAG)이라 불

그림 4.6 문화와 통증. 인도의 '갈고리 그네 타기' 의식에서는 2개의 강철 갈고리를 사제의 등에 삽입한다. 오른쪽: 사제가 밧줄에 매달려 있고 카트는 동네에서 동네로 이동한다. 그는 마을의 아이들과 곡식을 축복하면서 자신의 등에 꽂힌 갈고리에 매달린 채 그네처럼 몸을 흔든다.

리는 중뇌의 부위가 관여한다. PAG의 뉴런은 통각수용기의 신호를 전달하는 세포를 억제하는 세포와 연결되어 있어서 PAG의 뉴런이 활동하면 통로가 닫힌다. 반대로 PAG의 뉴런이 활동하지 않으면 통로가 열린다.

흥미로운 것은, PAG가 모르핀과 같은 강력한 통증 제거제가 신경적 처리에 영향을 주는 주요 장소라는 것이다. 모르핀은 PAG 속의 신경활동을 증가시키고, 이는 신경통로를 닫는 결과를 가져오는 것으로 알려져 있는데, 모르핀의 이러한 진통 효과는 통로제어 이론에 잘 들어맞는다. 또한 우리의 몸은 엔도르핀으로 불리는 화학물질을 생산하는데 이것은 모르핀처럼 고통을 경감시킨다. 이 화학물질도 PAG에 작용하여 신경통로를 닫음으로써 효과를 내는 것으로 알려져 있다.

통로제어 이론과 잘 부합하는 또 다른 놀라운 현상이 있다. 하나는 '자극에 의해 산출되는 진통'인데, PAG에의 자극이 진통제처럼 작용한다. PAG 자극만을 진통 방법으로 사용하여 쥐의 복부 수술도 행할 수 있는데, 이때 쥐는 통증을 느끼는 것 같지 않다(Reynolds, 1969). 이 현상과 간접적으로 관계가 있는 친숙한 예가 있다. 상처 부위를 문지르면 통증이 약화되는데, 아마도 압력 자극이 신경통로를 닫아 주기 때문일 것이다. 자극 산출 진통과 관련된 또 하나의 현상은 침술에 의한 고통의 경감이다. 침술은 중국에서 발달한 치료법으로 가느다란 바늘을 피부의 특정한 점에 삽입한다. 이 바늘을 가볍게 돌리면 고통이 완전히 제거된다는 보고가 있는데, 이 방법을 사용하면 마취하지 않은 환자에게 큰 수술을 실시하는 것도 가능하다(그림 4.7 참조). 아마도 바늘이 신경섬유를 자극하고 그것이 통각 통로를 닫게 만드는지도 모른다.

심리학적 수준에서 우리는 약물, 문화적 신념, 다양한 민간 의료법이 통증을 극적으로 경감한다는 증거를 가지고 있다. 그러나 이 모든 요인들은 단 하나의 생물학적 과정에서 유래하는 것이다. 여기서 다시 생물학적 수준의 연구가 심리학적 수준의 발견과 결합되는 사례를 보게 된다.

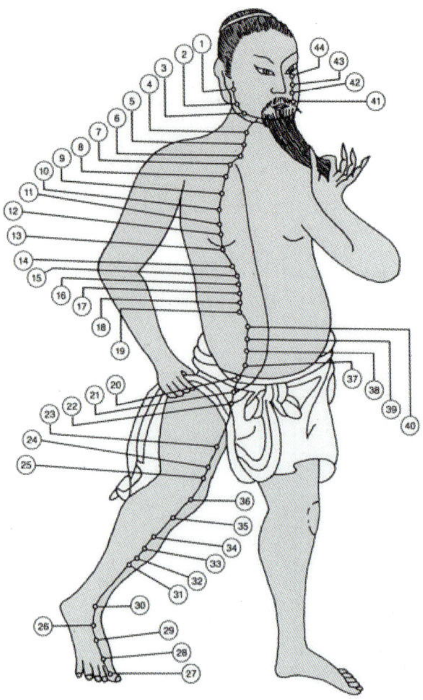

그림 4.7 경락도. 숫자는 바늘을 삽입하여 돌리거나, 전기를 통하게 하거나, 열을 가할 장소를 가리킨다. 많은 경우에 인상적인 진통 효과를 얻을 수 있다.

지각은 무엇을 위한 것인가

살아 있는 모든 생물은 환경이 그들에게 끊임없이 부과하는 일련의 문제를 풀어야 한다. 문제의 복잡성과 해답의 세련성은 유기체의 본성과 복잡성에 의존한다. 예를 들어 당신이 수선화라면 풀어야 하는 문제는 단순하다. 당신은 뿌리를 어느 쪽으로 뻗어야 하는지를 토양 구조를 고려하여 결정하고, 그 과정에서 토양의 질, 습기, 영양소의 분포 등을 파악한다. 거기에다 하나 더, 태양의 위치를 고려하여 어느 쪽을 향할 것인지를 결정한다.

그것이 수선화에게는 전부일 것이다. 하지만 인간은 훨씬 더 복잡하다. 지각과 관련하여 수선화와 인간의 차이는 이것이다. 첫째, 인간은 이동이 가능하다. 우리 대부분은 환경 속에서 자기가 갈 길을 찾아내야 하며, 그 과정에서 가능한 경로는 무엇이고 장애물은 어떻게 피할지를 결정해야 한다. 둘째, 인간은 대상을 조작한다. 우리는 자동차 핸들을 조작하고, 펜으로 이름을 쓰며, 홈플레이트를 향해 야구공을 던진다. 셋째, 인간은 말, 글, 상형문자 등의 **상징** symbol을 사용한다. 넷째, 인간은 갑작스러운 사태에 대비하기 위해 복잡한 계획을 세우고 실천할 수 있다. 어두운 골목에 칼을 들고 서 있는 검은 그림자를 보았다고 하자. 아마도 우리는 여러 가능한 상황을 평가할 것이며 재빨리 길거리를 건너 군중 속에서 안전을 찾으려고 할 수 있다.

입력되는 감각 정보의 처리와 이용

우리는 어떻게 이렇게 하는 것일까? 하나의 가능성은 환경으로부터의 정보—더 자세히 말하자면 망막의 이차원 표상—가 정상적 삶을 영위하기 위해 실제로 필요한 것의 전부라는 것이다. 미국 심리학자 깁슨(J. J. Gibson)은 **생태학적 광학 이론** theory of ecological optics을 제안했는데, 바로 이 점을 말하고 있다. 깁슨에 의하면 세상으로부터 주어지는 엄청나게 많은 광학적 정보—거리에 따른 표면 결의 변화, 대상을 지나쳐 갈 때 나타나는 이미지의 변화 등—만 가지고도 우리에게 주어진 시각과 관련된 문제를 모두 푸는 데 충분하다.

독창적이고 정교하기는 하지만 깁슨의 이론은 다른 과학자들에 의해 불충분한 것으로 간주되어 왔다. 다른 과학자들은 인간에게는 계속적으로 갱신되는 이미지, 즉 환경 모형이 필요하다고 주장하는데, **환경 모형** model of environment이란 세계에 대한 표상으로 우리의 뇌 속에 있으며, 우리가 의식적으로 지각하고, 결정하고, 행동하기 위해 필요한 것이다. 그런 모형을 형성하고 유지하기 위해서는 2개의 구성요소가 필요하다. 하나는 환경에 관한 원시정보를 획득하는 수단이다. 이 장의 시작 부분에서 감각기관이 이 작업을 어떻게 수행하는지 공부했다. 그러나 모형을 만들기 위해서는 원시자료의 획득만으로 불충분하다. 집을 짓는 데 목재만으로 충분하지 않은 것과 같은 이치이다. 이 모든 원시정보를 조직하여 어떤 종류의 응집적 구조를 만드는 수단이 필요하다.

그러한 조직화는 단순하지 않다. 가장 먼저 **다대일 문제**(many-to-one problem)를 해결해야 한다. 시각과 관련한 다대일 문제는 환경 속 사물의 많은 모양이 모두 망막에 동일한 표상을 생성하는 경우의 수학적 문제로 환원될 수 있다. 이 장의 뒤에서는 이에 대해 상당히 많은 것을 설명할 것이다. 우선은 하나의 예로 멀리 떨어진 곳에 있는 소나무를 바라본다고 생각해 보자. 100m 떨어진 곳에 있는 2m 높이의 소나무가 만드는 망막상과 200m 거리의 4m 높이 소나무가 만드는 망막상은 크기가 동일하다(이 외에도 동일한 크기의 망막상을 산출하는 거리와 높이의 조합은 무수히 많을 것이다). 다대일의 문제는 하나의 망막상을 근거로 하여 무수히 가능한 거리-크기 조합 중 어떤 것이 그 망막상을 만드는지를 결정하는 것이다. 시각체계는 이 문제를 풀기 위해 다른 정보를 사용한다. 그것은 이미 머릿속에 들어 있는 정보(예: 이 나무는 크리스마스트리이며 일반적으로 그 높이는 4m가 아니라 2m이다)와 추가적 시각 단서(예: 나무 옆에 서 있는 사람의 키가 나무 높이와 비슷하다), 두 가지이다.

좀 더 일반적으로 말하자면, 감각 데이터로부터 그 감각 데이터를 산출한 환경 상태에 대해 추론하기 위해서는 세상이 어떻게 구성되어 있는지에 대한 **가정**(assumption)—일반적으로 새는 말 위를 날아가고, 가스레인지는 냉장고 가까이에 있으며, 하나의 장면은 하나의 광원에 의해 조명된다는 등의 가정—이 필요하다. 지각은 그러한 가정을 이용하여 입력 정보를 통합하고 세계에 대한 하나의 모형을 만들며, 우리는 그 모형에 근거하여 결정을 하고 행동을 한다. 보통은 이 과정이 아주 효율적으로 작동한다. 예를 들어 환경 속의 노란 텐트는 우리 마음속에 노란 텐트의 모형(즉 하나의 지각)을 만든다. 때때로 제대로 작동하지 못할 수도 있는데, 환경 속의 노란 텐트가 우리 마음속에 곰의 지각을 만들고, 그에 따라 우리는 총을 쏜다. 일반적으로 말하자면 각각의 감각 양상(보기, 듣기 등)은 환경으로부터 원시정보를 획득하는 하나의 감각기관을 가지고 있으며, 원시정보를 조직화된 지각체로 변형시키는 하나의 중심체계를 뇌 속에 가지고 있다.

지각의 다섯 가지 기능

지각은 아주 복잡하여 분류가 어느 정도 임의적일 수밖에 없다. 체계적 서술을 위해 지각의 문제를 5개의 범주로 나누는 것이 유용하다. 첫째, **주의 과정**을 통해 어떤 입력 정보를 더 처리하고 어떤 입력 정보를 버려야 하는지에 관한 결정을 내려야 한다(칵테일파티에 참석했는데, 문득 왼편에서 내 아내/남편에 관한 대화가 들리고 오른편에서 주식 투자 요령에 대한 대화가 들리는 경우, 어느 쪽 대화를 들어야 할까?). 둘째, 지각체계는 대상이 어디에 위치하는가를 결정할 수 있어야만 한다(위험한 대상이 나의 왼쪽 바로 손이 닿을 만한 곳에 있는가, 아니면 수백 미터 떨어진 저 앞에 있는가?). 셋째, 지각체계는 무엇이 거기에 있는지 결정할 수 있어야 한다(내가 보는 이것이 텐트인가, 곰인가?). 넷째, 지각체계는 재인된 대상의 결정적 특징을 추상화할 수 있어야 한다(울퉁불퉁하고 쭈글쭈글한 저 소파는 완벽한 사각형은 아니지만 사각형으로 지각되고 서술된다). 이런 추상화 능력은 다섯 번째 지각적 주제와 연관이 있다. 즉 **지각적 항등성** perceptional constancy이다. 지각체계는 대상의 본질적 특징을 일정하게 파악해야 한다. 바라보는 각도에 따라서 문은 사다리꼴로 보일 수 있지만 문의 본질적 특징인 사각형 모양을 놓쳐서는 안 된다.

이후의 5개 절에서는 이러한 다섯 가지 문제를 다룰 것이다. 주의, 위치 파악, 재인, 추상화, 항등성이 그것이다. 그리고 이런 지각 과정에 관련된 생물학적 요인 중 일부를 설명할 것이다. 이 장 전체에 걸쳐 시지각에 우선적으로 초점을 맞출 텐데, 시지각이 가장 많이 연구된 영역이기 때문이다. 그러나 명심할 것은 위치 파악, 재인, 항등성의 목표는 모든 감각 영역에 해당된다는 것이다. 예를 들어 재인의 경우, 우리는 청각을 사용하여 모차르트의 소나타를 재인하고, 후각을 사용하여 맥도널드의 감자튀김을 재인하고, 촉각을 사용하여 바지 주머니의 동전을 재인하고, 신체 감각을 사용하여 어두운 방에 자신이 똑바로 서 있음을 재인한다.

주의

이 장의 시작 부분에서 매 순간 우리의 감각기관은 환경으로부터 오는 엄청난 정보에 의해 '융단폭격'을 당하고 있다는 사실을 강조했다. 책을 읽는 것을 잠시 멈추고 당신에게 오는 다양한 자극에 주의를 기울여 보라. 당신의 시야에는 이 페이지 이외의 것들도 존재한다. 어쩌면 왼쪽 구두가 발에 꽉 끼는 것을 느끼고 있을지도 모르겠다. 귀에는 무슨 소리가 들리는가? 공기 중에는 무슨 냄새가 떠돌고 있지 않은가?

동시에 인간은 늘 어떤 과제를 수행하고 있다. 그 과제는 커피 한잔을 마시는 단순한 것에서부터 뇌 수술을 집도하는 아주 복잡한 것까지, 그리고 그 중간에는 이 책을 이해하려고 하는 것도 포함될 것이다. 그 과제가 무엇이건 간에, 입력 정보의 흐름 속에서 아주 적은 부분만이 현 과제와 관련된다. 대부분은 관련이 없다. 이런 사정은 감각체계와 뇌가 입력 정보를 여과하는 어떤 수단을 가져야 한다는 것을 시사한다. 그래서 현재 진행 중인 과제와 관련된 정보는 접수하고 관계없는 정보는 여과해 버려야 한다. 그러한 여과 과정이 존재하지 않으면 무관한 정보가 유관한 정보를 압도할 것이고, 우리는 아무것도 할 수 없게 될 것이다.

환경 속의 많은 정보 중 일부분에만 선택적으로 주의하는 능력이 이 절의 주제이다. 아주 단순해 보이는 이런 능력은 3개의 다른 과정으로 구성되어 있으며, 과학자들은 뇌 속에서도 해부학적으로 구분되어 있다고 생각한다(예: Fan et al., 2002). 하나는 우리를 경계 상태에 있게 한다. 예를 들면 항공 관제사는 그의 책임하에 있는 다양한 항공기를 인식하기 위해 항상 경계 상태에 있어야 한다. 만약 이 체계에 문제가 생기면 주의 실수로 이어지고, 그 결과는 참혹한 재앙이 될 것이다. 두 번째 체계는 처리 자원을 과제 관련 정보에 투입하는 작업을 맡는다(예: 말하는 것을 알아듣기 위해 특정 목소리에 집중하기). 세 번째는 때때로 실행체계라고도 불리는데, 어떤 정보에 계속 주의할 것인지 다른 정보로 주의를 이동할 것인지를 결정한다(예: 이 사람은 지금 엽록체에 대해 이야기하고 있어. 나는 엽록체에는 관심이 없어!). 중요한 점은 주의가 단일한 과정이 아니라 다수의 상호작용적 과정을 포함한다는 것이다. 아래에서 이런 과정에 대해 더 자세하게 공부할 것이다.

선택적 주의

우리는 어떻게 우리의 주의를 관심 대상으로 향하게 하는가? 가장 단순한 방법은 감각수용기를 물리적으로 재배치하는 것이다. 시각의 경우에는 눈을 움직여서 대상이 중심와에 오도록 하는 것이다. 중심와는 망막의 가장 민감한 부위로서 시각적 세부를 처리한다.

안구 운동

시각적 주의를 연구하는 학자들은 그림이나 장면을 바라보는 관찰자를 관찰한다. 사람들의 눈을 자세히 보면 눈이 정지해 있지 않다. 눈이 대상을 훑어볼 때, 안구 운동은 고정과 도약의 형식으로 이루어진다. **안구 고정** eye fixation은 눈이 움직이지 않고 정지해 있는 짧은 동안이며, 도약 안구 운동과 구별된다. **도약 안구 운동** saccade은 한 장소에서 다른 장소로 눈이 빠르게 점프하는 것이다. 고정은 약 300msec(약 1/3초) 지속되고, 도약 안구 운동은 대단히 빠르다(약 20msec). 환경으로부터 시각 정보를 획득하는 것은 바로 이 고정 기간이며, 도약 안구 운동 중에 시각은 원천적으로 억제된다.

사람들의 안구 고정 패턴을 관찰함으로써 시각적 주의의 순차에 대해 상당한 통찰을 얻을 수 있다. 안구 운동을 기록하는 많은 기술이 있으나 결국 모든 장치가 하는 일은 시각 장면 위에 안구 고정의 순차를 중복시킨 비디오를 생성하는 것이다. 그림 4.8을 참조하라. 일반적으로 눈이 고정되는 위치는 무작위적이 아니라 가장 많은 정보가 포함된 영역에 집중된다. 여기서 '정보'는 어떤 장면을 다른 유사한 장면과

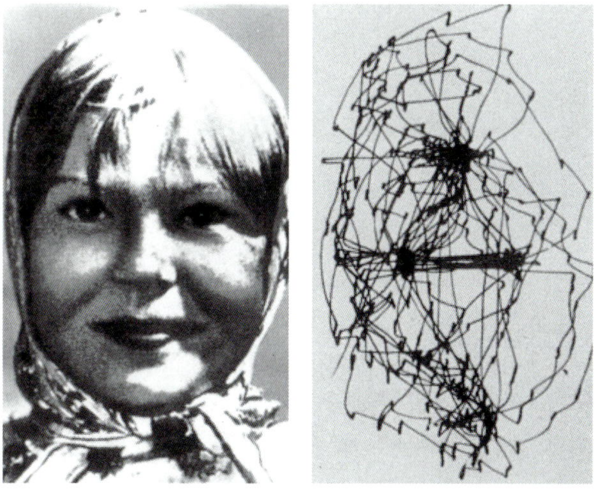

그림 4.8 사진을 볼 때의 안구 운동. 오른쪽 그림은 소녀의 사진을 보는 동안 눈의 움직임을 기록한 안구 운동의 패턴이다.

가장 잘 구분해 주는 영역이라고 할 수 있다. 예를 들어 그림 4.8에서 보듯이 얼굴을 보는 사람은 눈, 코, 입—하나의 얼굴을 다른 얼굴과 가장 효과적으로 구별해 주는 특징—에 고정을 많이 한다. 로프터스와 맥워스(Loftus & Mackworth, 1978)는 고정과 그림 정보의 관계를 보여 주기 위해 어떤 배경 맥락 속에 특이하거나 특이하지 않은 대상이 들어 있는 사진을 제시했다. 예를 들면 한 관찰자에게는 농장에 트랙터가 있는 사진을 보여 주고, 다른 관찰자에게는 똑같은 농장 사진인데 트랙터 대신 낙지가 있는 사진을 보여 주었다. 안구 고정은 평범한 대상(트랙터)보다는 특이한 대상(낙지)에 더 빨리 더 자주 주어졌다. (비교를 위해 2명의 다른 관찰자는 다른 그림을 보게 했다. 하나는 물속에 낙지가 있는 그림이고, 또 하나는 물속에 트랙터가 있는 그림이었다. 여기서는 트랙터가 특이한 대상이고 낙지는 평범한 대상이다.)

흉기 초점

안구 운동 연구가 유용한 분야는 **흉기 초점**weapon focus인데, 흉기 초점은 범죄 현장 속의 흉기에 주의를 집중하는 것이다. 무장 범죄의 희생자들은 흉기에 대해 상당히 정확하게 설명할 수 있지만 그 장면의 다른 부분, 예를 들어 범인의 외모에 대해서는 거의 잘 모르는 일이 흔하다. 이것은 주의가 흉기에 우선적으로 집중됨을 시사한다. 실험실 연구도 이런 일화적 관찰을 재확인했다(Steblay, 1992 참조). 로프터스와 동료들(Loftus et al., 1987)은 슬라이드를 관찰자에게 보여 주면서 안구 운동을 기록했다. 슬라이드 중에는 어떤 사람이 평범한 대상(수표책)을 손에 들고 있는 사진과 위협적 물건(칼)을 손에 들고 있는 사진이 있었다. 대상이 평범하지 않고 위협적일 때 더 많은 안구 고정이 일어났다. 때문에 관찰자들은 위협적 물건이 나오는 슬라이드의 다른 부분, 예를 들어 칼을 들고 있는 사람의 얼굴은 나중에 정확하게 재인하지 못했다.

주의해야 할 것은 실험실 연구가 가끔 실제 상황에서 흉기가 주의를 끄는 힘을 과소평가한다는 것이다. 실제 상황에서나 실험실 상황에서나 흉기는 특이하며, 그래서 주의를 끌 것으로 기대된다. 그러나 실제 상황에서 흉기는 희생자의 당면 과제, 즉 생존과 관련되는 결정적 환경 정보라는 특징을 추가로 가지고 있다.

안구 운동 없는 지향적 주의

우리는 눈을 움직이지 않고 주의를 어떤 시각 자극에 향하게 할 수 있다. 한 실험에서 이것을 보여 주었는데, 관찰자는 어떤 대상이 언제 나타나는지를 탐지해야 했다. 매 시행마다 관찰자는 빈 스크린을 응시하고 이어서 순간적 단서(cue)를 보는데, 단서는 방향을 가리키는 작은 화살표로서 왼쪽 또는 오른쪽을 신호했다. 이어서 하나의 대상이 단서가 가리킨 곳에 제시되거나 또는 반대 위치에 제시된다. 단서와 대상 사이의 시간 간격은 매우 짧아서 관찰자는 안구를 이동할 수 없는데, 그럼에도 불구하고 관찰자는 단서가 지시한 위치에 나타난 대상을 더 빨리 탐지했다. 관찰자는 안구를 지시된 쪽으로 향하게 할 수는 없었지만 그 위치에 주의를 향하게 하는 것은 가능했다(Posner & Raichle, 1994).

위치 파악

이 장의 앞에서 사람들이 풀어야 하는 다양한 문제를 서술했다. 어떤 문제는 정보의 위치 파악과 관계가 있었다. 그런 것들 중 가장 중요한 것이 두 가지 있다. (1) 산만한 환경 속에서 자기의 길을 찾아가기(침대에서 부엌의 싱크대까지 어떤 것에도 부딪히지 않고 가려면 무엇이 필요한가 생각해 보기 바란다), (2) 대상을 손으로 잡기(펜을 손으로 잡기 위해 손가락을 자연스럽게 이동하려면 먼저 펜이 어디에 있는지를 알아야만 한다).

대상들이 환경 속 어디에 있는지를 알기 위해서는 먼저 대상을 배경과 구분하고, 또한 대상들을 서로 구별해야 한다. 그런 후에야 지각체계는 삼차원 세계 속에서 대상의 위치를 결정할 수 있다. 거기에는 대상과 관찰자 사이의 거리 및 대상들의 운동 패턴이 포함된다. 이 절에서는 그런 지각 능력을 하나씩 살펴보자.

대상의 분리

망막에 투사된 이미지는 다양한 밝기와 색채의 모자이크이다. 지각체계는 그 모자이크를 체제화하여 배경으로부터 돌출한 서로 분리된 대상들의 집합을 만든다. 게슈탈트 심리학자들은 이런 체제화에 큰 관심이 있었다(게슈탈트 심리학은 20세기 초 독일에서 시작되었음을 1장에서 설명했다). 게슈탈트 심리학자들은 대상 전체 혹은 형태를 지각하는 것의 중요성을 강조했으며, 우리가 대상을 체제화하는 방식을 설명하기 위해 여러 원리를 제안했다.

전경과 배경

지각적 체제화의 가장 기본적인 방식은 2~3개의 영역으로 나누어진 자극에 대해 어떤 부분은 전경으로 보고 나머지는 배경으로 보는 것이다. 전경(figure)으로 보이는 영역은 관심 대상을 포함하고 있으며, 그것은 배경(ground)보다 입체적으로 보이고 배경의 앞에 있는 것처럼 보인다. 그림 4.9a는 전경-배경 체제화가 모호할 수 있음을 보여 준다. 이 패턴에서는 아마도 한 쌍의 옆얼굴이 마주 보고 있는 것을 보거나 장식용 화병을 보게 될 것이다. 화병은 검은 배경에 희게 나타나는 반면, 얼굴은 흰 배경에 검게 나타난다. 이제 그림 4.9b를 보면 2개의 체제화가 번갈아 의식 속으로 들어올 것이다. 전경과 배경으로의 체제화는 당신의 마음속에 있는 것이지 자극 속에 있는 것이 아님을 보여 준다. 얼굴과 화병이 결코 동시에 나타나지 않음에 주목하라. 우리는 두 가지가 가능하다는 것을 알고 있으나 동시에 2개를 볼 수는 없다. 일반적으로 크기가 작은 영역일수록 전경으로 보이기 쉽다. 그림 4.9a, b, c에서 그것을 알 수 있다. 흰 영역이 작을 때는 화병을 보기가 용이하고 검은 영역이 작을 때는 얼굴을 보기가 용이하다(Weisstein & Wong, 1986). 이러한 전경-배경 원리는 단순한 자극에만 국한되지 않는다.

한 가지 강조하고 싶은 것은, 전경-배경 관계가 가장 두드러진 영역은 시각이지만 우리는 다른 감각에서도 전경-배경 관계를 지각할 수 있다는 것이다. 예를 들면 우리는 새의

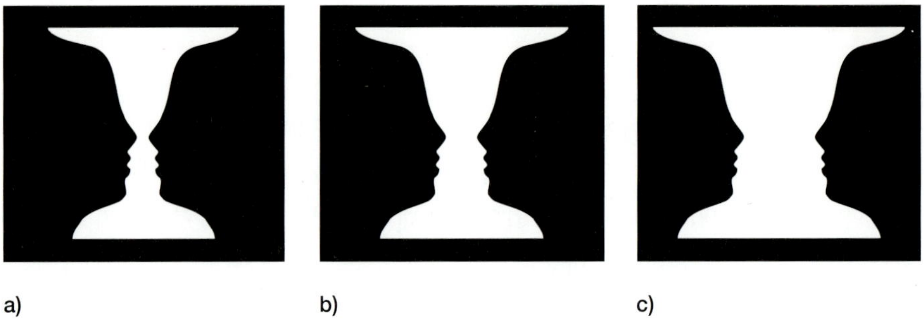

그림 4.9 **역전 가능한 전경과 배경.** 세 그림에서 흰 화병 하나와 한 쌍의 얼굴을 볼 수 있다. 두 가지 체제화가 모두 가능함을 알고 있더라도 동시에 두 가지를 모두 보는 것은 불가능하다. (a) 흰 영역이 좁을 때 화병을 보기가 좀 더 쉽다. (c) 검은 영역이 좁을 때 얼굴을 보기가 좀 더 쉽다.

울음소리를 야외의 잡음을 배경으로 하여 들을 수 있고, 바이올린이 연주하는 멜로디를 오케스트라의 하모니 속에서 분리하여 들을 수 있다.

대상의 집단화

우리는 배경의 앞에 있는 하나의 대상뿐만 아니라 특정하게 집단화되어 있는 대상들도 볼 수 있다. 단순한 점들의 패턴도 우리가 그것을 볼 때 집단을 구성한다. 그림 4.10a에서 점들의 행렬을 보라. 이 점들은 위와 아래로 동일한 간격을 이루고 있어서 가로로 또는 세로로, 심지어는 대각선으로 체제화되어 있는 것처럼 보일 수 있다. 그러므로 이것은 모호한 패턴으로서 그림 4.9에 예시된 것과 유사한 원리를 따르고 있다. 한 번에 단 하나의 체제화만을 볼 수 있으며, 적당한 시간 간격을 두고 하나의 체제화는 다른 체제화로 저절로 교체된다.

게슈탈트 심리학자들은 이런 점들의 패턴을 집단화하는 다수의 결정인자를 제안했다. 예를 들어 점들 사이의 수직 거리가 감소되면(그림 4.10b) 열이 잘 보이게 된다. 이는 근접에 의한 집단화(grouping by proximity)이다. 만약 점들 사이의 거리를 바꾸는 대신에 요소들의 색채나 모양을 변화시키면 유사성을 이용하여 점들을 체제화할 수 있을 것이다(그림 4.10c와 그림 4.10d). 만약에 점들을 이동하여 2개의 서로 교차하는 곡선을 만들면 우리는 좋은 연속으로 집단화를 하는 것이다(그림 4.10e). 만약 어떤 공간을 점선으로 둘러싼다면 우리는 폐쇄에 의한 집단화를 보게 될 것이다(그림 4.10f). 마지막 그림에서는 2개의 수직선 사이에 위치한 하나의 다이아몬드를 볼 수 있다. 물론 그 패턴은 2개의 익숙한 문자가 서로 포개진 것(M 위에 W)일 수도 있고 서로 마주 보는 것(보통의 K와 거울에 비친 K)일 수도 있다. 이것은 게슈탈트 집단화를 결정하는 요인의 강력한 속성을 보여 준다. 이러한 결정인자들이 주어진 패턴 안에서 가능한 한 가장 안정되고 일관성 있고 단순한 형태를 만들어 낸다.

시각적 집단화에 대한 현대의 연구는 게슈탈트 결정인자가 지각에 강한 영향력을 행사함을 보여 주었다. 예를 들면 일련의 연구에서 시각적 표적이 근접에 근거한 시각적 집단의 한 부분인 경우, 그것은 집단 밖에 홀로 위치한 동일한 자극보다 탐지하기가 어려웠다(Banks & Prinzmetal, 1976; Prinzmetal, 1981). 또 다른 연구에서 색채와 모양이 비표적(non-target)과 다른 표적은 그렇지 않은 표적에 비해서 탐지하기가 더 쉬웠다(Treisman, 1986). 비표적들 사이의 유사성도 중요한 효과를 나타낸다. 비표적들 사이의 유사성이 증가하면 표적을 발견하기가 쉬운데, 표적이 배경과 구별되는 하나의 전경으로 돌출하기 때문이다(Duncan & Humphreys, 1989). 마지막으로 게슈탈트 결정인자와 연합된 신뢰할 만한 착각이 있다. 사람들은 지각적 집단 내의 요소 간 거리가 서로 다른 집단에 속하는 요소 간 거리보다 더 가깝다고 판단한다(Coren & Girgus, 1980; Enns & Girgus, 1985). 이런 결과는 모두 시각적 집단화가 시각적 경험의 체제화에서 커다란 역할을 한다는 것을 보여 준다.

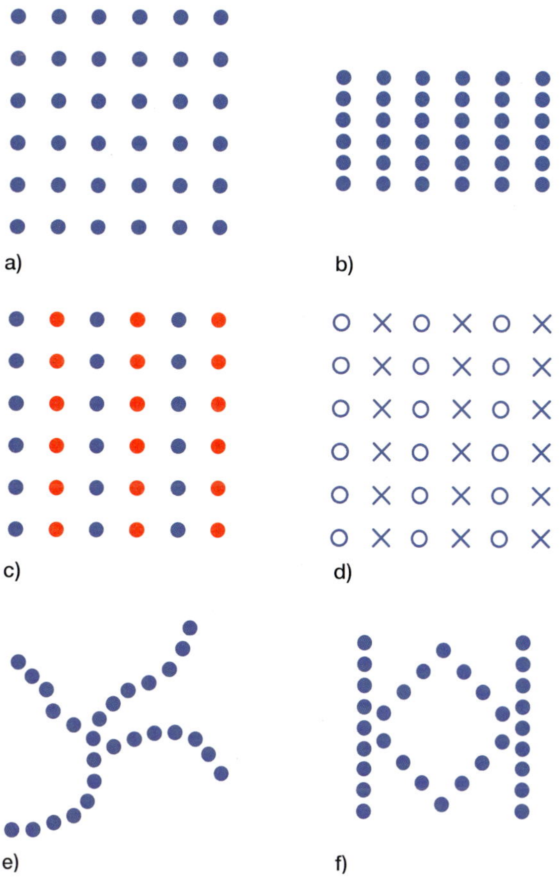

그림 4.10 집단화의 게슈탈트 결정인자. (a) 같은 간격의 점들은 행, 열, 대각선으로 보일 수 있다. (b) 근접에 의해 세로줄로 집단화. (c) 색채 유사성에 의해 세로줄로 집단화. (d) 모양 유사성에 의해 세로줄로 집단화. (e) 좋은 연속에 의한 집단화. (f) 폐쇄 또는 보간에 의한 집단화.

거리 지각

어떤 대상이 어디에 있는지 알기 위해 우리는 그것의 거리 또는 깊이를 알아야 한다. 대상의 깊이를 지각하는 데는 노력이 필요 없을 것 같지만 실제로 그것은 놀랄 만한 성취이다. 왜냐하면 우리는 깊이 차원을 직접 다룰 수가 없기 때문인데, 그래서 앞에서 배운 다대일 문제가 발생한다. 망막은 이차원 표면이며 거기에 삼차원 세계가 투사된다. 망막은 높이와 넓이는 직접 반영할 수 있지만 깊이 정보는 다룰 수 없다. 따라서 깊이는 **깊이 단서** depth cue라고 총칭되는 미묘한 정보에 근거하여 재구성되어야 한다. 깊이 단서는 논리적으로 또는 수학적으로 어떤 대상의 깊이에 관한 정보를 제공하는 여러 가지 시각 정보를 말한다.

양안단서

인간과 동물은 왜 1개가 아니라 2개의 눈을 가지고 있을까? 두 가지 이유가 있다. 물고기와 같은 동물들은 머리의 양쪽에 눈을 하나씩 가지고 있으며, 그것은 동물이 머리나 몸을 움직이지 않고 세상의 더 많은 부분을 보는 것을 도와준다. 인간을 포함한 다른 동물들은 머리의 앞쪽에 2개의 눈이 같은 방향을 향해 있다. 인간은 어떤 한 시점에서 물고기가 보는 것보다 좁은 세상을 보지만 두 눈을 사용하여 깊이를 지각한다. (한쪽 눈을 가리고 자동차의 조수석에 앉아 보라. 자동차가 정지와 주행을 반복하는 동안 매우 이상한 경험을 하게 되는데, 앞에 있는 자동차나 다른 대상들이 얼마나 가까운 곳에 있는지에 대한 감각이 평상시에 비해 훨씬 떨어지기 때문이다.)

두 눈이 협동하여 거리를 추론하는 능력은 두 눈이 서로 떨어져 있어서 각 눈이 동일한 장면을 약간 다르게 보기 때문이다. 이것을 확인하는 좋은 방법이 있다. 오른손 검지를 얼굴 가까이에 세우고, 먼저 왼쪽 눈으로 그것을 보고 이어서 오른쪽 눈으로 그것을 본다. **양안부등** binocular disparity은 각 눈에 보이는 장면의 차이를 가리킨다. 양안부등은 가까운 곳의 대상에 대해서 크고, 대상의 거리가 멀어지면 작아진다. 3~4m를 넘어서면 각 눈에 보이는 것의 차이가 아주 작아서 양안부등은 깊이 단서로서의 효력을 상실한다. 그러나 대상을 잡는다든지 장애물을 피해 간다든지 하는 대부분의 일상 과제에서 양안부등은 깊이의 강력한 단서이다.

양안시를 사용하는 인간과 다른 동물들에서 뇌의 시각 영역은 양안부등을 이용하여 다양한 공간상의 위치를 대상에 부여한다. 그것은 대상의 2개 이미지가 서로 얼마나 다른가에 따라서 결정된다. 당신의 얼굴 가까이에 세운 손가락의 두 이미지에 대한 경우처럼 두 이미지의 차이가 크면 뇌는 그 대상이 아주 가까이에 있다고 결론을 내린다.

일상적인 세계에서 깊이를 볼 수 있도록 도와주는 역할 이외에 양안부등은 실제로는 깊이가 없을 때에도 깊이를 보게끔 우리의 눈을 속인다. 하나의 방법은 입체경이라 불리는 도구를 사용하는 것이다. 입체경은 양 눈에 약간씩 서로 다른 사진을 보여 준다. 빅토리아 시대에 중산 가정의 거실을 당당히 차지했던 이 장치는 마치 오늘날의 와이드 스크린 TV와 같다. 그러나 입체경은 호기심을 자극하는 단순한 골동품이 아니다. 입체경에 사용되는 것과 똑같은 양안부등의 원리가 오늘날 색깔 필터 또는 편광 필터가 달린 안경을 쓰고 보는 삼차원 특수효과 영화에 사용되고 있다. 이런 안경은 한 이미지가 한쪽 눈에, 그리고 약간 다른 이미지가 다른 쪽 눈에 들어가게 해 준다.

단안단서

위에서 설명한 것처럼 양안단서의 사용은 비교적 가까이에 있는 대상에 국한된다. 그럼 멀리 떨어져 있는 대상—구름, 시가지 전경, 산맥—은 어떻게 할 것인가? 여기에 양안단서는 효과가 없으며, 단안단서라 불리는 다른 단서가 사용되어야 하는데, 시각체계의 과제가 분명하게 드러나지는 않는다. 궁극적으로는 시각체계가 어떤 결론에 도달하기 위해 환경 속의 가용한 정보를 이용해야 하는데, 이는 마치 살인자가 누구인지를 알아내기 위해 탐정이 가용한 증거를 수집해야 하는 것과 흡사하다. 그림 4.11은 5개의 단안단서를 예시하고 있다. 여기에 1개를 추가하여 6개의 단안단서를 아래에서 설명했다.

1. **상대적 크기** relative size. 한 이미지 속에 크기가 다르지만 모양이 비슷한 다수의 대상이 있으면 관찰자는 크기가 더 작은 대상이 더 멀리 떨어져 있다고 해석한다.
2. **중첩** interposition. 어떤 대상이 다른 대상을 시야에서 가리고 있으면 관찰자는 가리고 있는 대상이 더 가까이에 있는 것으로 해석한다.
3. **상대적 높이** relative height. 모양이 비슷한 대상 중에서 지평선에 가까이 있는 것이 더

그림 4.11 그림 속의 단안 거리 단서. 화가는 이차원 표면 위에 깊이를 그려 넣기 위해 단안 거리 단서의 일부 또는 전부를 조합하여 사용한다. 단안 거리 단서는 모두 자연 풍경 사진 속에 나타나며, 또한 우리 눈의 망막상에도 나타난다.

멀리 떨어져 있다고 지각한다.

4. **조망** perspective. 장면 속의 평행선이 이미지에서 한 점으로 수렴하면 그것들은 먼 곳에서 소실되는 것으로 지각된다.
5. **음영과 그림자** shading and shadow. 음영과 그림자의 형태는 대상의 깊이에 관한 정보를 제공한다. 그림자는 장면 속의 어떤 표면이 직사광선을 받지 못할 때 생긴다. 그 그림자가 빛을 차단한 동일한 대상의 일부분에 생기면 그것은 자기 그림자(attached shadow) 또는 단순히 음영이라 부른다. 만약에 그림자가 그림자를 던지는 대상에 속하지 않는 다른 표면에 떨어지면 그것은 투사 그림자(cast shadow)라 부른다. 두 종류의 그림자는 깊이 지각의 중요한 단서로 대상의 모양, 대상 간의 거리, 광원의 위치에 관한 정보를 준다(Coren et al., 1999).
6. **운동** motion. 당신이 빨리 움직이고 있을 때—고속 열차에 타고 있을 때—가까이에 있는 대상은 반대 방향으로 빠르게 움직이는 반면, 멀리에 있는 대상은 천천히 움직인다는 사실에 주목한 적이 있는가? 극도로 멀리 떨어져 있는 대상, 예를 들어 달은 전혀 움직이지 않는 것처럼 보인다. 대상이 움직이는 속도의 차이는 그것과 우리 사이의 거리에 대한 단서를 제공하며, 운동시차(motion parallax)라고 불린다.

운동 지각

앞의 단안단서 중 마지막 단서인 운동은 위치 파악을 포함하는 다음의 주요 주제로 우리를 안내한다. 우리가 환경 속에서 효과적으로 이동하기 위해서는 정지된 대상의 위치뿐만 아니라 운동 중인 대상의 경로에 대해서도 알아야 한다. 예를 들면, 우리는 한 블록 떨어진 곳에서 이쪽을 향해 달려오는 자동차가, 우리가 횡단보도를 건너기 전에는 횡단보도에 도달하지 않을 것임을 알 필요가 있다. 즉 우리는 운동을 지각할 수 있어야 한다.

가현운동

무엇이 우리로 하여금 운동을 지각하게 하는가? 가장 단순한 대답은 어떤 물체의 이미지가 우리의 망막에서 이동할 때 그 물체가 운동한다고 지각한다는 것이다. 그러나 이 대답은 상당히 단순하다는 것을 알 수 있는데, 망막에서 움직임이 없을 때도 우리는 운동을 지각할 수 있기 때문이다. 이 현상은 그림 4.12에 나타나 있는데 1912년에 베르트하이머(Wertheimer)에 의해 발견되었다. **가현운동** stroboscopic motion은 어둠 속에서 플래시 불빛을 어떤 곳에 한 번 비추었다 끄고, 아주 잠시 후에 이번에는 약간 옆에다가 불빛을 비추었다 끔으로써 아주 간단하게 만들어 낼 수 있다. 불빛은 한 장소에서 다른 장소로 이동한 것처럼 지각되며 실제의 운동과 구별되지 않는다.

베르트하이머의 가현운동을 학술적 성과로만 간주해서는 안 된다. 이 현상은 오늘날 엄청나게 많은 시각 디스플레이 기술에 대해 결정적 중요성을 가진다. 최고의 예는 우리가 영화에서 지각하는 운동인 가현운동이다. 영화는 대부분의 사람들이 알고 있는 것처럼 정지 사진(프레임이라고 함)의 연속이며, 각 사진은 앞의 사진과 약간 다르다. 프레임이 연속적으로 화면에 제시되는 동안 앞 프레임과 뒤 프레임의 차이는 운동으로 보이게 된다. 예를 들면 제임스 본드 영화에 출연한 대니얼 크레이그의 손의 위치는 프레임 간에 약간씩 차이가 있는데 이 차이가 운동—가현운동이 분명하지만 정상적인 그리고 연속적인 운동과 똑같이 지각되는 운동—으로 지각된다.

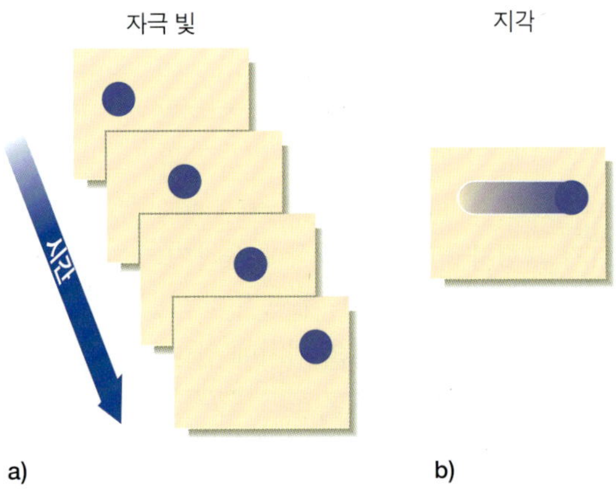

그림 4.12 가현운동. (a)에 보이는 일련의 정지 프레임을 적절한 시간 간격을 두고 제시하면 (b)와 같은 지각체가 생긴다. 정지 사진의 연속적 제시가 지속적 운동의 착시를 유발하는데, 이것이 영화, 비디오, TV에 나타나는 운동의 근거이다.

실제운동

물론 우리의 시각체계는 실제운동—공간상의 모든 중간점이 연속적인 운동—에도 민감하다. 그러나 일상 조건에서 그러한 운동을 분석하는 것은 매우 복잡하다. 망막상의 운동은 정지해 있는 대상에 대해 우리의 눈이 움직인 결과일 수도 있다(우리가 책을 읽고 있을 때 그런 일이 일어난다). 또한 망막상이 정지해 있지만 어떤 대상은 운동하는 것으로 보인다(우리의 눈이 날아가는 새를 따라갈 때). 그리고 망막상이 움직이고 있지만 어떤 대상은 정지해 있는 것으로 보여

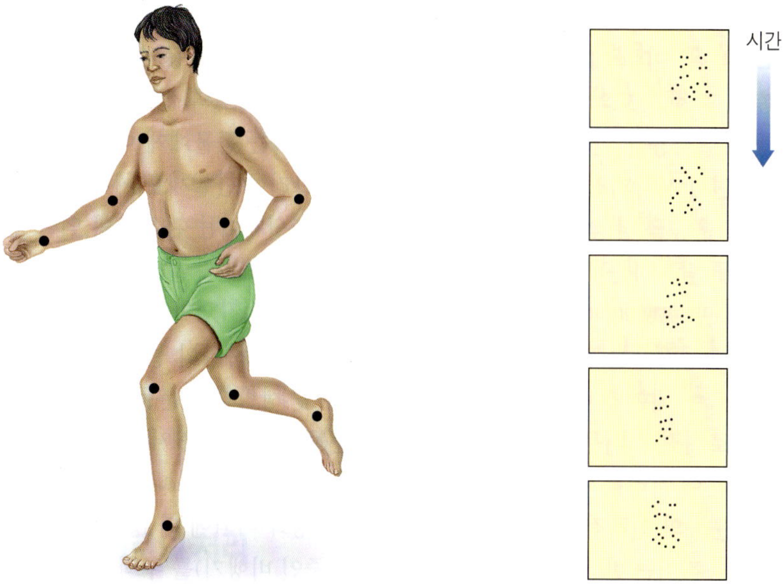

a) 인간의 운동 패턴을 연구하기 위해 사용된 디스플레이의 한 예이다. 전구가 부착된 부위가 표시되어 있다.

b) 춤추는 한 쌍의 커플에 의해 만들어진 운동 패턴의 순차적 제시.

그림 4.13 인간 운동의 패턴.

야 한다(우리의 눈이 나는 새를 추적하는 동안 배경은 망막 위를 이동한다).

따라서 우리의 운동 분석은 아주 상대적이다. 우리는 배경이 균일한 색이고 운동하는 대상만이 보일 때에 비해서(절대적 운동), 배경이 구조화되어 있을 때 대상의 운동을 훨씬 더 잘 탐지할 수 있다(**상대적 운동** relative motion). 상대적 운동의 어떤 패턴은 삼차원 대상의 모양과 정체를 파악하는 강력한 단서가 될 수 있다. 예를 들면 그림 4.13의 운동 자극에서는 단지 12개의 점만이 상대적으로 움직이고 있지만 관찰자는 그것을 어떤 사람의 활동으로 쉽게 알아볼 수 있다(Johansson et al., 1980). 이런 자극을 이용한 다른 연구에서 관찰자는 자신의 친구를 알아볼 수 있었으며, 발목에 부착된 전구만을 본 후에 그 모델이 남자였는지 여자였는지를 분간할 수 있었다(Cutting, 1986).

상대적 운동의 연구에서 또 하나의 중요한 현상은 **선택적 순응** selective adaptation이다. 이것은 운동을 지속적으로 관찰할 때 나타나는 운동에 대한 민감성의 상실이다. 순응은 상대적이라서 우리가 보고 있는 운동이나 그와 유사한 운동에 대해서는 민감성이 저하되지만, 방향과 속도가 매우 다른 자극에 대해서는 그렇지 않다. 만약에 우리가 위로 올라가는 가로줄들을 보고 있으면 상향운동에 대한 민감성은 떨어지지만 하향운동을 지각하는 능력은 영향을 받지 않는다(Sekuler, 1975). 다른 종류의 순응과 마찬가지로 우리는 보통 민감성의 저하를 자각하지는 못하지만 순응에 의한 잔효(殘效, 잔여 효과, after-effect)는 자각할 수 있다. 만약 폭포수를 2~3분간 바라보고 나서 그 옆의 언덕을 보면 언덕이 위로 올라가는 것처럼 보일 것이다. 대부분의 운동이 잔효를 산출하는데, 이는 원래의 운동 방향과 항상 반대 방향이다.

볼 때만큼 정확하게 대상을 재인할 수 있다(Biederman & Ju, 1988).

여기서도 시각 과정은 초기 단계와 후기 단계로 나누어진다. 초기 단계에는 시각체계가 망막상의 정보, 특히 강도의 차이를 이용하여 사물을 선, 모서리, 각 등과 같은 원시요소들의 집합으로 기술한다. 시각체계는 대상의 기술에 이러한 요소들을 사용한다. 후기 단계에서 시각체계는 이러한 기술을 시각 기억 속에 저장되어 있는 다양한 대상에 대한 기술과 비교하여 그중 가장 일치하는 것을 선택한다. 어떤 대상이 문자 B임을 재인하는 것은 그 대상의 모양이 다른 어떤 문자들보다도 B와 더 잘 일치하기 때문이다.

대뇌피질에 있는 특징탐지기

대상 지각의 원시특징에 관해 지금까지 알려진 많은 사실이 다른 종(고양이나 원숭이 등)을 대상으로 한 생물학적 연구에서 나왔으며, 시각피질 속 세포 하나하나의 활동을 기록하는 방식이 사용되었다. 이런 연구는 특정 피질 뉴런과 연합된 망막 부위에 여러 자극을 제시했을 때 그 뉴런이 어떻게 반응하는지를 조사한다. 그런 망막 영역을 수용야(receptive field)라고 한다.

이러한 단일세포 연구의 선구자는 허블과 비셀(Hubel & Wiesel, 1968)이며 그들의 연구는 1981년에 노벨상을 받았다. 허블과 비셀은 세 종류의 세포를 시각피질에서 발견했다. 그것들이 반응하는 특징은 서로 달랐다. **단순세포** simple cell는 특정 방향의 직선 모양 자극(가느다란 막대 모양의 자극 또는 흑백이 인접한 곳에 생기는 모서리)이 수용야의 특정 위치에 제시되었을 때 반응한다. **복합세포** complex cell도 특정 방향의 막대나 모서리에 반응하지만 자극이 수용야 내의 특정 위치에 정지해 있어야 할 필요는 없다. 복합세포는 자극이 수용야를 가로질러 움직일 때 계속 반응한다. **초복합세포** hypercomplex cell는 자극이 특정한 방향일 것을 요구할 뿐만 아니라 특정한 길이일 것도 요구한다. 만약에 어떤 자극이 최적보다 길다면 반응은 감소하고 완전히 정지할 것이다. 허블과 비셀의 최초 보고 이후 연구자들은 막대와 모서리 이외의 특징에 반응하는 세포를 찾아냈다. 예를 들면 일정한 길이를 가진 구석이나 각에 반응하는 초복합세포도 있다(DeValois & DeValois, 1980; Shapley & Lennie, 1985).

이러한 모든 세포를 특징탐지기라 지칭한다. 이러한 탐지기들이 반응하는 모서리, 막대, 구석, 각 등은 여러 형태를 다루는 데 사용될 수 있기 때문에 특징탐지기는 형태 지각의 기본 요소로 간주될 수 있다. 나중에 설명하겠지만, 이런 주장은 책상이나 호랑이 같은 복잡한 형태보다는 문자와 같은 단순한 모양에 대해 잘 들어맞는다.

특징 사이의 관계

형태의 특징보다는 형태의 기술이 더 중요하다. 특징 사이의 관계가 명시되어야 하기 때문이다. 특징 사이의 관계가 중요한 이유는 그림 4.17에서 볼 수 있는데, 직각이라는 특징과 사선이라는 특징이 일정하게 결합되어야만 삼각형이 만들어질 수 있다. 마찬가지로 하나의 Y 형태와 하나의 육각 형태가 특정한 방식으로 연결되어야 하나의 육면체 도형이 만들어진다. 게슈탈트 심리학자들은 특징들 간의 이러한 관계를 강조하여 '전체는 부분의 합과 같지 않다'고 주장했다.

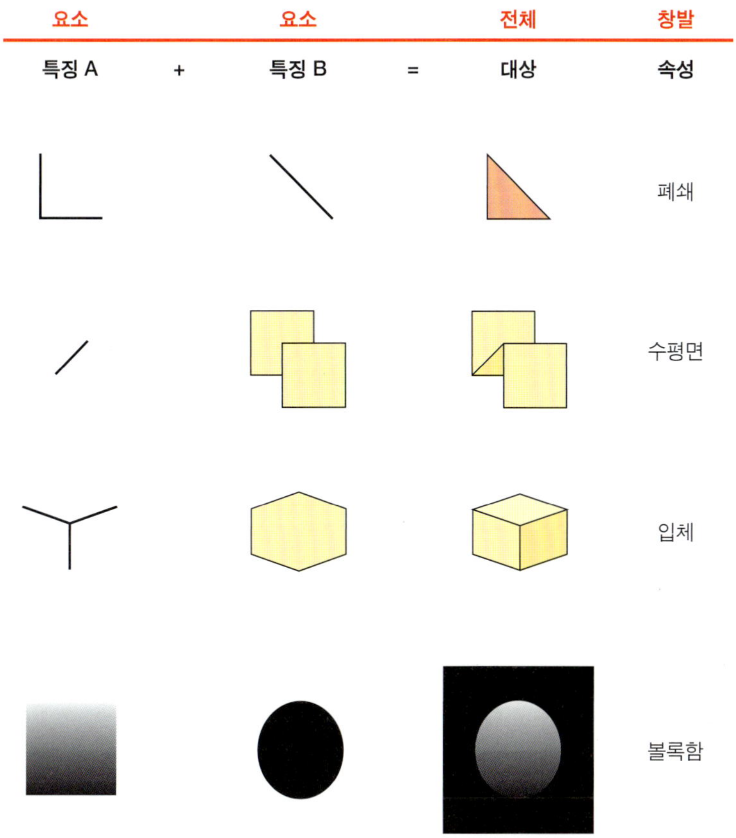

그림 4.17 특징 사이의 관계. 선, 각, 모양 등의 단순한 이차원 특징들이 결합될 때, 그 결과로 생기는 패턴은 구성 특징들 사이의 공간 관계에 극도로 의존한다. 뿐만 아니라 새로운 특징이 만들어진다. 이러한 창발적 특징은 비록 복잡한 공간 관계에 근거하고 있지만 지각적 현실성을 가진다.

전체가 특별한 이유 중 하나는 그것이 구성요소를 조사하는 것만으로는 이해될 수 없는 새로운 지각 특징을 만들어 내기 때문이다. 그림 4.17은 4개의 **창발적 특징** emergent feature을 보여 주는데, 이는 다른 여러 특징의 전체적 배치 때문에 존재할 수 있는 것이다. 창발적 특징은 많은 기본적 특징의 특정한 공간 관계에 기인하지만, 표적탐지나 시각탐색과 같은 지각 과제에서는 마치 아주 단순한 하나의 특징처럼 작용한다(Enns & Resnick, 1990; Enns & Prinzmetal, 1984; He & Nakayama, 1992). 이러한 결과는 시각체계가 형태를 매우 정교하게 분석하지만 분석 결과는 나중에야 의식 가능하다는 것을 말해 준다.

자연물의 재인과 하향 처리

우리는 문자와 단어의 재인에 대해 이제 상당히 많은 것을 알게 되었다. 그렇다면 좀 더 자연적인 대상(동물, 식물, 인간, 가구, 의류)에 대해서는 어떠한가? 이 절에서는 그러한 대상이 어떻게 재인되는지 살펴볼 것이다.

자연물의 특징

자연물의 형태적 특징은 직선이나 곡선보다 복잡하며 단순한 기하학적 형태에 더 가깝다. 이런 특징은 서로 결합하여 어떤 재인 가능한 대상의 모양을 형성할 수 있다(마치 직선이나 곡선이 결합하여 어떤 문자를 형성하는 것처럼 말이다). 대상특징은 비교적 원시적인 특징, 예를 들면 직선이나 곡선과 같은 특징에 의해서 구성되거나 결정될 수 있는 것이어야 한다. 앞에서 지적한 것처럼 원시특징은 재인의 초기 단계에 시스템이 가용할 수 있는 유일한 정보이기 때문이다.

성분재인(recognition-by-component, RBC)은 어빙 비더먼에 의해 제안된 **대상 재인** object recognition 이론이다. 인기가 높지만 논란도 많다. 이 이론에 의하면 대상특징에는 원호, 원통, 원뿔, 블럭, 쐐기 등과 같은 수많은 기하학적 형태가 포함된다(그림 4.18a 참조). 이러한 특징을 **지온** geon('geometric ion'의 준말)이라 하며 비더먼(Biederman, 1987)에 의해 제안되었다. 모두 36개의 지온이 있으며 일부가 그림 4.18a에 제시되어 있다. 지온은 몇 개의 공간 관계에 따라 조합되며, 그것만으로 인간이 재인할 수 있는 모든 대상 형태를 충분히 기술할 수 있다. 이 점을 음미해 보기 위해 그림 4.18b와 같이 2개의 지온을 조합하여 하나의 대상을 만들어 보라. 2개의 지온을 결합하여 만들 수 있는 대상의 수는 36×36=1,296이다. 마찬가지로 3개의 지온으로 조합 가능한 대상의 수는 36×36×36=46,656이다. 2~3개의 지온만 있으면 5만 개의 대상을 만들 수 있는데, 우리는 4개 또는 그 이상의 지온도 조합할 수 있다. 또한 그림 4.18a에 있는 지온은 원시특징만 가지고도 구분이 가능하다. 예를 들어 그림 4.18a의 지온 2(육면체)가 지온 3(원통)과 다른 점은, 육면체에는 직선 모서리가 있지만 원통에는 곡선 모서리가 있다는 것이다. 직선 모서리와 원통 모서리는 원시특징이다.

a) 지온 b) 대상

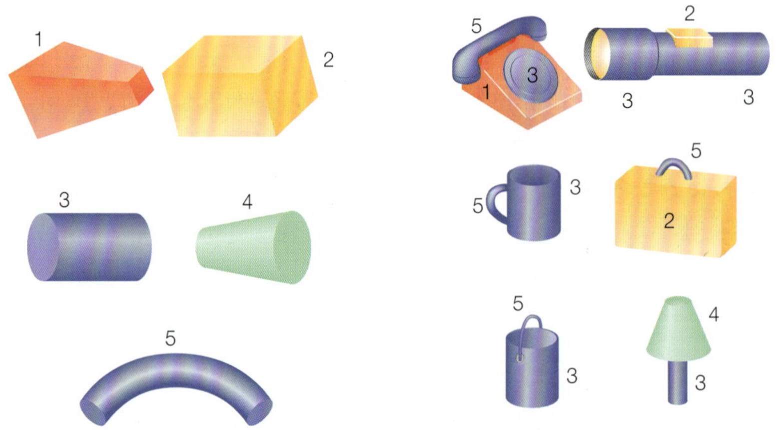

사각뿔, 육면체, 원통, 원뿔, 원호는 복잡한 대상을 구성하는 특징이다.

특징(지온)이 조합되면 자연물이 된다. 원호(지온 5)가 원통(지온 3)의 옆에 연결되면 컵이 되고, 위에 연결되면 양동이가 된다.

그림 4.18 자연물의 특징(지온) 집합.

지온이 특징이라는 증거는 관찰자에게 대상을 순간적으로 제시하고 그것을 재인하게 하는 실험에서 나온다. 일반적으로 대상 재인은 지온이 얼마나 쉽게 지각될 수 있는가에 의해 영향을 받는다. 한 연구에서는 대상의 모양을 일부 삭제했는데, 삭제에 의해 지온의 복구가 불가능한 경우(그림 4.19의 오른쪽 열)와 그렇지 않은 경우(그림 4.19의 중간 열)를 비교했다. 대상 재인은 지온을 방해하지 않았을 때 더 좋았다.

대상의 기술은 그 특징만이 아니고 특징들 사이의 관계도 포함하는 것이 보통이다. 이것은 그림 4.18b에서도 분명하다. 원호가 원통의 옆에 연결되면 컵이 된다. 원호가 원통의 위에 연결되면 양동이가 된다. 일단 대상의 모양에 대한 기술이 완료되면 그것을 기억 속의 지온 기술과 비교하여 어느 것이 최선의 일치인지를 찾게 된다. 이러한 대조 과정은 앞에서 문자와 단어에 대해 설명한 과정과 비슷하다(Hummel & Biederman, 1992).

그림 4.19 대상 재인과 지온의 복구. 대상 재인 실험에 사용된 그림으로 왼쪽 열은 손상되지 않은 원래의 대상이다. 중간 열은 대상의 여러 부분이 삭제되었으나 지온의 복구가 가능하다. 오른쪽 열은 지온의 복구가 가능하지 않도록 여러 부분을 삭제한 대상이다. 오른쪽 열의 그림보다 중간 열의 그림에 대한 재인이 좋았다.

맥락의 중요성

지각에서 중요한 구분 중 하나로 앞에서 언급했던 것이 상향 과정과 하향 과정의 구분이다. **상향 과정**bottom-up process은 입력—원시적 감각 데이터—에 의해 구동되는 반면, **하향 과정**top-down process은 개인의 지식, 경험, 주의, 기대 등에 의해 구동된다. 대상의 형태를 지온에 의해서만 재인하는 것은 상향 과정이다. 관찰자는 원시특징에서부터 시작하여 입력의 지온 구성을 결정하고, 그것을 기억 속에 저장된 형태 기술과 비교한다. 반면에 어떤 대상이 밤중에 침대 곁에 있다는 사실에 의존하여 램프를 재인하는 경우는 하향 과정을 포함한다. 모양에 관한 입력 이외에 다른 정보가 사용된다. 지금까지 이 장에서 다루어 온 과정의 대부분은 상향적이지만 하향 과정 또한 대상 지각에서 주요한 역할을 한다.

하향 과정은 기대라는 형식으로 작용하는데, 맥락이 대상과 사람의 지각에 미치는 강력한 효과의 근저에 그것이 있다. 당신이 화학 실험실의 동료인 사라를 매주 화요일 오후 3시에 본다면, 그녀가 실험실에 들어올 때 당신은 거의 그녀를 바라볼 필요조차 없을 것이다. 당신의 사전 지식이 강력한 기대를 이끌어 낼 것이며, 재인을 위해 당신에게 필요한 입력은 아주 적을 것이다. 그러나 사라가 크리스마스 휴가에 갑자기 당신의 동네에 나타난다면 당신은 그녀를 알아보는 데 어려움이 있을 것이다. 그녀는 맥락에서 벗어나 있는 것이다. 당신의 기대는 어긋나고 당신은 그녀를 재인하기 위해 강도 높은 상향 처리에 의존해야 한다. 이 예가 분명히 말하는 것처럼, 맥락이 적절할 때(즉 맥락이 입력될 대상을 예측할 때)는 지각을 촉진한다. 맥락이 부적절하면 지각은 방해를 받는다.

물체 지각에서 맥락의 역할에 대한 실험적 증거는 **의미점화**(semantic priming) 연구에서 나왔다. 표적 자극(예: DOCTOR)을 제시하기에 앞서서 점화 자극이 제시되는데, 점화 자극은 표적 자극과 의미적 관계가 있거나(예: NURSE) 없었다(예: CHAIR). 연구 결과는, 자극으로 그림을 사용하건 단어를 사용하건 관계없이 의미적 관계가 있는 점화 자극이 먼저 제시될 때 표적 자극의 파악이 더 빠르고 기억도 더 정확했다(예: Palmer, 1975; Reinitz et al., 1989).

맥락 효과는 자극 대상이 모호하거나 둘 이상의 방식으로 지각될 수 있을 때 특히 인상적이다. 그림 4.20의 모호한 그림은 늙은 여자 또는 젊은 여자의 옆얼굴로 지각될 수 있다. 당신이 그림의 젊은 여자와 닮은 얼굴을 먼저 보고 있었다면(다시 말해 젊은 여성이 맥락이었다면) 당신은 그 그림 속의 얼굴을 젊은 여자로 보게 될 것이다. 이러한 시간적 맥락 효과는 그림 4.21의 그림에도 나타난다. 만화를 보는 방식으로 그림을 왼쪽에서 오른쪽으로, 위에서 아래 방향으로 보라. 중간 부분의 그림은 모호하다. 방금 말한 방식대로 그림을 보았다면 중간의 그림은 남자 얼굴로 보였을 것이다. 만약 반대 순서로 그림을 보았다면 중간의 모호한 그림은 젊은 여성으로 보였을 것이다.

그림 4.20 모호한 자극. 젊은 여자 또는 늙은 여자로 보이는 모호한 그림. 대부분의 사람들은 먼저 늙은 여자를 본다. 젊은 여자는 고개를 오른쪽으로 돌리고 있다. 그녀의 턱은 늙은 여자의 코, 목걸이는 늙은 여자의 입이다.

맥락 효과와 하향 처리는 문자와 단어에 대해서도 일어나며, 독서의 중요한 부분이다. 우리가 책을 읽을 때 안구를 고정하는 위치와 시간은 내용에 대해 우리가 아는 정도, 즉 우리가 가동할 수 있는 하향 처리의 양에 의해 크게 영향을 받는다. 내용이 친숙하지 않은 경우에는 하향 처리가 매우 적다. 그러한 경우에 우리의 눈은 a, of, the 등의 기능어를 제외한 모든 단어에 한 번씩 고정된다. 내용이 친숙한 경우에는 그것과 관련되는 사전 지식을 불러올 수 있으며, 우리 눈의 고정 시간은 더 짧아지고 고정과 고정 간의 간격은 더 넓어진다(Just & Carpenter, 1980; Rayner, 1978).

하향 처리는 입력이 부족하거나 열악한 경우에는 맥락 없이도 일어난다. 친구의 아파트에서 어두운 부엌에 들어갔다가 구석에서 작고 검은 대상을 보았다고 하자. 당신은 아마 그것이 친구의 고양이일 것이라고 생각하지만 지각 입력이 너무 부족하

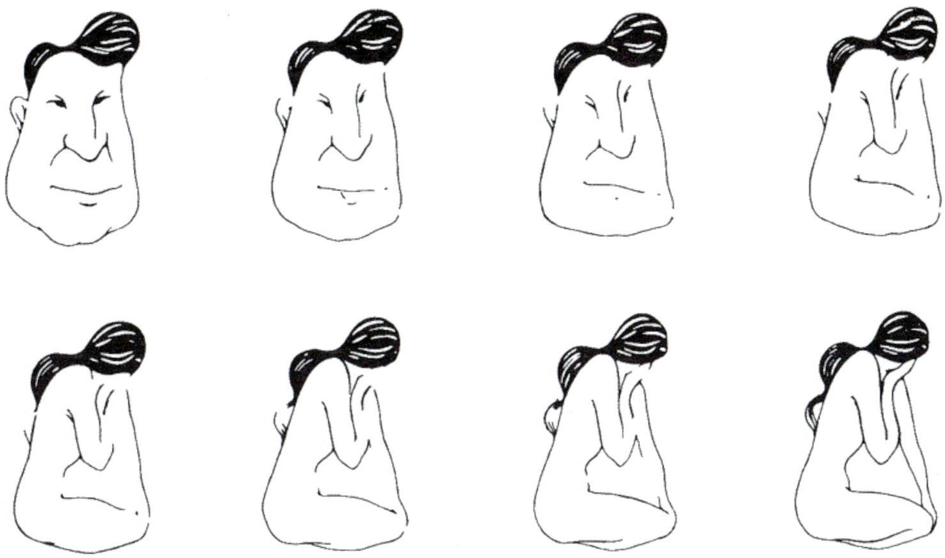

그림 4.21 시간적 맥락 효과. 무엇을 보게 되느냐는 그림을 보는 순서에 의해 결정된다. 왼쪽 위에서부터 시작하면 중간의 그림은 남자 얼굴로 보일 것이다. 다시 말해 처음에 지각한 것이 지속된다.

여 확신이 서지 않는다. 그래서 당신은 고양이의 어떤 특징, 예를 들어 꼬리를 생각해 내고 대상의 특정 부분을 주목하여 보게 된다(Kosslyn & Koenig, 1992). 이것이 하향 처리인데, 이는 특정한 지식—고양이는 꼬리를 가지고 있다—을 사용하여 기대를 생성하고, 그 기대는 시각 입력과 결합된다. 이런 상황은 일상생활에서 흔하다. 그러나 때때로 입력이 너무 열악하면 우리의 기대가 벗어날 수 있다. 그래서 부엌에서 고양이라고 생각했던 것이 사실은 친구의 핸드백임을 알게 되는 일도 드물지 않은 것이다.

하향 처리가 유용한 이유 중 하나는 어떤 물체가 어떤 상황에서 나타나는지를 제한해 주기 때문이다. 예를 들면 부엌 안의 식빵 덩어리를 우편함으로 오해하지 않는다. 우리는 식빵은 부엌에 있을 수 있지만 우편함은 그럴 수 없다는 것을 알고 있기 때문이다. 마찬가지로 우리는 사람들이 말하는 소리를 들을 때 그들의 입술을 볼 수 있으면 말소리를 더 정확하게 알아듣는다. 왜냐하면 우리는 특정한 입술 모양이 특정한 말소리와 연결된다는 것을 이미 알고 있기 때문이다(예: Sams et al., 1991). 그러나 바로 이런 과정이 때때로 착각을 가져오고, 우리는 지각이 기대에 의해 왜곡될 수 있음을 알게 된다. 하나의 흥미로운 예는 **맥거크 효과** McGurk effect인데, 이는 청각 정보와 시각 정보가 충돌할 때 일어난다(McGurk & MacDonald, 1976). 실험은 이렇다. 참가자는 어떤 사람이 말하고 있는 것을 녹화한 비디오클립을 보고 있다. 그런데 말하는 사람의 입술 모양은 'ga-ga'이고 들리는 말소리는 'ba-ba'이다. 2개의 정보가 갈등하고 있다. 왜냐하면 입술을 일단 다물지 않고서는 'ba-ba'라고 발음할 수 없다는 것을 이미 알고 있는데, 화면 속 인물의 입술 모양은 'ga-ga'를 발음하고 있기 때문이다. 'ga-ga'를 발음할 때는 입술이 전혀 닫히지 않는다. 이렇게 갈등적인 두 정보의 통합은 놀랍게도 'da-da'라는 지각을 가져온다. 즉 관찰자는 시각 정보와 청각 정보를 통합하여 기대와는 완전히 다른 착각적 결과를 산출한다.

하향 처리로 인한 지각적 왜곡은 때로 비극으로 이어진다. 1996년에 뉴욕 경찰은 아마두 디알로라는 아프리카인을 집 앞까지 추적했다. 경찰이 신분증을 요구하는 것으로 생각하고 디알로가 주머니에서 지갑을 꺼내는 순간 경찰관들이 일제 총격을 가하여 그는 즉사했다. 경찰관들은 그가 총을 빼려 했다고 생각했다. 이러한 비극적 사건이 계기가 되어 심리학자들은 오지각을 연구하기 위한 비디오게임 방식의 실험을 개발했다. 실험 참가자들은 화면에 나타난 사람이 총을 뽑으면 그를 쏘아야 하지만 무해한 물체를 휘두른다면 쏘아서는 안 되었다. 연구 결과는 스테레오타입이 과제 수행에 강한 영향을 준다는 것을 거듭 보여 주었다. 실험 참가자들은 화면 속의 인물이 무해한 물체를 휘두르는 경우, 그가 백인일 때보다 유색인일 때 발포하는 경향이 더 많았다(예: Correll et al., 2002; Dasgupta et al., 2000). 이런 모의실험은 잠재적 편견에 빠지지 않도록 경찰관을 훈련하는 데 효과가 있었다.

재인의 실패

대상 재인은 자동적이고 너무도 쉬운 일이라서 우리는 그것을 당연한 것으로 여기지만 그 과정은 때때로 붕괴될 수 있다. 보통 사람들의 경우에 단순한 상황(예: 착각결합) 또는 더 복잡한 상황(예: 텐트를 곰으로 오인하는 일)에서 재인이 오류를 일으킬 수 있다. 사고 또는 뇌졸중으로 인한 뇌 손상자의 경우, 상습적으로 재인에 실패한다. 재인의 붕괴 또는 장애를 **실인증** agnosia이라 한다.

특별히 흥미를 끄는 실인증으로 **연합실인증** associative agnosia이라는 것이 있다. 이 증상을 가진 환자들은 측두엽에 손상이 있는데, 시각적으로 제시된 사물에 대해서만 재인에 어려움이 있다. 예를 들어 환자에게 사진으로 빗을 보여 주면 그것이 무엇인지 말하지 못하지만, 그것을 손으로 만져 보게 하면 빗이라고 말할 수 있다. 이러한 장애가 다음의 사례 보고에 잘 나타나 있다.

> 처음 3주간 병원에서 환자는 시각적으로 제시된 일상 사물을 알아보지 못했다. 식판 위에 있는 것이 무엇인지 맛을 보기 전에는 알지 못했다. 그는 사물을 만져 봄으로써 인식할 수 있었다. 청진기를 보여 주었을 때 그는 '끝에 둥근 것이 달린 길다란 줄'이라고 묘사하면서 시계가 아니냐고 반문했다. 그는 병따개를 보면서 '열쇠인 것 같다'고 말했다. 라이터를 보여 주니 '모르겠다'고 대답했다. 칫솔을 보여 주었을 때도 '자신이 없다'고 말했다. 빗에 대해서도 그는 '모르겠다'고 말했다. 파이프에 대해서는 '가정용품 같은데 잘 모르겠다'고 했다. 열쇠에 대해서는 '잘 모르겠다, 아마도 줄이나 어떤 도구인 것 같다'고 했다. (Reubens & Benson, 1971)

연합실인증은 대상 재인의 어떤 면에 이상이 생긴 것일까? 연합실인증 환자들은 재인 이외의 다른 시각적 과제(대상을 그림으로 그리거나 2개의 그림이 같은지 판단하기)는 잘 하기 때문에, 문제점은 재인의 후기 단계, 즉 입력 대상을 저장되어 있는 대상의 기술과 비교하는 단계에 있을 가능성이 크다. 하나의 가능성은 저장되어 있는 대상 기술이 상실되었거나 잘못된 경우이다(Damasio, 1985).

연합실인증 환자는 어떤 범주는 재인하지만 다른 범주는 재인하지 못한다. 이러한 범주 의존적 장애는 상당히 흥미로운데, 그 이유는 정상적인 재인의 작동 방식에 대해 새로운 것을 알려 주기 때문이다. 가장 빈번한 유형은 얼굴을 재인하는 능력의 손상, 즉 안면실인증이다. 이런 장애는 전형적으로 우반구 선조외 시각피질이 손상된 결과이지만(때로는 좌반구의 동일한 영역이 손상되어 발생하기도 한다) 선천적으로 안면실인증인 경우도 보고되어 있다. 다음의 사례 보고는 이런 장애를 잘 보여 준다.

> 그는 의사를 알아보지 못했다. "당신의 흰 가운을 보니 당신은 의사군요. 그러나 나는 당신이 누구인지는 모르겠습니다. 당신의 목소리를 들으면 알 것입니다." 그는 자신의 아내도 알아보지 못했다. 그는 처칠, 히틀러, 마릴린 먼로의 사진도 알아보지 못했다. 그런 사진을 보여 주면 그는 연역 추론적 방식으로 행동했는데, 대답을 하는 데 도움이 될 만한 특징을 사진에서 찾으려고 했다. (Pallis, 1955)

범주적 손상의 두 번째 유형은 단어를 재인하는 능력의 손상, 즉 순수실독증(pure alexia)으로, 이는 좌측 후두엽의 손상에 의해 발생한다. 이러한 장애를 가진 환자는 사물이나 얼굴을 알아보는 데에는 전혀 어려움이 없다. 심지어 개개의 문자를 알아볼 수도 있다. 그러나 시각적으로 제시된 단어는 재인하지 못한다. 단어를 보여 주면 문자를 하나씩 읽으려고 한다. 아주 쉬운 단어를 재인하는 데 10초 이상 걸릴 수 있다. 재인에 필요한 시간은 단어 속에 포함된 문자의 수에 따라 증가한다(Bub et al., 1989).

범주 의존적 손상의 또 다른 유형은 동물이나 식물과 같은 살아 있는 생물을 재인하는 능력의 손상이다. 아주 드물기는 하지만 가정용 도구와 같은 무생물을 재인하지 못하는 환자도 있다(Warrington & Shallice, 1984).

범주 의존적 손상에 대한 설명 중 어떤 것은 정상적 재인에 대해 시사하는 바가 있다. 가설의 하나는 정상적 재인 시스템이 여러 부류의 대상을 중심으로 조직화되어 있으며—얼굴을 위한 하위 시스템, 단어를 위한 하위 시스템, 동물을 위한 하위 시스템 등—이 하위 시스템은 뇌의 서로 다른 곳에 위치해 있다는 것이다. 특정 부위에 뇌 손상이 있는 환자는 어떤 시스템의 장애를 나타내지만 다른 시스템의 장애는 없다. 예를 들면 우반구 특정 부위의 손상은 얼굴 재인을 위한 하위 시스템만 파괴하고 다른 하위 시스템에는 영향을 주지 않을 수 있다(Damasio, 1990; Farah, 1990).

추상화

그림 4.22의 두 그림을 보라. 둘 다 컴퓨터의 그림 그리기 프로그램을 사용하여 만들었다. 왼쪽의 얼굴은 프리핸드로 그렸다. 오른쪽은 왼쪽 그림을 프로그램의 원 그리기와 선 그리기 도구를 이용하여 그렸다. 왼쪽 그림이 비교적 많은 세부 묘사를 포함하고 있지만 둘 다 똑같은 인상(약간 당혹스러워 하는 표정)을 담고 있다.

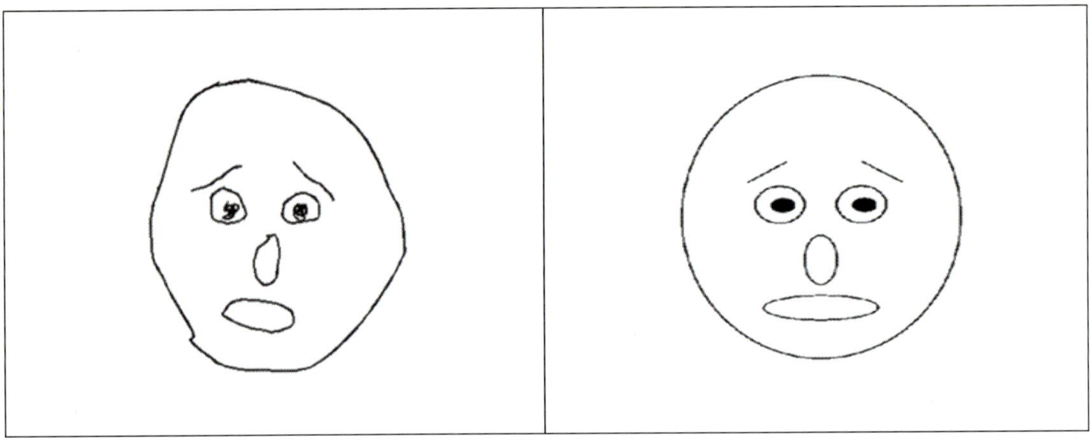

그림 4.22 추상화의 과정. 똑같이 슬픈 표정의 두 얼굴. 왼쪽은 프리핸드로 그린 것이고, 오른쪽은 타원과 직선 같은 추상화 도구로 그린 것이다. 왼쪽은 오른쪽보다 상당히 많은 디스크 공간을 필요로 하는데, 이것은 추상화가 시각 처리 장치(생물학적 시각체계도 그중 하나임)가 가져야 하는 덕목 중 하나임을 예시한다.

이 2개의 얼굴 그림을 파일로 저장하면 원래의 프리핸드로 그린 것은 30,720바이트가 필요하지만 '추상화된' 얼굴은 902바이트만 필요하다. 무려 97%가 절약된다. 분명한 것은, 대상 그 자체의 실제 표상이 아니라 추상화abstraction된 대상을 지각하고 기억 속에 저장하는 것이 여러 가지 면에서 더 효율적이라는 것이다. 앞에서 보았던 것처럼 대상 재인은 '그림 그리기 프로그램'을 사용하여 대상을 구성하는 과정으로 생각할 수 있다. 이 경우 원시요소에 해당하는 것은 지온이다.

실생활의 대상 지각이 이런 방식으로 도식화된다는 것을 보여 주는 하나의 예를 살펴보자. 카마이클과 동료들(Carmichael et al., 1932)은 그림 4.23에 있는 것같이 모호한 자극(가운데 열의 '자극 그림')을 명칭(label)과 함께 제시했다. 명칭은 관찰자들에게 그들이 보고 있는 것이 무엇인지를 말해 주는 데 사용되었다. 예를 들어 가운데 열 맨 위의 자극을 보여 주면서 어떤 관찰자들에게는 그들이 보고 있는 것이 '창문의 커튼'이라고 말해 주었으며, 또 다른 사람들에게는 그들이 보고 있는 것이 '사각형 속에 있는 다이아몬드'라고 말해 주었다. 나중에 관찰자들에게 본 것을 재생하라고 요구했다. 그림 4.23의 왼쪽 열과 오른쪽 열에 재생의 예가 나와 있다. 여기서 알 수 있듯이 사람들이 지각하고 기억에 저장한 것은 그들이 보고 있다고 생각한 것에 아주 잘 대응했다.

지각 항등성

극장에 갔을 때 때때로 짜증이 나는 일이지만, 가운데 좌석이 모두 사람들로 차 있어서 가장자리의 외진 곳에 앉을 수밖에 없는 상황이 있다. 그러나 영화가 시작되면 좌석 위치에 대해서는 잊어버리고 영화의 줄거리, 등장인물, 특수효과에 몰입하게 된다. 영화의 시각적 측면이 모두 완전히 정상적으로 보인다—그러나 실제로는 그렇지 않다. 중앙에서 멀

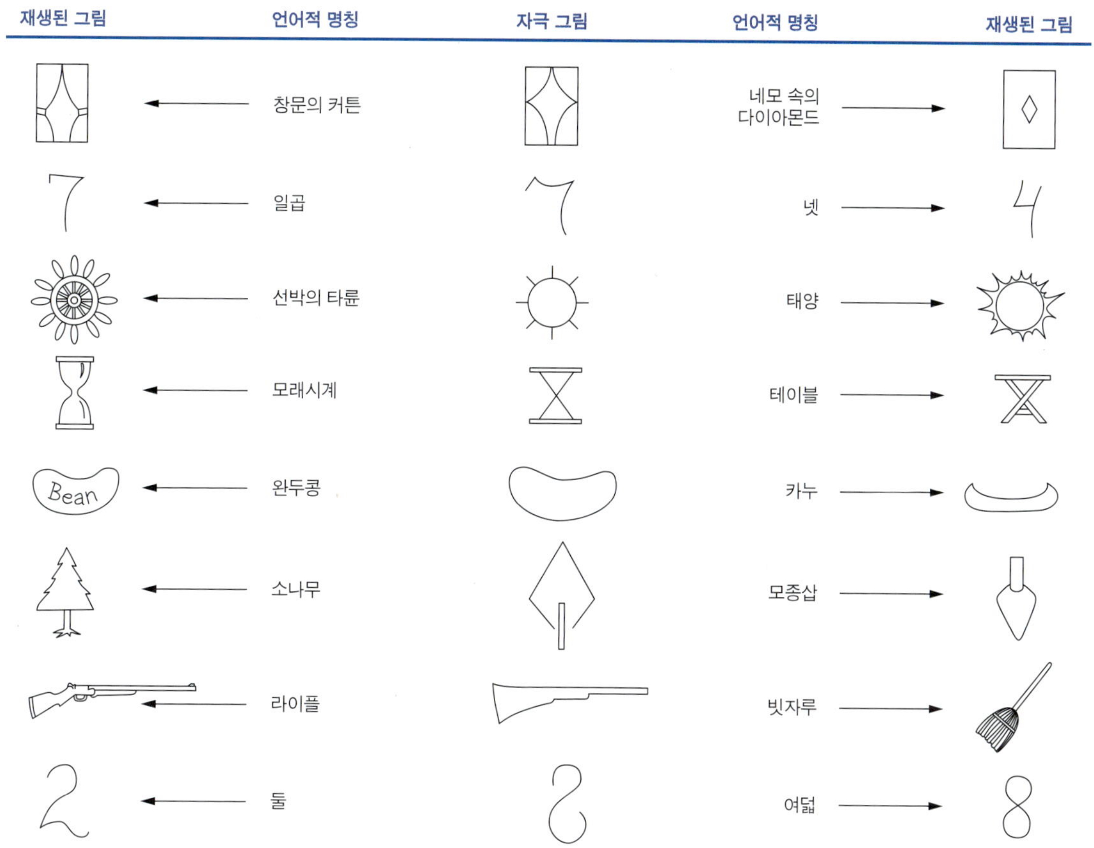

그림 4.23 **언어적 명칭과 추상화.** 카마이클과 동료들(Carmichael et al., 1932)은 사람들에게 가운데 열에 있는 모호한 자극을 보여 주었다. 관찰자들은 그림과 함께 둘째 열 또는 넷째 열에 있는 언어적 명칭을 받았다. 관찰자들이 나중에 재생한 그림은 그들에게 주어진 언어적 명칭과 일치했다. 이 실험은 사람들이 실제로 본 것을 기억하는 것이 아니라, 실제로 본 것에서 추출된 기본적 정보를 기억한다는 것을 말해 준다.

리 떨어진 자리에 앉아 있기 때문에 그 각도에서는 망막에 비치는 스크린이 직사각형이 아니다. 그것은 사다리꼴 모양이며 스크린 속 이미지도 그에 따라 왜곡된다. 그럼에도 불구하고 그것이 관객을 괴롭히지는 않는다. 우리는 모든 것을 정상적으로 본다. 어떻게 이러한 일이 가능할까? 이 절에서는 지각체계의 정말로 탁월한 능력에 대해 공부할 것이다. 그것은 **항등성** constancy의 유지이다.

항등성의 개념

항등성을 이해하기 위해서는 먼저 대상의 고유한 물리적 특징과 우리의 지각체계에 주어지는 그 대상에 관한 정보 사이에 어떤 관계가 있고 어떤 차이가 있는지 이해해야 한다. 예를 들면 영화의 스크린은 직사각형이다. 그것이 스크린의 물리적 특징이다. 그러나 우리의 망막에 맺힌 스크린의 이미지는 직사각형일 수도 있고 사다리꼴일 수도 있다. 그것은 우리가 스크린을 바라보는 각도에 따라 다르다. 밝은 곳에 앉아 있는 검은 고양이는 어

그림 4.24 형태 항등성. 열려 있는 문의 망막상은 상당히 다르지만, 우리는 문의 모양이 항상 사각형이라고 지각한다.

두운 곳에 앉아 있는 흰 고양이보다 객관적으로 더 밝다(즉 더 많은 빛을 반사한다). 그러나 어떤 조명 조건에서도 우리는 검은 고양이는 실제로 검고 흰 고양이는 실제로 희다는 지각을 유지한다. 먼 곳에 있는 코끼리의 망막상은 가까운 곳에 있는 다람쥐의 망막상보다 작지만, 그 거리야 어찌 되었건 우리는 코끼리가 다람쥐보다 크다는 지각을 유지한다. 일반적으로 우리가 지각하는 것은 대상이 실제로 어떻게 생겼는가에 대한 것이다. 지각은 환경으로부터 오는 '객관적인' 물리적 정보에만 의존하지 않는다.

항등성은 완전한 것은 아니지만 시각 경험의 현저한 측면이다. 그렇지 않다면 특정한 상황의 변덕에 의해서 코끼리는 생쥐보다 때때로 작을 것이고, 검은 고양이는 흰 고양이보다 때때로 더 흴 것이다. 우리가 또는 대상이 이동할 때마다 대상의 모양과 색깔이 변화한다면, 우리가 재인의 초기 단계에서 구성하는 대상 기술도 변화할 것이고, 재인은 불가능한 과제가 될 것이다.

형태 항등성

우리는 이미 형태 항등성의 예를 하나 제시했다. 극장 한구석에 자리 잡고 앉아도 영화를 보는 데 큰 지장이 없는 것이 그 예이다. 다른 한 예가 그림 4.24에 있다. 문이 우리를 향해 열리면 그것의 망막상은 여러 변화를 거치게 된다. 문의 직사각형 모양은 사다리꼴 모양의 이미지를 만들어 내며, 그것은 우리 앞쪽은 넓고 경첩 쪽은 좁은 모양이다. 그리고 사다리꼴 모양은 점차 얇아져서 결국은 망막에 투사된 상은 수직 막대기 모양이 될 것이다. 그럼에도 불구하고 우리는 문이 열릴 때 문의 모양이 변화하지 않는다고 지각한다. 망막상이 변화해도 지각된 문의 모양은 일정한 것이 형태 항등성의 예이다.

크기 항등성

지각 항등성 중에서 가장 많이 연구된 것은 크기 항등성이다. 대상의 지각된 크기는 그것이 얼마나 먼 곳에 위치하건 일정하다. 어떤 대상이 우리에게서 멀어져 갈 때 그것의 크기가 작아진다고 지각하지 않는다. 10원짜리 동전을 30cm 전방에 들고 보다가 팔을 쭉 뻗어

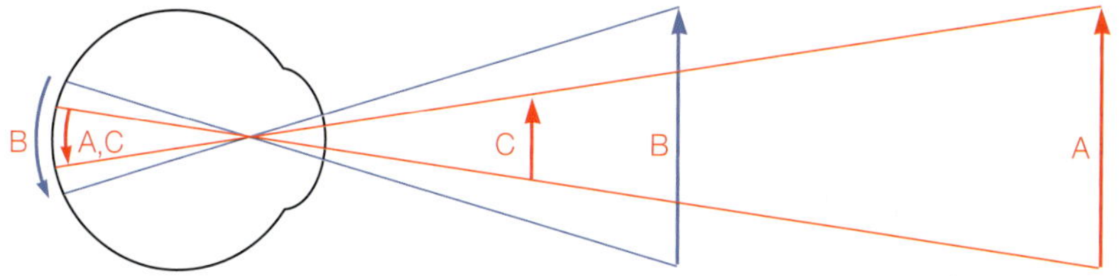

그림 4.25 망막상의 크기. 이 그림은 대상의 실제 크기와 그 망막상의 크기가 어떠한 기하학적 관계를 가지는지를 보여 준다. 화살표 A와 B는 동일한 크기의 대상을 나타내지만, A는 B보다 눈에서 2배나 멀리 떨어져 있다. 그 결과 A의 망막상은 B의 망막상의 절반 크기가 된다. 화살표 C는 A보다 크기가 작지만, 눈에 더 가까이 있기 때문에 두 대상의 망막상 크기는 동일하다.

보라. 그것이 작아져 보이는가? 그렇지 않을 것이다. 그러나 그림 4.25에 나타나 있듯이 60cm 전방에 있는 10원짜리 동전의 망막상은 30cm 앞에 있는 10원짜리 동전의 망막상에 비해 그 크기가 절반가량이다.

깊이 단서에 대한 의존

10원짜리 동전의 예는 우리가 대상의 크기를 지각할 때 망막상의 크기 이외에 어떤 것을 고려한다는 것을 가리킨다. 그 어떤 것은 대상의 지각된 거리이다. 1881년에 스위스의 안과학자 엠메르트(Emmert)는 크기 판단이 거리에 의존한다는 것을 보여 주었다. 엠메르트는 정교한 방법을 사용했는데, 거기에는 잔상 크기를 판단하는 것이 포함된다.

관찰자는 먼저 어떤 이미지의 중앙을 약 1분 정도 응시한다(그림 4.26에 있는 예를 참조하라). 이어서 관찰자는 흰 스크린으로 시선을 옮기는데, 그러면 방금 전에 본 것의 잔상을 보게 된다. 관찰자의 과제는 잔상의 크기를 판단하는 것이다. 독립변인은 스크린이 얼마나 멀리 있는가이다. 잔상의 망막상 크기는 스크린의 거리에 관계없이 일정하기 때문에 잔상의 크기 판단에서 나타나는 차이는 지각된 거리에 연유하는 것임에 틀림없다. 스크린이 멀리 떨어져 있으면 잔상이 커 보이고, 스크린이 가까이 있으면 잔상이 작아 보인다. 엠메르트의 실험은 아주 쉬워서 누구나 해 볼 수 있다.

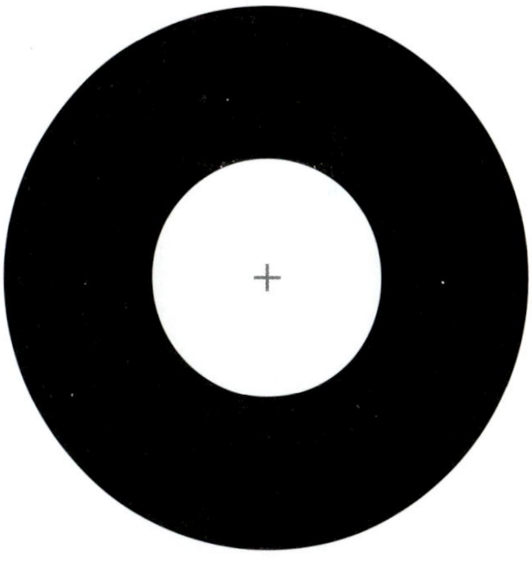

그림 4.26 엠메르트의 실험. 이 그림을 적절한 조명 아래에서 책을 읽는 거리만큼 떨어뜨려 놓은 후, 중앙에 있는 십자 표시를 1분 정도 응시하고 멀리 있는 벽을 바라보라. 2개 원의 잔상을 보게 될 텐데, 그것은 원래 자극보다 더 커 보일 것이다. 이번에는 눈 바로 앞에 흰 종이 한 장을 놓고 바라보라. 그러면 잔상은 원래 자극보다 더 작아 보인다. 잔상이 사라지면 눈을 깜박여 보라. 그러면 잔상이 다시 나타난다.

위 실험을 근거로 하여 엠메르트는 대상의 지각된 크기는 대상의 망막상의 크기와 대상의 지각된 거리, 두 가지에 비례하여 증가한다고 제안했다. 이 제안은 '크기-거리 불변 원리'로 불린다. 그것은 크기 항등성을 다음과 같이 설명한다. 대상의 거리가 멀어지면 대상의 망막상 크기가 작아진다. 그러나 만약 거리 단서가 있으면 지각된 거리가 증가한다. 따라서 지각된 크기는 거의 일정하게 유지된다. 어떤 사람이 당신으로부터 멀어지면 그의 망막상은 작아지지만 지각된 거리는 커진다. 이 2개의 변화가 서로를 상쇄하여 크기 지각이 일정하게 유지될 수 있다.

착각

디즈니랜드 유령의 집에 들어가는 것을 상상해 보라. 처음 계단을 조심조심 내려가다가 벽에서 당신을 내려다보는 가면 같은 얼굴들을 보게 될 것이다. 그 얼굴들을 지나쳐 가다 보면 가면들이 방향을 바꾸어 여전히 당신을 쳐다보고 있다. 납득하기 어려운 상황이라 당신은 매우 놀랄 것이다. 그리고 아마도 가면들 아래에 작은 모터가 달려 있어서 당신에게 반응하는 것이라고 추측할 수도 있다.

그러나 실제로 가면들은 고정되어 있고 당신의 지각 속에서만 움직인다. 불을 켜고 가면을 조사해 본다면 이상한 점을 금방 발견할 것이다. 당신은 가면의 밖이 아니라 안을 보고 있었던 것이다. 그러나 유령의 집처럼 관찰 조건이 나쁜 상황에서는 그것을 알아채지 못한다. 시각체계는 평상시처럼 가면의 밖을 보고 있다고 가정한다. 일단 그렇게 가정하면 상황의 기하학적 특성 때문에 가면의 얼굴이 당신을 따라 회전하는 것으로 지각하게 된다. (스스로 해 볼 수 있는 쉬운 방법이 있다. 가면을 하나 구하라. 덮어쓰는 것이 아니라 얼굴 앞에 붙이는 유형이 좋다. 친구에게 가면을 들고 방을 가로질러 가라고 부탁한다. 단, 가면의 안쪽이 당신을 향하도록 해야 한다. 만약 당신이 한쪽 눈을 감으면 가면은 쑥 들어간 것이 아니라 툭 튀어나온 것처럼 지각된다. 일단 이러한 지각 경험을 하게 되면 당신이 이동함에 따라 가면이 회전하는 것처럼 보일 것이다.)

회전하는 것처럼 보이는 가면은 착각의 한 예이다. **착각** illusion은 물리적 실체와 체계적으로 다른 어떤 것을 지각하는 것이다. 가면 착각이 일어나는 이유는, 다른 많은 착각의 경우처럼 시각체계가 항등성—이 경우에는 가면의 안이 아니라 밖을 보고 있다는 가정—을 유지하려고 하기 때문이다.

항등성과 착각

우리는 여러 가지 항등성이 중요한 목적을 가지고 있음을 지적했다. 항등성은 우리의 감각기관에 도달하는 정보가 광원 파장, 광원 강도의 차이, 광원까지의 거리, 바라보는 각도의 차이 때문에 극적으로 변화하더라도 우리 주위에 있는 세계의 본질적 특징을 지각하게 해 준다. 그러나 좋건 싫건 이 항등성이 많은 착시의 원인이 된다.

달의 착시

'크기-거리 원리'는 수많은 크기 착시를 이해하는 데 필수적이다. 하나의 예가 달의 착시이다. 지평선 부근의 달은 중천에 있는 달보다 약 50% 정도 더 크게 보이지만 오히려 망막상은 중천에 있을 때가 약간 더 크다. 왜냐하면 중천의 달이 지평선의 달보다 더 가깝기 때문이다(마찬가지로 비행기는 처음에 지평선 위에 나타날 때보다 우리의 머리 바로 위에 있을 때 더 가깝게 보인다).

달의 착시에 대한 하나의 설명은 다음과 같다(Reed, 1984; Loftus, 1985 참조). 비행기와 같은 날아다니는 물체가 지평선 쪽에서부터 당신을 향해 접근한다고 생각해 보자. 앞에서 방금 언급했듯이, 이 상황을 기하학적으로 묘사하면 비행기가 지평선에서 중천으로 이동하는 동안에 비행기의 망막상이 점점 커진다. 비행기는 상대적으로 지표에 가깝기 때문에 망막상이 커지는 정도는 아주 극적이다. 그러나 크기 항등성이 망막상의 이러한 변화를 보정하여 비행기가 비상하는 내내 동일한 물리적 크기로 보이도록 만든다.

비행기와 달 사이에는 아무런 질적 차이가 없다. 달의 망막상도 달이 지평선에서 중천으로 올라가는 동안 점점 커진다(놀랍지 않은가!). 달과 비행기의 차이는 양적인 것이다. 달은 우리에게 익숙한 비행기처럼 지표에 가까운 대상이 아니라 너무나 멀리 떨어져 있어서 시각상의 변화가 아주 미미하다. 그러나 우리의 시각체계는 여전히 항등성을 고집한다. 달이 중천에 접근하는 동안에 시각체계는 그 망막상이 상당히 커져야 한다고 믿는다. 마치 비행기가 그런 것처럼 말이다. 시각체계는 달의 망막상이 기대와 달리 커지지 않은 것은 달의 물리적 크기가 작아졌기 때문이라고 설명한다. 이것이 바로 달의 착시이다.

달의 착시에 대한 또 다른 설명은 지평선까지의 거리가 중천까지의 거리보다 더 크게 지각되기 때문이라는 것이다. 달이 지평선에서 중천에 오기까지 망막상의 크기는 거의 일정하기 때문에 시각체계는 멀리 지평선에 있는 달이 가까운 중천에 있는 달보다 크다고 결론을 내리지 않을 수 없다(Kaufman & Rock, 1989). 지평선의 달이 멀리에 있다고 지시하는 거리 단서의 효용성을 감소시키는 하나의 방법은 달을 거꾸로 바로 보는 것이다. 달을 등지고 서서 허리를 굽히고 다리 사이를 통해 달을 보면 된다. 만약 지평선의 달이 찍힌 사진이 있다면 그것을 거꾸로 보면 된다(Coren, 1992).

에임스의 방

또 하나의 크기 착시는 에임스의 방(Ames room)—발명자인 애들버트 에임스(Adelbert Ames)의 이름을 땄다—에서 만들어진다. 그림 4.27은 작은 구멍을 통해서 그 방을 바라보는 관찰자에게 방이 어떻게 보이는지를 보여 준다. 오른쪽 구석의 소년은 왼쪽 구석의 소녀보다 훨씬 커 보인다. 그러나 실제로는 소녀가 더 크다. 이 경우는 크기 항등성이 깨졌다. 왜일까? 그 이유는 방의 설계에 있다. 작은 구멍을 통해서 보면 그 방은 보통의 사각형으로 보이지만 실제로는 방의 왼쪽 구석이 오른쪽 구석에 비해 거의 2배나 들어가 있다(그림 4.28 참조). 그림 4.28에서 왼쪽 소년은 오른쪽 소년보다 훨씬 멀리 떨어져 있고, 따라서 망막상이 작다. 우리는 이러한 거리 차이를 수정하지 않는다. 왜냐하면 방 안의 직선들이 그 방이 정상임을 믿게 하며 두 소년이 똑같은 거리에 있음을 가정하게 하기 때문이다. 더 멀리 있지 않지만 망막상이 작은 소년에 대해 시각체계가 할 수 있는 유일한 해석은 그 소년이 더 작다고 하는 것이다. 결국 방이 정상이라는 우리의 가설은 '크기-거리 불변성 원리'의 적용을 방해하고, 따라서 크기 항등성이 깨지는 것이다.

그림 4.27의 에임스의 방 효과는 영화감독 피터 잭슨이 〈반지의 제왕〉 3부작에서 아주 유용하게 사용했다. 이 작품에는 여러 종류의 존재(예: 호빗, 드워프, 엘프, 인간)가 나오는데, 이들은 톨킨의 원작에 따라서 서로 다른 크기로 보여야 했다(예: 호빗은 인간의 절반 정도 크기이다). 이러한 영화 효과 중 일부는 컴퓨터그래픽으로 실현되었지만 대부분

그림 4.27 **에임스의 방.** 에임스의 방은 작은 구멍을 통해서 보는 사람에게 이와 같이 보인다. 소년과 소녀의 크기는 왼쪽 구석에 서느냐 오른쪽 구석에 서느냐에 따라서 달라진다. 이 방은 우리의 지각을 혼란스럽게 하기 위해 설계된 것이다. 지각된 방의 모양 때문에 소년과 소녀의 키는 불가능하다는 생각이 들 정도로 차이가 나 보인다.

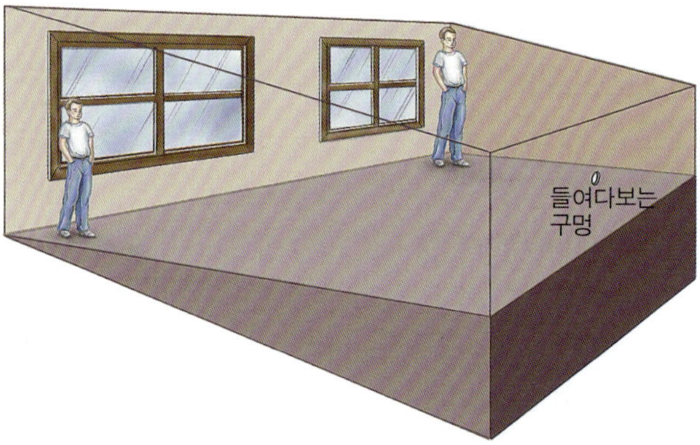

그림 4.28 **에임스의 방(실제 모양).** 이 그림은 에임스의 방의 실제 모양을 보여 준다. 왼쪽 소년은 오른쪽 소년보다 관찰용 구멍에서 2배 정도 멀리 떨어져 있다. 그러나 구멍을 통해서 방을 볼 때는 그러한 차이를 알 수 없다.

의 경우는 착시가 이용되었다. 예를 들면 인간인 아라곤이 호빗인 프로도와 나란히 걷는 장면이 나온다. 그러나 이것을 촬영할 때는 아라곤을 연기하는 비고 모텐슨이 카메라에 가까운 앞쪽에 있었고, 프로도를 연기하는 엘리야 우드는 뒤쪽, 카메라로부터 모텐슨에 비해 2배 정도 떨어진 곳에 있었다.

5 학습과 기억

학습과 기억이 이 장(章)의 주제이다. 학습을 체계적으로 분석함으로써 어떻게 경험이 행동을 변화시키는지에 대한 통찰을 제공하게 될 것이다. **학습**learning은 경험의 결과로 출현하는 행동에서의 비교적 영속적인 변화로 정의된다. 성숙이나 일시적 조건(예: 피로나 약물로 유도된 상태)에 의한 행동 변화는 포함되지 않는다.

그렇다고 해서 학습의 모든 사례가 동일한 것은 아니다. 두 가지 기본 유형의 학습, 즉 비연합학습과 연합학습이 존재한다. **비연합학습**non-associative learning은 단일 자극에 대한 학습을 수반하며 습관화와 민감화가 포함된다. **습관화**habituation는 무해한 자극에 대한 행동반응의 감소라는 특징을 가진 비연합학습 유형이다. 예컨대 경적 소리를 처음 들을 때는 깜짝 놀랄 수 있다. 그렇지만 짧은 시간에 반복해서 들리면 각 소리에 놀라는 정도가 점진적으로 감소하게 된다. 반면에 **민감화**sensitization는 강력한 자극에 대한 행동반응이 증가하는 비연합학습 유형이다. 전형적으로 민감화는 해롭거나 무서운 자극이 유기체에게 주어질 때 일어난다. 예컨대 커다란 경적 소리 직전에 어두운 골목길로 접어든다면 그 경적 소리에 대한 놀람 반응이 상당히 증가하게 된다. 습관화와 민감화는 모두 몇 분에서 몇 시간만 지속될 정도로 비교적 짧은 기간 동안 일어나는 현상이다. 이러한 유형의 학습이 매우 단순한 것이기는 하지만, 유기체가 세상에서 무엇에 주의를 기울일 것인지를 조율하는 데 예외적이라고 할 만큼 중요하다. 실제로 비연합학습이 단세포 동물에서 인간에 이르기까지 모든 동물에게 가능하다는 사실은 이 유형의 학습이 중요하다는 증거가 된다.

연합학습associative learning은 사건들 사이의 관계 학습을 수반하기 때문에 비연합학습보다 훨씬 복잡하다. 여기에는 고전적 조건형성과 도구적 조건형성이 포함된다. 두 가지 조건형성은 모두 연합의 형성, 즉 특정 사건들이 함께 발생한다는 사실의 학습을 수반한다. 이 장에서는 이러한 두 형태의 학습을 자세하게 논의한다. 고전적 조건형성에서 유기체는 한 사건이 다른 사건에 뒤따른다는 것을 학습한다. 예컨대 유아는 엄마의 젖가슴에 우유 맛이 뒤따른다는 사실을 학습한다. 도구적 조건형성에서 유기체는 자신의 반응에 특정한 결과가 뒤따르게 된다는 사실을 학습한다. 예컨대 어린 아동은 동생을 때림으로써 부모의 꾸중이 뒤따른다는 사실을 학습한다.

이 장에서는 보다 복잡한 형태의 학습, 즉 관찰학습도 다룬다. 인간이 나타내는 다른 형태의 복합학습에서는 기억과 인지의 역할이 결정적으로 중요하다. 잠시만 생각해 보더라도 기억이야말로 우리가 인간으로 살아가는 능력이라는 측면에서 가장 중요한 심리적 능력이라는 사실을 확신할 수 있다. 우리는 무엇을 할 것인지에 대한 모든 의사결정을 여하튼 기억에 근거하여 수행한다. 대부분의 사람들이 당연한 것으로 받아들이는 감각 입력이 박탈된 사람조차도—헬렌 켈러와 같은 시각 · 청각 장애인조차도—당당하게 충만한 삶을 영위할 수 있다. 반면에 알츠하이머병으로 황폐해진 사람에게서 볼 수 있듯이, 정상적인 감각 입력이 있음에도 불구하고 기억상실은 엄청난 장애물이 된다.

따라서 기억은 심리학과 생물과학 모두에서 상당한 연구의 초점이 되고 있다. 이 장에서는 그러한 연구의 작은 부분만을 다룬다. 하지만 기억에 대한 과학 연구를 이해하기 위해서는 연구자들이 연구 분야를 다룰 수 있는 단위로 분할하는 방식을 이해할 필요가 있다.

학습에 대한 조망

초기 행동주의자들의 초점은 외부 자극과 관찰 가능한 반응에 있었으며, 이것은 심성 요인보다는 외부 요인에 근거해서 행동을 더 잘 이해할 수 있다는 행동주의자들의 금언에 따른 것이다. 학습에 대한 행동주의 접근은 다른 핵심 가정도 상정했다. 하나는 고전적 조건형성이든 도구적 조건형성이든 단순 연합이 모든 학습의 초석이라는 가정이다. 미로 달리기를 학습하는 쥐든 산수를 숙달하는 아동이든 누가 무엇을 학습하든 관계없이 그렇다는 것이었다(Skinner, 1971, 1938). 언어 획득과 같이 복잡한 것도 많은 연합을 학습하는 문제라고 주장했다(Staats, 1968). 이러한 견해는 행동주의자들로 하여금 인간 이외의 유기체, 특히 쥐와 비둘기의 행동이 단순한 실험실 상황에서 어떻게 보상과 처벌의 영향을 받는지에 초점을 맞추게 만들었다.

이러한 연구에서 찾은 발견과 현상은 계속해서 우리가 연합학습에 대해 알고 있는 많은 것들의 토대를 이루고 있다. 그러나 앞으로 보게 되겠지만, 행동주의자들의 가정은 후속 연구로 인해 수정될 수밖에 없었다. 복합학습은 제쳐 두고라도 조건형성을 이해하기 위해서는 유기체가 자극과 반응 사이의 관계에 대해 무엇을 알고 있는지를 고려해야만 하는 것으로 판명되었다. 그 유기체가 쥐나 비둘기인 경우라도 말이다. 이러한 사실이 인지주의 조망을 초래했다. 나아가서 오늘날 어떤 단일 법칙도 모든 상황과 모든 유기체의 학습에 바탕을 둔 것으로 보이지 않는다. 특히 상이한 학습 기제가 상이한 동물 종에 관여하는 것으로 보이며, 이 사실은 생물학적 조망을 불러일으켰다.

고전적 조건형성

소화에 관한 연구로 이미 노벨상을 수상한 러시아 생리학자 이반 파블로프는 20세기 초엽에 중요한 발견을 했다. 그는 연구를 위해서 먹이에 대한 반응으로 개가 분비하는 침의 양을 측정하고 있었다. 어느 개라도 입속에 먹이를 넣어 주면 침을 흘린다. 그런데 파블로프는 실험실 개들이 단지 밥그릇을 **보기만 해도** 침을 흘리기 시작한다는 사실에 주목했다. 개들이 밥그릇을 먹이의 맛과 연합하는 것을 학습했을지도 모른다는 생각이 떠올랐으며, 개들이 먹이를 불빛이나 소리와 같은 다른 자극과도 연합할 수 있는지 알아보기로 했다. 이 의문을 연구하기 위해 파블로프가 설계한 뛰어난 실험은 가장 기본적인 학습 과정의 하나인 고전적 조건형성('파블로프식 조건형성'이라고도 부름)을 이해하는 데 크기 기여했다. **고전적 조건형성classical conditioning**은 과거에 중성적이었던 자극이 다른 자극과 반복적으로 짝지어짐으로써 그 자극과 연합을 이루게 되는 학습 과정이다. 원래 밥그릇은 **중성**자극이었다. 즉 침 분비 반응을 유발하지 않았다. 그러나 먹이 자체는 개의 입에 들어갈 때 침 분비를 유발한다. 먹이와 밥그릇이 반복적으로 함께(짝지어져서) 주어진 후에는 밥그릇을 보여 주는 것만으로도 침 분비 반응을 일으킬 수 있다. 개는 두 사건(밥그릇이 보이는 것과 입안에 들어 있는 먹이의 맛)이 **연합되어** 있다는 사실을 학습한 것이다.

파블로프의 실험

파블로프와 연구원들.

파블로프의 기본 실험에서는 우선 연구자가 개의 침샘에 관을 꽂아서 흘리는 침의 양을 측정한다. 그런 다음에 고깃가루가 자동적으로 공급되는 접시 앞에 개를 놓는다. 개는 배가 고픈 상태이고, 고깃가루를 제공할 때 분비한 침의 양을 기록한다. 이 침 분비는 **무조건반응** unconditioned response(UR), 즉 먹이의 맛이 유발하는 비학습 반응이다. 동일한 이유로 먹이 자체는 **무조건자극** unconditioned stimulus(US), 즉 사전 조건형성 없이 자동적으로 반응을 유발하는 자극이다. 또한 연구자는 개 앞에 있는 창에 불빛을 켤 수도 있다. 이 사건은 침 분비를 초래하지 않기 때문에 **중성자극** neutral stimulus(NS)이라고 부른다. 물론 중성자극이 개에게 다른 반응을 불러일으킬 수도 있다(예: 꼬리 흔들기, 껑충 뛰기, 짖기 등). 그다음에 연구자는 먹이의 제시와 불빛을 반복적으로 짝짓는다. 우선 불빛이 들어오고 고깃가루를 전달한 다음에 불빛을 끈다. 이것을 실험의 조건형성 단계라 부른다. 불빛 후에 고깃가루가 뒤따르는 몇 차례의 시행 후에 개는 불빛에 대한 반응으로 침을 흘리게 된다. 고깃가루를 제공하지 않아도 말이다. 이 사실은 개가 두 사건(불빛과 먹이)이 연합되어 있다는 사실을 학습했다는 것을 알려 준다. 불빛이 **조건자극** conditioned stimulus(CS)이 되어 **조건반응** conditioned response(CR)을 초래하게 된 것이다. 그림 5.1은 파블로프의 조건형성 실험의 여러 단계를 도식화한 것이다. 파블로프는 이 실험의 변형에서 불빛 대신에 소리(또는 다른 자극)를 사용했으며, 각 경우에 유사한 결과를 발견했다.

고전적 조건형성 실험에서 연구자는 전형적으로 반사에 해당하는 특정한 무조건반응을 이용하는데, 앞의 기본 실험에서는 침 흘리기였다. 그러한 반응은 연구 대상인 동물이나 인간의 생득적인 행동 레퍼토리에 들어 있는 것이다(예: 눈에 바람을 훅 불어 넣을 때의 눈 깜빡임 또는 무릎을 두드릴 때의 무릎반사).

파블로프의 실험에서 조건반응은 흔히 무조건반응을 닮았다. 두 경우 모두 침 흘리기였다. 그러나 많은 경우에 이것보다는 다소 복잡하다. 앞의 예에서 불빛에 대한 반응인 침 흘리기(CR)가 예기적인 것이라고 생각해 볼 수 있다는 데 주목하라. 즉 개가 불빛에 대한 반응으로 침을 흘리는 것은 불빛이 먹이에 선행한다는 사실을 학습했기 때문이다. 조건반응의 이러한 예기적 본질은 어째서 다른 경우에는 조건반응이 무조건반응과 전혀 다른 형태를 취하는지를 설명해 준다. 고전적 조건형성은 이러한 방식으로 특정한 약물을 반복적으로 사용할 때 사람들이 나타내는 복잡한 반응을 설명하는 데 도움을 줄 수 있다.

획득

고전적 조건형성을 통한 학습의 몇 가지 중요한 측면을 소개하기 위해 파블로프 실험으

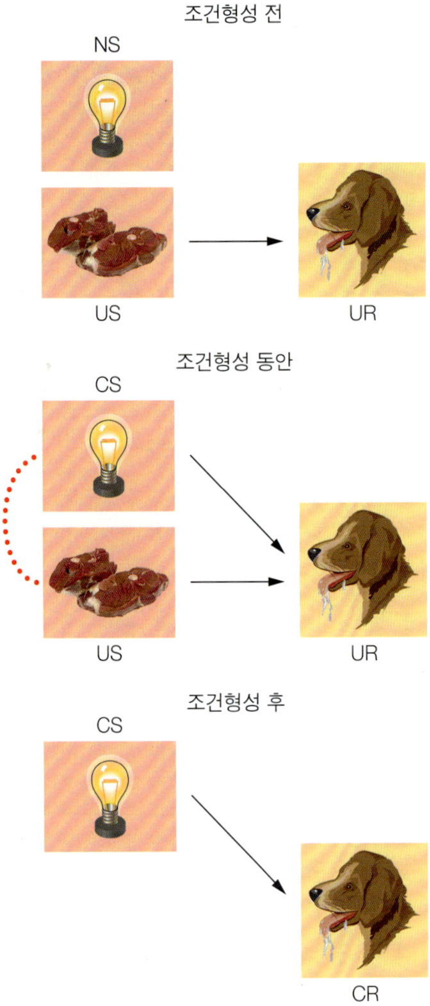

그림 5.1 고전적 조건형성의 도식. 조건형성에 앞서 무조건자극(US)은 무조건반응(UR)을 초래한다. 이것은 학습할 필요가 없다. 중성자극(NS)은 반응을 초래하지 않는다. 조건형성을 진행하는 과정에서 무조건자극(US)과 조건자극(CS)이 짝지어지며, 둘 간의 연합을 학습한다. 조건형성이 이루어진 후에 조건자극(CS)은 조건반응(CR)을 초래한다. 이 예에서는 UR과 CR이 모두 침 흘리기이다.

로 되돌아가자. CS(불빛)에 뒤이어 US(먹이)가 뒤따르도록 짝지어 제시하는 것을 강화 시행이라고 부른다. 그림 5.2의 왼쪽 그림에서 CR(침 흘리기)의 강도가 증가하는 것에서 보는 바와 같이 CS와 US의 반복적인 짝짓기는 둘 간의 연합을 강화한다. 이것이 실험의 **획득**acquisition 단계이며, 그림은 학습 곡선(learning curve)을 나타낸다. CR 강도의 변화는 초기 조건형성 시행에서 가장 크며, 그 후에는 CR에 거의 변화가 없다.

소거

만일 CS에 뒤따르던 US를 생략하면 그림 5.2의 가운데 그림이 예시하는 것처럼 CR이 점차적으로 감소한다. 그림에서 보는 바와 같이, 만일 불빛에 먹이가 뒤따르지 않는다면 10회 정도의 시행 후에는 불빛에 대한 반응으로 침 흘리기가 나타나지 않는다. **소거**extinction는 CS가 더 이상 US를 예측하지 않는다는 사실을 학습하는 것을 나타낸다.

자발적 회복

개가 일정한 시간 동안 휴식을 취한 후 다시 불빛만을 제시하면 (사라졌던) 침 흘리기 반응이 다시 출현한다. 그림 5.2의 오른쪽 그림을 보라. 이것을 **자발적 회복**spontaneous recovery이라고 부른다. 즉 강화 시행이 필요하지 않으며, CS가 다시 CR을 유발한다. 보는 바와 같이 회복된 CR은 획득 단계에서 나타났던 CR보다 약하다. CS만을 반복적으로 제시함에 따라 CR은 다시 사라지게 된다. 자발적 회복은 처음에 학습했던 CS와 US 간의 연합이 소거 중에 단순히 사라진 것이 아니라는 사실을 반영한다. 오히려 소거는 새로운 연합(CS와 US 없음 간에)의 형성을 수반하는 것으로 보인다. CR이 자발적으로 회복된다는 사실은, 비록 반응 자체는 완벽하게 사라졌다고 하더라도 불빛이 먹이를 예측했었다는 사실을 개가 기억하고 있다는 것을 의미한다.

애초에 획득 단계에서와 마찬가지로 CS와 US를 반복적으로 짝지어 원래의 연합을 강화하면 소거도 제거할 수 있다. 재학습 곡선은 그림 5.2의 왼쪽 그림에 제시한 학습 곡선보다 가파르게 상승한다(연합의 재학습은 처음 학습보다 빠르다). 이 사실이 시사하는 바는 비록 CR이 사라졌다고 하더라도 CS와 US 간의 연합을 망각한 것은 아니라는 점이다. 습관적으로 커피를 마시는 사람의 예를 다시 생각해 보자. 커피 냄새(CS)는 혈압을 떨어뜨리는 보상반응(CR)을 야기한다. 만일 이 사람이 카페인이 없는 커피로 바꾼다면 이 보상반응은 결국 사라지게 될 텐데, 이는 US(카페인)가 없는 상

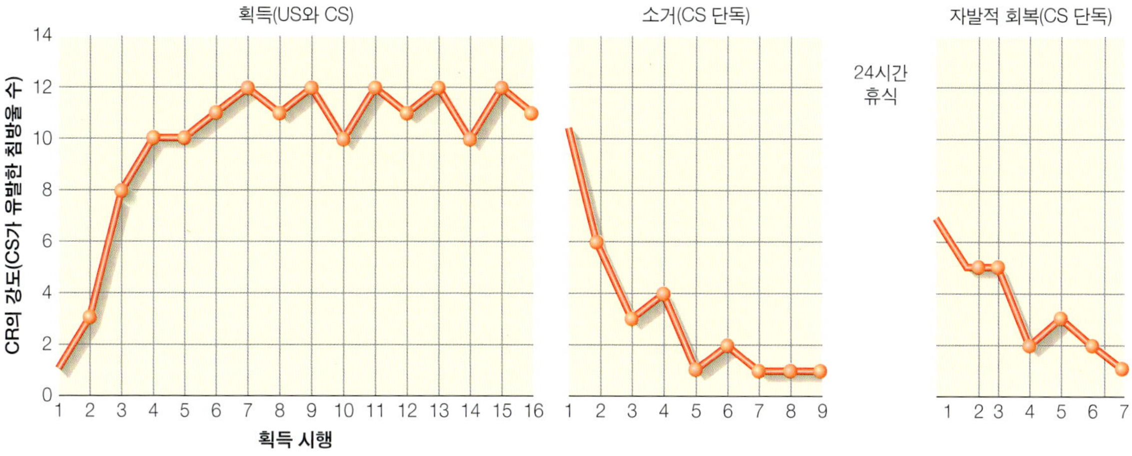

그림 5.2 조건반응의 획득과 소거. 왼쪽 곡선은 실험의 획득 단계를 나타낸다. 수직축은 CS에 대한 반응으로 흘린 침방울의 수(US가 출현하기 전의 침방울 수)이며, 수평축은 시행 수를 나타낸다. 16회의 획득 시행 후에 실험자는 소거를 시작했는데 결과가 가운데 그림에 나타나 있다. 오른쪽 그림은 24시간의 휴식 기간 후 반응의 자발적 회복을 보여 준다.

황에서 CS를 제시하는 것이 된다. 그렇지만 다시 카페인이 들어 있는 커피로 바꾸면 신체가 예전의 연합을 신속하게 재학습할 것이다.

자극 일반화

파블로프는 특정한 소리에 조건반응을 나타내도록 훈련받은 개들이 음조가 조금 높거나 낮은 다른 소리에도 동일한 반응을 보인다는 사실에 주목했다. 이것을 **자극 일반화** stimulus generalization라고 부른다. 즉 새로운 자극이 원래의 조건자극(CS)과 유사할수록 동일한 반응을 일으킬 가능성이 더 크다. 한 사람이 중앙 '다' 음을 내는 소리굽쇠 소리에 대해 약한 정서반응을 나타내도록 조건형성되었다고 가정해 보자. 이러한 정서반응은 피부전도반응(GSR)으로 측정하는데, GSR은 정서적 스트레스 상태에서 발생하는 피부 전기 활동의 변화를 나타낸다. 이 사람은 더 이상의 조건형성 없이도 보다 높거나 낮은 소리에 대한 반응으로 GSR의 변화를 나타내게 된다(그림 5.3 참조).

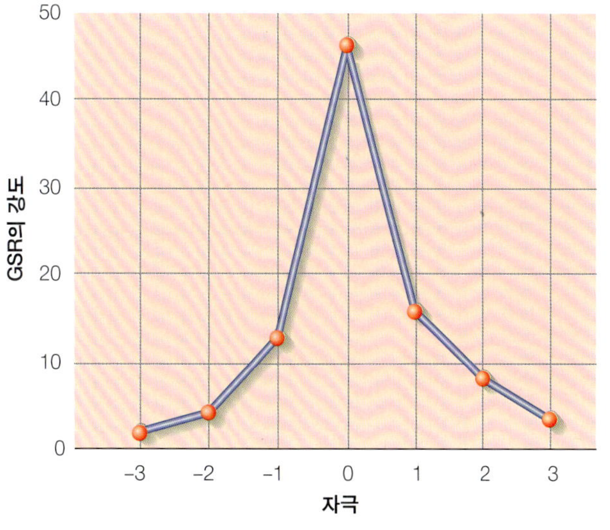

그림 5.3 일반화 기울기. 자극 0은 애초에 GSR이 조건형성된 소리를 나타낸다. 자극 +1, +2, +3은 점차적으로 고음 소리를 나타낸다. 자극 −1, −2, −3은 저음 소리를 나타낸다. 검사 소리와 훈련 소리 사이의 차이가 증가할수록 일반화의 정도가 감소하는 데 주목하라.

자극 일반화는 친숙한 자극과 유사한 새로운 자극에 반응하는 인간이나 동물의 능력을 부분적으로 설명해 주는데, 이 능력

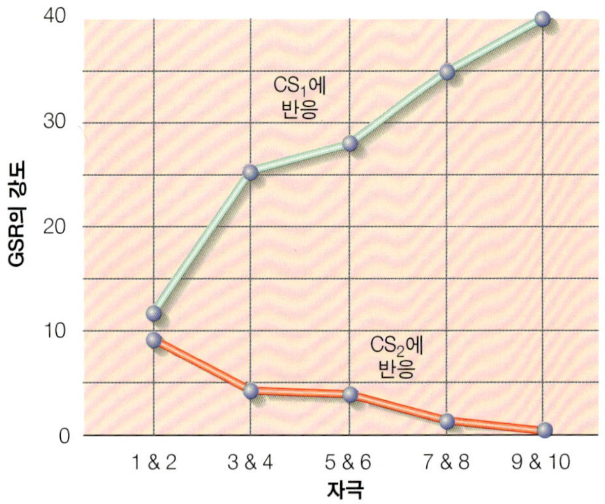

그림 5.4 조건 변별. 변별자극은 명백하게 차이 나는 음고의 두 소리(CS_1 = 700 Hz, CS_2 = 3,500 Hz)였다. 왼손 집게손가락에 가해지는 전기 충격인 무조건자극은 CS_1을 제시하는 시행에서만 주어졌다. GSR로 측정한 조건반응의 강도는 CS_1 뒤에는 점차적으로 증가하고 CS_2 뒤에는 제거되었다.

은 명백하게 적응적인 것이다. 유기체가 바로 동일한 자극에 자주 노출될 가능성은 별로 없지만, 유사한 자극이 유사한 사건을 예측할 가능성은 높다.

자극 변별

일반화와 상보적인 과정이 변별이다. 일반화는 유사성에 대한 반작용이고, **자극 변별** stimulus discrimination은 차이에 대한 반작용이다. 조건 변별은 그림 5.4에서 보는 것처럼 차별화 조건형성을 통해 이루어진다. 하나의 소리 대신에 여기서는 2개의 소리가 있다. 저음 소리인 CS_1에는 항상 집게손가락에 약한 전기 충격이 뒤따르고, 고음 소리인 CS_2는 그렇지 않다. 처음에 참가자들은 두 소리 모두에 GSR을 보인다. 그러나 조건형성이 이루어지는 과정에서 CS_1에 대한 조건반응의 강도는 점차적으로 증가하는 반면, CS_2에 대한 반응 강도는 감소한다. 이러한 차별적 강화 과정을 통해 참가자들은 두 소리를 변별하도록 조건형성된다. CS_2의 제시가 반응의 억압(GSR의 저하)을 초래한다는 사실에 주목할 필요가 있다. CS_2의 제시는 전기 충격이 뒤따르지 않는다는 정보를 포함하고 있기 때문이다. 지금까지 논의한 대부분의 조건형성 사례는 **흥분성 조건형성** excitatory conditioning 사례였으며, CS가 특정한 반응의 확률이나 강도를 증가시켰다. 하지만 차별적 강화는 고전적 조건형성의 또 다른 가능한 영향이 행동반응의 확률이나 강도의 감소일 수 있다는 사실을 알려 준다. 이것이 **억제성 조건형성** inhibitory conditioning이다.

일반화와 변별은 일상생활에서 빈번하게 일어난다. 자기네 애완견의 모습을 장난치기와 연합하는 것을 학습한 아동은 모든 개에게 우선 접근한다. 궁극적으로는 변별을 통해 아동은 자기네 애완견과 닮은 개에게서만 장난치`기를 기대할 수 있게 된다. 위협적인 개의 모습은 개에게 다가가는 아동의 반응을 억제한다.

이차 조건형성

일단 개를 불빛에 대한 반응으로 침을 흘리도록 조건형성을 시켰다면, 또 다른 자극(예: 소리)을 애초에 조건자극이었던 불빛과 반복적으로 짝지음으로써 그 소리에 대한 반응으로 침을 흘리도록 조건형성을 시킬 수 있다. 이것을 **이차 조건형성** second-order conditioning이라 한다. 다시 말해서 일단 불빛이 조건자극의 역할을 담당하면 무조건자극의 힘을 획득하게 된다. 만일 그 개를 소리(CS_2)에 불빛(CS_1)이 뒤따르는 상황에 노출시키면 그 소리도 결국에는 조건반응을 유발하게 된다. 먹이와 직접 짝지어진 적이 없는데도 말이다. 이러한 조건형성에서는 불빛과 먹이 간의 연합을 강화하는 시행도 있어야만 한다. 그렇게 하지 않으면 애초에 조건형성된 연합이 사라지기 때문이다.

이차 조건형성의 존재는 고전적 조건형성의 범위를 크게 확장한다. 특히 대부분의 조건반응이 이차 조건형성을 통해 형성되는 인간에게 그렇다. 애초의 US는 일반적으로 음식이나 통증 또는 구역질과 같이 생물학적으로 중요한 자극이다. 조건형성이 일어나는 데 필요한 것은 그 자극과 다른 자극 간의 짝짓기이다. 종양이 성장하는 것을 차단하기 위해 화학치료를 받고 있는 암 환자의 고통을 생각해 보자. 화학치료 시 환자에게 독성물질(US)을 주사하게 되는데, 그 결과로 환자는 구역질(UR)을 하기 십상이다. 아동 암 환자에게는 화학치료에 앞서 아이스크림을 주는 경우가 많다. 아이스크림은 치료에 따른 아동의 고통을 경감하고자 하는 것이지만 불행하게도 그 고통과 연합된다. 아이스크림이 CS의 역할을 담당하여 구역질을 유발하게 되는 것이다(Bernstein, 1978, 1999). 만일 아이스크림을 먹은 후에 특정한 장난감과 같은 다른 자극을 반복적으로 아동에게 제시하면 장난감 자체에 대한 반응으로 불쾌한 감정을 경험하기 시작할 수 있다. 장난감은 치료나 구역질과 직접적으로 짝지어진 적이 없기 때문에 이것은 이차 조건형성의 결과이다.

인지적 요인

파블로프를 비롯한 여러 연구자는 CS와 US가 **시간적으로 근접**temporally contiguous하는 것, 즉 CS와 US가 시간상 근접해서 출현하는 것이 조건형성의 충분조건이라고 생각했다. 파블로프는 자극 간의 관계에 대한 유기체의 인지적 이해에 관해 어떤 주장도 하지 않으려고 신중을 기했다. 그러한 내적 사건은 관찰 가능한 것이 아니라고 간주했다. 그러나 앞의 논의를 보면 조건형성은 CS가 US를 **예측**할 때 일어나는 것으로 보인다. 이러한 경우에 US가 CS에 **수반적(유관적)**contingent이라고 일컫는다(CS가 나타나지 않을 때보다 나타날 때 US가 출현할 가능성이 더 높다). 실제로 일단의 연구자들은 고전적 조건형성에서 결정적 요인은 유기체가 알고 있는 것이라고 주장했다(Bolles, 1972; Tolman, 1932). 이러한 인지적 견해에서는 고전적 조건형성이 유기체에게 두 자극 간의 관계에 관한 새로운 지식을 제공하는 것이다. 즉 CS가 주어질 때 유기체는 US의 예측을 학습한 것이다(Rescorla, 1968).

중요하면서도 정교하게 설계된 일련의 실험에서 레스콜라(Rescorla, 1968)는 근접성과 수반성을 대비했다. 그는 CS가 US의 신뢰로운 예측자여야만 한다는 사실을 보여 줄 수 있었다. 단순한 시간 근접성은 조건형성이 일어나기에 충분하지 않다. 이러한 실험 절차를 레스콜라 실험이라고 부른다. 두 집단 A와 B의 쥐들이 있다. 소리와 전기 충격이 시간적으로 근접한 짝의 수는 두 집단이 동일했다. 따라서 만일 **시간 근접성**이 조건형성을 결정짓는다면 두 집단의 쥐들은 동일한 정도의 조건형성을 보여 주어야만 했다. 그런데 두 집단 간의 차이는 소리에 대한 전기 충격의 수반성이었다. 집단 A에서는 모든 전기 충격에 소리가 선행한 반면, 집단 B에서는 소리의 존재와 부재에서 전기 충격의 출현 가능성이 동일했다. 따라서 집단 A에서는 소리가 전기 충격을 잘 예측했던 반면에 집단 B에서는 아무런 예측력이 없었다. 만일 **수반성**이 조건형성을 결정한다면 집단 A만이 조건형성을 나타낼 것이라고 예상할 수 있다. 바로 이것이 레스콜라가 얻은 결과이다. 즉 집단 A의 쥐들만이 조건 공포 반응을 나타냈다. 실험의 다른 집단에서도 조건형성의 강도는 US의 출현을 신호해 주는 CS의 예측력과 직접적으로 관련되었다. 후속 실험은 CS와 US 간의 예측적 관계가 CS와 US 간의 시간 근접성이나 둘을 짝짓는 빈도보다 중요하다는 결론을 지지했다(Rescorla, 1972).

생물학적 제약

초기 행동주의자들은 학습 법칙이 모든 동물 종에서 동일하다고 가정했다. 이에 덧붙여서 고전적 조건형성에서는 모든 CS를 모든 US와 연합할 수 있다고 가정했다.

이러한 입장은 초기 행동주의자들로 하여금 선천성 · 후천성 논쟁에서 **후천성**을 굳건하게 받아들이도록 만들었다. 즉 유기체가 학습하는 것은 전적으로 환경과의 경험에 달려 있다는 것이다. 그러나 다른 연구자들은 학습 과정에서의 생물학적 기능을 강조해 왔다. 즉 생물학적 기능이 유기체로 하여금 적응하고 생존하게 만든다는 것이다. 초기 동물행동학자들(예: 노벨상 수상자인 콘라트 로렌츠를 비롯한 니콜라스 틴베르헌, 카를 폰프리슈 등)은 인간과 동물의 행동에서 강력한 **생물학적** 소인을 밝혔다(Tinbergen, 1951).

동물행동학자는 행동주의자와 마찬가지로 동물의 행동에 관심을 갖지만 학습보다는 진화와 유전학을 강조한다. 그리고 자연환경에서 동물의 행동을 연구한다. 학습에 대한 이러한 조망은 유기체가 학습할 필요가 있는 것은 진화사에 달려 있다는 사실, 즉 동물은 상당한 정도로 특정한 대상을 특정한 방식으로 학습하도록 사전에 프로그래밍되어 있다는 사실에 주의를 기울이게 만들었다.

학습한 맛혐오learned taste aversion의 예를 살펴보자. 많은 사람들은 특정한 음식을 먹은 후에 탈이 나서 그 음식을 다시는 먹고 싶지 않게 되었던 경험을 가지고 있다. 가브와 스턴커드(Garb & Stunkard, 1974)는 1/3 이상의 사람들이 적어도 한 번 이상 이러한 경험을 했다는 사실을 확인했다. 전형적으로 새로운 음식을 먹고 몇 시간 내에 탈이 났다(구역질이 나고 토한다). 얼핏 보면 학습한 맛혐오가 고전적 조건형성의 전형적인 사례인 것처럼 보인다. 즉 음식의 맛이 복통과 연합되었던 것이다. 그러나 면밀하게 살펴보면 이 조건형성은 고전적 조건형성의 법칙과 전혀 일치하지 않는다. 첫째, 대부분의 맛혐오는 단 한 차례 음식과의 나쁜 경험 후에 일어난다. 반복적인 짝짓기가 필요하지 않다. 둘째, CS-US 시간 간격이 일반적으로 매우 길다. 복통(US)은 음식(CS)을 먹은 지 몇 시간 후에 발생한다. 진화적 조망에서 볼 때, 한 번의 경험으로 특정한 음식의 회피를 학습하는 유기체의 능력, 즉 해로울 가능성이 있는 음식을 회피하는 것이 적응적이라는 사실을 쉽게 찾아볼 수 있다. 학습한 맛혐오가 존재한다는 사실이 보여 주는 것은 유기체가 학습할 수 있는 것에서 매우 선택적이라는 점이다. 특정한 연합은 매우 용이하게 학습하는 반면에 다른 연합은 결코 학습하지 않을 수도 있다.

가르시아와 쾰링(Garcia & Koelling, 1966)은 학습에서 생물학적 소인의 중요성을 드러내는 일련의 실험을 수행했다. 이러한 실험의 하나가 표 5.1에 나와 있다. 실험의 첫 번째 단계에서 실험집단의 쥐들은 새로운 향료가 든 물이 있는 튜브를 핥아 먹을 수 있게 한다. 쥐가 튜브를 핥을 때마다 클릭 소리와 불빛도 함께 제시한다. 쥐는 불빛과 클릭 소리뿐만 아니라 용액의 맛이라는 세 가지 자극을 경험한다. 실험의 두 번째 단계에서 실험집단의 쥐를 약물에 중독시켜 복통을 느끼게 만든다. 어떤 자극—맛 또는 불빛과 클릭 소리—이 복통과 연합될까? 이 물음의 답을 찾기 위해 실험의 세 번째 단계에서 실험집단의 쥐에게 다시 튜브를 제시한다. 때로는 튜브의 용액이 전과 동일한 향이지만 불빛이나 클릭 소리가 없으며, 다른 경우에는 향이 없지만 불빛과 클릭 소리를 제시한다. 이때 실험집단의 쥐는 향료 맛이 나는 용액을 회피하지만 불빛+클릭 소리가 제시될 때는 회피하지 않는다. 따라서 쥐는 맛만을 복통과 연합했던 것이다.

표 5.1 생물학적 제약과 맛혐오에 대한 실험

맛이 전기 충격보다는 복통에 대한 좋은 신호인 반면, 불빛+소리는 복통보다는 전기 충격에 대한 좋은 신호라는 사실을 보여 주는 실험설계.

조건	조건자극	무조건자극	결과
약물	맛, 불빛+소리	염화리튬	맛 → 물 마시기 억압 불빛+소리 → 억압 없음
전기 충격	맛, 불빛+소리	전기 충격	맛 → 억압 없음 불빛+소리 → 물 마시기 억압

표 5.1 아랫부분에 제시된 통제조건의 결과로 인해 이러한 결과는 맛이 불빛+클릭 소리보다 강력한 CS이기 때문이라고 할 수 없다. 통제조건의 쥐는 두 번째 단계에서 약물에 중독되는 대신에 전기 충격을 받는다. 마지막 단계에서 쥐는 불빛+클릭 소리가 제시될 때만 용액을 회피하며, 향료 맛만을 경험할 때는 회피하지 않는다(Garcia & Koelling, 1966).

따라서 맛은 전기 충격보다는 복통에 대한 우수한 신호이며, 불빛+클릭 소리는 복통보다는 전기 충격에 대한 우수한 신호이다. 어째서 연합에 이러한 선택성이 존재하는 것인가? 이 결과는 등가적으로 강력한 자극이 서로 대치될 수 있다는 초기 행동주의자들의 생각에 들어맞지 않는다. 맛과 불빛+클릭 소리는 모두 효과적인 CS일 수 있기 때문에, 그리고 복통과 전기 충격은 모두 효과적인 US일 수 있기 때문에 어느 CS와 어느 US이든 모두 연합될 수 있어야만 했다. 반면에 연합의 선택성은 동물행동학적 조망 그리고 환경에 대한 동물의 진화적 적응의 강조와 완벽하게 맞아떨어진다. 쥐는 자연 서식 상황에서 먹이를 선택하는 데 맛에 의존한다. 따라서 맛과 복통 사이의 연합은 촉진하지만 불빛과 복통은 그렇지 않도록 맛과 내장 반응 사이에 유전적으로 결정된 관계가 있을 수 있다. 더구나 쥐의 자연환경에서 추위나 상처와 같은 외적 요인에 의해 초래되는 통증은 필연적으로 외적 자극에 의한 것이다. 따라서 외적 자극과 '외적 통증' 사이의 생득적 관계가 있을 수 있으며, 이러한 관계가 불빛과 전기 충격 사이의 연합은 촉진하지만 맛과 전기 충격 사이의 연합은 촉진하지 않을 수 있다.

만일 쥐가 먹이 선택의 자연적 수단과 맞아떨어지기 때문에 맛과 복통의 연합을 학습한다면, 먹이 선택에서 또 다른 수단을 사용하는 동물 종은 맛과 복통의 연합을 학습하는 데 애를 먹을 수 있다. 실제로도 그러한 일이 일어난다. 새는 자연 상태에서 맛보다는 모양에 근거하여 먹이를 선택하며, 불빛을 복통에 연합하는 것은 쉽게 학습하지만 맛을 복통에 연합하는 것은 그렇지 못하다(Wilcoxin et al., 1971). 이것은 예컨대 복통의 원인과 같이 동일한 것을 서로 다른 수단을 통해 학습하는 상이한 동물 종의 완벽한 사례인 것이다. 요컨대 무엇이 무엇에 조건형성되는지를 알고자 한다면 CS와 US를 분리해서 생각해서는 안 된다. 오히려 두 자극의 조합에 초점을 맞추어야 하며, 그 조합이 생득적 관계를 얼마나 반영하는지를 고려해야 한다. 이러한 결론은 학습 법칙이 모든 동물 종과 상황에서 동일하다는 가정과 상당히 어긋난다. 실제로 최근 몇몇 심리학자들은 연구하는 행동의 진화사를 고려하는 행동 시스템 접근 방법을 사용하여 고전적 조건형성을 탐구하고 있다(Fanselow, 1994; Domjan, 2005). 사람의 경우에 생태적으로 적절한 자극을 사용한 조건형성의 한 가지 사례는 음식의 맛(CS)이 충분한 칼로리(포만감, US)와 연합된다는 결과이다. 이렇게 조건형성된 선호도는 실험 참가자의 배고픔 정도에 달려 있다(Domjan, 2005 참조).

도구적 조건형성

고전적 조건형성에서는 조건반응이 침 흘리기와 같이 동물의 생득적 레퍼토리의 한 부분인 반응이다. 그렇다면 개는 구른다거나 죽은 척하는 것과 같은 새로운 묘기를 어떻게 학습하는가? 만일 개에게 이러한 묘기를 부리도록 훈련시켜 본 적이 있다면, 개가 묘기를 부릴 때마다 보상이 수반된다는 사실을 알고 있을 것이다. 처음에는 원하는 행동에 근접한 행동에 대해 보상을 주지만 결국에는 개가 완벽한 묘기를 부릴 때만 보상을 준다. **도구적 조건형성** instrumental conditioning에서는 특정한 행동이 환경에 조작을 가함으로써 그 행동을 학습하게 된다. 개는 묘기를 부리는 것이 먹이를 초래한다는 것을 학습한다. 즉 행동이 환경에서의 특정한 변화를 초래하는 데 있어서 **도구적**(instrumental)이다. 만일 개가 먹이를 목표로 한다면 도구적 조건형성[**조작적 조건형성**(operant conditioning)이라고도 부름]은 특정한 행동(**반응**이라고 부르며, 위의 경우에는 구르기)이 특정한 목표로 이끌어 감을 학습하는 것이 된다(Rescorla, 1987). 고전적 조건형성은 사건 간 관계의 학습을 수반하는 반면, 도구적 조건형성은 반응과 그 결과 간 관계의 학습을 수반한다.

도구적 조건형성 연구가 스키너로부터 시작된 것은 아니다. 손다이크는 20세기가 시작될 무렵에 일련의 중요한 실험을 수행했다(Thorndike, 1898). 그는 찰스 다윈의 저서에서 영감을 얻었는데, 이 저서들은 지적이고 통찰력 있는 것처럼 보이는 행동을 나타내는 동물들에 대한 많은 일화를 담고 있었다. 그렇지만 손다이크는 동물의 지능을 연구하기 위해서는 통제된 실험을 수행해야 한다고 생각했다. 실험을 통해 손다이크는 동물이 인간과는 다르게 어떤 **통찰** insight, 즉 문제해결로 이끌어 가는 상황에 대한 이해를 통해 학습하는 것이 아니라 시행착오적으로 학습한다고 결론 내렸다. 전형적인 실험에서는 배고픈 고양이를 간단한 걸쇠로 문이 닫혀 있는 우리에 집어넣고 우리 바로 바깥에 생선 토막을 놓는다. 고양이는 우선 창살 사이로 앞다리를 뻗어 먹이를 잡으려고 시도한다. 이것이 실패하면 우리 속을 돌아다니면서 다양한 행동을 한다.

스키너는 도구적 조건형성 연구의 선구자이다.

어느 시점에는 고양이가 우연히 걸쇠를 건드려 밖으로 나와서는 생선 토막을 먹는다. 그러면 다시 고양이를 우리에 집어놓고 새로운 생선 토막을 밖에 놓는다. 고양이는 거의 같은 유형의 행동을 거쳐서 다시 우연히 걸쇠를 건드리게 된다. 이 절차를 계속해서 반복한다. 시행이 반복됨에 따라 고양이는 많은 부적절한 행동을 제거하고, 결국에는 우리에 집어넣자마자 밖으로 빠져나오게 된다. 고양이는 먹이를 얻기 위해 걸쇠를 여는 방법을 학습한 것이다.

마치 고양이가 지능적으로 행동하는 것처럼 보일 수도 있지만, 손다이크는 여기서 작동하는 '지능'이 없다고 주장했다. 고양이가 문제의 해결책에 대해 어떤 통찰을 가지고 있는 것처럼 보이는 순간이 전혀 없다. 오히려 고양이의 수행은 시행이 거듭됨에 따라서 점진적으로 증진된다. 고양이는 **시행착오 학습**trial-and-error learning에 몰두하고 있는 것처럼 보이며, 이러한 행동에 보상이 즉각적으로 뒤따를 때 그 행동의 학습이 강력해진다. 손다이크는 이러한 강화를 **효과의 법칙**law of effect이라고 칭했다. 그는 도구적 학습에서 효과의 법칙이 일련의 무작위적 반응 중에서 긍정적 결과가 뒤따르는 반응만을 선택하는 것이라고 주장했다.

스키너의 실험

도구적 조건형성을 연구하는 스키너의 방법은 손다이크의 방법보다 간단하다. 한 번에 하나의 반응만을 연구했다. 스키너의 실험에서는 배고픈 동물(일반적으로 쥐나 비둘기)을 그림 5.5와 유사한 상자에 집어넣는데, 이 상자는 조작반응 공간(operant chamber)이라고 부른다[스키너 상자(Skinner box)라고도 부름]. 이 상자 안에는 벽에 튀어나온 지렛대와 그 아래에 먹이 접시만 있다. 지렛대 위의 작은 전구에는 실험자의 의도에 따라 불빛이 들어올 수 있다. 상자에 홀로 남은 쥐는 이리저리 다니면서 탐색한다. 때때로 지렛대를 조사하고 누른다. 쥐가 처음에 지렛대를 누르는 비율이 기저선 수준(baseline level)이다.

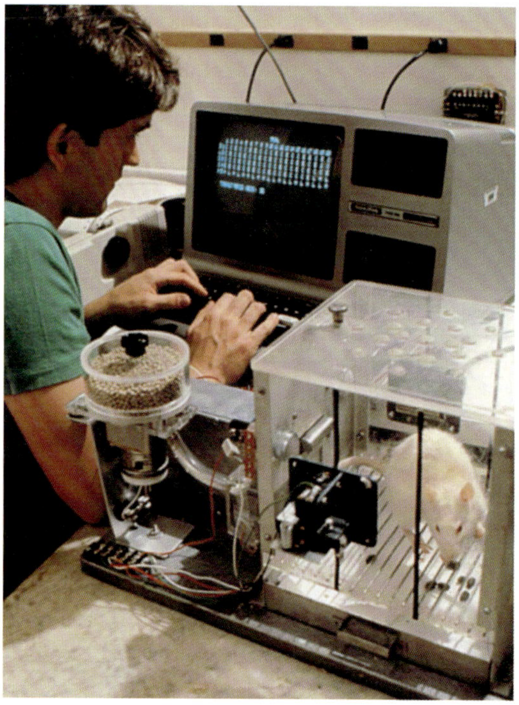

그림 5.5 도구적 조건형성 실험장치. 이 사진은 먹이를 공급하는 먹이통이 설치된 조작반응 공간(흔히 '스키너 상자'라고 부름)을 보여 준다. 실험을 제어하고 쥐의 반응을 기록하기 위해 컴퓨터를 사용한다.

획득과 소거

기저선 수준을 확정한 후에 실험자는 상자 밖에 설치된 먹이통을 작동시킨다. 이제 쥐가 지렛대를 누를 때마다 작은 먹이 알갱이가 접시에 떨어진다. 쥐는 먹이를 먹고는 곧 지렛대를 다시 누른다. 먹이가 지렛대 누르기를 강화하며 누르기 비율이 극적으로 증가한다. 만일 먹이통 연결을 끊어서 지렛대 누르기가 먹이를 제공하지 않으면 누르기 비율이 감소한다. 강화받지 못하는 도구적 반응은 고전적 조건형성 반응과 마찬가지로 소거된다.

도구적 조건형성은 행동 뒤에 강화물(흔히 먹이나 물과 같은 것)이 뒤따름으로써 반응의 가능성을 증가시킨다. 스키너 상자에서 지렛대는 항상 존재하는 것이기 때문에 쥐는 자신의 의사대로 지렛대에 반응할 수 있다. 따라서 유기체의 반응 비율은 도구적 조건형성의 유용한 측정치가 된다. 즉 주어진 시간에 반응이 보다 빈번하게 일어날수록 학습이 많이 일어난 것이다.

강화 대 처벌

도구적 조건형성에서 행동에 뒤따르는 환경사건은 그 행동 확률의 증가나 감소를 초래한다. **강화** reinforcement는 자극의 제공이 행동의 확률을 증가시키는 과정을 지칭한다. 강화는 만족자극을 제공하거나(**정적 강화** positive reinforcement) 혐오자극을 제거함으로써(**부적 강화** negative reinforcement) 이루어질 수 있다. 다시 말해 행동과 강화 간에는 정적 수반성이나 부적 수반성이 존재할 수 있다. 정적 수반성은 무엇인가 주어지는 것을 의미한다. 예컨대 지렛대 누르기에 먹이가 뒤따른다. 부적 수반성은 무엇인가 제거된다는 것을 의미한다. 예컨대 지렛대 누르기는 전기 충격을 종료시키거나 차단한다. 처벌(punishment)은 강화의 반대이다. 행동의 확률을 감소시키며, 혐오자극의 제공(**정적 처벌** positive punishment 또는 단순히 '처벌')이나 만족자극의 제거(**부적 처벌** negative punishment 또는 '생략 훈련')로 구성된다. 여기서도 행동과 처벌 사이에 정적 유관성(예: 지렛대 누르기에 전기 충격이 뒤따른다)이나 부적 유관성(예: 막대 누르기가 먹이 공급을 중지시키거나 차단한다)이 존재할 수 있다는 사실에 주목하기 바란다(개념 설명 참조).

쥐와 비둘기가 선호하는 실험동물이었지만 도구적 조건형성은 인간을 포함한 많은 동물 종에 적용된다. 실제로 도구적 조건형성은 자녀 양육에 대해 많은 것을 알려 준다. 특히 시사적인 예는 다음과 같은 경우이다. 어린아이가 부모의 관심을 끌지 못했을 때 잠자

개념 설명

강화와 처벌의 유형

유형	정의	영향	예
정적 강화	반응에 쾌 또는 만족자극이 뒤따른다.	반응 가능성의 증가	공부를 하고 시험에서 좋은 점수를 받으면 시험 전에 공부할 가능성이 증가한다.
부적 강화	반응으로 불쾌 또는 혐오자극이 제거된다.	반응 가능성의 증가	기숙사 방에서 나가니 수다스러운 룸메이트에게서 벗어나게 되면 방 밖에서 보내는 시간이 증가한다.
정적 처벌 (처벌)	반응에 불쾌 또는 혐오자극이 뒤따른다.	반응 가능성의 감소	교수가 수업 중에 질문을 던진 당신을 당황하게 만든다면 질문을 던질 가능성이 감소한다.
부적 처벌 (생략 훈련)	반응으로 쾌 또는 만족자극이 제거된다.	반응 가능성의 감소	당신이 TV를 볼 때마다 배우자가 애정 표현을 그만둔다면 TV 앞에서 보내는 시간이 줄어든다.

리에서 투정을 부렸다. 어쩔 수 없이 부모는 아이의 투정에 반응을 보이게 되고, 부모의 관심이 아이의 행동을 강화했을 가능성이 있다. 그러한 투정을 제거하기 위해 부모에게 아무리 고통스럽더라도 정상적인 취침 인사를 나눈 후에는 아이의 투정을 무시하라고 제안했다. 만일 강화물(관심)이 유보된다면 행동이 소거될 것이며, 실제로 연구 결과도 그렇다. 아이가 잠자리에서 보채면서 보냈던 45분이라는 시간이 단 7일 만에 완전히 사라져 버렸다(Williams, 1959). 이것은 생략 훈련의 예이다. 아이가 원하는 것(부모의 관심)을 유보함으로써 처벌에 유관한 반응(잠자리 투정)을 감소시켰던 것이다.

행동조성

도구적 조건형성을 사용하여 개에게 대문 우편함에서 우편물을 가져오게 하는 묘기를 가르치려고 한다고 가정해 보자. 개가 자연스럽게 그 행동을 할 때까지 기다려서 강화한다면 영원히 기다려야 할지도 모른다. 원하는 행동이 정말로 새로운 것일 때는 동물 행동의 자연적 변형을 이용하여 조건형성시켜야만 한다. 개가 우편물을 가져오게 훈련하려면 대문에 접근할 때마다 먹이 강화물을 주어서 우편물에 점점 더 가까이 다가가게 하고 결국에는 우편물을 입에 물도록 만들어야 한다. **행동조성** shaping이라고 부르는 이 기법은 실험자가 원하는 방향으로 변형된 반응만을 강화하는 것이다. 행동조성을 통해 동물이 묘기를 정교화하도록 훈련할 수 있다. 두 심리학자는 수많은 종의 동물이 TV 쇼와 광고, 박람회 등에 출연하도록 훈련했다(Breland & Breland, 1966). 한 유명한 쇼에서는 〈프리실라, 까다로운 돼지〉라는 프로그램을 내보냈다. 프리실라는 TV를 켜고, 식탁에서 아침 식사를 하고, 더러워진 옷을 집어 빨래 바구니에 넣고, 마루를 청소하고, 좋아하는 음식을 선택하고, '예'와 '아니요'를 나타내는 불빛을 켬으로써 청중의 질문에 답하는 방식으로 퀴즈 프로그램에도 참가했다. 이 녀석은 유별나게 똑똑한 돼지가 아니었다. 실제로 돼지는 너무 빨리 성장하기 때문에 새로운 '프리실라'를 3~5개월마다 훈련해야만 했다. 재주는 돼지가 아닌 실험자에게 있었다. 실험자는 도구적 조건형성을 사용하여 돼지의 행동을 조성함으로써 원하는 결과를 만들어 냈다. 행동조성은 비둘기로 하여금 바다에서 실종된 사람을 찾아내도록 훈련하는 데 사용되고, 돌고래가 해저 장치를 끄집어 올리도록 훈련했다.

브릴랜드 부부의 작업은 모든 행동을 조성할 수 있는 것은 아니라는 사실도 보여 주었다. 예컨대 너구리에게 먹이 보상을 위해 돼지 저금통에 동전을 집어넣도록 훈련하는 데 상당한 어려움을 겪었다. 너구리는 저금통에 동전을 집어넣고 먹이 강화물을 얻는 대신에 끊임없이 동전 2개를 비비고, 저금통에 집어넣었다가는 다시 꺼내어 계속해서 비비기만 했다. 물론 이 행동은 너구리가 자연적인 먹이를 얻기 위해 정상적으로 나타내는 행동과 닮았다. 먹이와 연합되어 있는 사물을 열심히 가지고 노는 너구리의 행동 소양이 새로운 반응의 조성을 어렵게 만들었던 것이다. 동물이 생물학적으로 선천적인 행동에 몰두하는 현상을 **향본능 표류**(instinctive drift)라고 부른다. 이 현상은 도구적 조건형성이 고전적 조건형성과 마찬가지로 생물학적 제약을 받으면서 작동한다는 사실을 나타낸다.

조건강화물

지금까지 논의한 대부분의 강화물은 기본 추동을 만족시키기 때문에 **일차 강화물**(primary

많은 사람에게는 칭찬이 효과적인 강화물이다.

reinforcer)이라고 부른다. 만일 도구적 조건형성이 일차 강화물과 함께만 일어난다면 그렇게 자주 일어나지 않을 것이다. 일차 강화물은 별로 일반적이지 않기 때문이다. 그러나 거의 모든 자극은 이차 강화물(secondary reinforcer) 또는 **조건강화물 conditioned reinforcer**이 될 수 있다. 조건강화물은 일차 강화물과 일관성 있게 짝지어졌던 자극이다. 조건강화물은 도구적 조건형성의 일반성을 크게 증가시킨다. 전형적인 도구적 조건형성 실험을 약간만 변형하면 조건강화가 작동하는 방식을 예시할 수 있다. 스키너 상자에서 쥐가 지렛대를 누를 때 소리가 잠시 들리고는 곧이어서 먹이의 공급이 뒤따른다(먹이는 일차 강화물이고 소리는 조건강화물이 된다). 이러한 방식으로 쥐를 조건형성시킨 후에 실험자는 소거 과정을 시작함으로써 쥐가 지렛대를 누를 때 소리도 먹이도 주지 않는다. 시간이 경과함에 따라서 쥐는 지렛대 누르기를 중지한다. 그러면 소리는 다시 연결하지만 먹이통은 연결하지 않는다. 지렛대 누르기가 소리를 초래한다는 사실을 쥐가 발견하면 누르기 비율이 현저하게 증가하여 먹이가 주어지지 않음에도 불구하고 소거를 극복하게 된다. 소리는 고전적 조건형성을 통해 자체적으로 강화하는 자질을 획득한 것이다. 소리가 먹이와 신뢰롭게 짝지어졌기 때문에 먹이를 신호하게 되었던 것이다. 이차 강화물은 인간 행동에도 작동한다. 우리의 삶은 조건강화물로 가득 차 있다. 가장 널리 사용되는 것은 돈과 칭찬이다. 단순한 칭찬은 일차 강화물이 뒤따르지 않아도 많은 행위를 유지시킬 수 있다. 돈은 많은 일차 강화물과 너무나도 자주 짝지어졌기 때문에 강력한 강화물이 되었을 것이다. 몇 가지만을 들어 보더라도 우리는 돈으로 음식, 음료수, 안락함 등을 살 수 있다. 최근 연구를 보면 돈과 음식이라는 두 가지 강화물이 어떻게 얽혀 있는지를 명확하게 알 수 있다. 브리어스 등(Briers et al., 2006)은 배고픔이 자선 행동에 부정적인 영향을 미친다는 사실을 보여 주었다. 배고픈 실험 참가자들은 그렇지 않은 참가자들에 비해서 기부하는 돈의 액수가 적었다. 그 역도 마찬가지이다. 로또에 당첨되었다는 상상을 하도록 요청함으로써 실험자가 돈에 대한 참가자들의 갈망을 증가시켰을 때 과자를 먹는 양이 증가했다. 실험 참가자의 행동을 유도함에 있어서 음식과 돈 간의 이러한 대칭적 관계는 인간에게 돈이 일차 강화물이 되었을 수도 있다는 사실을 시사한다.

일반화와 변별

여기서도 고전적 조건형성에서 참인 것이 도구적 조건형성에서도 참이다. 즉 유기체는 학습한 것을 일반화하며, 일반화는 변별 훈련으로 제어할 수 있다. 만일 어린아이가 자기 집 강아지를 다독거려 부모에게 강화를 받는다면, 곧 다른 강아지에게도 다독거리는 반응을 일반화하게 된다. 이러한 일반화 행동은 위험할 수 있기 때문에 (이웃집은 무시무시한 경비견을 키우고 있을 수 있다) 부모는 아이에게 변별 훈련을 시켜서 자기 집 강아지는 다독거리지만 이웃집 개에게는 그렇게 하지 않음으로써 강화를 받도록 할 수 있다.

변별 훈련은 반응해야 하는 경우와 반응을 억압해야 하는 경우를 명백하게 구분해 주는 변별자극(또는 일련의 자극)이 있는 한 효과적이다. 위의 어린아이는 부모가 친근함을 신호하는 개의 특성(예: 꼬리 흔들기)을 지적해 주면 어느 개를 다독거려야 하는지를 쉽게 학습하게 된다. 일반적으로 변별자극의 존재는 반응 뒤에 강화가 뒤따른다는 사실을 예측하고 그 부재는 반응 후에 강화가 뒤따르지 않는다는 사실을 예측하는 한 유용하다(그 역도 마찬가지이다). 고전적 조건형성과 마찬가지로 자극의 예측력은 조건형성에 결정적인 것으로 보인다.

강화계획

실제 삶에서는 모든 행동이 강화되지 않는다. 예컨대 열심히 일하는 것에 때로는 칭찬이 뒤따르지만 많은 경우에는 알지 못하고 넘어가기 십상이다. 만일 도구적 조건형성이 계속적인 강화와 함께만 일어난다면 우리의 삶에서 제한된 역할만을 할 것이다. 그렇지만 일단 행동이 형성되면 간헐적으로만 강화되더라고 유지될 수 있다. 이러한 **부분강화**(partial reinforcement) 현상은 먹이를 위해 원판 쪼기를 학습하는 비둘기를 가지고 실험실에서 예증할 수 있다. 일단 이러한 도구적 반응이 확립되면 비둘기는 가끔씩만 강화를 받는다고 하더라도 높은 비율로 쪼기를 계속한다. 어떤 경우에는 평균적으로 5분마다 먹이로 강화를 받는(1시간에 12번) 비둘기가 시간당 6,000번 원판을 쪼기도 한다. 먹이 하나를 얻기 위해 무려 500번씩이나 쪼는 셈이다.

이에 덧붙여서 부분강화로 반응이 유지된 후의 소거는 연속강화에 의해 반응이 유지된 후의 소거보다 훨씬 느리게 진행된다. 5분마다 강화받은 비둘기의 쪼기 반응 소거는 하루가 걸리는 반면, 연속적으로 강화받은 비둘기는 몇 분 이내에 소거된다. 이 현상을 **부분강화 효과**(partial reinforcement effect)라고 부른다. 이것은 직관적으로 이해가 되는데, 반응을 유지하는 동안에 강화가 부분적이어서 소거와 유지 사이의 차이가 적기 때문이다.

강화가 부분적으로만 일어날 때는 그 강화가 어떻게 계획된 것인지를 정확하게 알 필요가 있다. 예컨대 매 세 번째 반응인가? 매 5초가 지난 후인가? 강화계획이 반응 패턴을 결정한다는 사실이 밝혀졌다. 네 가지 기본 강화계획이 있다(개념 설명 참조).

어떤 계획은 **비율계획** ratio schedule이라고 부른다. 유기체가 나타내는 반응의 수에 의존하기 때문이다. 이 계획은 도급제로 일하는 공장 노동자의 경우와 유사하다. 비율은 고정되거나 변동적일 수 있다. **고정비율계획** fixed ratio schedule(FR 계획이라고 함)에서는 내놓아야 하는 반응의 수가 특정한 값으로 고정된다. 만일 그 수가 5라면(FR 5) 강화를 받는 데 5회의 반응이 요구된다. 또 50이라면(FR 50) 50회의 반응이 요구되는 식이다. 일반적으로 비율이 높을수록 유기체가 반응하는 비율도 높아진다. 특히 처음에는 비교적 낮은 비율(예: FR 5)로 훈련받은 후 점차적으로 높은 비율로 계속해서 이동하여 예컨대 FR 100까지 이동했을 때 그렇다. 이것은 마치 공장 노동자가 처음에는 5벌의 옷을 박음질할 때마다 5달러를 벌었지만 세상이 어려워져서 이제는 5달러를 벌기 위해 100벌을 박음질해야만 하는 것과 같다. 그러나 아마도 FR 계획하의 행동에서 가장 독특한 측면은 강화가 주어진 뒤

개념 설명
강화계획

	비율계획	간격계획
고정계획	고정비율(FR): 고정된 반응 횟수 후에 강화를 준다.	고정간격(FI): 마지막 강화 후에 일정한 시간이 경과해야만 강화를 준다.
변동계획	변동비율(VR): 특정한 반응 횟수 후에 강화를 주지만 그 횟수가 예측할 수 없게 변한다.	변동간격(VI): 마지막 강화 후에 특정한 시간이 경과해야만 강화를 주지만 그 간격이 예측할 수 없게 변한다.

바로 휴지 기간이 있다는 것이겠다(그림 5.6 참조). 공장 노동자의 경우 보상을 받을 만큼 이제 막 일을 마치고 난 후 곧바로 새로운 작업을 시작하기가 쉽지 않다.

변동비율계획 variable ratio schedule(VR 계획)에서 유기체는 여전히 특정한 횟수의 반응을 행한 다음 강화를 받지만 그 횟수가 예측할 수 없게 변한다. VR 5 계획에서 강화에 필요한 반응의 수가 때로는 1회, 때로는 10회일 수 있으며, 평균적으로는 5회가 된다. FR 계획에서 일어나는 행동과는 달리, 유기체가 VR 계획에서 반응할 때는 휴지 기간이 없다(그림 5.6 참조). 아마도 유기체가 언제 강화를 받을지 탐지할 수 있는 방법이 없기 때문일 것이다. 일상생활에서 VR 계획의 좋은 예는 슬롯머신의 작동 방법이다. 강화(보상)에 필요한 반응의 횟수(게임 횟수)가 계속 변하며, 게임을 하는 사람은 언제 강화가 일어날지 예측할 방법이 없다. 강화계획 중에서 VR 계획이 가장 높은 비율의 반응을 생성할 수 있다. 슬롯머신을 즐기고 있는 사람은 VR 계획에 따라서 강화를 받는다. 바로 이 자질이 게임의 '중독성'에 영향을 미친다.

다른 강화계획은 **간격계획** interval schedule이라고 부른다. 이러한 계획에서는 강화가 특정 시간이 경과한 후에만(그리고 유기체가 반응을 한 후에만) 가용하기 때문이다. 여기서도 계획은 고정되거나 변동될 수 있다. **고정간격계획** fixed interval schedule(FI 계획)에서 유기체는 마지막 강화 후에 특정한 시간이 경과하고 나타낸 최초의 반응에 대해 강화를 받는다. 예컨대 FI 2분 계획에서 강화는 마지막으로 강화받은 반응 후 2분이 경과한 다음에만 가용하다. 2분의 간격 도중에 나타낸 반응은 아무 효과가 없다. FI 계획에서 반응의 독특한 측면은 강화 직후에 발생하는 휴지 기간이다(그림 5.6 참조). 이러한 강화 후 휴지는 FR 계획에서의 휴지보다도 더 길 수 있다. FI 계획에서 반응의 또 다른 독특한 측면은 간격이 끝나 감에 따라서 반응 비율이 증가하여 흔

슬롯머신을 즐기는 사람들은 변동비율계획에 따라 보상받는 것으로 강화된다. 그러한 계획은 매우 높은 반응 비율을 생성할 수 있다.

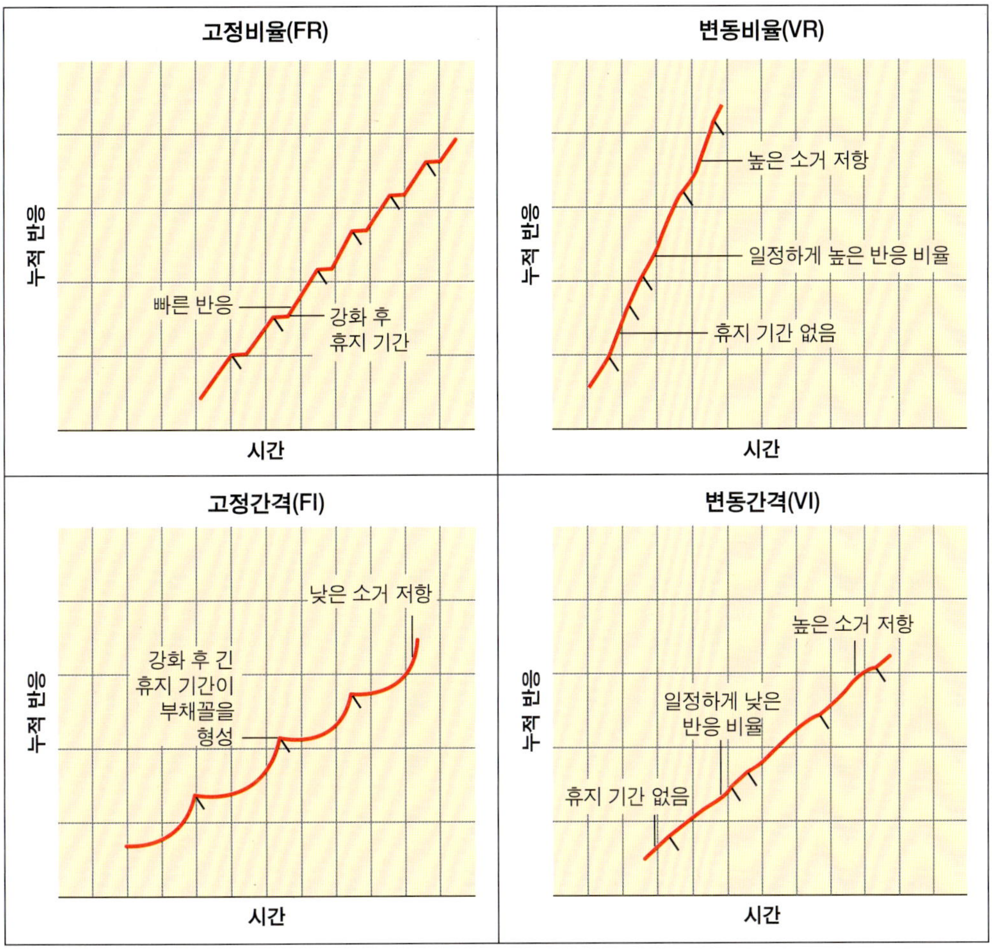

그림 5.6 네 가지 기본 강화계획에서 전형적인 반응 패턴. 각 선분은 시간의 함수로서 동물의 누가 반응 횟수를 도작한 것이다. 따라서 선분의 기울기는 동물의 반응 비율을 나타낸다. 각 선분에 대각으로 그은 짧은 표지는 강화가 주어진 시점을 나타낸다. 위의 두 선분은 비율계획이다. FR 계획의 선분에서 휴지 기간을 나타내는 수평선 구역에 주목하기 바란다(누가 반응 횟수가 증가하지 않는 것을 나타낸다). 아래 두 선분은 간격계획이다. FI 계획의 선분에서도 수평선 구역은 휴지 기간을 나타낸다.

히 부채꼴이라는 패턴을 만들어 내는 것이다(그림 5.6 참조). 일상생활에서 FI 계획의 좋은 예는 우편배달이다. 우편배달은 하루에 한 번씩 오거나(FI 24시간) 어떤 지역에서는 하루에 두 번씩 온다(FI 12시간). 우편물이 배달된 직후에는 다시 확인하지 않지만, 우편배달 간격이 끝나 갈 무렵이 되면 다시 확인하기 시작한다.

변동간격계획 variable interval schedule(VI 계획)에서도 강화가 여전히 특정 시간이 경과하는 데 의존하지만 그 간격은 예측할 수 없게 변한다. 예컨대 VI 10분 계획에서 결정적 간격이 때로는 2분이고 때로는 20분일 수 있지만 평균적으로 10분에 한 번꼴이 된다. FI 계획에서 반응 비율의 변화와는 달리, VI 1분 계획일 때는 유기체가 일정하게 높은 비율로 반응하는 경향이 있다(그림 5.6 참조). 일상생활에서 VI 계획의 예로, 통화 중 신호음을 들은 후 전화번호를 다시 누르는 것을 생각해 보자. 강화(전화가 걸리는 것)를 얻기 위해서는 마지막으로 통화를 시도한 후 어느 정도 시간을 기다려야 하지만 그 간격은 예측할 수 없다.

혐오 조건형성

전기 충격이나 고통스러운 소음과 같은 부정적 혐오 사건도 도구적 조건형성에서 흔히 사용된다. 처벌 훈련에서는 반응에 혐오자극 또는 사건이 뒤따르는데, 혐오자극은 나중에 반응이 약화되거나 억압되는 결과를 초래한다. 처벌은 바람직하지 않은 반응 후에 일관성 있고 즉각적으로 주어지며, 대안 반응이 보상을 받는다면 바람직하지 않은 반응을 효과적으로 제거할 수 있다. 미로에서 먹이에 도달하기 위해 두 통로 중 가까운 통로를 선택하도록 학습한 쥐가 가까운 통로를 선택할 때 전기 충격을 받으면 곧바로 먼 통로를 택하게 된다. 처벌이 생성한 잠정적 억압이 쥐로 하여금 먼 통로를 택하는 것을 학습할 기회를 제공한다. 이 경우에 처벌은 정보적이기 때문에 행동의 방향을 바꾸는 효과적인 수단이 되며, 이 사실이 처벌의 효과적 사용의 핵심이 되는 것으로 보인다.

인간의 행동을 교정하기 위해 처벌 훈련을 적용하는 것이 항상 성공적이었던 것은 아니다. 예컨대 자동차 운전 상황에서 '과속하면 교통사고로 사망할 수도 있다!'는 사고 가능성을 위협이나 미래의 처벌로 사용함으로써 안전 행동을 증가시키려는 시도에서 종종 사용한다. 문제는 여전히 살아 있는 모든 운전자들이 과속하고도 죽지 않은 경험이 있다는 점이다. 그렇기 때문에 위협을 '만일 과속하면 벌금을 물어야 한다!'로 바꾸지 않는 한 과속은 조건형성으로 통제하기 정말로 어렵다. 하지만 이 경우에도 과속한 많은 운전자들이 경찰에 잡히지도 않고 벌금도 내지 않는다.

따라서 처벌이 원하지 않는 반응을 억압할 수 있다고 하더라도 몇 가지 단점을 가지고 있다. 첫째, 처벌 효과는 보상만큼 정보적이지 못하다. 보상은 근본적으로 '네가 한 것을 반복하라'고 알려 준다. 처벌은 '그만두라'고 말하지만 대안을 제시해 주지 못한다. 따라서 유기체는 처벌받은 반응을 더욱더 바람직하지 않은 반응으로 대치할 수도 있다. 둘째, 처벌의 부산물이 불행한 것일 수 있다. 처벌은 고전적 조건형성을 통해 처벌하는 사람(부모님, 선생님, 또는 고용주)과 상황(집, 학교, 또는 사무실)을 싫어하거나 무서워하게 만들기 십상이다. 마지막으로 극단적이거나 고통스러운 처벌은 처음의 바람직하지 않은 행동보다도 심각한 공격 행동을 유발할 수 있다.

회피와 도피 행동

때때로 처벌 훈련이 바람직하지 않은 행동을 억제하도록 작동할 수 있다는 사실을 보았다. 그렇지만 혐오 사건은 새로운 반응을 학습하는 데에도 사용할 수 있다. 유기체는 진행 중인 혐오 사건을 종료시키는 반응을 학습할 수 있다(예: 방에 고통스러운 큰 소음이 있다면 그 방을 나갈 수 있다). 이것을 **회피학습** escape learning이라고 부른다. 흔히 회피학습에는 **도피학습** avoidance learning이 뒤따른다. 즉 유기체는 혐오 사건이 시작되는 것 자체를 차단하는 반응을 학습하는 것이다(예: 특정한 방이 과거에 커다란 소음과 연합되어 있다면, 소음이 없어도 그 방에서 도피한다). 동물의 회피학습과 도피학습을 연구하기 위해 심리학자들은 **왕복 상자**(shuttle box)라는 장치를 사용해 왔다(그림 5.7 참조). 왕복 상자는 칸막이로 분리된 2개의 방으로 구성된다. 각 시행 시 동물이 한 방에 들어 있다. 어느 시점에 경고 불빛이 반짝이고는 5초 후에 방바닥에 전류가 흐른다. 동물이 전기 충격을 피하려면 칸막이를 뛰어넘어 다른 방으로 가야 한다. 처음에 쥐는 전기 충격이 시작된 후에라야 칸막이를 뛰어넘는다. 이것은 회피학습이다. 연습을 통해 쥐는 경고음을 듣고 뛰어넘는 것을 학습함으로써 전기 충격을 완전히 도피한다. 이것은 도피학습이다. 회피학습과 도피학습이라는 두 단계에 대한 분석은 공포증(특정한 대상이나 상황에 대한 공포)이 극단적으로 소거되기 어렵다는 사실을 설명할 수 있다.

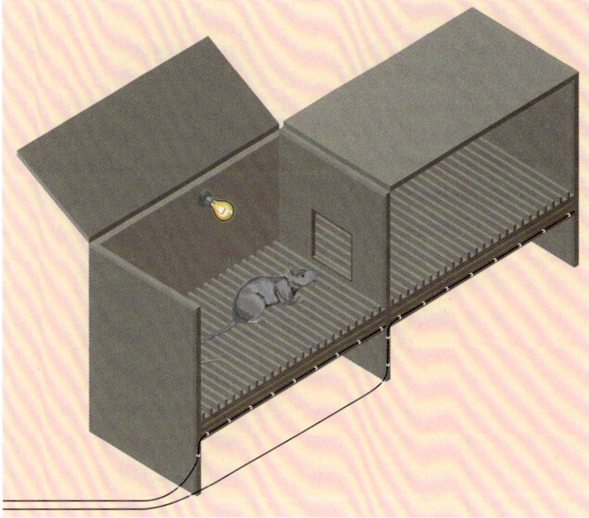

그림 5.7 왕복 상자. 왕복 상자는 동물의 회피학습과 도피학습을 연구하는 데 사용한다.

첫 번째 단계에는 고전적 조건형성이 수반된다. 경고 불빛(CS)과 전기 충격(US)의 반복적인 짝짓기를 통해 동물은 불빛이 전기 충격을 예측한다는 사실을 학습하고 불빛에 대한 반응으로 공포 조건반응(CR)을 나타낸다.

도피학습은 한 가지 수수께끼를 제시하는 것처럼 보인다. 만일 무조건자극이 부재한 상태에서 조건자극이 제시되면 조건반응이 사라진다는 사실을 우리는 알고 있다. 그리고 이것이 바로 지금의 경우에 해당하는 것으로 보인다. 일단 동물이 제때에 도피함으로써 전기 충격을 사전에 피하는 방법을 학습했다면 CS 다음에 US(전기 충격)가 뒤따르지 않는다. 그렇다면 어째서 조건반응이 사라지지 않는 것인가? 무엇이 동물로 하여금 칸막이를 뛰어넘도록 강화하는 것인가? 전기 충격의 부재라고 말할 수 있겠지만 이것은 '사건 없음'이다. 어떻게 '사건 없음'이 강화물로 작용할 수 있는 것인가? 이 수수께끼의 한 가지 해결책은 분석의 두 번째 단계가 도구적 조건형성을 수반하는 것이다. 동물은 이미 칸막이를 뛰어넘는 것이 혐오 사건, 즉 조건 공포 자체를 제거한다는 것을 학습했다(그림 5.8 참조). 따라서 사건 없음으로 보인 것이 실제로는 공포이며, 도피 행동은 이러한 공포를 감소시키기 때문에 강화되는 것이다(Mowrer, 1947; Rescorla & Solomon, 1967).

이제 낙방과 같은 과거 경험으로 인해 특정 공포, 예컨대 시험(또는 검사) 불안을 발전시킨 사람을 생각해 보자. 조건반응(공포)은 예컨대 자명종이 울려도 계속 잔다거나, 추가 시험 날짜를 요청하여 시험 보는 것을 피함으로써 감소될 수 있다. 혐오자극(조건 공포 반응)의 성공적인 감소는 도피 행동을 강화하며, 미래에 그 행동을 강하게 만들게 된다. 비록 일시적인 안도감을 유발할 수 있다고 하더라도 이러한 도피 행동의 결말은 궁극적으로 폐해적인 것이 명백하다. 그렇다면 시험 불안이 진정한 문제일 때 어떻게 해야 할까? 우리의 분석을 보면 시험에 더 이상 직면하지 않는 한 이러한 반응이 사라지지 않는다는 사실이 명확하다. 시험 불안에 시달리는 학생들에게는 자신의 공포 반응이 과거 사건에 대한 학습된 반응이고, 시험에서의 성공을 반복적으로 경험함으로써 해소될 수 있으며, 그렇게 해야만 한다는 사실을 설득시켜야만 한다.

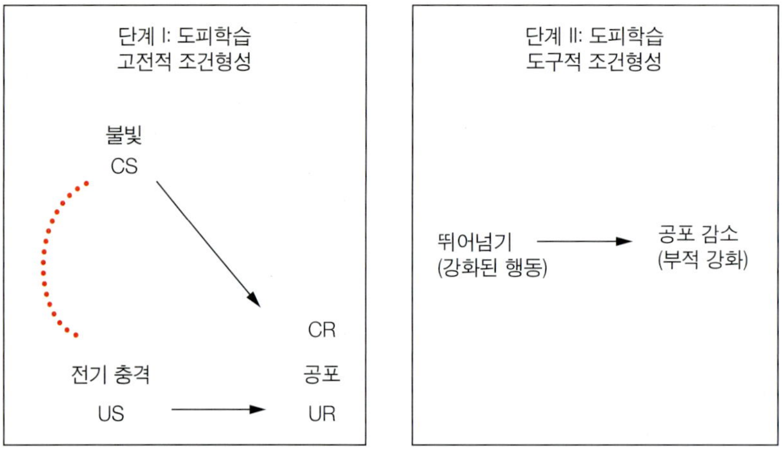

그림 5.8 회피학습과 도피학습의 두 단계 분석.

인지적 요인

인지적 요인은 고전적 조건형성에서와 마찬가지로 도구적 조건형성에서 중요한 역할을 한다. 뒤에서 보게 되겠지만, 도구적 조건형성 상황에 처한 유기체를 반응과 강화물 간의 관계에 대한 새로운 지식을 획득하는 것으로 간주하는 것이 유용하다. 고전적 조건형성에서와 마찬가지로, 우리는 어떤 요인이 도구적 조건형성에서 중요한지를 알고자 한다. 여기서도 한 가지 선택지는 시간 근접성이다. 즉 도구적 반응은 강화가 즉각적으로 뒤따를 때마다 조건형성된다는 것이다(Skinner, 1948). 예측 가능성과 밀접하게 관련된 보다 인지적인 선택지는 **통제**(control)이다. 즉 도구적 반응은 유기체가 강화를 반응에 의해 통제되는 것으로 해석할 때에만 조건형성된다고 보는 것이다.

마이어와 셀리그먼(Maier & Seligman, 1976)이 수행한 몇 가지 중요한 실험은 통제 견해를 지지하는 증거를 제공한다. 이들의 기본 실험에는 두 단계가 들어 있다. 첫 번째 단계에서 어떤 개들은 전기 충격을 받는지 여부가 자신의 행동에 달려 있는(제어되는) 것을 학습하는 반면, 다른 개들은 전기 충격을 제어할 수 없다는 것을 학습한다. 개들을 쌍으로 검증한다고 생각해 보라. 한 쌍의 개가 모두 움직이지 못하도록 족쇄에 묶여 있으며 때때로 전기 충격을 받는다. 그중 한 마리인 '제어' 개는 코로 옆에 있는 판을 밀어서 전기 충격을 제거할 수 있다. 나머지 '멍에' 개는 전기 충격에 대해 아무런 제어도 가할 수 없다. 제어 개가 전기 충격을 받을 때마다 멍에 개도 전기 충격을 받으며, 제어 개가 전기 충격을 끌 때마다 멍에 개의 전기 충격도 끝이 난다. 따라서 제어 개와 멍에 개는 모두 동일한 횟수의 전기 충격을 받는다.

첫 번째 단계에서 개가 무엇을 학습했는지를 알기 위해 두 번째 단계가 필요하다. 두 번째 단계에서 실험자는 두 마리의 개를 왕복 상자에 집어넣는다. 각 시행에서 우선 소리가 들리는데, 현재 개가 들어 있는 방에 전기 충격이 올 것임을 알려 주는 것이다. 개가 전기 충격을 피하려면 경고음이 들릴 때 칸막이를 뛰어넘어 다른 방으로 넘어가는 것을 학습해야만 한다. 제어 개는 이 반응을 신속하게 학습한다. 이것은 이미 앞에서 쥐의 도피학습에서 보았던 결과이다. 그렇지만 멍에 개는 이야기가 다르다. 처음에 멍에 개는 칸막이를 뛰어넘는 행동을 보이지 않으며, 시행이 진행됨에 따라서 행동이 점점 수동적으로 되어 결국에는 완전히 무기력 상태에 빠지고 만다. 왜 그럴까? 첫 번째 단계에서 멍에 개는 전기 충격이 자신의 제어하에 있지 않다는 사실을 학습했으며, 이러한 제어 불능이라는 신념이 두 번째 단계에서 조건형성을 불가능하게 만들었기 때문이다. 다시 말해 실험의 첫 번째 단계에서 멍에 개는 무기력하다는 사실을 학습했으며, 이러한 '발견'이 나중에 전기 충격을 피할 수 있는 상황에서조차 회피하는 것을 학습하지 못하게 만든 것이다. **학습된 무기력** learned helplessness 현상은 중요한 함의를 갖는다. 이 현상은 유기체가 강화를 제어 가능한 것으로 지각할 때에만 도구적 조건형성이 일어난다는 생각을 지지한다(Seligman, 1975).

이 결과는 수반성(유관성)에 따라서 논의할 수도 있다. 도구적 조건형성은 유기체가 반응과 강화 간의 수반성을 지각할 때에만 일어난다고 말할 수 있다. 연구의 첫 번째 단계에서 관련된 수반성은 판 밀기와 전기 충격의 부재 사이에 존재한다. 이 수반성을 지각하는 것은 판을 밀지 않을 때보다 밀었을 때 전기 충격을 회피할 가능성이 크다는 것을 결정하는 것에 해당한다. 첫 번째 단계에서 이러한 수반성을 지각하지 못한 개는 두 번째 단계에서 아무런 수반성도 찾지 않는 것으로 보인다. 이러한 수반성 접근은 도구적 조건형성 연구의 결과가 고전적 조건형성에서 예측 가능성의 중요성에 관한 결과와 일치한다는 사실을 명확하게 보여 준다. 즉 CS가 US를 예측한다는 사실을 아는 것은 유기체가 두 자극 사이의 수반성을 탐지했다는 사실을 보여 주는 것으로 해석할 수 있다. 고전적 조건형성과 도구적 조건형성 모두에서 유기체가 학습하는 것은 두 사건 사이의 수반성이다. 고전적 조건형성에서 행동은 특정한 자극에 수반적이고, 도구적 조건형성에서 행동은 특정한 예기적 반응에 수반적이다.

수반성을 학습하는 능력은 매우 일찍 발달한다. 3개월 유아의 연구에서 각 유아는 베개를 베고 요람에 누워 있었다(Watson, 1967). 각 베개 밑에는 유아가 머리를 돌릴 때마다 접속되는 스위치가 있었다. 제어 유아의 경우에는 머리를 돌려서 스위치가 접속될 때마다 요람 반대쪽에 있는 모빌이 작동했다. 이 유아들에게는 머리 돌리기와 모빌 작동 사이에 수반성이 있었다. 즉 모빌은 머리를 움직이지 않을 때보다 움직일 때 작동할 가능성이 컸다. 유아들은 머리 돌리기를 신속하게 학습하여 모빌의 움직임에 신이 난다는 듯이 반응했다(미소를 지으면서 소리를 냈다). 그러나 실험집단 유아의 경우에는 상황이 아주 달랐다. 이들에게도 모빌은 제어 유아의 경우만큼 작동했지만 모빌의 작동 여부가 실험집단 유아의 제어하에 있지 않았다. 즉 머리 움직임과 모빌 작동 사이에 수반성이 없었다. 이 유아들은 머리를 자주 돌리는 것을 학습하지 않았으며, 잠시 후에는 움직이는 모빌을 즐긴다는 신호도 보이지 않았다. 모빌은 그 작동을 제어할 수 있을 때 강화적 특성을 얻었으며, 제어할 수 없을 때 그 특성을 상실했다. 흥미로운 사실은 사람들이 때때로 '통제 착각'이라는 것 때문에 어려움을 겪는다는 것이다. 사람들은 우연 사건의 결과를 제어했다고 믿는다. 랭어(Langer, 1975)는 게임에서의 승리는 자신의 실력 때문인 반면에 패배는 우연 사건으로 생각하는 노름꾼들에 대해 기술했다. 도박 중독자들에게는 이러한 인지적 착각이 그 중독에 영향을 미쳤을 가능성이 높다(Thompson, 1999).

생물학적 제약

고전적 조건형성에서와 마찬가지로 생물학적 특성은 도구적 조건형성을 통해 학습할 수 있는 것에 제약을 가한다. '행동조성' 절에서 논의했던 향본능 표류가 한 가지 예이다. 두 실험 상황, 즉 비둘기가 먹이로 강화하는 반응을 획득하는 보상학습 상황, 전기 충격의 종료로 강화하는 반응을 획득하는 회피학습 상황에 있는 비둘기를 생각해 보자. 보상의 경우에 만일 반응이 날개를 퍼덕이는 것이 아니라 원판을 부리로 쪼는 것이면 비둘기는 훨씬 빨리 학습한다. 회피의 경우에는 그 반대 상황이 벌어진다. 반응이 쪼기가 아니라 날개 퍼덕이기일 때 빨리 학습한다(Bolles, 1970). 이러한 사실은 동일한 학습 법칙이 모든 상황에 적용된다는 가정과 상충하지만 동물행동학적 조망에서는 이해가 된다. 보상의 경우는 먹기가 수반되며, 쪼기(날개 퍼덕이기가 아니라)는 비둘기의 자연스러운 먹기 행동의 부분이다. 쪼기와 먹기 사이에 유전적으로 결정된 연계는 이해할 수 있다. 마찬가지로 회피의 경우는 위험 상황이 수반되며, 위험에 대한 비둘기의 자연스러운 반응에는 날개 퍼덕이기(쪼기가 아니라)가 포함된다. 새들은 방어 반응의 레퍼토리가 작은 것으로 알려져 있으며, 요구되는 반응이 자연스러운 행동의 하나일 때에만 신속하게 회피를 학습한다.

인간의 경우에도 학습에 대한 생물학적 제약의 증거를, 예컨대 공포증의 사례에서 밝혀 왔다. 진화의 역사는 인간이 손쉽게 학습하는 공포에서 자명하게 드러난다(Öhman & Mineka, 2001). 뱀이나 높은 곳에 대한 공포와 같은 몇몇 공포증은 다른 대상에 대한 공포증보다 더 잘 발생하며, 이 사실은 우리 조상에게 위협이 되었던 사건과 상황을 반영하는 것이다.

학습과 인지

초기 행동주의의 입장은 다음과 같이 요약할 수 있다. 인간 행동을 예측하려면—심지어 제어하려면—사람이 반응을 보이는 상황만 알면 된다. 그리고 학습 기제를 연구하려면 단순한 동물을 연구하는 것으로 충분하다. 학습은 경험(자극-반응 관계 그리고 반응 결과의 경험)에서만 유래한다고 가정하기 때문에 '고등 정신과정'을 연구하거나 가정할 이유가 없다.

우리는 행동 연구에 대한 경험주의적 접근이 심리학 역사에 엄청난 영향을 끼쳤으며, 특히 미국에서 그랬다는 사실을 보았다. 한편 행동주의자들이 수행한 많은 실험이 20세기 후반부에는 인지의 중요성을 밝혀 왔다는 사실도 보았다. 모든 자극-반응 관계가 똑같이 용이하게 학습되는 것이 아니라는 사실을 보여 준 레스콜라의 실험(수반성이 중요하다), 유기체가 강화물에 대한 제어력을 지각하지 못하면 그 강화물은 힘을 잃을 수 있다는 사실을 보여 주는 셀리그먼의 실험을 회상해 보라. 이러한 결과는 유기체가 견지하는 인지(cognition)의 중요성을 강조하고 있다.

그런데 행동주의의 기본 입장이 실제로 도전받지 않았던 적은 없었다. 이미 1930년대에 미국 심리학자 에드워드 톨먼은 단순한 동물에서 **잠재학습** latent learning을 보여 주는 결과를 제시했다. 그는 동물이 학습을 했음에도 행동은 그 학습에 상응하는 방식으로 변하지 않음을 보여 줄 수 있었다(Tolman & Honzik, 1930). 전형적인 연구에서는 쥐가 복잡한 미로를 학습했다. 한 집단의 쥐들은 미로에서 길을 정확하게 찾았을 때 먹이로 보상을 받았다. 이 쥐들은 여러 날에 걸쳐서 미로를 헤쳐 나오는 데 점진적인 증진을 보였다. 두 번째 집단은 처음에 보상을 받지 못했으며, 그 결과 미로에서 증진을 보이지 않았다. 그러나 나중에 두 번째 집단에 보상이 도입되었을 때 이들의 성과는 거의 즉각적으로 첫 번째 집단의 성과에 육박했다. 이 사실은 두 번째 집단의 쥐들이 미로에 대한 '잠재적 지식'을 가지고 있었으며, 일단 먹이가 보상으로 도입되자 행동으로 표출됨을 보여 주는 것이었다. 톨먼은 복잡 미로를 달리는 쥐가 좌회전과 우회전 반응의 연속을 학습하는 것이 아니라 **인지도** cognitive map, 즉 미로의 배열에 관한 심적 표상을 발달시킨다고 결론 내렸다(Tolman, 1932). 그리고 보다 중요한 것은 동물이 강화를 받지 않을 때도 이러한 학습이 일어난다는 것이다.

관찰학습

사람도 행동에 즉각적인 강화가 주어지지 않아도 많은 것을 학습한다. 강의 시간에 발표하는 것을 당신이 어떻게 학습했는지 생각해 보자. 발표를 준비할 때 아마도 다른 사람들이 어떻게 강의하는지를 고려했을 것이며, 발표를 구조화하는 방법에 대한 조언을 구하기 위해 어떤 책을 찾아보았을지도 모른다. 많은 가능한 행동을 무작위로 시도해 보며 좋은 성적으로 보상받는 것만을 반복하는 단순 조건형성을 통해 성공적인 발표를 하는 방법을 학습하지 않은 것이 명백하다. 오히려 모방과 **관찰학습** observational learning을 통해 학습했다. 즉 당신이 관찰한 성공적이었던 타인의 행동을 흉내 낸 것이다.

관찰학습에 관한 중요한 연구를 수행한 연구자는 앨버트 밴듀라이다. 처음에 밴듀라는 관찰학습이 조작적 조건형성의 원리를 통해 이루어진다는 점을 강조했다(Bandura & Walters, 1963). 즉 모델이 우리 행동의 결과를 알려 준다는 것이다. 모델은 흔히 우리가 행동을 관찰하는 실제 인물이지만 추상적인 것일 수도 있다(예: 책에서 찾아낸 지시). 많은 경우에 강화는 **대리적** vicarious인 것이다. 즉, 모방자는 모델이 강화받은 것처럼 자신도 강화받을 것이라고 기대한다.

밴듀라의 초기 연구 중 하나는 어린 아동들이 보여 준 공격 행동의 관찰학습에 관한 것, 즉 '보보 인형 연구'였다(Bandura et al., 1961). 보보 인형은 밑동이 무거워서 밀어 넘어뜨리더라도 곧바로 원래 상태로 되돌아오는, 공기를 불어 넣은 장난감이다(우리말로는 오뚝이 인형). 한 집단의 아동에게 보보 인형을 향해 공격적으로 행동하는 성인 모델을 보여 주었다(그림 5.9 참조). 다른 집단의 아동에게는 공격적이지 않게 행동하는 성인 모델을 보여 주었다. 나중에 아동들을 다양한 많은 인형을 가지고 놀 수 있는 방으로 데리고 갔다. 첫 번째 집단의 아동들이 두 번째 집단보다 보보 인형에 대해 더욱 공격적인 행동을 나타냈다. 뒤이어서 밴듀라는 아동들을 TV에 등장하는 모델이 나타내는 공격 행동에 노출시키더라도 그 결과가 유사하다는 사실을 보여 주었다(Bandura et al., 1963). 이러한 이

그림 5.9 밴듀라의 '보보 인형 연구'. 밴듀라는 모델이 보보 인형을 향해 공격적으로 행동하는 것을 관찰한 후 아동이 그와 유사하게 행동하는 것을 학습한다는 사실을 보여 주었다.

유로 밴듀라의 연구는 아동의 공격 경향성에 대한 대중매체의 폭력 영향에 관한 토론에서 자주 인용된다. 짧은 기간을 다루는 실험실 연구(예: Anderson et al., 2003a 참조)뿐만 아니라 일생을 다루는 종단 연구(Huesman et al., 2003)도 폭력적인 대중매체 프로그램에 노출된 후 공격 성향이 증가하는 현상을 보고했다. 보다 최근에는 비디오게임의 폭력성에 초점을 맞춘 연구가 유사한 결과를 보여 주었다(Anderson, 2004).

밴듀라는 후기 연구에서 관찰학습이 일어나는 데 필요한 인지 능력을 강조했다(Bandura, 1977, 2001). 학습자는 (1) 모델의 행동에 주의를 기울이고 그 결과를 관찰할 수 있으며, (2) 관찰한 것을 기억하고, (3) 그 행동을 재생할 수 있어야 하며, (4) 그런 행동을 하려는 동기가 있어야 한다. 다시 말해 관찰학습에는 상상하고 예측할 수 있는 능력이 수반된다. 사고와 의도가 필수적이다. 최근의 증거들은 거울 뉴런이 관찰학습에서 일익을 담당한다는 사실을 시사한다. 거울 뉴런은 다른 사람이 어떤 행동을 수행하는 것을 관찰할 때 활동하지만, 그 행동을 특정한 목표를 가지고 수행하거나 의미 있는 맥락에서 수행할 때 더욱 활동적이다(Catteano & Rozzolatti, 2009). 즉 거울 뉴런은 다른 사람의 행위와 의도를 이해하는 데 관여한다.

사전 신념

앞에서 살펴보았듯이 인간과 동물은 모두 자극 간의 관계를 학습하는 데 매우 민감하다. 자극 또는 사건 간의 관계가 완벽하게 예측 가능하지 않을 때, 사람들은 자극 간의 개관적인 관계의 정도를 추정할 수 있다(Wasserman, 1990). 이 사실은 참가자들이 어떤 사전 신념을 가지고 있지 않은 새로운 자극을 사용한 실험 과제를 통해 밝혀져 왔다. 그러나 참가자들이 사전 신념을 가지고 있는 자극을 사용하여 유사한 실험을 수행할 때는 상황이 흥미로운 방식으로 변하게 된다. 즉 이러한 연구는 사전 신념이 학습 내용에 제약을 가할 수 있다는 사실을 보여 준다. 이 사실도 학습에는 입력 간의 연합을 형성하는 과정 이상의 것이 수반된다는 사실을 보여 주는 것이다.

이러한 연구에서는, 예컨대 그림과 단어같이 상이한 자극 쌍이 매 시행 제시되며, 참가자의 과제는 쌍을 이룬 자극 사이의 관계를 학습하는 것이다. 예를 들어 참가자들은 특정 그림이 특정 단어와 함께 출현할 가능성이 크다는 것을 탐지할 수 있다. 사전 신념의 역할에 대한 몇몇 현저한 증거는 자극 사이에 객관적으로는 아무 관계가 없는데도 참가자들이 그러한 관계를 '학습'하는 사례에서 나타난다. 참가자들이 보고한 관계는 아마도 실험에 참가하기 전부터 믿고 있었던 것이겠다. 예컨대 큰 눈은 의심성과 연합되어 있으며, 큰 입은 다른 사람의 보호를 받으려는 욕구와 연합되어 있다는 것이다. 이렇게 존재하지는 않지만 그럴듯해 보이는 관계를 **사이비 연합**(spurious association)이라고 부른다(Chapman & Chapman, 1969). 사람들이 사건 간에 실제로 존재하지도 않는 연합, 심지어는 인과관계까지도 탐지하기 십상이라는 사실은 진화적 조망으로도 설명할 수 있다. 통계 분석 결과를 보면, 두 사건이 실제로 연합되어 있을 확률이 낮은 상황에서도 때로는 그 관계가 존재한다고 가정하는 것이 도움을 줄 수 있다는 사실을 알 수 있다(Foster & Kokko, 2009). 미신 행동이 적응적일 수 있는 것이다! 몇몇 연구자들은 이러한 통찰이 인간의 종교 행동 진화를 설명하는 단초를 제공한다고까지 주장한다(Hood, 2009).

학습할 객관적 연합이 존재하지 않는 경우조차 사전 신념은 참가자들이 실제로 학습하는 데 영향을 미친다. 이 사실은 위에서 기술한 것과 유사한 연구에서도 나타났다(Jennings et al., 1982). 일련의 시행 각각에서 참가자들에게 전혀 다른 두 가지 상황에서 얻은 개인의 정직성에 관한 두 가지 측정치를 제시했다. 예컨대 한 측정치는 한 소년이 다른 학생의 숙제를 얼마나 자주 베꼈는지에 관한 것이고, 두 번째 측정치는 그 소년이 집에서 얼마나 자주 거짓말을 하는지를 나타내는 것이었다. 대부분의 사람들은 동일한 성격 특질(예: 정직성)에 관한 두 측정치가 항상 높은 상관을 보일 것이라고 (잘못) 생각한다. 이것이 결정적인 사전 신념이다. 실제로 정직성에 관한 두 측정치 사이의 객관적 관계는 실험 조건에 따라 변하며, 때로는 매우 낮기도 했다. 참가자의 과제는 이 관계의 강도를 0(관계 없음)부터 100(완벽한 관계) 사이의 숫자를 선택하여 추정하는 것이었다. 결과를 보면 참가자들이 일관성 있게 관계의 강도를 과잉 추정한다는 사실을 알 수 있다. 정직한 사람은 항상 정직하다는 사전 신념이 실제보다 더 많은 관계를 보도록 만들어 간 것이다.

이러한 연구 결과는 소위 지각에서의 하향처리(top-down processing)를 생각나게 하는데, 하향처리에서는 지각자가 보게 될 것이라는 자신의 기대를 실제 입력과 결합하여 최종 지각체를 만들어 낸다. 학습의 하향처리에서는 학습자가 연합 관계에 대한 사전 신념을 그러한 관계에 대한 객관적 입력과 결합하여 그 관계의 강도에 대한 최종 추정치를 만들어 낸다.

인간의 학습에서 사전 신념의 중요성은 학습에 대한 인지적 접근을 강조하고 있다. 이러한 연구는 학습에 대한 동물행동학적 접근과도 연계되어 있다. 쥐와 비둘기가 진화가 마련해 준 연합만을 학습하도록 제약되어 있는 것과 마찬가지로, 사람도 사전 신념이 마련해 준 연합을 학습하도록 제약되어 있는 것으로 보인다. 어떤 형태이든 사전 제약이 없다면, 고려해야 할 잠재적 연합이 너무 많아서 연합학습이 불가능하지는 않더라도 혼란스러워질 것이다.

학습과 동기

학습에 관한 논의를 마무리하는 시점에 당신은 바로 이 순간 몰두하고 있는 학습의 유형, 즉 공부하기에 대해 거의 아무것도 읽은 것이 없다는 사실에 놀랄지도 모르겠다. 이 장은 기본적인 학습 과정에 초점을 맞추었다. 그렇지만 심리학은 복합학습에 수반된 과정에 대해서도 알려 줄 것이 많다. 대부분의 복합학습은 뒤에서 다룰 것이며 인간의 복합학습을 설명할 때 기억과 인지를 다룬다. 특정 행동의 이유에 관한 물음은 동기에 관한 7장에서 설명할 것이다. 이 절에서는 동기 분야의 개념을 인간의 복합학습 연구와 연계하는 몇몇 관련된 이론을 간략하게 개관한다.

각성

앞서 학습의 신경 토대에 관한 도널드 헵의 연구에 대해 살펴보았다. 그는 동기의 각성 이론도 제안했다. 헵 연구의 이 측면은 학습에 대한 행동주의적 접근과 생리학적 접근 간의 간극을 메우는 도구로 사용될 수 있다. **각성**arousal은 생리적 차원과 심리적 차원을 모두 가지고 있다. 생리적으로 각성이란 용어는 유기체의 경계 수준을 지칭한다. 심리적으로는 상이한 수준의 각성에 수반되는 평정감부터 불안에 이르는 긴장을 지칭한다. 헵의 견해에 따르면 각성은 중요한 동기 개념이다(Hebb, 1955). 그는 유기체가 스스로 몰두하고 있는 행동에 적합한 각성 수준을 유지하려는 동기를 가지고 있다고 제안했다. 헵의 통찰은 수행을 각성과 관련짓는 **여키스-도슨 법칙**Yerkes-Dodson law(Yerkes & Dodson, 1908)에 근거한 것이다. 이 법칙에 따르면 중간 수준의 생리적 각성 상태에서 대부분의 과제를 가장 잘 수행한다. 매우 복잡한 과제는 상당한 각성을 수반하기 때문에 사람들로 하여금 평정을 추구하게 만든다. 반면에 매우 단순한 과제는 낮은 각성 수준으로 지겨워질 수 있다. 헵에 따르면 지겨운 사람은 각성을 증가시키기 위해 다른 활동이나 새로운 자극을 추구하게 된다. 헵 이래로 다른 연구자들도 인간의 **탐색 행동**exploratory behavior(새로운 것을 찾아 학습하려는 욕구)이 자극을 원하는 결과라고 주장해 왔는데, 이것은 각성 이론으로 설명할 수 있다(Berlyne, 1966).

유인자극과 목표

동기 연구의 역사는 학습 연구의 역사에서 보았던 것을 그대로 반영하고 있다. 초기 이론가들은 **유인자극**incentive에 초점을 맞추었다. 즉 행동은 기대되는 보상에 의해서 동기화된다는 것이다. 예컨대 배고픈 동물은 먹는 것에 끌린다. 경험하고 있는 배고픔을 감소시킬 것이기 때문이다(Hull, 1943). 헵(Hebb, 1966)과 톨먼(Tolman, 1951), 그리고 그 당시의 다른 연구자들은 많은 인간 행동이 즉시 보상의 기대에 의해서 동기화될 수 없다는 사실을 지적했다. 다시 공부의 예를 생각해 보자. 당신이 이 책을 공부하는 동기는 부분적으로 수업을 잘 따라가고 학위를 받는 것일 수 있다. 졸업하려는 욕구는 현재 당신의 행동을 동기화하는 장기 목표이며, 이것은 복잡한 **목표 지향 행동**의 한 예이다. 현재 행동의 장기 효과를 예상하는 우리의 능력에서 인지가 역할을 한다는 사실은 명약관화하다.

내재적 동기와 학습

동기에 대한 인지적 접근에서는 자신의 행위에 관한 개인적 이해와 해석을 강조한다. 우리가 어떤 행동을 하는 이유는 무엇이라고 생각하는가? 다시 말해 자신의 동기를 무엇에 귀인시키는가? 지금 이 장을 공부하는 이유가 무엇인지 자문해 보라. 내용이 흥미진진하며 그 내용을 이해하는 것이 유능감과 자부심을 제공하기 때문인가? 만일 그렇다면 당신은 그러한 감정에 의해서 **내재적으로 동기화**intrinsically motivated되어 있는 것이다. 아니면 시험을 잘 보고 높은 학점을 따기 위해 필요하다고 생각하기 때문에 공부하고 있을 수 있다. 만일 이 경우라면 당신은 예상하고 있는 외적 보상에 의해서 **외재적으로 동기화**extrinsically motivated되어 있는 것이다.

내재적으로 동기화된 사람들이 과제에 더 매달리며, 복합 개념에 관한 기억이 우수하고, 복잡한 내용을 인지적으로 더욱 창의적인 방식으로 처리한다는 사실이 연구를 통해 밝혀졌다(Deci et al., 1999). 이 사실이 시사하는 바는 내재적으로 동기화되어 있을 때 공부가 더 재미있을 뿐만 아니라 효과적이라는 것이다. 몇몇 연구자들에 따르면 동기를 내재적 원인에 귀인하는 것은 자신의 행위를 스스로 통제하고 자기 스스로 결정한다는 느낌을 유발한다(Deci & Ryan, 1985). 외적 보상이 중요할 때 자기 결정감이 떨어지게 된다. 과제에 매달리는 정도가 떨어지며(특히 어려운 과제에서 그렇다) 보다 쉽게 낙담하게 된다. 이러한 아이디어는 밴듀라가 피력한 생각과 밀접하게 관련되어 있다. 앞에서 밴듀라가 자기

내재적으로 동기화될 때 학습이 더 즐겁고 효과적이다.

효능감의 중요성을 강조한 사실을 살펴보았다.

외적 보상이 내재적 동기를 손상할 수 있다는 사실을 보여 주는 실험 증거가 있다. 한 가지 사례는 레퍼와 그린(Lepper & Green, 1975)이 수행한 아동 연구이다. 한 집단의 아동은 보상을 기대하지 않으면서 수수께끼를 풀고 있었다. 다른 집단의 아동은 수수께끼를 풀면 특정 장난감을 가지고 놀 수 있게 해 준다는 이야기를 들었다. 나중에 두 집단에게 자발적으로 수수께끼를 가지고 놀 수 있는 기회가 주어졌다(어느 집단도 보상을 기대하지 않았다). 처음에 보상을 기대하지 않았던 아동들이 더 많이 자발적으로 수수께끼를 가지고 놀았다. 이러한 유형의 연구는 여러 차례 반복되었으며, 애초에 내재적으로 동기화되어 있던 과제를 수행하는 것에 대해 외재적 보상이 해로운 효과를 초래한다는 사실을 확증했다(Deci et al., 1999). 보상이 도입되면 놀이가 일거리로 변하는 것으로 보인다. 과제에 몰두하는 것을 그 과제와 연합된 내재적 만족보다는 예상되는 외재적 보상에 귀인시키는 것이다. 이를 **과잉정당화 효과**overjustification effect라고 부른다. 즉 외적 보상이 과제의 수행을 정당화해 버리는 것이다. 이것은 내재적 동기를 떨어뜨리는 상황에 대한 인지적 해석이다.

당신이 이 심리학 교과서를 공부하도록 내재적으로 동기화되어 있다고 가정해 보자. 물론 우리는 그렇기를 희망한다. 연구들은 일단 열심히 공부하는 것이 외적 보상, 즉 좋은 학점을 보장한다는 사실을 당신이 깨닫는 순간 내재적 동기가 손상된다는 것을 보여 준다. 이것은 정말로 불행한 일이다. 앞에서 보았던 것처럼 동기 연구자들은 자기결정감과 자기효능감의 중요성을 지적한다. 이것이 의미하는 바는 당신이 공부하는 것 이외에 자신의 내재적 동기를 보호하고자 노력해야 한다는 것이다. 시간을 내서 어떤 내용이 당신의 흥미를 끌고 있는지 적극적으로 자문해 보라. 그 내용은 당신이 자문한 것과 어떻게 관련되며, 당신의 흥미를 끄는 다른 주제들과는 어떻게 관련되는가? 그리고 성적이 단순히 외적 보상만은 아니라는 사실도 깨달아라. 성적은 당신의 성취 수준에 관한 정보도 제공해 준다. 좋은 성적은 당신이 무엇인가를 숙달했다는 사실을 알려 주며, 나쁜 성적은 당신의 준비가 어딘가 모자랐다는 것을 알려 준다. 특히 적절한 피드백이 있을 때 그렇다. 성적의 의미를 이러한 방식으로 재해석하는 것은(외적 보상이 아니라 정보의 원천으로) 자신의 통제감을 증가시키는 한 가지 적극적인 방법이다.

기억의 세 가지 구분

오늘날 심리학자들은 기억에 관해 세 가지 중요한 구분을 하고 있다. 첫째는 기억의 세 단계, 즉 부호화, 저장, 인출에 관한 것이다. 둘째는 정보를 상이한 기간 동안 저장하는 상이한 기억을 다룬다. 세 번째는 서로 다른 유형의 정보를 저장하는 데 사용하는 상이한 기억에 관한 것이다(예: 한 시스템은 사실을 저장하고, 다른 시스템은 기술을 저장한다). 이 각각에서 구분하는 개체들(예: 작업기억과 장기기억)을 부분적으로 두뇌의 상이한 구조가 매개한다는 증거가 있다.

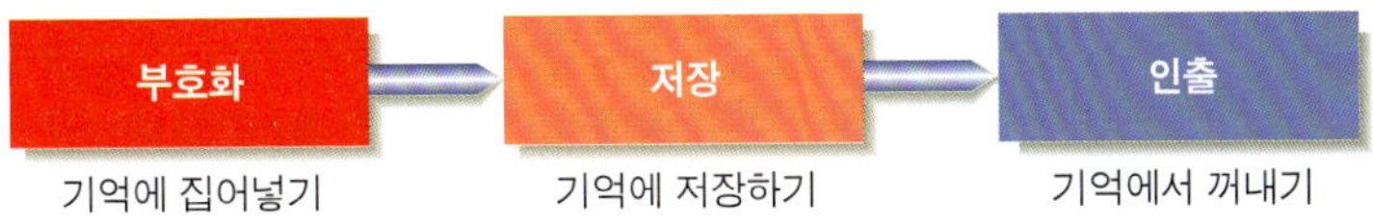

그림 5.10 기억의 세 단계. 기억 이론은 망각을 세 단계 중 하나 이상 단계에서의 실패 때문이라고 간주한다.

기억의 세 단계

당신이 어떤 학생을 소개받고 그녀의 이름을 이정희라고 들었다고 가정해 보자. 그날 오후 다시 그녀를 만나서 "이정희 씨지요. 오늘 아침에 만났었죠."라고 말한다. 그녀의 이름을 확실하게 기억해 낸 것이다. 그렇다면 도대체 어떻게 기억해 낸 것인가?

이러한 기억 성취는 세 단계로 분할할 수 있다(그림 5.10 참조). 첫째, 소개받을 때 그녀의 이름을 어떻게든 기억에 집어넣었다. 이것은 **부호화 단계** encoding stage이며, 환경 정보를 의미 있는 단위로 변환하여 저장하는 시점이다. 그녀의 이름에 대응하는 물리적 입력(음파)을 기억이 받아들이는 유형의 부호 또는 표상으로 변형하여 그 표상을 기억에 '위치시킨' 것이다. 마찬가지로 그녀의 얼굴에 대응하는 빛 패턴이라는 또 다른 물리적 입력도 변형하여 기억에 저장한 후 두 표상을 연결한 것이다. 둘째, 두 번째 만날 때까지 그녀의 이름과 얼굴에 대응하는 정보를 파지 또는 저장했다. 이것은 **저장 단계** storage stage이며, 저장한 정보를 시간이 경과해도 유지하는 단계이다. 셋째, 그녀 얼굴의 표상에 근거하여, 오후에 그녀를 아침에 만났던 사람으로 재인했으며, 이러한 재인에 근거하여 저장소에서 그녀의 이름을 재생했다. 이 모든 것이 **인출 단계** retrieval stage이며, 앞서 부호화하고 저장했던 정보를 기억에서 끄집어내는 단계이다.

기억은 이러한 세 단계 어디에서든 실패할 수 있다. 두 번째 만났을 때 그녀의 이름을 회상하지 못했다면 부호화 실패(애초에 그녀의 얼굴을 제대로 저장하지 못했다), 저장 실패(도중에 그녀의 이름을 망각했다), 또는 인출 실패(하나를 가지고 다른 하나를 불러내는 방식으로 그녀의 이름을 얼굴에 연결하지 못했다)를 반영한 것일 수 있다. 오늘날 기억에 대한 많은 연구는 기억의 세 단계 각각에서 일어나는 심적 조작을 규명하고, 어떻게 이러한 조작이 잘못되어 기억 실패를 초래하는지를 설명하고자 시도하고 있다.

기억에는 세 단계가 있다. 첫 번째 단계인 부호화는 사실을 기억에 위치시키는 것이다. 이 단계는 공부할 때 일어난다. 두 번째 단계는 저장으로, 사실이 기억에 파지되는 기간이다. 세 번째 단계인 인출은 사실을 저장으로부터 되살릴 때(예: 시험을 칠 때) 일어난다.

최근 연구는 기억의 각기 다른 단계를 두뇌의 상이한 구조가 매개한다는 사실을 시사한다. 가장 강력한 증거는 두뇌 영상 연구에서 나온다. 실험은 두 부분으로 진행된다. 부호화에 초점을 맞추는 첫 번째 부분에서는 참가자들이 일련의 언어 항목, 예컨대 범주와 일상적이지 않은 사례로 구성된 쌍(가구-식기대)을 학습한다. 인출에 초점을 맞추는 두 번째 부분에서는 참가자들이 범주이름을 단서로 줄 때 항목을 재인하거나 회상해 내야 한다. 두 부분 모두에서 두뇌 활동은 참가자들이 과제를 수행하는 동안 양전자 단층촬영법(PET)을 사용하여 측정한다. 가장 현저한 발견은 부호화 단계에서 가장 활동적인 두뇌 영역은 좌측 반구인 반면, 인출 단계에서는 우측 반구라는 사실이다(Shallice et al., 1994; Tulving et al., 1994).

세 가지 기억저장소

기억의 세 단계가 모든 상황에서 동일한 방식으로 작동하는 것은 아니다. 기억 과정은 정보를 (1) 1초 이내로 저장, (2) 초 단위로 저장, (3) 몇 분에서 몇 십 년에 이르는 오랜 기간 동안 저장할 것을 요구하는 상황에 따라 다르다.

앳킨슨-시프린 이론

서로 다른 시간 간격에 대응되는 상이한 기억을 구분하는 토대는 1968년 리처드 앳킨슨과 리처드 시프린이 공식화했다. 앳킨슨-시프린 이론(Atkinson-Shiffrin theory)의 기본 논지는 다음과 같다.

1. 환경으로부터 들어오는 정보는 우선 **감각저장소** sensory store로 들어가는데 이 저장소는 세 가지 주요 특징을 가지고 있다(Massaro & Loftus, 1996 참조). 첫째, 용량이 크다. 즉 감각저장소는 환경으로부터 감각기관이 포착한 모든 정보를 저장한다. 둘째, 감각저장소는 일시적이다. 즉, 감각저장소의 정보는 0.5초 미만(시각저장소)에서부터 몇 초(청각저장소)에 이르는 시간 동안에 소멸된다. 셋째, 감각저장소의 정보 중에서 주의를 기울인 작은 부분만이 기억 시스템의 다음 주요 성분인 **단기기억** short-term memory으로 전이된다.
2. 방금 언급한 것처럼 단기기억이 정보의 다음 저장고이다. 단기기억은 다음과 같은 특징을 가지고 있다. 첫째, 단기저장소는 대체로 의식(consciousness)과 동일시할 수 있다. 즉 단기기억 정보는 의식하고 있는 정보이다. 둘째, 단기기억 정보는 쉽게 접속할 수 있다. 결정을 내리거나 초 단위로 과제를 수행하는 근거로 사용할 수 있다. 셋째, 단기기억 정보는 내버려 두면 대략 20초 정도의 시간에 걸쳐 소멸(망각)된다. 넷째, **되뇌기** rehearsal, 즉 정보를 계속해서 반복하면 소멸을 막을 수 있다(Sperling, 1967 참조). 다섯째, 앞서 정의한 바와 같이 되뇌기하거나 **정교화** elaboration라고 알려진 다른 형태의 처리 과정(예: 적절한 시각 심상으로 변형하는 것)을 거친 정보는 단기기억으로부터 세 번째 정보 저장소인 **장기저장소** long-term store로 전이된다.
3. 장기저장소는 그 이름이 함축하는 바와 같이 일반적으로 가용한 모든 정보를 유지하는 대규모 저장소이다. 장기저장소는 다음과 같은 특징을 가지고 있다. 첫째, 방금 언급했듯이 정보가 단기저장소로부터 다양한 유형의 정교화 과정을 통해 장기저장소로 들어온다. 둘째, 지금까지 알려진 바에 따르면 장기저장소의 크기는 무한하다. 셋째,

인출 과정을 통해 장기저장소로부터 정보가 단기기억으로 되돌아 나오게 되고, 단기기억에서 주어진 과제를 수행하기 위해 그 정보를 조작하고 사용할 수 있다.

영국의 가수이자 작곡가이며 다양한 악기를 연주하는 크리스 마틴의 공연 장면. 최근 증거는 사실을 파지하는 데 사용하는 장기기억과 피아노를 연주하는 능력 같은 기술을 저장하는 장기기억이 다르다는 것을 보여 준다.

작업기억

주의를 기울인 정보만이 감각기억에서부터 다음 기억저장소로 전이된다. 앳킨슨과 시프린은 이 기억저장소를 단기기억이라고 불렀다. 실험은 감각저장소와 장기기억 모두와 분리된 단기기억 시스템이 존재한다는 사실을 입증했다(예: Brown, 1958; Peterson & Peterson, 1959). 이 절에서는 우선 정보를 단기기억에 부호화하고 저장하며, 단기기억으로부터 인출하는 방법에 관한 고전적인 결과에 대해 논의한다. 그런 다음 주어진 과제와 관련된 정보에 대해 심적 계산을 수행함으로써 그 과제를 효과적으로 해낼 수 있게 만들어 주는 '작업장'으로서의 단기기억에 관한 오늘날의 견해를 살펴본다. 이러한 견해를 취하는 이론가들은 단순한 저장고로서가 아니라 사고에서의 역할을 강조하기 위해 단기기억보다는 **작업기억**working memory이라는 용어를 사용한다.

부호화

정보를 작업기억에 부호화하려면 주의를 기울여야 한다. 주의는 선택적이기 때문에 작업기억은 선택한 것만을 포함한다. 이 말은 경험한 많은 것들이 작업기억에 들어가지도 못하기 때문에 나중에 인출할 수도 없다는 사실을 의미한다. 실제로 많은 '기억 문제'는 주의 결핍의 문제이다. 예컨대 당신이 식료품을 샀는데 나중에 누군가가 점원의 눈 색깔을 물었을 때 답하지 못할 수 있다. 그 이유는 기억이 실패했기 때문이 아니라 애초에 점원의 눈 색깔에 주의를 기울이지 않았기 때문이다. 이 현상은 182쪽의 만화에 잘 나타나 있다.

음운 부호화

정보를 기억에 부호화할 때는 특정 부호 또는 표상으로 들어온다. 예컨대 전화번호를 들여다보고 그 번호를 누를 때까지 기억할 때 그 숫자를 어떤 형식으로 표상하는가? 그 표상은 시각적, 즉 숫자의 심적 사진인가? 음운적, 즉 숫자의 발음인가? 연구는 작업기억에 정보를 부호화할 때 두 가지 가능성을 모두 사용할 수 있다는 사실을 보여 준다. 물론 되뇌

기를 통해 정보를 활성화 상태로 유지하고자 시도할 때, 즉 항목을 계속해서 반복할 때는 음운 부호를 선호한다. 되뇌기는 정보를 숫자나 문자 또는 단어와 같은 언어 항목으로 구성할 때 특히 보편적인 전략이다. 따라서 전화번호를 기억하고자 시도할 때는 숫자를 발음으로 부호화하고 번호를 누를 때까지 그 발음을 되뇌기할 가능성이 크다.

음운 부호에 대한 증거를 제공하는 고전적 실험에서 연구자는 참가자에게 여섯 자음의 목록(예: RLBKSJ)을 짧은 시간 동안 보여 주었다. 문자 제시를 마치면 참가자들은 모든 문자를 순서대로 적어야 했다. 전체 절차는 1, 2초만 걸렸지만 때때로 참가자들은 실수를 범했다. 실수를 범한 문자는 정답 문자와 발음이 유사한 경향이 있었다. 위의 목록에 대해 참가자는 B를 발음상 유사한 T로 대치하여 RLTKSJ라고 적을 수 있다(Conrad, 1964). 이 결과는 참가자들이 각 문자를 음운적으로 부호화하며(예: B를 '비이'로), 때때로 그 부호의 일부분을 상실하여('~이' 부분만 남았다) 부호의 남아 있는 부분과 일치하는 문자(티이)로 반응한다는 가설을 지지한다. 이 가설은 항목들이 음향적으로 독특할 때보다(RLTKSJ) 유사할 때(예: TBCGVE) 순서대로 회상하기가 더 어려운 이유도 설명해 준다.

시각 부호화

필요하다면 언어 항목을 시각 형태로 유지할 수도 있다. 실험 결과는 우리가 언어 자료에 대해 시각 부호를 사용할 수 있지만 그 부호가 신속하게 사라진다는 사실을 보여 준다. 비언어 항목(예: 기술하기 어려워서 음운적으로 되뇌기하기 어려운 그림)을 저장해야 할 때는 시각 부호가 중요해진다. 예컨대 자동차 트렁크에 여러 개의 가방을 알맞게 집어넣는 과제를 상상해 보라. 효과적인 전략은 각 가방의 표상을 부호화한 다음에 모두 들어갈 수 있는지를 결정하기 위해 그 위치를 머리에 그려 보는 것이다. 사람들은 이러한 심상을 형성하는 능력에 상당한 차이를 보인다. 우리 모두는 작업기억에 어느 정도의 시각 심상을 유지할 수 있지만, 일부 사람들은 거의 사진과 같이 선명한 심상을 유지할 수 있다. 이러한 능력은 주로 아동에게서 나타나는데, 이들은 사진을 잠시 들여다보고 나서 사진을 치운 후에도 여전히 심상을 경험한다. 이들은 심상을 몇 분 동안도 유지할 수 있으며, 질문을 던지면 고양이 꼬리의 줄무늬 수와 같이 풍부한 세부 사항을 보고한다(그림 5.11 참조). 이 아동들은 사진 심상에서 세부 사항을 직접적으로 읽어 내는 것처럼 보인다(Haber, 1969). 그러나 사진 심상은 극히 드물다. 아동을 대상으로 수행한 몇몇 연구는 5%만이 예리한 세부 사항을 보유한 지속적인 시각 심상을 보고한다는 사실을 보여 준다.

또한 진정한 사진 심상을 보유하는 기준을 보다 엄격하게 만들면－예컨대 심상 속의 책 페이지를 위에서 아래로 읽어 내려가는 것만큼 쉽게 아래에서 위로 읽어 갈 수 있는 능력－심지어 아동에게서조차 사진 심상의 빈도가 극소화된다(Haber, 1979). 따라서 작업기억에서 시각 부호는 사진에 못 미치는 어떤 것이다. 이 사실은 눈의 망막이 체제화되어 있는 방식을 다시 생각해 보면 충분히 이해할 수 있다. 해상도가 높은 중심와는 장면의 중심 영역만을 상세하게 지각할 수 있게 해 준다. 주변 시야는 급격하게 해상도가 떨어진다. 따라서 눈이 고정되어 있는 동안 지각한 장면처럼 두뇌가 사진을 찍을 수 있다손 치더라도, 중심 부분은 선명하고 초점이 맞추어져 있지만 주변으로 가면서 점차 희미해지는 사진이

그림 5.11 사진 심상의 검사. 이 고양이 사진을 30초 동안 들여다본 참가자는 여러 가지를 보게 된다. 그리고 사진을 치웠을 때 사진에 대해 회상할 수 있는 것(예: 고양이 배의 흰색이나 꼬리의 줄무늬 수 등)이 바로 사진 심상일 수 있다.

될 수밖에 없다.

작업기억에 대한 오늘날의 개념화

음운 부호와 시각 부호가 모두 존재한다는 사실은 연구자들로 하여금 작업기억이 여러 가지 차별적인 작업장 또는 버퍼로 구성된다고 주장하게 만들었다. **음운고리** phonological loop라고 부르는 한 시스템은 음운적으로 부호화한 정보를 저장하고 그 정보를 조작하기 위한 것이다. 이 시스템의 정보를 신속하게 망각할 수 있지만 되뇌기 과정을 통해 무한히 유지할 수도 있다. 두 번째 시스템은 **시공간 잡기장** visual-spatial sketchpad이라고 부르며, 시각 정보나 공간 정보를 유지하고 그 정보에 조작을 가한다(Baddeley, 1986). 예컨대 오른쪽에 제시한 심적 회전 자극을 보자. 왼쪽에 제시한 각 사물이 오른쪽의 각 사물과 대응되는지, 다시 말해 두 사물이 동일한 것인지 아니면 거울상인지를 판단해 보라. 대부분의 사람들은 우선 한 사물의 심상을 만든 다음에 마음속에서 회전하여 비교 대상과 동일한 공간 방향을 가지고 있는지 알아보는 방법을 사용한다. 이 과제는 작업기억의 많은 속성을 예시해 준다. 첫째, 시각 정보는 단기적으로 저장만 되어 있는 것이 아니다. 실제 과제를 수행하기 위해 그 정보에 적극적으로 처치를 가한다. 둘째, 시각 정보는 단기간 동안만 저장되며, 사람들이 어떤 과제를 수행하자마자 다른 정보로 대치된다. 마지막으로 정보가 작업기억에 존재하는 동안 그 정보를 자각한다는 점에 주목하라. 나중에 논의할 테지만, 작업기억의 내용은 우리가 현재 의식하는 것의 대부분을 차지하고 있다(혹자는 작업기억을 의식과 동일한 것으로 간주하기도 한다)(Baddeley & Andrade, 2000 참조).

전화번호를 찾은 후 번호를 누를 때까지 기억할 때, 당신은 그 숫자를 시각적으로 기억하는가, 아니면 음운적으로나 의미적으로 기억하는가?

심적 회전 자극.

음운고리와 시공간 잡기장은 서로 어떻게 상호작용하는가? 배들리와 히치(Baddeley & Hitch, 1974)는 두 시스템이 모두 **집행기**(executive)라고 부르는 집행 시스템의 통제를 받는다고 제안했다. 집행기는 두 시스템에 어떤 정보를 부호화할 것인지(즉 주의를 관장한다), 그리고 그 정보에 어떤 조작을 가할 것인지를 결정하는 방식으로 두 시스템을 제어한다. 두 시스템은 집행기의 제어하에 놓여 있기 때문에 때때로 '하인 시스템'이라고 부른다. 마지막으로 최근에 배들리(Baddeley, 2000)는 작업기억에 **일화 버퍼**(episodic buffer)라고 부르는 부가적 성분을 제안할 필요가 있다는 사실을 인정했다. 이 하위 시스템의 중요 기능은 기억의 여러 측면을 결합하거나 연합하는 것이다. 예컨대 음운고리는 한 사람의 이름을 저장하고 시공간 잡기장은 그 사람의 얼굴을 저장하는데, 일화 버퍼는 이름과 얼굴이 하나가 되도록 둘을 연합한다는 것이다.

저장

작업기억에서 가장 뚜렷한 사실은 그 용량이 상당히 제한되어 있다는 것이겠다. 평균적으로 한계는 일곱 항목에 둘을 더하거나 빼는 양이다(7±2). 어떤 사람은 다섯 항목만을 저장하고, 어떤 사람은 9개까지 저장할 수 있다. 사람들의 기억 능력이 상당한 차이를 보인다는 사실이 명확한데, 모든 사람에게 해당하는 이렇게 확실한 숫자를 제시하는 것이 이상해 보일 수도 있다. 그렇지만 그러한 기억 능력의 차이는 일차적으로 장기기억에 의한 것이다. 작업기억의 경우에는 대부분의 정상 어른이 7±2의 용량을 갖고 있다. 이러한 항상성은 실험심리학이 출발할 당시부터 알려져 왔다. 1885년 기억의 실험 연구를 시작한 헤르만 에빙하우스는 자신의 한계가 일곱 항목임을 보여 주는 결과를 보고했다. 70여 년이 지난 후 조지 밀러(Miller, 1956)는 이 결과의 항상성에 직면하여 이 숫자를 '마법의 수 7'이라고 명명했으며, 오늘날 이 한계는 동서양 문화 모두에 적용되는 것으로 알려져 있다(Yu et al., 1985).

심리학자들은 사람들에게 무관한 항목(숫자, 문자, 또는 단어)의 연속을 제시하고 그 항목을 순서대로 회상하도록 요구함으로써 이 숫자를 결정했다. 빠르게 제시하기 때문에 그 항목을 장기기억에 저장된 정보와 관련시킬 겨를이 없다. 따라서 회상한 항목의 수는 작업기억의 저장 용량만을 반영한다. 처음 시행에서는 참가자들이 소수의 항목(예: 3~4개의 숫자)을 회상하면 되는데 이 과제는 쉽게 해낼 수 있다. 시행이 진행되면서 실험자가 참가자의 **기억폭** memory span, 즉 완벽한 순서로 회상할 수 있는 항목의 최대 수(거의 항상 5~9 사이의 값)를 확인할 수 있을 때까지 숫자의 수를 점차 증가시킨다. 이 과제는 간단하며 당신도 스스로 쉽게 해 볼 수 있다. 다음에 사람 이름의 목록(예: 회사나 대학의 인명록 등)을 접할 기회가 있을 때, 그 목록을 한 번 읽은 후 얼마나 많은 이름을 순서대로 회상할 수 있는지 알아보라. 아마도 5~9 사이일 것이다.

청크 만들기

앞서 언급한 것처럼 기억폭 절차는 항목을 기억하기 위해 장기기억 정보와 연결짓지 못하게 만든다. 그러한 연결이 가능할 때는 기억폭 과제의 성과가 급격하게 변한다. 이 변화를 예시하기 위해 문자열 SRUOYYLERECNIS를 제시한다고 가정해 보자. 기억폭은 7±2이기 때문에 전체 14개 문자 연속을 모두 반복해 내기란 거의 불가능하다. 그러나 이 문자열을 거꾸로 읽으면 SINCERELY YOURS가 된다는 사실을 알아차리면 과제가 무척 수월해진다. 이 지식을 사용하여 작업기억에 저장해야 할 항목의 수를 14개에서 2개(두 단어)로 줄여 버린 것이다. 그렇다면 이러한 철자법 지식은 어디에서 오는 것인가? 단어에 대한 지식이 저장되어 있는 장기기억에서 온다. 장기기억을 사용하여 소위 **청크 만들기**chunking, 즉 새로운 자료를 크고 의미 있는 단위로 재부호화하여 그 단위를 작업기억에 저장하는 작업을 수행할 수 있다. 그러한 단위를 청크라고 부르며, 작업기억의 용량은 7±2 청크로 표현하는 것이 가장 적절하다(Miller, 1956). 청크 만들기는 숫자를 가지고도 해낼 수 있다. 숫자열 139219452002는 우리의 용량을 초과하지만 1392-1945-2002는 용량 내에 있는데, 한국사 지식이 있다면 그럴 수 있다. 문자와 숫자의 연속을 장기기억에서 찾을 수 있는 단위로 재집단화함으로써 작업기억의 용량을 늘릴 수 있다는 것이 보편 원리이다(Bower & Springston, 1970).

망각

우리는 일곱 항목을 잠시 유지할 수 있지만 대부분의 경우에 곧 망각하고 만다. 망각은 항목이 시간 경과에 따라서 '소멸'하거나 새로운 항목으로 대치되기 때문에 일어난다.

작업기억의 정보는 단지 시간이 경과함에 따라서 소멸할 수 있다. 항목의 표상을 초 단위로 희미해지는 흔적이라고 생각해 볼 수 있다. 이 가설에 대한 최선의 증거 중의 하나는 발음하는 데 시간이 오래 걸리는 단어일수록 작업기억이 파지하는 단어의 수가 적다는 것이다. 예컨대 '소', '칼'과 같은 짧은 단어보다 '해바라기', '나이테'와 같은 긴 단어의 기억폭이 작다(발음 시간의 차이를 알 수 있도록 스스로 소리 내어 읽어 보기 바란다). 단어를 읽는 시간이 오래 걸릴수록 기억 흔적이 회상되기도 전에 희미해질 가능성이 크기 때문에 그러한 일이 일어나는 것으로 보인다(Baddeley et al., 1975).

작업기억에서 망각의 또 다른 주요 원인은 기존 항목을 새 항목이 대치하는 것이다. 대치라는 용어는 작업기억이 고정된 용량을 가지고 있다는 생각과 잘 들어맞는다. 작업기억에 들어 있다는 말은 활성화 상태에 있다는 것에 대응한다. 보다 많은 항목을 활성화 상태로 유지하려고 시도할수록 다른 항목에 제공할 활성화가 줄어들게 된다. 아마도 대략 일곱 항목 정도가 회상 가능한 활성화 수준으로 동시에 유지되는 듯하다. 일단 일곱 항목이 활성화되어 있다면 새로운 항목에 제공하는 활성화는 기존 항목으로부터 빼앗아 와야 한다. 따라서 활성화를 빼앗긴 항목은 회상에 필요한 활성화 수준 이하로 떨어지게 되는 것이다(Anderson, 1983).

인출

계속해서 작업기억의 내용이 의식에서 활성화된 것이라고 생각하자. 직관적으로는 이러한 정보에의 접속이 즉각적이다. 그 내용을 탐색할 필요가 없다. 그저 그곳에 있는 것이다. 그렇다면 인출이 의식에 들어 있는 항목의 수에 의존해서는 안 된다. 그런데 이 경우에는 직관이 잘못된 것이다.

연구는 작업기억에 보다 많은 항목이 있을수록 인출이 느려진다는 사실을 보여 주었다. 이러한 대부분의 증거는 스턴버그(Sternberg, 1966)가 소개한 유형의 실험에서 나온다. 각 시행에서 참가자에게 일련의 숫자를 기억 목록으로 보여 주며, 참가자는 작업기억에 그것을 잠시 저장하고 있어야 한다. 기억 목록에는 1개부터 6개까지의 숫자가 들어 있기 때문에 이것은 쉬운 과제이다. 기억 목록을 제거하고 탐사 숫자를 제시한다. 참가자는 탐사 숫자가 기억 목록에 있는 것인지를 판단해야 한다. 예컨대 기억 목록이 3 6 1이고 탐사 숫자가 6이라면 참가자는 '그렇다' 버튼을 눌러 반응해야 한다. 동일한 기억 목록에 탐사 숫자가 2라면 '아니다' 버튼을 눌러야 한다. 참가자가 이 과제에서 실수하는 경우는 드물다. 그렇지만 여기서 관심사는 결정 시간, 즉 탐사 숫자의 출현부터 참가자가 버튼을 누를 때까지 경과한 시간이다. 그림 5.12는 이러한 실험의 데이터를 보여 주는데, 결정 시간이 기억 목록의 길이에 따라 증가한다는 사실이 나타나 있다. 이러한 결정 시간에서 주목할 사항은 그 관계가 직선적이라는 것이다. 다시 말해 작업기억에 항목을 하나 첨가할 때마다 인출 과정에 고정된 시간만큼(대략 40msec 또는 1/25초씩) 추가된다. 항목이 문자, 단어, 청각음, 또는 사람 얼굴 사진일 때도 동일한 결과가 나타난다(Sternberg, 1975).

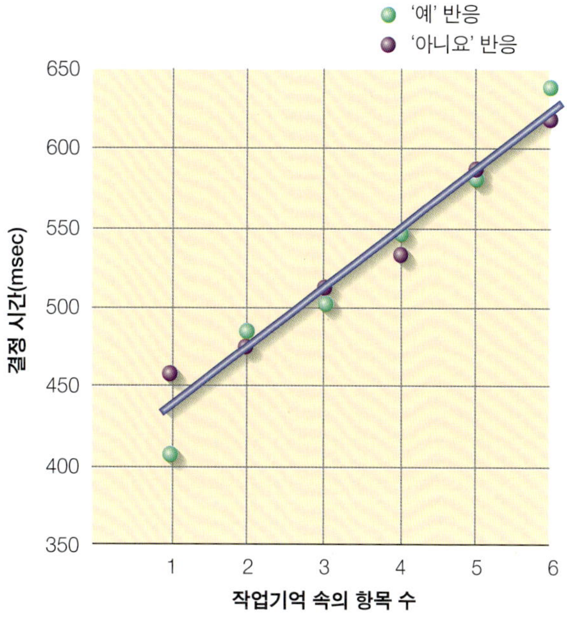

그림 5.12 탐색 과정으로서의 인출. 결정 시간은 작업기억 항목의 수에 직접적으로 비례해서 증가한다. 초록색 동그라미는 '예' 반응을, 보라색 동그라미는 '아니요' 반응을 나타낸다. 두 유형의 결정 시간 모두 직선 위에 놓여 있다. 결정 시간이 매우 빠르기 때문에 밀리초 단위의 정확도를 제공하는 도구를 가지고 측정해야 한다.

이 결과에 대한 가장 직접적인 해석은 인출이 작업기억의 항목을 한 번에 하나씩 검색하는 탐색을 요구한다는 것이다. 이 탐색이 항목당 40msec의 비율로 진행되는데, 너무 빨라서 사람이 자각할 수 없다(Sternberg, 1966). 하지만 작업기억을 활성화 상태로 생각하면 결과를 다른 방식으로 해석할 수 있다. 작업기억에서 항목의 인출은 결정적 수준에 도달한 항목의 활성화에 달려 있을 수 있다. 즉 탐사자극이 결정적 활성화 수준 이상일 때는 작업기억에 있는 것이라고 결정하는데, 작업기억에 보다 많은 항목이 있을수록 각 항목의 활성화 수준이 낮아지게 된다(Monsell, 1979). 이러한 **활성화 모형**activation model은 작업기억 인출의 많은 측면을 정확하게 예언하는 것으로 밝혀졌다(McElree & Dosher, 1989).

작업기억과 사고

작업기억은 사고에서 중요한 역할을 담당한다. 어떤 문제를 의식적으로 해결하고자 시도할 때, 장기기억에서 끄집어낸 문제와 관련된 정보뿐만 아니라 그 문제 자체를 저장하는 데 작업기억을 사용한다. 35 곱하기 8을 암산해 보라. 주어진 숫자(35와 8), 요구되는 연산

(곱하기)의 본질, 그리고 8×5=40과 8×3=24와 같은 구구단 지식을 저장하는 데 작업기억이 필요하다. 암산과 동시에 어떤 단어나 숫자도 기억하고 있어야 한다면 암산 성과가 현저하게 떨어진다는 사실이 놀랍지 않다. 전화번호 745-1739를 기억하고 있으면서 방금 기술한 암산을 해 보라(Baddeley & Hitch, 1974). 심적 계산에서 작업기억의 역할로 인해 연구자들은 흔히 작업기억을, 마음이 계산을 하고 중간 결과를 나중에 사용하기 위해 기록해 두는 일종의 흑판으로 개념화한다(Baddeley, 1986).

다른 연구를 보면 산술 계산뿐만 아니라 광범위한 영역의 복잡한 문제를 해결하는 데도 작업기억을 사용한다는 사실을 알 수 있다. 그러한 문제의 사례가 기하 유추이며, 때때로 지능검사에서 사용하기도 한다(예: Ravens, 1965). 기하 유추의 한 사례를 그림 5.13에 제시했다. 문제해결에서 작업기억의 역할에 대해 직관을 갖도록 이 문제를 풀어 보라. 당신은 아마도 (1) 한 줄에 있는 도형 사이의 유사성과 차이점, (2) 이러한 유사성과 차이점을 설명하고 정답을 선택하기 위해 사용하는 규칙을 저장하는 데 작업기억이 필요하다는 사실에 주목하게 될 것이다. 작업기억이 클수록 이러한 문제를 더 잘 해결한다(작업기억의

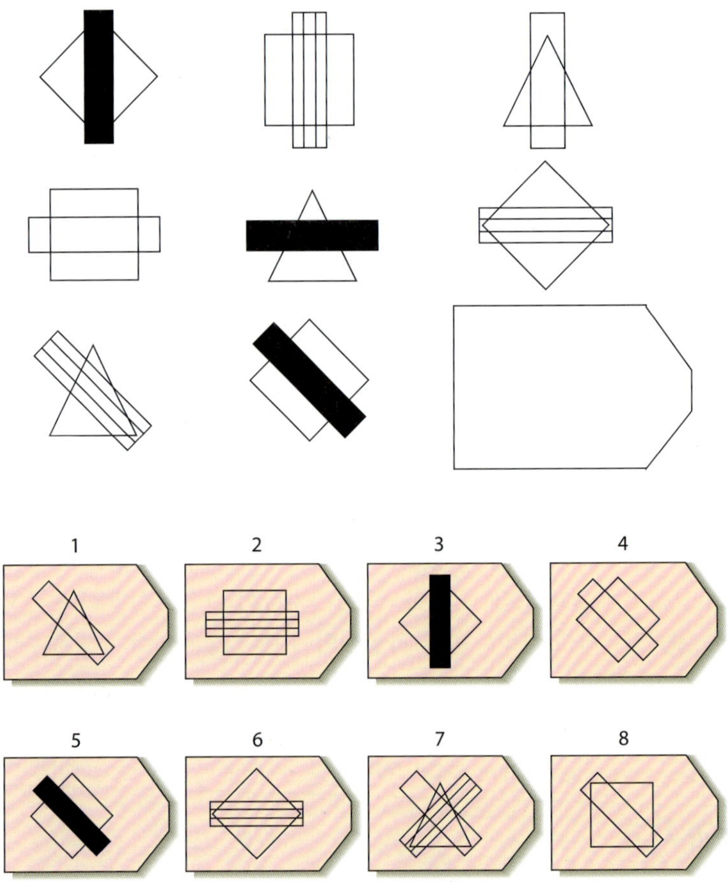

그림 5.13 기하 유추의 예. 과제는 우하의 칸이 비어 있는 위쪽의 도형 행렬을 조사한 후, 아래쪽에 있는 8개 선택지 중에서 어느 것이 빈칸에 해당하는지를 결정하는 것이다. 이 문제를 해결하려면 각 줄을 들여다보고 도형이 변하는 규칙을 결정한 후 각 열에 대해서도 동일한 과정을 거쳐야 한다.

용량이 사람들 사이에 별 차이가 없음에도 불구하고 그렇다). 또한 사람들이 그림 5.13과 같은 문제를 해결하는 방식을 시뮬레이션하는 컴퓨터 프로그램을 작성할 때, 프로그램이 문제를 얼마나 잘 해결하느냐에서 가장 중요한 결정인자 중의 하나는 프로그래머가 제공하는 작업기억의 크기이다. 복잡한 많은 문제의 어려움이 부분적으로 작업기억에 주어지는 부하량이라는 것은 의심의 여지가 없어 보인다(Carpenter et al., 1990).

작업기억은 대화를 나누거나 글을 읽는 것과 같은 언어 처리에서도 결정적이다. 이해하기 위해 글을 읽을 때, 새로운 문장을 앞부분에서 나왔던 내용과 의식적으로 관련시켜야만 하는 경우가 많다. 새 문장을 앞선 문장과 관련시키는 작업은 작업기억에서 일어나는 것으로 보인다. 왜냐하면 작업기억 용량이 큰 사람은 독서 이해 검사에서 더 높은 점수를 얻기 때문이다(Daneman & Carpenter, 1980; Just & Carpenter, 1992).

작업기억에서 장기기억으로의 전이

지금까지 살펴본 것처럼 작업기억은 두 가지 중요한 기능을 담당한다. 단기간 필요한 정보를 저장하며 심적 계산의 작업 공간으로 사용된다. 또 다른 가능한 기능은 장기기억을 향한 중간역으로서의 기능이다. 즉 정보를 부호화하거나 장기기억으로 전이하는 동안 작업기억에 머무르는 것이다(Atkinson & Shiffrin, 1971a, 1971b; Raaijmakers & Shiffrin, 1992). 전이를 구현하는 데는 여러 가지 상이한 방법이 있지만, 상당한 연구의 주제가 되었던 한 가지 방법이 되뇌기, 즉 작업기억에서 정보를 의식적으로 반복하는 것이다. 되뇌기는 항목을 작업기억에 유지할 뿐만 아니라 장기기억으로 전이되도록 만든다. '유지 되뇌기'라는 용어는 정보를 작업기억에 유지시키려는 적극적 노력을 지칭하는 데 사용되며, '정교화 되뇌기'는 정보를 장기기억에 부호화하려는 노력을 말한다.

작업기억의 중간역 기능에 대한 최선의 증거는 자유회상에 관한 실험에서 나온다. 자유회상 실험에서 참가자는 우선 한 번에 하나씩 제시하는 무관한 단어들의 목록(예: 40개 단어의 목록)을 본다. 모든 단어를 제시한 후 참가자는 즉각적으로 제시 순서에 관계없이('자유'가 가리키는 의미가 바로 이것이다) 단어를 회상해야 한다. 이러한 실험의 결과가 그림 5.14에 나와 있다. 단어를 정확하게 회상할 확률이 목록에서 단어의 위치에 따라 도작되어 있다. 그래프에서 왼쪽 부분은 처음에 제시된 몇 개의 단어에 해당하고, 오른쪽 부분은 마지막에 제시된 단어에 해당한다.

회상할 시점에서 마지막에 제시한 몇몇 단어는 작업기억에 남아 있는 반면, 나머지 단어는 장기기억에 들어 있을 가능성이 있다. 작업기억의 항목은 쉽게 인출할 수 있기 때문에 마지막 몇몇 단어의 회상이 높을 것이라고 예상할 수 있다. 그림 5.14는 실제로 그렇다는 것을 보여 준다. 이것을 **최신효과**(recency effect)라고 부른다. 한편 처음에 제시된 몇몇 단어의 회상도 꽤 좋았다. 이것을 **초두효과**(primacy effect)라고 부른다. 이곳이 바로 되뇌기가 작동하는 시점이다. 처음 몇몇 단어를 제시할 때 작업기억에 들어가 되뇌기를 한다. 작업기억에 들어 있는 것이 별로 없기 때문에 자주 되뇌기하여 장기기억으로 전이될 가능성이 크다. 보다 많은 항목을 제시함에 따라 작업기억은 곧 꽉 차게 되어 되뇌기하고 장기기억으로 전이할 기회가 줄어든다. 따라서 처음에 제시한 몇몇 단어만이 가외적 전이 기

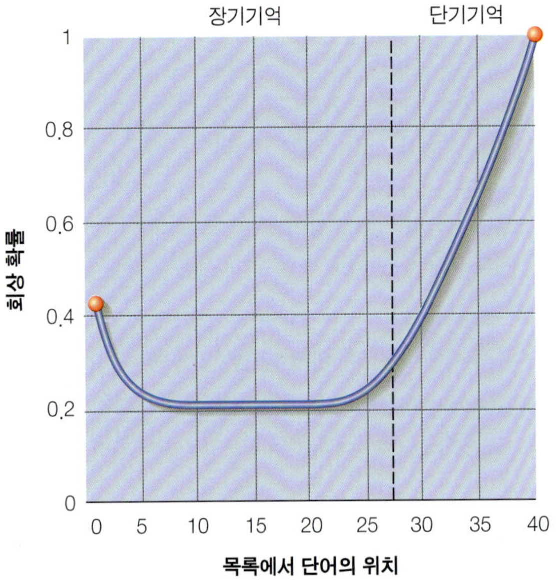

그림 5.14 자유회상 실험의 결과. 회상 확률은 목록에서 항목의 위치에 따라 달라진다. 마지막 5개 정도의 회상 확률이 가장 높고, 처음 몇몇 항목의 확률이 그다음으로 높으며, 중간 위치 항목의 확률이 가장 낮다. 마지막 항목의 회상은 작업기억에 의존하는 반면, 나머지 항목의 회상은 장기기억에 의존한다.

회를 갖게 되며, 이는 나중에 장기기억으로부터 잘 회상할 수 있는 이유이다.

이러한 설명에 대한 고전적 증거는 1971년 미국 심리학자 듀이 런더스가 제공했다. 런더스는 참가자들에게 학습하고 있는 단어를 되뇌기하도록 요구한 자유회상 실험을 수행했다. 즉 목록을 제시하는 동안 단어를 큰 소리로 따라 읽게 했다. 한 시점에서 목록의 어느 단어를 따라 읽을 것인가는 참가자의 몫이었다. 런더스는 따라 읽은 것을 녹음하여 각 목록에 포함된 각 단어에 대해 (1) 되뇌기 횟수, (2) 회상 확률을 계산했다. 놀라울 것도 없이 참가자들은 목록 초기에 제시한 단어를 더 많이 되뇌기했으며, 앞서 지적한 바와 같이 회상도 잘했다. 그렇지만 보다 중요한 사실은 되뇌기 횟수가 초두효과를 설명하기에 충분했다는 것이다. 예컨대 목록 초기에 있으면서도 되뇌기 횟수가 비교적 적었던 단어를 생각해 보자. 이러한 단어는 목록 중간에 있으면서도 되뇌기를 많이 했던 단어보다 더 잘 회상하지 못했다. 반대로 목록 중간에 있으면서 어떤 이유에서건 여러 차례 되뇌기했던 단어는 목록 초기에 있으면서 동일한 횟수만큼 되뇌기했던 단어 못지않게 잘 회상했다. 따라서 초두효과는 특정 단어에 부과한 되뇌기 횟수가 매개하는 것이다(런더스는 다른 여러 가지 고전적인 자유회상 효과도 발견했다).

요컨대 작업기억은 음운적이거나 시각적 형식으로 대략 7±2 청크를 저장할 수 있는 시스템이다. 소멸이나 대치로 인해 작업기억에서 정보를 상실하며, 한 시점에서 활성화되어 있는 항목의 전체 수에 민감한 처리 과정을 통해 인출한다. 마지막으로 작업기억은 문제해결에 필요한 정보를 저장하고 처리하는 데 사용하며, 그렇기 때문에 사고에서 결정적이다.

장기기억

정보를 몇 분(예: 대화에서 앞에 나왔던 주제를 기억하는 것) 정도의 짧은 기간이나 평생(예: 어른의 아동기 기억)에 이르기까지 파지해야 할 때 **장기기억**long-term memory이 관여한다. 장기기억 실험에서 심리학자들은 일반적으로 몇 분, 몇 시간, 또는 몇 주에 걸친 망각을 연구했으며 소수의 연구만이 몇 년이나 수십 년의 기억을 다루었다. 몇 년이라는 기간을 사용하는 실험은 흔히 실험실 자료의 회상보다는 개인적 경험의 회상(자서전적 기억이라고 부름)을 다루었다. 이제부터는 두 유형의 자료를 모두 사용한 연구를 함께 제시할 텐데, 이러한 연구는 동일한 원리를 반영하는 것으로 보이기 때문이다.

장기기억에 대한 논의도 기억의 세 단계(부호화, 저장, 인출)를 구분할 테지만 여기에는 두 가지 까다로운 문제가 있다. 첫째, 작업기억 상황과 달리 장기기억에서는 부호화와 인출 사이에 중요한 상호작용이 발생한다. 이러한 상호작용이라는 측면에서 부호화를 논의할 때 인출의 몇몇 측면을 다룰 것이며, 부호화와 인출 사이의 상호작용에 대한 별도의 논의를 제시할 것이다. 다른 어려운 문제는 장기기억에서의 망각이 저장한 정보의 상실 때문인지, 인출 실패 때문인지를 알기 어렵다는 것이다. 이 문제에 대처하기 위해, 인출을 먼저 다루어서 무엇이 저장한 정보의 상실에 대한 좋은 증거가 되는지 명백한 생각을 가질 수 있을 때까지 저장에 대한 논의는 유보하겠다.

부호화

의미 부호화

언어 자료의 경우, 주도적인 장기기억 표상은 음운적인 것도 아니고 시각적인 것도 아니다. 오히려 그 표상은 항목의 의미에 달려 있다. 항목을 의미에 따라서 부호화하는 것은 항목이 분리된 단어일 때에도 일어나지만 문장일 때 더욱 현저하게 일어난다. 문장을 듣고 몇 분이 지난 후에 회상하거나 재인할 수 있는 것은 대부분 문장의 의미이다. '저자는 위원회에 장문의 편지를 보냈다.'라는 문장을 들었다고 가정해 보자. 증거를 보면 2분 후에 바로 그 문장을 들었는지, 아니면 동일한 의미를 담고 있는 다른 문장, 예컨대 '위원회는 저자로부터 장문의 편지를 받았다.'를 들었는지를 판단하는 데 우연 수준 이상의 성과를 보이지 못한다는 사실을 알 수 있다(Sachs, 1967).

의미 부호화는 일상의 기억 상황에서 압도적으로 이루어진다. 사람들은 복잡한 사회적 또는 정치적 상황을 보고할 때, 많은 세부 사항(누가 누구에게 무엇을 말했는지, 언제 무엇을 말했는지, 다른 누가 그곳에 있었는지 등)은 잘 기억하지 못하지만 기본 정황은 정확하게 기술할 수 있다. 예컨대 1970년대 초의 워터게이트 사건 때 최고위 정부 증인(존 딘)은 특정 상황에서 나눈 대화에 대해 많은 오류를 범한 것으로 나타났지만, 그의 전반적인 증언은 일어났던 사건을 정확하게 기술한 것으로 판단되었다(Neisser, 1982).

의미가 장기기억에서 언어 자료를 표상하는 주도적 방법이기는 하지만 때때로 다른 측면도 부호화한다. 예컨대 우리는 시를 외우고 한 단어 한 단어를 암송할 수 있다. 이러한 경우에 우리는 시의 의미뿐만 아니라 정확한 어순도 부호화한 것이다. 또한 장기기억에서 음운 부호도 사용할 수 있다. 전화를 받았는데 상대방이 "여보세요."라고 말하면 그 목소리의 주인공을 알아차리는 경우가 많다. 이와 같은 경우에 그 사람의 목소리를 장기기억에 부호화했음에 틀림없다. 시각적 인상, 맛, 냄새도 장기기억에 부호화된다. 전반적으로 장기기억은 언어 자료에 대한 선호하는 부호(즉 의미 부호)를 가지고 있기는 하지만 다른 부호도 사용할 수 있다.

의미적 연결 첨가하기

기억할 필요가 있는 항목은 의미를 가지고 있지만 항목 사이의 연결은 그렇지 않기 십상이다. 그러한 경우에 항목 사이에 실제적이거나 인위적인 연계를 만들어 냄으로써 기억을 증진할 수 있다. 예컨대 악보 읽기를 학습하는 사람은 오선지가 EGBDF를 나타낸다는 사실을 기억해 내야 한다. 상징 자체는 의미를 가지고 있다 하더라도(건반에서 음표를 나타낸다) 그 순서는 임의적일 수 있다. 많은 학습자들이 하는 일은 상징을 'Every Good Boy Does Fine'과 같은 문장으로 변환하는 것이다. 각 단어의 첫 번째 문자가 각 상징을 나타내며, 문장에서 단어 사이의 관계가 상징 사이의 의미 있는 연결을 제공해 준다. 이러한 연계가 기억을 도와주는 것은 단어 사이에서 인출 통로를 제공하기 때문이다. 예컨대 일단 'Good'이란 단어가 인출되면, 회상해야 할 다음 단어인 'Boy'를 향한 통로 또는 연결이 있게 된다.

연결을 첨가하는 최선의 방법 중 하나는 부호화하는 과정에서 자료의 의미를 정교화하는 것이다. 보다 깊게 또는 정교하게 의미를 부호화할수록 기억이 좋아진다(Craik & Tulving, 1975). 따라서 교과서에서 제시하는 요점을 기억해야 한다면 단어 자체가 아니라 의미에 초점을 맞출 때 더 잘 회상할 수 있을 것이다. 그리고 보다 깊고 철저하게 의미를 확장할수록 더 잘 회상할 수 있다.

브래드쇼와 앤더슨(Bradshaw & Anderson, 1982)의 실험은 몇 가지 사실을 예시한다. 참가자들은 '삶의 결정적인 시점에 모차르트는 뮌헨에서 파리로 여행을 했다.'와 같이 유명인사에 대한 사실을 읽고 나중에 회상해야 했다. 몇몇 사실은 '모차르트는 틀어진 연애 사건에서 벗어나려고 뮌헨을 떠나고 싶어 했다.'와 같이 원인이나 결과에 따라 정교화했다. 다른 사실은 그 자체로만 제시했다. 나중에 참가자들은 단지 사실에 대한(정교화가 아닌) 의미를 검사받았다. 참가자들은 사실만 제시했을 때보다 정교화했던 사실을 더 많이 회상했다. 아마도 기억 표상에 대한 원인(또는 결과)을 첨가함으로써 다음과 같은 방식으로 표적 사실에 대한 원인에서 인출 통로를 만드는 것으로 보인다.

- 모차르트는 뮌헨에서 파리로 여행했다.
- 모차르트는 뮌헨에서 발생한 연애 사건에서 벗어나려고 했다.

회상할 때 참가자들은 표적 사실을 직접적으로 인출하거나, 원인으로부터의 통로를 따라서 간접적으로 인출할 수 있었다. 표적 사실을 망각했다고 하더라도 원인을 인출하면 그 사실을 추론할 수 있는 것이다.

이러한 결과는 이해와 기억 사이의 밀접한 연결을 확증해 준다. 자료를 보다 잘 이해할수록 부분들 사이의 연결을 더 많이 볼 수 있다. 이러한 연결이 인출 연계로 작용할 수 있기 때문에 보다 잘 이해할수록 더 잘 기억하게 되는 것이다.

인출단서

장기기억에서 망각하는 많은 경우는 정보 자체를 상실하여 정보에 접속하지 못하기 때문이다. 나쁜 기억은 저장 실패가 아니라 인출 실패를 반영하기 십상이다. (이것은 망각이 소멸이나 대치의 결과이며, 인출이 비교적 오류 없이 일어나는 작업기억과 다른 점이라는 사실에 주목하기 바란다.) 장기기억에서 한 항목을 인출하려는 시도는 대규모 도서관에서 책 한 권을 찾으려고 하는 것과 같다. 책을 찾는 데 실패한다고 해서 그 책이 도서관에 없다는 사실을 의미하지는 않는다. 엉뚱한 곳을 찾고 있거나, 아니면 책이 잘못 분류되었을 수도 있다.

인출 실패의 증거

일상 경험은 인출 실패에 대한 상당한 증거를 제공해 준다. 누구나 어느 시점에서 사실이나 경험을 회상하지 못하다가 나중에 머리에 떠오르는 경우가 있다. 시험을 볼 때는 특정한 이름을 회상할 수 없다가 시험이 끝난 후에야 기억나는 경우가 얼마나 많은가! 또 다른 예가 '설단' 현상인데, 이는 특정 단어나 이름을 감질나게도 온전하게 회상하지 못하는 것이다(Brown & McNeill, 1966). 마침내 정답을 인출할 때까지 기억 탐색이 (비슷하기는 하지만 정답이 아닌 단어를 끄집어내서 폐기하는) 고문과 같은 느낌을 받을 수 있다.

인출 실패의 뚜렷한 예는 심리치료를 받는 사람이 과거에 망각했던 기억을 인출할 때 일어난다. 이러한 인출에 대한 탄탄한 증거를 가지고 있지는 못하지만, 이 예는 망각된 것처럼 보이는 기억이 상실된 것이 아니라 단지 끄집어내기 어렵다는 사실을 시사한다.

인출 실패가 망각을 야기한다는 보다 강력한 증거로 다음 실험을 생각해 보자. 참가자들에게 긴 단어 목록을 기억하도록 요구했다. 어떤 단어는 개, 고양이, 말과 같이 동물 이름이었고, 어떤 단어는 사과, 오렌지, 배와 같은 과일 이름이었으며, 또 어떤 단어는 가구 이름과 같은 식이었다(표 5.2 참조). 회상할 때 참가자들을 두 집단으로 나누었다. 한 집단에게는 '동물', '과일' 등과 같은 인출단서를 제공하고 통제집단인 다른 집단에게는 단서를 주지 않았다. 인출단서를 받은 집단은 통제집단보다 더 많은 단어를 회상했다. 두 집단이 모두 인출단서를 받은 후속 검사에서는 동일한 수의 단어를 회상했다. 두 집단 사이에서 처음의 회상 차이는 바로 인출 실패에 따른 것임에 틀림없다.

요컨대 인출단서를 더 많이 가용할수록 기억이 우수해진다. 이 원리는 일반적으로 **회상검사 recall test**보다 재인검사(recognition test)에서 성과가 좋은 이유를 설명해 준다. 재인검사에서는 특정한 항목을 전에 본 적이 있는지를 묻는다(예: 이정희 씨는 수요일에 당신이 만났던 사람 중의 한 명입니까?). 검사 항목 자체가 그 항목의 기억에 대한 훌륭한 인출단서가 된다. 반면에 회상검사에서는 최소한의 인출단서를 사용하여 기억하고 있는 항목을 끄집어내

장기기억의 정보를 망각한다는 것이 정보 자체의 상실을 의미하지는 않는다. 무엇인가가 그 정보를 생각나게 할 때 그 정보를 인출할 수도 있다. 바로 이것이 가족사진 앨범을 보관하는 한 가지 이유이다.

표 5.2 인출 실패 연구의 예

인출단서를 주지 않은 참가자들은 단서를 준 참가자들에 비해 기억한 목록으로부터 보다 적은 수의 단어를 회상했다. 이 결과는 장기기억 인출 단계에서의 문제가 몇몇 기억 실패 때문이라는 사실을 보여 준다.

기억해야 하는 목록

개	목화	기름
고양이	양모	가스
말	비단	석탄
사과	파랑	의사
오렌지	빨강	변호사
배	초록	교사
바나나	노랑	치과 의사
의자	과도	축구
탁자	숟가락	야구
침대	포크	농구
소파	프라이팬	테니스
칼	망치	셔츠
총	톱	양말
장총	못	바지
폭탄	드라이버	구두

인출단서

동물	옷감	연료
과일	색깔	전문 직업
가구	주방용품	스포츠
무기	연장	의류

야 한다(예: 파티에서 만났던 여자의 이름을 떠올려 보세요.). 재인검사에서의 인출단서가 일반적으로 회상검사보다 유용하기 때문에 회상검사(예: 논술형 시험)보다 재인검사(예: 선다형 시험)의 성과가 우수하다(Tulving, 1974).

간섭

인출을 방해하는 요인 중에서 가장 중요한 것이 간섭이다. 만일 서로 다른 항목을 동일한 단서와 연합한다면, 항목 하나(표적 항목)를 인출하려고 그 단서를 사용하고자 할 때 다른 항목도 활성화되어 표적 항목의 인출을 방해하게 된다. 예컨대 친구가 이사를 가서 그의 새 전화번호를 알게 되면 옛 번호를 인출하기 어려워진다. 그 이유는 무엇인가? 옛 번호를 인출하기 위해 '친구의 전화번호'라는 단서를 사용하지만, 이 단서가 새 번호를 활성화하기 때문에 옛 번호를 끄집어내는 것을 방해하는 것이다(이것을 역행간섭이라고 부른다). 또는 당신이 주차장에서 1년 동안 예약해서 사용하던 주차 위치가 바뀌었다고 가정해 보자. 처음에는 새로운 주차 위치를 기억에서 인출하는 데 어려움을 겪을 것이다. 그 이유는 무엇인가? 새로운 주차 위치를 '나의 주차 장소'라는 단서와 연합하려고 시도하지만 그 단서가 옛날 위치를 인출하기 때문에 새로운 위치 학습을 방해하는 것이다(순행간섭). 두 경우 모두 특정한 표적 항목을 활성화하는 인출단서('친구의 전화번호' 또는 '내 주차 장소')의 힘이 그 단서와 연합된 다른 항목의 수가 증가함에 따라 약해진다. 한 단서와 보다 많은 항목이 연합될수록 점점 더 과부화가 발생하여 인출단서로서 덜 효과적이게 된다.

간섭은 다양한 수준에서 작동할 수 있다. 한 실험에서 참가자는 우선 다양한 사실을 전문 직업과 연합하는 것을 학습했다. 예컨대 다음과 같은 연합을 학습했다.

은행가

1. 군중에게 연설해 달라는 요청을 받았다.
2. 병을 깨뜨렸다.

3. 여행을 연기하지 않았다.

변호사

1. 옷 솔기가 뜯어졌다는 사실을 알았다.
2. 낡은 창고에 페인트를 칠했다.

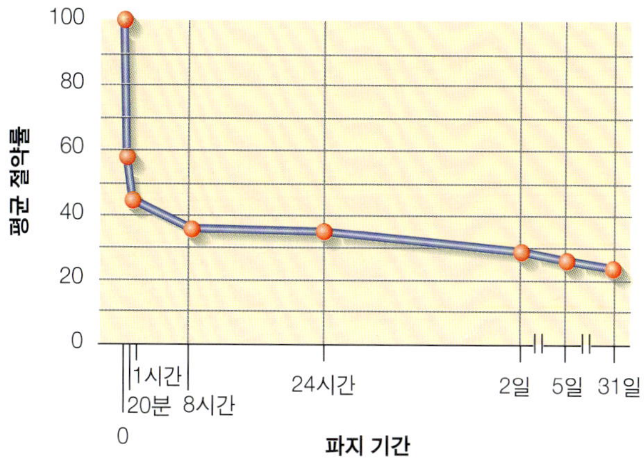

그림 5.15 시간 함수로서의 망각. 망각 곡선은 시간 함수로서 회상의 감소를 나타낸다. 이 그래프는 최초의 망각 곡선 중 하나이다.

직업 이름인 '은행가'와 '변호사'가 인출 단서였다. 은행가는 세 가지 사실과 연합되었고, 변호사는 두 가지 사실과 연합되었기 때문에, 연합된 사실을 인출하는 데 은행가가 변호사보다 덜 효과적이었다(은행가가 더 과부화 단서였다). 나중에 참가자에게 재인검사를 실시했을 때, 변호사에 대해 학습했던 사실보다 은행가에 대해 학습했던 사실을 재인하는 데 시간이 더 오래 걸렸다. 그렇다면 이 연구에서는 간섭이 인출 속도를 늦춘 것이다. 많은 다른 실험은 표적 항목이 약하거나 간섭이 강할 때 간섭이 완벽한 인출 실패를 초래할 수 있다는 사실을 보여 준다(Anderson, 1983). 실제로 오래전부터 장기기억의 망각이 시간 경과에 따라 증가하는 일차적 원인은 바로 간섭이라고 간주해 왔다. 적절한 인출단서는 시간이 경과함에 따라 점점 더 과부화되는 것이다(그림 5.15 참조).

망각: 저장된 정보의 상실

어떤 망각은 인출 실패에 의한다는 사실이 모든 망각이 그렇다는 사실을 함축하는 것은 아니다. 학습한 모든 것이 기억에 남아 있으면서 적절한 인출단서를 기다리고 있을 가능성은 거의 없어 보인다. 몇몇 정보는 상실되는 것이 거의 확실하다(Loftus & Loftus, 1980).

정보 상실에 대한 몇몇 증거는 심각한 우울 증상을 완화하기 위해 전기 충격 요법을 받는 사람에게서 나타난다(두뇌에 가하는 약한 전기 자극은 순간적으로 간질과 같은 발작을 일으키고 의식을 잃게 만든다). 이러한 경우에 전기 자극 직전의 몇 달 사이에 일어났던 사건에 대한 기억은 상실하지만 그 이전의 사건은 그대로 남아 있다(Squire & Fox, 1980). 이러한 기억상실은 인출 실패에 의한 것일 가능성이 거의 없다. 왜냐하면 만일 전기 자극이 인출을 와해했다면 모든 기억이 영향을 받아야지 최근 기억만 영향을 받아서는 안 되기 때문이다. 보다 가능성 있는 생각은 전기 자극이 몇 달에 걸쳐 새로운 기억을 응고화하는 저장 과정을 와해하며, 응고화되지 않은 정보가 상실된다는 것이다.

장기기억의 저장에 대한 많은 연구는 생물학 수준에서 수행된다. 연구자들은 응고화의 신경해부학적 토대를 결정하는 데 상당한 진보를 이루었다. 관여하는 결정적 두뇌 구조는 해마와 그 주변 피질인 것으로 보인다(여기에는 해마와 신피질 사이의 정보 교환에 관여하는 피질이 포함된다). 응고화에서 해마의 역할은 두뇌의 별도 영역에 저장된 특정 기억의 여러 측면을 함께 연계하는 교차참조 시스템의 역할로 보인다(Squire, 1992). 사람의 경우에 대체로 총체적 기억상실은 해마뿐만 아니라 주변 피질이 손상될 때만 일어나지만, 해마만 손상되어도 심각한 기억 와해를 초래할 수 있다. 이 사실은 특정 환자의 기억 문제를 분석하는 것에서 출발했으며(관상동맥 측관 수술의 합병증으로 인한 기억 문제), 사망 후에 두뇌의 자세한 검시로 종료한 연구가 보여 주었다(Zola-Morgan et al., 1989).

원숭이를 이용한 연구는 해마의 기능이 비교적 새로운 기억을 응고화하는 것이라는 사실에 대해 최선의 증거를 제공해 준다. 실험집단 원숭이들이 100쌍의 사물을 변별하는 것을 학습했다. 각 쌍에서 한 사물 밑에만 먹이가 있고, 원숭이는 그 사물을 선택했을 때만 먹이를 얻었다. 모든 사물이 달랐기 때문에 원숭이는 본질적으로 100개의 문제를 학습했다. 20개의 문제는 연구자가 원숭이의 해마를 제거하기 16주 전에 학습했다. 계속해서 각각의 20개 문제를 해마 제거 수술 12주 전, 8주 전, 4주 전, 2주 전에 학습했다. 제거 수술 2주가 지난 후에 연구자는 원숭이의 기억을 검사했다. 결정적 결과는 실험집단 원숭이가 수술 8주, 12주, 16주 전에 학습한 변별은 정상적인 통제집단 원숭이 못지않게 잘 기억해 내지만, 수술 2주 전과 4주 전에 학습한 변별은 통제집단보다 열등했다는 것이다. 또한 실험집단 원숭이는 수술 2주 전과 4주 전에 학습한 변별을 그보다 전에 학습한 변별보다 잘 기억하지 못했다. 이러한 결과는 해마가 기억을 여러 주에 걸쳐서 처리할 필요가 있다는 사실을 시사한다. 왜냐하면 바로 그 기간이 해마의 제거에 의해 기억이 손상된 기간이기 때문이다. 영구적 장기기억 저장은 피질, 특히 감각 정보를 해석하는 피질 영역에 위치하는 것이 거의 확실하다(Squire, 1992; Zola-Morgan & Squire, 1990).

부호화와 인출 간의 상호작용

부호화 단계를 기술하면서 정교화와 같이 부호화 과정에서 수행하는 조작이 인출을 용이하게 만든다는 사실을 언급했다. 다른 두 부호화 요인도 성공적인 인출 기회를 증가시킨다. (1) 부호화할 때 정보를 체제화하는 것, (2) 정보를 부호화하는 맥락이 인출하는 맥락과 유사하도록 만드는 것이 그것이다.

체제화

부호화하는 자료를 체제화할수록 쉽게 인출할 수 있다. 다양한 전문가(의사, 변호사, 기자 등)를 만나는 회의에 참석했다고 가정해 보자. 나중에 그들의 이름을 회상하려고 할 때, 만일 처음에 정보를 전문 영역에 따라 체제화한다면 더 잘 회상할 수 있다. 그렇게 해 놓으면 나중에 "내가 만난 의사가 누구지? 변호사는 누구였지?" 등과 같이 자문할 수 있다. 정보를 범주로 부호화하고 범주 단위로 인출하면 이름이나 단어 목록을 훨씬 쉽게 회상할 수 있다(예: Bower et al., 1969).

맥락

특정 사실이나 일화를 부호화할 때와 동일한 맥락에서 그것을 더 쉽게 인출할 수 있다(Estes, 1972). 예컨대 초등학교 1학년과 2학년 때 같은 반 친구들의 이름을 인출하는 능력은

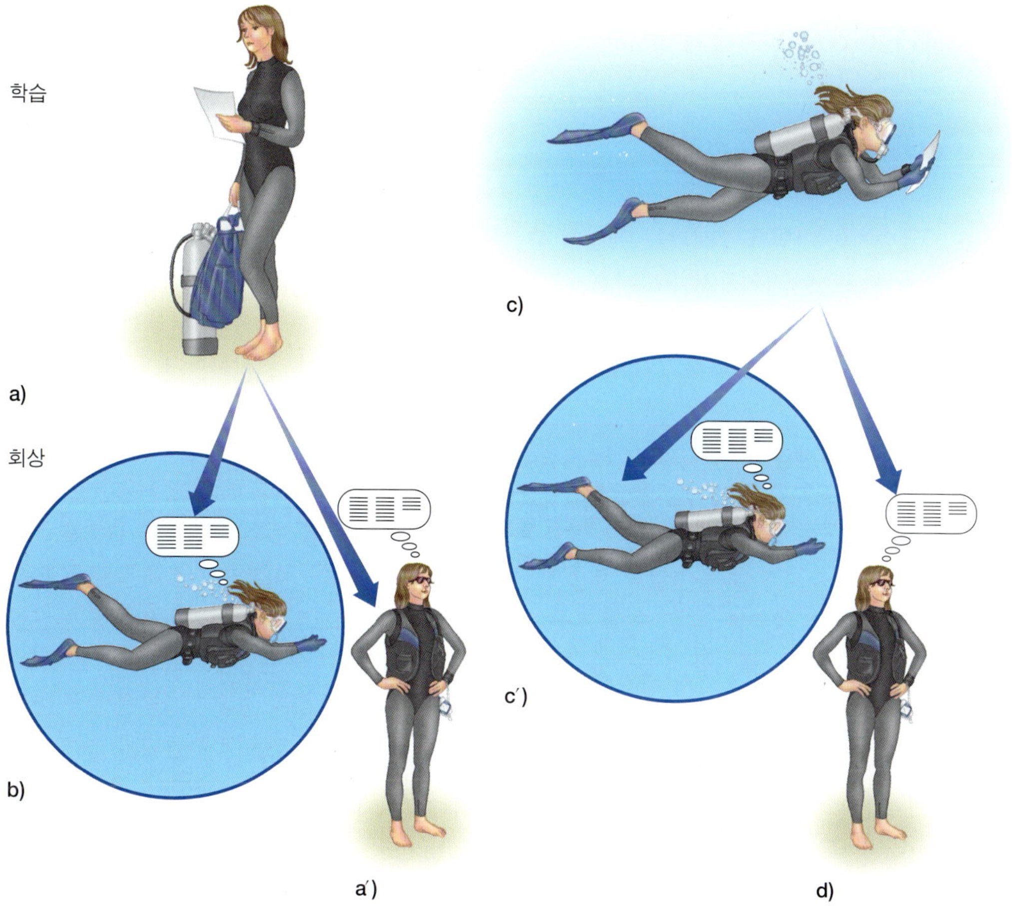

그림 5.16 인출에 대한 환경 맥락의 영향. 맥락이 인출에 영향을 미치는 방식을 증명하려는 실험에서 한 집단의 잠수부들은 뭍에서 단어 목록을 학습했고(그림 a), 다른 집단은 5m 물속에서 학습했다(그림 c). 나중에 각 집단을 둘로 나누어, 학습했던 동일한 환경에서 단어를 회상하거나(그림 a′과 c′) 다른 환경에서 회상했다(그림 b와 d).

바로 그 초등학교 복도를 지나갈 때 증진될 수 있다. 마찬가지로 친한 친구와 감정이 대립했던 순간(예: 식당에서 친구와 벌인 말다툼)을 인출하는 능력은 그 사건이 일어났던 장소로 되돌아갔을 때 더 커지게 된다. 이 사실은 우리가 한때 살았던 장소를 찾아갔을 때 때때로 홍수와 같이 밀려오는 기억에 휩싸이는 이유를 설명해 준다. 사건을 부호화한 맥락은 가장 강력한 인출단서 중의 하나이다(그림 5.16 참조).

맥락이 항상 개인 외적인 것은 아니다. 정보를 부호화할 때 우리 내부에서 일어나는 사건, 즉 내적 상태도 포함할 수 있다. 예컨대 마리화나를 복용하고 단어 목록을 학습한 사람들은 멀쩡한 상태에서보다 동일하게 약물로 유도된 상황에서 검사받을 때 더 많은 단어를 회상했으며, 멀쩡한 상태에서 학습한 사람들은 약물로 유도된 상황에서보다 멀쩡한 상태에서 더 많은 단어를 회상했다(Eich, 1980). 이러한 사례를 상태 의존 학습이라고 부르는데, 기억이 학습할 때의 내적 상태에 부분적으로 의존하기 때문이다. 변화된 심적 상태가 촉발하는 감정은 바로 그 감정 상태일 때 정보를 인출하는 단서로 작동하는 것으로 보인다. 이러한 현상에 대한 증거는 논란거리이지만, 인출할 때의 내적 상태가 부호화할 때의 내적 상태와 일치할 때 기억이 증진된다는 사실을 시사하고 있다(Eich, 1980).

망각에서의 정서 요인

지금까지는 기억을 정서와는 완전히 분리된 것처럼 취급했다. 하지만 때때로 정서 내용 때문에 자료를 기억하거나 망각하지 않는가? 이 물음에 대한 수많은 연구가 수행되었다. 연구 결과는 정서가 다섯 가지 독특한 방식, 즉 되뇌기, 섬광기억, 불안을 통한 인출간섭, 맥락효과, 억압을 통해 장기기억에 영향을 미칠 수 있다는 사실을 시사한다.

되뇌기

가장 단순한 생각은 사람들이 중성 상황보다는 정적이든 부적이든 정서가 개입된 상황에 대해 더 많이 생각하는 경향이 있다는 것이다. 밋밋한 기억보다는 흥미진진한 기억을 더 많이 되뇌기하고 체제화한다. 예컨대 이런저런 영화를 어디에서 관람했는지는 망각하기 십상이지만, 극장에 있을 때 화재가 났다면 그 사건이 얼마 동안 생각에 자리 잡고 있을 것이다. 그 상황을 혼자서 생각할 뿐만 아니라 친구들에게도 반복해서 설명함으로써 되뇌기하고 체제화하게 된다. 되뇌기와 체제화가 장기기억에서의 인출을 증진한다는 사실을 알고 있기 때문에, 많은 연구자들이 비정서적 상황보다는 정서적 상황에 대한 기억이 우수하다는 사실을 발견한 것은 놀라운 일이 아니다(Neisser, 1982; Rapaport, 1942).

섬광기억

정서가 기억에 영향을 미치는 두 번째 방식은 **섬광기억**flashbulb memory을 통한 것이다. 섬광기억은 정서적으로 충만한 중요한 사건을 학습했던 상황에 대한, 명료하면서도 비교적 영속적인 기록이다. 많은 사람들은 2005년 7월 7일 런던에서 발생한 폭탄 투척 사건에 관해 알게 되었을 때 정확하게 어디에 있었는지, 그리고 누가 그 사건을 자신에게 이야기해 주었는지 등을 기억한다. 또한 많은 사람들은 2001년 9월 11일 미국 국방성과 세계무역센터 공격에 대한 섬광기억을 가지고 있을 것이다. 출판된 보고서에 따르면 한 세기 전의 미국인들은 링컨 대통령 암살 사건에 대한 섬광기억을 가지고 있었다. 콜그로브(Colegrove, 1899)가 179명을 인터뷰했는데 127명이 링컨 암살 소식을 들었을 때 어디에서 무엇

많은 사람들은 뉴욕 맨해튼의 쌍둥이 빌딩 붕괴라는 놀라운 뉴스를 들었을 때 어디에서 무엇을 하고 있었는지를 정확하게 기억할 수 있다고 생각한다.

을 하고 있었는지 완벽한 세부 사항을 기술할 수 있었다.

콜그로브의 연구와 같은 초기 섬광기억 연구의 문제점은 그 기억이 정확한지를 평가할 수 있는 방법이 없다는 것이다. 예컨대 한 사람이 1960년 칠레에서 발생했던 강력한 지진에 대한 상세한 기억을 기술하면서, 집이 격렬하게 흔들리는 통에 아침 일찍 일어나서 보니 할아버지의 시계가 오전 6시 정각에 멈춰 있었다고 회상했다. 몇 년 후 그 사람은 지진이 실제로는 오후에 접어들 무렵 발생했다는 사실을 알게 되었다. 지진은 실제적인 것이었지만 아침에 일어났다는 생생한 섬광기억은 사실이 아니었던 것이다. 뒤에 가서 우리는 생생하지만 부정확한 기억으로 이끌어 가는 재구성 과정에 대해 논의할 것이다. 여기서는 섬광기억을 실제로 일어났던 사건의 기록에 비추어 신중하게 연구해 보면, 다른 종류의 기억과 마찬가지로 소멸과 간섭의 영향을 받는다는 사실을 명심하고 넘어가자(예: Curci et al., 2001; Neisser & Harsch, 1993; Schmolck et al., 2000; Sierra & Berrios, 2000).

불안을 통한 인출간섭

부적 정서가 인출을 방해하는 경우도 있는데, 이는 정서가 기억에 영향을 미치는 세 번째 방식이다. 많은 학생들이 때때로 겪는 경험이 이 과정을 예시해 준다.

> 당신은 시험을 치고 있는데 별로 자신이 없다. 문제를 풀기는커녕 문제를 제대로 이해할 수도 없다. 공황 상태의 징조가 나타난다. 두 번째 문제는 별로 어려운 것이 아닌데도 처음 문제가 촉발한 불안이 이 문제에도 확산된다. 세 번째 문제를 들여다볼 때는 당신의 전화번호와 같이 일상적인 것을 묻는 문제라 하더라도 어려움을 겪게 된다. 당신은 완전한 공황 상태에 빠진 것이다.

여기서는 기억에 무슨 일이 일어난 것일까? 첫 번째 문제를 풀지 못한 것이 불안을 야기한 것이다. 불안은 '나는 낙제할 거야!'나 '사람들은 내가 바보라고 생각하겠지.'와 같은 불필요한 생각을 수반하기 십상이다. 이러한 생각이 의식을 채우고 질문과 관련된 정보를 인출하려는 시도를 간섭하게 되는데, 기억이 실패하는 이유가 바로 이것일 수 있다. 이 견해에 따르면 불안이 직접적으로 기억 실패를 야기하는 것은 아니다. 오히려 가외적인 불필요한 생각을 야기하거나 그 생각과 연합되는 것이며, 그러한 생각이 인출을 간섭하여 기억 실패를 초래한다(Holmes, 1974).

맥락효과

정서는 맥락효과를 통해 기억에 영향을 미칠 수도 있다. 앞에서 언급한 바와 같이 인출할 때의 맥락이 기억을 부호화할 때의 맥락과 맞아떨어질 때 기억이 가장 우수하다. 학습할 때의 정서 상태가 맥락의 한 부분이기 때문에, 만일 학습하고 있는 자료가 우리를 슬프게 만든다면 다시 슬픈 상태에 있을 때 그 자료를 가장 잘 인출할 수 있다. 실험자들은 이러한 정서-맥락효과를 증명해 왔다. 참가자들은 일주일 동안 일기를 쓰는 데 동의하여, 일어났던 모든 정서 사건을 기록하고 그것이 유쾌한 것인지 불쾌한 것인지를 적었다. 일기를 제출하고 일주일이 지난 후 다시 실험실에 온 참가자들에게 최면을 걸었다. 절반의 참가자들은 유쾌한 기분에 놓이게 만들고 나머지 절반은 불쾌한 기분에 놓이게 만들었다. 모든 참가자들에게 일기에 적었던 사건을 회상하라고 요구했다. 유쾌한 참가자의 경우에는 회상한 대부분의 사건이 경험할 당시 유쾌하다고 평가한 것이었으며, 불쾌한 참가자의 경우에는 회상한 대부분의 사건이 불쾌하다고 평가한 것이었다. 예상한 바와 같이 인출할 때의 주도적 정서가 부호화할 때의 정서와 일치할 때 회상이 가장 우수했다(Bower, 1981).

억압

지금까지 정서가 기억에 영향을 미치는 모든 방식은 이미 논의한 원리, 즉 되뇌기, 간섭, 맥락효과에 의존하는 것이었다. 정서와 기억에 대한 또 다른 견해인 프로이트의 무의식 이론은 새로운 원리를 제안했다. 프로이트는 아동기의 몇몇 정서 경험이 너무나 외상적인 것이어서 세월이 지난 후에 그 경험을 의식에 떠올리는 것이 그 사람을 완전히 불안에 휩싸이게 만들어 버린다고 제안했다. 그러한 외상 경험은 억압, 즉 무의식에 저장되며, 그 경험과 연합된 정서를 제거할 때에만 인출될 수 있다고 주장했다. 따라서 억압은 궁극적 인출 실패를 나타낸다. 즉 표적 기억에의 접속이 적극적으로 차단된다. 적극적 차단이라는 이러한 개념은 억압 가설을 앞에서 논의한 망각에 대한 생각과 질적으로 다른 생각으로 만들어 버린다.

억압은 현저한 현상이기 때문에 실험실에서도 연구하려고 시도하지만 실험 연구를 수행하기 어렵다는 사실이 입증되었다. 실험실에서 진정한 억압을 유도하려면 실험자는 참가자에게 극단적인 외상 사건을 경험하도록 만들어야 하지만 이것은 명백히 비윤리적이다. 수행한 연구는 참가자들을 경미하게 흥분시키는 경험에 노출시켰으며, 그 결과는 혼란스러운 것이었다(Baddeley, 1990; Erdelyi, 1985).

요컨대 장기기억은 정보를 며칠, 몇 년, 또는 몇 십 년 동안 저장할 수 있는 시스템이며, 다른 부호도 가능하기는 하지만 전형적으로는 의미에 근거한 부호로 정보를 저장한다. 정보의 인출은 이 시스템으로부터 간섭받기 쉽다. '저장된 정보의 상실'로 보이는 많은 경우가 실제로는 인출 실패이다. 이 시스템의 저장에는 응고화가 필요한데 이것은 해마가 매개하는 과정이다. 장기기억의 많은 측면이 정서의 영향을 받는다. 이러한 영향은 선택적 되뇌기, 인출간섭, 맥락효과를 반영하는 것일 수도 있으며, 섬광기억과 억압이라는 두 가지 특수 기제를 반영하는 것일 수도 있다.

구성기억

지금까지 기억 과정에 대한 설명은 장기저장소의 정보를 만들어 내고 유지하며 사용하는 것에 대한 좋은 은유가 비디오테이프를 만들고 유지하며 사용하는 것이라는 인상을 남겼다. 다음과 같은 대응 관계를 생각해 보자.

1. 정보가 비디오카메라를 이용하여 비디오테이프에 녹화하고 저장하는 것과 동일한 방

식으로 감각, 지각, 주의를 통해 정보를 획득하고 기억에 저장한다.

2. 비디오테이프가 점차적으로 희미해지는 것과 동일한 방식으로 정보가 장기저장소에서 망각된다.
3. 홈비디오에서는 특정 장면을 찾기 어려운데, 특히 비디오에 많은 장면이 들어 있고 그 장면을 찾아보고 나서 시간이 많이 지났을 때 그런 것과 마찬가지로, 장기저장소에서 정보를 인출하기가 쉽지 않다.

이렇게 외현적인 유사성에도 불구하고, 기억을 이해하기 위해 비디오테이프를 일차적 은유로 사용하는 것은 심각한 잘못을 범하는 것이 된다. 왜냐하면 기억의 작동 방식과 비디오테이프의 작동 방식 사이에는 매우 중요하면서도 근본적인 차이점이 있기 때문이다. 비디오테이프와 달리 기억은 **구성 과정**constructive process이자 **재구성 과정**reconstructive process이다. 사건에 대한 기억은 그 기억을 만든 객관적 실체로부터 체계적으로 벌어질 수 있는데, 기억을 형성하는 시점뿐만 아니라(구성 과정을 통해) 시간이 경과한 후에도(재구성 과정을 통해) 일어난다. 이러한 결정적 차이는 흥미진진하면서 직관과 상반된 기억의 몇몇 측면을 초래한다.

기억 부호화에서의 구성 과정

기억 부호화encoding란 사건에 대한 장기기억 표상을 형성할 때 일어나는 과정을 말한다. 장기 표상을 형성한다는 측면에서 볼 때 부호화는 두 단계를 갖는다. 즉 처음의 지각(정보를 단기기억으로 전이하는 것), 그리고 단기저장소에서 장기저장소로 정보를 전이하는 데 관여하는 모든 과정이다. 엉터리 기억의 구성은 두 단계 모두에서 일어날 수 있다.

구성 지각

5장에서는 지각하는 것이 반드시 객관적으로 존재하는 것에 대응하지는 않게 되는 체계적 방식을 논의했다. 많은 경우에 지각은 객관적인 감각 데이터의 '상향' 처리뿐만 아니라 과거사, 지식, 기대에 의한 '하향적' 영향이 결정한다. 이것이 나중의 기억에 주는 의미는 무엇인가? 지각한 것은 초기 기억의 토대를 형성한다. 따라서 처음에 지각한 것이 객관적 세계와 체계적으로 차이를 보인다면, 일어난 사건에 대한 지각자의 처음 기억도—그리고 나중의 기억도—마찬가지로 왜곡된다.

이러한 구성 지각을 예시하기 위해 우선 또 다른 개인 일화를 보자. 이 일화는 저자 중 한 사람의 것이다. 1973년에 GL은 친구를 방문했는데, 그 친구는 한 면이 대략 15cm이고 투명한 정육면체인 '뮤직박스'를 보여 주었다. 그 박스는 스테레오 시스템에 연결되어 있었으며, 음악이 연주되면 박스 안에 있는 여러 색깔의 불빛이 다양한 순서대로 반짝였다. 불빛이 특정하게 조합될 때 투명한 박스 속에서 특정 이미지를 선명하게 볼 수 있었다. 예컨대 한 면에는 베트콩 군인이, 다른 면에는 밥 딜런의 사진이, 그리고 세 번째 면에는 비틀스의 사진이 있었다. 이러한 이미지의 연속에 매료된 GL과 친구는 박스가 어떻게 만들어진 것인지 궁금해졌다. 그들은 뉴스 잡지에 실린 그림을 따다가 박스의 투명한 안쪽에 부착하여, 불빛이 특정하게 결합될 때만 볼 수 있게 한 것이라고 생각했다. 결국 그들은 박스를 분해하여 조사해 보았다. 놀랍게도 거기에는 아무것도 없었으며 투명한 면에 무선적으로 뿌려진 페인트뿐이었다. 그들이 지각한 선명한 이미지는 그곳에 없었다. 오히려 이미지는 무선성에서 구성되었던 것이다. 그리고 GL과 친구가 자신들의 지각이 착각이었다는 사실을 발견했음에도 불구하고, GL은 아직까지도 자신의 지각 시스템이 예술적으로 구성했던 뮤직박스 이미지에 대한 선명한 기억을 가지고 있다.

심리학 실험실에서 구성 지각을 시범 보일 수 있는 좋은 예는 **지각간섭**perceptual interference이라고 알려진 현상에서 찾아볼 수 있는데, 이 현상은 1964년 처음으로 제롬 브루너와 메리 포터가 「사이언스」에 게재한 논문에 기술되었다. 이들은 참가자들에게 보통 사물(예: 로켓)의 사진을 보여 주고 그 사물의 이름을 말하도록 요구했다. 실험의 핵심은 사물이 처음에는 초점이 맞지 않은 채로 시작하는데, 전혀 초점이 맞지 않아서 재인하기가 거의 불가능한 상태에서 시작하여 점차적으로 초점을 맞추어 갔다. 실험에는 두 가지 주요 조건이 있었다. 전혀 초점이 맞지 않는(very-out-of-focus, VOF) 조건에서는 말 그대로 전혀 초점이 맞지 않은 상태에서 시작했으며, 대충 초점이 맞지 않는(moderately-out-of-focus, MOF) 조건에서는 애매하게 초점이 맞지 않은 상태에서 시작했다. 지각간섭이란 관찰자가 사물을 재인하려면 MOF 조건보다 VOF 조건에서 초점을 더 많이 맞추어야 한다는 것이다.

그 이유는 무엇인가? 브루너와 포터가 제안한 가설은 이렇다. 초점이 맞지 않은 사물을 볼 때는 관찰자가 그 사물에 대한 가설을 생성한다는 것이었다(예: 관찰자는 처음에 초점이 맞지 않은 로켓이 연필일 것이라는 가설을 세울 수 있다). 일단 가설을 생성하면 그 가설이 관찰자의 지각을 주도했다. 사물의 초점이 점차 맞추어짐에 따라 관찰자는 계속해서 잘못된 지각을 유지하려고 했다. 엉터리 기대를 생성하지 않은 관찰자가 사물을 정확하게 지각할 수 있는 초점 수준을 넘어설 때까지 그랬다. VOF 조건의 관찰자는 MOF 조건의 관찰자보다 엉터리 가설을 형성할 기회가 더 많았기 때문에, VOF 조건의 관찰자가 정확하게 재인하는 데는 더 높은 수준의 초점이 필요했던 것이다.

추론 생성

이미 지적한 바와 같이 지각은 사건의 지속적인 기억을 형성하는 데 충분하지 않다. 그 사건에 해당하는 정보를 단기저장소에서 장기저장소로 전이하려면 다른 과정이 일어나야만 한다. 구성 과정은 여기서도 **추론**inference의 형태로 나타날 수 있다.

언어 자료에 대한 기억을 사용하여 예시해 보자. 한 문장과 같이 단순한 것을 읽을 때도 우리는 그 문장에서 추론을 하여 장기기억에 문장과 함께 저장하기 십상이다. 이러한 경향성은 글을 읽을 때 특히 강력한데, 왜냐하면 서로 다른 문장을 연결짓는 데 그러한 추론이 필요한 경우가 많기 때문이다. 한 실험에서 참가자에게 제시한 다음 이야기를 생각해 보자.

1. 프로보는 프랑스의 아름다운 왕국이다.
2. 코르만은 프로보의 왕위 계승자였다.

3. 그는 기다리는 데 지쳤다.
4. 그는 청산가리가 해결해 줄 것이라고 생각했다.

이 이야기를 읽을 때 참가자는 특정 시점에서 추론을 한다. 문장 3에서 코르만이 왕이 되기를 원했다고 추론하며, 그러한 추론이 문장 3을 앞 문장과 연결해 준다. 그렇지만 이것은 필요한 추론이 아니다(코르만은 왕이 자신을 받아들일 때까지 기다릴 수도 있었다). 문장 4에서 참가자는 코르만이 왕을 독살하기로 결정했다고 추론함으로써 이 문장을 앞 문장들과 연결할 수 있다. 여기서도 추론이 반드시 필요한 것은 아니다(왕 이외에 독살할 다른 사람이 있을 수 있으며, 청산가리도 다른 용도가 있을 수 있다). 정확하게 어느 문장이 제시되었는지에 대한 기억을 나중에 검증할 때, 참가자들은 읽은 문장과 방금 기술한 추론을 구분하는 데 어려움을 겪는다. 실제로 제시되었던 것을 우리가 첨가한 것과 분리하기란 쉬운 일이 아니다(Seifert et al., 1985).

사건 후 기억 재구성

앞에서 우리는 비디오테이프를 기억의 은유로 생각하지 않도록 경고했다. 보다 좋은 은유는 우리가 지금 작업하고 있는 복잡한 과제의 성분을 담고 있는 파일 폴더(물리적인 카드 폴더이든 컴퓨터 폴더이든 관계없이)이다. 예컨대 집필하고 있는 소설에 관한 자료를 담고 있는 폴더에 저자가 노트한 내용, 현재 쓰고 있는 장이나 절, 사진 등이 포함되어 있다. 폴더를 열 때마다 작업 진도에 따라서 어떤 형태로든 폴더의 내용이 변하게 된다. 우리의 기억도 마찬가지이다. 마음속에서 어떤 기억에 접속할 때마다 기억이 변한다. 기억을 형성할 때와 마찬가지로, 추론을 하고 그 추론 결과를 기억의 한 부분으로 저장한다. 알고 있거나 학습한 다른 사실에 비추어 볼 때 이해가 되지 않는 정보는 버리기도 한다. 다른 사람이 제안하는 새로운 정보를 첨가하기도 한다. 이러한 모든 유형의 처리는 **사건 후 기억 재구성**post-event memory reconstruction 범주에 포함된다.

내적으로 생성한 추론

사람들이 추론을 하여 기억에 저장하는 방법은 다양하다. 해니건과 라이니츠(Hannigan & Reinitz, 2001)가 보고한 최근 사례는 시각기억에서의 추론을 기술하고 있다. 실험에서 참가자는 슈퍼마켓에서 물건을 사는 것과 같은 일상 행위를 보여 주는 연속적인 슬라이드를 보았다. 그 속에는 비교적 예외적인 상황을 나타내는 장면이 있었다(예: 바닥에 오렌지가 널려 있는 것). 나중에 참가자들은 그러한 상황의 원인이 되는 장면(예: 한 여자가 쌓아 놓은 더미 아랫부분에서 오렌지 하나를 빼내는 장면)을 보았다고 자신 있게 주장했다. 물론 실제로는 그러한 장면이 없었다. 이 결과가 강력하게 시사하는 것은, 이러한 상황에서 관찰자는 일어났었음에 틀림없는 사건에 대해 추론을 하며, 그러한 추론 결과를 사건 기억에 포함한다는 사실이다.

추론은 **스키마**schema에 근거하여 만들어 낼 수도 있다. 스키마란 사람, 사물, 사건, 또는 상황의 유목에 대한 심적 표상이다. **고정관념**stereotype도 일종의 스키마인데, 왜냐하면 사람 유목(예: 이탈리아 사람, 여성, 운동선수 등)을 표상하고 있기 때문이다. 특정 상황에서 행동하는 방식에 관한 지식을 기술하는 데 스키마를 사용할 수도 있다.

예컨대 대부분의 어른들은 식당에서 식사하는 법에 대한 스키마를 가지고 있다(식당에 들어간다, 테이블을 찾는다, 웨이터가 메뉴를 준다, 음식을 주문한다 등). 스키마에 따라서 지각하고 생각함으로써 상당한 양의 정보를 신속하고도 경제적으로 처리할 수 있게 된다. 새로 접하는 사람, 사물, 사건의 모든 세부 사항을 지각하고 기억하는 대신에, 기억에 이미 들어 있는 어느 스키마에 해당하는지를 확인하고 가장 변별적인 특징만을 부호화하고 기억하면 된다. 그러나 이러한 '인지 경제성'은 만일 사용한 스키마가 적절한 것이 아닐 때 사물이나 사건을 왜곡할 수 있다는 대가를 치러야 한다.

바틀릿(Bartlett, 1932)은 기억에 대한 스키마 효과를 체계적으로 연구한 최초의 심리학자일 것이다. 그는 사람들이 상대방을 고정관념에 맞출 때 일어나는 것과 같은 기억 왜곡이 이야기를 스키마에 맞추려고 할 때도 일어날 수 있다고 제안했다. 연구 결과는 바틀릿의 생각을 확증했다. 예컨대 식당에 가는 특정 인물에 대한 짧은 이야기를 읽은 후에 사람들은 그 인물이 음식을 먹고 돈을 지불한 것을 회상할 가능성이 크다. 물론 그러한 행위가 이야기에서 언급되지 않았는데도 말이다(Bower et al., 1979).

스키마가 기억을 주도하는 상황은 이 장의 앞부분에서 논의한 단순한 상황과 상당한 차이가 있는 것으로 보인다. 예컨대 무관한 단어의 목록을 기억하는 것을 생각해 보자. 여기서 기억 과정은 상당히 상향적이다. 기억 과정이 새로운 무엇인가를 구성하기보다는 입력을 그대로 유지하도록 작동한다. 그러나 이렇게 단순한 상황에서도 심상을 사용하여 입력에 의미를 첨가하는 것과 같은 구성적 측면이 존재한다. 마찬가지로 스키마에 근거한 행위에 대한 이야기를 읽을 때, 나중에 그것을 정확하게 회상하기 위해서는 세부 사항을 유지해야만 한다. 기억의 두 측면, 즉 입력을 유지하고 새로운 것을 구성하는 것은 항상 공존한다. 물론 이것들의 상대적 강조는 상황에 따라 달라진다.

앞서 언급한 것처럼 한 가지 중요한 스키마 유형은 **사회적 고정관념** social stereotype이며, 이것은 전체 사람 집단의 성격 특질이나 신체 속성에 관한 것이다. 예컨대 전형적인 독일 사람(지적이고, 꼼꼼하며, 신중하다)이나 전형적인 이탈리아 사람(예술적이고, 자유분방하며, 재미를 추구한다)의 고정관념을 가지고 있을 수 있다. 이러한 기술이 그 유목에 속한 많은 사람에게 적용되는 경우는 거의 없기 때문에 사회적 상호작용을 엉뚱한 방향으로 이끌어 가기 십상이다. 그렇지만 여기서 우리의 관심사는 사회적 상호작용에 대한 고정관념의 영향이 아니라 기억에 대한 영향이다.

사람들은 한 사람에 대한 정보를 받을 때 때때로 그 사람을 고정관념에 따라 처리하며(예: 그는 전형적인 이탈리아 사람이다) 주어진 정보를 고정관념에 들어 있는 정보와 결합한다. 따라서 그 사람에 대한 기억을 부분적으로 고정관념이 주도하여 구성한다. 고정관념이 그 사람과 맞아떨어지지 않는다면 회상은 심각하게 왜곡될 수 있다. 영국의 한 심리학자는 그러한 왜곡에 대해 직접적으로 설명하고 있다.

> 10월 23일에 시작하는 한 주 동안 나는 대학에서 상당히 눈에 띄도록 스칸디나비아 사람의 외모를 갖춘 남학생을 만났다. 금발에 푸른 눈동자, 강건한 골격 등 그 학생의 바이킹다운 외모에 나는 강한 인상을 받았던 것으로 기억하고 있다. 나는 그 당시 내가

담당하고 있던 스칸디나비아 통신과 관련하여 그 남학생의 외모를 여러 차례 회상하곤 했으며, 그를 '완벽한 바이킹'으로 생각하여 모험 여행을 위해 북극해를 가로질러 가는 해적선의 키를 잡고 있는 모습을 머리에 그려 보곤 했다. 11월 23일 그 학생을 다시 만났을 때 나는 알아보지 못했으며, 그는 자신을 다시 소개해야만 했다. 내가 그 학생의 모습을 망각한 것이 아니라 그의 외모가 내 기억 속에서 심각하게 왜곡되었던 것이다. 그는 내가 회상한 것과 전혀 달랐다. 머리는 검은색에 눈은 별로 파랗지도 않았고 골격도 그다지 근육질이 아니며 안경을 끼고 있었다(늘 그랬던 것처럼 말이다). (Hunter, 1974, pp. 265-266)

'전형적인 럭비 선수'에 대한 고정관념은 사진 속의 선수들에 대한 정보의 부호화를 간섭할 수 있다. 이들은 고정관념에 포함된 것과는 전혀 다른 특징을 가지고 있을 수 있다.

스칸디나비아 사람에 대한 이 심리학자의 고정관념이 실제로 그 학생의 외모에 대해 부호화했던 정보를 압도하여 엄청난 구성기억을 초래한 것으로 보인다. 구성기억은 그 학생을 전혀 닮지 않았기 때문에 재인의 토대로도 사용될 수 없었던 것이다.

외부에서 제공한 암시

사건 후 재구성은 다른 사람이 제공한 정보 때문에 일어나기도 한다. 엘리자베스 로프터스와 존 파머(Loftus & Palmer, 1974)가 보고한 고전 실험은 이 과정을 예시한다. 실험에서 한 집단의 참가자들에게 자동차 사고 영화를 보여 주었다(한 대가 다른 차를 들이받는 장면). 영화를 보여 준 후에 참가자들에게 방금 보았던 사고에 대한 일련의 질문을 던졌다. 참가자들을 질문 하나에 들어 있는 단어 하나를 제외하고는 동일한 두 집단으로 나누어졌다. '접촉 사고' 집단에게는 "접촉 사고를 일으킨 차가 얼마나 빠르게 주행하고 있었습니까?"라고 물었다. '충돌 사고' 집단에게는 "충돌 사고를 일으킨 차가 얼마나 빠르게 주행하고 있었습니까?"라고 물었다. 이 외에는 두 집단이 동일했다.

교통사고에서 일어난 사건을 기억해 낼 때, 사람들은 보다 상세한 기억을 구성하기 위해 일반 지식(예: 교통법이나 교통신호의 의미에 관한 지식)을 사용한다.

이 실험에서 얻은 첫 번째 결과는 '충돌

사고' 집단이 '접촉 사고' 집단보다 속도를 빠르게 추정했다는 것이다(대략 10.5마일 대 8마일). 이 결과가 흥미를 끄는 이유는 내놓는 답에 미치는 유도 질문의 효과를 보여 주기 때문이다. 그렇지만 사건 후 재구성이라는 논제와 직접 관련된 결과는 절차의 다음 부분에 있었다. 모든 참가자는 대략 일주일 후에 실험실에 다시 와서 교통사고에 대한 추가적 질문을 받았다. 한 가지 질문은 "깨진 유리를 보았습니까?"였다. 실제로 깨진 유리는 없었기 때문에 이 질문의 정답은 '아니요'였다. 그러나 충돌 사고라는 표현으로 속도에 대해 질문을 받았던 참가자들은 접촉 사고라는 표현을 사용하여 질문을 받았던 참가자들에 비해 깨진 유리가 있었다고 잘못 답할 가능성이 훨씬 높았다.

이 결과는 충돌 사고라는 표현이 **사건 후 정보**post-event information를 만들어 낸 것으로 해석할 수 있다. 그 단어를 들을 때 참가자들은 두 대의 차가 정면충돌하는 끔찍한 사건과 일치하도록 교통사고에 대한 기억을 재구성했다. 기억 속에 깨진 유리를 통합하는 것도 그러한 재구성의 한 가지 결과였다. 이렇게 해서 존재하지 않았던 깨진 유리가 일주일 후에 참가자의 기억 속에 남아 있게 된 것이다.

암시 정보의 효과는 얼마나 강력한 것일까? 로프터스와 파머의 연구는 지난 25년 동안 결과를 반복해 온 수많은 다른 연구와 함께, 그 사건의 세부 사항이라는 측면에서 실제 사건을 부정확하게 기억하도록 상황을 재구성하는 것이 얼마나 용이한지를 보여 준다. 전적으로 허구인 사건에 대한 기억을 만들어 낼 수 있을까? 직관과 상식에 근거할 때 가능성이 거의 없어 보이지만, 이 측면에서는 직관과 상식이 틀린 것이다.

보다 설득력 있는 과학 증거는 완전히 허구인 사건이 통제조건에서도 만들어질 수 있다는 사실을 보여 준 최근의 실험 연구이다. 예컨대 하이만 등(Hyman et al., 1995)은 대학생들에게 그들이 어렸을 때(대략 5세경에) 일어났다고 알려 주는 비교적 예외적이며 완전히 허구인 사건(예: 결혼 피로연에 참석하여 실수로 신부 부모님에게 음료수를 쏟았던 사건)을 기억하는지를 물었다. 처음에는 어느 누구도 그 사건을 기억해 내지 못했다. 그러나 그 '사건'에 대한 두 번의 인터뷰 후에는 상당한 비율의 학생들(20~25%)이 그 사건의 부분이나 전모를 아주 상세하게 기억한다고 보고했다. 실제로 많은 학생들은 그들에게 제시하지도 않았던 세부 사항을 '기억해 내기' 시작했다(물론 이것은 객관적 사실과 일치하는 것이 아니었다). 예컨대 한 참가자는 처음에 결혼식에 대해 아무것도 회상하지 못했지만, 두 번째 인터뷰에서는 "야외 결혼식이었는데 이리저리 뛰어놀다가 음료수 병과 같은 것을 쓰러뜨려서 엉망진창을 만들었고, 그래서 물론 혼이 났었던 것 같아요."라고 진술했다. 다른 연구(예: Loftus & Pickrell, 1995; Loftus et al., 1996)도 유사한 결과를 보고했으며, 또 다른 연구(Garry et al., 1996)는 사람들에게 과거 사건에 대한 허구적 발생을 상상해 보라고만 해도 그러한 기억을 유도할 수 있다는 사실을 보고했다.

이러한 연구에서 참가자들은 실험자가 제공하는 사건 후 정보를 사용하여 결코 일어나지 않았던 사건의 기억을 만들어 내는 것으로 보인다. 나아가 이러한 사건을 자발적으로 상상하는 과정이 부가적인 세부 사항을 수반하는 부가적인 자가 발생적 사건 후 정보를 초래하며, 이 정보도 기억에 포함한다.

이 실험의 모든 참가자들이 엉터리 사건을 기억해 내는 것은 아니다. 일반적으로 엉터리 기억을 만들어 내는 사람의 비율은 대략 25%이다. 하이만 등(Hyman et al., 1995)은 엉터리 기억 생성과 관련된 성격 특질을 보고했다. 첫째, 해리 경험 척도의 점수로, 이 척도는 사람이 기억과 주의집중에 실패하거나 자각과 사고, 기억을 통합하는 데 실패하는 정도를 측정한다. 둘째는 창의적 상상 척도의 점수로, 이 척도 점수는 최면에 걸릴 가능성의 측정치이며, 심상의 선명도에 대한 자기보고식 측정치로도 간주할 수 있다.

기억 오류와 정상 기억

앞 절에서 예시한 바와 같이 기억은 흔히 정확하지 않기 십상이다. 최근에 심리학자와 신경과학자들은 **기억 착각**memory illusion을 초래하는 다양한 기제를 밝히려는 시도를 시작했다. 기억 착각은 사람들이 결코 일어나지 않았던 사건을 확신에 차서 기억해 낼 때 일어난다. 기억 착각에 관한 연구가 빠르게 인기를 얻고 있는 이유는, 실생활에서 확실하게 적용될 뿐만 아니라(예: 목격자 증언을 수반한 법적 문제) 정상적인 기억 과정에 대한 이해에도 도움을 주기 때문이다. 세부적인 많은 기억 착각을 확인해 왔다. 사건 후 정보를 기억에 통합한다든가 추론 정보를 경험했던 사건으로 잘못 기억해 내는 것과 같은 몇몇 현상은 이미 소개했다. 한 가지 집중적으로 연구한 기억 착각은 DRM 효과이다(이 약자는 James Deese, Henry Roediger, Kathleen McDermott를 지칭하는 것이며, 이 연구자들은 이 착각을 집중적으로 연구했다). 실험 참가자들에게 단어 목록을 읽고 즉각적으로 그 단어들을 회상하도록 요구한다. 여기서 중요한 처치는 각 목록의 단어가 특정 중심 주제어(예: 의자)와 밀접하게 관련된 연합어라는 점이며, 그 주제어는 목록에 포함되어 있지 않다. 놀라운 결과는 참가자들이 실제로 목록에 제시한 단어보다 제시한 적이 없는 주제어를 기억해 낼 가능성이 더 크다는 것이다(Roediger & McDermott, 1995). 또 다른 널리 알려진 기억 착각은 기억 교접 오류이다. 여기서는 실험 참가자들에게 기억해 내야 할 항목(예: SOMEPLACE, ANYWHERE와 같은 단어)을 제시한 다음에 앞에서 학습한 항목들의 부분으로 구성된 새로운 항목(예: SOMEWHERE)이 포함된 재인검사를 실시한다. 참가자들은 이러한 새로운 항목이 앞에서 제시되었다고 주장하는 매우 강력한 경향성을 나타낸다(예: Reinitz & Hannigan, 2004).

각각의 기억 착각이 독특한 것이기는 하지만, 모든 착각은 기억에서 정보의 출처(source)를 정확하게 기억해 내는 데 실패한 것으로 간주할 수 있다. 마샤 존슨과 동료들(Mitchell & Johnson, 2000; Johnson et al., 1993)은 **출처 모니터링**source monitoring이라고 부르는 중요한 기억 과정이 기억 정보를 그 출처로 귀인시키는 과정을 수반한다고 제안했다. 예컨대 새로운 영화가 볼 만하다는 이야기를 들었던 것을 기억해 낸다면, 누가 그 이야기를 했는지 기억해 내는 것은 이야기한 사람과 영화에 대한 기호가 동일한지를 결정하는 데 도움을 줄 수 있다. 출처 모니터링 과정은 가능성이 가장 큰 출처를 추론 방식으로 확인해 낸다. 만일 영화에 대한 이야기를 아주 최근에 들었다는 사실을 알고 있다면 최근에 접한 출처만을 고려할 것이다. 출처 모니터링은 추론에 근거하기 때문에 때때로 오류가 발생하여 정보 출처에 대한 부정확한 기억으로 이끌어 가기도 한다. 이는 수많은 기억 착각을 설명해 줄 수 있다. 예컨대 사건 후 정보의 출처를 사건 자체에 잘못 귀인시킴으로써, 확신하지만 잘못된 기억으로 이끌어 갈 수 있다. 마찬가지로 DRM 실험에서 다양한 연합어를 제시하는 것은 주제어가 머리에 떠오르도록 만들 수 있다. 그 경우에 참가자들은 주제어에 대한 최근 기억의 출처를 자신이 들었던 출처로 잘못 귀인할 수 있다. 기억 교접 오류의 경우에도 참가자들은 단어의 부분을 동일한 출처 단어에서 나온 것으로 잘못 기억해 낼 수 있다. 따라서 기억 착각은 정보의 기억이 출처 기억과 분리되어 있다는 사실을 입증하며, 기억 정확도에서 출처 모니터링의 중요성을 보여 준다. 출처 기억 능력은 인지적 노화에 따라서 감소하는 것으로 알려졌다. 예컨대 색터 등(Schacter et al., 1991)의 실험에서는 2명의 상이한 실험자가 젊은 실험 참가자들과 노인 실험 참가자들에게 단어를 큰 소리로 읽어 주었다. 두 연령 집단의 참가자들은 재인검사에서 제시한 단어와 새로운 단어를 거의 같은 수준에서 구분해 낼 수 있었다. 그러나 젊은 집단이 그 단어의 출처(즉 어느 실험자가 그 단어를 읽어 주었는지)를 보다 정확하게 기억해 낼 수 있었다. 따라서 노인은 기억 착각에 취약할 가능성이 더 크다. 이것은 노인을 힘들게 만들 수 있다. 예컨대 어떤 노인은 약을 방금 먹었는지 아니면 약을 먹어야겠다고 생각했는지를 구분하기 어렵다고 불만을 털어놓는다. 이 경우에 약의 복용에 대한 최근 기억을 가지고 있기는 하지만, 그 출처가 내적인 생각이었는지 아니면 실제 행동이었는지를 기억해 내는 데 어려움을 겪는 것이다.

기억 증진

작업기억과 장기기억의 토대를 다루었기에 이제 어떻게 하면 기억을 증진할 수 있는지에 대한 물음을 다룰 준비가 되었다. 여기서는 우선적으로 외현기억에 초점을 맞춘다. 우선 작업기억폭을 증가시키는 방법을 다룰 것이다. 그런 다음에 장기기억을 증진하는 다양한 방법을 살펴볼 것이다. 이러한 방법은 부호화와 인출의 효율성을 증진한다.

청크 만들기와 기억폭

대부분의 사람들은 작업기억의 용량이 7±2 청크 이상으로 증가할 수 없다. 그러나 청크 크기를 확장함으로써 기억폭의 항목 수를 늘릴 수 있다. 이 사실은 이미 앞에서 보았다. 149-2177-619-96의 숫자 연속이 있을 때, 이것을 3개의 청크(1492, 1776, 1996)로 재부호화하여 작업기억에 저장하면 12개 숫자 모두를 회상할 수 있다. 이 예에서는 숫자들을 친숙한 연도로 재부호화하는 것이 잘 작동하지만 대부분의 숫자 열에서는 작동하지 않는다. 왜냐하면 중요 연도를 충분할 정도로 많이 기억하고 있지 않기 때문이다. 그렇지만 만일 어떤 숫자 열에서든지 작동하는 재부호화 시스템을 개발할 수 있다면 숫자에 대한 작업기억폭이 극적으로 증가할 수 있다.

심리학자들은 그러한 보편 목적 재부호화 시스템을 발견하여 사용함으로써 기억폭을 7개에서 거의 80개의 무선 숫자로까지 증가시킨 사람을 연구했다(그림 5.17 참조). S.F.라고 알려진 이 사람은 대학생으로 보통의 기억력과 지능을 가지고 있었다. 1년 반 동안 그는 매주 3~5시간가량 기억폭 과제를 수행했다. 우수한 장거리 육상 선수였던 S.F.는 이러한 집중적인 연습을 통해 네 자리 숫자 열을 달리기 기록으로 재부호화하는 전략을 개발했다. 예컨대 S.F.는 3492를 '3분 49초 2-1 마일 세계 신기록'으로 재부호화했는데, 이 기록이 그에게는 하나의 청크였던 것이다. S.F.는 많은 달리기 기록에 친숙했기 때문에(다시 말해 그것들을 장기기억에 저장해 두었기 때문에), 대부분의 네 자리 숫자를 쉽게 청크로 재부호화할 수 있었다. 그렇게 할 수 없을 때(예: 1771과 같이 10단위 숫자가 너무 커서 달리기 기록이 될 수 없는 경우)는 네 자리 숫자를 친숙한 연도 아니면 알고 있는 어떤 사람이나 사물의 연령으로 재부호화하고자 시도했다.

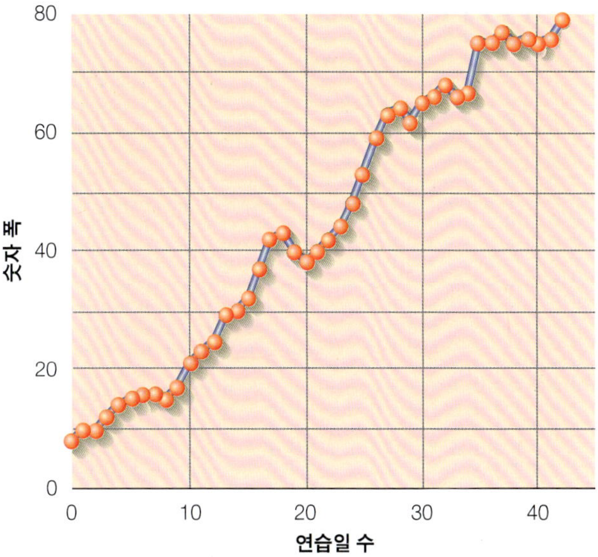

그림 5.17 S.F.가 회상한 숫자의 수. S.F.는 청크 만들기와 위계적 체제화를 사용하는 재부호화 시스템을 만들어 냄으로써 숫자 기억폭을 엄청나게 증가시켰다. 전체 연습 시간은 대략 215시간이었다.

이러한 재부호화 시스템을 사용함으로써 S.F.는 자신의 기억폭을 7개에서 28개로 증가시킬 수 있었다(S.F.의 7개 청크 각각이 4개의 숫자를 가지고 있었기 때문이다). 그런 다음에 달리기 기록을 위계적으로 체제화함으로써 기억폭을 거의 80개 숫자까지 확장했다. 따라서 S.F.의 작업기억에서 하나의 청크는 3개의 달리기 기록을 가리키고 있었다. 회상할 때 S.F.는 이 청크로부터 첫 번째 기록으로 가서 4개의 숫자를 찾아내고, 두 번째 기록으로 가서 다음 4개의 숫자를 찾아내는 방식을 취했다. 따라서 한 청크는 12개 숫자에 해당했다. 이러한 방식으로 S.F.는 괄목할 만한 기억폭을 달성했던 것이다. 기억 용량의 확장은 청크 크기의 증가에 의한 것이지(항목을 장기기억에 들어 있는 정보와 관련시킴으로써), 작업기억이 유지하는 청크 수의 증가에 의한 것이 아니었다. 과제가 숫자에서 문자로 변경되었을 때, 그의 기억폭은 7, 즉 7개 문자로 되돌아왔다(Ericsson et al., 1980).

작업기억에 대한 이 연구는 상당히 최근에 수행한 것이다. 장기기억의 확장에 대한 관심사는 오랜 역사를 가지고 있으며 이 절 나머지 부분의 관심사이다. 우선 재료를 인출하기 쉽도록 부호화하는 방법을 살펴본 뒤 인출 행위 자체를 증진할 수 있는 방법을 고찰할 것이다.

심상과 부호화

우리는 앞에서 무관련 항목을 부호화할 때 그것들 사이에 의미 있는 연계를 첨가하면 그러한 연계가 나중에 인출을 촉진함으로써 회상을 증진할 수 있다는 사실을 논의했다. 심상은 무관련 항목의 쌍을 연계하는 데 특히 유용하다는 사실이 밝혀졌으며, 그러한 이유로 심상은 많은 **기억술 시스템** mnemonic system 또는 기억 보조 시스템에서 중요한 요인이 된다.

잘 알려진 기억술 시스템 중 하나는 **장소법** method of loci(*loci*는 '장소'라는 의미의 라틴어)이다. 이 방법은 무관련 단어와 같이 임의적 항목을 순서적으로 인출할 때 특히 잘 작동한다. 첫 번째 단계는 기억에다 장소의 순서, 예컨대 당신의 집 안을 천천히 걸어 다니면서 만나게 되는 장소의 순서를 집어넣는 것이다. 대문을 통해 현관으로 들어서고, 거실에 있는 책장 옆을 지나서 TV를 거쳐 창가의 커튼에 다다르는 것 등이다. 이렇게 마음속에서 쉽게 돌아다닐 수 있게 되면 마음속 장소의 수만큼 무관한 단어를 기억할 준비가 된 것이다. 첫 번째 단어를 첫 번째 장소와 관련짓고, 두 번째 단어를 두 번째 장소와 관련짓는 방식으로 심상을 형성해 나간다. 만일 단어가 쇼핑 리스트에 들어 있는 항목, 예컨대 빵, 달걀, 맥주, 우유, 베이컨 등이라면, 빵 한 조각이 대문에 붙어 있고, 달걀이 현관 전선에 매달려 있고, 맥주 한 캔이 책장에 놓여 있고, TV에서 우유 광고가 나오고, 베이컨 무늬 커튼 등의 심상을 만들 수 있다(그림 5.18 참조). 일단 이러한 방식으로 항목을 기억했다면 다시 마음속에서 걸어 다님으로써 항목을 순서대로 회상해 내기가 쉽다. 각 장소는 심상을 인출하고, 각 심상은 단어를 인출하게 된다. 이 방법은 잘 작동하며, 전문적으로 기억술을 시범 보이는 사람들이 선호하는 방법이다.

심상은 외국어 단어를 학습할 때 사용하는 핵단어법에서도 이용된다(표 5.3 참조). 스페인어 단어 caballo가 말(horse)을 의미한다는 사실을 학습해야 한다고 가정해 보자. 핵단어법에는 두 단계가 포함된다. 첫 번째 단계는 외국어 단어에서 영어 단어와 발음이 비슷한 부분을 찾는 것이다. caballo는 대체로 'cob-eye-yo(카바이요)'와 같이 발음되기 때문에 eye가 핵단어로 사용될 수 있다. 다음 단계는 핵단어와 영어의 대응물을 연계하는

그림 5.18 기억술 시스템. 장소법은 항목(여기서는 쇼핑 리스트에 들어 있는 항목)을 순서적인 장소와 연합함으로써 기억을 돕는다.

표 5.3 핵단어법

스페인어 단어를 영어 단어에 연계하는 데 사용한 핵단어의 예. 예컨대 스페인어 단어 muleta를 발음할 때, 영어 단어 'mule'과 유사하게 발음되는 부분이 있다. 따라서 'mule'이 핵단어로 사용되어 목발(crutch) 위에 서 있는 mule의 심상을 형성함으로써 영어 단어와 연계될 수 있다.

스페인어 단어	핵단어	영어 단어(우리말 단어)
caballo	(eye)	horse(말)
charco	(charcoal)	puddle(물웅덩이)
muleta	(mule)	crutch(목발)
clavo	(claw)	nail(손톱)
lagartija	(log)	lizard(도마뱀)
payaso	(pie)	clown(광대)
hiio	(eel)	thread(실)
tenaza	(tennis)	pliers(집게)
jabon	(bone)	soap(비누)
carpa	(carp)	tent(텐트)
pato	(pot)	duck(오리)

심상, 예컨대 말의 뒷발에 채인 커다란 눈을 형성하는 것이다(그림 5.19 참조). 이러면 스페인어 단어와 영어 단어 사이에 의미 있는 연계가 형성된 것이다. caballo의 의미를 회상하기 위해서는 우선 핵단어 eye를 인출하고, 그 핵단어를 '말'과 연계하는 심상을 인출하면 된다. 핵단어법은 복잡하게 보이기도 하지만, 연구를 보면 외국어 어휘를 학습하는 데 매우 효과적이라는 사실을 알 수 있다(Atkinson, 1975; Pressley et al., 1982).

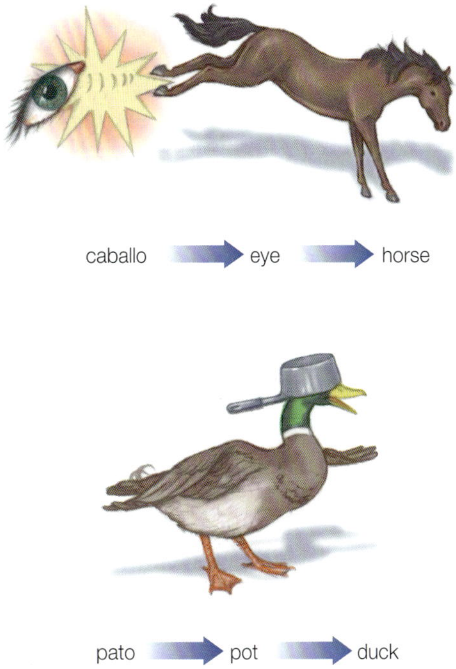

그림 5.19 외국어 학습. 심상은 스페인어 단어를 대응되는 영어 단어와 연합하는 데 사용할 수 있다. 여기서는 'horse'와 'duck'에 해당하는 스페인어 단어를 학습하는 데 사용할 수 있는 심상을 예시했다.

정교화와 부호화

우리는 앞에서 항목을 보다 정교화할수록 나중에 보다 잘 회상하거나 재인할 수 있다는 사실을 보았다. 이 현상은 항목들 사이에 보다 많은 연계를 형성할수록 인출 가능성이 더 많아지기 때문에 일어난다. 이 결과의 현실적 함의는 명백하다. 즉 특정 사실을 기억해 내고자 한다면 그 의미를 확장하라. 가령 보건복지부 당국이 확산을 차단하려고 애쓰는 전염병에 대한 신문기사를 읽고 있다고 가정해 보자. 그 의미를 확장하려면 전염병의 원인과 결과에 대한 질문을 스스로 던져 볼 수 있다. 이 전염병은 사람이 옮기는 것인가, 동물이 옮기는 것인가? 물을 통해 전염되는 것인가? 전염병을 막기 위해 당국은 외지인이 그곳을 방문하지 못하도록 하겠는가? 이 전염병은 얼마나 오래 계속될 것인가? 사건의 원인과 결과에 대한 질문이 특히 효과적인 이유는 각 질문이 사건에 대한 의미 있는 연계 또는 인출 통로를 형성하기 때문이다.

맥락과 인출

맥락은 강력한 인출단서이기 때문에 학습이 일어났던 맥락을 회복시킴으로써 기억을 증진할 수 있다. 만일 심리학 강의를 항상 특정 강의실에서 진행한다면 다른 강의실보다는 바로 그 강의실에 있을 때 강의 내용을 더 잘 회상할 수 있다. 왜냐하면 강의실이라는 맥락이 강의 내용을 인출하는 단서로 작용하기 때문이다. 하지만 무엇인가를 기억해 내야 할 때, 그것을 학습했던 맥락으로 되돌아갈 수 없는 경우가 훨씬 많다. 고등학교 친구들의 이름을 기억해 내는 데 어려움이 있다고 해서 회상하기 위해 다시 고등학교로 되돌아갈 수는 없다. 그러나 마음속에서 맥락을 재생성하고자 시도해 볼 수 있다. 오랫동안 망각했던 이름을 인출하기 위해 당신이 고등학교 시절 참여했던 다른 수업이나 동아리, 아니면 다른 활동을 생각하고는 찾고자 하는 이름을 그 생각이 떠올리게 해 주는지를 알아볼 수 있다. 실제 실험에서 실험 참가자들이 이러한 기법을 사용할 때, 망각했다고 확신하던 고등학교 친구들의 이름을 회상해 낼 수 있는 경우가 허다하다(Williams & Hollan, 1981).

체제화

우리는 부호화할 때의 체제화가 나중의 인출을 증진한다는 사실을 알고 있다. 이 원리는 상당한 현실적 용도를 갖는다. 만일 정보를 체제화한다면 엄청난 양의 정보를 저장하고 인출할 수 있는 것이다.

몇몇 실험은 많은 무관련 항목을 학습하는 데 사용할 수 있는 체제화 기법을 연구했다. 한 연구에서 참가자들은 무관련 단어의 목록에서 단어를 하나의 이야기로 체제화함으로써 기억했다. 12개 목록(총 120개 단어)에 대한 검사를 실시했을 때 참가자들은 90% 이상의 단어를 회상했다. 체제화 전략을 사용하지 않았던 통제집단 참가자들은 단지 10%만을 기억했다. 실험집단 참가자의 성과는 놀랄 만한 기억 성과로 보이지만, 체제화 전략으로 무장한 사람이라면 누구나 해낼 수 있는 것이다.

이 시점에서 당신은 심리학자들이 무관련 항목의 목록을 체제화하는 창의적인 기법을 고안해 냈다고 인정할 수도 있다. 그러나 당신이 기억해야 하는 것은 무관련 항목의 목록이 아니라, 들었던 이야기나 수강한 강의 내용 또는 이 장의 본문과 같은 글이다. 이러한 자료는 이미 체제화된 것이며, 앞서 언급한 기법은 제한적 가치만을 가지고 있음을 의미하는 것이 아닌가? 그렇기도 하고 그렇지 않기도 하다. 이 장은 무관련 문장 목록 이상의 것이기는 하지만, 어느 정도 길이의 자료는 항상 체제화의 문제를 가지고 있다는 것이 여기서의 핵심 포인트이다. 나중에 당신은 정교화한 의미가 학습을 도와준다는 사실을 회상할 수 있겠지만, 이 사실은 예컨대 단기기억에서의 음운 부호화에 대해 아무것도 떠오르게 해 주지 못할 수 있다. 두 주제는 긴밀하게 관련되지 않아 보이지만 둘 사이에 관계가 있기는 하다. 즉 둘 모두가 부호화 현상을 다루고 있다. 그 관계를 보는 최선의 방법은 이 장에서 절의 제목과 하위 절의 제목에 주목하는 것이다. 그 제목들은 이 장의 자료가 체제화되어 있는 방식을 보여 주기 때문이다.

효과적인 학습 방법은 이러한 체제화를 염두에 두는 것이다. 예컨대 그림 5.20에 나와 있는 것과 같은 위계 도식을 훑어봄으로써 이 장의 체제화를 파악하려고 시도할 수 있다. 이 장에 대한 정보를 인출해야 할 때마다 이 위계를 사용하여 기억 탐색을 해 나갈 수 있다. 그렇지만 각 장에 대한 당신 자신의 위계를 만드는 것이 더욱 도움이 된다. 자료를 기억할 필요가 있는 사람이 스스로 체제화를 형성할 때 기억에 가장 도움이 되는 것으로 보인다.

인출 연습하기

인출을 증진하는 또 다른 방법은 연습하는 것이다. 즉 무엇을 학습하려는 것인지에 대해 자문해 보는 것이다. 대략 30분이면 읽어 볼 수 있는 과제물을 2시간 동안 공부할 수 있다고 가정해 보자. 과제물을 네 차례에 걸쳐 반복해서 읽어 보는 것은 일반적으로 한 번 읽

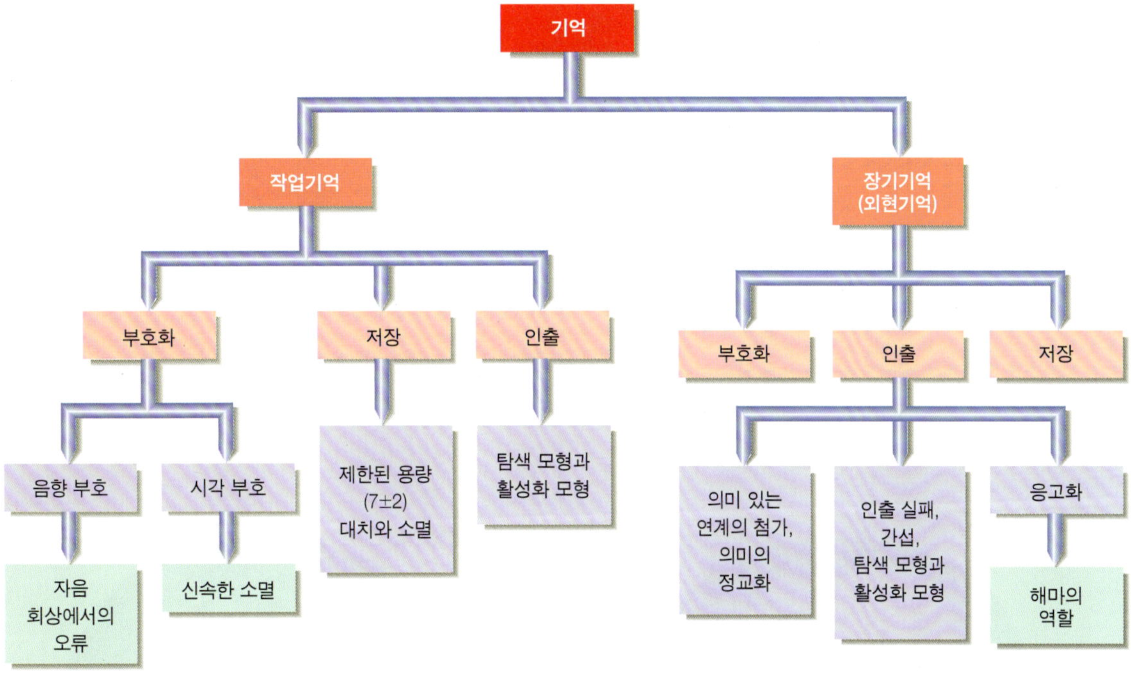

그림 5.20 위계 나무 도식. 교과서 각 장의 위계 도식을 만드는 것은 각 장의 정보를 인출하는 데 도움을 줄 수 있다. 이 나무 도식은 이 장의 체제화를 나타낸 것이다.

고 스스로 자문해 보는 것보다 덜 효과적이다. 자문해 보면 처음에 인출하기 어려웠던 요점을 명백하게 해 주는 부분만을 다시 읽을 수 있으며, 그 요점을 정교화함으로써 상호 간에 연계하고 과제물의 나머지 부분과도 연계할 수 있다. 인출의 시도는 공부 시간을 효과적으로 사용하는 방법이다. 이 사실은 이미 오래전에 실제로 강의에서 학습하는 것과 유사한 자료를 사용한 실험에서 입증되었다(그림 5.21 참조).

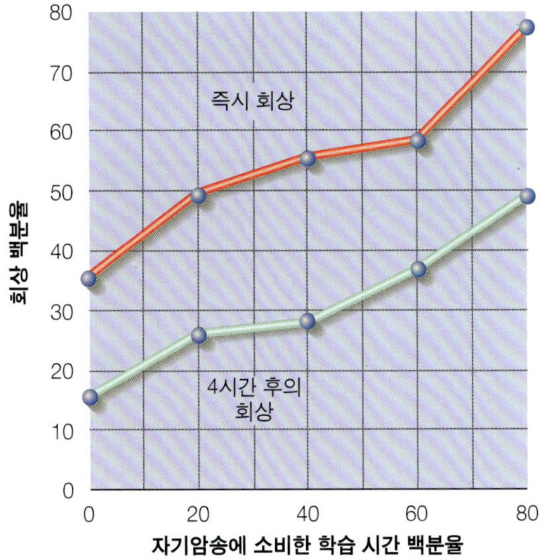

그림 5.21 인출 연습하기. 공부 시간의 대부분을 조용히 학습하는 데 쓰기보다는 인출하는 데 사용할 때 회상이 증진될 수 있다. 그림은 학습을 마친 후 즉각적으로 또는 4시간 후에 주어진 검사 결과를 보여 준다.

6 언어와 사고

인간이라는 동물 종이 달성한 최대의 업적은 복잡한 사고를 해내고 사고한 결과를 의사소통하며 그 사고에 근거하여 행동할 수 있는 능력에서 나온다. 정보를 처리하고 논리적으로 사고하며 문제를 해결하는 능력은 인간을 다른 동물과 구분하게 해 준다고 말할 수 있다. 그것은 인간으로 하여금 세상을 발견하고 우리 삶을 변화시키는 기술을 발전시킬 수 있게 만들어 준다. 우리는 삶의 거의 모든 측면을 변화시켜 왔다. 음식을 먹는 방식에서부터 여행하는 방식에 이르기까지, 대규모 지역사회에서 함께 살아가는 방식에서부터 다른 사람들과 소통하는 방식에 이르기까지 말이다. 인간이 서로 협력하고 다른 동물 종은 결코 해낼 수 없는 방식으로 이러한 변화를 가져올 수 있게 된 것은 바로 언어를 사용하기 때문이다.

이 장은 사고를 의사소통하는 수단인 언어에 대한 논의에서 시작한다. 그리고 언어의 발달 또는 획득을 다룬다. 이 장의 나머지 절에서는 추리, 결정, 문제해결 등, 인간 사고에서의 주요 주제를 살펴보고 심상과 자동성의 역할에 대해서도 논의한다.

언어와 소통

언어는 사고를 소통하는 일차적 수단이다. 나아가 언어는 보편적이다. 모든 인간 사회는 언어를 가지고 있으며, 정상 지능을 지닌 모든 사람은 모국어를 획득하여 힘들이지 않고 사용한다. 때때로 언어의 자연성으로 인해 언어 사용에는 특별한 설명이 아무것도 요구되지 않는다고 잘못 생각하게 만들기도 한다. 이것처럼 잘못된 생각도 없다. 어떤 사람은 읽을 수 있지만 어떤 사람은 그렇지 못하다. 어떤 사람은 산수를 할 줄 알지만 어떤 사람은 그렇지 못하다. 어떤 사람은 장기를 둘 줄 알지만 어떤 사람은 그렇지 못하다. 그러나 거의 모든 사람이 엄청나게 복잡한 언어 시스템을 숙달하고 사용할 수 있다. 반면에 아무리 정교한 컴퓨터라고 하더라도 말소리를 해석하거나, 글을 이해하거나, 생산적인 방식으로 말을 하는 데 심각한 문제점을 노출한다. 대부분의 정상 아동은 이러한 언어 과제를 힘들이지 않고 해낸다. 그 이유가 무엇인지는 인간 심리학에서 근본적인 수수께끼 중의 하나이다.

언어의 특성

언어 사용에는 두 가지 측면, 즉 산출과 이해가 있다. 언어 산출production of language에서는 사고에서 출발하여 그 사고를 문장으로 변환하고, 그 문장을 표현하는 말소리로 끝이 난다. 언어 이해comprehension of language에서는 말소리를 듣는 것에서 출발하여 말소리에 단어 형태로 의미를 부여하고, 단어들을 결합하여 문장을 구성한 다음에 그 문장으로부터 의미를 추출한다. 언어 사용은 그림 6.1에서 보는 바와 같이 다양한 수준 사이의 이동을 수반하는 것으로 보인다. 가장 높은 수준에 문장과 구를 포함하는 문장 단위가 있다.

그림 6.1 언어의 수준. 가장 높은 수준에 문장과 구를 포함하는 문장 단위가 있다. 다음 수준은 의미를 담고 있는 단어 그리고 단어의 부분이다. 가장 낮은 수준에는 말소리가 포함된다.

다음 수준은 단어 그리고 의미를 담고 있는 단어의 부분(예: 접두사나 접미사)이다. 가장 낮은 수준에는 말소리가 포함된다. 이웃한 수준은 밀접하게 관련되어 있다. 한 문장의 구는 단어와 접두사, 접미사로 만들어지며, 이것들은 다시 말소리로 구성된다. 따라서 **언어** language는 단어와 문장 단위를 통해 사고를 말소리와 관련짓는 다수준 시스템이다(Chomsky, 1965).

언어에서 일차적으로 중요한 특성은 언어가 **상징적**이라는 사실이다. 단어는 임의적인 방식으로 대상을 표상한다. '책'이라는 단어는 책과 같이 보이거나 느끼거나 맛볼 수 있는 것이 아니다. 단지 그것을 표상할 뿐이다. 언어의 상징적 본질은 매우 강력한 특성이다. 이 특성이 사람들로 하여금 대상, 행위, 사건, 감정, 심지어는 아이디어를 참조하고 소통하도록 해 준다. 우리는 책상 위에 놓여 있는 책과 마찬가지로 아직 존재하지도 않는 책에 관해서도 용이하게 말할 수 있다. 언어의 두 번째 특성은 **구조화**되어 있다는 것이다. 상징을 조합할 수 있는 방법을 규정하는 **문법**이라고 부르는 규칙이 있다. 앞으로 보게 되겠지만 이러한 규칙은 모든 언어 수준에 존재한다. 언어의 세 번째 특성은 **생산성**이다. 규칙은 한 수준에서의 단위들을 다음 수준에서 엄청난 수의 단위로 결합할 수 있게 해 준다. 이 특성은 무한한 수의 메시지를 생산해 낼 수 있게 해 준다. 이 특성도 모든 수준에 적용된다. 말소리를 살펴보자. 모든 언어는 제한된 수의 말소리만을 가지고 있다. 영어는 대략 40개의 말소리를 가지고 있다. 그러나 이 소리들을 결합하는 규칙은 수많은 단어를 생성하고 이해할 수 있게 해 준다. 성인에게 있어서 7만 개의 어휘는 이례적인 수치가 아니다(Bloom, 2000 참조). 마찬가지로 단어를 결합하는 규칙은 무한한 수의 문장을 생성하고 이해할 수 있게 해 준다. 따라서 언어의 기본 특성은 상징적이고, 여러 수준에서 구조화되어 있으며, 생산적이라는 것이다. 인간의 모든 언어는 이러한 특성을 갖추고 있다.

언어 구조

이제 언어의 각 수준에 포함된 단위와 처리 과정을 살펴보자. 우리는 일반적으로 언어를 이해하는 사람, 즉 듣는 사람의 측면을 다룰 텐데, 때때로 언어 산출자, 즉 말하는 사람의 측면을 다루기도 할 것이다.

말소리

만일 누군가가 당신에게 말을 할 때 오직 소리에만 주의를 기울일 수 있다면 무엇을 듣게 될까? 그 사람의 말소리를 연속적인 음의 흐름이 아니라 **음소** phoneme, 즉 분절적 말소리 범주의 연속으로 지각할 것이다. 음소는 말소리로 재인할 수 있는 가장 짧은 분절음이다.

음소 범주는 말소리의 연속적인 흐름을 친숙한 음소의 연속으로 전환하는 필터로 작동한다. 예컨대 boy에서 첫 번째 문자에 해당하는 소리는 /b/로 표현하는 음소이다. 음소는 자모에 대응되기도 하지만, 자모가 아니라 말소리라는 사실에 주목하기 바란다. 영어에서는 모든 말소리를 대략 40개의 음소로 분할한다. 전 세계적으로 인간의 언어에서 200개가량의 상이한 음소가 확인되었지만, 인간의 언어는 대부분 60개 미만의 음소를 가지고 있다(Ladefoged, 2005). 음성 알파벳을 이루는 소리도 상당한 차이를 보인다. 예컨대 독일과 네덜란드 사람들은 영어에서는 결코 들을 수 없는 특정한 후두음을 사용한다.

모든 언어는 상이한 음소 집합을 가지고 있다는 사실이 외국어 단어의 발음을 학습하는 데 어려움을 겪게 되는 한 가지 이유이다. 다른 언어는 우리말에는 없는 음소를 사용하기도 한다. 발음하는 것은 접어 두고라도 그러한 새로운 음소를 듣게 되는 데도 시간이 걸린다. 예컨대 힌디어에서는 2개의 서로 다른 /p/ 음이 2개의 상이한 음소에 해당하기 때문에, 힌디어 사용자는 우리가 알아채지 못하는 차이를 포착할 수 있다. 또 다른 언어는 영어에서 2개의 음소로 취급하는 두 음을 구분하지 않을 수 있다. 일본어에서는 r과 l에 해당하는 2개의 음(/r/, /l/)을 동일한 음소로 지각한다. 그래서 rice와 lice 같은 단어를 혼동하게 된다.

각 언어의 **음운 규칙**phonological rule은 어느 음소가 어느 음소에 뒤따를 수 있는지를 규정하고 있다. 음소들이 올바른 방식으로 결합할 때 그 결합을 단어로 지각하게 된다. 예컨대 영어에서는 한 단어가 시작하는 시점에 /b/가 /p/를 뒤따를 수 없다(pbet를 발음해 보라). 이러한 규칙의 영향은 말소리를 들을 때 나타난다. 우리는 모국어의 음소 순서 규칙을 따르는 음소의 연속을 그렇지 않을 때보다 더 정확하게 지각한다. 이 규칙의 효과는 말하는 사람의 입장을 취할 때 특히 현저하게 나타난다. 예컨대 전에 한 번도 들어 보지 못한 무의미 영어 단어의 복수형을 발음하는 데 별 어려움이 없다. zuk와 zug를 보자. 단순 규칙에 따라서 zuk의 복수는 음소 /s/를 첨가하여 만든다. 하지만 영어에서 단어 말미의 g에 /s/가 뒤따라올 수 없기 때문에 zug의 복수를 만들려면 다른 규칙, 즉 음소 /z/를 첨가한다는 규칙을 사용해야 한다. 복수를 만들 때 이러한 차이를 자각하지 못할 수도 있지만 아무튼 복수를 만들어 내는 데 어려움이 없다. 우리는 규칙을 의식적으로 자각하지는 않지만 음소 결합 규칙을 '알고 있는' 것처럼 보인다.

단어 단위

말소리를 들을 때 전형적으로 지각하는 것은 음소가 아니라 단어이다. 단어는 음소와 달리 의미를 갖는다. 그러나 의미를 가지고 있는 유일한 최소 단위는 아니다. 접두사나 접미사도 의미를 가지고 있다. 접두사나 접미사가 단어에 첨가되어 상이한 의미를 가진 보다 복잡한 단어를 형성할 수 있다. 예컨대 접두사 un과 접미사 ly가 time에 첨가되어 untimely가 된다. 의미를 담고 있는 가장 작은 언어 단위를 지칭하는 데 **형태소**morpheme라는 용어를 사용한다. **형태소 규칙**morphological rule은 형태소들이 결합하여 단어를 형성하는 방식을 진술한다.

대부분의 형태소는 자체가 단어이다. 대부분의 단어는 '집(house)'이나 '달리다(run)'와 같이 특정 내용을 지칭한다. 그러나 소수의 단어는 일차적으로 문장을 문법적인 것으로 만드는 기능을 담당한다. 그러한 문법적 단어, 즉 **문법 형태소** grammatical morpheme에는 일반적으로 관사와 전치사라고 부르는 것들이 포함된다. 몇몇 접두사와 접미사도 일차적으로 문법적 역할을 담당한다. 이러한 문법적 형태소에는 접미사 ing와 ed가 포함된다.

문법 형태소는 내용어와는 다르게 처리될 수 있다. 한 가지 증거는 내용어의 사용보다는 문법 형태소의 사용이 더 많이 파괴되는 두뇌 손상에서 나온다(Zurif, 1995). 그리고 나중에 보게 되겠지만, 문법 형태소는 내용어와는 다른 방식으로 획득한다.

물론 언어의 기능은 의미를 전달하는 것이다. **의미론** semantics은 단어와 문장의 의미를 다루는 분야이다. 예컨대 많은 단어는 사전적 의미뿐만 아니라 내포적 유형(문화적이거나 정서적인 유형)의 의미도 수반한다. 어떤 단어는 둘 이상 개념의 이름이 되기 때문에 다의적이다. 예컨대 사과는 먹는 과일이자, 잘못의 용서를 구하는 것일 수 있다. 때때로 우리는 '그는 사과에 관심이 있다.'와 같은 문장을 들을 때처럼 단어의 다의성을 자각할 수도 있다. 그러나 대부분의 경우에는 예컨대 '그는 과일 중에서 사과에 관심이 있다.'에서와 같이 문장 맥락이 단어의 의미를 확실하게 만들어 주기 때문에 다의성을 의식적으로 경험하지는 않는다. 하지만 이러한 경우에도 아주 짧은 순간 동안은 무의식적으로 다의어의 모든 의미를 고려한다는 증거가 있다. 한 실험에서 참가자에게 '그는 과일 중에서 사과에 관심이 있다.'와 같은 문장을 제시하면서, 사과라는 단어가 나온 직후에 제시하는 검사 단어를 가능한 한 빨리 큰 소리로 읽도록 요구했다. 참가자들은 검사 단어가 사과의 두 가지 의미 어느 것과도 관련되지 않았을 때보다(예: 안경) 어느 의미이든 관련된 단어일 때(예: 빨강 또는 용서) 읽는 속도가 더 빨랐다. 이 결과는 사과의 두 의미 모두가 문장 이해 과정에서 활성화되며, 어느 의미이든 관련 단어를 점화할 수 있다는 사실을 시사한다(Swinney, 1979; Tanenhaus et al., 1979).

문장 단위

일반적으로 우리는 힘들이지 않고 단어들을 **문장 단위** sentence unit로 결합하는데, 여기에는 문장과 구절이 포함된다. 여기서도 규칙이 작동한다. 한 언어의 **통사** syntax(즉 통사 규칙)는 단어들을 결합하여 구절과 문장으로 만들 수 있는 방식을 주도한다. 이 단위의 중요한 특징 하나는 이것이 사고나 명제의 부분에 해당할 수 있다는 것이다. 이러한 대응으로 인해 듣는 사람은 문장으로부터 명제를 추출해 낼 수 있다.

이러한 대응을 이해하려면 우선 **명제** proposition를 주부와 술부로 분할할 수 있다는 사실을 인식해야 한다. '비둘기는 날개가 있다.'라는 명제에서 '비둘기는'이 주부이고 '날개가 있다'가 술부이다. '참새가 잠을 잔다.'라는 명제에서 '참새가'가 주부이고 '잠을 잔다'가 술부이다. 어느 문장이든 구로 쪼갤 수 있기 때문에 각 구는 명제의 주부나 술부와 대응되거나 아니면 전체 명제에 대응된다. 예컨대 직관적으로 단순 문장 '철수는 보험을 판매한다.'를 '철수는'과 '보험을 판매한다'라는 2개의 구로 나눌 수 있다. 첫 번째 구는 중심이 명사에 있기 때문에 **명사구** noun phrase라고 부르며, 기저 명제의 주어를 규정한다. **동사구** verb phrase인 두 번째 구는 명제의 술어를 제공한다. 보다 복잡한 예로 '신중한 학자가 책을 읽는다.'라는 문장을 보자. 이 문장은 2개의 구, 즉 '신중한 학자가'라는 명사구와 '책을 읽는다'라는 동사구로 나누어질 수 있다. 명사구는 '학자가 신중하다'라는 완전한 명제를 표현

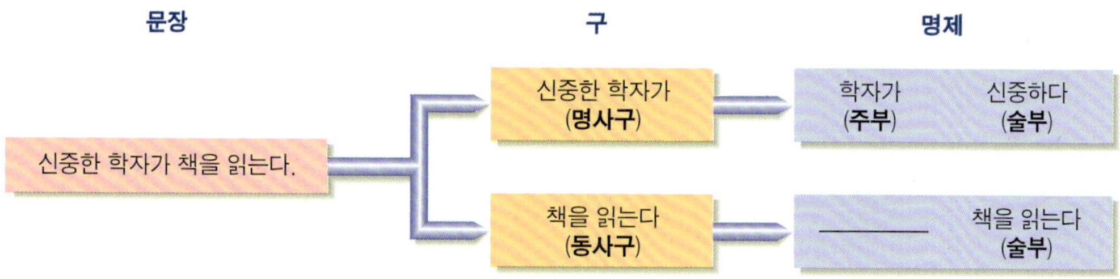

그림 6.2 구와 명제. 복합 문장에서 명제를 추출해 내는 첫 번째 단계는 문장을 구로 분할하는 것이다. 이러한 분할은 '어느 문장이든지 명사구와 동사구로 분할할 수 있다'와 같은 규칙에 근거한다.

하며, 동사구는 다른 명제, '학자가 책을 읽는다' 부분(술부)을 표현한다(그림 6.2 참조). 문장 단위는 명제 단위와 밀접하게 대응되며, 명제 단위는 언어와 사고 사이의 연계를 제공한다.

문장을 들을 때 사람들은 우선 명사구와 동사구 등으로 분할한 다음에 그 구로부터 명제를 추출하는 것으로 보인다. 문장을 구로 분할하고 구를 단위로 처리한다는 상당한 양의 증거가 있는데, 몇몇 증거는 기억 실험에서 나온 것이다. 한 실험에서 참가자는 '불쌍한 소녀가 따뜻한 코트를 훔쳤다.'와 같은 문장을 들었다. 각 문장 직후에 문장에 들어 있던 한 단어를 탐사 자극으로 제시하고 그다음 단어를 말하도록 요구했다. 참가자들은 탐사 단어와 반응 단어가 다른 구에 들어 있을 때보다('소녀가'와 '따뜻한') 동일한 구에 들어 있을 때('불쌍한'과 '소녀가') 더 빠르게 반응했다. 각 구는 기억에서 하나의 단위로 작용한다. 탐사 단어와 반응 단어가 동일한 구에서 나온 것일 때는 단지 하나의 단위만을 인출하면 된다(Wilkes & Kennedy, 1969).

문장을 명사구와 동사구로 분석한 후 구를 명사, 형용사, 동사 등과 같이 보다 작은 단위로 쪼개는 작업을 통사 분석이라고 부른다. 통사 분석은 일차적으로 문장의 부분들을 구조화함으로써 무엇이 무엇과 관련되는 것인지를 알게 해 준다. 예컨대 '노란 새가 빨간 뱀을 먹었다.'라는 문장에서 통사는 뱀이 아니라 새가 먹는 행위를 했고, 노란 것은 새이지 뱀이 아니며, 빨간 것은 뱀이지 새가 아니라는 사실을 알려 준다. 또한 '그 사람이 소유한 개는 게으르다.'와 같은 예에서 통사는 그 사람을 소유자로 그리고 개를 게으른 대상으로 확인할 수 있게 해 준다. 문장의 동사구와 명사구를 확인하고 그것들이 어떻게 연관되었는지를 확인하는 것은 무엇이 무엇이며 누가 누구에게 무엇을 했는지를 확인하는 것이다.

문장을 이해하는 과정에서 사람들은 일반적으로 그러한 통사 분석을 힘들이지도 않고 무의식적으로 해낸다. 그러나 때로는 통사 분석을 엉뚱하게 진행하여 그 과정을 자각하게 되기도 한다. '그 말은 헛간을 지나 달리다가 넘어진 소를 발견했다.'라는 문장을 보자. 많은 사람들은 이 문장을 이해하는 데 다소 어려움을 겪는다. 그 이유는 무엇일까? 처음 읽을 때 사람들은 '그 말은'이 명사구이고 '헛간을 지나 달리다'가 동사구일 것이라고 가정하는데, 그렇게 되면 문장의 나머지 부분을 처리할 수 없게 된다. 정확하게 이해되는 문장으로 만들기 위해서는 '헛간을 지나 달리다가 넘어진 소를 발견했다' 전체가 동사구가 되도록 재분할을 시도해야 한다(Garrett, 1990; Garrod & Pickering, 1999). 이러한 문장을 오인 문장(garden path sentence)이라고 부른다.

이해와 산출에서의 맥락효과

그림 6.3은 언어에 대한 수준 기반 설명을 수정한 것이다. 이것은 문장의 산출이 이해의 반대 과정이라는 사실을 시사한다.

문장을 이해하기 위해 사람들은 음소를 듣고 그 음소를 사용하여 형태소와 문장의 구를 구성하며, 마지막으로 문장 단위로부터 명제를 추출한다. 아래에서부터 위로, 즉 상향식으로 작업해 간다. 문장을 산출하기 위해 사람들은 반대 방향으로 진행한다. 명제적 사고에서 출발하여 이것을 문장의 구와 형태소로 변환한 다음에 이것들을 음소로 변환한다.

비록 이러한 분석이 문장 이해와 산출에서 일어나는 몇몇 사건을 기술하기는 하지만, 언어 처리가 일어나는 맥락을 고려하지 않기 때문에 과잉단순화한 것이다. 맥락은 듣는 것을 예측 가능하게 만들어 주기 십상이다. 단지 몇 개의 단어를 이해한 후 전체 문장이 의미하는 것(문장에 들어 있는 명제들)이 무엇일지에 대한 결론으로 뛰어 넘어간 다음 문장의 나머지 부분을 이해하는 데 그 명제들에 대한 추측을 사용한다. 그러한 경우에 이해는 가장 낮은 수준과 동시에 가장 높은 수준에서부터도 진행되는 것이다(Adams & Collins, 1979). 실제로 맥락(예: 이야기하고 있는 주제)이 없다면 언어 이해가 거의 불가능한 경우가 있다. 예를 들어 다음 문단을 읽어 보라.

> 절차는 실제로 아주 간단하다. 우선 대상을 여러 묶음으로 배열한다. 물론 해야 할 일이 얼마나 많으냐에 따라서 하나의 묶음으로도 충분할 수 있다. 만일 시설이 없어서 다른 곳으로 가야 한다면 그것은 다음 단계가 된다. 시설이 있다면 이제 준비가 다 된 것이다. 한꺼번에 너무 많이 하지 않는 것이 중요하다. 즉 한 번에 너무 많이 하는 것보다는 조금씩 하는 것이 낫다. 단기적으로는 이것이 중요해 보이지 않을 수도 있지만, 문제가 쉽게 발생할 수도 있다. 실수는 값비싼 대가를 치를 수 있다. 처음에는 전체 과정이 복잡해 보일 수 있다. 그렇지만 조만간에 이것도 삶의 또 다른 측면이 될 것이다. (Bransford & Johnson, 1973에서 인용)

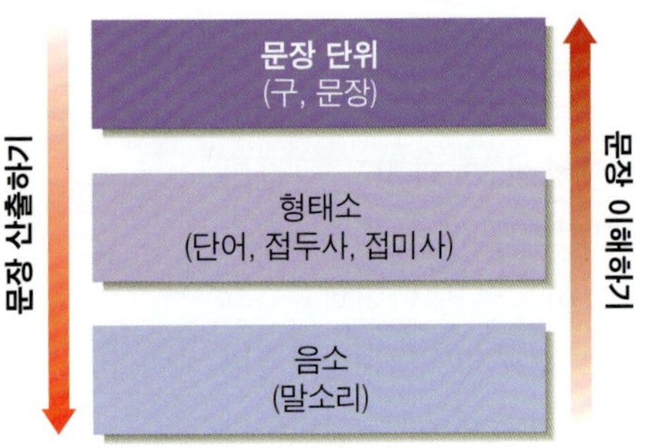

그림 6.3 **문장 이해와 산출의 수준.**

문단을 읽으면서 당신은 무엇에 대해 말하고 있는지 이해하는 데 어려움을 겪었을 것이다. 그러나 '세탁기로 빨래하기'라는 맥락이 주어지면 빨래하기에 대한 배경 지식을 사용하여 쉽게 글을 따라갈 수 있다. 다시 한 번 읽어 보라. 두 번째 읽기에서는 '빨래하기' 행위에 대한 스키마를 사용하게 된다.

맥락의 또 다른 현저한 부분은 의사소통하고 있는 사람이다. 문장을 이해하는 데는 음소, 형태소, 구를 이해하는 것으로는 충분하지 않다. 특정한 문장을 말하는 사람의 의도도 이해해야 한다. 예컨대 식사 자리에서 어떤 사람이 당

언어 산출은 맥락에 달려 있다. 특정한 식당이나 상점이 어디에 있는지를 이웃에게 알려 줄 때와 관광객에게 알려 줄 때 상이한 표현을 하게 된다.

신에게 "감자 좀 건네주실 수 있겠어요?"라고 물었을 때, 일반적으로 당신이 그 감자를 들어 올려 자신에게 전달할 수 있는지를 알아보려고 하는 것이 아니라, 감자를 건네 달라고 정중하게 요청하는 것이라고 가정하게 된다. 하지만 만일 당신이 팔을 삼각 붕대로 감고 있는 상태라면, 동일한 질문을 하는 사람의 의도가 당신이 실제로 감자를 들 수 있는지를 알아보려는 것이라고 가정할 수 있다. 사람들은 이해 과정의 한 부분으로 말하는 사람의 의도를 결정한다는 풍부한 증거가 있다(Bosco et al., 2004 참조).

언어 산출에서도 유사한 효과가 나타난다. 만일 누군가가 "이순신 장군 동상이 어디에 있습니까?"라고 묻는다면, 당신은 물리적 맥락과 질문자에 대한 당신의 가정에 근거하여 다른 답을 할 것이다. 만일 부산에서 질문을 받았다면 "서울에 있습니다."라고 답할 것이다. 만일 서울 변두리에서 질문을 받았다면 "시내에 있습니다."라고 답할 것이다. 서울 시청 앞에서 질문을 받았다면 "저 위 광화문 네거리에 있습니다."라고 답할 것이다. 언어 이해와 마찬가지로 언어 산출에서도 이야기가 맥락에 적합한 것인지를 결정해야 한다.

언어 발달

지금까지의 논의는 언어를 이해하는 것이 복잡한 과제라는 사실을 명확하게 보여 준다. 그럼에도 불구하고 거의 모든 아이들은 5세경이 되면 완벽한 문장을 이해하고 생성해 낸다. 어떻게 언어를 획득하는 것인가? 이 절에서는 우선 언어의 각 수준에서 획득하는 것이 무엇인지를 논의한 다음 그것을 획득하는 방식, 특히 학습과 생득적 요인이 담당하는 역할을 다룰 것이다.

이정표

언어의 세 수준 모두에서 발달이 일어난다. 음소 수준에서 출발하여 단어와 형태소 수준으로 진행한 다음 문장 단위 수준 또는 통사로 옮겨 간다. 여기서는 연령적 조망법을 채택하여 언어 이해와 산출 모두에서의 아동 발달을 추적한다.

음소 그리고 음소의 결합

어른은 모국어의 서로 다른 음소에 해당하는 말소리를 변별하는 데는 유능하지만, 동일한 음소에 해당하는 서로 다른 말소리를 변별하는 데는 어려움을 겪는다. 놀랍게도 아이들은 어느 언어에서든 상이한 음소에 해당하는 상이한 말소리를 변별할 수 있는 상태로 태어난다. 생후 첫해에 걸쳐 변하는 것은 유아가 어느 음소가 자신의 모국어와 관련되는지를 학습하며, 모국어에서 동일한 음소에 해당하는 소리를 변별하는 능력을 상실하는 것이다. 본질적으로 유아는 모국어를 이해하고 산출하는 데 쓸모가 없는 것들을 구분하는 능력을 상실한다. 이렇게 놀랄 만한 사실은 가짜 젖꼭지를 빨고 있는 유아에게 소리 쌍을 연속해서 들려주는 실험을 통해 확인되었다. 유아는 친숙한 자극보다는 새로운 자극에 대한 반응으로 더 많이 빨기 때문에, 유아의 빠는 비율을 사용하여 연속하는 소리를 동일하게 지각하는지 아니면 다르게 지각하는지를 알아낼 수 있다. 생후 6개월 된 유아의 경우에는 연속 음이 어느 언어에서든지 서로 다른 음소에 해당할 때만 빠는 비율이 증가했지만, 만 1세 유아의 경우에는 연속 음이 모국어에서 서로 다른 음소에 해당될 때만 빠는 비율이 증가했다. 따라서 생후 6개월 된 일본 유아는 /l/과 /r/을 구분할 수 있지만 첫해의 끝 무렵에는 이러한 능력을 상실한다(Eimas, 1985).

각 발달 단계에서 아동은 말하기보다 이해를 더 잘한다. 즉 언어에 대한 수동적 지식이 적극적 지식을 능가한다. 예컨대 유아는 모국어에서 상이한 음을 **구별**할 수 있지만, 그 음을 신뢰롭게 **생성**할 수는 없다. 생후 6개월이 되면 음소를 닮은 소리를 생성하는 **옹알이**를 시작하는데, '바바바바'와 같이 동일한 자음-모음 조합을 반복하기 십상이다.

아동이 음소를 결합하여 단어를 만드는 방법을 학습하는 데는 여러 해가 걸린다. 아동이 처음으로 말하기 시작할 때는 때때로 'lumber'를 'dlumber'와 같이 '불가능한' 단어로 발음하기도 한다. 영어에서 단어가 시작할 때는 /l/이 /d/ 다음에 올 수 없다는 사실을 아직 모르는 것이다. 그러나 4세경이 되면 음소 결합에 관해 알아야 할 필요가 있는 것을 대부분 학습한다.

단어와 개념

생후 1년경에 아동은 말을 하기 시작한다. 옹알이는 계속해서 아동의 환경에서 듣게 되는 언어의 단어와 더욱 유사해진다. 더욱 중요한 사실은 유아가 개념을 지칭하는 단어를 사용하게 된다는 것이다. 만 1세 아동은 많은 대상에 대한 개념을 가지고 있으며(여기에는 식구, 애완동물, 음식, 장난감, 신체 부위 등이 포함된다), 말하기 시작할 때 이러한 개념을 어른이 사용하는 단어와 짝짓는다. 최초의 어휘는 모든 아동이 거의 동일하다. 1~2세 아동은 주로 사람(엄마, 아빠, 아가), 동물(멍멍이, 야옹이, 오리), 교통수단(차, 트럭, 배), 장난감(공, 블록, 책), 음식(주스, 우유, 과자), 신체 부위(눈, 코, 입), 가정용품(모자, 양말, 숟가락) 등에 대해 말한다.

이 단어들은 어린 아동의 개념을 명명하는 것이기는 하지만 모든 개념을 명명하는 것은 결코 아니다. 따라서 의사를 전달하려는 개념과 자신이 구사하는 단어 사이에 괴리가 있기 십상이다. 이러한 괴리를 메우기 위해 12~30개월 사이의 아동들은 자신의 단어를 과잉확장 overextension한다. 즉 자신의 단어를 이웃 개념에까지 적용한다. 예컨대 2세 아동은 '멍멍이'라는 단어를 개뿐만 아니라 고양이와 소에게도 사용할 수 있다. 아동은 단어의 의미를 확실하게 알고 있다. 다양한 동물 그림을 보여 주고 '멍멍이'를 찾아보라고 하면 정확하게 선택한다. 과잉확장은 대략 2세 반경에 사라지기 시작하는데, 아마도 아동의 어휘가 급격하게 증가하기 시작하면서 많은 괴리를 제거하기 때문일 것이다.

그 이후에 아동의 어휘는 거의 폭발적으로 발달한다. 18개월에서 2세 사이에 전형적으로 어휘 폭발기(vocabulary spurt)가 나타난다. 전형적인 2세 아동은 매일 여러 개의 새로운 단어를 학습한다. 이러한 일이 일어나는 한 가지 방법은 신속 대응 fast mapping이라고 부르는 과정을 통해서이다. 이 과정에서 단어는 단 한 번의 노출을 통해 기저 개념과 대응된다(Markman et al., 2003). 모르는 단어를 듣게 되면 아동은 아직 이름을 붙이지 않은 개념 중의 하나와 대응된다고 가정한다.

원시 문장에서 복합 문장으로

18~30개월 사이에 구와 문장 단위 또는 통사의 획득이 시작된다. 아동은 단일 단어를 "저기 소."(이때 기저 명제는 "저기에 소가 있다."), "언니 자전거."("저것은 언니의 자전거이다."), 또는 "수건 침대."("수건이 침대 위에 있다.")와 같이 두 단어 표현으로 결합하기 시작한다. 이러한 두 단어 말에는 전보의 특성이 있다. 아동은 문법 단어(영어의 경우 관사, 조동사 등)와 문법 형태소(예: 접미사)를 탈락시키고, 가장 중요한 내용을 담고 있는 단어만 집어넣는다. 이렇게 단순화함에도 불구하고 사물의 위치를 확인하고 사건과 행위를 기술하는 것과 같이 말하는 사람의 기본 의도 대부분을 표현한다.

아동은 두 단어 말에서부터 명제를 보다 정확하게 표현하는 복합 문장으로 신속하게 발달한다. 따라서 "아빠 모자."는 "아빠가 모자를 쓴다."가 되고 결국에는 "아빠가 모자를 쓰고 계신다."가 된다. 동사구의 이러한 확장이 아동의 말에서 일어나는 최초의 복잡한 구조로 나타난다. 다음 단계는 '그리고'나 '그러니까'와 같은 접속어를 사용하여 복합 문장을 구성하며("너는 인형 가지고 놀고, 그리고 나는 블록을 가지고 논다."), 과거 시제와 같은 문법 형태소를 사용하는 것이다. 언어 발달의 순서는 놀라울 정도로 모든 아동이 유사하다. 3세가 되면 대부분의 아동은 복수와 과거시제를 사용하게 된다. 아동이 가령 과잉규칙화(overregulate)하는 것을 볼 때, 자기 언어의 문법 규칙을 계속해서 학습한다는 사실을 볼 수 있다. 과잉규칙화란 새롭게 발

생후 18~30개월 사이의 아동은 단어를 구와 문장으로 결합하는 방법을 학습한다.

건한 문법 규칙을 불규칙 사례에 일반화하는 것을 의미한다. 예컨대 영어에서 3세 아동은 갑자기 "I breaked the cup."이라고 말함으로써 동사 'break'를 규칙 동사처럼 취급하여 동사 말미에 ed를 붙여서 과거시제를 만들어 낸다. 뒤에서 언어 학습이 일어나는 현상을 다룰 때 이러한 과잉규칙화에 대해 설명할 것이다.

아동은 언어 학습에서 대부분의 이정표를 생애의 첫 5년 사이에 달성한다. 그러나 언어 학습이 5년 만에 종지부를 찍는 것은 아니다. 대부분의 아동은 학교에서 언어의 형식 규칙을 학습하게 된다. 동일한 시기에 대부분의 아동은 **메타언어적 자각**(metalinguistic awareness)을 발달시킨다. 즉 언어의 본질에 대해 생각할 수 있는 능력을 발달시킨다. 예컨대 6~8세 사이에 아동은 하나의 진술이 문자적 의미와는 상반되는 함축 의미를 가질 수 있다는 사실을 학습함으로써 반어법을 이해하기 시작한다("나는 정말로 딸기 아이스크림을 싫어한다니까!") (Creusere, 1999).

언어 획득

아동은 어떻게 언어를 획득하는가? 학습이 역할을 하는 것은 명백하다. 그렇기 때문에 영어를 사용하는 가정에서 자란 아동은 영어를 배우고, 불어를 사용하는 가정에서 자란 아동은 불어를 배운다. 생득적 요인도 역할을 한다. 그렇기 때문에 모든 아동은 언어를 학습하지만 어떤 애완동물도 언어를 학습하지 못한다(Gleitman, 1986).

학습 과정

스키너와 같은 행동주의자들은 아동이 7장에서 기술한 학습 과정, 즉 조건형성, 강화, 모방을 통해 언어를 학습한다고 믿었다. 그리고 이러한 과정이 어떤 역할을 담당할 가능성이 있다고 하더라도 언어 발달의 많은 측면을 설명할 수 없다는 사실이 즉각적으로 명백해진다.

조건형성과 강화를 생각해 보자. 어른은 아동이 문법적인 문장을 산출할 때 보상을 주고 실수를 저지를 때 야단을 칠 수 있다. 이렇게 작동하려면 부모는 아동의 말 세부 사항에 일일이 반응해야만 한다. 그러나 브라운 등(Brown et al., 1969)은 아동의 말을 이해할 수 있는 한 어떻게 말하느냐에 대해서는 부모가 주의를 기울이지 않는다는 사실을 확인했다. 또한 아동을 교정하려는 시도는(그리고 조건형성을 적용하려는 시도는) 헛수고가 되기 십상이다. 다음 예를 보자(McNeill, 1966, p. 49).

아동: Nobody don't like me.
어머니: 아니야, 'Nobody likes me'라고 말해야지.
아동: Nobody don't like me.
어머니: 아니라니까. 잘 들어 봐. 'Nobody likes me'라고 말해 봐.
아동: 아이 참! Nobody don't likes me.

모방이 단어의 학습에서는 어떤 역할을 하겠지만(부모가 전화기를 가리키면서 '전화'라고 말하면 아동은 그 말을 따라서 해 보려고 한다), 아동이 문장을 산출하고 이해하는 방법을 학습하는 일차적 수단일 수는 없다. 어린 아동은 어른이 말하는 것을 들어 본 적이 없는 '우유 모두 없다.'와 같은 문장을 줄기차게 말한다. 언어 발달에서 두 단어 단계에 있는 아동이 긴 문장을 흉내 내려고 할 때조차도(예: "그 사람들이 올 거야.") 자신에게 일반적인 전보식 말을 한다("사람 온다.").

모방과 조건형성의 문제는 특정한 말 표현에만 초점을 맞춘다는 데 있다. 반면에 아동은 규칙과 같이 무엇인가 보편적인 것을 학습하기 십상이다. 아동은 언어 규칙에 대한 가설을 형성하여 검증하고, 작동하면 유지하는 것으로 보인다. 이것이 앞에서 보았던 과잉일반화 현상을 설명하는 방식인 것이다. 형태소 ed를 생각해 보자. 영어의 보편 규칙에서 ed는 현재형 동사에 첨가하여 과거시제를 나타낸다(예: cook–cooked). 그러나 많은 보편 동사는 불규칙 동사이며 이 규칙을 따르지 않는다(예: go–went, break–broke).

대부분의 불규칙 동사는 아동이 처음부터 사용하는 개념을 나타낸다. 따라서 아동은 어린 시점에 몇몇 불규칙 동사의 과거시제를 정확하게 사용한다(아마도 모방을 통해 학습했을 것이다). 그런 다음 몇몇 규칙 동사의 과거시제를 학습하고는 '현재형에다 ed를 첨가하여 과거시제를 만든다'는 가설을 발견한다. 이러한 가설이 불규칙 동사를 포함한 많은 동사의 끝에 ed를 첨가하도록 만든다. 따라서 "Annie goed home."이나 "Jackie breaked the cup."과 같이 말하게 되는데, 이것은 전에 들어 본 적이 없는 말이다. 결국에는 어떤 동사는 불규칙 동사라는 사실을 학습하여 ed 사용을 과잉일반화하는 것을 멈추게 된다(Pinker, 1994).

아동은 어떻게 이러한 가설을 생성하는 것인가? 모든 아동이 가설 형성의 안내역으로 사용하는 몇 가지 작동 원리가 있다. 하나는 단어 말미에 주의를 기울이는 것이다. 다른 원리는 의미 변화를 나타내는 접두사와 접미사를 들여다보는 것이다. 이러한 두 원리로 무장한 아동은 단어 말미에 있는 ed가 과거시제를 나타낸다는 가설에 직면할 가능성이 크다. 왜냐하면 ed는 의미 변화와 연합된 단어 말미이기 때문이다. 세 번째 작동 원리는 예외를 인정하지 않는 것이다. 이 원리는 ed가 과거시제라는 가설을 불규칙 동사에 일반화하는 이유를 설명해 준다. 몇몇 원리가 표 6.1에 나와 있으며, 이는 슬로빈(Slobin, 1985)이 연구한 40개 언어 모두에 적용되는 것으로 보인다.

표 6.1 어린 아동이 사용하는 작동 원리

많은 나라의 아동들은 말을 하고 이해하는 방법을 학습할 때 다음과 같은 원리를 따르는 것으로 보인다.

1. 단어 형식에서 체계적 변화를 찾아본다.
2. 의미 변화를 명확하게 나타내는 문법 표지를 찾아본다.
3. 예외를 피한다.
4. 단어 말미에 주목한다.
5. 어순, 접두사, 접미사에 주목한다.
6. 구성 성분(즉 문장 단위)의 중단이나 재배열을 피한다.

생득적 요인

촘스키(Chomsky, 1959)는 인간 언어 발달의 복잡성을 설명하기 위해 스키너의 행동주의 이론을 비판하는 이론을 개발했다. 촘스키는 인간이 언어를 학습하기 위한 생득적 능력을 가지고 있다고 주장했다. 그에 따르면 인간의 두뇌는 태어날 때부터 **언어획득장치**(language acquisition device, LAD)를 장착하고 있으며, 이 장치가 언어

학습을 촉진한다.

모든 아동은 자신의 문화와 언어에 관계없이 동일한 순서대로 언어 발달 과정을 거친다는 사실은 이 견해와 일치한다. 만 1세경에 몇 개의 분리된 단어를 말하며, 2세경에 두 단어 문장과 세 단어 문장을 말한다. 3세경에 문장이 보다 문법적으로 되며, 4세경에는 아동의 말소리가 어른의 말소리와 한결 유사해진다. 문화마다 아동이 어른으로부터 학습할 수 있는 기회가 현저하게 다르기 때문에—어떤 문화에서는 부모가 아동에게 끊임없이 말해 주지만, 다른 문화에서는 부모가 아동을 언어적으로 무시하는 경향이 있다—발달 순서가 문화에 걸쳐서 일관적이라는 사실은 언어를 학습하도록 생물학적으로 준비되어 있다는 사실을 의미한다. 최근 연구를 보면 입양되기 전에는 영어를 알지 못했던 해외 입양아에게도 영어 획득에서 동일한 이정표가 나타난다(Snedeker et al., 2007). 이 입양아들이 영어를 배우기 시작하는 시기는 2.5~5.5세로 상당히 나이가 들었다는 사실은 이러한 이정표가 진정 언어 학습을 반영하는 것이지, 생애 초기의 일반적인 인지 발달을 반영하는 것이 아니라는 사실을 시사한다.

실제로 언어에 대한 생득적 지식은 매우 풍부하기 때문에 아동은 주변에 선생의 역할을 해 주는 언어 사용자가 없는 경우조차도 언어 획득의 정상적인 과정을 거칠 수 있는 것이다. 일단의 연구자들은 정상 부모에게서 태어난 6명의 청각장애 아동을 연구했는데, 부모가 아동에게 수화를 가르치지 않겠다고 결정한 사례였다. 아동들은 독순법과 발성에 대한 교육을 받기 전에 가정 신호(home sign)라고 부르는 몸짓 시스템을 사용하기 시작했다. 처음에 이들의 가정 신호는 단순한 유형의 팬터마임이었지만, 결국에는 언어의 특성을 갖추게 되었다. 예컨대 개별 신호 그리고 신호들의 결합이 형태소 수준과 통사 수준 모두에서 체제화되었다. 또한 이 청각장애 아동들(본질적으로 자신만의 언어를 만들어 낸 아동들)은 정상 아동과 동일한 발달 단계를 거쳤다. 처음에 청각장애 아동들은 한 번에 하나의 신호를 표현했으며, 나중에 자신의 몸짓 신호를 두 개념 '문장'과 세 개념 '문장'으로 결합했다. 이렇듯 놀라운 결과는 생득적 지식의 풍부함과 상세함을 입증하는 것이다(Feldman et al., 1978).

언어 학습에는 그 언어를 획득해야만 하는 결정적 시기가 있다는 사실을 보여 주는 결과도 생득론 견해와 일치한다. 이 사실은 특히 새로운 언어의 발음 시스템을 획득하는 과정, 즉 새로운 음소 그리고 그 음소들을 결합하는 규칙을 학습하는 과정을 보면 특히 명확해진다. 앞에서 생후 1년 이내의 유아가 언어에 관계없이 음소를 변별할 수 있지만 첫해가 끝날 무렵에는 그 능력을 상실한다는 사실을 언급했다. 따라서 생애 첫해는 모국어 음소를 받아들이는 결정적 시기이다. 이 사실은 다음에 논의할 외국어 학습에도 적용된다.

언어 획득에 결정적 시기가 존재한다는 간접적 증거는 철저하게 고립되었던 아동의 사례에서 볼 수 있다. 아동기에 사회적으로 고립된 유명한 사례는 지니의 경우인데, 이 소녀의 아버지는 정신질환이 있었고 어머니는 시각장애인인 데다 지독하게 의존적인 사람이었다. 태어나서부터 11세 때 아동 복지 기관이 발견할 때까지 지니는 집의 고립된 방에서 유아용 변기에 묶여 있었다. 지니는 발견될 때까지 다른 사람과 아무런 접촉이 없었으며, 언어 능력을 거의 보이지 않았다. 지니에게 말을 가르치려는 노력은 제한된 결과를 보였다. 단어를 배울 수는 있었지만, 어린 아동에게 자연스럽게 나타나는 문법 규칙을 숙달하지 못했다. 검사 결과는 지니가 매우 지능이 높다는 사실을 보여 주었지만 언어 능력은 초등학교 3학년생 수준을 넘어서지 못했다 (Curtiss, 1977; Rymer, 1992a, 1992b).

다른 연구는 통사 학습에도 결정적 시기가 있다는 사실을 보여 준다. 증거는 미국 수화(ASL)를 할 줄 아는 청각장애인들이 보여 준다. ASL은 완벽한 언어이며, 팬터마임 시스템이 아니다. 관심을 끄는 연구에는 ASL을 30년 이상 사용해 왔지만 그 언어를 학습한 연령이 모두 다른 청각장애 성인들이 참가했다. 모든 참가자들이 정상 부모에게서 태어났지만, 몇몇은 태어날 때부터 ASL을 경험했으며, 다른 몇몇은 농아학교에 입학한 4~6세 사이에 처음으로 ASL을 학습했고, 또 몇몇은 12세가 될 때까지 ASL을 경험하지 못했다(부모가 구어가 아닌 수화를 가르치는 데 주저했기 때문이다). 만일 통사를 학습하는 데 결정적 시기가 있다면, 학습한 지 30년이 지난 후에도 초기 학습자가 후기 학습자에 비해서 통사의 몇몇 측면을 더 잘 숙달하고 있어야만 한다. 이것이 바로 연구자들이 찾아낸 결과이다. 여러 형태소로 구성된 단어를–예컨대 untimely는 음소 un, time, ly로 구성되어 있다–이해하고 산출하는 측면에서 볼 때, 이른 시기의 ASL 학습자들은 학교에 입학할 때 ASL을 학습한 사람들보다 우수했으며, 12세 이후에 ASL을 학습한 사람들이 가장 저조했다(Meier, 1991; Newport, 1990).

연구 결과를 보면 통사 학습에 결정적 시기가 있다는 사실을 알 수 있다. 청각장애인은 어린 시기에 미국 수화인 ASL을 배울수록 보다 효과적으로 그 시스템을 사용할 수 있다.

언어 획득에 관한 최근 이론은 학습뿐만 아니라 생물학적 요인 모두가 언어 발달에서 역할을 한다고 진술한다. 이러한 이론은 촘스키가 주장하는 것처럼 인간은 언어를 획득하도록 사전에 설계되어 있다고 가정하는 대신에 언어 처리에 필요한 신경회로가 특정 경험으로 인해서 점진적으로 출현한다고 가정한다(MacWhinney, 1998). 필요한 학습 경험은 언어를 통한 소통을 수반하는 사회적 상호작용이다. 다시 말해 언어에의 단순 노출은 그 언어를 획득하는 데 충분하지 않다. 지지해 주는 환경도 필요한 것이다.

다른 동물 종도 인간 언어를 학습할 수 있는가

몇몇 전문가들은 언어를 학습하는 생득적 능력이 인간에게만 독특한 것이라고 믿고 있다 (Chomsky, 1972; Pinker, 1994). 이들은 다른 동물 종들도 소통 시스템을 가지고 있다는 사실을 인정하지만 인간 언어와는 질적으로 다르다고 주장한다. 침팬지의 소통 시스템을 살펴보자. 침팬지의 발성과 몸짓의 수는 제한되어 있으며, 생산성도 인간 언어에 비해 형편없이 낮다. 인간 언어의 경우에는 비교적 적은 수의 음소를 결합하여 수많은 단어를 만들어 내며, 다시 단어를 결합하여 무한한 문장을 만들어 낼 수 있다. 다른 차이는 인간 언어가 여러 수준에서 구조화되어 있는 반면에 침팬지의 소통은 그렇지 않다는 점이다. 특히 인간 언어에서는 의미를 가지고 있는 단어나 형태소의 수준과 의미가 없는 말소리 수준 사이에 명확한 구분이 있다. 침팬지의 소통에서는 그러한 구조적 이원성의 실마리를 찾아볼 수 없다. 모든 상징이 의미를 가지고 있다. 또 다른 차이는 침팬지가 사람들이 하는 것처럼 상징의 순서를 바꾸어서 전달하는 메시지의 의미를 바꾸지 못한다는 점이다. 예컨대 인간 언어에서는 '조나가 고래를 먹었다'는 '고래가 조나를 먹었다'와 전혀 다른 의미를 나타낸다. 침팬지의 소통에는 이에 비견할 만한 차이에 대한 증거가 없다.

침팬지의 소통이 인간 언어에 비해 열등하다는 사실이 침팬지는 보다 생산적인 시스템을 가질 능력이 없다는 사실을 입증하는 것은 아니다. 침팬지의 시스템은 침팬지들의 필요성에 적합한 것일 수 있다. 침팬지가 우리와 같은 생득적 능력을 가지고 있는지를 알아보기 위해서는 인간 언어를 학습할 수 있는지를 알아보아야 한다. 침팬지에게 언어를 가르친 가장 잘 알려진 연구에서 가드너와 가드너(Gardner & Gardner, 1972) 부부는 워슈라는 이름의 암컷 침팬지에게 미국 수화에서 따온 신호를 가르쳤다. 수화를 사용한 이유는 침팬지가 인간의 말소리를 표현할 수 있는 발성기관을 가지고 있지 않기 때문이었다. 워슈가 대략 1세가 되었을 때부터 훈련을 시작하여 5세가 될 때까지 계속했다. 이 시기에 워슈의 보호자는 수화를 통해서만 소통을 했다. 우선 행동조성 절차를 통해 신호를 가르쳤다. 신호를 닮은 몸짓을 할 때까지 기다렸다가 강화를 주었다. 나중에는 워슈가 관찰하고 모방함으로써 신호를 학습했다. 4세가 되었을 때 워슈는 130개의 신호를 산출할 수 있었으며, 그 이상의 신호를 이해할 수 있었다. 또한 신호를 어떤 상황에서 다른 상황으로 일반화할 수도 있었다. 예컨대 처음에 '더 많이'라는 신호를 '더 많이 긁다'와 연계하여 학습했는데, 나중에 '더 많이 우유'를 나타내는 신호에 일반화했다.

다른 동물들도 단어 학습 능력을 보여 준다. 특히 수년 전에는 한 마리의 개가 상당한 관심을 불러일으켰다. 독일산 콜리 종인 리코는 유아에서 볼 수 있는 신속 대응 과정, 즉 단 한 번의 노출만으로 새로운 단어를 학습하는 과정을 사용하여 단어를 학습할 수 있다는 사실을 보여 주었다(Kaminski et al., 2004). 연구자들은 TV 프로그램에 등장한 리코를 보고 그 개의 주인과 접촉했다. 경탄스럽게도 리코는 200개 이상의 사물 이름을 알고 있었다. 주인은 연구자들이 리코의 신속한 단어 학습이 사람에게서나 볼 수 있는 추론 과정에 의존한 것인지 검증하도록 허락해 주었다. 만일 당신이 처음 듣는 이름(예: 워그)을 가진 사물을 선택하도록 요청받았으며, 책상 위에는 9개의 친숙한 사물과 1개의 친숙하지 않은 사물이 놓여 있다면, 그 친숙하지 않은 사물이 워그임에 틀림없다고 추론하고는 그것을 집어 들 것이다. 비록 수행이 완벽하지는 않았지만 리코가 해낸 것이 바로 이것이었다. 리코는 열 번의 시행에서 일곱 번에 걸쳐 친숙하지 않은 사물을 물어 왔던 것이다.

우리는 앞에서 유인원이 제한된 어휘를 학습할 수 있으며, 신호 이면에 있는 개념이 우리의 것과 등가적이라는 사실을 보았다. 이러한 연구는 유인원이 인간 언어를 학습할 수 있다는 견해를 지지하는가? 유인원이 통사를 학습하고 사람들이 단어를 결합하여 문장을 만드는 것과 동일한 방식으로 신호를 결합할 수 있는가? 예컨대 우리는 '사람', '동물', '해친다'는 단어를 '사람이 동물을 해친다.'라는 문장으로 결합할 수 있을 뿐만 아니라, 동일한 단어를 상이한 순서로 결합하여 '동물이 사람을 해친다.'라는 전혀 다른 의미의 문장을 만들어 낼 수 있다. 그린필드와 새비지-럼바우(Greenfield & Savage-Rumbaugh, 1990)의 연구는 이것이 가능하다는 사실을 보여 주는 것으로 보인다. 이들은 보노보(피그미 침팬

왼쪽 침팬지는 일종의 수화를 학습했으며, 오른쪽 침팬지는 키보드를 사용하여 소통하도록 훈련받았다.

지)를 대상으로 연구했는데, 이들의 행동은 널리 연구된 일반 침팬지의 행동보다 더 인간의 행동과 유사하다. 칸지라는 이름의 7세 된 보노보는 단어를 나타내는 상징을 조작함으로써 소통했다. 칸지는 보다 자연스러운 방식으로 상징 조작법을 학습했다. 예컨대 보호자가 상징을 가리키면서 영어 단어를 말하는 것을 들으면서 학습했다. 보다 중요한 점은 몇 년간 언어 훈련을 받은 후 칸지가 의미의 변화를 소통하기 위해 단어 순서를 변화시키는 능력을 보였다는 사실이다. 만일 칸지가 이복 여동생인 뮬리카를 물려고 할 때는 'Bite Mulika(뮬리카를 문다)'라고 신호했지만, 여동생이 자기를 물 때는 'Mulika bite(뮬리카가 문다)'라고 신호했던 것이다. 따라서 칸지는 대략 2세 아동에 해당하는 통사 지식을 가지고 있었던 것으로 보인다.

이 결과는 놀랄 만한 것이기는 하지만 조심스럽게 해석할 필요가 있다. 한 가지는 칸지가 지금까지 통사 능력을 보여 준 몇 안 되는 유인원 중의 한 마리이기 때문에 그 결과가 얼마나 보편성을 갖는지를 의심해 볼 수 있다. 또 한 가지는 비록 칸지가 2세 아동의 언어 능력을 가지고 있기는 하지만 그 수준까지 이르는 데 사람보다 훨씬 긴 시간이 소요되었다. 촘스키(Chomsky, 1991)는 유인원이 인간에 비견할 만한 언어 능력을 발달시킬 가능성에 대해 회의적인 주요인을 다음과 같이 표현했다. "만일 어떤 동물이든 언어와 같이 생물학적으로 도움을 주는 능력을 가지고 있으면서도 지금까지 사용하지 않은 것이라면, 날아다니도록 가르칠 수 있는 사람들이 살고 있는 섬을 발견하는 것만큼이나 진화상의 기적이 될 것이다."

개념과 범주화: 사고의 기본 단위

사고는 '마음의 언어'로 개념화할 수 있다. 실제로 둘 이상의 언어가 있을 수 있다. 한 사고 양식은 '마음속에서 듣는' 문장들의 연속에 해당한다. 이것은 명제나 주장을 표현하기 때문에 **명제적 사고** propositional thought라고 부른다. 다른 사고 양식, 즉 **심상적 사고** imaginal thought는 심상, 특히 마음속에서 볼 수 있는 시각 심상에 해당한다. 어른의 사고에 대한 연구는 이러한 두 가지 사고 양식을 강조해 왔으며, 그중에서도 특히 명제적 양식에 초점을 맞추었다.

명제는 사실적 주장을 표현하는 진술이라고 생각할 수 있다. '어머니는 성실한 일꾼이다.'는 한 명제이다. '고양이는 동물이다.'도 명제이다. 이러한 사고가 특정 방식으로 조합된 개념—어머니, 성실한 일꾼, 고양이, 동물—으로 구성된다는 사실은 쉽게 알 수 있다. 그러나 명제적 사고를 이해하려면 우선 그것을 구성하는 개념을 이해할 필요가 있다.

개념의 기능

개념concept은 전체 유목을 나타낸다. 특정 유목과 연합된 특성들의 집합이다. 예컨대 '고양이' 개념은 다리가 4개이고 수염이 달려 있다는 특성을 포함한다. 개념은 몇 가지 중요한 기능을 담당하고 있다. 하나는 세상을 다룰 수 있는 단위로 분할하는 것이다(인지 경제성). 세상은 수많은 상이한 사물로 가득 차 있기 때문에 만일 각각을 개별적인 것으로 취급한다면 곧 다양성에 압도되고 말 것이다. 만일 접하는 모든 대상을 각기 다른 이름으로 지칭한다면 우리의 어휘는 어마어마하게 거대해져서 소통 자체가 불가능해지게 된다(우리가 변별할 수 있는 700만 개의 색깔 각각에 대한 이름을 가지고 있다면 어떻게 될 것인지 생각해 보라). 다행스럽게도 우리는 각 사물을 독특한 것으로 취급하지 않는다. 오히려 개념의 한 사례로 처리한다. 상이한 많은 사물을 '고양이' 개념의 사례로 처리하고, 다른 많은 사물을 '의자' 개념의 사례로 처리하는 식이다. 서로 다른 대상을 동일한 개념의 구성원으로 취급함으로써 마음에 표상해야 하는 세상의 복잡성을 감소시키는 것이다.

범주화categorization는 대상을 개념에 할당하는 과정이다. 한 사물을 범주화할 때, 우리는 그 사물이 개념과 연합된 특성을 많이 가지고 있는 것처럼 취급한다. 여기에는 직접적으로 지각할 수 없는 특성도 포함된다. 개념의 두 번째 중요 기능은 쉽게 지각될 수 없는 정보를 예측할 수 있게 해 준다는 것이다(이것을 예측력이라고 부른다). 예컨대 '사과' 개념은 둥글고 특정 색깔이며 나무에 열린다는 것과 같이 쉽게 지각할 수 있는 특성뿐만 아니라 씨가 있고 먹을 수 있다는, 지각하기 어려운 특성과도 연합된다. 이렇게 볼 수 있는 특성을 사용하여(빨갛고 둥글며 나무에 달려 있다) 어떤 사물을 '사과'로 범주화하고는 그 사물이 보기 어려운 특성(씨가 있고 먹을 수 있다)도 가지고 있다고 추론한다. 개념은 직접적으로 지각하는 정보를 넘어설 수 있게 해 준다(Anderson, 1991; Bruner, 1957).

우리는 '먹기'와 같은 행위 개념도 가지고 있으며, '늙다'와 같은 상태 개념, '진리'나 '정의'와 같은 추상 개념, 심지어는 숫자 2의 개념도 가지고 있다. 각 사례에서 우리는 그 개념의 모든 구성원들에게 공통적인 특성에 대해 무엇인가를 알고 있는 것이다. 이렇게 널리 사용되는 개념은 일반적으로 한 단어의 이름과 연합된다. 그럼으로써 빈번하게 일어나는 경험을 신속하게 소통할 수 있게 해 준다. 또한 특수한 목표를 위해 즉석에서 개념을 만들 수도 있다. 만일 야외로 나갈 계획을 세우고 있다면 '캠핑 여행할 때 가지고 갈 물건' 개념을 생성할 수 있다. 그러한 개념은 비교적 자주 사용되지 않으며 긴 이름을 가지고 있기는 하지만 인지 경제성과 예측력을 제공해 준다(Barsalou, 1985).

원형

개념과 연합된 특성은 두 가지 집합으로 나뉘는 것으로 보인다. 한 특성 집합은 개념의 원형prototype을 구성한다. 원형이란 개념의 가장 대표적인 사례를 기술하는 특성들의 집합이다. 예컨대 '할머니' 개념에 대한 당신의 원형은 60대 여자이며, 머리가 희고, 손자들과 지내기를 좋아한다는 특성을 포함하고 있을 수 있다. 원형은 개념을 생각할 때 일반적으로 머리에 떠오르는 것이다. 그렇지만 원형의 특성이 전형적인 할머니에게는 사실이라고 하더라도 모든 사례에서 참은 아니다(30대 후반의 여자로서 10대에 자식을 낳았고, 그 자식도 10대에 자식을 낳은 경우를 생각해 보라). 이러한 사실은 개념이 원형 이외에 또 다른 무엇인가를 가지고 있어야만 한다는 것을 의미한다. 이렇게 부가적인 것은 개념의 구성원이 되기 위해 매우 중요한 특성으로 구성된 핵core이다. '할머니' 개념의 핵에는 부모 한 사람의 어머니라는 특성이 포함될 텐데, 이 특성은 개념의 구성원이 되는 데 필수적인 것이다(Armstrong et al., 1983).

또 다른 예로 '새' 개념을 생각해 보자. 당신의 원형에는 날아다니며 짹짹거린다는 특성이 포함될 가능성이 크다. 이 특성은 참새나 제비와 같이 대표적인 '새'의 사례에는 잘 들어맞지만 타조나 펭귄과 같은 사례에서는 그렇지 않다. 아마도 당신의 핵은 새이기 위한 생물학적 토대를 규정하고 있을 것이다. 특정 유전자를 가지고 있거나, 아니면 적어도 부모가 새여야 한다.

위의 두 가지 예, 즉 '할머니'와 '새' 개념에서 원형의 특성은 뚜렷하기는 하지만 개념 구성원 여부에 대한 완벽한 지표가 아닌 반면에, 핵의 특성은 구성원 여부에 보다 중추적인 것이 된다는 사실에 주목하기 바란다. 그런데 '할머니' 같은 개념과 '새' 같은 개념 사이에는 중요한 차이점이 있다. '할머니'의 핵은 정의이며, 쉽게 적용할 수 있다. 부모 한 사람의 어머니인 사람은 '할머니'일 수밖에 없으며, 누가 이러한 정의 특성을 가지고 있는지를 비교적 쉽게 판단할 수 있다. 이와 같은 개념은 정의가 잘되어 있다고 말한다. 사람이나 사물을 잘 정의된 범주로 범주화하려면 핵 또는 정의 특성을 가지고 있는지를 결정하면 된다. 반면에 '새'의 핵은 정의하기가 거의 불가능하며—예컨대 우리는 단지 어떤 유전인자가 관여되어 있을 것이라는 사실만 알고 있다—핵의 특성을 볼 수 없다. 조그만 동물을 보았을 때 그 동물의 유전자를 조사하거나 조상에 대해 물어볼 수는 없다. 할 수 있는 일이란 단지 날아다니고 짹짹거리는 등의 특정 특성을 확인하고, 그 정보를 사용하여 그것이 새인지를 결정하는 것이다. '새'와 같은 개념은 모호하다고 말한다. 한 사물이 모호 개념의 사례인지를 결정하는 데에는 개념 원형과의 유사성을 결정하는 일이 수반되기 십상이다(Smith, 1995). 대부분의 자연 개념은 모호한 것으로 보인다. 진정한 정의가 결여되어 있으며 범주화는 원형에 크게 의존한다.

모호 개념의 몇몇 사례는 다른 사례들보다 더 많은 원형 특성을 가지고 있다. 예컨대 새 중에서 참새는 날아다니는 특성이 있지만 타조는 그렇지 않다. 한 사례가 보다 많은 원형 특성을 가지고 있을수록 더욱 전형적인 사례로 간주한다. '새'의 경우에 대부분의 사람들은 참새가 닭보다 전형적이며, 닭이 타조보다 전형적이라고 평가한다. '사과'의 경우에는 녹색 사과보다는 빨간 사과가 전형적이라고 평가한다. 사례의 전형성은 그 사례의 범주화에 결정적인 영향을 미친다. 사람들에게 그림 속의 동물이 '새'인지를 물으면 참새는 즉

'날아다닌다'와 '짹짹거린다'가 새를 규정하는가? 아마도 당신의 '새' 원형은 이러한 특성을 포함할 것이다. 그러나 이 특성은 타조와 같은 다른 유형의 새에게는 적용되지 않는다.

각적으로 그렇다고 답하는 반면, 닭은 더 오랜 판단 시간이 걸린다. 어린 아동에게 동일한 질문을 하면 참새는 정확하게 범주화하는 반면에 닭은 새가 아니라고 답하는 경우가 많다. 전형성은 개념의 이름을 접할 때 생각하는 것도 결정한다. '창밖에 새가 있다.'라는 문장을 들었을 때 우리는 독수리보다는 참새를 생각할 가능성이 훨씬 크며, 마음에 떠오르는 것이 문장을 이해하는 데 영향을 미치는 것이 확실하다(Rosch, 1978).

원형 형성의 보편성

원형은 주로 문화가 결정하는가, 아니면 보편적인가? '할머니'와 같은 몇몇 개념에서는 문화가 원형에 일차적 영향을 미치는 것이 확실하다. 그러나 대부분의 자연 개념에서는 원형이 놀라울 정도로 보편적이다.

'빨강'이라는 색깔 개념을 생각해 보자. 이것은 모호 개념이며(일반인들은 이것의 정의 특성을 알지 못한다), 명확한 원형을 가지고 있는 개념이다. 사람들은 어느 색상이 전형적인 빨강이고 어느 것이 그렇지 않은 빨강인지에 대해서 일치한다. 서로 다른 문화권의 사람들도 마찬가지이다. 놀라운 사실은 이러한 의견 일치가 '빨강'을 지칭하는 단어가 없는 언어를 사용하는 문화권에서도 나타난다는 것이다. 이러한 언어 사용자들에게 빨강 색상의 배열에서 가장 좋은 사례를 선택하도록 요구하면 우리와 동일한 색상을 선택한

다니족에게는 빨강을 지칭하는 단어가 없지만 그들은 다양한 빨간색을 지각할 수 있다.

다. 그들이 빨강이라고 부르는 색상의 영역이 우리와 다르다고 하더라도 전형적인 빨강이라는 생각은 우리와 동일한 것이다 (Berlin & Kay, 1969).

다른 연구는 '검정'과 '하양'이라는 색채 단어만을 가진 언어를 사용하는 뉴기니의 다니족이 많은 색채 단어를 가지고 있는 영어 사용자들과 동일한 방식으로 색채를 지각한다는 사실을 보여 준다. 다니족에게 일련의 빨간색 조각을 기억하도록 제시했다. 색 조각은 '빨강'의 전형성에서 차이를 보이는 것이었다. 나중에 이들에게 색 조각을 제시하고 어느 것을 앞에서 보았는지 판단하도록 했다. 이들은 '빨강'에 대한 단어를 가지고 있지 않음에도 불구하고 전형적인 빨강을 그렇지 않은 빨강보다 더 잘 재인했다. 미국의 참가자들을 대상으로 이에 상응하는 과제를 수행했을 때 얻는 결과가 바로 이것이다(Rosch, 1974). 따라서 색채 원형은 보편적인 것으로 보인다.

보다 최근의 실험은 몇몇 동물 개념의 원형도 보편적이라는 사실을 시사한다. 실험에서는 미국 대학생들과 마야 이트사족 참가자들을 비교했다(마야 이트사족은 서양의 영향을 거의 받지 않은 과테말라 열대우림에 사는 종족이다). 미국 참가자는 미시간 주 서남부에 거주하는 대학생들이었는데, 이 지역에도 우연히 과테말라 열대우림에 서식하는 많은 포유류가 서식하고 있었다. 두 집단 모두에게 동물 종의 이름을 제시했다. 우선 이들에게 함께 묶을 수 있는 동물들끼리 소집합으로 묶도록 요구한 다음, 다시 소집합들을 관련된 것들끼리 상위 집단으로 묶는 방식을 취해서 최종적으로 모든 동물 종이 '포유류'에 해당하는 하나의 집단이 되게 묶도록 요구했다. 이러한 집단화는 원형의 유사성에 의해 결정되었다. 즉 처음에 묶을 때는 참가자들이 매우 유사하게 보이는 종만을 함께 묶었다. 이렇게 계속해서 집단화함에 따라 각 참가자는 일종의 나무 도식을 만들게 되었으며, 맨 아래쪽에는 최초에 묶은 집단들이 위치하고 맨 위에 '포유류'가 위치했다. 이 나무 도식은 동물의 분류를 반영하는 것이다.

마야 이트사족이 만든 나무 도식은 미국 대학생들이 만든 것과 아주 유사했다. 실제로 이트사족과 미국 대학생들의 평균적인 나무 도식 사이의 상관계수는 대략 +.60이었다. 또한 이트사족과 미국 대학생들의 분류는 실제 생물학 분류와 높은 상관을 보였다. 모든 사람들은 쉽게 관찰할 수 있는 특성에 근거하여(전반적 모양, 색깔이나 텁수룩한 꼬리와 같이 눈에 띄는 특성 또는 독특한 동작 패턴 등) 동물의 원형을 형성하는 것으로 보인다. 이러한 특성은 동물 종의 진화사를 나타내는 지표이며, 과학적 분류도 여기에 기초한다 (Lopez et al., 1997).

동물 개념의 내용이 문화마다 차이를 보이는 사례도 생각해 볼 수 있다. 만일 어떤 문화에서는 타조가 많고 참새가 많지 않다면 그 문화는 '새'에 대해 상이한 원형을 가지고 있을 수 있다. 하지만 원형이 형성되는 원리, 즉 개념 사례에서 빈번하게 관찰하는 특성에 초점을 맞춘다는 원리는 보편적이다.

개념 위계

우리는 개념의 특성을 알 뿐만 아니라 개념이 서로 어떻게 관련되는지도 알고 있다. 예컨대 '사과'는 보다 큰 개념인 '과일'의 구성원(또는 부분집합)이며, '참새'는 '새'의 부분집합이고, '새'는 다시 '동물'의 부분집합이다. 이러한 두 유형의 지식(개념의 특성과 개념 사이의 관계)이 그림 6.4에 위계적으로 나타나 있다. 그림 6.4가 명확하게 보여 주듯이 한 사물은 여러 수준으로 표현할 수 있다. 동일한 사물이 '골든딜리셔스', '사과', '과일'이 될 수 있다. 그러나 위계에서 한 수준이 **기본 수준** basic level, 즉 범주화에서 선호하는 수준이 된다. 다시 말해 사물을 처음에 범주화하는 수준이다. 그림 6.4의 위계에서 '사과'와 '배'를 포함하는 수준이 기본 수준이다. 이러한 주장의 증거는 사람들에게 그림 속의 사물에 처음 떠오르는 이름을 붙이도록 요구하는 연구에서 나온다. 사람들은 골든딜리셔스 사과 그림을 보고 '골든딜리셔스'나 '과일'보다는 그냥 '사과'라고 부를 가능성이 매우 크다. 기본 수준 개념은 다른 측면에서도 특수하다. 예컨대 아동이 처음으로 학습하는 개념이며, 보다 빈번하게 사용되고, 짧은 이름을 가지고 있다(Mervis & Rosch, 1981).

우리는 세상을 우선 기본 수준 개념으로 분할하는 것으로 보인다. 기본 수준을 만드는 것은 무엇인가? 그 답은 기본 수준이 가장 차별적인 특성을 가지고 있다는 사실에 달려 있다. 그림 6.4에서 '사과'는 차별적인, 즉 다른 종류의 과일은 공유하지 않는(예: 빨갛고 둥근 것은 '바나나'의 특성이 아니다) 여러 가지 특성을 가지고 있다. 반면에 '골든딜리셔스 사과'는 차별적 특성이 거의 없다. 대부분의 특성을 '매킨토시 사과'와 공유한다. 그리고 그림 6.4에서 가장 높은 수준인 '과일'은 특성 자체를 별로 가지고 있지 않다. 따라서 우리는 세상을 정보 수준이 가장 높은 개념으로 범주화하는 것이다(Murphy & Brownell, 1985).

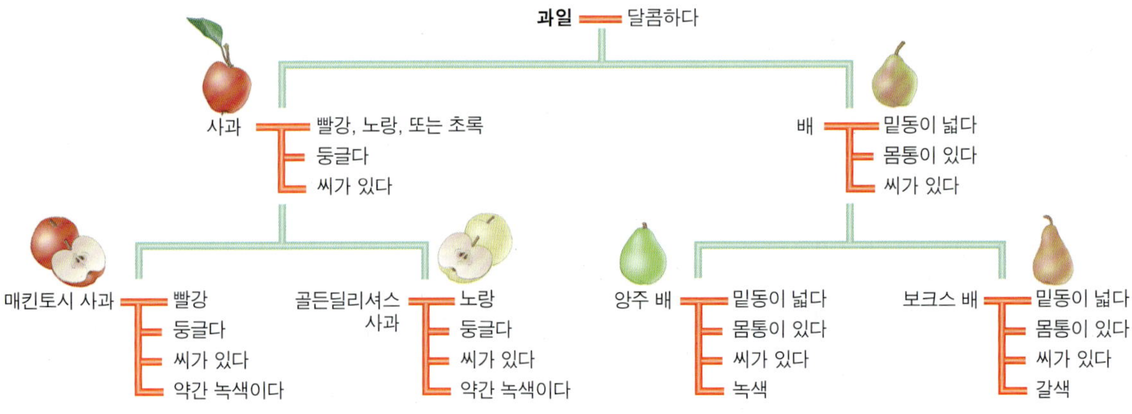

그림 6.4 개념 위계. 진한 글씨로 쓰인 '과일'은 개념을 나타낸다. 보통 글씨의 단어는 그 개념의 특성을 나타낸다. 녹색 선은 개념 사이의 관계를 보여 주며, 붉은색 선은 개념과 특성을 연결한다.

여러 가지 범주화 과정

우리는 끊임없이 범주화 결정을 하고 있다. 사물을 재인할 때마다, 문제점을 진단할 때마다 범주화한다(예: 이것은 접촉 불량이다). 세상을 범주화하는 데 어떻게 개념을 사용하는가? 그 답은 개념이 잘 정의된 것인지 아니면 모호한 것인지에 달려 있다.

'할머니'와 같이 잘 정의된 개념에서는 원형과 얼마나 유사한지를 결정할 수 있다(그분은 60대이고 머리가 희기 때문에 할머니처럼 보인다). 그러나 정확하게 범주화하려면 그 사람이 개념의 정의 특성을 가지고 있는지를 결정할 수 있다(그분은 부모님의 어머니인가?). 후자는 규칙을 적용하는 것에 해당한다. '만일 부모님의 어머니라면 할머니이다.' 잘 정의된 개념의 규칙 기반 범주화를 다룬 많은 연구가 수행되었으며, 이런 연구는 규칙 속에 보다 많은 특성이 들어 있을수록 범주화 과정이 느려지고 오류를 많이 범하게 된다는 사실을 보여 주었다(Bourne, 1966). 아마도 한 번에 하나의 특성을 처리하기 때문으로 보인다.

'새'와 '의자' 같은 모호 개념에서는 규칙 기반 범주화를 사용하기에 충분한 정의 특성을 알지 못하기 때문에 유사성에 의존하기 십상이다. 이미 언급한 바와 같이 우리가 할 수 있는 일은 사물과 원형 사이의 유사성을 결정하는 것이다(이 사물은 의자라고 부를 만큼 내 의자 원형과 충분히 유사한가?). 사람들이 이러한 방식으로 사물을 범주화한다는 증거는 다음과 같은 세 단계를 수반한 실험에서 나온다(Smith, 1995).

1. 우선 연구자는 개념 원형과 그 개념의 다양한 사례의 특성을 결정한다. (연구자는 한 집단의 참가자들에게 전형적인 의자의 특성 그리고 그림으로 제시하는 다양한 의자의 특성을 적도록 요구한다.)
2. 그다음에 각 사례(그림으로 제시한 의자)와 원형 사이의 유사성을 공유하는 특성에 근거하여 결정한다. 이것이 각 사례에 대한 원형과의 유사성 점수가 된다.
3. 마지막으로 연구자는 원형과의 유사성 점수가 참가자들이 그 사례를 정확하게 범주화하는 속도 및 정확도와 높은 상관을 나타낸다는 사실을 보여 준다.

사물을 범주화하는 데 사용할 수 있는 또 다른 유형의 유사성 계산법이 있다. 이것은 의자 예를 가지고 예시할 수 있다. 장기기억에 의자의 특정 본보기를 저장하고 있기 때문에 주어진 사물이 기억에 저장된 의자 본보기와 유사한지를 결정할 수 있다. 만일 그렇다면 그 사물이 의자라고 말할 수 있다. 따라서 유사성에 근거한 범주화에는 두 가지 방법이 있다—원형과의 유사성, 저장된 본보기와의 유사성.

개념 획득

우리는 알고 있는 수많은 개념을 어떻게 획득하는가? '시간'과 '공간' 같은 몇몇 개념은 생득적일 수도 있다. 다른 것들은 학습해야만 한다.

원형과 핵의 학습

한 개념을 여러 가지 방식으로 학습할 수 있다. 개념에 대해 명시적으로 교육받거나 경험을 통해 학습할 수 있다. 어떤 방식으로 학습하는지는 무엇을 학습하느냐에 달려 있다. 명시적 교육은 개념의 핵을 학습하는 방식일 가능성이 크며, 경험은 원형을 획득하는 일반적인 방식으로 보인다. 아동에게 '도둑'이란 다른 사람의 물건을 돌려줄 의사가 없이 가져가는 사람(개념의 핵)이라고 명시적으로 말해 줄 수 있으며, 아동의 경험은 도둑이 무능하고 단정치 못하며 위험한 사람(개념의 원형)이라고 기대하도록 만들 수 있다.

아동은 핵이 원형보다 개념의 구성원 여부에 대한 우수한 표지라는 사실도 학습해야 하는데, 이것을 학습하는 데는 어느 정도의 시간이 걸린다. 한 연구에서 5~10세의 아동에게 항목에 대한 설명을 제시하고, 그 항목이 특정한 잘 정의된 개념에 속하는지를 결정하도록 요구했다. 이 연구는 '도둑'의 개념을 가지고 예시할 수 있다. '도둑'에 대한 설명은 원형과 잘 들어맞지만 핵에는 들어맞지 않는 것이었다.

> 부모님이 필요 없으니 가져가도 된다고 말했기 때문에 너희 집에 들어와서 TV 세트를 가져가는, 주머니에 총을 감춘 냄새 나고 지저분한 늙은이.

다른 설명은 핵과는 잘 들어맞지만 원형에는 들어맞지 않는 것이었다.

> 너를 안아 주기도 했지만, 허락도 없이 욕실의 변기를 떼어 내어 가져가면서 되돌려줄 의사가 없는 매우 친근하고 재미있는 여자.

어린 아동은 원형 설명이 핵 설명보다 개념의 사례일 가능성이 크다고 생각하기 십상이다. 10세가 되어서야 개념 결정의 최종 중재자가 원형에서 핵으로 명백하게 이동한다(Keil & Batterman, 1984).

부모는 아이에게 사물에 이름을 붙이고 범주화하는 것을 가르칠 수 있다. 나중에 아이는 다른 사물을 보게 될 때, 그것이 기억에 저장된 본보기와 동일한 범주에 들어 있는 것인지를 결정해야 한다.

경험을 통한 학습

경험을 통해 개념을 학습하는 방법에는 적어도 두 가지가 있다. 가장 단순한 방법은 **본보기 전략**(exemplar strategy)이라고 부르는 것인데, 아동이 '가구' 개념을 학습하는 것을 가지고 예시할 수 있다. 아동은 탁자와 같이 이미 알고 있는 사례 또는 본보기를 접하면 그 사례의 표상을 저장한다. 나중에 책상과 같이 새로운 항목이 '가구'의 사례인지를 결정해야 될 때, 탁자를 포함한 '가구'의 저장된 본보기와 새로운 사물의 유사성을 결정한다. 이 전략은 아동이 광범위하게 사용하는 것으로 보이며, 전형적인 사례의 경우에는 잘 작동하지만 전형적이지 않은 사례에서는 잘 작동하지 않는다. 아동이 학습하는 첫 번째 본보기는 전형적인 경향이 있기 때문에, 새로운 사례가 전형적인 사례와 유사할수록 정확하게 유목화할 가능성이 크다. 따라서 만일 어린 아동이 '가구' 개념을 가장 전형적인 사례(예: 탁자와 의자)로만 구성한다면 책상과 소파같이 학습한 사례와 유사해 보이는 사례는 정확하게 유목화할 테지만, 램프와 책장같이 학습한 사례와 유사해 보이지 않는 사례는 제대로 유목화할 수 없게 된다(Mervis & Pani, 1981). 본보기 전략은 어른도 새로운 개념을 획득할 때 자주 사용한다는 상당한 증거가 보여 주는 것처럼, 개념을 획득하는 전략의 하나로 계속해서 남아 있다(Estes, 1994; Nosofsky & Johansen, 2000).

그러나 나이가 들어 감에 따라서 다른 전략, 즉 **가설 검증** 전략을 사용하기 시작한다. 개념의 알려진 사례들을 조사하여 그 사례들에 비교적 공통적인 특성(예: '가구'의 많은 사례는 생활 공간에 놓여 있다)을 탐색하며, 그러한 공통 특성이 개념을 특징짓는 것이라는 가설을 세운다. 그런 다음에 새로운 사물이 그러한 결정적 특성을 가지고 있는지 분석하여, 새로운 사물을 정확하게 범주화하도록 만들어 주면 그 가설을 유지하고 그렇지 못하면 그 가설을 버리게 된다. 따라서 이 전략은 추상화, 즉 단일 사례가 아니라 일련의 사례를 특징짓는 특성에 초점을 맞추며, 핵 특성을 찾아내도록 조율된다. 핵 특성이 바로 모든 사례에 공통적인 것이기 때문이다(Bruner et al., 1956). 그런데 사람들이 찾아내려는 특성은 그 사물 자체에 대해 가지고 있는 특정 지식이 편향시키기도 한다. 만일 아동이 가구는 항상 평평한 표면을 가지고 있다고 생각한다면, 이러한 사전 지식이 생성하는 가설을 지나치게 제한적으로 만들 수 있다.

추리와 의사결정

명제를 가지고 사고할 때 우리의 사고 흐름은 체제화되어 있는 것이다. 여기서 우리의 관심을 끄는 유형의 체제화는 추리를 시도할 때 발현된다. 그러한 경우에 사고의 흐름은 논증의 형식을 취하기 십상인데, 하나의 명제는 우리가 내리고자 하는 하나의 결론에 해당한다. 나머지 명제는 그러한 결론에 대한 주장이나 전제에 대한 추리가 된다.

연역추리

논리 규칙

논리학자들에 따르면 가장 강력한 논증은 **연역 타당도**deductive validity를 보여 주는 것인데, 이는 전제가 참이라면 논증의 결론이 거짓일 가능성이 없음을 의미하는 것이다(Skyrms, 1986). 다음의 예를 보자.

a. 만일 비가 온다면 나는 우산을 가져간다.

b. 비가 온다.
c. 따라서 나는 우산을 가져간다.

이것은 **삼단논법**syllogism의 한 예이며, 2개의 전제와 하나의 결론을 담고 있다. 결론이 참인지는 연역 논리의 규칙에 따라서 2개의 전제로부터 논리적으로 도출한다. 이 경우에 관련된 규칙은 다음과 같은 것이다.

만일 'p이면 q이다'라는 명제와 다른 명제 p를 가지고 있으면 명제 q를 추론할 수 있다.

어떻게 하면 일반 사람들의 추리가 논리학자의 추리를 따라갈 수 있을까? 사람들에게 하나의 논증이 연역적으로 타당한 것인지를 결정하도록 요구하면 위와 같이 단순한 논증의 평가에서는 꽤나 정확성을 보인다. 어떻게 그러한 판단을 하는 것인가? 몇몇 연역추리 이론은 사람들이 직관적 논리학자와 같이 행동하며, 논증의 결론이 전제로부터 뒤따른다는 사실을 증명할 때 논리적 규칙을 사용한다고 가정한다. 구체적으로, 규칙에서 '만일 p이면 q이다' 부분을 가지고 첫 번째 전제(만일 비가 온다면 나는 우산을 가져간다)를 확인한다. 규칙의 p 부분을 가지고 두 번째 전제를 확인한 다음 q 부분(나는 우산을 가져간다)을 추론한다는 것이다. 아마도 성인은 이 규칙을 알고 있으며(무의식적으로), 앞의 논증이 타당하다고 결정하는 데 이 규칙을 사용하는 것으로 보인다.

논증을 복잡하게 만들면 규칙 준수가 보다 의식적인 것이 된다. 아마도 다음의 논증을 평가할 때 위의 규칙을 두 번 적용하게 될 것이다.

a. 만일 비가 온다면 나는 우산을 가져간다.
b. 만일 내가 우산을 가져가면 잃어버릴 것이다.
c. 비가 온다.
d. 따라서 나는 우산을 잃어버릴 것이다.

규칙을 명제 a와 c에 적용함으로써 '나는 우산을 가져간다'를 추론할 수 있게 되고, 다시 규칙을 명제 b와 추론한 명제에 적용함으로써 이 논증의 결론인 '나는 우산을 잃어버릴 것이다'를 추론하게 된다.

사람들이 이러한 규칙을 사용한다는 가장 좋은 증거의 하나는 논증이 요구하는 규칙의 수가 논증의 난이도에 대한 훌륭한 예측자라는 것이다. 보다 많은 규칙이 필요할수록 실수를 저지를 가능성이 크고 정확한 결정에 도달하는 데 시간이 더 걸린다(Rips, 1983, 1994). 이에 덧붙여서 사람들은 특별한 조건에서 실수를 저지를 가능성이 확실히 크다. 예컨대 대다수 사람들은 연역 논리의 규칙과는 달리, 결론이 그럴듯해 보이면 논리적으로 부당한 결론을 타당한 것으로 판단한다. 이러한 결과는 삼단논법 추리에서 **신념 편향**belief bias이라고 불렀다. 예컨대 다음의 두 삼단논법을 보자(Evans et al., 1983에서 인용).

1. **a.** 어떤 중독물질도 값이 싸지 않다.
   b. 어떤 담배는 값이 싸다.

c. 따라서 어떤 중독물질은 담배이다.

2. a. 어떤 중독물질도 값이 싸지 않다.
   b. 어떤 담배는 값이 싸다.
   c. 따라서 어떤 담배는 중독적이지 않다.

첫 번째 삼단논법은 부당하다. 두 전제로부터 결론을 도출할 수 없다. 그렇지만 결론의 그럴싸함으로 인해 92%의 참가자들이 타당한 것으로 받아들였다. 두 번째 삼단논법은 타당하지만 46%의 참가자들만이 참으로 받아들였다.

이제 추리에 대한 내용의 다른 효과를 살펴보자.

내용 효과

논리 규칙이 연역추리의 모든 측면을 설명해 주지는 못한다. 그러한 규칙은 명제의 논리 형식(logical form)에 의해서만 촉발되는데, 연역 논증을 평가하는 우리의 능력은 흔히 명제의 내용에도 영향을 받는다. 이 사실은 다음과 같은 웨이슨의 선택 과제 실험을 가지고 예시할 수 있다(Wason, 1968).

참가자들에게 4장의 카드를 제시한다. 한 유형의 문제에서는 카드 한 면에 문자가, 다른 면에 숫자가 적혀 있다(그림 6.5a 참조). 참가자들은 다음 주장이 옳은지를 결정하기 위해 뒤집어 보아야 하는 카드를 결정해야 한다. '한 면에 모음이 있으면 다른 면에는 짝수가 있다.' 정답은 E 카드와 7 카드를 뒤집어 보는 것이다. ('7' 카드가 결정적이라는 사실은 뒷면에 모음이 있을 때 위의 주장이 부정된다는 사실에 주목해 보면 알 수 있다.) 대부분의 참가자들은 'E' 카드를 정확하게 선택하지만 '7' 카드도 선택한 참가자는 10%도 안 되었다.

그러나 또 다른 유형의 문제에서는 성과

a) 가설: 한 면에 모음이 있으면 다른 면에는 짝수가 있다.

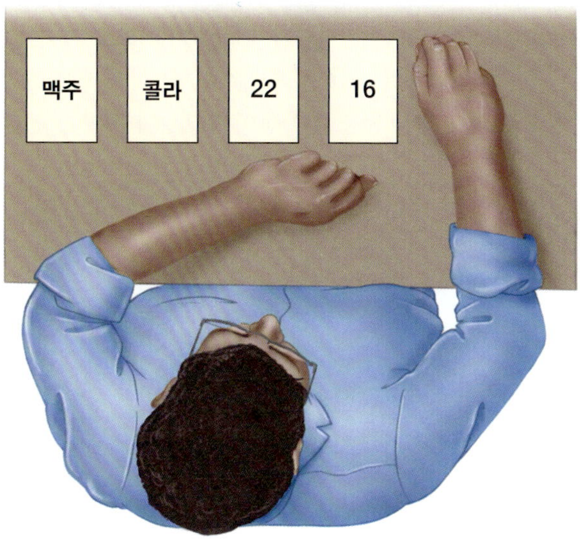

b) 가설: 맥주를 마시려면 19세가 넘어야 한다.

그림 6.5 연역추리에서의 내용 효과. (a) 참가자들이 추상적 가설을 검증하기 위해 어떤 두 카드를 뒤집어 보아야 하는지를 결정하는 문제의 예. (b) 참가자들이 일상생활과 관련된 가설을 검증하기 위해 어떤 카드를 뒤집어 보아야 하는지를 결정하는 문제의 예.

가 극적으로 증진된다(그림 6.5b 참조). 여기서 참가자들이 평가해야 하는 주장은 '맥주를 마시려면 19세가 넘어야 한다.'였다. 각 카드 한 면에는 연령이, 다른 면에는 마시고 있는 음료수가 적혀 있다. 이 유형의 문제는 논리적으로 앞의 유형과 등가적임에도 불구하고('맥주'는 'E'에 대응하고 '16'은 '7'에 대응한다) 대부분의 참가자들은 정확한 선택을 하여 '맥주' 카드와 '16' 카드를 뒤집어 본다(Griggs & Cox, 1982). 명제 내용이 추리에 영향을 미친 것이다.

이러한 결과는 사람들이 연역 문제를 해결할 때 항상 논리 규칙을 사용하지는 않는다는 사실을 함축한다. 오히려 사람들은 때때로 덜 추상적이며 일상의 문제에 보다 적절한 규칙, 즉 **화용 규칙**pragmatic rule을 사용한다. 한 예가 허용 규칙이며, '만일 특정한 행위를 하려면 선행 조건이 만족되어야 한다.'는 진술이다. 대부분의 사람들은 이 규칙을 알고 있으며, 그림 6.5b에 나와 있는 음주 문제가 주어졌을 때 그 규칙을 사용한다. 즉 문제를 허용 측면에서 생각한다. 이 규칙은 일단 활성화되면 사람들로 하여금 적절한 선행 조건을 충족하는 데 실패했는지(19세가 되지 않았다)를 들여다보게 만들어서 '16' 카드를 선택하게 만든다. 반면에 허용 규칙은 그림 6.5a의 숫자-문자 문제에서는 촉발되지 않기 때문에 '7' 카드를 선택할 근거가 없게 된다. 따라서 화용 규칙이 활성화될 것인지에는 문제의 내용이 영향을 미치며, 이것은 다시 추리 정확성에 영향을 미친다(Cheng et al., 1986).

참가자들은 규칙을 적용하는 것 이외에도 때때로 상황의 구체적 표상, 즉 **심성 모형**mental model을 설정함으로써 음주 문제를 해결할 수 있다. 예를 들면 등에는 숫자가 적혀 있고 손에는 음료수가 적혀 있는 두 사람을 상상할 수 있다. 그리고 심성 모형을 조사하여, 예컨대 등에는 '16'이 적혀 있는데 손에는 '맥주'가 적혀 있을 때 무슨 일이 일어나는지를 보게 된다. 이 생각에 따르면 사람들은 문제의 내용이 시사하는 심성 모형에 따라서 추론하는 것이다(Johnson-Laird, 1989).

방금 기술한 두 절차, 즉 화용 규칙을 적용하는 것과 심성 모형을 구성하는 것에는 한 가지 공통적인 점이 있다. 이 절차는 문제 내용의 영향을 받지 않는 논리 규칙의 적용과 달리 문제 내용의 영향을 받는다. 사람들은 내용에 민감하기 때문에 문제를 해결할 때 논리학자처럼 행동할 수 없게 되는 것이다.

귀납추리

논리 규칙

논리학자들은 연역적으로 타당하지 않은 경우에도 논증이 우수한 것일 수 있다는 사실을 언급해 왔다. 그러한 논증은 **귀납적으로 강력한**inductively strong 것이며, 전제가 참이면 결론이 거짓일 가능성이 낮다는 것을 의미한다(Skyrms, 1986). 귀납적으로 강력한 논증의 한 예는 다음과 같다.

a. 철수는 대학에서 회계학을 전공했다.
b. 철수는 지금 회계법인에서 근무한다.
c. 따라서 철수는 회계사이다.

이 논증은 연역적으로 타당하지 않다(철수는 회계학 강의가 지겨워서 야간 경비원 일을 했을 수 있다). 귀납적 강도는 확률의 문제이지 확실성의 문제가 아니며, 논리학자에 따르면 귀납 논리는 확률 이론에 근거해야 한다.

사람들은 항상 귀납적 논증을 만들고 평가한다. 그렇게 하는 과정에서 사람들이 논리학자나 수학자처럼 확률 이론의 규칙에 근거하는가? 한 가지 관련된 확률 규칙은 **기저율 규칙** base-rate rule이며, 이는 한 유목의 구성원일 확률(예: 철수가 회계사 유목의 구성원일 확률)은 그 유목의 구성원이 많을수록(즉 유목의 기저율이 높을수록) 더 커진다는 규칙이다. 철수가 회계사라는 앞의 논증은 그가 회원의 90%가 회계사인 클럽에 가입해 있다는 전제를 첨가함으로써 더욱 강력해질 수 있다.

관련된 또 다른 확률 규칙은 **교접 규칙** conjunction rule이다. 한 명제의 확률은 그 명제와 다른 명제가 결합된 확률보다 작을 수 없다. 예컨대 '철수는 회계사이다.'의 확률은 '철수가 회계사이며 매년 7,000만 원 이상을 벌어들인다.'의 확률보다 작을 수 없다. 기저율 규칙과 교접 규칙은 **귀납추리** inductive reasoning의 합리적 안내역으로 논리학이 보증하는 규칙이며, 이러한 규칙을 명시적인 것으로 만들면 대부분의 사람들은 그 규칙을 따른다. 그렇지만 일상생활의 무모하기 짝이 없는 추리에서는 자주 그 규칙을 위반하게 된다. 이에 대해 살펴보자.

발견법

발견법(어림법, 추단법) heuristic이란 상대적으로 적용하기 용이하고 정답을 내놓는 경우가 많지만 항상 그런 것은 아닌 간편 절차를 말한다. 흔히 사람들은 일상생활에서 발견법을 사용하는데, 발견법은 유용한 경우가 많기 때문이다. 그러나 다음의 논의에서 볼 수 있는 것처럼 항상 신뢰할 만한 것은 아니다.

트버스키와 카너먼(Tversky & Kahneman, 1973, 1983; Kahneman & Tversky, 1996)은 일련의 창의적인 실험을 통해 사람들이 귀납 판단을 할 때 확률 이론의 기본 규칙을 위배한다는 사실을 보여 주었다. 기저율 규칙의 위배가 특히 많이 나타났다. 한 실험에서는 심리학자들이 한 집단의 참가자들에게 30명의 엔지니어와 70명의 변호사로 구성된 100명을 인터뷰하고 이들의 성격을 기술했다고 알려 주었다. 그런 다음 참가자들에게 몇 개의 성격 기술문을 제시하고 그 사람이 엔지니어일 확률을 판단해 보도록 요구했다. 어떤 기술문은 전형적인 엔지니어를 나타냈으며(예: 철수는 정치 문제에 관심이 없고, 여가시간 대부분을 집 수리에 쓴다), 어떤 진술문은 중성적인 것이었다(예: 영수는 유능하고 장래가 촉망되는 사람이다). 놀랄 것도 없이 참가자들은 전형적인 기술문이 엔지니어의 것일 가능성이 크다고 판단했다.

다른 집단의 참가자들에게도 동일한 지시문과 기술문을 주었지만, 단 100명이 70명의 엔지니어와 30명의 변호사로 구성되었다고 말해 주었다(첫 번째 집단과 반대가 되도록 한 것이다). 따라서 엔지니어의 기저율이 두 집단 사이에 크게 달랐다. 이러한 차이는 거의 아무런 효과도 초래하지 않았다. 두 번째 집단의 참가자들은 첫 번째 집단의 참가자들과 본질적으로 동일한 평가를 했다. 예컨대 두 집단의 참가자들은 중성적 기술문이 엔지니어의 것일 가능성이 50 : 50이라고 평가했다(합리적인 판단은 중성적 기술문이 보다 높은 기저율의 직업 종사자일 가능성이 더 높다고 평가하는 것이다). 참가자들은 기저율에 대한 정보를 철저하게 무시했던 것이다(Tversky & Kahneman, 1973).

사람들은 교접 규칙에도 유념하지 않는다. 한 연구에서 참가자들에게 다음과 같은 기술문을 주었다.

> 미스 김은 31세이고, 미혼이며, 외향적이고, 매우 총명하다. 대학에서 그녀는 철학을 전공했으며 … 남녀평등 문제에 상당한 관심을 가지고 있었다.

그 후 참가자들은 다음 두 진술의 확률을 추정했다.

1. 미스 김은 은행 출납원이다.
2. 미스 김은 은행 출납원이며 여성운동에 적극적이다.

진술 2는 진술 1과 '미스 김은 여성운동에 적극적이다.' 명제의 교집합이다. 대부분의 참가자들은 진술 2가 진술 1보다 더 가능성이 높다고 평가했는데, 이것은 교접 규칙을 명백하게 위반하는 것이다. 모든 여성운동가 은행 출납원은 은행 출납원이지만, 어떤 여성 출납원은 여성운동가가 아니며 미스 김은 그 사람들 중의 한 명일 수 있기 때문에 이것은 명백히 오류이다(Tversky & Kahneman, 1983).

이 연구의 참가자들은 미스 김이 그냥 은행 출납원보다는 여성운동가 은행 출납원과 더 유사하게 보인다는 사실에 근거하여 판단한 것이다. 확률을 추정하도록 요구했음에도 불구하고 참가자들은 특정 사례(미스 김)와 '은행 출납원' 개념 또는 '여성운동가 은행 출납원' 개념 원형 간의 유사성을 추정했다. 유사성 추정을 확률 추정의 발견법으로 사용한 것이다. 사람들이 **유사성 발견법** similarity heuristic을 사용하는 이유는 유사성이 흔히 확률과 관련되면서도 계산하기 용이하기 때문이다. 유사성 발견법의 사용은 사람들이 기저율을 무시하는 이유도 설명해 준다. 앞에서 제시한 엔지니어-변호사 연구에서 참가자들은 기술문이 '엔지니어'와 '변호사'의 원형과 얼마나 유사한지만을 고려했을 가능성이 있다. '엔지니어'와 '변호사' 원형과 똑같이 잘 들어맞는 기술문이 주어질 때는 엔지니어와 변호사일 가능성이 등가적이라고 판단했다. 유사성 발견법에 의존함으로써 전문가조차도 오류를 범하게 된다.

유사성에 따른 추리는 다른 일상 추리 상황에서도 나타난다. 예컨대 한 범주의 몇몇 구성원이 특정 속성을 가지고 있다는 사실을 알고 있으며, 다른 구성원도 그 속성을 가지고 있는지를 판단해야 하는 상황을 들 수 있다. 한 연구에서 참가자들은 다음 두 진술 중에서 어느 것이 더 강력한지를 판단했다.

1. a. 모든 제비는 참깨뼈를 가지고 있다.
b. 따라서 모든 참새는 참깨뼈를 가지고 있다.

2. a. 모든 제비는 참깨뼈를 가지고 있다.
b. 따라서 모든 타조는 참깨뼈를 가지고 있다.

놀랄 것도 없이 참가자들은 첫 번째 진술이 더 강력하다고 판단했다. 아마도 제비는 타조보다 참새와 더 유사하기 때문일 것이다. 알려져 있는 많은 특성을 공유하는 대상이 알려져 있지 않은 특성도 공유할 가능성이 크다는 생각은 타당한 것이기에 유사성 사용은 합리적으로 보인다. 그러나 또 다른 진술 쌍에 대한 참가자들의 판단을 보면 합리성의 방벽은 무너지고 만다.

1. **a.** 모든 제비는 참깨뼈를 가지고 있다.
b. 따라서 모든 타조는 참깨뼈를 가지고 있다(위의 진술과 동일한 것이다).

2. **a.** 모든 제비는 참깨뼈를 가지고 있다.
b. 따라서 모든 새는 참깨뼈를 가지고 있다.

참가자들은 두 번째 진술이 보다 강력하다고 판단했다. 아마도 제비가 타조보다는 새의 원형과 더 유사하기 때문일 것이다. 그렇지만 이 판단은 오류이다. 동일한 증거(즉 제비가 참깨뼈를 가지고 있다는 증거)에 근거하여 모든 타조보다 모든 새가 어떤 특성을 가지고 있을 가능성이 더 클 수는 없다. 타조도 새이기 때문이다. 여기서도 유사성 기반 직관이 사람들을 혼란에 빠뜨리는 것이다(Osherson et al., 1990).

유사성이 유일하게 강력한 발견법은 아니다. 다른 발견법은 **인과성 발견법** causality heuristic이다. 사람들은 한 상황의 확률을 그 상황에 들어 있는 사건들 사이에 존재하는 인과 연계의 강도에 근거하여 추정한다. 다음 예에서 사람들은 두 번째 진술이 첫 번째 진술보다 더 가능성이 크다고 판단한다.

1. 2010년 중에 캘리포니아에 엄청난 홍수가 일어나서 1,000명 이상이 익사하게 될 것이다.
2. 2010년 중에 캘리포니아에 지진이 일어나서 1,000명 이상이 익사하게 될 엄청난 홍수를 초래할 것이다.

진술 2가 진술 1보다 확률이 더 높다고 판단하는 것도 교접 규칙의 또 다른 위배이다(따라서 또 다른 오류이다). 여기서 오류가 일어나는 까닭은 진술 2에서 홍수가 또 다른 사건, 즉 지진과 강력한 인과 연계를 형성하고 있는 반면에, 진술 1에서는 홍수만이 언급되어 아무런 인과 연계가 없기 때문이다.

확률과 빈도를 추정하는 데는 다른 발견법도 사용된다. 예컨대 카너먼과 트버스키(Kahneman & Tversky, 1973)는 참가자들이 영어에서 r로 시작하는 단어(예: rose)가 세 번째 위치에 r이 있는 단어(예: care)보다 많다고 추정했음을 보여 주었다(후자가 3배 이상 많기 때문에 틀린 것이다). 이러한 오류는 우리가 첫 번째 문자에 근거하여 단어를 인출하는 용이성에서 비롯된다. 이 경우에는 **가용성 발견법** availability heuristic의 사용이 잘못된 결론으로 이끌어 가는 것이다.

우리를 혼란에 빠뜨릴 수 있는 또 다른 발견법은 **대표성 발견법** representativeness heuristic, 즉 각 사례가 범주를 대표하는 정도에 근거한 발견법이다. 사람들은 흔히 단일 사례로부터 외삽법의 방식으로 추론하는데, 그러한 외삽법이 보장받지 못하는 경우에도 사용한다. 이러한 두 가지 발견법은 사람들이 홍수나 살인에 의한 사망자 수를 과대 추정하는 반면(이러한 사건은 매스컴에서 크게 다루며 쉽게 기억해 낼 수 있다), 특정 질병에 의한 사망자 수는 과소 추정하는 이유를 설명해 준다(Slovic et al., 1982). 이러한 발견법이 초래하는 편향은 **확증 편향**confirmation bias이라는, 인간 추리의 또 다른 측면과 혼재한다. 우리는 사전 신념과 상충하는 증거보다는 일치하는 증거를 더 신뢰한다. 예컨대 우리가 위험한 사회에 살고 있으며 살인이 빈번한 사건이라고 믿고 있다면, 살인에 관한 뉴스에 주목하고 기억해 냄으로써 우리 자신의 신념을 확증할 가능성이 더 커진다. 길로비치(Gilovich, 1983)는 어떻게 강박적인 노름꾼이 끊임없는 패배에 직면할 때조차 자신이 승리했던 게임에 대한 신념에 집착하게 되는지를 기술했다. 확증 편향은 노름꾼이 어떻게 자신의 승리와 패배를 되새겨 볼 것인지를 결정해 버린다. 즉 승리는 '이기는 게임'의 확증으로 간주하여 액면 그대로 받아들이는 반면, 실패에 대해서는 절감하거나 발뺌을 하는 것이다.

따라서 발견법에 의존하는 것은 흔히 기저율과 교접 규칙을 포함한 기본적인 합리적 규칙을 무시하게 만든다. 그러나 우리의 합리성 수준에 대해 너무 비관적일 필요는 없다. 첫째, 유사성과 인과성 발견법은 많은 경우에 올바른 판단으로 이끌어 간다. 그리고 적절한 상황에서는 특정 문제에 대한 특정 논리 규칙의 적합성을 평가하여 적절하게 사용할 수 있다(Gigerenzer, 1996; Nisbett et al., 1983). 예컨대 이 논의를 읽고 생각할 때, 당신은 주어진 문제에 대한 기저율 규칙과 교접 규칙의 적절성을 볼 수 있었을 것이다.

틀 만들기 효과

추리와 의사결정에서 마지막 편향도 주목받을 가치가 있다. 70%의 성공률이 있는 약물과 30%의 실패율이 있는 약물 중에서 하나를 선택하는 과제를 수행한다고 상상해 보라. 두 경우에 제공된 정보는 실제로 동일함에도 불구하고(70%의 성공률은 30%의 실패율을 의미한다) 대부분의 사람들은 첫 번째 선택지를 선택한다(Tversky & Kahneman, 1981). 이것을 **틀 만들기 효과**framing effect라고 부르는데, 선택하는 응답이 선택지를 기술하는 방식(틀을 만드는 방식)에 달려 있기 때문이다. 실험 참가자들이 실패율에 주의를 집중할 때는 약물을 더 위험하게 지각하는 것으로 보인다. 의사결정을 보다 상세하게 연구한 끝에 연구자들은 사람들이 특정한 방식으로 위험을 회피한다고 결론 내렸다. 즉 잠재적 이득을 평가하고 있을 때는 위험을 기피하지만, 잠재적 손실을 제거하고자 시도할 때는 위험을 추구할 가능성이 훨씬 높아진다(Tversky & Kahneman, 1991). 고전적인 사례에서 참가자들은 질병에 대처하는 한 가지 프로그램을 실시하는 결정에 직면했는데, 프로그램을 실시하지 않으면 질병으로 600명이 사망한다(Kahneman & Tversky, 1984). 한 조건에서는 진술을 '이득(구할 수 있는 사람의 수)'을 강조하는 방식으로 표현했다.

- 프로그램 A를 채택하면 200명을 구할 수 있다.
- 프로그램 B를 채택하면 600명 모두를 구할 확률이 1/3이고 1명도 구하지 못할 확률이 2/3이다.

두 번째 조건에서는 손실(사망할 사람의 수)을 강조하는 방식으로 진술을 표현했다.

- 프로그램 C를 채택하면 400명이 죽는다.
- 프로그램 D를 채택하면 아무도 죽지 않을 확률이 1/3이고 600명 모두가 죽을 확률이 2/3이다.

프로그램 A와 B는 실제로 프로그램 C와 D와 동일하며 단지 틀 만들기만 다르다는 사실에 주목하라. 첫 번째 조건에서 대부분의 실험 참가자는 '위험한 도박'인 B보다 '확실한 것'인 A를 선택했다. 두 번째 조건에서는 대부분의 참가자가 확실한 손실인 C보다 위험한 도박인 D를 선호했다. 사람들의 위험 회피는 일상생활에서 많은 결정에 영향을 미칠 가능성이 높다.

행위 속의 사고: 문제해결

많은 사람들에게 있어서 문제를 해결하는 과정이 사고 자체를 집약적으로 나타내 준다. 문제를 해결할 때 사람들은 목표를 달성하려고 애쓰지만, 그 목표를 직접 달성할 수 있는 마땅한 수단을 가지고 있지 못하다. 목표를 하위 목표로 분할해야 하며, 그 하위 목표를 다시 달성할 수 있는 수단을 가지고 있는 수준에 도달할 때까지 더 작은 하위 목표로 분할해야 한다(Anderson, 1990).

이 사실은 간단한 문제를 가지고 예시할 수 있다. 익숙하지 않은 캐비닛 자물쇠의 번호 조합을 알아낼 필요가 있다고 가정해 보자. 알고 있는 것은 단지 네 번호의 조합이 있으며, 정확한 번호를 지날 때마다 클릭 소리가 난다는 것뿐이다. 최종 목표는 번호 조합을 알아내는 것이다. 대부분의 사람들은 4개의 번호를 아무렇게나 조합하기보다는 최종 목표를 4개의 하위 목표로 분할하는데, 각 하위 목표는 조합에 들어 있는 4개의 번호를 찾아내는 것에 해당한다. 첫 번째 하위 목표는 첫 번째 번호를 찾아내는 것이며, 이것을 달성하는 절차를 알고 있다. 즉 클릭 소리를 들을 때까지 서서히 다이얼을 돌려 보는 것이다. 두 번째 하위 목표는 두 번째 번호를 찾는 것이며, 여기에도 동일한 절차를 사용할 수 있다. 나머지 하위 목표도 이렇게 달성할 수 있다. 이 예에서 문제는 잘 정의되어 있다. 즉 초기 상태와 목표 상태가 명확하게 정의되어 있다. 그러나 실세계의 많은 문제는 정의가 어려운 것이다. 예컨대 '이번 주말에는 조금 휴식을 취할 필요가 있다'고 생각한다고 해 보자. 목표 상태가 다소 모호하며, 특정 계획을 탐색하는 데 별 도움이 되지 않는다. 정의 곤란 문제를 해결하는 한 가지 분별 있는 전략은 우선 그 문제를 잘 정의된 것으로 만드는 것이다.

사람들이 문제해결에 사용하는 전략이 문제해결 연구의 주요 과제이다. 또 다른 과제는 사람들이 문제를 마음에 표상하는 방식에 관한 것인데, 이것도 문제해결의 용이성에 영향을 미치기 때문이다. 다음의 논의는 두 논제 모두를 다룬다.

문제해결 전략

목표를 분할하는 전략에 대해 알고 있는 것 대부분은 뉴웰과 사이몬(Newell & Simon, 1972)의 연구에서 유래한다. 전형적으로 연구자들은 참가자들에게 어려운 문제를 해결하려고 시도하는 과정에서 큰 소리로 말을 하면서 생각하도록 요구한다. 그런 다음에 참가자의 언어 반응을 분석하여 기저 전략에 대한 단서를 찾는다. 특히 연구자들은 문제를 해결하는 컴퓨터 프로그램을 작성하는 안내역으로 그 언어 반응을 사용한다. 출력을 사람들의 성과, 예컨대 이동 순서와 비교하여 대응되는지를 알아볼 수 있다. 만일 대응된다면 컴퓨터 프로그램은 문제해결 전략에 대한 이론을 제안하는 것이 된다. 이러한 방식으로 수많은 범용 전략을 확인했다.

한 가지 전략은 문제 상황에서 현재 상태와 목표 상태, 즉 해결책을 찾은 상태 사이의 차이를 감소시키는 것이다. 이 전략을 **차이 감소법**difference-reduction method이라고 부른다. 다시 자물쇠의 번호 조합 문제를 생각해 보자. 우선 현재 상태는 번호에 대한 지식이 없는 상태이며, 목표 상태는 4개의 번호 모두에 대한 지식은 포함한다. 따라서 두 상태 사이의 차이를 감소시키는 하위 목표를 설정하며, 첫 번째 번호를 확인하는 것이 이 하위 목표를 달성하는 것이다. 이제 현재 상태에는 첫 번째 번호의 지식이 들어 있다. 하지만 여전히 현재 상태와 목표 상태 사이에는 차이가 있다. 두 번째 번호를 확인함으로써 이 차이를 감소시킬 수 있으며, 계속해서 세 번째와 네 번째 번호에서의 차이를 감소시킨다. 차이 감소의 배경이 되는 핵심 생각은 달성했을 때 목표에 가까워지는 상태로 이끌어 가는 하위 목표를 설정한다는 것이다.

유사하지만 조금 더 복잡한 전략은 **수단-목표 분석**means-ends analysis이다. 현재 상태와 목표 상태를 비교하여 둘 사이의 가장 중요한 차이를 찾아낸 후 그 차이를 제거하는 것이 일차 하위 목표가 된다. 그런 다음 이 하위 목표를 달성할 수 있는 수단이나 절차를 찾는다. 만일 그러한 절차를 찾기는 했지만 현재 상태의 어떤 것이 그 절차를 적용하지 못하도록 만든다는 사실을 발견한다면, 그러한 장애물을 제거하는 새로운 하위 목표를 도입한다. 많은 상식적인 문제해결 상황은 이 전략을 수반한다. 다음은 한 사례이다.

> 아들을 유치원에 데려다주려고 한다. 나의 현재 상태와 원하는 상태 사이에 [가장 중요한] 차이는 무엇인가? 한 가지는 거리이다. 어느 절차가 이 거리를 바꾸어 주는가? 자동차이다. 내 자동차는 고장 났다. 수리하는 데 필요한 것은 무엇인가? 새 배터리이다. 새 배터리는 어디서 구할 수 있는가? 자동차 수리 공장이다. (Newell & Simon, 1972; Anderson, 1990, p. 232에서 인용)

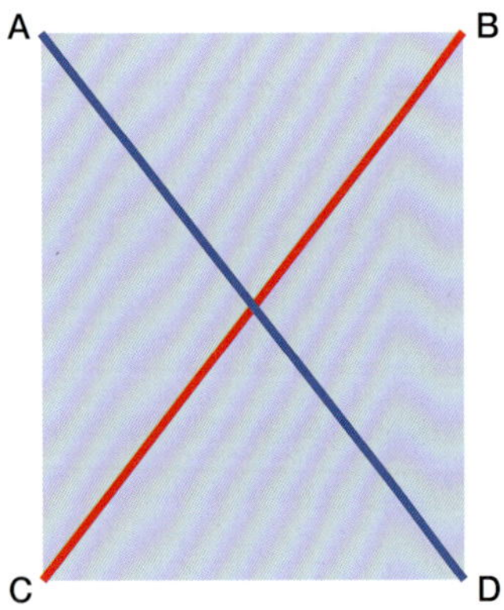

그림 6.6 예시적 기하 문제. ABCD가 직사각형이라고 할 때, 선분 AD와 BC의 길이가 동일하다는 것을 증명하라.

수단-목표 분석이 차이 감소법보다 정교한 이유는 현재 상태와 목표 상태 사이의 유사성이 잠정적으로 감소하는 방향으로도 행위를 취할 수 있게 해 주기 때문이다. 방금 제시한 예에서 자동차 수리 공장은 유치원과 반대 방향에 있을 수도 있다. 수리 공장에 가는 것은 잠정적으로 목표까지의 거리를 증가시키지만, 그래도 이 단계가 문제를 해결하는 데 필수적이다.

또 다른 전략은 목표로부터의 **역행 작업** working backward으로, 그림 6.6에 예시된 것과 같은 수학 문제를 해결하는 데 특히 유용한 전략이다. 여기서 문제는 다음과 같다. 'ABCD가 직사각형이라고 할 때 AD와 BC의 길이가 동일하다는 것을 증명하라.' 역행 작업에서는 다음과 같이 진행할 수 있다.

표 6.2 문제해결 단계

1. 문제를 명제나 시각 형식으로 표상한다.
2. 목표를 결정한다.
3. 목표를 하위 목표로 분할한다.
4. 문제해결 전략을 선택하여 각 하위 목표를 달성하도록 적용한다.

> AD와 BC의 길이가 같다는 것을 어떻게 증명할 수 있을까? 삼각형 ACD와 BDC가 합동인 것을 증명할 수 있다면 이것을 증명할 수 있다. 두 변과 사잇각이 동일하다는 것을 증명할 수 있다면 삼각형 ACD와 BDC가 합동인 것을 증명할 수 있다. (Anderson, 1990, p. 238)

목표로부터 하위 목표를 추리하고(두 삼각형이 합동인 것을 증명하는 것), 그 하위 목표로부터 다른 하위 목표를 추리하는(두 변과 사잇각이 동일하다는 것을 증명하는 것) 식으로 진행하여 최종적으로 달성할 수 있는 수단을 가지고 있는 하위 목표에 도달한다.

지금까지 다룬 세 가지 전략, 즉 차이 감소, 수단-목표 분석, 역행 작업은 아주 보편적인 것이며 거의 모든 문제에 적용할 수 있다. 흔히 약한 방법이라고 부르는 이 전략들은 특정 지식에 의존하지 않으며 심지어는 생득적인 것으로 보인다. 특히 사람들은 특정 영역에 대해 처음 학습하고 있으며 내용이 친숙하지 않은 문제를 다룰 때 이러한 약한 방법에 의존하는 것으로 보인다. 그 영역에서 전문성을 획득하면 보다 강력한 영역 특수적 절차(그리고 표상)를 발달시키게 되며, 이 절차는 약한 방법을 주도한다(Anderson, 1987). 약한 방법에 의한 문제해결 단계는 표 6.2에 제시했다.

문제 표상

문제를 해결하는 능력은 그 문제를 분할하는 전략뿐만이 아니라 표상하는 방식에도 의존한다. 때로는 명제 표상이 최선이지만, 때로는 시각 표상이나 심상이 보다 효과적이다. 다음 문제를 생각해 보자.

> 어느 날 아침, 바로 해가 뜰 시각에 스님 한 분이 산을 오르기 시작했다. 폭이 한두 뼘밖에 안 되는 오솔길은 구불구불 정상에 있는 암자까지 이어져 있다. 스님은 보행 속도를 달리하면서 산을 오르다가 도중에 쉬기 위해 여러 번 멈추었다. 스님은 해가 서산에 지기 직전에 암자에 도착했다. 암자에 며칠간 머무른 후, 스님은 다시 동일한 길을 이용하여 해가 뜰 시각에 하산하면서 오를 때와 마찬가지로 보행 속도를 달리하여 도중

에 여러 번 쉬기도 했다. 물론 평균 하산 속도는 평균 등산 속도보다 빨랐다. 스님이 하루의 동일한 시각에 오솔길에서 정확하게 동일한 위치에 있었다는 사실을 증명해 보라. (Adams, 1974, p. 4)

이 문제를 풀고자 할 때 많은 사람들은 명제 표상으로 시작한다. 심지어는 많은 등식을 적어 보려고 시도하기도 한다. 이 문제는 시각적으로 표상할 때 훨씬 쉽게 해결할 수 있다. 필요한 것은 스님의 등산길을 하산길과 중복하여 시각화하는 것뿐이다. 한 스님은 산 아래에서 출발하고, 다른 스님은 산꼭대기에서 출발한다고 상상하라. 보행 속도에 관계없이 두 사람은 오솔길의 어느 지점에서인가 만나게 된다. 따라서 오솔길에는 그 스님이 등산길과 하산길 모두에서 동일한 시점에 위치하게 되는 지점이 있을 수밖에 없다. (문제는 그 지점이 어디인지를 묻는 것이 아니라는 사실에 주목하라.)

몇몇 문제는 명제를 조작하거나 심상을 조작해서도 모두 쉽게 해결할 수 있다. 다음의 간단한 문제를 보자. '철수는 영수보다 빠르지만, 민수보다는 느리다. 누가 가장 느린가?' 명제를 가지고 해결하기 위해 문제의 첫 부분을 '영수'가 주부이고 '철수보다 느리다'가 술부인 명제로 표상하고, 두 번째 부분을 '철수'가 주부이고 '민수보다 느리다'가 술부인 명제로 표상할 수 있다. 그런 다음에 영수가 민수보다 느리다고 연역할 수 있고, 그렇게 함으로써 영수가 가장 느리다고 결론 내리게 된다. 이 문제를 심상을 이용해서 해결하려면 세 사람의 속도를 다음과 같이 동일 선 위에 점으로 표현할 수 있다.

그러면 심상으로부터 답을 직접 읽어 낼 수 있다. 어떤 사람은 이러한 문제를 명제로 표상하는 것을 선호하고, 또 어떤 사람은 시각적으로 표상하는 경향이 있다(Johnson-Laird, 1985).

문제 표상에는 명제 대 심상 논제 이외에도 무엇을 표상하느냐에 관한 물음이 있다. 사람들은 표상에 중요한 것을 포함하지 못하거나 문제의 중요한 부분이 아닌 것을 포함함으로써 어려움을 겪는 경우가 많다. 우리는 흔히 정의 곤란 문제를 잘 정의된 문제로 전환한다는 사실을 회상하라. 그렇게 하는 과정에서 잘못된 가정을 하게 되면 **마음 갖춤새** mental set가 문제해결에 장애를 초래할 수 있다. 이 사실은 실험을 통해 예시할 수 있다. 한 집단의 참가자에게 그림 6.7에 나와 있는 재료만을 사용하여 문에 촛불을 붙이는 문제를 주었다. 해

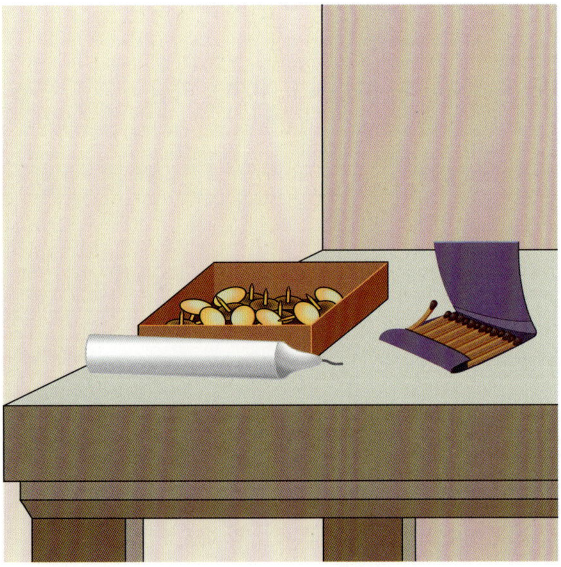

그림 6.7 **촛불 문제의 재료.** 그림의 재료가 주어졌을 때, 당신은 촛불을 어떻게 문에 붙여 놓을 수 있겠는가? 답은 이 장 끝부분에 나와 있다.

결책은 문에다 상자를 붙이고 그 상자를 촛대로 사용하는 것이었다. 대부분의 참가자들은 문제해결에 어려움을 겪었는데, 아마도 상자를 용기로만 표상하고 촛대로 표상하지 않았기 때문일 것이다. 이러한 어려움을 흔히 **기능적 고착** functional fixedness이라고 부른다. 다른 집단의 참가자들에게도 동일한 문제를 주었는데 상자의 내용물은 없애 버렸다. 이들은 문제해결에 더 성공적이었는데, 아마도 상자의 용기 특성을 표상에 포함하지 않고 지지대 특성을 포함했을 가능성이 크기 때문일 것이다. 문제를 유용한 방식으로 표상하면 절반은 해결한 것이다.

지금까지 문제를 **재구조화** restructuring하는 것의 중요성을 보았다. 즉 문제의 해결은 그 문제를 마음에 특정 방식으로 표상한 결과이기 십상이다. 일단 정확한 마음 갖춤새에 도달하기만 하면(상자를 지지대로 사용할 수 있다) 해결은 코앞에 있는 것이다.

다른 방식으로 사고함으로써 문제를 해결하는 또 다른 방법은 적절한 유추를 찾아내는 것이다. 만일 두 문제가 동일한 기저 구조를 공유하고 있다면, 한 문제를 해결하는 것은 곧 유추에 의존하여 다른 문제도 해결할 수 있다는 것을 의미한다. 기크와 홀리오크(Gick & Holyoak, 1983)는 고전적 실험에서 참가자들이 복잡한 '방사 문제'를 이러한 방식으로 해결할 수 있다는 사실을 보여 주었다. 이 문제에서는 레이저 광선을 사용하여 몸속의 종양을 태워 버려야 한다. 문제는 레이저 광선이 너무도 강력하여 중간에 있는 건강한 조직도 파괴한다는 것이다. 만일 참가자들이 (지뢰로 둘러싸여 있는) 성을 소집단을 구성한 군인들이 여러 방향에서 기습적으로 동시에 공격한 이야기를 미리 듣고 거기서 유추를 발견할 수 있다면 해결책(약한 레이저 광선을 여러 방향에서 주사함으로써)을 찾아낼 수 있다. 또한 이들은 참가자들이 두 문제의 기저 구조를 비교하도록 만드는 것이 용이하지 않다는 사실도 발견했다. 우리가 거기서 유추를 간과하기 십상인 이유는 문제의 기저 구조보다는 피상적 자질에 초점을 맞추는 경향이 있기 때문이다.

심상적 사고

어떤 사고는 시각적으로 해내는 것으로 보인다. 과거의 지각이나 그 부분을 인출하여 실제 지각체를 조작하는 것과 같은 방식으로 조작하는 경우가 많다. 이 사실을 이해하기 위해 다음의 세 물음에 답을 해 보자. 대문자 N은 90° 회전하면 어떤 문자가 되는가? 당신 집의 거실에는 창문이 몇 개 있는가? 첫 번째 물음에 답할 때, 대부분의 사람들은 우선 대문자 N의 심상을 형성하고 나서 마음속에서 90° 회전한 다음 '들여다본다'고 답한다. 그리고 두 번째 물음에 답할 때는 거실을 떠올리고 나서 창문을 세기 위해 심상을 주사한다고 보고한다(Kosslyn, 1983; Shepard & Cooper, 1982).

증거는 심상이 지각에서 사용하는 것과 동일한 표상과 처리 과정을 수반한다는 사실을 시사한다. 그렇기 때문에 심상적 사고는 아날로그식 표상에 의존한다고 말한다. 아날로그식 표상은 상징 표상에 의존하는 명제적 사고와 대조를 이룬다('거실'이라는 단어를 생각해 보라. 이 단어는 실제 거실과 어떤 점도 닮지 않았다). 집중적으로 연구해 온 조작 중의 하나는 **심적 회전** mental rotation이다. 한 고전적 실험에서 참가자는 각 시행에서 대문자 R을 보았다. 문자는 정상적이거나 역으로(거울상) 제시되었으며, 정상적인 수직

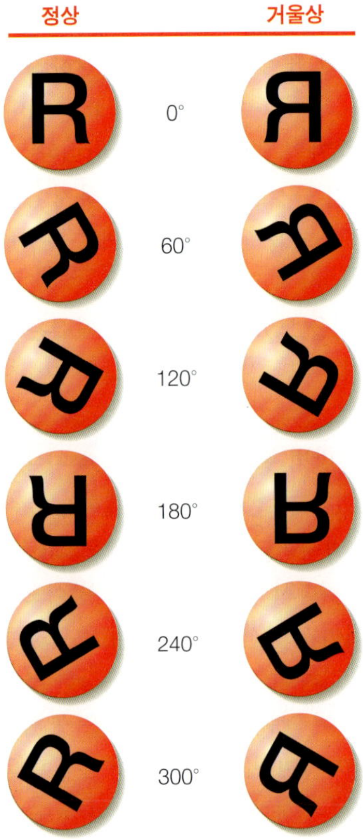

그림 6.8 **심적 회전 연구.** 심적 회전 연구에서 참가자에게 제시한 문자의 예. 각 문자 제시에 대해 참가자는 정상 모습인지, 거울상인지를 판단했다. 숫자는 수직 방향에서 회전된 각도를 나타낸다.

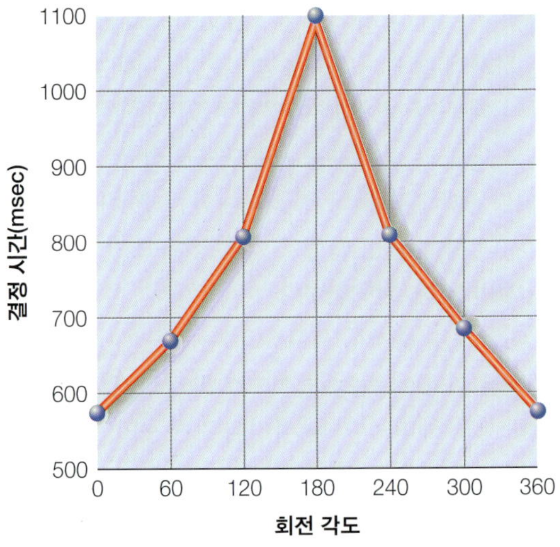

그림 6.9 **심적 회전 연구에서의 판단 시간.** 문자가 정상 모습인지, 거울상인지를 판단하는 데 걸리는 시간은 180° 회전되어 문자가 상하로 역전되었을 때 가장 컸다.

방향이거나 다양한 각도만큼 회전되어 제시되었다(그림 6.8 참조). 참가자는 문자가 정상 모습인지, 거울상인지를 판단했다. 문자를 수직 방향에서 더 많이 회전할수록 판단 시간이 늘어났다(그림 6.9 참조). 이 결과는 참가자들이 마음속에서 문자의 심상이 수직 방향으로 될 때까지 회전한 다음에 정상인지, 거울상인지를 판단했다는 사실을 시사한다.

심상과 지각에서 유사한 또 다른 조작은 사물 또는 사물 배열을 주사하는 조작이다. 심상 주사에 관한 실험에서 참가자들은 우선 일곱 군데의 핵심적 위치를 포함하고 있는 가상적 섬의 지도를 학습했다(그림 6.10 참조). 지도를 치운 후 참가자에게 그 지도의 심상을 형성하고 특정 위치(예: 섬 남쪽에 있는 나무)에 초점을 맞추도록 요구했다. 그런 다음 실험자는 다른 위치(예: 섬 북쪽 극단의 나무)를 말해 주었다. 참가자는 초점을 맞춘 위치에서 출발하여 실험자가 말한 위치를 찾을 때까지 심상을 주사하고, 그곳에 도착하면 버튼을 눌렀다. 초점 위치와 말해 준 위치 사이의 거리가 멀수록 반응하는 데 시간이 많이 걸렸다. 실제로 사람들이 심상을 주사하는 데 걸리는 시간은 심상에서의 거리에 따라 일정하게 증가했으며, 이 결과는 사람들이 실제 사물을 주사하는 것과 동일한 방식으로 심상을 주사한다는 사실을 시사한다(Kosslyn et al., 1978).

전문가 대 초보자

특정 영역에서의 경험 정도는 문제를 표상하는 방식에 영향을 미친다. 여러 영역(예: 물리학, 지리학, 또는 체스 등)에서 전문가는 초보자와는 질적으로 다른 방식으로 문제를 해결한다. 이러한 차이는 전문가와 초보자가 사용하는 표상과 전략의 차이에 의한 것이다. 전문가는 주어진 문제에 적용할 수 있는 보다 많은 세부적인 표상을 기억에 저장하고 있다. 예컨대 전문 체스 기사는 20개 이상의 말이 배열되어 있는 것을 5초간 들여다보고는 완벽하게 재생해 낼 수 있다. 이 상황에서 초보자는 일반적으로 7±2개만을 재생할 수 있다. 이러한 발견은 더흐로트(de Groot, 1965, 1966)가 최초로 찾아냈으며, 그는 체스 전문 기사가 초보자보다 더 좋은 행마를 선택하게 만드는 것이 무엇인지를 밝히고자 했다. 그가 발견한 것은 체스 기사들이 다른 영역에서는 특별히 더 지능적이지 않다는 사실이었다. 그렇지만 체스 말의 표상은 우수하며, 그 표상이 개별 말의 위치를 더 잘 기억해 낼 수 있게 해 준다. 이들은 여러 해에 걸친 연습을 통해 가능한 많은 말의 배열에 대한 표상을 발달시켜서 복잡한 배열을 소수의 청크로 부호화할 수 있게 된 것이다. 나아가 이러한 표상은 고급 체스 경기에 기저하는 것일 테다. 명인은 5만 개 이상의 배열을 저장했으며, 각 경우가 발생할 때 어떻게 해야 하는지를 학습해 왔다. 명인 체스 기사는 본질적으로 가능한 행마를 볼 수 있고 초보자가 하는 행마 방식을 생각할 필요가 없는 것이다(Chase & Simon, 1973; Simon & Gilmartin, 1973).

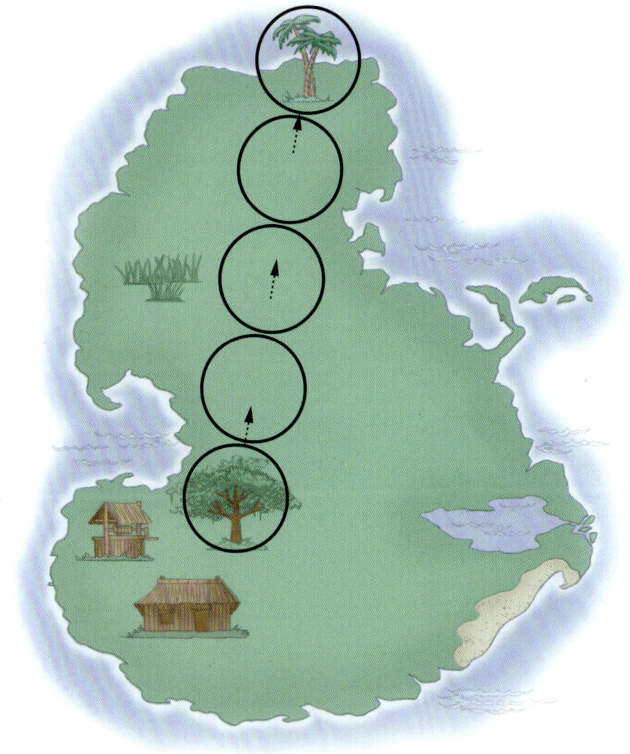

그림 6.10 심상 주사. 참가자는 섬의 심상을 남쪽에서 북쪽으로 주사하면서 불러 준 위치를 찾는다. 결과를 보면 심상이 실제 지도와 유사하며, 주사해야 할 거리가 멀수록 주사하는 데 걸리는 시간이 오래 걸리는 것으로 보인다.

전문가는 새로운 문제에 직면할 때에도 초보자와는 다른 방식으로 표상한다. 이 사실은 물리학에서의 문제해결 문제를 가지고 예시할 수 있다. 전문가(예: 물리학 교수)는 문제를 물리학 원리에 따라 표상한다. 예컨대 '이것은 모든 작용이 동일한 반작용을 갖는다는 문제의 하나'라고 표상한다. 반면에 초보자(예: 물리학 강의를 처음 수강하는 학생)는 동일한 문제를 표면적 특성으로 표상하는 경향이 있다. 예컨대 '이것은 경사판 문제의 하나'라고 표상한다(Chi & Feltovich, 1981).

문제의 피상적 특성에 초점을 맞추는 경향성은 초보자가 유추를 사용하여 문제를 해결할 때도 나타난다. 특정 영역에 대해 아는 것이 별로 없으면서 그 영역의 문제를 해결해

전문가는 초보자와는 질적으로 다른 방식으로 문제를 해결한다. 체스 명인과 같은 전문가들은 보다 많은 특정한 표상을 기억에 저장하고 있어서 주어진 문제에 적용할 수 있다.

야 할 때, 흔히 과거에 접했던 피상적으로 유사한 문제를 유추로 사용하려고 생각하기 십상이다. 이 현상에 대한 한 예시적 연구(Ross, 1984)에서 참가자들은 컴퓨터로 글을 편집하는 새로운 방법을 학습해야 했다. 학습 단계에서 참가자들은 처음의 글 편집 방식과의 피상적 유사성을 생각해 내서 새로운 편집 방법을 사용하는 방식을 알아내는 데 사용하곤 했다. 예컨대 참가자들은 글에 단어를 삽입하는 두 가지 상이한 방법을 학습했는데, 한 방법은 쇼핑 리스트를 가지고 예시했고 다른 방법은 식당 메뉴를 가지고 예시했다. 나중에 또 다른 쇼핑 리스트나 식당 메뉴에 단어를 삽입하게 되었다. 참가자들은 유사한 글을 가지고 학습했던 방법을 사용할 가능성이 훨씬 컸다(쇼핑 리스트를 주었을 때는 처음에 쇼핑 리스트를 가지고 예시했던 방법을 사용하여 단어를 삽입하는 경향이 있었다). 학습 초기에는 문제해결 행동을 문제 사이의 피상적 유사성이 주도한다. 주어진 영역에서 훈련을 받았던 적이 있을 때에만 문제의 구조적 자질에 초점을 맞추고 유추를 효과적으로 사용할 수 있는 것이다(Novick, 1988).

전문가와 초보자는 채택하는 전략에서도 차이를 보인다. 물리학 문제해결 연구에서 전문가들은 일반적으로 등식을 생성하기에 앞서 문제에 접근하는 계획을 세우려고 시도하는 반면에, 초보자들은 전형적으로 전반적 계획을 염두에 두지 않고 등식을 작성하는 것으로 시작한다(Larkin et al., 1980). 또 다른 차이는, 전문가는 문제에서 주어진 정보로부터 해결책으로 나아가도록 추리하는 경향이 있는 반면, 초보자는 반대 방향으로 작업하는 경향이 있다(역행 작업 전략)는 것이다. 추리 방향에서의 이러한 차이는 의사들이 문제를 해결하는 방식에 관한 연구에서도 나타났다. 전문의는 순행 방향, 즉 징후로부터 가능한 질병으로 추리해 나가는 경향이 있는 반면, 신출내기 의사일수록 역행 방향, 즉 가능한 질병에서부터 징후로 추리해 나가는 경향이 있다(Patel & Groen, 1986).

지금까지 논의한 전문성의 특성, 즉 표상의 다양성, 원리에 근거한 표상, 행동에 앞선 계획, 순행 작업은 앞에서 논의한 문제해결의 약한 방법을 주도하게 되는 영역 특수적 절차를 만들어 준다.

자동성

(a)	(b)	(c)
wopr	blue	red
swrg	green	yellow
zcidb	yellow	blue
zyp	red	green

그림 6.11 스트룹 효과의 한 예.

경험을 함에 따라 또 다른 장점, 즉 **자동성** automaticity이 출현하게 된다. 자동 처리는 마치 자동항법장치가 작동하는 것처럼 의식적 통제 없이 나타날 수 있다. 자전거 타기나 자동차 운전을 처음 배울 때를 돌이켜 생각해 보라. 모든 주의를 집중해야만 했다. 연습을 함에 따라 주변의 교통 흐름에 주의를 기울이는 것이 점차 용이해졌다. 이제 자전거 타기나 운전 자체를 힘들이지 않고 수행하는 것처럼 보인다.

대부분의 사고 과정도 경험에 따라서 자동화된다. 글 읽기는 대부분의 사람들이 특별히 주의를 기울이지 않은 채 수행하는 것이다. 단어를 보고 자동적으로 읽는데, 글 읽기를 처음 배울 때와는 완전 딴판이다. **스트룹 효과** Stroop effect(1935년에 이 현상을 처음 소개한 연구자의 이름을 딴 용어이다)는 읽기 과정의 자동성을 예증한다. 스트룹은 참가자들에게 비단어(예: snwg)와 실제 단어(예: blue)를 제시하고, 그 단어의 색깔을 말하도록 요구했다. 단어를 읽도록 요구한 것이 아니라는 사실에 주목하라. 아무튼 스트룹은 참가자들이 단어를 자동적으로 읽는다는 사실을 보여 줄 수 있었다. 한 조건에서는 색깔 단어가 일치하지 않는 색깔로 적혀 있었다(그림 6.11 참조). 예컨대 blue(파랑)라는 단어가 빨간색으로 적혀 있었다. 이렇게 함으로써 다른 조건(비단어 목록 또는 색깔 단어를 동일한 색깔로 적어 놓은 목록)과 비교할 때 단어를 적은 색깔을 말하는 반응이 유의하게 느려졌다. 이렇게 색깔 말하기 과제가 자동적인 읽기 과정을 간섭하는 것은 의식적으로 주의를 기울이지 않은 채 읽기를 수행하는 것이라는 사실을 보여 준다(Stroop, 1935).

복잡한 결정을 위한 무의식적 사고

2004년에 데익스터르하위스는 무의식이 의식적으로 이루어진 결정보다 우수한 결정을 내릴 수 있다는 사실을 보여 주는 결과를 발표했다(Dijksterhuis, 2004). 한 실험에서는 참가자들에게 여러 아파트에 관한 기술을 제시하고(어떤 아파트는 다른 것보다 더 바람직한 것이었다) 최선의 선택지를 선택하도록 요구했다. 한 참가자 집단은 즉각적으로 선택해야 했으며, 다른 참가자 집단에게는 몇 분 정도의 시간을 주어 정보에 대해 생각할 수 있게 했고('의식적 사고' 조건), 세 번째 집단에게는 결정하기에 앞서 몇 분 동안 방해 과제로 혼란을 주었다('무의식적 사고' 조건). 마지막 조건의 참가자들이 최선의 결정을 했다. 후속 연구에서 연구자들은 참가자들이 자신의 결정에 얼마나 만족하는지를 알아보고자 했다. 집으로 가져갈 포스터를 선택하고 몇 주가 지난 후에 그 선택에 관해 인터뷰를 실시했다(Dijksterhuis & van Olden, 2006). '무의식적 사고' 조건의 참가자들이 다른 조건의 참가자들보다 더 만족했다.

이러한 발견은 직관과 모순되는 것으로 보인다. 선택지를 신중하게 고려해 보는 것이 현명하지 않겠는가? 언제 심사숙고하여 결정하는 것이 도움이 되고, 언제 도움이 되지 않는 것인가? 데익스터르하위스와 동료들의 최근 연구(Dijksterhuis et al., 2006)는 중요한

찬|반|논|쟁

상이한 언어를 사용하는 사람들은 서로 다르게 사고하는가?

마음에서 언어의 역할

Stephen C. Levinson and Asifa Majid, 막스플랑크심리언어학연구소(네이메헌)

아마존에 고립되어 생활하고 있는 부족인 피라하족으로 태어났다고 상상해 보라. 색깔명도 없고, 삼촌이나 사촌을 나타내는 단어도 없고, 숫자를 나타내는 단어도 없고, 미래에 대해 말하거나 내포의 방법을 사용하여 복잡한 문장을 만드는 간단한 방법도 없는 언어를 사용하게 될 것이다(Everett, 2005). 만일 그렇다면 당신의 사고가 갖는 특성은 무엇이겠는가? 아니면 낙하산을 타고 그 부족 마을에 내려가서 그들의 언어를 배운다고 가정해 보라. 당신이 살고 있는 세상을 그들에게 쉽게 설명할 수 있을 것이라고 생각하는가?

이런 식으로 의자에 파묻혀 마음속으로만 수행하는 사고실험은 사피어, 워프, 캐롤 등과 같은 언어학자, 일반인, 그리고 심리학자들의 호기심을 불러일으키곤 했다. 그런데 1960년대에 인지과학 운동이 발흥함에 따라 갑자기 시들해지고 말았다. 왜냐하면 인간의 인지가 고정된 처리 기계이며, 그 구조와 내용은 전적으로 유전자에 내재된 것이라고 간주했기 때문이다. 따라서 피라하족은 실제로 '분홍색', '사촌', '17', '내년', 심지어는 '알고리즘', '심포니'와 같은 개념을 가지고 있으며, 단지 그것들을 나타내는 단어를 가지고 있지 않은 것이라는 생각이 뒤따랐다(Fodor, 1975). 보편적 사고의 언어, 즉 '심성어(mentalese)'가 존재하며, 상이한 언어들이란 단지 입력-출력 시스템이라는 것이다(Pinker, 1994).

오늘날 이러한 견해는 여러 가지 이유로 쇠퇴하고 있는데, 한 가지 이유는 경험을 통한 학습을 강조하는 대안적 계산은유(병행 분산처리, 신경망)의 출현이고, 다른 이유는 신경인지의 출현과 신경유전학의 시작이다. 이 둘은 모두 개인차의 중요성을 밝히고 있다.

인지에서 언어의 역할에 관한 관심사가 부활하고 있는 또 다른 이유는 경험적인 것이다. 예컨대 피라하족은 '17'을 생각할 수 없는 것으로 나타났다. 실제로 이들은 기본적인 수 개념을 가지고 있지 않다(Gordon, 2004). 이들의 색채 변별에 관한 실험을 수행하지는 않았지만, 다른 문화에서는 색채명의 유형과 색채 개념 간의 체계적 관계가 나타난다. 예컨대 'blue(파랑)' 대 'green(초록)'을 구분하는 영어와 같은 언어를 사용하는 사람들은 파랑과 초록 간의 실제 거리(jnd, 최소가지차이)를 과장하는 반면에, 파랑과 초록을 모두 포함하는 단일 색채명만을 가지고 있는 언어(예: 타루후마라어)를 사용하는 사람들은 그렇지 않다(Kay & Kempton, 1984; Davidoff et al., 1999).

최근에 케이와 동료들은 이 효과가 언어를 처리하는 두뇌 좌반구로 정보를 투사하는 오른쪽 시야에 의한 것이며(Gilbert et al., 2006), 영아가 색채명을 학습함에 따라 색채에 대한 범주적 지각을 좌반구로 전환한다는 사실(Franklin et al., 2008a, 2008b)을 보여 주었다. 모국어도 우리의 청각을 변화시켜서 아동 초기에 모국어에 들어 있지 않은 음소를 지각하지 못하게 된다는 사실은 그리 놀라운 것이 아니다(Kuhl, 2000). 따라서 언어는 우리를 둘러싸고 있는 세상의 지각을 변화시키는 것이다.

공간과 시간같이 추상적인 영역에서는 어떤가? 특정 언어로 시간에 대해 말하는 방식은 그 시간에 대해 사고하는 방식을 변화시키는 것으로 나타났다. 중국어에서는 수직적 공간 은유를 사용하기 때문에 앞선 사건은 '위'에 있고 나중 사건은 '밑'에 있는 반면에, 영어에서는 미래를 '앞에', 과거를 '뒤에' 있는 것으로 생각한다. 중국어 사용자들은 사전에 수직적 공간 점화 자극을 보았을 때 시간에 관한 물음에 신속하게 반응하지만, 영어 사용자들은 그렇지 않다(Boroditsky, 2001). 이 사실이 시사하는 바는 시간과 같은 추상적 영역에 대해 사고하기 위해 구체적인 공간 영역에서 사용하는 언어 표현을 도입하며, 그렇기 때문에 상이한 공간 표현이 시간적 사고에 차이를 초래한다는 것이다.

공간 표현 자체도 언어에 따라서 극단적인 차이를 보인다. 어떤 언어에는 (예: '칼이 포크 왼쪽에 있다'에서처럼) '왼쪽'과 '오른쪽'을 나타내는 어휘가 없다. 대신에 테이블 위에 있는 물건에도 '북쪽'과 '남쪽' 같은 표현을 사용한다(Majid et al., 2004). 10여 개의 언어와 문화에 걸친 체계적 실험은 이러한 차이가 상당히 강력하다는 사실을 보여 준다(Levinson, 2003). 남쪽/북쪽 어휘 또는 왼쪽/오른쪽 어휘를 사용하는 사람들은 자신의 언어가 사용하는 공간 전략과 일치하는 방식으로 기억하고 추리한다. 심지어 언어를 요구하지 않는 과제의 경우에도 그렇다.

흥미를 끄는 물음은 어느 시스템이 더 자연스러운가 하는 것이다. 유인원과 언어를 습득하기 이전의 유아를 대상으로 수행한 실험이 시사하는 바는 남쪽/북쪽 어휘가 핵심이며, 왼쪽/오른쪽을 강조하는 것은 문화와 언어에서 유래하는 것이라는 사실이다(Haun et al., 2006). 따라서 다음번에 식탁에서 소금을 건네줄 때는 만일 다른 문화권에서 태어났더라면 전달해 주는 방향에 대해 어떻게 생각할까를 생각해 보기 바란다.

우리의 감각, 그리고 마찬가지로 보다 추상적인 사고도 생득적으로는 정확한 정보와 추론을 전달하도록 설정되어 있지만, 유아기에 우리 문화의 언어와 범주를 신속하게 흡수하여 우리 문화가 환경에 대한 오랜 적응을 통해 유용한 것으로 찾아낸 변별과 추론을 하는 것이다. 심리학이 개인차의 중요성을 인식하는 시대에 접어듦에 따라 우리는 언어와 문화가 인지에 영향을 미치는 많은 방식을(그리고 의심할 바 없이 그러한 효과에 대한 제약도) 찾아낼 것이라고 확신할 수 있다.

찬|반|논|쟁

상이한 언어를 사용하는 사람들은 서로 다르게 사고하는가?

언어는 어떻게 사고와 관련되는가?

Anna Papafragou, 델라웨어대학교

언어는 어떻게 사고와 관련되는가? 상이한 언어를 사용하는 사람들은 서로 다르게 사고하는가? 한 이론에 따르면 언어는 경험을 표상하고 이해하는 개념과 기제를 제공함으로써, 우리가 사고하는 방식을 극단적으로 조성해 간다. 벤저민 워프(Whorf, 1956)의 주장과 연합된 이러한 강력한 견해는 확실히 잘못된 것이다.

첫째, 사람들은 자신의 언어가 직접적으로 부호화하지 않는 많은 개념을 보유하고 있다. 예컨대 아마존 토착 인종인 문두루쿠족은 비록 이들의 언어에 기하도형에 대한 다양한 용어가 없음에도 정사각형과 삼각형을 재인할 수 있다(Dehaene et al., 2006). 마찬가지로 수를 나타내는 단어가 없는 언어를 사용하는 브라질의 피라하족도 큰 집합을 수반하는 산술 계산을 수행할 수 있다(이 정보를 기억에 파지하는 데는 어려움이 있지만 말이다)(Frank et al., 2008).

둘째, 상이한 언어들이 경험의 영역을 분할하는 방식에는 광의적 의미에서 유사성이 존재하기 십상이다. 예컨대 여러 언어에 걸쳐서 색채 어휘를 나타내는 중요한 특성은 보편적인 지각적 제약이 만들어 내는 것으로 보인다(Regier et al., 2007). 또한 많은 언어는 기본 맛(예: 단맛, 쓴맛, 짠맛, 신맛)에 상이한 단어로 이름 붙이는 것으로 보인다(Majid & Levinson, 2008). 언어 간 변이에 제약이 존재한다는 사실이 시사하는 바는 모든 인간이 공유하는 인지적 편향이 언어 범주를 만들어 낸다는 것이다.

워프의 약한 견해는 언어가 비록 사고를 전적으로 결정하지는 않는다고 하더라도, 어떤 범주의 현저성은 촉진하고 다른 범주의 현저성은 약화함으로써 사람들의 습관적인 사고 패턴에 영향을 미친다고 주장한다. 일련의 연구는 영어 사용자와 일본어 사용자가 어떻게 대상과 물질을 개념적으로 구분하는지를 밝히기 위해 설계되었다. 영어는 가산명사(예: 피라미드)와 물질명사(예: 코르크)를 구분하지만 일본어는 그렇지 않다(모든 명사를 물질명사처럼 사용한다). 원천적으로 대상이나 물질로 간주할 수 있는 새로운 단순 사례(예: 코르크 피라미드)에 대한 이름을 가르쳐 주면 영어 사용자들은 압도적으로 그 이름이 대상(피라미드)을 지칭하는 것으로 받아들이지만, 일본어 사용자들은 대상이나 물질(코르크)로 이해하는 정도가 우연 수준에 머물렀다(Imai & Genter, 1997). 이러한 결과는 가산명사와 물질명사의 언어적 구분이 (적어도 확정적이지 않은 사례에서) 대상/물질에 관한 사람들의 개념적 구분에 영향을 미친다는 증거라고 해석되었다.

또 다른 일련의 연구는 멕시코의 트셀탈 마야어 사용자들에 초점을 맞추었는데, 이들의 언어에는 환경에서 방향을 제시하고 사물의 위치를 파악하기 위한 '왼쪽/오른쪽'이라는 단어가 없다. 트셀탈어 사용자들은 '컵이 나의 왼쪽에 있다'와 같은 표현을 할 수 없다. 대신에 공간을 부호화하기 위해 절대적 좌표(예: '북쪽'이나 '남쪽')를 사용한다. 일련의 실험에서 트셀탈어 사용자들은 신체 중심의 공간 개념(왼쪽/오른쪽)보다는 절대적 좌표에 따라 공간 장면을 기억해 내는 것으로 나타났다. 반면에 영어와 마찬가지로 왼쪽/오른쪽 어휘를 보유하고 있는 네덜란드어 사용자들은 상반된 선호도를 나타냈다(Levinson, 2003).

이러한 결과에 대한 정확한 해석은 상당한 논쟁거리이다. 첫째, 앞에서 소개한 것과 같은 연구는 언어 행동과 인지적 선호도가 공변하는 것이지, 다양한 언어 집단에 걸쳐서 언어가 인지의 차이를 초래하는 것이 아니라는 사실을 보여 준다. 이에 덧붙여서 알려진 몇몇 인지적 차이는 참가자들에게 주어진 과제에 대한 지시가 모호한 것이었기 때문일 수 있다. 일본어 사용자와 영어 사용자에게 새로운 사례를 일종의 대상이나 물질로 범주화하려는 정도를 7점 척도에서 평정하도록 요청하면 그 평정 결과가 일치했다(Li et al., 2005). 마찬가지로 트셀탈어 사용자들에게 공간 과제를 해결하는 방법에 관한 암묵적 단서를 제공하면 왼쪽/오른쪽 추리를 사용할 수 있었다. 실제로 몇몇 과제에서는 절대적 좌표보다는 왼쪽/오른쪽 개념을 사용할 때 더 정확했다. 이 결과는 트셀탈어가 공간을 부호화하는 방식에 근거하여 예상할 수 있는 것과 상반되는 것이다(Li et al., 2005). 이러한 데이터가 보여 주는 것은 인간의 인지적 기제를 언어가 고정하기보다는 융통적이라는 점이다.

다른 연구는 언어 간 차이가 반드시 인지적 차이를 초래하지 않는다는 사실을 확증했다. 예컨대 지붕 위로 날아가고 있는 비행기와 같이 운동 사건의 기억과 범주화는 언어가 운동을 부호화하는 방식과는 독립적인 것으로 보인다(Papafragou et al., 2002). 마찬가지로 항아리, 병, 컵과 같은 용기의 유사성 판단은 그러한 용기를 표현하는 어휘가 언어마다 다름에도 불구하고 상이한 언어 사용자 간에 동일한 방향으로 수렴한다(Malt et al., 1999).

안구 운동 추적법을 사용한 최근 연구에서는 영어 사용자와 그리스어 사용자가 사건을 언어로 기술하고자 준비하고 있을 때는 그 사건의 상이한 부분에 초점을 맞춘다는 사실을 발견했다. 그러나 나중에 실시하는 기억 과제를 위해 그 사건을 기억하고자 준비할 때는 두 언어의 사용자들이 주의를 기울이는 방식이 동일한 패턴을 나타냈다. 아마도 언어와는 독립적인 사건 지각 과정에 의존했기 때문일 것이다(Papafragou et al., 2008).

이러한 연구는 언어를 경험을 부호화하는 부가적 경로로 간주할 수 있다는 사실을 시사한다. 언어는 지각 과정과 인지 과정을 지원하는 처리를 영구적으로 재구성하기보다 경험을 부호화하고 체제화하며 추적하는 선택적으로 동원하는 시스템을 제공한다. 언어 기능과 인지 기능 간의 정확한 상호작용은 앞으로도 철저한 실험적 접근과 이론 형성의 주제가 될 것이다.

촛불 문제의 답.

실마리를 제공해 준다. 위에서 기술한 것과 유사한 실험에서는 한 가지 중요한 변인, 즉 논의할 주제가 복잡한 것인지, 단순한 것인지를 첨가했다. 이 연구에서 참가자들은 자동차를 선택하고 있었다. '단순' 조건에서는 각 자동차를 네 가지 속성으로 특징짓는 반면에, '복잡' 조건에서는 열두 가지 속성으로 특징지었다. 연구자들은 의식적 사고가 정확하기 때문에 단순 과제에서는 정확한 선택으로 이끌어 가는 반면에, 의식적 사고는 (제한된 용량의) 단기기억의 사용을 요구하기 때문에 복잡한 과제에서는 열등한 결정으로 이끌어 갈 것이라고 추리했다. 실제로 결과도 그랬다. 단순 조건에서는 의식적 사고자들이 무의식적 사고자들보다 정확한 선택을 더 많이 했다. 그렇지만 복잡 조건에서는 무의식적 사고자들의 수행이 더 우수했다.

한 걸음 더 나아가 무의식적 사고도 적극적인 과정인 것으로 보인다. 첫째, 무의식적 사고 조건의 참가자들은 즉시 조건의 참가자들보다 수행이 우수했다(Dijksterhuis, 2004; Dijksterhuis & van Olden, 2006). 둘째, 무의식적 사고는 목표 의존적이다. 즉 뒤이은 의사결정에 대해 알려 주지 않은 참가자들은 무의식적 사고에 몰입하지 않는 것으로 보인다(Bos et al., 2008). 셋째, 무의식적 사고는 정보에 관한 상이한 표상을 초래한다(Dijksterhuis, 2004; Bos et al., 2008). 이 표상이 복잡한 결정에서 중요한 많은 요인의 가중치를 높게 만들어 주는 것으로 보인다.

이 절에서는 사람들이 흔히 추리와 문제해결에서 간편법을 사용한다는 사실을 보았다. 어떤 문제해결 전략이나 추리 발견법을 사용할 것인지는 부분적으로 주어진 문제에 대한 경험에 달려 있다. 어떤 문제는 규칙 그리고 의식적이고 노력을 기울이는 사고에 의존하여 해결한다. 또 어떤 문제는 보다 자동적으로 해결한다. 몇몇 이론가들은 인간 추리에 관한 이중 과정 이론을 주장하며, '자동적' 처리 과정을 규칙 기반 과정과 대비하여 직관적(intuitive)이라고 불러 왔다(Kahneman, 2003). 사회심리학자들은 특히 어떻게 우리가 타인에 관한 직관적 지식을 갖게 되는 것인지를 이해하는 데 관심을 기울인다.

7 동기와 정서

배고픔과 갈증 같은 기본적 동기에 대해 심리학자는 전통적으로 두 유형의 동기 이론을 구별한다. 그 차이는 동기가 어느 곳에서 발생하는가, 무엇이 동기를 일으키는가, 동기가 어떻게 행동을 통제하는가에 대한 것이다. 한편 **추동 이론**drive theory은 동기에서 내적 요인의 역할을 강조한다. 배고픔 또는 갈증과 관련이 있는 어떤 내적 추동은 기본적인 생리적 욕구를 반영한다고 말한다.

다른 한편으로 동기의 **유인 이론**incentive theory이 있는데 이것은 외적 사건 혹은 욕망의 대상을 강조한다. 음식, 음료, 성적 파트너, 공격의 표적, 타인과의 관계, 자부심, 돈, 성공의 보상은 모두 유인이다.

추동과 유인 이론은 동기의 통제에 대해 상이한 관점을 제공한다. 그러나 이론적 관점의 차이는 주로 그것들의 입장에 있고, 실제로 그 둘 사이의 갈등은 없다. 거의 모든 종류의 동기에 두 유형의 과정이 존재한다는 것은 널리 인정되었다(Toates, 2011).

추동과 항상성

우리의 생명은 어떤 것을 동일하게 유지하는 것에 의존한다. 예를 들어 당신은 뇌 온도가 몇 도 정도 변화하면 곧 의식을 상실할 것이다. 또한 신체에서 수분의 비율이 몇 % 정도 올라가거나 내려가면 뇌와 신체가 제 기능을 하지 못해 죽음의 위험에 처하게 된다. 인간과 동물은 생리적인 양극단 사이에서 팽팽한 균형을 이루는 줄다리기를 하고 있다. 우리는 내적 환경이 섬세하고 정교하게 조정된 기계처럼 균형을 이루지 못하면 잘 살아갈 수 없다. 우리는 대부분의 기계와 달리 이런 균형을 스스로 유지하도록 설계되었다. 우리의 내적 상태는 외부 세상이 변할 때조차도 비교적 안정된다.

많은 기본적 동기는 내적 균형을 유지하는 것을 도우려고 한다. 우리는 내적 세계를 좁은 생리적 생존의 한계 내에서 유지하기 위해 일정한 내적 상태인 **항상성**homeostasis(*homeo*는 '동등한', *stasis*는 '정적인' 또는 '일정한'이라는 의미)을 유지하기 위한 능동적 통제 과정을 갖고 있다. 항상성 통제 과정은 일정한 상태(즉 항상성)를 유지하기 위해 어떤 체계가 능동적으로 기능하게 한다.

항상성 통제 과정은 심리적, 생리적, 또는 기계적일 수 있다. 친숙한 예는 중앙 냉난방 시스템을 가동시키는 서모스탯(자동 온도조절 장치)이다. 서모스탯은 온도 항상성을 유지하도록 설계되었다. 서모스탯을 특정 온도에 설정해 놓으면 그 온도는 목표치 또는 설정점이 된다. **설정점**set point은 항상성 체계가 유지하려고 노력하는 값이다. 겨울에 실온이 설정한 값 아래로 떨어지면 서모스탯이 작동한다. 목표 온도와 실제 온도 사이의 불일치는 난방기를 가동시킨다. 여름에 실온이 서모스탯의 설정 온도 이상으로 상승하면 서모스탯이 에어컨을 가동시킨다. 난방기와 에어컨 겸용인 서모스탯은 계절이 변할 때조차도 안정된 실온을 유지시킨다. 많은 생리적 과정은 서모스탯처럼 기능을 하는데, 항상성을 유지할 수 있도록 동기를 활성화한다.

체온과 항상성

당신은 뇌 온도가 10℃ 정도 떨어지면 의식을 잃을 것이다. 또한 뇌 온도가 정상보다 10℃ 이상 상승하면 사망할 것이다. 당신이 매우 더운 혹은 추운 날씨에 처해 있더라도 뇌는 대체로 몇 ℃ 정도의 좁은 범위에서 보호된다. 생리적이고 심리적인 항상성 통제체계는 이런 항등성을 유지시킨다.

땀 흘리기와 몸 떨기 같은 생리적 반응은 뇌 온도가 일정한 상태로 유지되는 일부의 이유이다. 이런 생리적 반응은 수분 증발을 통해 체온을 낮추고 근육 활동을 통해 체온을 높인다. 또한 불편할 정도로 더위를 느끼기 시작하면 심리적 반응도 역할을 한다. 당신은 옷을 벗고 싶어 하거나, 시원한 음료를 마시려 하거나, 그늘을 찾으려 할 것이다. 그러나 무엇이 이런 생리적 · 심리적 반응을 점화하는가?

당신이 뜨거운 태양 아래에 있을 때는 몸이 더워질 것이다. 반대로 너무 오랫동안 추운 곳에 노출되어 있으면 체온이 떨어질 것이다. 그러나 당신의 뇌 안에서만 체온의 변화가 실제적으로 탐지된다. 뇌의 몇몇 부위에 있는 뉴런은 특히 뇌의 아랫부분에 있는 시상하부의 시색전 영역(preoptic area) 내에 있는 뉴런이 실질적인 신경 서모스탯이다(Satinoff, 2005). 그것은 자신의 온도가 변함에 따라 상이하게 작동하기 시작한다. 그 뉴런은 당신의 신체 내에서 서모스탯이고 항상성의 설정점으로서 역할을 한다. 그 뉴런의 온도가 정상 수준에서 벗어나면 신진대사가 변화하고, 따라서 그 뉴런의 활동성 또는 발화형태를 변화시킨다. 이는 땀 흘리기 또는 몸 떨기와 같은 생리적 반응을 촉발하고, 체온을 교정하는 것을 돕는다. 게다가 너무 덥거나 춥게 느끼도록 하여 체온 조절의 행동적 해결 방식으로 그늘을 찾거나 코트를 입고 싶게 만든다.

매우 더울 때의 찬바람은 기분 좋게 느껴진다. 또한 매우 추울 때 따뜻한 물로 목욕하는 것은 즐겁게 느껴진다. 그러나 당신 자신의 내부 온도가 변화할 때는 이런 외적 사건에 대한 지각도 변화한다. 당신이 덥거나 춥다고 느끼는 상황에 있을 때 전체 신체가 1~2℃ 정도의 온도를 변화시켰다고 할지라도, 당신이 느끼는 만큼 변화를 일으키는 뇌 온도의 변화는 작다. 시상하부에 있는 비교적 소수 뉴런의 온도를 변화시킴으로써 뇌가 덥거나 춥다고 느끼게 만들 수 있다. 예를 들면 시상하부를 차게 하는 것(고통이 없이 시상하부에 외과적으로 이식된 미세한 관을 통해 찬 액체를 주입하는 것)만으로도—쥐의 체온이 낮아지지 않았다고 할지라도—쥐로 하여금 자신의 피부를 따뜻하게 해 주는 열 전구를 켜기 위해 지렛대를 누르도록 동기화할 수 있다(Satinoff, 2005). 시상하부 뉴런은 정상적인 설정점에서 벗어난 체온 변화를 감지한다.

우리 대부분은 설정점의 일시적 변화를 경험해 본 적이 있다. 질병은 일시적으로 뇌의 설정점을 정상보다 몇 ℃ 높일 수 있다. 이때 설정점이 '추구하는' 온도가 더 높아지고 열이 난다. 체온을 상승시키는 생리적 반응이 활성화된다. 당신은 몸을 떨고, 체온은 정상보다 상승하기 시작한다. 그러나 당신은 체온의 상승에도 불구하고 시상하부 뉴런이 상승시킨 설정점에 도달할 때까지—따뜻한 방에 있을지라도—춥다고 느낀다.

항상성 과정으로서의 갈증

갈증을 충족하는 것은 중요한 항상성 과정이다. **갈증**thirst은 생존에 필수적인 물에 대한 욕구의 심리적 표현이다. 무엇이 이 과정을 통제하는가?

물을 마시지 않거나 혹은 심한 운동을 한 후에 신체는 땀 흘리기, 호흡 또는 소변을 통해 물이 점차적으로 감소됨에 따라 두 종류의 저장된 물을 고갈시키기 시작한다. 첫 번째 유형의 저장은 세포 내에 함유된 물로 이루어진다. 이 물은 세포의 구조와 내용을 이루는 단백질, 지방, 탄수화물 분자와 혼합되어 있다. 두 번째 유형의 저장은 세포 밖에 존재하는 물로 이루어진다. 이 물은 혈액과 다른 체액에 함유되고, 세포외 저장(extracellular reservoir)으로 불린다.

세포외 갈증extracellular thirst은 오랫동안 물을 마시지 않거나 심하게 운동을 하여 신체가 탈수된 경우에 초래된다. 물은 신장을 통해 소변의 형태로 체외로 배설되고, 피부에 있는 땀샘에 의해 분비되고, 혹은 폐를 통해 호흡으로 배출되어 증발되며, 각각의 경우에 배출되는 물은 대부분 혈액으로부터 직접 공급된다. 이런 상실로 인해 세포외액에 남아 있는 물의 용량이 감소하고, 잇따른 혈액 용량의 저하는 혈압을 감소시킨다. 우리는 혈압의 이런 작은 변화를 감지하지 못하지만 신장, 심장 및 주요 혈관 내에 있는 혈압수용기는 그 변화를 탐지하고 감각 뉴런을 활성화하여 뇌로 신호를 전달한다. 시상하부의 뉴런은 잇따라 뇌하수체에 신경충동을 전달하여 항이뇨호르몬(antidiuretic hormone, ADH)을 혈류에 방출시킨다. ADH는 신장이 혈액으로부터 여과한 물을 보유하게 한다. 신장은 그 물을 소변으로 배출하기보다는 혈액으로 되돌려준다. 이것은 당신이 몇 시간 동안 물을 마시지 않을 때 발생한다. 예를 들면 때때로(하룻밤을 자고 나서 깨어났을 때) 소변의 색깔이 매우 짙어진 것을 알아챌 수 있을 것이다. 게다가 뇌는 호르몬인 레닌(renin)을 방출하도록 신장에 신경신호를 보낸다. 레닌은 혈액에 있는 어떤 물질과 화학적으로 상호작용하여 또 다른 호르몬인 안지오텐신(angiotensin)을 생산하는데, 이것은 뇌의 심층부에 있는 뉴런을 활성화하여 물을 마시려는 욕망이 발현한다.

당신은 이런 전체 사건의 연쇄가 탈수에 의해 초래되는 혈압의 하강에 의해 일어난다는 것을 기억해 낼 수 있을 것이다. 혈압을 급격히 떨어뜨리는 다른 사건도 갈증을 일으킬 수 있다. 예를 들면 전장에서 부상을 당한 군인 또는 부상을 당해 출혈이 많은 사람은 심한 갈증을 느낀다. 이런 갈증의 원인은 위와 동일하게 레닌과 안지오텐신을 생산하는 연쇄 과정을 일으켜서 갈증의 경험을 초래하는 혈압수용기의 활성화이다(Fitzsimons, 1990).

세포내 갈증intracellular thirst은 삼투압—물이 풍부한 곳에서 부족한 곳으로 이동하는 경향성—에 의해 야기된다. 물이 풍부한가 또는 부족한가를 결정하는 것은 기본적으로 소듐(나트륨), 염소 및 포타슘(칼륨)과 같은 '염분' 이온의 농도이다. 신체가 수분을 상실할 때 그 농도는 혈류에서 상승하기 시작한다. 필수적으로 혈액에는 염분이 높아진다. 혈액 내의 높은 염분 농도는 비교적 농도가 낮은 세포체(뉴런을 포함하여) 내부로부터 혈액으로 물을 이동한다. 종이 수건을 갖고 물을 빨아들이는 것과 같은 과정으로, 물은 뉴런 및 다른 세포에서 외부로 나간다. 시상하부 내의 뉴런은 혈액의 높은 염분 농도가 세포로부터 물을 유출하여 세포가 탈수됨으로써 활성화된다. 그것의 활성화는 '삼투압성' 혹은 세포내 갈증을 초래하여 물을 마시려는 욕망을 발생시킨다. 물을 마시는 것은 혈액에 물을 보충하여 염분의 농도를 낮추는데, 이는 뉴런 및 다른 세포 내로 수분을 복귀시킨다. 이런 과정은 사람이 수분을 상실하지 않더라도 짠 음식을 먹은 후에 갈증을 느끼는 이유이다.

유인동기와 보상

동기는 일반적으로 쾌락을 발생시키거나 불쾌한 상태를 경감하는 특정 유인(음식, 음료, 성 등)을 향해 행동을 하도록 지시한다. 달리 말하면 **유인동기** incentive motivation(혹은 어떤 것을 원하기)는 전형적으로 감정(혹은 동일한 어떤 것을 좋아하기)과 연합되어 있다. 정확히 말해서 **감정** affect이란 용어는 의식적으로 경험하는 전 범위의 쾌와 불쾌를 의미한다. 그래도 우리는 동기와 보상을 이야기하는 데 있어서 일반적으로 감정 연속체에서 쾌락을 나타내는 절반의 부분을 강조하는데, 이것은 좋아하기에 대응하는 부분이다. 우리 삶의 경험에서 감정의 주도성으로 인해 일부 연구자는 쾌가 기본적인 심리적 역할을 하도록 진화되어 왔다고 제안했다(Cabanac, 2010). 감정의 역할은 우리가 하고 있는 각 행위의 가치를 나타내는 심리적인 '통용 화폐 가치'를 정의함으로써 행동을 조성하는 것이다. 쾌락은 우리 선조의 생존 능력 또는 그들 후손의 생존 능력을 증가시키는 자극과 연합하는 경향이 있다. 이것은 맛있는 음식, 기분을 돋우는 음료, 성적 생식을 포함한다. 고통스럽거나 좌절을 주는 결과는 우리의 생존을 위협하는 사건(신체 손상, 질병, 또는 자원의 상실)과 연합된다. 달리 말하면 어떤 행위의 보상적 혹은 감정적 결과는 일반적으로 그 행위를 반복할 만한 가치가 있는가를 나타낸다.

그러나 미래의 행동을 이끌기 위해 순간의 유쾌와 불쾌는 학습되고 기억되며 적절한 대상과 사건에서 그 원인을 찾을 필요가 있는데, 이는 그 대상과 사건이 예상되는 감정과 연결된다는 것을 의미하는 **유인적 현저성** incentive salience을 불어넣는 것으로 우리의 주의를 사로잡고 행동 추구를 조정한다. 그러나 밀접하게 연결된 유인동기와 유쾌한 보상이 세상에 대한 우리의 의식적 경험 안에 있다고 하더라도 이는 '원하기'와 '좋아하기'가 동일하다는 것을 의미하지는 않는다(Berridge, 2007). 실제로 그것들은 특수한 환경 아래에서 분리될 수 있다. 한 가지 분명한 구분은 원하기와 좋아하기의 시기에 관한 것이다. **원하기** wanting는 맛있는 식사를 생각할 때 경험하는 갈망처럼 쾌락을 예상하는 것이다. 반면 **좋아하기** liking는 음식을 먹기 시작한 순간에 경험하는 쾌락이다. 과거에 어떤 것을 좋아했던 것은 보통 장차 그것을 원하게 되는 데 영향을 미친다. 이것은 음식을 조금 맛보는 것이 식욕을 왕성하게 만드는 것처럼 짧은 시간 내에 발생한다. 그런 과정을 통해 감정적 보상(좋아하기)은 유인동기(원하기)를 끓어오르게 할 수 있다.

처음에 과학자는 '좋아하기'와 '원하기'의 생물학적 기초를 정확하게 설명하기가 어려웠다. 실제로 초기 연구에서 두 개념(원하기와 좋아하기)은 단순히 보상이라는 개념으로 혼용되었다. 1950년대 초에 연구자들은 뇌의 특정 영역에 대한 자극이, 동물이나 사람이 그 뇌 영역에 대한 반복 자극을 열렬히 추구한다는 사실을 증거로 하여, 강력한 보상으로 역할을 한다는 것을 발견했다(Olds, 1956). 이것은 뇌 자극이 쾌락적이고(좋아하는) 욕망하는(원하는) 보상 자체라는 증거로 채택되었다. 표적 뇌 영역은 여러 사람에 의해 '쾌락중추(pleasure centers)'라는 별명이 붙기도 했다. 그리고 도파민이 소위 쾌락중추에 결정적인 것처럼 보이므로 수십 년 동안 과학자들은 도파민과 유쾌한 감정을 연결지었다.

뇌의 도파민 체계 brain's dopamine system의 뉴런은 뇌간의 윗부분인 복측 피개영역(ventral tegmental area, VTA)에 위치하고, 그 축색을 측핵을 통해 전전두피질까지 상행으로 보낸다. 그 이름이 의미하듯이 이 뉴런은 자신의 정보를 전달하기 위해 신경전달물질인 도파민을 사용한다. 뇌의 도파민 체계는 맛있는 음식이나 음료, 혹은 원하는 성적 파트너와 같은 많은 종류의 천연 보상이나 일차 강화물에 의해 활성화된다. 동일한 뉴런은 인간과 동물이 보상이라고 여기는 코카인, 암페타민, 헤로인과 같은 많은 약물에 의해서도 활성화된다.

아직도 연구자들이 '좋아하기'와 '원하기'를 구분할 수 있는 유일한 방법은 각각에 대한 분리된 측정치를 사용하는 것이다. 반복된 경험을 추구하는 것은 '원하기'의 개념과 더 밀접하게 부합한다. 과학자는 어떻게 '좋아하기'가 '원하기'와 구별되도록 표지를 붙일 수 있는가? 좋아하기(또는 유쾌한 정서)는 먹는 동안에 경험되는 것이지 그것을 예상하는 동안에 경험되는 것이 아니라는 점을 상기하라. 얼굴과 신체 운동은 종종 쾌락의 경험을 나타낸다. 맛있는 음식을 먹는 경우를 살펴보자. 우리 인간은 일반적으로 누군가(유아의 경우에도)가 어떤 음식의 맛을 좋아할 때를 알아낼 수 있다. 우리는 어떤 음식의 맛이 좋을 때 미소를 짓고 입술을 핥는다. 이와 마찬가지로 어떤 음식의 맛이 나쁠 때는 입을 벌린 채 눈살을 찌푸리고 윗입술이 치켜 올라간다. 인간이 아닌 영장류와 쥐를 포함하는 많은 다른 포유류는 맛있는 음식과 맛없는 음식에 대해 일부 같은 얼굴 표정을 공유한다(Steiner et al., 2001).

약물중독

중독은 어떤 사람에게는 강력한 동기이다. 아편제(헤로인 혹은 모르핀), 정신 흥분제(암페타민 혹은 코카인), 또는 시중에서 유통되는 합성된 약물 및 기타 약물(알코올, 니코틴) 등에 대한 갈망은 매우 강력할 수 있다. 중독자는 이런 약물을 지나치게 갈망하여 그 약물을 얻기 위해 직업, 가정생활, 대인관계, 자유조차도 희생할 것이다.

어떤 약물을 한 번 또는 가끔 투약하는 것은 중독을 초래하지 않는다. 다수의 사람은 최소한 한 번 정도는 위에 언급된 약물을 시도해 보았으나 중독되지 않았다. 규칙적 사용(예: 저녁 식사 시에 종종 와인을 마시는 것)도 중독이라고 할 수는 없다. **중독** addiction은 강박적이고 파괴적인 투약 행동이 나타났을 경우에만 발생하는데, 이때 흔히 강박적으로 약물을 갈망한다. 반복적 투약은 그 약물의 유인적 현저성을 확연히 변경한다—병리적인 '원하기'를 발생시킨다. 무엇이 어떤 약물을 시험해 보는 것, 사교적 또는 기분 전환용으로 사용하는 것을 중독으로 전환하는가?

어떤 약물은 특히 중독을 발생시키는 능력이 강력하다. 중독이 발생하는 데 세 가지 요인이 모두 존재할 필요가 없다고 할지라도 그것들은 향정신성 약물을 다른 유인보다 더 중독적으로 만드는 데 함께 작용한다. 첫째 요인은 대부분 중독성 약물이 갖고 있는 뇌의 보상체계를 과도하게 흥분시키는 능력이다. 중독성 약물은 뇌의 뉴런에 직접 작용하기 때문에 선천적 보상에 의해 발생하는 도파민 체계의 활동을 훨씬 능가하는 수준의 활동을 초래한다. 도취감을 주는 약물은 쾌락(좋아하기)과 유인(원하기)체계를 모두 활성화하는데, 아마도 아편성 및 도파민성 신경체계를 모두 활성화하기 때문일 것이다. 그런 강한 쾌감의 기억을 일단 경험하면 그것을 다시 반복하여 얻으려는 강한 유혹이 된다.

그러나 쾌락 자체의 기억은 최소한도 다른 추가적 요인 없이 다수의 사람에게 중독을 일으키기에는 충분하지 않을 것이다. 두 번째 요인은 반복적으로 투여하면 불쾌한 금단 증후를 발생시키는 중독성 약물의 능력이다. 어떤 약물을 반복적으로 투여하면 그것이 활성화하는 쾌락체계는 정상적인 균형 상태를 회복하려는 노력으로 인해 점차 활성화에 대해 저항한다. 이는 부분적으로는 동일한 도취감을 발생시키기 위해 더 많은 양의 약물을 필요로 하는 **내성**tolerance의 원인이다. 게다가 뇌는 그 약물에 반복적으로 노출된 후 그 약물의 효과와 정반대되는 효과를 나타내는 과정을 활성화한다. 이런 과정에서 약물이 투여되었을 때는 뇌가 균형 상태를 유지할 수 있으나 그 자체는 매우 불쾌하게 경험한다. 중독자가 약물 사용을 중지하면, 저항하는 쾌락체계의 활동성 부족과 불쾌한 약물 대립 과정의 활성화는 약물의 사용 중지에 대한 강한 혐오적 반응인 **금단 증후**withdrawal symptom를 발생시킬 수 있다. 이 혐오적 상태는 최소한도 금단 증후가 지속되는 동안(일반적으로 몇 주간) 중독자에게 다시 약물을 복용하려고 하는 또 다른 동기가 출현한다.

마지막으로, 중독성 약물은 금단 증후가 사라진 후조차도 약물에 대한 갈망을 초래하도록 뇌의 유인체계에 영구적인 변화를 발생시킨다. 뇌의 도파민 체계를 활성화하는 코카인, 헤로인, 암페타민 같은 약물의 반복적 사용은 도파민 뉴런을 지나치게 활동하도록 또는 과민하게 만든다. **신경적 민감화**neural sensitization는 영속적일 수 있는데, 이는 도파민 뉴런이 약물 및 약물과 관련된 자극에 의해 더 많이 활성화된다는 것을 의미한다. 뇌의 도파민 체계는 쾌락(좋아하기)보다는 유인동기(원하기)를 중개하는 것처럼 보이기 때문에, 중독자에게서 그것의 활성화는 약물의 경험이 더 이상 긍정적이지 않을 때조차도 약물에 대한 과장된 갈망을 초래할 것이다(Robinson & Berridge, 2003). 신경적 민감화는 금단 증후보다 더 오래 지속된다. 이것은 중독에서 회복된 사람이 해독 프로그램을 완수한 후에도 약물 사용의 재발 위험성을 보이는 이유이다.

이런 요인의 조합은 다른 많은 유인보다 향정신성 약물이 더 중독을 일으킬 수 있는 이유를 밝혀 준다. 이 약물은 뇌에 있는 쾌락과 유인체계를 어쩔 수 없는 수준까지 직접 활성화하고, 회복된 중독자가 다시 약물을 복용하도록 하는 금단 증후를 발생시키며, 약물에 대한 갈망을 초래하는 뇌의 도파민 체계를 영구적으로 과잉 활성화한다. 이런 조건의 결합은 저항하기가 어렵다.

사람은 약물 외에 다른 것(도박, 음식, 쇼핑, 일, 인터넷)에도 병리적으로 의존할 수 있다(Chou et al., 2005). 그런 활동을 하는 것은 약물중독과 동일한 신경적 속성을 공유하지 않더라도 강박적이고 온통 마음을 빼앗기게 될 때 종종 행동중독이라고 불린다.

배고픔, 섭식 및 섭식장애

배고픔의 통제는 갈증처럼 동일한 항상성 개념을 많이 포함하나 섭식은 물 마시기보다 훨씬 더 복잡하다. 우리는 갈증을 느끼면 일반적으로 물만을 필요로 하고, 갈증은 물을 공급해 줄 수 있는 어떤 것으로 향하도록 지시한다. 그러나 먹을거리는 매우 다양하다. 우리는 건강하기 위해 다수의 상이한 먹을거리(단백질, 탄수화물, 지방, 미네랄)를 먹을 필요가 있다. 우리는 그것이 적절히 균형 있게 함유된 음식을 선택할 필요가 있다. 우리의 뇌는 진화를 통해 필요로 하는 음식을 선택하는 (그리고 독을 섭취하는 것을 피하는) 방법을 획득했다. 이 중 일부는 우리가 선천적으로 보유하고 있는 기본적인 맛 선호를 포함한다. 다른 방법은 특정 음식에 대한 선호 및 다른 음식에 대한 혐오를 학습하는 기제를 포함한다.

맛은 음식 선호에서 가장 중요한 요인이다. 맛은 미각과 후각 요소를 포함하나 미각이 인간의 진화에서 더 중요하게 취급되어 왔다. 인간은 특정 미각에 대한 좋아함과 싫어함을 갖도록 '프로그래밍되어' 태어난다. 유아도 입맛을 다시거나 쾌락을 나타내는 얼굴 표정을 통해 단맛에 대해 반응을 한다(Steiner, 1979). 그들은 쓴맛에 대해 얼굴을 돌리거나 혐오스러운 얼굴 표정을 나타내는 반응을 한다. 음식 제조업자는 우리의 선천적인 '단맛 선호'를 이용하여 많은 사람이 과식을 하도록 만드는 달콤한 음식을 공급한다.

왜 우리는 달콤한 음식과 음료에 끌리는가? 진화심리학자는 우리의 선조가 미지의 식물 중에서 먹을 것을 찾을 때 특정 음식 또는 딸기가 당분이 풍부하면 소화가 가능한 탄수화물이라는 것을 알려 주는 것같이 단맛이 우수한 '지표'이기 때문이라고 제안했다. 과거에는 칼로리가 풍부하지 않았기 때문에 단맛이 나는 음식을 먹는 것은 열량을 얻는 좋은 방법이었다. 이와 유사한 표찰 설명이 쓴맛에 대한 우리의 혐오에 대해 제안되었다. 천연적으로 어떤 식물에 있는 쓴 화합물은 인간에게 독이 될 수 있다. 달리 말하면 쓴맛은 보통 천연적인 독물에 대한 지표이다. 쓴맛이 나는 식물을 피해 온 선조는 그런 독물을 피하는 데 더 성공적일 수 있었다(Rozin et al., 2009).

음식 선호를 발달시키는 두 번째 방법은 일단의 학습과 사회학습 기제를 통해서이다. 이 중 하나는 특정 맛을 가진 음식을 소화한 결과에 기초를 둔 선호이다. 어떤 음식에서 영양분을 얻어 본 경험적 결과는 본질적으로 일종의 고전적 조건형성 과정을 통해 그 맛에 대한 점진적인 선호를 유발한다(Booth, 1991). 다른 형태의 맛-결과의 짝짓기에 대한 경험도 알코올이나 커피와 같이 애초에는 즐겁지 않았던 맛에 대한 선호를 발달시키는 기초가 될 수 있다. 달리 말하면 알코올 혹은 카페인을 함유한 커피의 긍정적인 심리적·신체적 효과는, 우리가 애초에는 그 맛을 좋아하지 않았을지라도 그 음식에 대한 선호를 초래할 수 있을 것이다. 동일한 과정이 특정 음식에 대한 강한 혐오를 일으키도록 반대 방향으로 작용할 수 있다. 당신이 어떤 맛있는 음식이나 음료를 처음으로 먹은 지 얼마 후 구토나 복통을 겪었다면 다음에 그 음식을 다시 먹을 만큼 맛있지는 않다고 여길 것이다. 그 음식은 변하지 않았지만 당신이 새로 연합한 기억이 그 음식을 불쾌한 것으로 경험하도록 했기 때문에 당신이 변화한 것이다. 이 과정을 **조건화된 혐오** conditioned aversion 라고 부른다.

항상성과 유인의 상호작용

우리가 선택한 특정 음식이 무엇이든 간에 에너지 항상성을 유지하기 위해 먹어야만 한다는 것은 분명하다. 체세포는 수행하는 과제에 필요한 에너지를 생산하기 위해 영양분을 소모한다. 신체 운동은 활기찬 운동으로 인해 근육세포에 부과되는 신진대사 욕구를 충족하기 위해 추가 영양분을 소모하게 한다. 근육세포는 추가 영양분을 소모하기 위해 체지방 또는 다른 형태의 '저장 에너지'로 비축된 칼로리에 의존한다. 당신이 이 책을 읽고 있을 때 뇌의 뉴런은 전기 충동을 발사하거나 신경전달물질을 합성하고 방출하기 때문에 발생하는 신진대사 욕구를 충족하기 위해 영양분을 소모한다. 뇌의 뉴런에 의해 사용되는 주요 영양분은 단당체인 글루코스이다. 영양분 없이는 뉴런이 활동을 할 수 없다. 우리의 뇌는 골똘히 생각을 함으로써 '뇌를 운동시키려 할' 때라도 더 많은 글루코스를 사용하지는 않는다(Gailliot et al., 2007).

글루코스는 여러 과일과 음식에 존재한다. 그것은 또한 간에서 다른 당분 혹은 탄수화물로부터 만들어질 수 있다. 일단 식사를 하면 상당한 양의 글루코스가 소화 과정을 통해 혈류에 흡수될 것이다. 간은 초과되어 만들어진 글루코스를 다른 형태의 영양물질로 전환한다. 이런 방식으로 식사는 뇌의 뉴런과 체세포가 필요로 하는 영양분을 보충시킨다.

우리의 세포는 영양분을 필요로 하기 때문에, 배고픔은 전적으로 가용한 에너지 자원을 유지하려는 욕구에 의해 통제되는 항상성 동기일 것으로 기대할 수 있다. 실제로 항상성은 배고픔의 통제에서 작동하는 주도적인 원리이다. 가용한 영양분의 결핍은 배고픔을 유발하고, 지나친 영양분은 배고픔을 억제한다. 그러나 항상성이 배고픔의 통제에 결정적일지라도 유인 요인도 동등하게 중요하다. 즉 우리는 먹을 필요가 있는 만큼 먹기를 원한다(Lowe & Butryn, 2007). 사실상 우리는 항상성과 유인의 상호작용을 살펴보고 나서야 비로소 배고픔을 이해한다.

항상성에 따른 추동 감소, 맛, 다른 음식의 유인 자극 사이 상호작용의 중요성은 밀러와 케센(Miller & Kessen, 1952)의 고전적 실험에 의해 분명해졌다. 이들은 우유를 보상으로 얻기 위해 짧은 통로를 달려가도록 쥐를 훈련시켰다. 한 경우에 쥐는 보통 방식으로 우유를 보상으로 받았다—쥐는 입으로 우유를 마셨다. 다른 경우에 쥐는 정확히 동일한 양의 우유를 받았지만 좀 더 직접적인 방식으로 받았다—몇 주일 전에 삽입된 인공적인 개폐구가 달린 관을 통해 우유가 위로 부드럽게 주입되었다. 이 두 조건은 정확히 동일한 칼로리를 제공했다. 두 보상 조건은 동일한 정도로 쥐의 영양 결핍을 줄여 주었다. 그러나 우유를 입으로 마신 쥐가 우유 보상을 위해 달리기를 더 잘 학습했다. 우유가 위에 직접 주입되는 경우는 우유가 입을 통해 넘어갈 때만큼이나 배고픔을 감소시킨다 하더라도 강력한 동기 요인이 아니었다. 쥐는 보상을 맛보고 즐기는 것과 그럼으로써 배고픔을 감소시키는 것을 모두 필요로 했다.

구강 유인과 추동 감소 사이 상호작용의 중요성은 원래의 실험이 실시된 이후에 여러 방식으로 증명되었다(Toates, 2011). 자발적인 맛보기 및 삼키기와 같이 정상적으로 음식을 섭취하는 경로를 우회하여 들어오는 음식은 동물 또는 사람을 강력하게 동기화하지 않는다. 예를 들면 정맥 또는 소화관을 통한 영양물질 주입에 의해서만 음식을 공급받는 사람은 종종 그런 '식사'를 불만스러워 한다. 그들은 입에 넣을 수 있는 어떤 음식을 먹으려는—그것을 씹은 후에 다시 뱉어 낸다고 할지라도—욕구를 강하게 느낄 것이다. 칼로리 욕구를 넘어서는 구강자극에 대한 강한 욕구는 칼로리가 없이 단지 맛만을 제공하는 인공감미료의 광범위한 사용에도 반영된다. 맛 좋은 음식과 음료를 먹는 데 포함되는 감각 경험 형태의 음식 유인은 칼로리에 의한 추동 감소만큼이나 식욕에 중요하다.

학습은 생리적 배고픔 신호와 섭식의 유인 자극 사이 상호작용에서 중요한 부분이다. 음식을 먹는 행위가 음식이 위에 들어가고 나갈 수 있도록 위에 이식된 관에 의해 정상 칼로리 공급과 별개가 되도록 처치한 동물에서 극적인 예를 볼 수 있다. 그 관의 뚜껑이 벗겨지면 무엇을 먹었든 소화되지 않고 흘러 나간다. 이것은 **모의 급식** sham feeding이라고 불리는데, 식사가 칼로리를 제공하지 못한다는 의미에서 모의라는 용어를 사용한다. 모의 급식을 받은 동물은 정상적인 양을 먹고, 먹기를 멈춘다. 왜 그들은 계속 먹지 않고 멈추는가? 그 답은 다음 식사의 음식 섭취를 관찰하면 분명해진다. 동물은 식사가 전보다 칼로리를 덜 제공한다는 것을 학습하면 점차적으로 먹는 양을 증가시킨다(van Vort & Smith, 1987). 관의 뚜껑이 도로 막혀서 정상적으로 소화되면 동물은 이후 몇 번의 식사에서 '지나친' 양을 먹는다. 그러나 점차적으로 음식의 칼로리가 풍부하다는 것을 다시 학습하면 식사량이 정상 수준으로 감소한다. 이런 관찰을 통해 **조건화된 포만** conditioned satiety이란 가설이 출현했다—식사 후 느끼는 포만감은 최소한도 부분적으로는 학습의 산물이다(Booth, 1987).

인간도 조건화된 포만을 느낄 수 있다. 한 실험에서 사람들은 칼로리가 풍부한 특색 있는 음식으로 차려진 식사를 몇 번 하고 나서, 칼로리가 낮은 다른 음식으로 차려진 식사를 몇 번 했다. 나중에 참가자들은 겉보기에는 이전과 차이가 없어 보이지만 칼로리는 동일한 두 가지 음식을 제공받았을 때, 앞서 칼로리가 높았던 음식이 더욱 포만감을 준다고 했다(Booth, 1991). 성찬을 먹는 것을 상상하는 것조차도 나중에 덜 먹게 했다(Morewedge, Huh, & Vosgerau, 2010).

전형적으로 단맛의 소화는 칼로리를 제공함으로써 에너지를 공급한다. 그러나 음식이 사카린과 같은 인공감미료로 만들어진 경우처럼 이런 관계가 무너졌을 때 우리의 신체는 칼로리 섭취를 점차적으로 증가시킴으로써 보상을 하는데, 이 경우에 체중의 증가와 비만을 초래한다—이는 '무설탕'을 찾는 사람들이 원하는 결과가 아니다. 인공감미료를 먹는 사람이 보이는 역설적 효과는 인공감미료의 모의 유인가가 생리적인 항상성 과정을 방해하기 때문에 발생한다고 생각된다(Swithers & Davidson, 2008).

음식 유인과 항상성 추동 사이의 최종 상호작용 형태는 **내부 조절 쾌지각** alliesthesia이라고 불리는 현상인데(Cabanac, 2010), 이는 우리가 배고플 때 음식(특히 단 음식)이 더 맛있다는 것을 말한다. 더욱 일반적으로 내부 조절 쾌지각은 개인적인 불편을 교정해 주는 어떤 외적 자극이 즐거운 것으로 경험된다는 것을 의미한다. 예를 들면 사람들은 식사 후, 혹은 몇 시간 동안 음식을 먹지 않은 후 달콤한 음료의 맛을 평정하도록 요청받았을 때, 조금 전에 음식을 먹은 경우보다 배가 고플 때 동일한 음료에 대해 더 맛있다고 평정했다.

생리적 배고픔 단서

당신은 배가 고플 때 위가 때때로 꼬르륵거리는 것을 알 수 있을 것이다. 그 순간에 위의 벽은 근육 수축을 일으키고, 당신이 듣는 소리를 내는, 내용물이 보글보글하는 운동을 만들어 낸다. 위의 수축은 배가 고플 때 가장 빈번하고 위가 비었다고 느낄 가능성이 높다. 위의 수축과 배고픔 사이의 연합을 통해 초기 연구자들은 위에 있는 압력감지기가 위가 비었음을 탐지하여 수축과 심리적인 배고픔의 경험을 일으킨다고 가정하게 되었다. 나중에 심리학자와 생리학자는 우연적으로 동시에 일어난 사건일 뿐이라는 것을 발견했다. 수축으로부터 오는 위의 감각은 배고픔의 진정한 원인이 아니다. 실제로 의학적 이유 때문에 위가 외과적으로 제거되어서 음식이 직접 장으로 넘어가는 사람들도 심한 배고픔을 느낄 수 있다.

위는 배고픔의 변화에 중요한 수용기를 갖고 있지만 이 수용기는 일차적으로 화학적 성질을 띤다. 이는 배고픔의 느낌보다는 포만의 느낌과 더 관계가 있다. 그것은 위의 내용물 중 당분과 또 다른 영양물질에 의해 활성화되고, 신경신호를 뇌로 보낸다.

배고픔의 생리적 신호는 뉴런 및 또 다른 세포에 대한 실제의 칼로리원—신체에서 글루코스와 또 다른 영양물질의 수준—과 더 직접적으로 관계가 있다. 뇌는 자체적으로 가용한 칼로리의 부족을 알아내는 감지기를 갖고 있다. 당신은 뇌의 뉴런이 글루코스를 주요 에너지원으로 사용한다는 것을 기억할 것이다. 뇌의 특정 부위, 특히 뇌간과 시상하부에 있는 뉴런은 글루코스 수준에 민감하다. 그 수준이 너무 낮게 떨어지면 뉴런의 활동성이 방해를 받는다. 이것은 뇌의 나머지 부분에 신호를 보내서 배고픔을 발생시킨다. 그런 배고픔은 실험동물의 경우 먹이를 먹은 직후에도 인공적으로 유발될 수 있다. 뉴런이 글루코스를 연료로 소모하는 것을 방지하는 화학물질을 동물의 뇌에 주입하면 그 동물은 갑자기 먹이를 찾을 것이다. 뇌는 글루코스가 실제로 존재하지만 글루코스가 부족하다고 감지하는데, 뉴런이 글루코스 수준이 낮을 때와 같은 상태로 혼란되었기 때문이다.

말초 신호

배고픔은 우리가 포만감을 갖고 있지 않을 때 느끼는 것이다. 칼로리가 높은 음식이 위 또는 장에 있거나 신체의 칼로리 저장 수준이 높을 때 우리는 상대적으로 배가 부르다고 느낀다. 포만감이 감소할 때 배고픔이 따라온다. 그러므로 배고픔의 통제는 포만의 통제와는 반대이다.

많은 신체체계가 식사를 한 후 포만감을 느끼는 데 기여한다. 첫 번째 체계는 먼저 음식을 처리하는 신체의 부위(위와 장)로 구성된다. 위의 물리적 팽창과 음식 내의 화학물질은 위벽에 있는 수용기를 활성화한다. 이 수용기는 다른 많은 신체기관에서 오는 신호를 전달하는 미주신경을 통해 그 신호를 뇌에 전달한다. 두 번째 종류의 포만 정보는 위로부터 음식을 직접 받아들이는 장의 일부인 십이지장에서 온다. 이 신호는 신경을 통해서보다는 화학적으로 뇌에 전달된다. 음식이 십이지장에 도달하면 호르몬(콜레시스토키닌 또는 CCK)이 혈류에 방출된다. CCK는 생리적인 소화를 촉진하지만 심리적인 결과도 초래한다. 그것은 혈류를 통해 순환하다가 뇌에 도달하고 거기에서 특수한 수용기에 의해 탐지된다. 이것이 포만감을 산출하는 것이다. 미세한 양의 CCK가 식사를 시작한 직후에 뇌에 직접 주입된다면 배고픈 동물도 거짓 포만감을 느낄 수 있다(Smith & Gibbs, 1994).

놀랍게도 영양물질의 가용성에 관한 가장 민감한 뇌의 신호는 뇌와 음식, 양자로부터 분리되어 있는 신경수용기, 즉 간에 있는 신경신호로부터 발생한다(Friedman, 1990). 간에 있는 수용기는 음식물의 소화에 따른 혈액 내의 영양물질 변화에 아주 민감하다. 이 신호는 또한 미주신경을 통해 뇌에 전달된다. 배고픈 동물도 간으로 직접 가는 혈류에 소량의 영양물질이 주입된 직후에는 먹기를 멈춘다.

뇌가 자체 수용기보다 간으로부터 오는 신호에 더 의지하는 이유는 무엇인가? 간은 신체가 사용하는 다양한 영양물질을 더 정확하게 측정할 수 있기 때문이다. 뇌는 주로 글루코스를 탐지하지만 복합 탄수화물, 단백질, 지방과 같은 다른 형태의 영양물질은 간에 의해 측정되고, 저장되고, 때로는 다른 영양물질로 전환된다. 다양한 영양물질에 대한 일반적 '화폐 교환' 역할을 하는 간은 신체에 가용한 전체 에너지 저장에 관해 최선의 추정을 할 수 있다.

배고픔 신호의 통합

배고픔과 포만의 신호는 섭식 동기를 발현하기 위해 두 단계로 뇌에 의해 처리된다. 첫째로, 뇌 자체에 있는 배고픔 수용기로부터 오는 신호와 위, 간으로부터 전달되는 포만 신호는 전반적인 욕구 수준을 탐지하기 위해 뇌간에서 합쳐진다(Grill & Kaplan, 1990). 이 '통합된 배고픔 평가'는 뇌간에서 맛을 처리하는 감각신경계와 연결된다. 뇌간에 있는 미각 뉴런은 배고픔 및 포만 상태에 있는 동안 반응성을 변화시키는데(Scott & Mark, 1986), 이는 배가 고플 때 음식 맛이 더 좋은 이유 중 하나이다.

배고픔으로 알고 있는 의식적 경험을 하기 위해, 음식을 찾도록 자극하기 위해 뇌간의 배고픔 신호는 전뇌에서 추가적으로 처리되어야만 한다. 이런 처리를 위한 핵심적인 부위는 시상하부이다(그림 7.1 참조). 배고픔은 시상하부의 두 하위 영역—외측 시상하부(각 측면에 있는 부위)와 복내측 시상하부[아래(내측)의 중앙(내측)에 있는 부위]—을 조작함으로써 극적으로 다른 두 가지 방식의 영향을 받는다. 외측 시상하부의 파괴는 최소한도 나머지 뇌가 회복되어 보상을 할 때까지 외견상으로 완전한 배고픔의 상실을 초래한다(Teitelbaum & Epstein, 1962). 이 현상은 **외측 시상하부 증후군** lateral hypothalamic

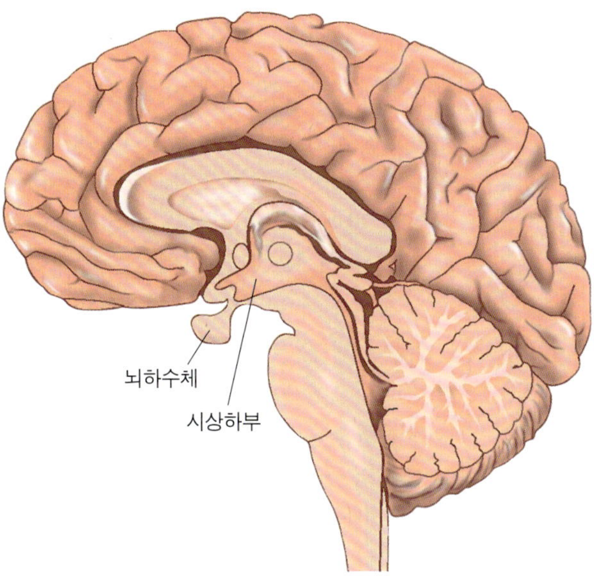

그림 7.1 시상하부와 뇌하수체.

syndrome이라고 불린다. 외측 시상하부에 작은 손상이 있는 동물은 단순히 음식을 무시할 것이다. 그들은 마치 맛이 나빠서 음식을 멀리하는 듯하다(예: 얼굴을 찡그리고 음식을 격하게 내뱉는다). 그들은 인위적으로 먹이를 공급받지 않으면 굶어 죽을 것이다. 거의 정반대의 행동 형태가 **복내측 시상하부 증후군** ventromedial hypothalamic syndrome에서 나타난다. 복내측 시상하부의 손상은 지나친 식욕을 초래한다. 그런 손상을 가진 동물은 게걸스럽게 먹고, 특히 음식이 맛있으면 과량의 음식을 다 먹어 버린다. 손상 동물이 정상 체중의 2배를 넘어 비만해질 때까지 체중 증가를 보인다는 것은 그리 놀라운 일이 아니다.

이러한 뇌 부위에 대한 다른 조작도 배고픔을 변화시키는 것 같다. 예를 들면 외측 시상하부의 전기 자극은 과식을 초래하는데, 외측 시상하부 손상 효과의 정반대이고 복내측 시상하부의 손상과 동일한 효과이다. 외측 시상하부에 전기 자극을 받은 동물은 자극이 시작되자마자 음식을 찾아 먹기 시작한다. 그리고 자극이 종료되면 먹기를 멈춘다. 반대로 복내측 시상하부의 자극은 배고픈 동물의 정상적인 섭식을 멈추게 한다.

시상하부에 대한 신경화학적 자극은 유사한 방식으로 작용한다. 예를 들어 뉴로펩티드 Y와 같은 화합물 혹은 모르핀과 같은 아편성 약물이 복내측 시상하부에 주입되면 섭식을 자극한다. 이 약물은 일시적으로 배고픔을 자극하거나 음식을 더 맛있게 만드는 것 같다. 암페타민과 같은 다른 약물은 외측 시상하부에 주입될 때 섭식을 멈추게 할 수 있다. 다이어트를 위해 많이 처방되는 약물은 암페타민과 화학적으로 유사하다. 그 약물은 시상하부에 있는 뉴런에 작용함으로써 식욕을 억제하는 것 같다.

1960년경에 배고픔에 대한 외측 시상하부와 복내측 시상하부의 중요성이 발견되었을 때, 심리학자들은 이 부위를 단순히 '배고픔 중추' 또는 '포만 중추'로 보는 경향이 있었다. 그 이후에 배고픔 중추 또는 포만 중추라는 개념은 여러 이유로 인해 지나친 단순화라는 것이 분명해졌다. 하나는 이 부위들이 뇌에서 배고픔 또는 포만을 위한 단 하나의 중추가 아니라는 것이다. 그 부위들은 그런 효과를 나타내기 위해 많은 다른 뇌 체계와 상호작용을 한다. 사실상 어느 정도 동일한 효과가 시상하부 대신 연관된 다른 뇌 체계를 조작함으로써 산출될 수 있다. 예를 들면 외측 시상하부를 조작하는 효과 중 다수가 단순히 시상하부를 통과하는 뇌의 도파민 체계를 조작함으로써 복제될 수 있다. 시상하부의 손상처럼 도파민을 포함하고 있는 축색다발의 손상은 섭식 행동이 사라지게 한다. 사실상 외측 시상하부를 손상한 많은 초기 연구는 도파민 체계와 외측 시상하부의 뉴런을 동시적으로 파괴했다. 반대로 전기 자극과 여러 약물에 의한 섭식의 유도는 부분적으로 뇌의 도파민 체계 활성화에 의존한다. 그래서 1~2개의 중추보다는 더 많은 신경해부학적 및 신경전달물질 체계가 식욕과 포만에 관여한다.

식욕을 다루는 많은 신경체계가 존재함에 따른 한 가지 결과는 단지 한 부위를 파괴함으로써 섭식 행동을 완전히 방해하는 것이 가능하지 않다는 것이다. 외측 시상하부가 손상된 동물의 경우라도 결국은 식욕이 복귀될 것이다. 쥐는 손상 후 몇 주 또는 몇 개월 동안 인위적으로 급식을 받으면 다시 먹기 시작할 것이나, 줄어든 체중을 유지하기에 충분할 정도만 먹을 것이다. 그 쥐는 낮아진 설정점에서 항상성을 유지하는 것처럼 보인다. 실제로 쥐가 손상 전에 체중을 낮추는 절식을 하면 시상하부의 손상에 따라 나타나는 섭식 상실로부터 '보호'를 받을 수 있다. 이것은 시상하부의 손상이 배고픔을 실질적으로 파괴하지 않는다는 것을 보여 준다. 대신에 그것은 통상적으로 배고픔을 통제하는 체중의 항상성 설정점을 높이거나 낮추는 것일 수 있다. 설정점을 변경하는 것은 서모스탯을 재설정하는 것과 같다. 그 체계는 새로 설정된 체중을 달성하려고 시도한다. 복내측 시상하부 손상의 효과도 이런 생각에 적합하다. 복내측 시상하부가 손상된 동물은 체중이 무한정 증가하지는 않는다. 궁극적으로 그들은 새로 정해진 비만 체중 수준에 도달하면 증가를 멈춘다. 그 점에 도달하면 새로운 설정점을 유지하기에 충분할 정도만 먹는다. 그러나 다이어트를 하여 체중을 설정점 이하로 떨어뜨렸더라도 마침내 기회가 주어지면 이전의 체중을 복구하기 위해 다시 과식을 한다. 일단 비만 수준에 다시 도달하면 체중 증가가 멈출 것이다.

복내측 시상하부의 손상은 과식과 비만을 초래한다.

비만

우리는 배고픔에서 항상성 과정을 강조했으나 섭식 행동은 항상성과 몇 가지 동떨어진 사실을 보인다. 어떤 사람의 체중은 항상성 견해가 제안하는 만큼 일정하지 않다는 것이다. 섭식의 항상성 조절로부터 가장 자주 있는 탈선—최소한도 인간의 경우—은 비만이다. **비만** obese은 적정 체중에서 30% 또는 그 이상 넘어설 경우로 정의된다. 세계적으로 어떤 나라들은 비만 인구의 심각한 증가를 겪고 있다. 현재 미국에서는 비만의 비율이 높아서 유행병으로 인정되고 있는데, 미국 성인의 36%가 이 기준에 도달하고 이 수치는 과거 20년 전에 비해 2배이다. 비록 유럽에서는 성인 비만의 비율이 일반적으로 훨씬 낮을지라도(영국에서는 성인의 24%가 비만으로 분류됨) 비만과 건강 문제 간의 연결은 심각한 사회적 관심을 모은다. 비만의 유병률(prevalence)은 상이한 집단에 따라 변동한다. 신체적 비만은 남녀에게 동등하게 발생하나 여성의 경우 과체중에 대한 심리적 지각이 더 흔하다. 미국에서는 남성의 47%에 비해 여성의 65%가 자신이 과체중이라고 여긴다(Burke et al., 2010).

대부분의 연구자는 비만이 신진대사, 영양, 심리적 · 사회적 요인을 포함하는 복잡한 문제라는 데 동의한다. 비만은 단일 장애가 아니라 뚱뚱함을 주요 증상으로 하는 다양한 장애이다(Rodin, 1981). 우리가 어떻게 비만하게 되는가를 묻는 것은 어떻게 파리에 도착하는가를 묻는 것과 같다—그 방법이 많고, 어떤 것을 선택하는가는 어디에서 오는가에 달려 있다. 어떤 경로를 거쳤든 체중 증가를 초래하는 요인은 크게 두 가지 범주, 즉 (1) 유전적 특질과 (2) 과잉 칼로리 섭취(과식)로 나누어진다. 개략적으로 말해서 어떤 사람은 다른 사람보다 더 많이 먹지 않는다고 할지라도 영양물질을 지방으로 대사하려는 유전적인 성향을 갖고 있기 때문에(신진대사적 이유) 혹은 지나치게 많이 먹기 때문에(심리적 또는 사회적 이유) 비만해질 수 있다. 두 요인은 모두 어떤 경우의 비만에 관여하고, 다른 경우에는 유전 또는 과식 중 하나가 원인이다.

유전적 요인

비만이 가족에 계승된다는 것은 오래전부터 알려져 왔다. 부모 중 누구도 비만이 아닌 경우에는 자녀의 10%만 비만이 되고, 부모 중 한 명이 비만이라면 자녀의 약 40%가 비만이 되며, 부모가 모두 비만일 경우 자녀의 약 70%가 비만이 된다(Gurney, 1936). 이런 통계치는 비만의 생물학적 바탕을 시사하지만 다른 해석도 가능하다. 예를 들면 자녀가 단순히 부모의 식습관을 모방했을 수도 있다. 그러나 최근의 발견은 비만의 유전적 기초를 강력히 지지한다.

쌍둥이 연구

비만에서 유전의 영향에 대한 증거를 얻는 한 가지 방법은 일란성 쌍둥이를 연구하는 것이다. 일란성 쌍둥이는 동일한 유전자를 갖고 있으며, 유전자는 체중 증가에 역할을 한다고 가정되므로, 일란성 쌍둥이는 체중 증가 패턴이 유사해야만 한다.

한 실험에서 12쌍의 일란성 쌍둥이(모두 남성)는 100일 동안 대학 기숙사에서 지내는 데 동의했다. 실험의 의도는 쌍둥이들의 체중을 증가시키는 것이었다. 그들은 하루에 1,000cal가 추가로 포함된 식사를 했다. 남자에게 1,000cal 추가 식사는 개략적으로 네 끼의 식사를 하는 것과 같다. 또한 그들의 신체 활동이 제한되었다. 그들은 운동이 허용되지 않았고, 대신에 독서하기, 앉아서 게임하기, TV 보기 등을 하는 데 많은 시간을 보냈다. 100일이 될 즈음 그들은 모두 체중 증가를 보였고, 증가된 양은 4~15kg의 범위였다. 그러나 핵심적인 요점은 각 쌍의 증가된 체중이 거의 차이가 없었다는 것이다. 달리 말하면 쌍둥이는 서로 동일한 양의 체중 증가를 보였다. 더구나 일란성 쌍둥이는 동일한 신체 부위에 살이 쪘다. 쌍둥이 중 한 명이 몸통에 살이 찌면 다른 한 명도 그랬고, 한 명이 엉덩이와 넓적다리에 살이 찌면 다른 한 명도 그랬다(Bouchard et al., 1990).

이 결과는 칼로리 섭취와 유전적 특질이 모두 체중의 증가에 영향을 미친다는 것을 분명하게 보여 준다. 이 연구에서 모든 남자가 체중 증가를 보였다는 사실은 칼로리 섭취의 증가가 체중을 증가시킨다는 것을 나타내며, 이는 그리 놀라운 일이 아니다. 증가된 체중의 양이 쌍둥이 간에는 다르지만 쌍둥이 내에서는 다르지 않다는 사실은, 칼로리 섭취가 증가할 때 체중 증가의 양을 유전적 요인이 결정한다는 것을 시사한다.

그 결과는 비만인 사람이 그렇지 않은 사람보다 반드시 더 많이 먹는다고 가정할 수 없는 이유를 분명하게 해 준다. 대략적으로 동일한 양을 먹었음에도 불구하고(1,000cal 추가) 쌍둥이들 간에는 증가된 체중의 양이 다르다. 이런 차이는 그들의 신체가 추가 칼로리를 대사하는 방식에서 발생하는 것 같다. 어떤 사람의 신체는 칼로리의 대다수를 지방으로 저장하는 경향을 보이고, 또 어떤 사람은 먹은 양과 무관하게 상이한 대사 과정을 통해 동일한 칼로리를 태워 버리는 것 같다(Ravussin et al., 1988).

한 비판은 방금 언급한 연구를 지나치게 중요시하는 것에 대해 반대하는 것 같다. 일란성 쌍둥이는 동일한 유전자를 가졌을 뿐만 아니라 매우 유사한 환경에서 성장한다. 아마도 환경적 요인이 일란성 쌍둥이가 유사한 체중 증가를 보이는 데 관여할 수 있다. 우리는 분리되어 양육된 일란성 쌍둥이를 대상으로 연구하여 그들이 얼마나 유사한 체중 증가를 보이는가를 살펴볼 필요가 있다. 스웨덴에서 이러한 연구가 수행되었다(Stunkard et al., 1990). 연구자는 분리되어 양육된 93쌍의 일란성 쌍둥이, 함께 양육된 153쌍의 일란성 쌍둥이의 체중을 연구했다. 분리되어 양육된 쌍둥이는 놀라울 정도로 유사한 체중을 보였고, 실제로 그들은 함께 양육된 쌍둥이만큼이나 유사했다. 유전자는 분명히 체중과 체중 증가의 주요 결정 요인이다.

지방세포

유전자가 체중 증가에서 중요한 역할을 한다는 것을 놓고 볼 때 우리는 그 세부적 역할을 알고자 한다. 특히 유전자의 영향을 받아서 체중의 증가를 중개하는 소화 및 대사 과정은 무엇인가? 한 가지 대답은 체지방이 저장되는 지방세포를 포함한다. 정상 성인 대부분의 신체에는 300억~400억 개의 지방세포가 있으나, 보통 미국 성인의 과체중 정도에 따라 그 수치는 25~35% 이상 변동된다. 추가 변동은 지방세포의 수 때문이라기보다는 그 크기에 기인한다. 우리가 더 많은 칼로리를 섭취하지만 소비하는 데 실패하면 지방세포의 크기가 더 커진다.

한 연구에서는 실험 참가자 중 비만인 사람이 정상적인 사람보다 3배나 더 많은 지방세포를 가졌다는 것을 발견했다(Knittle & Hirsch, 1968). 다른 연구에서는 지방세포를 2배 더 가진 쥐가 통제집단 쥐보다 2배 더 살이 찌는 경향이 있다는 것을 보여 주었다. 그리고 연구자가 어린 쥐의 지방세포의 일부를 잘라 내어 같은 어미에게서 나온 형제에 비해 지방세포 수를 반 정도로 줄였을 때, 그 쥐는 성장해도 형제에 비해 체중이 절반밖에 되지 않았다(Faust, 1984; Hirsch & Batchelor, 1976). 유전자와 지방세포의 수 사이에 관계가 있고 지방세포의 수와 비만 사이에 관계가 있기 때문에 유전자는 비만과 관련이 있다.

다이어트와 설정점

사람들이 다이어트 약물을 복용할 때 다양한 사건이 발생할 수 있다. 그 약물은 식욕을 직접적으로 억제하여 배고픔의 느낌을 감소시킨다. 다른 약물은 식욕을 직접 억제하기보다는 설정점—신체가 유지하려고 애쓰는 체중의 설정점—을 낮춘다. 예를 들면 펜플루라민 같은 다이어트 약물이 이런 효과를 보인다고 제안되었는데(Stunkard, 1982), 이 약물은 심장병의 위험으로 인해 사용되지 않는다. 그 효과는 체중이 낮아진 설정점보다 높을 경우에는 직접적인 식욕 억제 효과와 같다. 일단 체중이 낮은 수준으로 내려가면 식욕은 체중을 유지하는 데 필요한 정도로 회복된다. 그 사람이 다이어트 약물 복용을 중단하면 설정점은 원래의 높은 수준으로 복귀하고, 줄었던 체중은 다시 늘어나게 될 것이다. 마지막으로, 니코틴과 같은 약물은 세포의 대사율을 높임으로써 보통 때보다 더 많은 칼로리를 소모하게 하여 체중을 줄이는 것을 도와준다.

설정점 가설이 심리학자 사이에서 인기를 얻게 된 한 가지 이유는 비만인 성인과 성숙한 동물이 다이어트를 중단한 후 원래의 체중으로 되돌아가려는 강한 경향성 때문이다. 방금 기술된 젊은 쥐와는 대조적으로, 성숙한 쥐를 대상으로 지방 흡입을 이용하여 저장된 지방을 외과적으로 제거하는 시술은 영구적인 체중 감소를 초래하지 않는 것처럼 보인다. 성숙한 쥐는 다른 신체 부위에서 지방을 복구한다. 이런 결과는 비만인 성인에게 시행된 지방 흡입의 경우에도 사실인 것 같다(Vogt & Belluscio, 1987).

어떤 연구자는 일단 지방 조직이 성숙한 수준에 도달하면 그 수준을 유지한다고 제안했다. 뇌는 체지방 수준의 변화를 탐지하고 이에 따라 배고픔에 영향을 준다(Weigle, 1994). 예를 들면 생쥐의 경우 '비만 유전자'는 화학적 '포만 신호'를 발생시키는 지방세포의 능력을 통제하는 것으로 생각된다(Zhang et al., 1994). 이 유전자가 결핍된 생쥐는 비만이 된다. 보통 우리는 체지방을 많이 가질수록 더 많은 포만 신호가 혈액으로 방출된다. 인간의 비만이 이런 포만 요인 또는 유전자의 장애와 관련되었는가는 아직 알려지지 않았다. 그러나 지방 저장 수준이 일정하게 유지될 가능성은 일부 비만인 사람이 다이어트를 해서 줄인 체중이 곧 복구되는 이유를 설명해 줄 것이다.

요컨대 유전자가 과다한 체중 증가와 관련될 수 있으려면 다수의 큰 지방세포, 높은 설정점, 낮은 신진대사율을 포함하여 다양한 경로가 있다.

과식

지방 조절, 신진대사율과 같은 생리적 요인이 체중의 중요한 결정 요인일지라도 과식이 비만을 초래할 수 있다는 것은 의문의 여지가 없다. 과식에 영향을 미치는 심리적 요인은 의식적 절식의 실패와 정서적 각성을 포함한다.

의식적 절식의 실패

어떤 사람은 다이어트를 한 후에도 계속 폭식을 하여 비만 상태를 벗어나지 못한다. 비만인 사람은 다이어트를 2일 만에 멈추고 난 다음 너무 과식을 하여 마침내는 다이어트를 전혀 하지 않았을 때보다 더 많은 칼로리를 섭취할 수도 있다. 다이어트는 의식적 절식이므로 통제의 실패는 칼로리 섭취를 증가시키는 요인이다.

의식적 절식의 역할을 좀 더 자세히 이해하기 위해 연구자는 다이어트, 체중 기록, 음식 먹기에 대한 관심에 관한 질문지를 개발했다(예: 당신은 얼마나 자주 다이어트를 하는가? 당신은 다른 사람 앞에서는 조절하여 먹는가, 혼자 있을 때는 과식을 하는가?). 그 결과 거의 모든 사람이—날씬하든, 보통이든, 과체중이든 간에—두 범주 중 하나, 즉 의식적으로 절식을 하는 사람과 그렇지 않은 사람으로 분류되었다. 게다가 실제 체중과 무관하게, 절식을 하는 사람의 섭식 행동은 절식 없이 먹는 사람보다는 비만인 사람의 행동에 더 가까웠다(Herman & Polivy, 1980; Ruderman, 1986).

실험실 연구는 절식을 그만두었을 때 무슨 일이 발생하는가를 보여 준다. 정상 체중이면서 절식하는 사람과 절식을 하지 않고 먹는 사람에게 두 컵의 밀크셰이크, 한 컵의 밀크셰이크를 마시도록, 혹은 아무것도 마시지 말도록 하고, 그다음에 몇 가지 향을 지닌 아이스크림을 원하는 만큼 먹도록 했다(Herman & Mack, 1975). 절식 없이 먹는 사람은 밀크셰이크를 더 많이 마시도록 요구받을수록 나중에 아이스크림을 덜 먹었다. 그러나 두 컵의 밀크셰이크를 사전에 먹었던 절식하는 사람은 한 컵의 밀크셰이크를 먹었던 사람 또는 아무것도 먹지 않았던 사람보다 아이스크림을 더 많이 먹었다. 따라서 더 많이 먹고 싶은 정상적인 섭식 충동을 무시함으로써 음식을 줄이려고 애쓰는 사람은 정상적인 경우에 음식을 먹으려는 욕망을 중지시키는 포만감을 무시하게 된다. 역설적으로 이는 다이어트를 하려는 의식적 노력이 흔히 실패하는 이유이다.

정서적 각성

과체중인 사람은 긴장하거나 걱정을 할 때 흔히 더 많이 먹는다고 보고하며, 실험 결과는 이 보고를 지지한다. 실험 참가자 중 비만인 사람은 불안이 낮은 상황보다 불안이 높은 상황에서 더 많이 먹지만, 정상 체중인 사람은 불안이 낮은 상황에서 더 많이 먹는다(McKenna, 1972). 다른 연구는 어떤 유형의 정서적 각성이 일부 비만인 사람의 음식 섭취를 증가시킨다는 것을 보여 준다. 한 연구에서 과체중인 사람과 정상 체중인 사람은 네 번의 시기에 각각 상이한 내용의 필름을 보았다. 이 필름 중 세 가지는 다양한 정서를 각성시키는데, 각각은 비참하고, 즐겁고, 성적으로 각성을 시킨다. 네 번째 필름은 지루한 여행담이었다. 참가자는 그 필름을 각각 본 후에 다른 종류의 크래커를 맛보고 평가했다. 비만인 참가자는 여행담을 본 후보다는 각성을 시키는 필름을 본 후에 더 많은 크래커를 먹었다. 정상 체중인 사람은 보았던 필름과 무관하게 동일한 양의 크래커를 먹었다(White, 1977).

정서적 스트레스가 섭식을 유발하는 능력은 다른 동물에서도 관찰되었다. 이것은 스트레스가 어떤 조건에서 과식을 초래하는 기본적인 뇌 체계를 활성화할 수 있음을 의미한다(Rowland & Antelman, 1976).

다이어트와 체중 통제

비록 유전적 요인이 무리 없이 줄일 수 있는 체중의 양을 제한하더라도 과체중인 사람은 체중 조절 프로그램으로 체중을 줄일 수 있다. 어떤 프로그램이 성공적이기 위해서는 극단적인 다이어트 이외의 다른 어떤 것을 포함해야만 한다.

다이어트의 한계

불행하게도 다이어트를 하는 사람들은 대부분 성공하지 못하고, 체중을 줄이는 데 성공한 사람도 다이어트를 멈춘 후에 다시 체중이 증가한다. 이런 상황은 일시적인 음식 박탈(이것이 실제의 다이어트임)에 대한 두 가지 고질적인 반응에 기인한다. 첫 번째 반응은 박탈 그 자체가 나중에 과식을 초래할 수 있다는 것이다. 어떤 실험에서 쥐는 처음에 4일 동안 먹이가 박탈되었고, 그다음에 정상 체중을 회복할 때까지 먹도록 허용되었으며, 마지막에는 원하는 만큼 음식을 먹도록 허용되었다. 이 쥐는 박탈 경험이 없었던 통제집단의 쥐보다 먹이를 더 많이 먹었다. 그래서 사전의 박탈은 과식을 초래하여 줄였던 체중이 회복된 후에도 과식을 초래했다(Coscina & Dixon, 1983).

두 번째 관심거리인 반응은 박탈이 신진대사율을 감소시키고, 신진대사율이 낮을수록 칼로리를 더 적게 소비함으로써 체중이 더 증가한다. 결과적으로 다이어트 중의 칼로리 감소는 부분적으로 신진대사율의 감소에 의해 상쇄됨으로써 다이어트를 하는 사람의 목표 달성을 어렵게 한다. 다이어트에 의해 초래되는 신진대사율의 감소는 많은 사람들이 계속적인 다이어트를 통해서도 체중을 줄이기가 더욱더 어려워지는 이유를 설명해 준다. 신체는 매번의 다이어트에 대해 신진대사율의 감소로 반응한다(Brownell, 1988).

다이어트에 대한 두 가지 반응—과식과 신진대사율의 저하—은 진화적 용어로 이해될 수 있다. 인간사에서 아주 최근까지 사람은 음식이 부족한 환경 때문에 박탈을 경험했다. 음식 부족에 대한 한 가지 적응적 반응은 과식, 그리고 음식을 먹을 때마다 가능한 한 신체에 많이 저장하는 것이다. 자연선택은 박탈 이후에 과식하는 능력을 장려했을 것이고, 그것이 과식 반응을 설명해 준다. 환경의 음식 부족에 대한 두 번째 적응적 반응은 유기체가 제한적인 칼로리를 소비하는 비율을 감소시키는 것으로, 그래서 자연선택은 음식이 박탈되는 동안 신진대사율을 낮추는 능력을 배양했을 것이다. 이것은 관심거리가 되는 두 번째 반응을 설명해 준다. 수천 년 동안 두 가지 반응은 식량이 부족할 때 종의 생존을 도왔을 테지만, 일단 식량 부족이 문제가 되지 않으면—오늘날 대부분의 경제 선진국에서—그 반응은 비만 때문에 다이어트를 하는 사람의 체중 감소 노력을 끊임없이 방해한다(Polivy & Herman, 1985).

식욕부진증과 폭식증

비만이 가장 공통적인 섭식 문제이지만 그 반대 문제도 신경성 식욕부진과 폭식의 형태로 표면화되었다. 이러한 장애는 모두 체중을 증가시키지 않으려는 병리적 욕망을 포함하고, 특히 여성에게서 많이 나타난다.

신경성 식욕부진 anorexia nervosa은 개인의 최소 정상 체중에 최소한 15% 미달하는, 극단적이고 스스로 좋아서 하는 체중 감소로 특징지어지는 장애이다. 일부 식욕부진증 환자는 사실상 정상 체중의 50% 미만을 유지한다. 체중의 극단적인 상실과 그로 인해 초래되는 문제에도 불구하고 전형적인 식욕부진증 환자는 자신이 문제가 있다는 것을 부정하고 체중 늘리기를 거부한다. 사실상 식욕부진증 환자는 스스로 너무 살이 쪄 보인다고 생각한다. 식욕부진증 환자로 진단된 여성은 체중 감소와 더불어 월경도 중지된다. 체중 감소는 심신 쇠약, 감염에 대한 취약성, 다른 영양결핍 증후를 포함하는 다수의 위험한 부작용을 초래할 수 있다. 이런 부작용으로 사망할 수도 있다.

식욕부진증은 비교적 드물다. 서구 유럽과 미국에서는 그 유병률이 약 0.3%이다. 그러나 1970년대 이래로 안정되는 것처럼 보일지라고 1950년대에 비해서는 2배 이상이다(Hoek & van Hoeken, 2003). 식욕부진증은 남성보다 여성에게 20배나 더 발병하고, 대다수의 식욕부진증 환자는 10~30대의 젊은 여성이다. 일반적으로 식욕부진증 환자는 전적으로 음식에 집중적인 관심을 갖는데, 자신이 먹은 것은 무엇이든 칼로리의 양을 주의 깊게 계산한다. 때때로 이런 관심은 "물론 나는 아침으로 아침 식사용 시리얼을 조금 먹었다." 또는 "나는 우표도 핥지 않으려고 한다. 사람들은 칼로리에 대해 전혀 알지 못한다."라고 언급할 때처럼 강박증 수준에 도달한다(Bruch, 1973). 음식에 대한 이런 강박증과 체중 증가의 가능성은 때때로 하루에 7시간을 격렬히 운동하는 강박적 운동 중독자로 만든다(Logue, 1991).

폭식증 bulimia은 폭식(불연속적인 시간 주기로 다량의 음식을 신속히 먹는 것)과 이에 따르는 구토 혹은 설사로 폭식한 음식 내보내기의 순환적 에피소드로 특징지어진다. 폭식은 빈번히 나타나고 극단적일 수 있다. 폭식증을 가진 여성에 대한 조사에서는 대부분의 여성이 최소한 하루에 한 번(보통 저녁 식사 시에) 마음껏 먹고, 평균적인 폭식이 4,800cal(종종 달거나 짠 탄수화물 음식)에 달한다는 것을 발견했다. 그러나 폭식에 따르는, 섭취한 음식을 구토하거나 배설하는 행동 때문에 폭식증인 사람의 체중은 비교적 정상적으로 유지되는데, 이는 섭식장애를 은폐할 수 있게 해 준다. 그러나 이런 행동은 심한 생리적인 대가를 초래할 수 있다. 토하는 것 또는 설사제를 복용하는 것은 신체의 칼륨 균형을 파괴하고, 이는 탈수, 심장부정맥, 비뇨기 감염과 같은 문제를 야기할 수 있다.

식욕부진증처럼 폭식증은 일차적으로 젊은 여성을 괴롭힌다. 그러나 폭식증은 식욕부진증보다 발병 빈도가 높은데, 추정에 의하면 유럽과 미국에서 1.1%는 완전히 폭식증으로 진단되고, 5.4% 이상은 최소한 일부 증상을 나타낸다(Hoek & van Hoeken, 2003).

연구자는 식욕부진증과 폭식증에 대해 사회적 · 생물적 및 성격 또는 가족 요인을 포함하는 다양한 원인을 제안했다. 어떤 사람에게서 섭식장애가 나타나는 데는 아마도 이 몇 가지 요인이 함께 작용할 것이다.

사회문화적 원인

많은 심리학자들은 사회 및 문화 요인이 식욕부진증과 폭식증에 주요한 역할을 한다고 제안했다. 특히 그들은 서구 사회가 여성의 날씬함을 강조하는 것을 지적한다. 이런 강조는 과거 40년 동안 주목할 만하게 증가했는데, 섭식장애의 발병도 이 시기 동안 증가했다는 관찰과 일치한다. 이런 추세의 지표는 사람들이 생각하는 '완전한' 여성의 모습의 변화이다. 여기서 제시된 사진은 1950년대에 이상적인 체형을 가진 것으로 널리 생각되었던 제인 맨스필드와, 그 옆에는 오늘날의 이상적인 체형을 반영하는 여배우 니콜 키드먼이다. 키드먼은 맨스필드보다 특히 엉덩이와 넓적다리가 매우 날씬한데, 이는 대부분의 여성이 심하게 불만을 느끼는 신체 부위이다.

그러나 얼마나 정확하게 '이상적인' 여성 신체에 대한 미디어의 이미지가 스며들고, 높은 섭식장애의 발생률을 설명하는가? 이 과정에 대한 통찰은, 시각적 대중매체에서 그리고 실제적인 대인 접촉에서 여성의 신체를 성적으로 대상화하는 문화에서 자란 것이 근본적으로 어떻게 소녀나 성숙한 여성의 자기 견해와 안녕감을 변화시키는가에 대한 사회문화적 설명인 **대상화 이론** objectification theory에 의해 제공된다(Fredrickson & Roberts, 1997; Fredrickson et al., 2011). 성적 대상화는 어떤 사람이 타인에 의해 신체의 가치를 무엇보다 성적 도구(또는 성교)로 취급받을 때 언제나 발생한다. 성적 대상화는 비인간적 형태의 대인 존중이다. 그것은 표적인 사람의 완전한 인간성을 관찰자의 이득을 위해 비인격적 대상의 지위로 격하시킨다.

성적으로 여성의 신체를 대상화하는 문화적 관습에의 반복 노출로 인한 처음의 심리적 결과는, 이론이 주장하듯이 어린 또는 성숙한 여성이 여성의 신체를 대상화하는 상대 관찰자의 관점을 내면화하는 것을 학습한다는 것이다. 신체적 외모에 대한 선입견은 **자기대상화** self-objectification라고 불린다. 요컨대 자기대상화는 어떤 사람이 특별한 혹은 관찰 가능하지 않은 신체적 속성에 초점을 두는 일인칭의 조망(내가 어떻게 느끼는가?)보다는 관찰 가능한 신체 속성에 초점을 두는 삼인칭의 조망(내가 어떻게 보이는가?)으로 자신의 신체를 생각하고 가치 있게 여기는 것을 의미한다. 자기대상화는 비교적 안정된 특질—일부 소녀나 성숙한 여성이 다른 사람보다 더 자기대상화를 하는 것—로서 그리고 일시적 상태—어떤 상황이 다른 상황보다 더 자기대상화를 향하도록 하는 것—로서 개념화된다(Breines et al., 2008). 자기대상화는 다양한 인종 배경을 가진 여성(Hebl et al., 2004)과 동성애 남성(Martins et al., 2007)에게 영향을 미치는 것으로 나타났다.

대상화 이론은 자기대상화가 일정 범위의 심리적 · 정서적 반응을 초래한다고 주장한다. 무엇보다 먼저 자기대상화는 신체의 외양을 끊임없이 살피는 것으로 특징지어지는 자의식을 초래한다. 외모에 대한 선입견은 어떤 사람의 의식 흐름을 방해함으로써 그 사람이 다른 활동에 전념할 심적 자원을 제한한다. 그것은 또한 수치감과 불안의 증가 그리고 긍정적 정서와 성적 쾌감의 감소를 포함하는 예측 가능한 정서반응을 일으킨다. 시간이 가면 이런 정서반응이 축적되어 혼합될 수 있으므로, 이는 어떤 건강과 정신건강 문제가 특히 소녀와 성숙한 여성을 괴롭히는 이유를 설명해 준다. 이런 문제 중 주요한 것은 다양한 형태의 섭식장애인데, 식욕부진증과 폭식증 및 일반적으로는 절식(다이어트)을 포함한다. 그러나 그 이론은 여기서 멈추지 않는다. 대상화 이론은 우울과 성기능장애의 성차를 설명해 준다.

이런 세 가지 문제(섭식장애, 우울, 성기능장애)의 위험성은 성별뿐만 아니라 연령에 따라서 일어난다. 흥미롭게도 그 위험성은 관찰 가능한 인생의 발달 과정에서 여성의 신체 변화와 보조를 맞추어 변화한다. 이러한 변화는 초기 소녀기에 출현하고 후기 중년기의 여성은 감소한다. 대상화 이론은 여성이 생식 잠재력을 갖고 있는 시기 동안에 가장 성적 대상화의 표적이 되고, 이런 사실은 인생의 발달 과정에 걸쳐 변화하는 위험성의 형태를 설명한다고 표명했다.

생물학적 원인

성적 대상화의 문화적 메시지에 노출된 모든 사람이 섭식장애를 발달시키는 것은 분명 아니다. 어떤 생물학적 취약성이 섭식장애를 발달시킬 경향성을 증가시킬 것이다. 어떤 가설은 식욕부진증이 섭식을 조절하는 역할을 하는 시상하부의 기능 이상에 의해 초래된다는 것이다. 식욕부진증을 보이는 사람은 시상하부의 기능 저하, 그리고 시상하부의 정상 기능에 몇 가지 중요한 신경전달물질의 이상을 보인다(Fava et al., 1989). 폭식증에 관해서는 기분 조절과 식욕(Mitchell & deZwann, 1993)에서 혹은 의사결정과 충동 조절에 영향을 미치는 집행 기능(Brand et al., 2007)에서 역할을 하는 신경전달물질인 세로토닌의 결핍이 있을 것이다.

가족적 원인

성격과 가족 요인도 식욕부진증과 폭식증에 영향을 미칠 것이다. 섭식장애를 가진 젊은 여성은 '완전함'과 극단적 자기통제를 강조하지만 온화함이나 갈등의 표현이 허용되지 않는 가족에서 발생한다(Bruch, 1973; Minuchin et al., 1978). 일부 젊은 여성은 섭식 습관을 통제함으로써 부모에 대한 통제와 부모로부터 관심의 표현을 얻으려고 추구하고, 마침내 식욕부진증을 발달시킨다. 다른 여성은 정서적인 혼란을 느끼거나 또는 자신의 낮은 자존감을 고통스럽게 느낄 때 폭식을 나타낼 것이다(Polivy & Herman, 1993).

섭식장애를 가진 사람이 건강한 섭식 습관을 회복하고, 직면한 정서적 문제를 처리하는 것을 돕기 위해 고안된 치료는 유용하다는 것이 입증되었다(Agras, 1993; Fairburn & Hay, 1992). 세로토닌 수준을 조절하는 약물도 도움이 될 수 있는데, 특히 폭식증을 가진 사람들에게서 그렇다(Mitchell & deZwann, 1993). 그러나 식욕부진증과 폭식증은 심각한 장애이고, 그런 증후를 가진 사람은 종종 수년간 심각한 문제를 계속 겪는다.

정서의 요소

정서 emotion는 사람이 자신의 현재 환경을 해석(혹은 평가)하는 방식에서 짧고도 다중 요소를 가진 변화이다. 자신의 현재 환경을 자신에게 나쁜 것으로 평가할 때 부정 정서가 발생하고, 좋은 전망 혹은 행운으로 등록할 때 긍정 정서가 발생한다. 강한 정서에는 최소한 6개의 요소가 있다(Frijda, 1986; Lazarus, 1991b). 전형적으로 정서는 어떤 사람이 현재 환경의 개인적 의미를 평가하는 **인지 평가** cognitive appraisal에서 시작한다(그림 7.2 참조). 이 평가 과정이 정서의 첫 번째 요소로 여겨진다. 우리가 가장 자주 인식하는 요소는 정서의 **주관적 경험** subjective experience이다—정서가 초래하는 감정 상태 또는 느낌의 상태. 세 번째로 밀접하게 관련된 요소는 사고와 행동 경향성(thought and action tendency)—어떤 방식으로 생각하고 행동하려는 충동—을 포함한다. 예를 들면 어떤 것이 흥미를 자극할 때 당신은 그것을 탐색하고 그것에 대해 더 많은 것을 알려고 노력한다. 어떤 사람이 화나게 했을 때 당신은 신체적 또는 언어적으로 공격하고 싶을 것이다. 네 번째 요소는 내적인 신체 반응, 특히 심장과 또 다른 평활근을 통제하는 말초신경계인 **자율신경계** autonomic nervous system의 반응을 포함한다. 예를 들면 당신이 두려워할 때 가슴에 있는 심장이 두근거리며 뛰기 시작하고 손바닥은 땀에 젖는다. 정서의 다섯 번째 구성요소는 얼굴의 여러 부위를 특정 방식으로 움직이는 근육 활동인 **얼굴 근육 운**

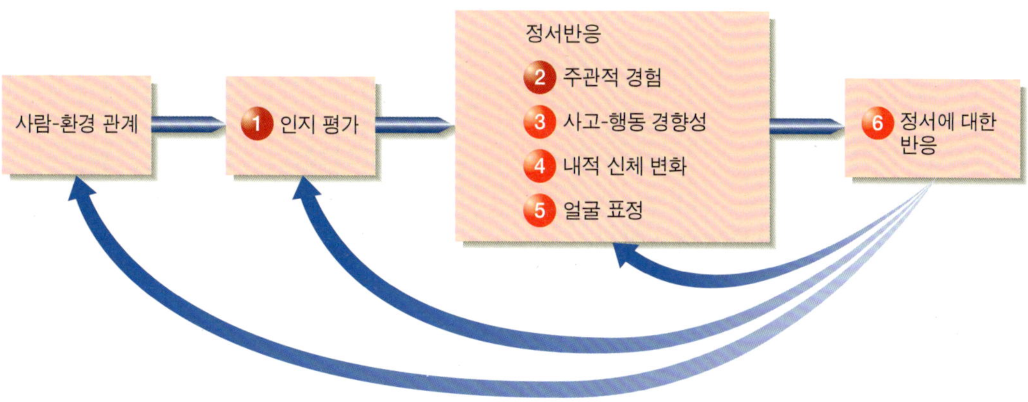

그림 7.2 정서 과정의 개요도. 정서의 여섯 가지 구성요소는 어떤 사람-환경의 관계에 의해 기술된다.

개념 설명
정서 과정의 여섯 가지 구성요소

인지 평가	어떤 사람의 현재 환경에 대한 개인적 의미의 평가
주관적 경험	사적 경험을 채색하는 감정 상태 또는 느낌
사고-행동 경향성	특정 방식으로 생각하거나 행동하려는 충동
내적 신체 변화	생리적 반응, 특히 심박률, 땀 분비선 활동의 변화와 같은 자율신경계를 포함
얼굴 근육 운동	얼굴의 여러 부위(뺨, 입술, 코, 눈썹 등)를 특정 형태로 움직이는 근육 수축
정서에 대한 반응	사람들이 자신의 정서와 그 정서를 일으키는 상황을 조절하거나, 그것에 대해 반응하거나 대처하는 방식

동 facial muscle movement을 포함한다. 예를 들면 당신이 혐오를 경험할 때, 마치 당신에게 엄습하는 어떤 것의 냄새와 모습을 차단하려는 것처럼 윗입술을 치켜 올리고 눈을 조금 감으면서 눈살을 찌푸릴 것이다. 마지막 구성요소는 사람이 자신의 정서 또는 그것을 유발하는 상황에 대해 어떻게 대처하거나 반응하는가를 의미하는 **정서에 대한 반응** responses to emotion을 포함한다. 이런 다양한 요소를 개념 설명에서 요약했다.

여섯 가지 요소 중 어떤 것 하나만으로는 정서가 아니다. 그 요소는 특정 정서를 유발하기 위해 함께 나타난다. 정서를 복합체계로 보는 것은 정서를 밀접하게 관련된 상태인 기분 같은 것과의 구분을 도와준다. 정서는 다양한 면에서 기분과 다르다. 첫째로, 정서는 일반적으로 어떤 분명한 이유를 갖고 있다. 정서는 어떤 것 또는 어느 누구에 관한 것이다(Beedie et al., 2005; Oatley et al., 2006). 당신은 누이에게 화를 냈다. 당신은 그랜드캐니언에 압도당했다. 반면에 **기분** mood은 종종 막연하고 확산된 감정 상태이다. 당신은 어느 날 알 수 없는 이유로 화가 나고, 다음 날에는 명랑해진다. 이것이 두 번째 차이를 일으킨다. 정서는 전형적으로 몇 초 또는 몇 분 정도 짧게 지속되지만 기분은 몇 시간이나 며칠까지 오래 지속된다(Beedie et al., 2005). 세 번째 차이는 앞에서 기술했듯이 정서는 전형적으로 다중 요소체계와 관련되어 있지만, 기분은 주관적 경험의 수준에서만 두드러진다는 것이다(Rosenberg, 1998). 마지막으로, 정서는 종종 공포, 분노, 기쁨, 흥미와 같이 분리된 범주에 맞추어 개념화된다. 반면에 기분은 유쾌함과 각성 수준의 차원에서 변동하는 것으로 개념화된다. 그러나 이 마지막 입장은 아직도 뜨거운 논쟁거리이다.

많은 정서 이론가는 정서에 관해 시스템 조망을 취하는데, 어떤 정서의 요소는 상호적 효과를 갖는 것으로 보인다. 달리 말하면 각 요소는 다른 요소에 영향을 줄 수 있다. 그림 7.2는 정서가 인지 평가를 통해서(Reisenzein, 1983) 전개되는 전형적인 방식을 요약해 주는 반면에, 실험실 실험은—생리적 각성 또는 어떤 얼굴 근육 운동 같은—정서의 다른 요소를 먼저 도입하는 것이 전체적인 다중 요소의 정서 과정을 점화할 수 있다는 것을 보여 주었다. 당신이 4층 계단을 뛰어 올라가서 가슴이 마구 뛰는 상태로 기숙사 방에 도착한 경우를 예로 살펴보자. 그런 각성 상태에서 당신은 룸메이트의 모호한 표현(예: "머리 모양이 멋져.")을 모욕과 폭언으로 평가할 가능성이 높다. 현대의 정서 연구에서 결정적인 물음은 각 정서 요소의 세부적 성질과 그것들이 서로 영향을 주는 구체적 기제에 관한 것이다. 예를 들면 한 종류의 물음은 각 요소의 기능에 관한 것이다. 정서는 왜 주관적 경험을 채색하는가? 왜 신체적 변화를 유발하는가? 왜 얼굴에 나타나는가? 다른 종류의 물음은 다양한 요소의 반응이 정서 경험의 강도에 영향을 미치는 방식에 관한 것이다. 당신은 자율신경계의 각성을 더 높게 경험할 때 분노를 더 느끼는가? 실제로 당신은 자율신경계의 각성이 없다 해도 분노를 느낄 수 있는가? 유사하게, 당신의 분노 강도는 어떤 종류의 생각을 하는 것 혹은 얼굴 표정을 짓는 것에 의존하는가? 정서의 강도(intensity)에 관한 물음과는 대조적으로, 어떤 정서 요소가 상이한 정서를 달리 느끼게 하는 것과 관련 있는가에 관한 물음도 있다. 강도에 관한 물음과 분화(differentiation)에 관한 물음의 차이를 평가하기 위해, 자율신경계 각성이 우리의 정서를 증가시키지만 각성의 패턴은 대략적으로 몇몇 정서에서 동일할 가능성을 살펴보자. 이 경우에 자율신경계 각성은 정서를 구분해 줄 수 없다.

이 물음은 이 장에서 인지 평가, 주관적 경험, 사고-행동 경향성, 내적 신체 변화, 관찰 가능한 얼굴 근육 운동을 고려할 때 지침이 될 것이다. 우리는 또한 자신의 정서에 대한 다른 사람의 반응과 자신의 정서 경험을 조절하려는 시도를 살펴볼 것이다. 그다음으로 정서에서 성별과 문화적 차이를 논의할 것이다. 끝부분에서는 긍정 정서를 중심 주제로 하는 비교적 새로운 분야인 긍정심리학을 살펴볼 것이다. 자신의 행복과 건강을 향상할 수 있는 방법을 강조하기 때문에 이 신생 연구 분야는 광범위한 실용적 적절성을 갖고 있다. 이 장 전체에 걸쳐 분노, 공포, 기쁨과 같은 가장 강하고 전형적인 정서에 주로 관심을 둘 것이다. 그래도 우리의 논의에서 나타나는 관념과 원리는 다양한 감정에 적절할 것이다.

인지 평가와 정서

그림 7.2에서 첫 번째 상자는 **사람-환경 관계** person-environment relationship이다. 이것은 어떤 사람이 자신이 처해 있다고 알고 있는 객관적인 상황을 의미한다—세상에서 혹은 타인과의 관계에서 그의 환경이다. 예를 들면 그런 환경 중 하나는 모욕을 당하는 것 또는 찬란한 석양을 보는 것이다. 이런 사람-환경 관계는 그 자체만으로는 정서의 요소가 아닌데, 항상 혹은 직접적으로 정서를 일으키지 않기 때문이다. 이런 환경이 어떤 정서를 일으키기 위해서는 그것을 우리의 개인적 목표나 안녕에 적절한 것으로 해석할 필요가 있을 것이다. 이 해석 과정은 인지적 평가이다. 예를 들면 당신은 모욕당하는 것을 명예에 대한 위협으로 해석한다. 그렇다면 당신은 분노를 경험한다. 다른 예에서는 동일한 모욕을 이상한 사람의 무의미한 고함으로 해석하고, 어떤 정서도 경험하지 않는다. 이와 마찬가지로 만약 당신이 영적인 사람이라면, 석양을 신의 무한한 권능과 예술성으로 해석하여 경외와 감사가 혼합된 감정을 느낄 것이다. 다른 날 저녁에는 갑자기 해가 지는 것에 놀랄 수도 있는데, 왜냐하면 하이킹을 하는 중이고 어두워지기 전에 캠프로 돌아갈 수 없을까 봐 걱정이 되기 때문이다. 현재의 사람-환경 관계가 목표 또는 안녕에 영향을 주는가 혹은 그렇지 않은가를 평가하는 것은 바로 이런 평가 과정을 통해 이루어진다. 만약 그렇다면, 평가 과정은 객관적 환경을 개인적으로 의미 있는 환경으로 해석해 준다. 따라서 개인적 의미는 우리가 경험하는 정서의 유형을 결정할 뿐만 아니라 강도도 결정한다(Lazarus,

1991b).

인지 평가는 대체로 정서를 분화하는 데 관여한다. 실제로 우리는 어떤 정서의 질을 기술할 때 종종 인지 평가를 강조한다. 우리는 "나는 그녀가 불공평하기 때문에 화가 났었다." 또는 "나는 내가 버림을 받았다고 느꼈기 때문에 놀랐다."라고 말한다. 불공평과 버림을 받는 것은 분명히 인지 과정에서 초래되는 추상적인 믿음이다. 이런 관찰은 인지 평가가 종종 정서 경험의 질을 결정하는 데 충분조건이라는 것을 시사한다.

평가의 발견

정서 내에서 인지 요소의 중요성은 1960년대 초기의 유명한 연구에서 처음으로 각광을 받았다. 샤흐터와 싱어(Schachter & Singer, 1962)는 사람이 일반적인 자율신경계의 각성 상태로 유도될 수 있다면 그 사람의 정서의 질은 전적으로 그 상황에 대한 평가에 의해 결정될 수 있다고 제안했다(그림 7.3a 참조). 이것은 정서의 **이요인 이론** two-factor theory이라고 불린다. 이 이론에 따르면 두 요인의 결합—설명되지 않은 초기의 각성 상태와 그 각성에 대한 인지적 설명(또는 평가)의 합—이 정서를 유발한다고 생각했다.

샤흐터와 싱어의 연구에서 참가자는 전형적으로 자율신경계의 각성(심장박동과 호흡, 근육의 떨림, 신경과민의 느낌)을 초래하는 에피네프린 주사를 받았다. 그다음으로 실험자는 참가자가 맞은 주사의 효과에 대한 정보를 조작했다. 어떤 참가자는 그 약물의 각성 효과에 관해 정확한 정보를 받았으나, 어떤 참가자는 그 약물의 생리적 효과에 관한 정보를 받지 않았다. 정보를 받은 참가자는 자신이 느낀 감각을 설명할 수 있었지만 정보를 받지 못한 참가자는 그렇지 않았다. 샤흐터와 싱어는 정보를 받지 않은 참가자가 자신의 증상을 주변 상황에 따라 어떻게 해석하는가를 예언했다. 참가자가 다른 사람과 함께 대기실에서 기다리게 했는데, 다른 사람은 실험 참가자같이 보이지만 실은 실험자의 조수였다. 실험자의 조수는 행복한 상황(종이비행기 만들기, 종이 뭉치로 농구하기 등) 혹은 분노한 상황(실험에 대해 불평하기, 질문지 찢기 등)을 만들어 냈다. 행복한 상황일 때, 정보를 받지 못한 참가자는 정보를 받은 참가자에 비해 자신의 느낌을 더 행복하다고 평정했다. 그 자료는 분노한 상황에서 덜 분명했지만, 샤흐터와 싱어는 정보를 받지 못한 참가자

그림 7.3 **고전적 정서 이론.** 정서의 구성요소 간 상이한 관계를 제안하는 초기의 정서 이론.

들이 정보를 받은 참가자들보다 더 분노했다고 주장했다. 달리 말하면, 자신의 각성에 대해 생리적 설명을 할 수 있는 참가자는 설명을 할 수 없는 참가자보다 상황의 영향을 덜 받는 것처럼 보였다.

샤흐터와 싱어의 실험은 그 후 20년 동안 매우 영향력이 있었으나 과학자들은 그 영향이 정당화될 수 있는가에 대해 논쟁했다(Reisenzein, 1983). 그 연구의 결과는 결정적인 집단 간의 차이가 통계적 유의성에 도달하지 못했고, 통제집단이 가설과 일치되는 방식으로 반응하지는 않았다는 점에서 실험자의 가설을 강력하게 지지하지는 못했던 것 같다. 게다가 자율신경계 각성은 행복한 상황과 분노한 상황에서 동일하지 않았을 것이고, 확실히 중립적이지도 않았을 것이다. 추후 실험에서는 참가자가 상황이 제공하는 것보다 자신의 경험을 더 부정적으로(덜 행복해하거나 또는 더 분노한 것으로) 평가하는 것을 발견했는데, 이것은 에피네프린에 의한 각성이 어느 정도 불쾌한 것으로 경험된다는 것을 시사한다. 또한 나중의 실험에서는 샤흐터와 싱어가 얻은 결과가 반복되지 않았다(Marshall & Zimbardo, 1979; Maslach, 1979; Mezzacappa et al., 1999). 우리는 완전히 중립적인 각성이 특정 정서의 탓으로 잘못 경험될 수 있다는 추가 증거를 필요로 한다.

다른 연구가 그 증거를 제공했다. 참가자는 먼저 격렬한 신체 운동을 했고, 그 후 어떤 과제에 참여하는 동안에 실험자의 조수에 의해 화나는 자극을 받았다. 운동은 중립적인 생리적 각성을 일으켰고, 참가자가 자극을 받을 때까지 그 각성이 지속되었다. 그 각성은 화나게 만드는 자극에 의한 각성과 결합하여 더 강력한 분노 반응을 초래해야만 한다. 실제로 조금 전에 운동을 했던 참가자는 운동을 하지 않았던 참가자보다 화나게 만드는 것에 대해 더 공격적으로 반응했다(Zillmann & Bryant, 1974). 이런 결과가 샤흐터와 싱어의 이요인 이론을 지지하지는 않는다 할지라도 **각성의 오귀인** misattribution of arousal이라 불리는 더 한정적인 효과를 지지했다. 이 효과는—말하자면 4층의 계단을 뛰어 올라가는 것으로부터—잔존하는 생리적 각성이—"머리 모양이 멋져."라는 모호한 언급을 하는 것처럼—수반하는 환경의 탓으로 잘못 귀인될 수 있고, 그 환경에 대한 우리의 정서적 반응을 강화한다는 것을 의미한다. 앞에서 든 예의 경우처럼 잔존하는 각성은 분노를 가열할 수 있다. 이 효과는 많은 연구에서 반복 확인되었다.

샤흐터와 싱어의 유명한 연구는 각성의 오귀인에 대한 나중의 연구와 함께 정서 과정 내에서 인지 평가의 중심적 역할을 마련해 주었기 때문에 중요하다. 비록 그렇다 할지라도 이요인 이론은 정서가 실험실 밖에서 어떻게 전개되는가에 대해서는 거의 설명해 주지 못한다(Reisenzein, 1983). 샤흐터와 싱어의 첫 번째 요인인 **설명되지 않는** 생리적 각성이 실생활에서는 드물게 나타날 것이기 때문이다. 최근에 정말로 두려웠던 때를 잠깐 생각해 보라. 당신은 어디에 있었는가? 무슨 일이 일어났는가? 그 경험을 세세하게 눈앞에 떠올릴 때, 설명되지 않는 각성을 경험했던 순간을 찾도록 애써 보라. 당신이 잠수하여 수영하는 동안 상어를 보았을 때 공포를 경험했다고 가정하자. 아드레날린이 다량으로 분비되는 것을 감지했다고 하더라도 그 각성이 설명되지 않는 것은 아니다. 상어가 바로 그 설명이다. 좀 더 정확하게 말하면 상어가 당신을 위협한다는 평가가 설명이다.

샤흐터와 싱어에서 벗어나 가장 현대적인 평가 이론가는 인지 평가를 생리적 각성의 뒤가 아니라 앞에 놓았다. 그러나 샤흐터와 싱어가 제안했듯이 지각된 각성과 인지 평가는 독립적으로 경험되지 않는다. 오히려 각성은 평가에 귀인된다—'메리가 말한 것에 대해

화가 났기 때문에 내 심장이 두근거리고 있다.' 그래서 각성과 평가는 경험의 강도에 영향을 미친다—그리고 때때로 평가 단독으로도 경험의 질을 결정할 수 있다.

평가의 주제와 차원

그림 7.2에 제시된 정서의 모형은 다양한 정서의 평가 이론과 일치한다. 모든 평가 이론은 사람의 생리적 각성에 대한 평가가 아니라 상황에 대한 평가가 정서의 주관적 경험, 그것과 연합된 각성, 정서적 반응의 다른 구성요소를 초래한다고 제안한다는 점에서 유사하다. 그래도 다양한 평가 이론은 평가 과정을 개념화하는 방식에서 상이하다. 이 이론은 (1) 종종 근본적 주제를 기초로 하여 평가 차원의 수를 최소화하려는 **최소주의 평가 이론** minimalist appraisal theory, (2) 정서 사이의 차이를 설명하기에 충분하다고 생각되는 평가 차원의 범위를 확인하는 **차원 평가 이론** dimensional appraisal theory이다.

최소주의자 평가 이론에 의하면 특수한 정서를 산출하는 어떤 기본적인 인간교류(transaction)가 있다. 평가 이론가인 리처드 래저러스(Lazarus, 1991b)는 **핵심 관계 주제** core relational theme로 이 기본적 교류를 확인했다. 핵심 관계 주제는 특수한 사람–환경 관계에 대해 특정 형태의 평가를 초래하는 개인적인 의미를 나타낸다. 그것은 평가 과정의 본질을 드러내 준다. 표 7.1에 몇 가지 정서(예: 슬픔)와 그것을 자극하는 핵심 관계 주

표 7.1 정서와 인지적 원인

열다섯 가지 정서와 그에 연합된 핵심 관계 주제(평가 패턴).

정서	핵심 관계 주제
분노(anger)	나와 나의 것을 모욕하는 공격
불안(anxiety)	불확실하고 실존적인 위협에 직면
공포(fright)	즉각적, 구체적, 압도적인 신체적 위험에 직면
죄책감(guilt)	도덕적 잘못 저지르기
수치심(shame)	자아 이상에 따라 살지 못하기
슬픔(sadness)	돌이킬 수 없는 상실 경험하기
선망(envy)	다른 사람이 갖고 있는 것을 원하기
질투(jealousy)	어떤 사람의 애정에 대한 위협이나 상실을 이유로 제삼자를 미워하기
혐오(disgust)	소화할 수 없는 대상 또는 생각을 받아들이거나 그것에 너무 근접해 있기
행복감(happiness)	목표의 실현을 향해 합당한 진전
자부심(pride)	가치 있는 대상이나 성취에 대해 자신 혹은 자신과 동일시되는 어떤 사람이나 집단의 공으로 돌림으로써 자신의 자아정체감을 향상하기
안도감(relief)	고통스러운 목표 불합치 조건이 좋은 쪽으로 변화하거나 사라지기
희망(hope)	최악을 두려워하지만 더 좋아지는 것을 열망하기
사랑(love)	보통 서로 주고받지만 꼭 그렇지만은 않은 애정을 바라거나 갖기
동정(compassion)	타인의 고통에 의해 마음이 움직이고 도와주기를 원하기

제(슬픔에 있어서 돌이킬 수 없는 상실)를 열거했다. 이런 근본 주제와 연합된 정서는 모든 인간 문화에서 발견된다. 어떤 환경은 거의 모든 사람에 의해 동일하게 평가된다. 예를 들면 대부분의 사람과 동물의 경우 가까이에서 쉿 하는 소리를 내는 커다란 뱀은 위협적으로 평가된다. 그렇다 할지라도 표 7.1에 열거된 평가 패턴을 유발하는 환경은 문화에 따라 다르고, 뒤에서 다시 다룰 요점이다.

차원 평가 이론은 다양한 평가 차원과 그런 차원의 정서적 결과를 확인하는 데 관심을 갖는다. 한 예가 표 7.2에 제시되어 있다. 한 차원은 기대되는 사건의 바람직함이고, 다른 차원은 그 사건이 발생하는가 또는 그렇지 않은가이다. 이 두 차원을 결합할 때 네 가지 가능한 평가를 얻을 수 있는데, 그것 각각은 구별되는 정서를 일으키는 것 같다. (사실을 단순화하기 위해 네 가지 정서만을 예로 들었다.) 우리는 어떤 바람직한 사건이 발생하면(사랑에 빠질 때) 기쁨을 경험하고, 바람직한 사건이 발생하지 않으면(사랑하는 사람이 자신을 좋아하지 않을 때) 슬픔을 경험하고, 바람직하지 않은 사건이 발생하면(시험을 망쳤을 때) 고통을 경험하고, 바람직하지 않은 사건이 발생하지 않으면(시험을 망치지 않았을 때) 안도감을 경험한다.

앞의 예는 두 가지 차원만을 이용했으나 대부분의 평가에 대한 차원 이론가는 다수의 차원이 포함된다고 가정한다. 예를 들면 스미스와 엘스워스(Smith & Ellsworth, 1985)는 열다섯 가지 상이한 정서(예: 분노, 죄책감, 슬픔을 포함)를 기술하기 위해 최소한 여섯 가지 차원이 필요하다는 것을 발견했다. 이 차원은 (1) 상황의 바람직함(유쾌한 또는 불쾌한), (2) 그 사람이 그 상황에 투입할 것으로 기대하는 노력의 양, (3) 그 상황의 확실성, (4) 그 사람이 그 상황에 쏟기를 원하는 주의의 양, (5) 그 사람이 그 상황에 대해 갖고 있다고 느끼는 통제의 정도, (6) 그 사람이 그 상황에서 비인간적인 힘으로 귀인하는 통제의 정도 등이다. 마지막 두 가지 차원이 작동하는 방식을 살펴보면, 분노는 다른 사람에 의해 초래되는 불쾌한 상황과 연합되고, 죄책감은 우리가 스스로 초래한 불쾌한 상황과 연합되며, 슬픔은 환경에 의해 통제되는 불쾌한 상황과 연합된다. 당신과 친구가 같이 감상하기로 약속한 콘서트에 참석하지 못한 경우, 친구가 부주의해서 표를 잃어버렸다면 당신은 분노를 느낄 것이고, 당신이 표를 잃어버렸다면 죄책감을 느낄 것이며, 연주자의 병 때문에 연주가 취소되었다면 슬픔을 느낄 것이다. 이런 접근법의 장점은 평가 과정을 상세하게 구체화하고, 광범위한 정서 경험을 설명해 준다는 것이다.

정서의 평가 이론에 대한 광범위한 수용에도 불구하고, 이 이론에 대한 초기의 증거는

표 7.2 일차적 평가 차원과 결과

두 평가 차원의 결합과 관련된 결과(Roseman, 1984).

	발생함	발생하지 않음
바람직함	기쁨	슬픔
바람직하지 않음	고통	안도감

대부분 자기보고 평가와 자기보고 정서 사이의 상관에 기초를 두고 있다. 그러므로 평가의 인과적 역할이 밝혀지지 않았다(Parkinson & Manstead, 1992). 나중의 실험은 그 부족한 증거를 보충해 주었다. 참가자는 먼저 일련의 중립적 사건(메일 확인하기, 버스 기다리기)을 자신(내적 귀인 조건)에게 또는 어느 누군가(외적 귀인 조건)에 귀인하는 과제를 완성했다. 그들은 '나는 메일을 읽는다', '나는 버스를 기다린다' 같은 20개의 문장 또는 '그는 메일을 읽는다', '그는 버스를 기다린다' 같은 20개의 문장을 작성했다. 다음으로 그들은 모호하고 부적인 상황을 직면했다. 그들은 한 실험자로부터 실험을 완료하기 위해 다음 방으로 가라는 말을 들었다. 그들이 배정된 방의 문을 열면 방 안의 두 번째 실험자가 "나가요! 당신은 문 앞에 붙어 있는 게시물도 읽지 못했나요? 당신이 우리의 실험을 방해했네요. 문 밖에서 기다려요."라고 소리 친다. 사람들은 이런 분노의 폭발에 대해 어떻게 반응하는가? 그들은 죄책감을 느끼는가, 분노를 나타내는가? 죄책감은 당신 자신이 초래한 불쾌한 상황과 관련이 있으나 분노는 다른 사람에 의해 초래된 불쾌한 환경과 관련이 있다는 것을 상기하라. 이 실험 결과는 앞서 내적 귀인을 하도록 점화된 사람은 죄책감을 표현할 가능성이 높고, 외적 귀인을 하도록 점화된 사람은 분노를 표현할 가능성이 높아서 다른 실험자를 비난한다는 것을 보여 주었다(Neumann, 2000). 이런 발견은 인지 평가가 정서의 다른 구성요소를 선행하고 초래한다는 것을 증명한다. 평가의 인지적 역할에 관한 추가적 증거는 뇌 활동의 평가에서 유래된다. 사람이 일종의 그림에 대해 얼마나 유쾌한가 또는 불쾌한가를 평가할 때, 그림에 나타난 사람의 수가 몇 명인지 판단하는 것과 같이 정서와 무관한 차원에서 유사한 그림을 평가할 때보다 정서와 관련된 핵심 영역에서 활발한 뇌 활동이 나타난다(Hajcak et al., 2006).

주관적 경험과 정서

초기 평가 과정이 의식적 자각 없이 일어난다고 할지라도 정서의 주관적 경험(느낌의 요소)은 정의에 따르면 자각이 된다. 의식적 자각을 막는 역행차폐 기법을 통해 공포를 느끼는 대상(거미 또는 뱀)의 사진을 보고 있는, 공포증을 가진 사람에 대한 연구를 상기해 보자. 그 결과는 사람이 보이지 않는 공포 대상에 대해 신체 반응(땀 분비선 활동 증가)을 경험할 뿐만 아니라, 공포에 대한 주관적 경험과 일치하는 혐오의 느낌, 각성 및 통제의 부족을 보고한다는 것을 보여 주었다. 그래서 평가 과정의 한 가지 산물은 주관적 경험의 변화이다. 불쾌 측면에서 우리는 분노하고, 두려워하고, 슬퍼하고, 혐오하거나, 이런 감정의 혼합을 느낀다. 유쾌 측면에서 우리는 기분이 상승하고 즐거워하거나, 편안하고 만족하거나, 흥미로워하고 열중하거나, 경이 혹은 감사 같은 유쾌한 감정을 느낀다.

주관적 경험이 정서 과정의 구성요소라고 말하는 것은 모든 정서 경험이 이런 구성요소를 동반한다는 것을 의미하지는 않는다. 연구자들은 정서가 어떤 의식적 느낌이 전혀 없이도 발생할 수 있다는 것을 설득력 있게 주장했다(Berridge & Winkielman, 2003). 그럼에도 불구하고 의식적인 주관적 경험이 존재할 때는 중요하다.

이런 내적 감정은 어떤 기능을 하는가? 저명한 견해는 이런 느낌이 현재의 환경에 대한 개인의 적절성에 관한 피드백을 제공한다는 것이다. 우리가 공포 또는 분노와 같은 부적 정서를 느낄 때, 불쾌한 감정은 환경에 있는 어떤 것이 우리를 위협하고, 스스로 보호하기 위해 재빨리 행동할 필요가 있다는 것을 알려 주는 단서로서 구실을 한다. 우리가 기쁨이나 흥미와 같은 정적 정서를 느낄 때, 유쾌한 감정은 안전하고 포만감을 느낀다는 것을 알려 주고, 그래서 자유롭게 놀고 탐색할 수 있다. 더욱 일반적으로 정서에서 느낌의 요소는 행동, 의사결정 및 정보처리를 지도하는 것으로 생각된다(Schwarz & Clore, 2003).

감정은 주의와 학습을 수정한다

우리는 현재 감정에 적합하지 않은 사건보다 적합한 사건에 주의를 기울이는 경향이 있다. 결과적으로 우리는 감정에 적합한 또는 일치하는 사건에 대해 더 많은 것을 학습한다. 이런 현상을 증명하려는 실험은 세 단계를 포함했다. 첫 번째 단계에서 참가자는 최면에 의해 행복한 또는 슬픈 상태로 유도된다. 두 번째 단계에서 최면에 걸린 참가자는 두 남자(행복한 인물과 슬픈 인물) 사이의 만남에 관한 짧은 이야기를 읽는다. 그 이야기는 두 남자의 생활에서의 사건과 그들의 정서적 반응을 명료하게 기술한다. 그 이야기를 읽은 후 참가자는 자신이 생각하기에 누가 주인공이고, 누구와 동일시할 것인가에 대한 물음을 받았다. 행복하게 느끼도록 유도되었던 참가자는 행복한 인물과 더 많이 동일시했고, 그 이야기가 자신에 관한 진술을 더 많이 포함하고 있다고 생각했다. 슬픔을 느끼도록 유도되었던 참가자는 슬픈 인물과 더 많이 동일시했고, 그 이야기가 자신에 관한 진술을 더 많이 담고 있다고 생각했다. 이런 결과는 참가자가 자신의 감정과 일치하지 않는 등장인물과 사건보다는 자신의 감정과 일치하는 경우에 더 주의를 쏟는다는 것을 보여 준다(Bower, 1981).

최면 실험의 세 번째 단계는 참가자가 감정과 불일치하는 사건보다는 감정과 일치하는 사건에 대해 더 많은 것을 학습한다는 증거를 제공했다. 참가자는 어떤 이야기를 읽은 다음 하루 뒤 중립적인 상태로 실험실에 되돌아와서 그 이야기를 회상하도록 요청받았다. 참가자는 자신이 동일시했던 등장인물에 대해 더 많이 회상했는데, 이전에 행복했던 참가자의 경우 회상한 사실의 55%가 행복한 인물에 관한 것이었고, 이전에 슬펐던 참가자는 회상한 사실의 80%가 슬픈 인물에 관한 것이었다(Bower, 1981).

우리의 현재 감정과 어떤 새로운 재료 사이의 일치가 정확히 어떻게 그 재료의 학습에 영향을 미치는가? 우리는 새로운 재료를 이미 기억 속에 있는 정보와 관련지을 수 있으면 더 잘 학습한다는 것을 안다. 또한 정서가 개인적인 기억을 인출하는 우리의 능력에 영향을 미친다는 것을 안다(Buchanan, 2007). 학습 중에 느끼는 우리의 감정은 감정과 일치하는 기억의 가용성을 증가시킬 수 있고, 그래서 그 기억은 감정과 알맞은 새로운 재료와 연결짓기가 더 쉽다. 학교에서 낙제한 학생의 이야기를 들었다고 가정하자. 그 이야기를 들을 때 슬픔을 느낀다면, 실패 경험(특히 학업 실패)에 대한 당신의 기억 중 일부가 쉽게 접근될 수 있을 것이고, 이 기억과 누군가가 학교에서 낙제를 했다는 새로운 사실의 유사성이 그것을 더 쉽게 연관짓도록 해 줄 것이다. 반대로 당신이 그 이야기를 들었을 때 행복하게 느꼈다면 가장 접근 가능성이 높은 당신의 기억은 학교의 낙제와는 너무 상이하여 오랜 기억과 새로운 사실 사이의 관계성을 조성할 수 없을 것이다. 그래서 우리의 감정은 어떤 기억이 더 접근 가능한가에 영향을 주고, 이 기억은 그 순간에 우리가 무엇을 학습하기 쉬운가에 영향을 준다(Bower, 1981).

감정은 평가와 판단을 수정한다

우리의 감정은 타인에 대한 우리의 평가에 영향을 줄 수 있다. 매일의 경험은 그 점에 관한 수많은 예를 제공한다. 우리가 행복하게 느낄 때, 거울을 보고 자신의 외모를 계속 점검하는 친구의 습관을 개성으로 보아 줄 테지만, 우리가 성을 내고 있을 때는 친구가 얼마나 쓸데없는 짓을 하는가 하고 생각할 것이다. 우리의 감정은 무생물인 대상의 평가에도 영향을 미친다. 한 실험에서는 참가자가 자신의 주요 소유물을 평가했다. 작은 선물을 받은 것에 감사했던 참가자는 중립적인 감정을 느낀 통제집단의 참가자보다 자신의 TV와 자동차를 더욱 긍정적으로 평가했다(Isen et al., 1978). 정서는 또한 어떤 대상을 사기 위해 얼마를 지불할 것인가, 혹은 우리가 그 대상을 이미 갖고 있다면 그것을 얼마에 팔 것인가와 같은 경제적 결정을 변경시킨다(Lerner et al., 2004).

우리의 감정은 다양한 위험의 발생 빈도에 대한 판단에도 영향을 미친다. 최근의 이론가는 정서가 앞서 자신을 발생시켰던 것과 동일한 인지 평가를 반복하려는 경향성을 활성화하므로 그 영향이 나타난다고 주장했다(Lerner & Keltner, 2001; Han et al., 2007). 예를 들면 공포를 느끼는 것은 우리로 하여금 추후의 상황을 불확실하고 통제 불가능한 것으로 평가하게 함으로써 앞으로 위험이 발생할 가능성이 더 높다고 여기게 한다. 대조적으로 분노 혹은 행복을 느끼는 것은 비록 상이한 정서가를 가진 정서에 대한 느낌이지만 우리로 하여금 추후의 환경을 확실하고 통제 가능한 것으로 평가하게 함으로써 앞으로 위험이 발생할 가능성이 낮다고 보게 한다(Johnson & Tversky, 1983; Lerner & Keltner, 2001). 이런 생각을 검증한 한 실험에서 참가자는 먼저 자신을 화나게 했거나 공포를 느끼게 했던 환경을 명료하게 이야기함으로써 분노 또는 공포를 느끼도록 유도되었다. 그다음에 그들은 자신이 기술한 환경이 자신의 통제하에 있는 정도와 그것에 대해 얼마나 확신하거나 불신하는가를 평정했다. 마지막으로, 참가자는 자신이 부유한 사람과 결혼하는 것 혹은 성병에 걸리는 것과 같은 어떤 범위의 정적 및 부적 생활 사건을 경험할 기회를 추정했다. 공포와 분노는 인지적 평가와 위험의 추정에 대해 반대 효과를 보여 주었다. 공포를 느낀 사람은 자신의 환경을 불확실하고 통제 불가능한 것으로 평가하고, 이런 평가는 위험에 대해 더욱 비관적인 평가를 한다는 것을 예측해 주었다. 그러나 분노를 느낀 사람은 자신의 환경을 확실하고 통제 가능한 것으로 평가하고, 이런 평가는 위험에 대해 더욱 낙관적인 평가를 한다는 것을 예측해 주었다(Lerner & Keltner, 2001).

우리의 감정은 다른 유형의 판단에도 효과가 있다. 다른 실험에서 참가자는 자신을 즐겁게, 영감을 받게, 또는 특정 감정이 없게 느끼도록 해 주는 음성 클립을 들었다. 그다음에 그들은 다양한 도덕적 딜레마를 평가했다. 즐겁게 느낀 참가자는 중립적으로 느낀 참가자에 비해 상대적으로 도덕적 위반을 더 많이 허용한 반면에 영감을 받는다고 느낀 사람은 덜 허용적이었다. 이런 발견은 또한 평가 경향성 이론을 지지하는데, 즐거움은 경건하지 않다는 평가에 의해 자극되고 참가자로 하여금 도덕적 딜레마를 경건하지 않게 판단하도록 한다. 하지만 영감은 다른 사람을 도덕적으로 숭배하는 평가에서 발생하고, 영감을 느끼는 것은 사람에게 도덕적 딜레마를 경건하게 느끼도록 한다(Strohminger et al., 2011).

두려움을 느끼는 것은 세상을 더욱 위험한 것처럼 보이게 만들고, 그런 지각은 공포의 느낌을 강화할 수 있다. 반면에 영감을 느끼는 것은 영감의 감정을 촉진하는 방식으로 도덕적 양심을 상승시킬 수 있다. 게다가 일찍이 표명했듯이 우리의 감정은 자기에게 선택적으로 주의를 쏟게 하고, 감정과 일치하는 사실과 기억을 학습하게 하는데, 그것은 또한 초기 정서를 강화할 수 있다. 그래서 주관적 경험의 인지적 결과는 정서 상태를 지속하는 데 기여하며, 이는 부정 정서를 감소시키고 긍정 정서를 상승시킬 수 있을 것이다(Garland et al., 2010).

정서의 분화

자율신경계가 정서 경험의 강도에 영향을 미치는 것은 분명하다. 그러나 그것이 정서를 구분해 주는가? 달리 말하면 흥분에 따른 생리적 활동 패턴, 분노에 따른 생리적 활동 패턴, 공포에 따른 생리적 활동 패턴 등이 있는가? 이 물음은 1890년에 출간된 최초의 심리학 교재의 저자인 윌리엄 제임스까지 거슬러 올라간다. 그는 신체적 변화의 지각이 정서의 주관적 경험이고, 우리는 그중 하나가 없으면 다른 것도 가질 수 없다고 제안했다—"우리는 울기 때문에 미안하고, 때리기 때문에 분노하고, 떨기 때문에 두려워하는 것이지, 미안하거나 분노하거나 두려워하기 때문에 울거나 때리거나 떠는 것이 아니다."(James, 1890/1950, p. 450) 덴마크의 생리학자인 카를 랑게도 동일한 시기에 유사한 결론에 도달했는데, 그래서 그 견해는 **제임스-랑게 이론** James-Lange theory으로 알려지게 되었다. 사실은 이렇다. 자율신경계 각성(그리고 아마도 다른 신체적 변화)의 지각은 정서 경험을 구성하기 때문에 그리고 상이한 정서는 상이하게 느껴지기 때문에, 각 정서에 대해 구분되는 자율신경계 활동 패턴이 있어야만 한다. 그러므로 제임스-랑게 이론은 자율신경계 각성이 정서를 분화시킨다고 주장한다(그림 7.3b 참조).

이 이야기—특히 자율신경계의 각성을 다루는 부분—는 1920년대에 심한 공격을 받았다. 이런 공격은 생리학자인 월터 캐넌(Cannon, 1927)이 주도했는데, 그는 세 가지 주요한 비판을 했다.

1. 내장기관은 비교적 둔감한 구조이고 신경이 잘 분포되어 있지 않기 때문에 내적 변화가 너무 느리게 일어나서 정서적 느낌의 일차적 근원이 될 수 없다.
2. 정서와 연합된 신체적 변화를 인위적으로 유도하는 것은, 예를 들면 에피네프린과 같은 약물을 주사하는 것은 진정한 정서 경험을 일으키지 않는다. 기껏해야 그것은 '마치 …인 듯한(as if)' 정서만을 일으킨다. 주사를 받은 실험 참가자는 "나는 마치 두려운 것처럼 느낀다."라고 말한다.

3. 자율신경계 각성의 패턴은 한 정서와 다른 정서에 있어서 매우 다른 것 같지는 않다. 예를 들면 분노는 우리의 심장을 더 빠르게 뛰게 하지만 연인을 보는 것도 마찬가지로 그렇다.

세 번째 주장은 자율신경계 각성이 정서를 분화시켜 준다는 것을 명백히 부정한다.

얼굴 근육 운동과 정서

어떤 정서에 동반하는 얼굴 근육 운동은 송신자의 정서를 전달해 주는 기능을 하는데, 종종 그 송신자와 눈 맞춤을 하고 있는 사람에게도 정서를 유발한다(Schrammel et al., 2009). 1872년에 찰스 다윈의 고전적 저서인『인간과 동물의 정서 표현(The Expression of Emotion in Man and Animals)』이 출간된 이래, 심리학자는 정서의 소통을 그 종에서 생존 가치를 갖는 하나의 중요한 기능으로 간주했다. 놀란 것처럼 보이는 것은 위험이 존재한다는 것을 타인에게 경고하는 것이고, 누군가가 화를 낸다고 지각하는 것은 그가 막 공격적으로 행동할 것이라고 말해 주며, 누군가가 진정한 미소를 짓는 것을 보는 것은 안전하게 느끼게 하여 그에게 끌리게 한다. 다른 연구는 정서의 의사소통 기능과 더불어 얼굴(그리고 신체적) 근육 운동이 평가, 내적 신체 변화와 마찬가지로 정서의 주관적 경험에 기여한다고 제안한다. 얼굴 근육 운동은 때때로 전체 정서 과정에 시동을 걸 수도 있다. 아래에서 기술되는 대부분의 연구는 얼굴에 중점을 두지만, 연구자는 점차적으로 몸짓이 정서를 전달하는 방식을 검증하는 것으로 자신의 연구를 확장했다(Gross et al., 2012; Stienen & de Gelder, 2011).

얼굴 근육 운동을 통한 정서의 의사소통

어떤 얼굴 근육 운동은 개인이 양육된 문화와 무관하게 보편적인 의미를 갖는 것처럼 보인다. 예를 들면 분노의 보편적 표현은 붉어진 얼굴, 아래로 처지고 함께 모은 눈썹, 벌어진 콧구멍, 꽉 다문 입, 드러낸 치아를 포함한다. 다섯 나라 출신의 사람(미국, 브라질, 칠레, 아르헨티나, 일본)이 행복, 분노, 슬픔, 혐오, 분노, 놀람을 나타내는 전형적인 얼굴 근육 운동을 보았을 때, 각 얼굴이 전달하는 정서를 확인하는 데 거의 어려움을 보이지 않았다. 서구 문화와 실질적으로 접촉이 없었던 원시 부족(뉴기니의 포레족과 다니족)의 구성원도 서구 문화 사람의 얼굴에서 표현되는 정서를 확인할 수 있었다. 마찬가지로 포레 원주민의 얼굴 근육 운동을 촬영한 비디오테이프를 본 미국 대학생도 때때로 공포와 놀람을 혼동하기는 하지만 관련된 정서를 정확하게 알아보았다(Ekman, 1982). 얼굴 근육이 사람마다 다르지만 보편적으로 재인되는 정서를 산출하는 데 필요한 근육은 사람마다 기본적이고 일정한 것처럼 보이는데(Waller et al., 2008), 이것은 인간의 얼굴이 정서 신호를 전달하도록 진화되었고, 인간의 뇌는 그 신호를 해독하도록 진화되었다는 것을 시사한다(Smith et al., 2005).

어떤 얼굴 근육 운동의 보편성은 그것이 진화사를 가진 선천적인 반응이라는 다윈의 주장을 지지한다. 다윈에 따르면 우리가 정서를 표현하는 많은 방법은 원래 생존 가치를 가졌던 유전된 패턴이다. 예를 들면 혐오 혹은 배척의 표현은 유기체가 섭취한 어떤 불쾌한(아마도 독을 품은) 것을 제거하려는 시도에 기반을 둔다. 다윈은 다음과 같이 썼다.

> '혐오'라는 용어는 가장 단순한 의미에서 맛이 거북한 어떤 것을 의미한다. 그러나 혐오는 불편을 초래할 때 눈살을 찌푸리는 것 그리고 종종 거슬리는 대상을 밀어내려는 또는 그것으로부터 자신을 보호하려는 자세를 동반한다. 극단적인 혐오는 토하려는 행동의 준비와 동일한 입 가장자리의 움직임으로 표현된다. 입은 윗입술을 강하게 오므리면서 크게 열린다. 눈꺼풀이 반쯤 감기는 것이나 눈 또는 전신을 돌리는 것은 이와 마찬가지로 가장 심한 경멸의 표현이다. 이런 행위는 경멸을 당하는 사람이 볼 가치가 없다는 것 또는 보기에 거북하다는 것을 선언하는 것처럼 보인다. 침을 뱉는 것은 경멸이나 혐오의 거의 보편적인 신호이고, 그것은 분명히 입에 거슬리는 어떤 것을 내뱉는 것을 나타낸다. (Darwin, 1872)

정서의 얼굴 근육 운동이 중요한 정보를 전달한다는 사실은 한 사람의 얼굴 모양이 다른 사람의 행동을 변하게 할 때 가장 강력하게 증명된다. 그런 증거는 유아와 엄마의 상호작용에 대한 연구에서 나온다. 한 연구에서 막 기어 다니기 시작한 유아가 **시각 절벽**(visual cliff)이라고 불리는 장치 위에 놓였다. 외견상 벼랑의 깊이는 깊이 지각 연구에서 사용된 것만큼 깊지는 않고 보통 계단 같았는데, 떨어지는 것이 위험한지 그렇지 않은지가 덜 분명해 보이는 정도였다. 유아는 벼랑의 모서리에 다가갔을 때 엄마를 볼 수 있다. 한 조건에서 엄마는 심한 공포를 일으키는 얼굴 표현을 하도록 지시받았다. 다른 조건에서 엄마는 환한 미소를 짓도록 지시를 받았다. 엄마의 얼굴 근육 운동은 유아의 위험에 대한 불확실성을 해소했다. 엄마가 공포를 보인 경우, 아기는 벼랑처럼 보이는 쪽을 건너려 하지 않았던 반면에 엄마가 웃은 경우에는 74%의 아기가 건너갔다(Sorce et al., 1985).

얼굴 근육 운동은 선천적으로 특정 정서와 연합되어 있는 것처럼 보이지만 그것의 어떤 측면은 학습된다. 예를 들면 정서 **표현 규칙** display rule은 문화에 따라 차이가 나고 사람이 어떤 상황에서 표현해야만 하는 정서 유형과 특정 정서에 적절한 행동을 구체화한다. 한 예로 어떤 문화에서 사랑하는 사람을 잃어버린 사람은 슬픔을 느끼고 사랑하는 사람이 되돌아오도록 드러내 놓고 울며 통곡함으로써 슬픔을 표현할 것으로 예상된다. 다른 문화에서는 사별한 사람이 노래하고 춤추고 즐거워하는 것도 예상된다. 유럽의 경우 길거리에서 서로 인사하는 두 남자가 포옹을 하고 키스를 할 테지만 미국에서는 남자의 경우 흔히 그런 애정 표현이 금기이다. 일본과 미국 사람을 대상으로 한 실험실 연구는 표현 규칙의 차이와 함께 표현의 문화적 유사성을 입증했다. 두 문화권의 실험 참가자는 혼자 또는 권위적 인물이 있는 상황에서 혐오를 유발하는 필름을 보았다. 그들이 혼자 있을 때는 거의 동일한 얼굴 근육 운동을 보인다고 할지라도, 권위적 인물과 같이 있을 때 일본인은 종종 미소로 혐오 표현을 감추려고 했다(Ekman, 1972). 전통적인 표현 형태가 보편적으로 보이는 기본적 정서 표현에 첨가되었다. 그 문화의 다른 구성원에게는 인식되나 다른 문화의 사람에게는 오해를 불러일으킬 소지가 많은 일종의 정서 언어이다

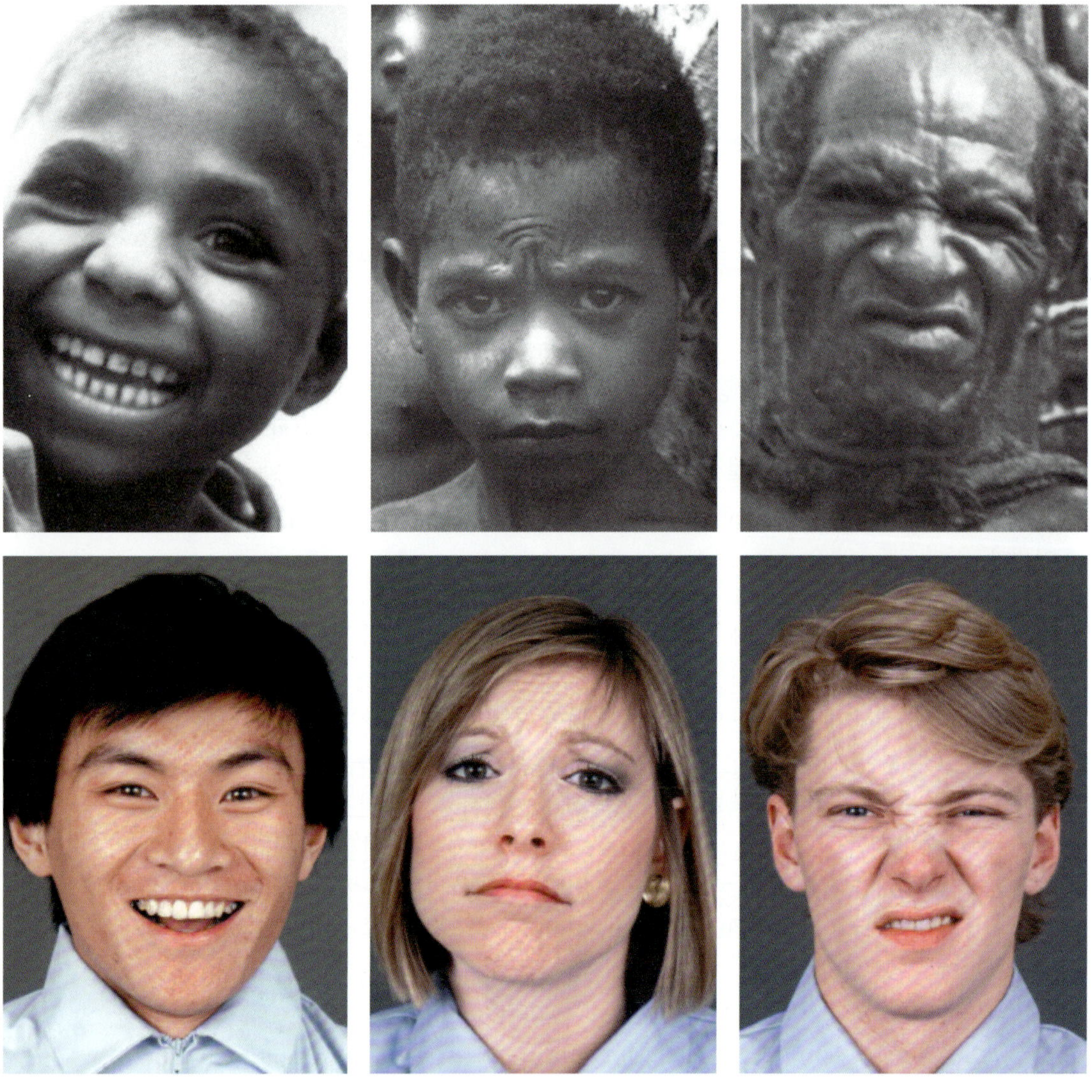

얼굴 표정은 전달하려는 정서에 대해 보편적이다. 뉴기니 사람과 미국 사람의 사진은 특정 정서가 동일한 얼굴 표정으로 전달된다는 것을 증명해 준다. 여기서 보듯이 좌측에서 우측으로 행복, 슬픔, 혐오를 나타낸다.

(Elfenbein et al., 2007).

안면 피드백 가설

얼굴 표정이 의사소통 기능과 더불어 우리의 정서 경험에도 기여한다는 생각은 **안면 피드백 가설** facial feedback hypothesis이라고 불린다(Tompkins, 1962). 이 가설은 제임스-랑게 이론과 유사하다. 우리는 자율신경계 각성에 대한 피드백을 받는(혹은 지각하는) 것과 마찬가지로 자신의 얼굴 근육으로부터 피드백을 받고, 이런 피드백은 정서 경험을 초래하거나 강렬하게 한다. 이 가설은 그림 7.3c에 예시되어 있다. 이런 생각을 갖고 놀이를 해 보

라. 스스로 미소를 짓고 나서 몇 초 동안 그 미소를 유지하라. 당신은 행복은 느끼기 시작하는가? 그러면 얼굴을 찌푸리고 그것을 유지하라. 긴장감 또는 분노를 느끼게 하는가?

안면 피드백 가설을 실험적으로 검증하는 것은 얼굴 표정을 짓고 당신이 느끼는 것을 말하는 것보다 더 속임수를 내포한다. 실험자는 실험 참가자가 미소 짓기와 행복감이 함께 나타난다는 지식처럼 표정과 감정이 동반한다는 상식을 바탕으로 보고할 가능성을 배제할 필요가 있다. 그런 전략은 참가자로 하여금 의식하지 못하게 하면서 미소를 짓게 만드는 것이다. 한 실험에서 참가자는 펜을 치아나 입술로 물고 있으면서 보고 있는 만화의 재미를 평정했다. 펜을 치아로 물고 있는 것은 얼굴을 미소 짓는 형태로 만들어 주는 반면에 펜을 입술로 물고 있는 것은 미소를 방해한다(한번 해 보라). 안면 피드백 가설과 일치되게 펜을 치아로 물고 있었던 사람은 입술로 물고 있었던 사람보다 만화를 더 흥미롭게 평정했다(Strack et al., 1988). 유사한 연구는 몸짓에도 효과가 있음을 보여 주었다(Flack, 2006).

얼굴 표정과 경험되는 정서 사이의 직접적 연결을 보여 주는 이런 연구와 더불어, 다른 실험은 얼굴 표정이 경험되는 정서에 간접적 영향을 미친다는 것을 보여 주었다. 그런 효과는 특정 정서의 얼굴 표정을 짓도록 하는 것이 심장박동과 체온에 변화를 초래했다는, 앞에서 논의한 실험에서 입증되었다(Levenson et al., 1990). 그러므로 우리는 정서를 발생시킬 수 있는 요인의 목록에 정서의 얼굴 표정을 첨가할 필요가 있다. 그렇다고 할지라도 우리가 얼굴 표정을 지음으로써 어떤 정서를 유발할 수 있음을 아는 것이 그 정서가 표현되는 전형적인 방법임을 의미하지는 않는다. 그림 7.2에서 기술했듯이 일상생활에서 현재 환경에 대한 우리의 평가가 그래도 가장 가능성이 높은 정서의 유발 요인이다. 그러나 안면 피드백 가설에 대한 지식은 곤경에 처했을 때 '쓴웃음을 지으며 참도록' 격려할 것이고, 연구는 그렇게 하는 것이 신속한 생리적 회복과 연관이 있다는 것을 보여 주었다(Kraft & Pressman, 출판 중).

정서에 대한 반응: 정서 조절

정서 조절emotion regulation 또는 자신의 정서에 대한 사람의 반응은 정서 과정에서 한 구성요소로 고려될 수 있는데, 왜냐하면 사람은—최소한 아동기 중기에—자신의 정서에 대한 반응 그리고 무엇을 언제 느끼거나 표현하는가에 대해 항상 목표를 갖고 있기 때문이다. 예를 들면 당신은 사랑하는 사람과 함께 있을 때 느낀 기쁨을 음미하고 지속하기를 원할 것이다. 다른 환경에서 당신은 장사꾼에게 불평을 시작하기 전에 분노를 일으키기를 원할 수도 있다. 다른 때에는 긍정적이든 부정적이든 어떤 정서를 최소화하거나 제거하려는 목표를 가질 수 있다. 어떤 개인적 성취, 예컨대 대학 입학에 대해 매우 자랑스럽게 느끼는 것을 상상하라. 그렇게 기분이 고조되어 있는 동안 대학 입학에 실패한 친구를 만났다고 상상하자. 당신은 그 순간에 자신의 자부심에 찬 표정을 최소화하려 하지 않을까? 그래도 사람들의 가장 공통적인 목표는 슬픔이나 분노와 같은 부정 정서를 최소화하려는 것이다. 당신은 자신의 기분을 상승시키려거나, 자신의 부정적인 표정을 다른 사람에게

표 7.3 정서 조절 전략의 분류

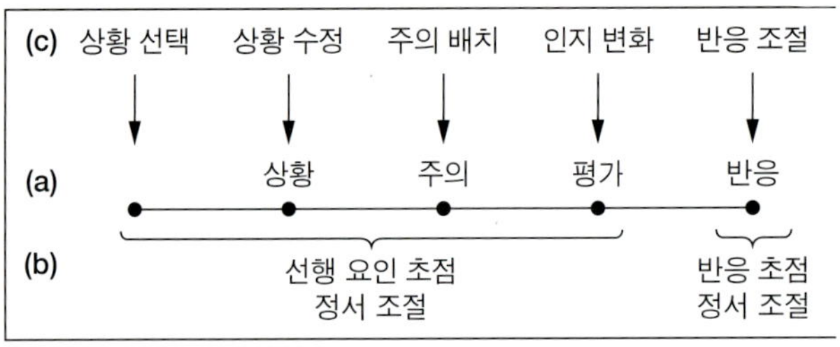

감추려거나, 두 가지 목적 모두를 위해 이 목표를 추구할 것이다.

정서 및 정서를 조절하려는 사람의 노력은 동반된다. 매우 빈번히 그렇기 때문에 우리는 둘 중 하나만을 가질 수는 없다. 실제로 사회화 과정의 상당한 부분은 아이에게 자신의 정서를 어떻게, 언제 조절하는가를 가르치려고 한다. 부모는 아이에게 직접적으로 예를 들어 어떤 정서가 언제 적절하고 적절하지 않은지를 가르친다. 할머니로부터 실망스러운 선물(마음에 안 드는 스웨터)을 받은 예를 생각해 보자. 당신은 할머니에게 실망을 표시할 수 있는가? 부모님은 당신이 그러지 않기를 바라고, 마침내 당신은 그렇게 하지 않는 것을 학습한다. 왜 그것이 중요한가? 증거에 의하면 아동이 정서 조절에 대한 이런 교훈을 성공적으로 학습하는 것은 일반적으로 그들의 사회적 성공을 예측해 주기 때문이다(Eisenberg et al., 2011). 예를 들면 실험실에서 학령 전 아동에게 실망스러운 선물을 준 실험자는 부정적 정서를 표현하는 것을 통제하는 아동의 능력이 나중에 파괴적 행동 문제를 일으킬 위험성과 부적으로 상관을 갖는다는 것을 알게 되었다(Cole et al., 1994).

사람은 자신의 정서를 여러 상이한 방식으로 조절한다. 자신의 정서를 조절하는 때가 중요하다. 예를 들면 표 7.3은 정서 조절을 위한 상이한 전략을 선행 요인 초점 접근과 반응 초점 접근으로 나누었다. 다른 연구는 사람이 부정 정서를 개선하기 위해 사용하는 상이한 전략을 인지적 혹은 행동적으로 그리고 기분 전환 혹은 관여하는 전략으로 분류했다(Parkinson & Totterdell, 1999). 표 7.3에 이런 상이한 전략을 정리했다. 당신이 같은 방을 쓰는 동료와 다투어서 화가 났다고 가정하자. 당신은 아무것도 생각하지 않거나, 기타를 치거나, 수학 숙제를 하는 것과 같이 재미있거나 힘든 것을 하여 주의를 분산시킴으로써 순전히 정신적인 노력에 의해 분노에서 벗어날 수 있을 것이다. 대안적으로 당신은 관여 전략을 사용하여 자신의 감정을 직면하거나 혹은 그 상황을 직면할 수 있다. 아마도 당신은 그 상황을 생각했던 것보다 더 좋게 평가할 수 있을 것이다. 만약 동료가 그렇게 흥분할 다른 이유가 있다면 당신은 그것을 개인적으로 떠맡을 필요가 없다. 또는 동료와 그 쟁점에 관해 대화를 나눔으로써 배후의 문제를 해결하려고 시도할 수 있다. 이런 전략은 상호 배타적이지 않다. 당신은 우선 가열된 분노를 가라앉히기 위해 주의분산을 사용하고 나중에 냉정을 되찾았을 때 동료와 배후의 문제를 토론할 수 있다. 하지만 항상 사려 깊게 이런 전략을 선택하지는 않는다. 다른 인지와 행동처럼 반복적으로 사용하면 그것은 의식적 자각이 없이는 자동적 반응이 될 수 있다.

정서에 대한 반응—사려 깊은 조절 전략이든 자동적 반응이든 간에—은 정서의 다른 구성요소에 대해 직접적 또는 간접적으로 영향을 줄 수 있다. 이것이 그림 7.2에서 우측의 정서에 대한 반응 상자에서 모든 선행 상자로 가는 피드백 화살표가 있는 이유이다. 이 영향은 또한 정서가 어떤 과정—시간이 흐름에 따라 전개하고 변하는 것—이고, 한 번의 스냅 사진에 의해 포착되는 단순한 상태가 아니라는 것을 강조한다. 예를 들면 자전거를 탄 사람이 자동차와 충돌한 사고를 당신이 목격했다고 상상하자. 당신은 자전거를 탄 사람의 다리가 부자연스러운 위치로 굽어져 있기 때문에 부러졌다는 것을 알아챈다. 여기서 당신이 그 상황을 부상당한 사람이 도움을 필요로 하는 상황으로 재평가할 때 초기의 혐오 정서는 급히 동정으로 바뀔 것이다. 그 상황에서 당신의 정서는 시간에 따라 변하는데 부분적으로는 자신의 정서에 대한 반응 때문이고(나는 고통스러워하는 이 사람에 대해 혐오의 감정을 보일 수 없다), 부분적으로는 환경 자체가 시간에 따라 변하기 때문이다(예: 앰뷸런스가 도착하고 당신은 안도감을 느낀다).

어떤 정서를 조절하기 위해 어떤 전략을 사용하는지가 중요한가? 마음에 들지 않는 스웨터의 예를 다시 생각해 보자. 당신이 그 선물을 고마워한다는 것을 할머니에게 확신시키는 한 가지 방법은 얼굴이 보여 주는 바에 초점을 두는 것이다. 당신은 분노나 슬픔의 얼굴 신호를 능동적으로 억압하고 대신에 미소를 지으며 할머니를 포옹한다. 다른 책략은 당신이 그 상황을 해석하는 방식에 초점을 두는 것인데, 그 상황을 처음 생각했던 것보다 더 낫다고 재평가하는 것이다. 부모님이 종종 그랬듯이 당신은 자기에게 "그건 생각하기에 달린 것이다."라고 말할 것이고, 할머니가 그 스웨터를 선택하고 짜는 데 들인 관심과 노력에 초점을 둔다. 그렇게 하는 것은 자연적으로 미소를 짓고 할머니를 포옹하게 한다. 마음에 들지 않는 스웨터를 다루는 이 두 가지 방식이 할머니로 하여금 똑같이 확신을 준다고 할지라도, 얼굴 근육 운동을 억제하는 전략은 자율신경계 활성화(Gross & Levenson, 1997)와 편도체 활성화(Goldin et al., 2008)를 모두 증가시키는 것으로 나타났다. 대조적으로 재평가는 생리적 대가를 치르게 하지는 않고 편도체 활성화를 감소(Goldin et al., 2008)시키는 것 같은데, 왜냐하면 그것은 정서를 억누르기보다는 변화시키기 때문이다.

최근 연구는 얼굴 표정을 억압하려는 노력이 인지 기능도 손상시킨다는 것을 보여 주었다(Muraven et al., 1998; Richards & Gross, 2000). 한 연구에서 참가자는 최근 또는 과거에 부상을 당한 남자의 슬라이드를 보게 되었는데, 그것 중 다수는 심각하여 보기에 혐오스러웠다. 슬라이드가 제시되는 동안에 참가자는 각 남자의 이름, 직업 및 사고의 유형에 대해 들었다. 한 조건(억압)에서 참가자는 중립적으로 조용히 있음으로써 자신의 얼굴 근육을 통제하라는 지시를 받았다. 다른 조건(재평가)에서는 '의학 전문가와 같이 초연한 흥미를 갖고' 슬라이드를 보고 나서 '아무것도 느끼지 않는 듯이' 객관적으로 생각하도록 애쓰라는 지시를 들었다. 비교를 위해 세 번째 조건에서는 단순히 주의 깊게 슬라이드를 보라는 지시를 들었다. 그 결과는 억압하라고 지시를 받은 사람이 단순히 본 사람보다 부상자의 배경 정보에 대해 더 빈약한 기억을 갖고 있음을 보여 주었다. 재평가를 한 사람은 기억 결손을 보이지 않았다(Richards & Gross, 2000). 이 발견은 얼굴 근육 운동을 억압하여 침착을 유지하려는 노력은 사람이 사회생활을 하는 능력을 손상할 수 있음을 시사한다. 만약 어떤 사람이 열띤 논쟁에서 자신의 입장을 고수하고 다른 사람은 그러지 못했다면 그들은 누가 무엇을 말했는지에 대해 상이한 기억을 갖고 끝마칠 수 있는데, 이는 때에 따라 관계를 망가뜨릴 수도 있다. 실제로 대학 1학년생을 대상으로 한 종단 연구에서는 자신의 정서를 억압하는 경향이 있는 사람은 낮은 사회적 지지, 타인과의 친밀 부족, 낮은 사회적 만족이라는 사회적 대가를 치렀다(Srivastava et al., 2009).

따라서 재평가는 얼굴 근육 운동을 억압하는 것보다 정서를 조절하는 데 더 나은 전략으로 보인다. 다른 연구는 최소한 단기적으로 주의분산 기법(농구를 하거나 흥미 있는 소설을 읽는 것)이 반추 기법(자신의 슬픔 또는 분노의 원인과 결과에 대해 다시 곰곰이 생각하는 것)보다 더 나은 전략일 수 있다는 것을 보여 주었다. 반추는 부정 정서를 높이는 경향이 있는 반면에 주의분산은 그것을 감소시킨다. 앞에서 기술했듯이 평가와 판단에 대한 정서의 효과 때문에, 배후의 문제를 풀려고 하는 노력은 일단 부정 정서가 약화되면 더 성공적인 경향을 보인다(Hilt et al., 2010).

정서, 성별 및 문화

이제까지 정서 과정의 논의에서 그 과정이 모든 사람에게 어떻게 유사한가를 강조했다. 그래도 정서적 환경은 종종 개인 간의 차이와 집단 간의 차이를 초래한다. 때때로 그런 차이는 성격과 개성을 반영하고, 어떤 때는 그 차이가 성별과 문화에 따라 변동하는 사회화 역사를 반영한다. 우리가 정서 과정에서 성별과 문화의 쟁점으로 관심을 돌릴 때 사회화된 차이와 생물학적 유사성이 모두 정서 과정에서 핵심적인 역할을 한다는 것을 명심해야 한다. 1장에서 논의했듯이 그것은 '선천 혹은 후천'의 문제가 아니라 오히려 '선천과 후천'의 문제이다.

그림 7.2로 돌아가 보면 당신은 정서 과정이 환경과의 교류에 대한 사람의 평가로부터 시작하고, 정서에 대한 반응으로 종결된다는 것을 알게 될 것이다. 성별과 문화에 의해 정서 차이를 개념화하는 한 가지 방법은 이런 차이를 '선두(front-end)' 차이 또는 '후미(back-end)' 차이로 위치를 정하는 것이다. 선두 차이는 평가 과정을 시작으로 하거나 또는 평가 과정을 선행하는 차이를 의미한다. 앞서 대상화 이론의 논의에서 보았듯이, 소녀와 여성은 환경을 접하는 정도에 따라 소년과 남성에 비해 더 자주 어떤 정서(예: 수치심)를, 그리고 어떤 정서적 결과(예: 우울과 섭식장애)를 경험한다. 그러나 후미 차이는 정서에 대한 반응과 연관된 차이를 의미한다. 예를 들면 어떤 문화의 사람은 사회적으로 정서를 덜 표현하여 냉정하게 보이는 반면에 다른 문화의 사람은 매우 표현적이고 심정을 토로한다. 우리는 이런 관점을 사용하여 그 과정의 중앙부—주관적 경험의 정서반응, 사고-행위 경향성, 신체 변화, 그리고 어느 정도까지는 얼굴 표정—를 성별과 문화 차이에 의해 영향을 덜 받는 것으로 특징짓는다. 이것은 분명히 과잉단순화이다. 예를 들면 우리는 정서에 대한 반응이 정서 과정에서 각각 또는 그 밖의 모든 구성요소를 수정하는 데 어떤 역할을 하는가를 논의했다. 그것 나름대로 정서에 대한 반응에서 성별 또는 문화에 의한 어떤 차이는 또한 중간 요소에 차이를 발생시킨다. 그렇다고 할지라도 중간 구성요소에서의 차이는 선두 과정 또는 후미 과정에서의 차이에 비해 이차적일 수 있다.

성별 차이

첫째로, 사람(남성이든 여성이든 관계없이)은 정서가 성별에 따라 어떻게 차이가 나는가에 대한 강한 신념을 갖고 있다는 것을 주목하라. 여성은 정서를 더욱 자주 경험하고 표현하는 더 정서적인 성이라는 고정관념이 있다. 예외는 분노와 자부심인데, 이는 남성이 더 자주 경험하고 표현한다고 주장되는 몇 가지 정서 중에 속한다(Plant et al., 2000). 이런 고정관념은 어떻게 현실에서 나타나는가? 여러 연구에 걸친 확고한 증거를 바탕으로 심리학자는 남성과 여성이 정서의 주관적 **경험**보다 정서의 **표현**에서 더 차이가 난다는 것을 알게 되었다(Fischer, 2000). 주관적 경험의 보고에서 성별 차이가 출현할 때 그 차이는 종종 성별 고정관념의 차이로 역추적된다. 예를 들면 한 연구는 성별 고정관념의 승인이 여성에서는 정서를 높은 강도로 보고하는 것과 관련이 있고 남성에서는 정서를 낮은 강도로 보고하는 것과 관련이 있음을 발견했다(Grossman & Woods, 1993). 이것은 성별 고정관념이 자신의 경험을 보고하는 것을 채색시킨다는 것을 시사한다. 남성은 '남성은 정서적이 아니므로 나는 정서적이 아님에 틀림없다'라고 생각할 것이고, 여성은 '여성은 정서적이므로 나는 정서적임에 틀림없다'라고 생각할 것이다. 연구는 고정관념이 대체로 정서 보고가 총체적 수준(당신은 얼마나 자주 슬픔 혹은 우울을 느끼는가?) 또는 회고(당신은 지난주 시험에서 얼마나 불안했는가?)에서 이루어지면 정서 보고를 채색시킴을 보여 주었다. 남성과 여성이 그 순간에 어떻게 느끼는가(당신은 바로 지금 얼마나 불안한가?)를 보고할 때, 보고된 경험의 성별 차이가 사라진다는 것이 입증되었는데, 아마도 그 순간에 자신의 환경과 감정의 특수성에 더 초점을 두고 그 감정이 자신에 관한 성별 신념에 덜 초점을 두기 때문일 것이다(Feldman, Barrett, et al., 1998).

이런 발견은 남성과 여성(그리고 소년과 소녀)이 '성별대로 행동을 하는'—성별에 적절한 방식으로 처신하는—데 정서가 매개체일 수 있다는 점을 시사한다. 여성이 자신의 외모와 다이어트에 주의를 집중함으로써 여성성을 보이는 것과 마찬가지로 슬픔, 공포와 같은 '여성적' 정서를 표현하고 분노와 자부심 같은 '남성적' 정서를 표현하는 것을 회피함으로써 여성성을 보일 것이다. 마찬가지로 남성은 반대의 패턴을 보임으로써 남성성을 나타낸다(소년은 울지 않는다, 남자는 공포를 보이지 않는다). 이런 견해를 지지하기 위해 한 연구는 사람이 남성과 여성의 사진에 대해 얼굴이 어떤 정서를 전달하는가에 따라 성적 매력의 정도를 평가한다는 것을 보여 주었다. 특히 행복의 표현은 여성의 얼굴에서 성적 매력이었으나 남성의 얼굴에서는 성적 매력이 아니었다. 자부심의 경우에는 그 반대이다. 남성은 자부심을 표현하면 성적으로 더 매력이 있다고 평가되지만 여성은 덜 매력적으로 평가된다(Tracy & Beall, 2011).

성별과 권력의 연결을 통해 일부 심리학자는 여성이 남성에 비해 비교적 낮은 권력과 지위를 갖고 있다는 성별 위계가 정서에서 관찰되는 성별 차이와 관련이 있다고 제안했다. 낮은 지위에 있는 여성은 슬픔, 불안, 공포(약하고 무력하게 보이도록 만드는 작용을 하는 정서)와 같은 '무력한' 정서를 표현하고, 높은 지위에 있는 남성은 분노, 자부심, 경멸(통제와 지배를 유지하는 작용을 하는 정서)과 같은 '강력한' 정서를 표현한다(Fischer, 2000). 여기서 다시 구분은 정서 경험이 아니라 정서 표현을 목표로 한다. 성별과 분노에 대한 최근의 개관에서 여성은 남성만큼이나 분노를 경험한다는 것을 발견했다—대인관

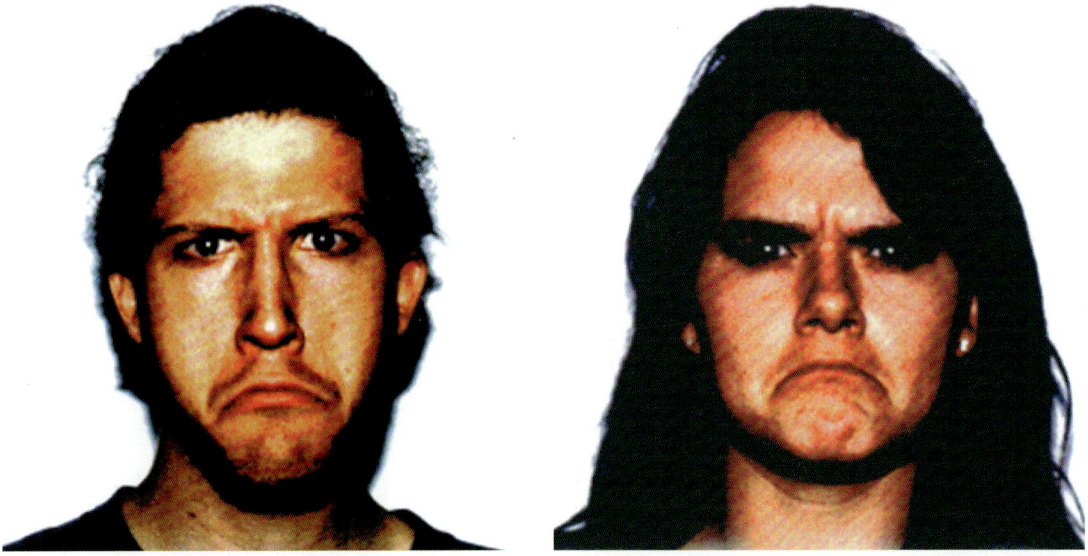

두 사진은 동일하게 혼합된 상이한 정서 표현을 보여 준다. 눈썹은 분노할 때처럼 낮추어져서 함께 모아지고 입꼬리는 슬플 때처럼 아래로 내려갔다. 연구는 이런 분노 · 슬픔 혼합이 남성의 얼굴에 나타났을 때는 분노로 보는 경향이 높지만, 동일한 혼합 표정이 여성의 얼굴에 나타났을 때는 슬픔으로 보는 경향이 높다는 것을 보여 주었다(Plant et al., 2000). 이런 발견은 성별 고정관념이 얼굴 표정에 대한 지각자의 해석을 조성한다는 것을 시사한다.

계의 맥락에서 더욱 그렇다. 그렇다고 할지라도 남성은 여성보다 더 분노하는 것 같은데, 그들은 전형적인 방식(즉 신체적 공격과 언어적 공격)으로 표현하기 때문이다. 하지만 여성은 분노를 눈물로 표현함으로써 떨쳐 버리거나 그것을 슬픔으로 잘못 지칭하기 쉽다(Kring, 2000). 여성은 또한 남성보다 분노를 표현하는 데 불편함을 보고한다. 분노의 표현에서 그런 성별 차이가 남성은 '강력하도록' 그리고 여성은 '무력하도록' 강화해 주는 것일 수 있다. 성별 고정관념도 영향을 미친다. 최근 연구에서 참가자는 분노와 슬픔이 혼합된 모호한 표정을 짓는 어떤 사람에 대해 얼마나 분노하는가 혹은 슬퍼하는가를 판단했다. 그들은 혼합된 표정이 남성의 얼굴에 나타났을 때는 분노하는 것으로 보았으나, 여성의 얼굴에 나타났을 때는 슬픔을 나타내는 것으로 보았다(Plant et al., 2000). 여성은 분노를 표현함으로써 지위와 권력을 얻을 수 있는가? 쉽지 않을 것이다. 분노를 표현하는 것은 성별 고정관념에 대립되기 때문에 전문적 맥락에서 분노를 표현하는 여성은 조절을 상실한 것으로 판단되어 지위를 잃는데, CEO냐 연수생이냐와 무관하게 마녀나 잔소리꾼으로 여겨진다. 이런 여성에 대한 반발은 분노에 대한 외적인 이유가 분명할 때만 사라진다(Brescoll & Uhlmann, 2008).

요약컨대 정서의 성별 차이는 주로 정서 과정의 후미에서—남성과 여성이 정서를 조절하고 표현하는 방식에서—초래될 것이다. 이에 따라 이런 차이는 남성과 여성이 성별 고정관념과 일치하여—부모와 더욱 일반적으로는 문화에 의해서—사회화됨에 따라 발생하는 성별 차이에 기인할 가능성이 가장 높다. 실제로 연구는 부모가 학령 전 자녀에게 정서에 관해 상이하게 이야기하는 것(예: 아들보다는 딸에게 슬픔을 더 강조하는 것)을 보여 주었다(Fivush & Buckner, 2000). 그런 차이는 성인이 된 후의 정서 조절 습관에서 성별 차이가 나타날 가능성을 마련해 준다. 달리 말하면 적절한 정서 조절에 관한 성별 특수적 양육은 소년과 소녀가 남성적 혹은 여성적이 되는, 강력해지거나 혹은 무력해지는 것을 학습하는 한 가지 방식이다.

문화 차이

정서의 문화 차이를 연구하는 심리학자는 대체로 집단주의와 개인주의의 가치가 정서 경험을 어떻게 형성하는가에 초점을 두었다. **집단주의** collectivism는 사람 간의 기본적 연결과 상호 의존성을 강조하는 문화를 말하고, **개인주의** individualism는 개인의 기본적 분리와 독립성을 강조하는 문화를 말한다고 했던 것을 상기해 보라. 동아시아, 라틴아메리카, 아프리카의 많은 국가는 집단주의 문화로 간주되고, 미국, 캐나다, 호주 및 많은 서구 유럽 국가는 개인주의 문화로 간주된다. 물론 이런 국가의 모든 국민이 집단주의자 혹은 개인주의자로 분류될 수 있는 것은 아니다. 성별, 사회계층 및 인종에 따라 다양한 것이 보통이다. 그렇다 할지라도 집단주의-개인주의 차원에 따른 차이는 정서에서 문화적 차이를 이해하는 데 결정적이다(van Hemert et al., 2007).

그런 이유를 이해하기 위해서는 집단주의-개인주의의 변화가 자기에 대한 견해에 어떻게 영향을 주는가를 연구할 수 있다(Markus & Kitayama, 2010). 집단주의자의 맥락에서 자기에 대한 느낌은 관계 속에 내포되는데, 인간관계에서 조화를 이루려는 욕망을 포함하는 많은 개인적 목표는 이것을 반영한다. 그러나 개인주의자 맥락에서 자기에 대한 느낌은 경계를 나누는 것으로, 즉 친밀한 타인과 분리된 것으로 보이는데, 많은 개인적 목표는 독립적이고 독특해지려는 욕망을 반영한다. 일찍이 기술되었던 틀을 계속 적용하면 개인적 목표에서 문화 차이는 정서 과정의 '선두' 차이를 통해 정서의 문화 차이를 발생시킬 수 있다. 즉 상이한 문화의 사람이 개인 목표에서, 특히 인간관계에 관한 목표에서 상이하다면, 그들은 환경이 매우 유사한 경우에도 현재의 환경에 대한 개인적 의미의 평가에서 상이할 것이다. 한 연구는 계획된 일정 혹은 회의에 결석하는 것처럼 공동 계획에서 실수를 한 후의 정서적 반응을 조사했다. 이 연구에서 이탈리아인은 집단주의를 대표하는 것으로 선택되었고, 영어를 사용하는 캐나다인은 개인주의를 대표하는 것을 선택되었다. 집단주의 문화에서 기대되듯이 이탈리아인은 캐나다인보다 관계를 더 가치 있게 여겼다. 그리고 계획이 잘못되었을 때 이탈리아인은 슬픔을 더 많이 경험하는 반면에 캐나다인은

행복은 개인주의 문화에서는 개인적 성취와 밀접한 관련이 있고, 집단주의 문화에서는 좋은 관계와 관련이 있다.

찬|반|논|쟁

중독자의 뇌는 보상 혹은 항보상 장애를 나타내는가?

보상 장애의 사례

Kent Berridge, 미시간대학교

중독을 일으키기 위해 뇌에서 무엇이 일어나는가? 쿱(Koob)에 의해 대조적으로 기술되었듯이 금단과 내성이 유명한 기여 요인이지만 다른 요인도 있다. 하나의 중요한 중독 기제는 측핵(피질 바로 아래에서 뇌의 전방부에 자리 잡고 있음)과 신경전달물질인 도파민을 포함하는 뇌 체계에 의해 발생하는 비정상적으로 강한 '원하기'—유인 현저성이라 불리는 특수한 동기의 심리적 구성요소—일 수 있다(Robinson & Berridge, 2003).

'좋아하기'와 '원하기'의 뇌 기제 차이

어떤 보상을 '원하기'에 관여하는 뇌 기제는 동일한 보상을 '좋아하기'에 관여하는 뇌 기제와 다르다. 이것이 미시간대학교 테리 로빈슨의 연구에서 발견되었을 때 처음에는 하나의 놀라움으로 다가왔다. 우리는 단맛 보상이 주는 쾌락을 '좋아하기'가 신경전달물질 도파민에 의해 중개되는가를 물을 것이다. 그런 질문을 받은 많은 사람의 대답은 일반적으로 '예'인 것처럼 보인다.

그러나 대부분의 연구는 그 보상을 얼마나 '좋아하는가'(쾌락 혹은 쾌락적 영향)를 추리하기 위해 그 보상을 얼마나 많이 '원하는가'(선호하는가, 추구하는가, 노력하는가, 혹은 섭식을 하는가)의 심리학적 측정치를 사용했다. 한 접근은 '좋아하기'를 측정하기 위해 쾌락에 대한 좀 더 자연주의적인 선택적 창—'좋아하는' 단맛의 음식을 맛볼 때 입맛을 다시지만 '싫어하는' 쓴맛에는 입을 딱 벌리고 외면하는 유아의 표정과 유사한 감정적 얼굴 표정—을 사용했다.

우리는 쥐의 뇌에서 도파민을 제거해도, 비록 도파민 상실이 보상에 대한 '원하기'를 분명히 파괴할지라도 즐거운 단맛에 대한 '좋아하기' 반응이 완전히 정상이라는 것을 발견하고 놀랐다. 추후의 뇌 연구에서는 도파민을 증가시키는 것이 '원하기'를 강하게 할지라도 쾌락적 '좋아하기'를 증진하지 않는다는 것을 확인했다(Berridge, 2007). 대신 다른 뇌 기제가 쾌락적 '좋아하기'를 발생시키는 것으로 판명되었다(예: 헤로인류의 신경전달물질을 사용하는 측핵의 쾌락 부위)(Kringelbach & Berridge, 2012).

최근 인간 신경 영상 연구는 뇌의 도파민이 중독성 약물과 맛있는 음식 및 다른 즐거운 보상에 대한 사람의 '좋아하기' 보다는 '원하기'를 중개한다는 결론을 지지해 주었다(Volkow et al., 2002; Evans et al., 2005; Leyton, 2010; Hardman et al., 2012).

중독에서 도파민 '원하기'

'원하기'와 '좋아하기'의 차이를 확인하는 것은 직접적으로 중독을 초래한다(Robinson & Berridge, 1993, 2008). 중독성 약물(코카인, 암페타민, 헤로인, 알코올, 니코틴 등)은 특히 일부 취약한 사람의 경우 고용량에서 그리고 약물이 폭식 형태로 복용될 때 뇌의 도파민 체계를 민감화할 수 있다. 민감화에 대한 취약성은 개인의 유전자, 호르몬 정서적 스트레스 상태, 어린 시절 생활 경험에 좌우된다.

신경적 민감화는 그 체계의 뉴런이 다소 영구적으로 변했다는 것을 의미한다(예: 뉴런이 자신의 해부학적인 연결 등을 변화시킨다). 가장 중요한 것으로는 민감화된 뇌 체계가 약물에 대한 정상 반응보다 더 큰 반응을 발생시키는 것과 같이 과다 반응을 하는 것이다. 일단 민감화되면 뇌는 더 많은 도파민을 빙출하고, 더 높은 '원하기'를 발생시킨다. 결과적으로 민감화된 중독자는 대부분의 사람보다 더 높은 '원하기'를 경험할 것이다. 예를 들면 중독자가 약물을 '원하는' 것만큼이나 보통 사람이 강력하게 음식을 원하기 위해서는 며칠 동안 굶주려야만 한다.

약물에 대한 뇌의 민감화는 뇌의 내성과 거의 반대이다. 둘은 동일한 뇌 혹은 동일한 뉴런에서도 동시적으로 일어날 수 있으나 민감화는 더 오래(아마 수년간) 지속된다(Paulson & Robinson, 1995; Boileau et al., 2007; Vezina & Leyton, 2009). 민감화는 매우 지속적이기 때문에 어떤 사람이 약물을 중단한 후에도 지속되어 장기적인 재발의 위험을 발생시킨다. 이전의 중독자가 수개월 혹은 수년 동안 약물을 중단하고 금단 증후를 더 이상 느끼지 않는 경우에도 때때로 강박적 '원하기'가 나타날 수 있다.

실험은 '원하기'가 도파민 자극 약물이 민감화된 뇌에 존재할 때 더 높은 수준으로 증폭되는 것을 보여 주었다. 증폭은 중독자에게 적절한 양으로 투약을 제한하는 것을 어렵게 만든다. '단 한 번' 투약을 하거나 '단 한 잔' 술을 마시고 멈추려고 할지라도 '단 한 번'이 여러 번 혹은 주말 내내 계속될 것이다. 폭음은 처음 한 잔이 감소시키기보다는 유지시켜서 '원하기'가 최고 수준으로 증폭됨으로써 발생할 수 있다(한 잔이 기분을 좋게 할지라도 중독자를 만족시키기에는 충분하지 않을 것이다).

더구나 소위 음식중독, 도박중독, 혹은 쇼핑중독 등에 걸린 사람은 중독성 약물을 투여하든 그렇지 않든 간에 도파민-측핵 뇌 체계의 과잉 활동 같은 민감화 패턴을 갖고 있는 것으로 나타났다(Davis et al., 2009; O'Sullivan et al., 2011; Hartston, 2012; Linnet et al., 2012; Ray et al., 2012). 그렇다면 민감화 같은 뇌 변화는 다양한 유형의 중독에 걸리는 데 매우 취약한 사람에서 때때로 자발적으로 발생한다.

민감화 기제는 중독자에게 약물이 있을 때, 그들이 실제로 그 약물을 매우 '좋아하든' 그렇지 않든 간에 혹은 금단이 존재하지 않을 때조차도 투약을 강박적으로 원하게 만들 수 있다. 도파민-측핵 민감화에 기인한 증폭된 '원하기'는 유일한 중독의 뇌 기제가 아니다. 그러나 '원하기'가 어떻게 뇌 기제에 의해 발생하는가를 아는 것은 중독을 더 잘 이해하도록 도울 것이다.

찬|반|논|쟁

중독자의 뇌는 보상 혹은 항보상 장애를 나타내는가?

항보상 문제의 사례

George F. Koob, 스크립스연구소(미국 캘리포니아)

나의 주장은 약물중독이 3단계의 주기—탐닉/도취, 금단/부정적 정서, 집착/기대—를 포함한다는 것이다. 이 단계는 시간이 감에 따라 악화되고, 개인이 중독 과정의 초기 단계 충동성으로부터 진행해 감에 따라, 베리지에 의해 언급되지 않은 추가의 동기원이 추가되는데, 강박성에 기여하거나 강박성을 정의하는 부적 강화이다(Koob & Le Moal, 1997). 중독의 부적 강화를 발생시키는 혐오적 정서 상태의 발달은 여기서 중독의 '어두운 면'으로 정의된다.

우리는 약물중독이 베리지가 주장했듯이 일종의 유인 현저성의 민감화를 포함하는 정적 강화의 근원으로부터 강력한 부적 강화를 일으키는 뇌의 스트레스 및 항보상(anti-reward)체계의 민감화를 진행한다고 주장했다. 정적 강화는 어떤 자극의 제시가 어떤 반응의 확률을 증가시키는 것으로 정의되고, 부적 강화는 혐오자극(혹은 중독에서 혐오적 정서 상태)의 제거가 어떤 반응의 확률을 증가시키는 것이다. 이 단계는 서로 영향을 주면서 더 강해지고, 마침내 중독으로 알려진 병리 상태를 초래한다.

나의 논지는 중독이 2개의 근원—정상적으로 천연 보상을 중개하는 뇌 보상체계의 기능 감소(보상의 감소)와 혐오적 정서를 일으키는 항보상체계의 개입(스트레스나 불쾌의 증가)—으로부터 유래되는 동기체계를 중개하는 신경회로 활동의 장기 지속적인 기능장애를 포함한다는 것이다. 항보상은 뇌의 체계가 일반적인 생물학적 체계의 특징인 대립 과정 기제를 사용하여 보상을 제한하는 입장에 있다는 가설을 기초로 하여 쿱과 르모알(Koob & Le Moal, 2008)이 발전시킨 개념이다. 대립 과정은 약물이 일으키는 쾌락에 따라 대립 반응인 불쾌가 따라온다는 심리학의 개념이다. 약물에 반복 노출되면 쾌락이 감소하는 반면에 불쾌는 더 커진다고 가정된다.

우리의 주장은 대립 과정의 신경회로 기반이 존재하고, 그 기제는 선호에 따라 보상체계의 과도한 활동 혹은 과도한 '유인 민감화'에 대한 체계 내와 체계 간의 신경적응 모두를 포함한다는 것이다. 체계 내 신경적응은 보상체계 내의 회로 변화에 의해 보상체계 자체의 기능이 감소하는 것이다. 체계 간 신경적응은 다른 회로, 즉 항보상회로가 보상체계로 개입하는 회로 변화이다(Koob & Bloom, 1988).

체계 내와 체계 간 신경적응은 탐닉/도취 단계에서 시작하고, 금단/부정적 정서 단계에서 분명해지며, 집착/기대(갈망) 단계로 지속된다. 금단/부정적 정서 단계는 장기 과민성, 신체적 고통, 정서적 고통, 불안감, 불쾌감, 천연 보상에 대한 동기의 상실을 포함하는, 인간에서 금단의 동기적 신호의 존재로 정의된다.

동물이 약물 투약을 과다한 정도로 증가시키는 동물 모형에서, 시간적으로 선행하고 약물 투약의 상승과 높은 상관이 있는 약물 보상 역치의 증가(불쾌 같은 반응)가 있다. 이런 급성 금단은 도파민 뉴런 활동에 대한 전기생리적 기록, 도파민 체계와 연결된 세포외 도파민의 신경화학적 측정에 의해 나타난 중뇌변연피질 도파민 체계(유인 현저성 체계)의 활동 감소와 관련이 있다. 금단 혹은 오랜 절제 중에 있는 인간 중독자에 대한 영상 연구는 도파민 D2 수용기(도파민 기능을 나타낸다고 가정된)의 감소, 도파민 방출에 대한 과소반응성을 보여 준다(Volkow et al., 2003). 저하된 도파민 기능은 시냅스전 방출 감소 혹은 시냅스후 수용기 가소성 감소를 중개하는 체계 내의 신경적응일 것이라 가정된다.

현재의 논지를 위해 더 중요한 점은, 의존성과 동기적 금단이 발달됨에 따라 부신피질자극호르몬 방출인자(CRF), 노르에피네프린 및 다이노르핀과 같은 뇌의 항보상체계가 측핵과 편도체 같은 핵심적인 동기 및 정서 뇌 부위에서 작용을 한다는 것이다. 우리는 과다한 약물 투여로 진행하는 동안에 활성화된다고 알려진 이런 뇌의 항보상 신경전달체계가 체계 간 대립 과정을 구성하고, 이것의 활성화는 약물이 제거되었을 때 동기적으로 나타나는데, 급성 및 장기 금욕으로 인한 불쾌감, 불안, 정서적 고통 및 과민성 증세를 발생시킨다고 가정한다. 그래서 우리는 항보상 회로가 체계 간 신경적응으로 역할을 하고(Koob & Bloom, 1988), 중독으로 발달하는 동안 약물이 제거되었을 때(금단) 두 체계—연장된 편도체(CRF-노르에피네프린)에서 스트레스, 공포 상태의 직접적 활성화와 도파민 기능을 억압함으로써(아마도 측핵에서 다이노르핀의 활성화를 통해) 중뇌변연피질 도파민 체계에서 보상 결손—를 경유하여 혐오성 및 스트레스성 상태를 일으킨다고 가정한다.

집착/기대 단계에서 나머지 항보상 상태가 좀 더 강력하게 약물 추구 행동을 유발하고 재발을 자극하기 위해 약물 점화, 약물 단서 및 급성 스트레스 요인을 일으킨다. 실제로 모든 재발의 60~70%는 부정적 정서의 맥락에서 일어남으로써, 나는 유인적 현저성의 장기 지속적 민감화(Berridge, 2007)가 유일한 설명이 아니고, 어두운 측면도 과민화된다고 주장한다.

그래서 보상 신경전달 기능의 감소와 항보상체계의 활동 조합이 강박적 약물 투약 행동과 중독을 결정해 주고 재발을 초래하는 강력한 부적 강화의 근원을 제공한다. 중독에서 부적 강화를 초래하는 이런 혐오적 정서 상태의 발달은 뇌의 유인 현저성 체계 그리고 일반적 동기에서 '어두운 측면'이다.

나는 뇌의 동기체계가 제한된 자원을 갖고 우리가 보상 균형이라고 부르는 적절한 항상성 균형(행복?)이 쾌락적 칼빈주의 접근(Koob & Le Moal, 1997)을 요구한다고 생각했다. 약물중독은 유인 현저성을 다루는 것의 실패일 뿐만 아니라 너무 지나친 유인 현저성의 항보상적 결과를 다루는 것의 실패이기도 하다.

분노를 더 많이 경험했다(Grazzani-Gavazzi & Oatley, 1999). 슬픔은 이런 환경에서 집단주의를 반영하는데 이는 실수가 공동의 상실로 비추어지기 때문이다. 분노는 개인주의를 반영하는데, 실수는 자기(self)가 개인적으로 다룬 것이란 견해 때문이다. 여기서 관계는 집단주의와 개인주의 문화에 있는 사람에게 중요성이 상이하기 때문에 동일한 환경(즉 어긋난 계획)이 상이한 정서를 유발한다.

다른 예로 연구자는 '좋은 감정'을 일으키는 환경이 문화에 따라 변화하는 것을 발견했다. 집단주의 문화인 일본에서 좋은 감정을 느끼는 것은 친하다고 느끼는 것과 같이 대인 몰입을 더 빈번히 동반하는 반면에, 개인주의 문화인 미국에서는 좋은 감정을 느끼는 것이 우월감이나 자부심을 느끼는 것과 같이 대인 이탈을 가장 빈번히 동반한다(Imada & Ellsworth, 2011; Kitayama et al., 2000). 이 증거는 행복의 근원이 그들의 문화가 관계와 사회적 가치에 어떤 가치를 두는가에 의존한다는 것을 시사한다. 아마도 자기 견해와 개인적 목표가 집단주의 또는 개인주의를 반영하기 때문일 것이다.

초기 아동기에 문화적 메시지는 사람이 느끼려고 하는 정서에 영향을 미친다. 예를 들면 미국에서 아동의 이야기책은 흥분된 상태를 강조하는 반면에 대만에서 인기 있는 아동의 책은 평온 상태를 강조한다(Tsai et al., 2007). 그런 문화적 메시지의 지속성은 아동과 성인이 자신의 정서에 대해 갖고 있는 이상에 영향을 미친다. 이중문화의 아동은 종종 정서에 대해 서로 대립하는 가치를 가진 두 문화를 동일시해야 하는 독특한 입장에 처해 있다. 일기 연구는 이중 문화 사람의 경우 가장 최근에 사용했던 언어가 자신의 정서를 경험하는 방식에 영향을 미친다는 것을 보여 주었다(Perunovic et al., 2007).

이제까지 우리는 정서 과정의 '선두'에서 문화적 차이—즉 정서를 발생시키는 환경의 차이와 개인적 중요성을 평가하는 것의 차이—를 논의했다. 그래도 집단주의와 개인주의는 또한 어떤 정서가 표현될 수 있고 언제 표현되어야 하는가를 규정함으로써 정서 과정의 '후미'에도 영향을 준다. 앞에서 얼굴 표정의 표현 규칙을 논의하면서 이것의 한 예를 보았다. 미국에서 온 사람과 비교하여 일본에서 온 사람은 다른 사람이 존재할 때 흔히 혐오의 경험을 미소로 감춘다. 이와 관련된 다른 연구는 자부심이 집단주의 문화보다 개인주의 문화에서 더 수용될 수 있다는 것을 발견했다(Fischer et al., 1999).

선두의 평가 차이와 후미의 정서에 대한 반응 차이와 더불어 최근의 문화와 정서에 대한 조사 연구는 정서에 대한 기본적 신념은 집단주의 맥락과 개인주의 맥락에서 상이할 수 있음을 시사한다(Mesquita, 2001). 예를 들면 개인주의 문화에서 정서는 개인의 주관적 내면 세계를 반영하는 것으로 여겨지고 특정인에 '소속되는' 것으로(예: 마크는 화가 났다) 생각되었다. 그러나 개인주의 문화에서 정서는 객관적인 현실을 반영하는 것으로 여겨지고 관계에 '소속되는' 것으로(예: 우리는 화가 났다) 생각된다. 그래서 정서가 '성별에 따른 행동을 하거나' 혹은 성별에 적절한 방식으로 처신하는 하나의 매개체일 것이라고 말했던 것과 마찬가지로 정서는 중요한 문화 주제를 강화하고 유지할 수 있다. 정서는 집단주의 문화에서는 사람을 결합하고, 개인주의 문화에서는 개인의 독특성을 정의하는 것 같다.

8 성격과 지능

오스카 스토흐와 잭 유프는 트리니다드에서 태어날 때 일란성 쌍둥이였는데 출생 후 곧장 따로 길러졌다. 어머니는 오스카를 독일로 보냈는데, 거기서 할머니 손에 길러져 천주교 신자이면서 나치 대원이 되었다. 잭은 유대인 아버지와 함께 트리니다드에 남아 유대인으로 길러졌고 유년 시절의 일부를 이스라엘 키부츠에서 보냈다. 이 두 사람은 서로 연락을 한 적도 없었다.

40대 후반이 되어 오스카와 잭은 분리되어 길러진 쌍둥이를 연구하고 있었던 미네소타 대학교 연구 팀에 의해 함께 모이게 되었다. 오스카와 잭은 이전에 한 번도 만난 적이 없었지만 놀라울 정도로 비슷했다. 두 사람이 연구에 참석하러 왔을 때, 수염을 기르고 둥근 철사테 안경을 끼고 푸른색 양복을 입고 나타났다. 그들은 습관과 기질이 비슷하고 특이한 취향도 비슷한 면이 있었는데, 둘 다 매운 음식을 좋아하고, 달콤한 술을 좋아하고, 잘 잊어버리고, 화장실을 사용하기 전에 물을 먼저 내리고, 버터가 발린 토스트를 커피에 찍어 먹는 것을 좋아하고, 엘리베이터 안에서 재채기를 하여 사람들을 놀라게 하는 것을 즐겼다.

미네소타 연구에 참여한 다른 쌍둥이들도 유사성을 보였다. 예를 들어 사진에 있는 두 사람은 출생 시 분리되어 31세가 되어서야 처음 만났는데 둘 다 소방관이 되어 있었다. 무엇이 이런 유사성을 만들어 내는가? 소방관을 만드는 유전자나 토스트를 커피에 찍어 먹는 유전자, 또는 엘리베이터 안에서 사람들을 놀라게 하는 유전자가 없다는 것은 분명하다. 이러한 유사성은 선천적으로 타고난, 보다 근본적인 성격 특성을 반영하는데, 이 특성이 특정 행동을 선호하게 만들 수 있다.

여러 가지 방식에서 모든 사람들은 서로 닮았다. 이 책에서 논의되는 생물학적 과정과 심리적 과정—발달, 의식, 지각, 학습, 기억, 사고, 동기, 정서—은 기본적으로 우리 모두에게 같다. 그러나 서로 다른 방식도 있다. 각 개인을 고유하게 만드는 독특한 능력, 신념, 태도, 동기, 정서, 성격 특질이 있다. 이 장에서는 성격이라는 개념으로 파악되는 사람들 간의 차이에 관한 이론에 초점을 둘 것이다.

지난 100년간 성격심리학을 주도한 네 가지 이론적 접근인 정신분석학적 접근, 행동주의적 접근, 인본주의적 접근, 인지적 접근을 살펴볼 것이다. 또한 진화론적 접근에 관해서도 논할 텐데, 이는 최근 20년간 성격을 이해하기 위해 적용된 접근이다. 이론을 개관하면서 우리는 결코 만족할 만한 대답이 없는 질문을 던지게 된다. 우리의 신념, 정서, 행위가 어느 정도 자유로운가, 어떻게 해서 우리가 통제할 수 없는 원인에 의해 영향을 받는가? 우리는 기본적으로 선한가, 악한가, 아니면 중립적인가? 인간은 변할 수 없는가, 변화 가능한가? 우리의 운명은 능동적으로 통제할 수 있는가, 아니면 수동적인가? 이러한 질문은 경험적으로 해결될 수 있는 것이 아니며, 성격 이론은 이런 질문에 대한 명시적 대답을 얻고자 하지 않는다. 그러나 각 이론적 접근에는 암묵적인 대답—인간 성질에 대한 일련의 고유한 가정—이 포함되어 있다. 역사적으로 보면 이러한 철학적 시각은 논쟁거리를 제기하고 경합하는 이론적 입장에 영향을 준다는 점에서 경험 자료만큼 중요하다.

또한 우리는 3장에서 소개한 주요 주제인 유전과 환경 간의 상호작용으로 돌아갈 것이다. 3장에서는 특히 우리 모두를 똑같게 만드는 요인에 초점을 두고, 발달 과정을 결정하는 데 선천적인 생물학적 요인과 개인의 환경에 있는 사건이 어떻게 상호작용하는지를 논

미네소타대학교의 토머스 부차드 박사는 따로 양육된 일란성 쌍둥이 제임스 루이스와 제임스 스프링거에 대해 성격검사를 실시했다. 검사는 이들이 만난 지 약 6주 후에 실시되었다.

의했다. 예를 들어 선천적으로 결정된 성숙 단계가 환경에 관계없이 모든 아이들을 동일한 순서로 동일한 발달 단계로 나아가게 하는 것을 살펴보았다. 이 장에서는 사람들을 서로 다르게 만드는, 즉 고유성을 만드는 생물학적 요인과 환경적 요인에 초점을 둔다. 이에 앞서 성격이 무엇인지 그리고 성격을 어떻게 측정할 것인지에 관해 논할 것이다.

지능의 개념은 심리학 역사에서 가장 많은 논쟁거리 중 하나였고, 그 논쟁은 오늘날에도 계속되고 있다. 똑똑하다거나 총명하다는 것이 무엇인지에 대해서는 사람들에 따라 생각이 다르기 때문에 **지능** intelligence이 무엇인지 정의하는 것 자체가 힘들고, 또한 앞으로 살펴보겠지만 지능에 대한 이론 역시 다양하다. 일부 이론가들은 지능은 실체가 아니라 단지 지능검사가 측정한 것을 부르는 일종의 명칭에 불과하다고 주장한다. 다른 이론가들은 지능을 보다 광범위한 것으로 간주해야 하며, 과거의 경험으로부터 학습할 수 있는 능력, 추상적으로 사고할 수 있는 능력, 환경을 효율적으로 다루는 능력이 포함된다고 제안한다. 그러므로 지능에 관한 다양한 개념화와 이론을 살펴보고, 이어 지능의 측정 방법도 살펴볼 것이다.

성격의 개념화와 측정

성격 personality은 개인이 물리적 · 사회적 환경과 상호작용하는 방식을 나타내는 사고, 정서, 행동의 고유하고 특징적인 양상으로 정의될 수 있다. 어떤 개인의 성격을 말해 보라고 하면 우리는 외향적이다, 성실하다 등과 같은 성격 특질을 지칭하는 용어를 사용하기 십상이다. 성격심리학자는 일반인이 성격 특질이라고 생각하는 엄청나게 많은 용어를 성격의 다양성을 망라하면서도 적절하게 다룰 수 있는 세트로 단축하려고 시도한다.

성격을 포괄적으로 서술하면서도 다룰 수 있을 정도의 개수를 지닌 특질로 추출하는 작업은 사전을 찾아보는 작업에서부터 시작한다. 이런 작업에는 언어가 일상생활에서 보이는 개인들 간의 중요한 차이를 잘 그려 낼 것이라는 가정이 깔려 있다. 언어는 그 문화의 누적된 경험을 내포하고, 사전은 그러한 경험을 글로 기록한 것이다. 1930년대 올포트와 오드베르트(Allport & Odbert, 1936)는 영어 사전에서 행동 특성을 지칭하는 약 18,000개의 단어를 찾았는데, 이는 그 사전에 있는 모든 단어의 약 5%에 해당되는 많은 것이었다. 그다음 그들은 가장 전형적인 특질을 나타내는 4,500개로 단축했다.

성격 특질의 개수

특질 4,500개는 다루기 힘든 개수이다. 그래서 연구자들은 이 특질들을 서로 연결되는 보다 작은 개수의 범주로 묶는 작업을 시도했다. 연구자들은 특질 용어를 사용하여 개인에게 평정하게 하고, 요인분석이라는 통계적 절차를 사용하여 이 특질 용어 평정치 간의 상관을 구했다. 연구자들은 인간 성격을 포착하는 데 필요한 특질의 개수에 관해 다양한 결론을 내리고 있다. 레이먼드 카텔(Cattell, 1943, 1945)은 특질을 16개로 축약했다. 영국의 심리학자 한스 아이젱크(Eysenck, 1953)는 환자들의 특성에 대한 정신과 의사들의 평정치를 사용하여 두 가지 성격 요인을 추출했다. 내향성-외향성과 신경증 성향이 그것이다. **내향성-외향성**introversion-extroversion은 개인의 기본적 오리엔테이션이 자신 안으로 향하는지, 아니면 외부 세계로 향하는지의 정도를 의미한다. 이 척도의 내향성 극단에는 수줍음을 많이 타고, 혼자서 일하기 좋아하는 사람들이 있다. 이들은 자신의 세계로 물러나 있는데, 정서적인 스트레스가 있거나 갈등이 있을 때는 특히 그렇다. 외향성 극단에는 사교적이고, 다른 사람들과 더불어 일할 수 있는 직업을 선호하는 사람들이 있다. 이들은 스트레스가 있으면 친구를 찾는다. **신경증 성향**neuroticism(불안정-안정)은 정서성 차원으로, 신경증적이고 불안정한 극단에는 기분이 잘 변하고, 불안하고, 신경질적이고, 부적응적인 사람들이 있으며, 그 반대 극단에는 침착하고 적응을 잘하는 사람들이 있다. 그림 8.1에는 이러한 두 차원이 조합되어 나타나는 많은 하위 특질이 제시되어 있다.

특질의 최종 개수에 관해 연구자들의 결론이 다른 것은 분석에 사용된 원래의 특질 용어가 다르고, 분석에 사용된 자료의 종류가 다르고(예: 또래 평정 또는 자기보고), 사용된 요인분석법이 다르기 때문이다. 그러나 일부 불일치는 취향의 문제에서 생긴다. 성격을 보다 분화시키고 세부적으로 서술하고 싶은 연구자들은 기준을 낮게 설정하여 보다 많은 개수의 요인을 찾으려고 하는데, 그 이유는 여러 요인이 합쳐지면 중요한 구분이 사라질 것이라는 생각에서이다. 이와 반대로 아이젱크 같은 연구자들은 하위 수준의 요인을 보다 일반적인 요인으로 합치는 것을 선호하는데, 이는 이렇게 하여 얻어진 요인이 보다 안정적일 것으로 보기 때문이다. 예를 들어 카텔의 16요인을 요인분석하면 상위 요인으로 아이젱크의 2요인이 나타난다. 따라서 포괄적인 일반 특질이 몇 개 하위 범주의 특질로 구성되어 있는 식의 특질의 위

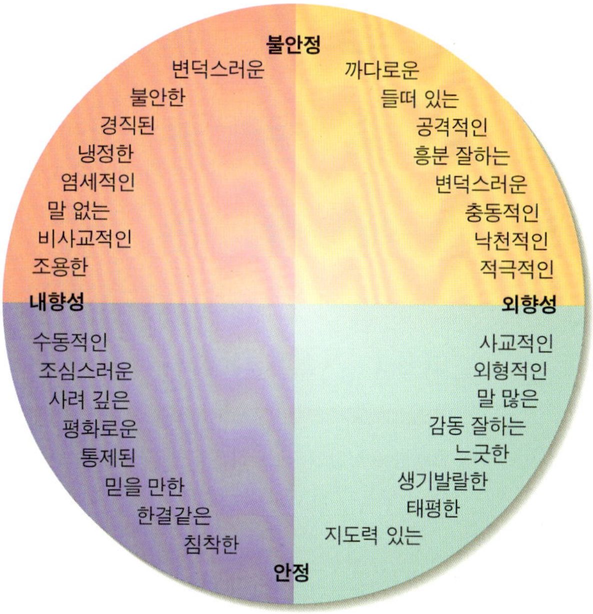

그림 8.1 아이젱크의 성격 요인. 이 그림은 아이젱크와 다른 연구자들에 의해 수행된 특질 간의 상관에 대한 요인분석 연구에서 얻어진 두 가지 주요 요인을 보여 준다. 안정-불안정 축은 신경성 성향 요인을 나타내고, 내향성-외향성 축은 외향성 요인을 나타낸다. 이 원 주위에 나열된 형용사는 특질이 이 두 요인과 관련하여 어디에 위치하는 지를 알려 준다.

외향적인 사람들은 남의 시선을 끄는 것을 두려워하지 않는다.

계를 생각해 볼 수 있다.

이러한 불일치에도 불구하고, 많은 특질 이론가들 사이에서 'Big Five'라고 칭하는 5개의 특질 차원이 성격이 의미하는 대부분을 포착하고 있다는 데 합의가 이루어지고 있다(Goldberg, 1981). 5요인은 원래 올포트-오드베르트 목록의 요인분석을 통해 확인된 것이었지만, 다양한 성격검사로부터 동일한 5요인이 나타났다(McCrae & Costa, 1999). 그 요인들을 명명하고 해석하는 방식에 대해서는 여전히 불일치가 있지만, 대체로 경험에 대한 개방성(Openness), 성실성(Conscientiousness), 외향성(Extroversion), 우호성(Agreeableness), 신경증 성향(Neuroticism)이란 이름이 사용되고 있다. 표 8.1에는 5요인에 속하는 특질 척도의 대표적인 예가 제시되어 있다. 많은 성격심리학자들은 Big Five의 발견과 그 타당화를 현대 성격심리학의 주요 돌파구 중 하나로 간주하기도 한다. Big Five 지지자들은 이 핵심 5요인이 그동안 여러 연구자들이 논의해 왔던 무수히 많은 성격 특성을 보다 좁혀 체제화한 것이라고 주장한다(McCrae & Costa, 2006). 달리 말해 이들은 성격의 모든 측면이 Big Five 아래 속한다고 주장한다.

Big Five의 기본 구조는 여러 문화권에서 반복 확인되며, 다양한 연령의 사람들에게서 일관성 있게 나타나고 있다(Benet-Martinez & John, 1998; McCrae & Costa, 2006; Yang et al., 2002). 5요인 모델에 속한 성격 특질은 유전의 영향을 크게 받는 것으로 보인다(Jang

표 8.1 특질의 5요인

Big Five로 알려진 5요인은 다양한 측정 도구를 사용한 요인분석에서 신뢰롭게 나타나고 있다. 제시된 형용사 쌍은 각 요인을 잘 나타내는 차원의 예이다.

Big Five 요인	대표적인 차원
개방성	인습적인–창의적인, 안전무사한–대담한, 보수적인–자유로운
성실성	부주의한–조심스러운, 믿을 수 없는–믿을 만한, 게으른–성실한
외향성	위축된–사교적인, 조용한–말 많은, 억제된–자발적인
우호성	성마른–성품이 좋은, 무자비한–마음이 따뜻한, 이기적–이타적
신경증 성향	침착한–걱정 많은, 강인한–상처를 잘 입는, 안정한–불안정한

et al., 1998).

성격검사

일부 성격검사는 개인에게 자신을 성격 특질 차원상에서 평정하도록 요구한다. 반면에 특정 상황에서 어떻게 반응하는지에 대해 일련의 질문을 하는 검사도 있다. 예를 들어 '나는 자주 새로운 음식과 이국적인 음식을 맛본다' 또는 '나는 내가 만나는 사람들 대부분을 정말로 좋아한다'와 같은 문항에 대해 어느 정도 지지하는지를 표시하도록 한다. 성격을 측정하는 질문지—소위 **성격검사**personality inventory—는 각 개인에게 동일한 질문을 하고, 대체로 쉽게 채점할 수 있는 형태로 응답을 얻는다. 성격검사에 있는 각 문항은 특정 성격 특질을 잴 수 있도록 구성되어 있고, 비슷한 하위 문항은 각 하위 척도상에서 하나의 점수를 내기 위해 합산된다. 예를 들어 '나는 자주 새로운 음식과 이국적인 음식을 맛본다'는 Big Five 척도 중 하나인 경험에 대한 개방성에 속하는 문항이고, '나는 내가 만나는 사람들 대부분을 정말로 좋아한다'는 외향성 척도에 속하는 문항이다.

대부분의 성격검사 문항은 원래 각 특질을 개발한 연구자의 이론에 따라 만들어진다. 그다음 동일한 척도상의 다른 문항들과 상관이 있는지 없는지에 따라 최종 검사에 포함되기도 하고 탈락되기도 한다. 종종 예비형 검사에는 엄청나게 많은 문항이 포함되며, 많은 사람들에게 실시된다. 그다음 어느 하위 문항이 서로 상관이 있는지, 그리고 이 하위 문항이 원래 고안된 특질 척도에 실제로 속하는지를 결정하기 위해 그 반응을 분석한다.

Q-소트

개인 특질을 재는 한 가지 특수한 방법으로 **Q-소트**Q-sort(Q는 임의로 선택된 것으로 특별한 의미가 없다)가 있다. 이 방법은 평가자 또는 분류자가 약 100개 정도의 카드를 몇 개의 더미로 분류함으로써 개인의 성격을 서술하는 것이다. 각 카드에는 성격 진술문이 하나씩 적혀 있다(예: '다양한 흥미를 갖고 있다', '자기패배적 생각을 한다'). 평가자는 그 카드들을 9개의 더미로 분류하는데, 왼쪽 더미 1에는 그 개인에게 가장 해당되지 않은 카드들을, 오른쪽 더미 9에는 그 개인을 가장 잘 나타내는 카드들을 놓는다. 다른 카드들은 중간에 있는 더미에 배분되는데, 그 개인의 특성에 해당되는 것이라고 할 수도 없고 아닌 것이라고 할 수도 없는 것이면 중간 더미인 더미 5에 놓이게 된다. 각 Q 문항은 1에서 9까지 범위의 점수를 받는데, 점수가 높을수록 그 문항은 그 개인이 지닌 특성임을 나타낸다(일부 Q-소트는 9개 이하 또는 9개 이상을 사용하지만 그 기법은 동일하다).

얼핏 보기에 이것은 9점 척도를 사용하여 일련의 특질에 대해 평정자들이 개인을 평가하는 것과 다르지 않게 보일 수 있다. 또한 실제로 연구자가 원하면 이런 식으로 사용될 수도 있다. 그러나 중요한 차이점 하나가 있다. 평정 척도를 사용하는 경우, 평가자는 암묵적으로 개인을 다른 사람들과 비교한다(예: '아주 친절한'이란 평가는 그 개인이 다른 사람들과 비교해 볼 때 아주 친절하다는 것이 내포되어 있다). 그러나 Q-소트로 분류할 경우, 평가자는 한 개인 내에서 한 특질을 다른 특질과 비교한다(예: '친절한'이란 항목을 더미 9에 놓는다는 것은 다른 특질과 비교해 볼 때 친절성이 그 개인을 특히 잘 나타내는 것임을 의미한다).

연구자들은 2개 Q-소트 간의 상관을 계산하여 2개 Q-소트를 비교할 수 있는데, 그것으로 두 사람이 전반적 성격 평가에서 어느 정도 비슷한지를 측정할 수 있다. 2개의 Q-소트가 동일한 개인에 대해 서로 다른 시점에서 얻어진 것이라면, 그 상관은 Q-소트의 검사-재검사 신뢰도를 재거나 시간에 걸친 개인의 전반적 성격 양상의 연속성을 재는 것이 된다. 2개의 Q-소트가 한 개인에 대해 두 평정자가 내린 평가라면, 그 상관은 Q-소트의 **평정자 간 신뢰도** interjudge reliability를 재거나 두 평정자가 한 개인을 동일하게 지각하는 정도를 재는 것이 된다(예: 결혼 상담에서 두 배우자가 서로에 대한 지각에서 어느 정도 일치하는지, 아닌지를 재는 데 도움이 될 것이다). 끝으로 2개의 Q-소트 중 하나가 가상적 성격 유형에 관한 것이라면, 개인의 실제 Q-소트와 가상적 소트 간의 상관은 그 개인이 그 성격 유형에서 어느 정도 유사한지를 재는 것이 된다. 예를 들어 임상심리학자에게 '적절하게 적응하는 성격'의 Q-소트를 구성하도록 요청한다. 한 개인에 대한 Q-소트와 임상심리학자의 이 가상적 Q-소트 간의 상관은 하나의 적응 점수로 해석될 수 있다(Block, 1961, 1978).

특질 이론은 하나의 성격 이론이라기보다 개인의 안정된 특성을 측정하는 일반적 지향 방향이자 한 부류의 측정 방법이다. 성격 특질 그 자체는 성격 기능의 역동적 과정에 관해 아무것도 말해 주지 못한다. 따라서 특질심리학자들은 성격심리학의 두 번째 주 과제인 물리적 환경, 사회적 환경과 상호작용하는 개인에게 영향을 주는 많은 과정(생물학, 발달, 학습, 사고, 정서, 동기, 사회적 상호작용 등)을 통합하여 전체로서의 개인을 설명하려는 다른 접근에 의존할 수밖에 없다.

정신분석학적 접근

정신분석 이론 psychoanalytic theory의 창시자인 지그문트 프로이트는 성격 이론에서 핵심적 인물이다. 프로이트는 성격을, 서로 상호작용하여 인간 행동을 지배하는 세 가지 주요 시스템인 원초아, 자아, 초자아로 분류했다.

원초아

프로이트에 따르면 **원초아** id는 성격의 가장 원초적인 부분으로 자아와 초자아도 여기서 발달한다. 원초아는 신생아에게 있으며 가장 기본적인 생물학적 추동으로 구성되어 있는데, 먹고 마시고 배설하려는 욕구, 고통을 피하고 성적 쾌락을 추구하려는 욕구 등이 여기에 포함된다. 프로이트는 공격성도 기본적인 생물학적 추동의 하나로 보았다. 실제로 그는 전 생애에 걸쳐 성적 추동과 공격적 추동이 성격의 가장 중요한 본능적 결정 요인이라고 생각했다. 원초아는 이러한 충동을 즉각적으로 만족시키려 한다. 어린아이처럼 원초아는 쾌락 원리를 따라 작동하는데, 그것은 외적 환경에 관계없이 지속적으로 쾌락을 얻고 고통을 피하려 하는 것이다.

자아

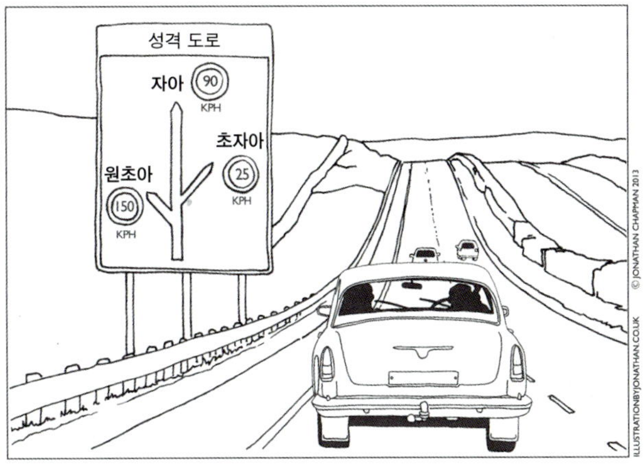

아동은 곧 자신의 충동이 언제나 즉각적으로 충족될 수 없다는 것을 알게 된다. 배고픔은 누군가 음식을 제공해야만 사라질 것이다. 화장실에 갈 때까지는 배설이 지연되어야 한다. 성기를 만지거나 다른 사람을 때리고 싶은 충동은 처벌을 받을지도 모른다. 성격의 새로운 한 부분인 자아는 어린 아동이 현실의 요구를 고려하는 것을 배우면서 발달한다. **자아** ego는 현실 원리를 따르는데, 그것은 그 상황이 적절할 때까지 충동의 만족이 지연되어야 한다는 것이다. 따라서 자아는 본질적으로 성격의 집행자이다. 즉 자아는 원초아의 어떤 충동이 만족될 것인지, 그리고 어떤 방식으로 만족될 것인지를 결정한다. 자아는 원초아의 요구, 현실, 그리고 초자아의 요구를 중재한다.

초자아

성격의 세 번째 부분은 **초자아** superego로, 초자아는 행위가 옳은지 그른지를 판단한다. 보다 일반적으로 말하자면 초자아는 사회의 가치와 도덕에 관한 내면화된 표상이다. 초자아는 개인의 양심과 도덕적으로 이상적인 사람에 관한 이미지(이상적 자아라 불림)이다.

초자아는 부모가 제공하는 상과 처벌에 대한 반응에서 발달한다. 처음에 부모는 상과 벌을 통해 아동의 행동을 직접적으로 통제한다. 부모의 기준을 초자아에 통합함으로써 아동은 행동을 자신의 통제하에 두게 된다. 아동은 도둑질이 잘못된 것이라고 말해 줄 사람이 더 이상 필요치 않다. 초자아가 말해 주기 때문이다. 초자아의 기준을 위반하거나 그렇게 하려는 충동조차도 불안을 유발하는데, 이 불안은 부모의 사랑을 상실하는 것에 대한 두려움에서 시작된다. 프로이트에 따르면 이러한 불안은 주로 무의식적인 것이지만 죄책감으로 경험될 수 있다. 부모의 기준이 지나치게 엄격하면 개인은 죄책감이 부가되어 모든 공격적 충동과 성적 충동을 억제할 것이다. 반면에 납득할 만한 사회행동에 관한 어떤 기준을 갖지 못한 개인은 행동 제약을 거의 느끼지 못하고 제멋대로 행동하거나 범죄 행동을 할 수도 있다. 그러한 개인을 초자아가 약한 사람이라고 부른다.

성격의 세 가지 요소는 종종 서로 갈등을 일으킨다. 자아는 원초아가 원하는 충동의 즉각적 만족을 지연한다. 초자아는 원초아와 자아 두 요소 모두와 싸우는데, 이는 원초아와 자아의 행동에 도덕적 요소가 부족하기 때문이다. 아주 잘 통합된 성격에서는 자아가 안정적이면서 융통성 있는 통제를 유지하고 현실 원리가 지배한다. 그의 초기 빙산 모델에서 보면, 프로이트는 원초아의 전부, 자아와 초자아의 대부분이 **무의식** unconscious에 있고, 자아와 초자아의 일부분이 **의식적** conscious이거나 **전의식적** preconscious이라고 제안했다.

방어기제

에너지의 보존

프로이트는 한 개인에게는 **리비도** libido—라틴어로 '욕망'이라는 의미—라고 부르는 일정한 양의 정신적 에너지가 있다고 주장했는데, 이는 성적 추동이 일차적이라는 그의 관점을 반영하고 있다. 만약 금지된 행위나 충동이 억압되면 그 에너지는 위장된 형태로 그 시스템 내의 다른 어느 곳에선가 출구를 찾으려 한다. 원초아의 욕망은 어떤 방식으로든 표현되어야 하는 정신적 에너지를 담고 있으며, 이러한 욕망의 표현을 막는 것은 결코 그 욕망을 없애지 못한다. 예를 들어 공격적 충동은 스포츠카를 몰거나, 체스를 하거나, 아니면 비꼬는 말을 하는 것 등의 위장된 형태로 표현될 수 있다. 꿈과 신경증 증상 역시 직접적으로 표현될 수 없는 정신 에너지의 표현이다.

금지된 무엇인가를 하고 싶은 개인은 불안을 느낀다. 이 불안을 줄이는 한 가지 방법은 사회가 주는 벌을 피하거나 내적 표상인 초자아의 벌을 피할 수 있는 위장된 형태로 충동을 표현하는 것이다. 프로이트와 그의 딸 안나 프로이트는 여러 가지 **방어기제** defense mechanism 또는 불안을 막거나 감소시키는 책략을 언급했는데, 개념 설명에 일부가 제시되어 있다.

우리 모두 때때로 방어기제를 사용한다. 방어기제는 스트레스를 주는 상황을 보다 직접적으로 대처할 수 있을 때까지 대략적으로 우리를 돕는다. 그러나 방어기제가 문제에 대응하는 주도적인 방식이 될 경우에는 역기능적인 것이 된다.

프로이트는 억압을 가장 기본적이고 가장 중요한 방어기제로 간주했다. **억압** repression에서는 너무 위협적이고 고통스러운 충동이나 기억이 의식에서 배제된다. 수치심, 죄책감, 또는 자기비하를 유발하는 기억은 종종 억압된다. 프로이트는 아동기의 어떤 충동에 대한 억압을 보편적인 것으로 생각했다. 나이가 더 들면 자기개념과 불일치하여 불안을 야기할 수 있는 감정과 기억을 억압할 수 있다. 사랑하는 사람에 대한 적대감과 실패 경험은 의식에서 추방될 수 있다.

억압은 **억제** suppression와 다르다. 억제는 의도적인 자기통제 과정으로, 충동과 욕망을 저지하거나(아마 공적으로는 부인하지만 사적으로는 보유하고 있을 것임) 고통스러운 기억을 일시적으로 옆으로 밀어 놓는 것이다. 개인은 억제된 생각은 인

개념 설명

주요 방어기제

억압	아주 위협적이고 고통스러운 충동이나 기억을 의식에서 추방함
합리화	자신의 행동을 합리적으로 보이기 위해 자신의 행동에 대해 논리적이거나 사회적으로 바람직한 동기를 부여하는 것
반동형성	반대되는 동기를 강하게 표현함으로써 자신의 동기를 숨기는 것
투사	자신의 바람직하지 못한 자질을 과장되게 다른 사람에게 부여하는 것
주지화	고통스러운 상황을 추상적이고 지적인 용어로 대처함으로써 그 상황으로부터 멀어지려고 하는 것
부인	불쾌한 현실이 있음을 부정하는 것
전위	만족될 수 없는 동기를 한 형태에서 다른 채널로 돌리는 것

식하지만 억압된 충동이나 기억은 거의 인식하지 못한다.

프로이트는 억압은 완벽하게 성공하지 못한다고 믿었다. 억압된 충동이 의식에 스며 나오려고 위협하면 개인은 불안해지고(그 이유는 모르지만), 부분적으로 억압된 충동을 의식으로 나오지 못하게 하려는 다른 방어기제를 사용하게 된다.

〈이솝 우화〉에서 여우가 자신이 딸 수 없는 포도를 두고 시기 때문에 따지 않는다고 할 때, 그 여우는 **합리화**rationalization란 방어기제를 보여 주는 것이다. 합리화는 '합리적으로 행동하는 것'을 의미하는 것이 아니다. 합리화는 우리의 행위를 합리적인 것처럼 보이게 하기 위해 논리적인 동기나 사회적으로 바람직한 동기를 부여하는 것이다. 합리화는 두 가지 목적을 갖고 있다. 합리화는 목적에 도달하지 못했을 때 우리의 실망을 없애 주고(나는 그것을 원하지 않았다), 우리 행동에 납득할 만한 동기를 부여해 준다. 우리가 충동적으로 행동하거나 자신조차 인정하고 싶지 않은 동기에 근거하여 행동하면, 우리는 자신의 행동을 보다 근사하게 만들고 싶어 합리화한다.

진짜 이유보다는 그럴듯한 좋은 이유를 찾기 위해 우리는 많은 변명을 하게 된다. 이러한 변명은 일반적으로 그럴듯한데, 단지 전체를 언급하지 않는 것이라 할 수 있다. 예를 들어, '내 방 동료가 나를 깨우지 않았다' 또는 '나는 다른 할 일이 너무 많다'라는 것이 사실일지 모르지만, 이는 그 사람이 그 행동을 하지 않은 진짜 이유가 아닐 수 있다. 정말 관심이 있는 사람이라면 자명종 시계를 맞추거나 시간을 만들어 낸다.

때때로 개인은 자신의 동기와 반대되는 동기를 강하게 표현함으로써 자신의 동기를 숨길 수 있다. 이런 경향을 **반동형성**reaction formation이라 부른다. 원하지 않는 아이라는 것에 대해 죄책감을 느끼는 어머니는 자녀에 대한 자신의 사랑을 확인하고 자신이 좋은 어머니라는 것을 확신하기 위해 아이에게 지나치게 집착하고 과잉보호를 할 수 있다.

우리 모두 자신이 알지 못하는 바람직하지 않은 특성을 갖고 있다. **투사**pojection로 알려진 방어기제는 우리가 가진 바람직하지 않은 자질을 과장하여 다른 사람들에게 부여함으로써 우리의 결함을 인정하지 않도록 막아 준다. 당신이 다른 사람들에게 비판적이고 불친절하다고 가정해 보라. 당신이 이런 성향을 인정한다면 자신을 싫어하게 될 것이다. 당신 주위의 사람들이 냉정하고 불친절하다고 확신한다면, 당신이 그들에게 거칠게 대하는 것은 당신의 나쁜 자질 때문이 아니다. 단지 '그들에게 받을 만한 대접을 하고 있을 뿐이다.' 만약 당신이 모든 학생들이 시험에서 커닝을 한다고 확신할 수 있다면, 쉬운 방법으로 성적을 얻으려는 편법이 그리 나쁘게 보이지 않을 것이다. 투사는 실제로 합리화의 한 형태이지만 흔한 것이기에 별도로 논의한 것이다.

주지화intellectualization는 스트레스를 주는 상황을 추상적이고 지적인 용어로 다룸으로써 그 상황으로부터 멀어지려는 시도이다. 이런 류의 방어기제는 생사를 다루는 직업에서 필요한 것일 수 있다. 계속해서 인간의 고통에 직면하는 의사는 모든 환자에게 매번 정서적으로 관여될 여유가 없다. 실제로 어느 정도의 거리를 두는 것은 의사가 유능하게 일하는 데 필수적인 것일지 모른다. 하지만 이런 류의 주지화를 개인이 너무 많이 사용하여 모든 정서적 경험을 차단할 때는 문제가 된다.

외적 현실이 너무 고통스러워 감당하기 어려울 때 개인은 **부인**denial하게 되는데, 이는 원하지 않는 현실이 있다는 것을 인정하기를 거부하는 것이다. 아이가 심각한 병에 걸린 부모는 그 진단과 기대되는 결과에 대해 정보를 충분히 받았음에도 불구하고 그것을 인정

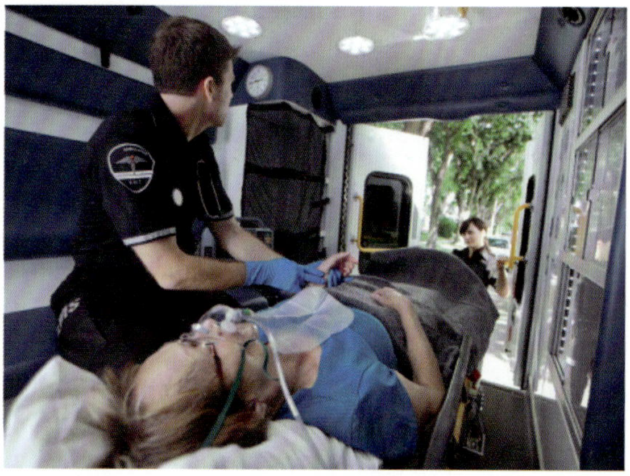
응급실 의사는 스트레스가 많은 직업에 대처하기 위해 여러 가지 방어기제를 발달시킬 필요가 있을지 모른다.

일부 사람들은 공격적인 스포츠를 함으로써 자신의 공격적 충동을 대체할 수 있다.

하기를 거부할 것이다. 자신이 알고 있는 현실이 주는 고통을 참아 낼 수 없기 때문에 부인하는 것이다. 보다 덜 극단적인 예로는 계속 비판을 무시하는 사람, 다른 사람이 자신 때문에 화가 났다는 것을 인식하지 못하는 사람, 배우자가 다른 사람을 사랑하고 있다는 것을 암시하는 모든 단서를 무시하는 사람들에게서 찾아볼 수 있다.

때때로 사실을 부인하는 것은 그것에 직면하는 것보다 나을 수 있다. 극한 위기에 처했을 때 부인은 개인에게 고통스러운 사실에 보다 점진적으로 대처할 수 있는 시간적 여유를 줄 수 있다. 예를 들어 중풍이나 척추 손상 환자가 자기 상태의 심각성을 다 안다면 모든 것을 포기할지 모른다. 만약 희망이 있다면 그들은 계속 노력해 볼 것이다. 전쟁에 참여했거나 포로가 되었던 병사들은 죽음의 가능성에 대한 부인이 자신을 제대로 기능하도록 도와주었다고 보고한다. 그런 상황에서 부인은 분명히 적응적 가치가 있다. 반면에 부인의 부정적 측면은 의료적 도움을 지연한 사람들에게서 찾을 수 있다. 예를 들어 한 여자가 가슴에 있는 종기가 암일 수 있다는 것을 부인하여 생명에 위협이 되기까지 병원에 가는 것을 미룰 수 있다.

전위 displacement 기제를 통해, 어느 한 형태로 만족될 수 없는 동기는 새로운 통로로 향하게 된다. 전위의 한 예는 욕구 좌절 원천을 향해 표현될 수 없었던 화가 덜 위협적인 대상에게 다시 향하게 되는 사례에서 찾아볼 수 있다. 프로이트는 전위가 공격적 충동과 성적 충동을 다루는 가장 만족스러운 방식이라고 생각했다. 기본적인 욕구는 바뀔 수 없지만 충동이 지향하는 대상은 바뀔 수 있다. 직접 표현될 수 없는 성적 충동은 예술, 시, 음악과 같은 창조적 활동으로 간접적으로 표현될 수 있다. 호전적 충동 또한 접촉이 많은 스포츠를 함으로써 사회적으로 용납되는 표현을 찾을 수 있다.

전위가 좌절된 충동을 실제로 없애는 것 같지는 않지만, 대체된 활동은 기본 욕구가 좌절되었을 때 긴장을 완화하는 데 도움을 준다. 예를 들어 다른 사람을 돌보는 활동이나 친구를 사귀는 활동은 충족되지 않은 성적 욕구와 연합된 긴장을 감소시키는 데 도움이 될 수 있다.

성격 발달

프로이트는 생의 첫 5년 동안 개인이 성격에 영향을 주는 몇 개의 발달 단계를 거친다고 생각했다. 아주 넓은 의미의 성 개념을 적용하여 그는 이러한 시기를 **심리성적 단계** psychosexual stages라고 불렀다. 각 단계에서 원초아의 쾌락 추구 충동은 신체의 특정 영역 및 그 영역과 연결된 활동에 초점이 맞추어져 있다. 아동이 이런 충동을 만족시킬 기회가 박탈되든지 아니면 충족에 지나치게 탐닉하면 그 단계에 고착될 수 있다.

프로이트는 생의 첫 1년을 심리성적 발달의 **구강기** oral stage라고 칭했다. 이 기간 동안 영아는 먹고 빠는 것에서 쾌감을 얻고, 손에 잡히는 것은 모두 입에 넣기 시작한다. 구강기에 고착되면 타인과 환경으로부터 받아들이는 것에 관심을 갖는 구강 성격이 형성될 수 있다. 구강 성격을 가진 사람은 흔히 타인을 잘 믿지 않고, 질투심이 많고, 요구가 많으며, 우울에 취약해진다. 프로이트는 두 번째 해를 **항문기** anal stage의 시작으로 칭했는데, 이 기간 동안 아동은 배설물을 보유하고 내보내는 것 모두에서 쾌감을 누린다. 이러한 쾌감은 배변 훈련을 시도하는 부모와 갈등을 일으키게 되는데, 이는 부과된 통제에 대한 아동의 첫 경험이다. 이 단계에 고착된 사람들은 통제, 소유, 청결 문제에 집착할 수 있다.

대략 3~6세에 이르는 **남근기** phallic stage에 아동은 자신의 성기를 만지작거리는 데에서 쾌감을 얻기 시작한다. 이들은 남성과 여성의 차이를 관찰하고 자신의 성적 충동을 이성의 부모에게로 향하기 시작한다. 프로이트에 의하면 5~6세 무렵에 소년의 성적 충동은 어머니에게로 향한다. 이것은 소년으로 하여금 아버지를 연적으로 지각하게 만든다. 프로이트는 이 상황을 고대 그리스 신화에 나오는, 부지불식간에 아버지를 죽이고 어머니와 결혼한 오이디푸스 왕의 이름을 따 **오이디푸스 갈등** Oedipal conflict이라고 칭했다. 또한 프로이트는 소년이 아버지가 자신을 거세함으로써 이러한 성적 충동에 대해 보복할 것을 두려워한다고 생각했다. 프로이트는 이 두려움을 거세 불안이라 명명했고, 이것을 금지된 내적 욕망에 의해 유발된, 보다 나중에 발생하는 불안의 원형으로 간주했다. 정상적인 발달 과정에서 소년은 아버지와 동일시함으로써, 즉 아버지의 태도와 가치를 이상적인 것으로 지각하여 내면화함으로써 이 불안도 해소하고 동시에 어머니를 향한 사랑도 대리적으로 만족시킨다. 소녀에게서도 어머니와 동일시하는 유사한 과정이 있지만 오이디푸스 갈등보다는 더 복잡하다. 남근기의 문제를 해결하지 못한 아동은 힘, 권위, 유혹, 질투에 지나치게 몰입하는 성격을 발달시킬 수 있다.

정신분석학 이론에 따르면 아동은 동성의 부모와 동일시함으로써 오이디푸스 갈등을 해결한다.

대략 7~12세까지 남근기가 끝난 후 성적으

로 조용한 시기인 **잠복기** latency period가 된다. 성적으로 조용한 이 시기 동안 아동은 자신의 신체에는 관심을 줄이고 환경에 대처하는 기술에 관심을 돌린다. 끝으로 청소년기와 사춘기에 이르면 성인의 성과 기능을 하는 성숙한 단계인 **성기기** genital stage가 된다.

프로이트 이론의 수정

프로이트는 전 생애에 걸쳐 자신의 이론을 수정했다. 훌륭한 과학자처럼 그는 초기 이론에 맞지 않는 새로운 관찰이 쌓이면 앞의 입장을 수정하면서 새로운 자료에 대해 개방적 태도를 취했다. 예를 들어 상당히 후기에 그는 불안에 관한 자신의 이론을 완전히 수정했다. 프로이트의 이론은 그의 딸 안나에 의해 더 확장되었는데, 안나는 방어기제를 명료화하고(Anna Freud, 1946, 1967) 정신분석학 이론을 아동 정신치료에 적용하는 데(Anna Freud, 1958) 특히 중요한 역할을 했다.

프로이트는 새로운 자료에는 개방적이었지만 반대 의견에는 개방적이지 않았다. 그는 특히 동료와 추종자들이 그의 리비도 이론과 성격의 기능에서 성적 동기의 중요성에 의문을 제기하는 것에 대해 완강하게 거부했다. 이러한 독단은 똑똑한 많은 협력자들과 프로이트 간에 갈등을 촉발했으며, 이들 중 일부는 성이 아닌 다른 동기 과정을 더 강조하는 이론을 개발하는 방향으로 나아가게 되었다. 이런 사람들 중에 카를 융(Carl Jung), 알프레드 아들러(Alfred Adler), 카렌 호나이(Karen Horney), 해리 스택 설리번(Harry Stack Sullivan), 에리히 프롬(Erich Fromm) 등이 있다.

프로이트와 결별한 사람들 중에서 가장 유명한 사람은 카를 융이었다. 원래는 프로이트에게 가장 헌신한 추종자들 중의 한 사람이었던 융은 결국 프로이트 이론의 일부 측면에서 심각한 의견 차이를 보이게 되었고, 융은 분석심리학이라 칭한 그 나름의 학파를 구성하게 되었다. 융은 프로이트가 말한 개인 무의식 이외에 모든 인류에게 공통적인 부분인 **집단 무의식** collective unconscious이 있다고 생각했다. 집단 무의식은 조상에게 물려받은 원시적 이미지 또는 원형(archetype)으로 구성되어 있다. 원형 중에는 어머니, 아버지, 태양, 영웅, 신, 죽음이 있다. 이러한 원형이 있음을 입증하는 증거를 수집하기 위해 융은 꿈, 신화, 그리고 다른 문화적 산물을 고찰했는데, 주로 꿈이나 종교적 서적, 고대 신화에서 나타나는 특정 이미지에 주목했다. 융은 무의식이 있다는 점에 대해서는 프로이트와 일치했지만, 프로이트의 이론이 모든 인간의 무의식에 있는 공통적 이미지나 원형을 설명하지는 못한다고 생각했다.

지그문트 프로이트와 그의 딸 안나.

프로이트 이후 정신역동 이론에서 가장 지속적으로 발전한 이론은 **대상관계 이론** object relations theory인데, 이 이론은 전 생애에 걸친 개인의 애착 및 타인들과의 관계를 다룬다. 대상관계 이론은 원초아의 개념이나 행동을 동기화하는 데 있어서 생물학적인 추동의 중요성을 부인하지 않지만, 부모로부터의 심리적 분리 정도, 타인에 대한 애착과 관여 대 자기몰두 정도, 자기존중감과 유능감의 강점에 관심을 갖는다.

에릭 에릭슨의 발달 단계 이론은 수정된 정신분석학 이론의 한 예이다. 에릭슨은 안나 프로이트로부터 정신분석학자 훈련을 받았고, 자신의 관점이 프로이트 이론을 대체하는 것이 아니라 확장한 것으로 인식했다. 에릭슨은 발달 단계를 심리성적 기능에서 보지 않고, 일차적으로 자아 과정을 포함하는 심리사회적 단계로 보았다. 생의 첫해의 주요 특징을 구강 만족이 아니라, 아동의 욕구를 충족하는 대상으로서 환경을 신뢰하느냐(또는 불신하느냐)를 배우는 것에 초점을 두었다. 둘째 해의 중요한 특징으로 배변 훈련과 같은 항문적 관심에 초점을 두지 않고 자율성 학습에 초점을 두었다. 배변 훈련은 단지 아동의 자율성 추구와 부모의 새로운 요구가 대립하는 빈번한 갈등 영역일 뿐이다. 에릭슨의 이론에는 전 생애를 망라하는 보다 많은 단계가 포함되어 있다.

아동은 때때로 부모에 대한 혼합된 감정을 다루는 방식을 습득해야만 한다.

투사검사

프로이트의 정신분석학 전통을 따르는 성격심리학자들은 특히 무의식적 욕구, 동기, 갈등을 측정하는 데 관심이 많다. 따라서 이들은 프로이트의 **자유연상법** free association을 닮은 검사를 선호하는데, 자유연상법은 마음에 떠오르는 것을 자유롭게 말하는 것이다. 이런 이유로 이들은 투사검사를 개발했다. **투사검사** projective test는 개인이 하고 싶은 대로 반응하도록 애매모호한 자극을 제시한다. 자극이 모호하고 특정 반응을 요구하지 않으면 개인은 자신의 성격을 자극에 투사할 것이고, 따라서 그 사람에 관한 무엇인가가 드러날 것이라는 가정이다. 투사검사는 정신분석학 이론 이외의 다른 성격 분야에도 유용하다. 가장 널리 사용되는 두 가지 투사검사는 로르샤흐 검사와 주제통각 검사(TAT)이다.

로르샤흐 검사

1920년대 스위스 정신과 의사 헤르만 로르샤흐(Hermann Rorschach)에 의해 개발된 **로르샤흐 검사** Rorschach Test는 10개의 카드로 구성되어 있는데, 그림 8.2에서 보는 바와 같이 각 카드에는 꽤 복잡한 잉크 반점이 그려져 있다. 그 잉크 반점의 일부는 컬러이고 일부는 흑백으로 되어 있다. 개인은 한 번에 카드를 하나씩 보고 그 잉크 반점이 나타내는 모든

그림 8.2 로르샤흐 검사. 피검자는 잉크 반점이 어떻게 보이는지 대답해야 한다. 여러 각도에서 볼 수 있다.

것을 보고하도록 지시받는다. 10개의 카드에 대한 답을 끝마친 후, 그 개인에게 그 반응들을 명료화하고 어떤 속성이 특별한 인상을 주었는지 지적하게 한다.

개인의 반응은 다양한 방식으로 채점될 수 있다. 세 가지 주요 범주는 위치(그 반응이 잉크 반점의 전체를 나타내는지, 아니면 부분을 나타내는지), 결정 요인(개인이 잉크 반점의 모양에 반응한 것인지, 색깔에 반응한 것인지, 아니면 음영에 반응한 것인지), 내용(그 반응이 무엇을 나타내는지)이다. 대부분의 검사자들은 발생 빈도에 따라 반응을 채점하기도 한다. 예를 들어 많은 사람들이 동일한 잉크 반점에 대해 특정 반응을 보이면 그 반응은 '평범한(또는 흔한)' 반응이 된다.

이러한 범주를 근거로 몇몇 정교한 채점체계가 고안되었지만 대부분 제한적인 예언가를 지니고 있는 것으로 밝혀졌다. 따라서 많은 심리학자들은 검사 상황에 대한 개인의 일반적인 반응 이외에 그 반응 기록에 대한 인상적 평가를 토대로 해석을 한다(예: 방어적, 개방적, 경쟁적, 협동적 등).

주제통각 검사

널리 사용되는 또 다른 투사검사인 **주제통각 검사** Thematic Apperception Test(TAT)는 1930년대 하버드대학교의 헨리 머레이(Henry Murray)에 의해 개발되었다. 피검자는 그림 8.3에 있는 것과 유사한, 사람과 장면이 포함된 20개의 모호한 그림을 보고 그 그림에 관해 이야기를 구성하도록 요구받는다. 개인은 자유롭게 자신의 상상력을 동원하여 마음에 떠오르는 어떤 이야기든지 하도록 격려받는다. 이 검사는 개인의 상상에서 반복되는 기본 주제를 밝히려는 것이다(통각은 이전 경험을 토대로 어떤 방식으로 지각하는 준비성이다). 사람들은 자신의 통각에 따라 모호한 그림을 해석하고, 개인이 좋아하는 구성이나 개인의 환상을 반영하는 주제에서 이야기를 정교화한다. 만약 어떤 문제가 개인을 괴롭게 하고 있다면 그런 문제는 많은 이야기 속에 또는 1~2개의 이야기 속에 특출나게 드러날 것이다. 예를 들어 그림 8.3의 그림과 유사한 그림에 대해 21세 남자는 다음과 같은 이야기를 했다.

> 그녀는 누군가를 위해 이 방을 준비했고, 그 방이 제대로 되었는지 최종 점검하려고 방문을 연다. 그녀는 아들이 집에 돌아올 것을 기대하고 있다. 그녀는 아들이 떠날 때와 똑같이 모든 것을 그대로 해 두려고 애쓴다. 그녀는 아주 독재적인 사람으로 보인다. 그녀는 아들의 삶을 주도해 왔고 아들이 돌아오는 즉시 또다시 그렇게 하려고 할 것이다. 이것은 시작일 뿐이며, 그 아들은 어머니의 지나친 태도 때문에 틀림없이 질려 버리고

어머니의 잘 정리된 방식에 빠져들 것이다. 그는 계속 어머니가 자신에게 부여해 준 길을 맥없이 걸어갈 것이다. 이 모든 것은 그녀가 죽을 때까지 아들의 삶에 대한 완전한 지배를 의미한다. (Arnold, 1949, p. 100)

그림 8.3 주제통각 검사. 이 그림은 주제통각 검사에서 사용되는 그림과 비슷한 것이다. 이 그림은 일반적으로 애매한 요소를 지니고 있기에 개인은 이 그림에다 개인적 경험이나 환상에서 나오는 무엇인가를 '드러낼' 수 있다.

원그림은 한 여자가 서서 방문을 연 채 방 안을 들여다보는 것을 보여 줄 뿐이지만, 그 젊은이는 자신과 어머니의 관계에 관해 언급할 준비가 되어 있기에, 이 그림을 보고 아들을 지배하는 어머니에 관한 이야기를 하게 된 것이다. 나중에 얻어진 사실은 이 이야기가 그 젊은이 자신의 문제를 나타낸다는 임상가의 해석을 지지해 주었다.

TAT에 대한 반응을 분석할 때, 심리학자들은 개인의 욕구, 동기, 또는 대인관계를 다루는 특징적인 방식을 드러낼 수 있는 반복되는 주제를 찾는다.

행동주의적 접근

성격에 대한 정신역동적 접근과는 대조적으로 **행동주의적 접근** behaviorist approach은 행동의 환경적 또는 상황적 결정 요인의 중요성을 강조한다. 이 입장에서 행동은 개인 변인과 환경 변인 간의 끊임없는 상호작용의 결과이다. 환경 조건은 학습을 통해 행동을 조성한다. 이번에는 개인의 행동이 환경을 조성한다. 개인과 환경은 서로 영향을 준다. 행동을 예측하기 위해 우리는 개인의 특성과 상황의 특성이 어떻게 상호작용하는지 알 필요가 있다(Bandura, 2006).

사회학습과 조건형성

조작적 조건형성

타인들의 행위 효과—다른 사람들이 제공하는 보상과 처벌—는 개인의 행동에 지대한 영향을 준다. 따라서 행동주의 이론의 가장 기본 원리 중의 하나는 행동과 특정 결과 간의 연합을 학습하는 **조작적 조건형성**operant conditioning이다. 행동주의 이론의 기본 가정은 사람들이 강화가 발생할 법한 방식으로 행동하고, 행동의 개인차는 일차적으로 성장 과정과 개인이 접하는 학습 경험의 차이에서 생겨난다는 것이다.

개인은 직접 경험을 통해 많은 행동 양상을 학습할 수 있지만—즉 특정 방식으로 행동하는 것에 대해 보상을 받거나 처벌을 받는 것—**관찰학습**observational learning을 통해서도 많은 반응을 습득한다. 사람들은 타인의 행동을 관찰하고 그 행동의 결과에 주목함으로써 학습할 수 있다. 우리의 모든 행동이 반응에 대한 직접적인 강화를 통해 습득되어야만 한다면 그것은 더디고 비효율적인 과정이 된다. 학습된 행동의 표현을 통제하는 강화는 직접적인 것일 수도 있고(눈에 보이는 보상, 사회적 인정이나 불인정, 혐오적 조건의 완화), 대리적인 것일 수도 있고(자신의 행동과 비슷한 행동에 대해 누군가가 보상이나 처벌을 받는 것을 관찰하는 것), 또는 자기관리적인 것일 수도 있다(자신의 수행에 대한 자기 칭찬이나 자기비난).

대부분의 사회행동이 모든 상황에서 획일적으로 보상받는 것은 아니다. 따라서 개인은 특정 행동이 적절한 맥락과 적절하지 않은 맥락을 구분하는 학습을 하게 된다. 동일한 반응이 여러 다른 상황에서 보상을 받는 정도에 따라 일반화가 일어나는데, 일반화가 되면 다양한 상황에서 동일한 행동이 발생하게 된다. 학교와 놀이터뿐만 아니라 집에서도 신체적 공격성을 강화받은 소년은 공격적 성격이 발달하기 십상이다. 보다 흔한 현상으로 공격 반응은 차별적 강화를 받게 되는데, 개인은 공격성이 적절한 상황과 그렇지 않은 상황을 구분하는 학습을 해야 한다(예: 공격성은 축구장에서는 용납되지만 교실에서는 용납되지 않는다). 이런 이유에서 행동주의자들은 공격성과 같은 특질 용어로 개인을 규정하는 것에 이의를 제기하면서, 그런 용어는 행동에서 상황 간 변이성을 모호하게 만든다고 주장한다.

'타임아웃' 기법은 행동주의 원리에 근거한 것이다.

고전적 조건형성

정서를 설명하기 위해 행동주의자들은 특정 상황이 특정 결과와 연합될 때 발생하는 **고전적 조건형성**classical conditioning을 성격을 설명하는 데 덧붙인다. 예를 들어 어떤 아동이 금지된 활동을 하다가 부모에게 처벌을 받으면, 그 처벌은 죄책감이나 불안과 연합되어 생리적 반응을 유발한다. 그 이후로 그 아동이 행하는 금지 행동 자체가 그러한 반응을 유발할 수 있고, 아동은 금지된 행동을 할 때 죄책감을 느끼게 될 것이다. 고전적 조건형성이라는 용어에서 보면 그 행동은 벌이라는 무조건자극과 연합됨으로써 조건화되었다고 볼 수 있다. 불안은 조건화된 반응이다. 프로이트가 초자아라고 명명한 내면화된 불안의 원천을 낳는 것이 행동주의자들에게는 고전적 조건형성이다.

인지적 접근

오늘날 대부분의 성격심리학자들은 보다 '인지적'으로 되고 있는데, 실제로 성격심리학에서의 대부분의 실험적 연구는 인지적 기반에서 시작된다. 인지적 접근은 다른 접근에서처럼 인간의 본성에 대한 하나의 '철학'이 아니다. **인지적 접근** cognitive approach은 하나의 경험적 접근이며, 자신과 세상에 관한 정보를 어떻게 처리하는가와 관련된 일련의 주제이다. 인지 이론가들에게서 성격의 개인차는 개인이 정신적으로 정보를 표상하는 방식의 차이에서 생겨난다.

사회학습 이론

사회학습 이론 social-learning theory은 초기 행동주의 이론에 뿌리를 두고 있지만, 처음 도입될 때는 행동주의와는 현저하게 다른 것으로 간주되었다. 사회학습적 조망은 앨버트 밴듀라가 한 다음의 진술에 잘 요약되어 있다. "만약 사람들이 시행착오의 결과로만 학습한다면 생존에 대한 전망은 아주 희박할 것이다. 사람들은 아이에게 수영하는 법을 가르칠 수 없고, 청소년에게 자동차 운전하는 것도 가르치지 않고, 초보 의대생에게 수술하는 것을 가르치지 않고, 성공적인 수술과 실패하는 수술의 결과로부터 수술에서 필수적인 행동이 무엇인지를 발견하도록 만들게 될 것이다."(1986, p. 20) 사회학습 이론가들에 따르면 내적 인지 과정은 행동에 영향을 주는데, 타인의 행동을 관찰하고 행동이 일어나는 환경을 관찰하는 것도 마찬가지이다.

이 분야에서 현대 선두 주자 이론가인 밴듀라는 이런 접근을 더 발전시켜 **사회인지 이론** social-cognitive theory으로 불리는 이론을 개발했다(Bandura, 1986, 2006). 그의 이론은 상호교환적 결정주의를 강조하는데, 상호교환적 결정주의에서는 행동의 외적 결정 요인(예: 보상, 처벌)과 내적 결정 요인(예: 신념, 사고, 기대)이 서로 상호작용하는 시스템의 일부가 되는데, 이 시스템은 행동과 시스템의 다른 부분에 영향을 준다(Bandura, 1986). 밴듀라의 모델에서는 환경이 행동에 영향을 줄 수 있을 뿐만 아니라 행동도 환경에 영향을 줄 수 있다. 실제로 환경과 행동은 서로 주고받는 관계이다. 환경은 행동에 영향을 주는데, 그 행동이 우리가 있는 환경의 종류에 영향을 주고 그다음에는 그 환경이 다시 행동에 영향을 주는 식으로 계속 이어진다.

앨버트 밴듀라는 사회인지 이론을 개발했다.

밴듀라는 사람들이 어떻게 행동할지를 결정하는 데 상징과 예상을 사용하는 것에 주목한다. 사람들은 새로운 문제를 접할 때 가능한 한 여러 결과를 생각하고 각 결과가 일어날 가능성도 고려한다. 이것은 보상과 처벌을 통한 조건형성의 개념과는 아주 다르다. 물론 보상과 처벌에 대한 개인의 이전 경험도 미래 행동을 결정하는 데 영향을 줄 것이다.

또한 밴듀라는 대부분의 행동이 외적 보상이나 처벌 없이 일어난다는 것을 지적한다. 대부분의 행동은 자기조절이라는 내적 과정에서 생긴다. 그가 표현한 바에 의하면, "평화주의자를 공격자로, 종교가를 무신론자로 바꾸고자 하는 사람은 그 행동을 통제하는 개인적 원천이 무엇인지를 재빨리 파악해야 할 것이다."(1977, pp. 128–129)

통제를 위한 이러한 내적이고 개인적인 원천은 어떻게 발달하는가? 밴듀라와 다른 사회학습 이론가들에 따르면, 우리는 타인의 행동을 관찰하거나 타인의 행동에 관해 읽거나 들음으로써 행동하는 법을 배운다. 우리가 관찰한 행동을 실제로 수행할 필요는 없으며, 그런 행동이 보상을 받는지 처벌을 받는지 주목하고 그 정보를 기억에 저장하면 된다. 새로운 상황이 벌어지면 우리는 모델에 대한 관찰을 근거로 하여 축적해 놓은 기대에 따라 행동할 수 있다.

따라서 밴듀라의 사회인지 이론은 고전적인 행동주의를 넘어선다. 환경이 행동에 어떻게 영향을 주는지에만 관심을 두지 않고 환경, 행동, 개인의 인지 간 상호작용을 살핀다. 보상과 처벌 같은 외적 영향을 고려하는 것 이외에 기대와 같은 내적 요인을 고려한다. 그리고 행동을 단순하게 조건형성으로 설명하지 않고 관찰학습의 역할을 강조한다.

또 다른 유명한 사회학습 이론가인 월터 미셸(Walter Mischel)은 다음과 같은 일련의 인지변인을 도입함으로써 개인차를 사회학습 이론에 통합하려고 시도했다.

1. 능력: 무엇을 할 수 있는가? 능력에는 지적 능력, 사회적이고 신체적인 기술 그리고 다른 특별한 능력이 포함된다.
2. 부호화 전략: 어떻게 보는가? 사람들은 정보에 선택적으로 주목하고, 사건을 부호화하며, 정보를 의미 있는 범주로 묶는 방식에서 차이가 있다. 어떤 사람에게는 위협적으로 지각되는 사건이 다른 사람에게는 도전적인 것으로 보일 수 있다.
3. 기대: 무엇이 발생하는가? 다양한 행동에 따라 발생할 결과에 대한 기대는 개인의 행동 선택을 안내한다. 시험에서 부정행위를 해서 발각된다면 어떤 결과가 일어날 것으로 기대하는가? 친구에게 정말로 그 또는 그녀를 생각하고 있다고 말한다면 관계가 어떻게 되겠는가? 자신의 능력에 대한 기대 역시 행동에 영향을 줄 것이다. 우리는 특정 행동의 결과를 기대할 수 있지만, 자신이 그것을 실행할 수 있는 능력에 대해 확신을 갖지 못하면 그 행동을 하지 않는다.
4. 주관적 가치: 무엇이 가치가 있는가? 비슷한 기대를 갖고 있는 사람들이라도 그 결과에 대해 서로 다른 가치를 부여하기 때문에 다른 행동을 선택할 수 있다. 두 학생은 어떤 행동이 교수를 기쁘게 할지에 대해 기대를 갖고 있다. 그러나 한 학생에게는 이 결과가 중요한 반면에 나머지 한 학생에게는 중요하지 않다.
5. 자기조절 체계와 계획: 그것을 어떻게 달성하는가? 사람들은 자신의 행동을 조절하기 위해 사용하는 기준과 규칙이 다르다(성공이나 실패에 대해 자신이 부여하는 보상이나 처벌을 포함하여). 뿐만 아니라 목표를 달성하기 위해 필요한 현실적인 계획을 세우는 능력도 다르다. (Mischel, 1973, 1993)

이러한 모든 개인 변인(때때로 인지적 사회학습 개인 변인으로 불림)은 어떤 개인이 그 상황에서 무엇을 행할지를 결정하기 위해 특정 상황의 조건과 상호작용한다.

켈리의 개인적 구성개념 이론

조지 켈리(George Kelly, 1905~1966)는 인지 과정이 개인의 기능에서 핵심적인 역할을 한다고 처음 제안한 또 다른 성격심리학자이다. 켈리는 성격심리학자들은 전형적으로 자신들이 구성해 놓은 차원상에서 개인을 규정짓는다고 보았다. 켈리는 성격 연구의 목적이 **개인적 구성개념** personal construct—개인이 자신과 자신의 사회적 세상을 해석하는 데 사용하는 차원—을 찾는 것이어야 한다고 제안했다. 이런 차원은 켈리의 개인적 구성개념 이론(1955)에서 분석의 기본 단위가 된다.

보다 일반적으로 말하자면, 켈리는 개인을 직관적 과학자로 보아야 한다고 생각했다. 정식 과학자처럼 이들은 세상을 관찰하고, 그것에 관해 가설을 구성하고 검증하며, 그에 관한 이론을 만들어 간다. 또한 이들은 자신과 세상을 분류하고, 해석하고, 명명하고, 판단한다. 과학자와 마찬가지로 개인은 일상생활을 방해하는 잘 맞지 않는 이론을 마음에 품을 수 있는데, 이것은 자신을 포함하여 사건과 사람에 대해 편파적으로 해석하도록 이끈다.

사건에 관해 예언을 하려고 애쓰는 과학자처럼 사람들은 자신에게 무엇이 일어날지 예측할 수 있도록 세상을 이해하기를 원한다. 켈리는 각 개인은 사건을 해석하고 예측하는 데 고유한 일련의 개인적 구성개념을 사용한다고 주장했다. 이러한 구성개념은 양자택일 형태를 취한다. 새로 만나는 사람은 친절하거나 불친절하거나, 똑똑하거나 우둔하거나, 재미있거나 지루하거나 등이다. 그런데 같은 사람을 만난 두 사람이 그 사람을 평가하는 데 서로 다른 구성개념을 사용할 수 있다. 한 사람에게는 친절하고 똑똑하게 보이는 사람이 다른 사람에게는 불친절하고 우둔한 사람으로 보일 수 있다. 이러한 차이는 행동의 차이를 낳는다. 어떤 사람은 낯선 사람에게 우호적으로 대할 것이고 다른 사람은 그 사람을 피할지도 모른다. 행동에서의 이러한 차이는 성격의 차이를 낳는다.

자기도식

또 다른 인지 이론가들은 사람들이 정보를 지각하고 조직화하고 처리하며 이용하는 보다 복잡한 인지 구조에 초점을 둔다. 이런 인지 구조를 **도식** schema이라 부른다. 도식을 사용하여 개인은 자신의 환경에서 무엇이 중요한지를 확인해 주는 하나의 시스템을 개발한다. 또한 도식은 정보를 조직화하고 처리하는 어떤 구조를 제공한다. 예를 들어 대부분의 사람들은 어머니 도식을 갖고 있다. 따라서 어머니에 관해 말해 보라고 하면, 그들에게는 그 정보가 아주 잘 정의된 인지 구조로 체제화되어 있기 때문에 쉽게 말한다. 자신이 만난 적이 없고 들은 적만 있는 어떤 여자에 관해 말하는 것보다는 어머니에 대해 말하는 것이 더 쉽다.

도식은 시간이 지나도 비교적 안정되어 있다. 따라서 안정된 방식으로 정보를 지각하고 활용하게 된다. 도식은 개인에 따라 다른데, 이것이 사람들로 하여금 정보를 다르게 처리하고 다르게 행동하도록 만든다. 따라서 도식은 성격의 개인차를 설명하는 데 사용될 수 있다.

아마도 가장 중요한 도식은 **자기도식**self-schema일 텐데, 자기도식은 '과거 경험으로부터 형성된 것으로, 자기와 관련된 정보처리를 구조화하고 안내하는 자기에 관한 인지적 일반화'이다(Markus, 1977, p. 64). 어린 시절부터 우리는 우리가 누구인지에 대한 인지적 표상을 발달시킨다. 따라서 자기도식은 우리에게 가장 중요한 측면으로 구성되며, 주변의 정보를 처리하고 세상과 상호작용하는 방식에 핵심적인 역할을 한다. 예를 들어 어떤 두 사람이 조깅과 독서를 둘 다 즐기는데, 한 사람은 운동이 자기도식에 중요한 부분일 수 있고, 다른 사람에게는 책을 잘 읽는 것이 자기도식에 더 중요할 수 있다. 첫 번째 사람은 독서보다는 조깅에 시간을 더 많이 보내고, 두 번째 사람은 반대로 독서에 시간을 더 많이 보내기 십상이다.

자기도식의 핵심 내용은 이름, 외모, 중요한 타인과의 관계처럼 개인에게 기본 정보가 된다. 그러나 개인차의 관점에서 보다 중요한 것은 자기도식의 개별적 특성이다(Markus & Sentis, 1982; Markus & Smith, 1981). 예를 들어 운동을 강조하는 것이 자기도식에 포함되어 있는 사람에게는 운동이 '자신이 누구인지'를 규정하는 부분이고, 매일 또는 일주일마다 행해지는 반복되는 일의 일부가 된다. 그러나 조깅을 즐기되 그것을 핵심으로 보지 않는 사람에게는 공원 근처에서 가끔씩 하는 조깅으로도 충분할 것이다. 따라서 자기도식의 차이는 행동의 차이를 낳는다.

자기도식은 정보의 지각과 처리를 주도할 뿐만 아니라 정보를 체제화하고 저장하는 틀을 제공하기도 한다. 앞서 말한 어머니 도식에서처럼, 사람들은 그것에 대해 강력한 도식을 갖고 있을 때 보다 쉽게 기억으로부터 정보를 인출할 수 있을 것으로 기대된다. 이 가설은 대학생들에게 비디오 화면에 40개의 질문을 제시한 한 실험에서 입증되었다(Rogers et al., 1977). 실험 참가자들에게 각 질문에 대해 가능한 한 빨리 '예' 또는 '아니요' 단추를 누르도록 했다. 그중 30개의 질문은 자기도식을 거치지 않고 쉽게 대답할 수 있는 것이었다. 이 30개의 질문은 큰 글자로 쓰인 단어가 다른 단어와 운이 같은지 또는 의미가 같은지 등을 물었다. 또한 나머지 10개의 질문은 참가자들에게 그 단어가 자신을 나타내는 것인지를 판단하도록 요구했는데, 연구자들은 이 경우에 그 정보가 자기도식을 통해 처리되어야만 한다고 제안했다.

나중에 실험 참가자들은 가능한 한 많은 단어를 회상하도록 요구받았다. 실험 결과, 실험 참가자들은 자신에 관한 질문에 대답했을 때 나중에 그 정보를 더 잘 기억한다는 것을 보여 주었다. 연구자들은 실험 참가자들이 자기도식을 통해 이 정보를 처리했다고 결론 내렸다. 자기도식에 있는 정보는 접근하기가 용이하기 때문에, 자기를 지칭하는 단어는 다른 방식으로 처리된 단어보다 기억하기가 더 쉬웠다. 후속 연구에서 실험 참가자들은 제시된 단어가 실험자를 기술하는지 물었을 경우(Kuiper & Rogers, 1979)나 유명인을 기술하는지 물었을 경우(Lord, 1980)에는 자신을 기술하는 단어만큼 쉽게 회상하지 못했다. 요약하면, 자신에 관한 정보가 더 잘 체제화되고 쉽게 접근되는 것은 자기도식을 통해 처리된 정보에 더 잘 접근하도록 만들기 때문으로 보인다(Karylowski, 1990; Klein & Loftus, 1988; Klein et al., 1989).

사람들은 중요한 타인과의 관계 방식에서 자기도식을 보여 준다.

자기도식은 문화마다 아주 다르기에 일부 이론가들은 성격이 문화의 산물이라고 주장하기도 한다(Cross & Markus, 1999). 예를 들어 북아메리카에서 자기는 자율적이고, 타인과 분리되어 있고, 상황과도 분리되어 있으며, 행위와 신념은 개인이 선택한 것으로 가정한다. 북아메리카 사람들의 자기개념화 속에서 자기는 개인의 바람, 욕망, 흥미, 능력으로 구성되어 있다. 미국인은 외적 영향으로 자기개념을 형성하지 않고, 개인 스스로 자신이 갖고 싶은 자기를 만들어 내는 힘과 책임이 있다. 반면에 일부 아시아 문화권에서 자기는 타인과 분리된 실체가 아니며, 온통 타인과의 관계 및 타인에 대한 의무로 얽혀 있다. 이런 문화권에서 자기 발달의 핵심 주제는 자기 자신의 바람, 욕망, 흥미, 능력을 찾아내고 표현하는 것이 아니라, 개인이 사회집단과 얼마나 잘 조화를 이루는가, 사회집단의 발전을 위해 자신을 어떻게 구성하는가이다.

인본주의적 접근

1950년대와 1960년대에 정신분석학과 행동주의적 접근의 결정론적 시각에 대한 대안을 제안하는 일단의 심리학자들이 등장했다. 이런 입장을 지닌 **인본주의적 접근** humanistic approach은 다음의 네 가지 원칙에 근거하고 있다.

1. 체험하는 개인이 일차적 관심의 대상이다. 인간은 단순한 연구 대상이 아니다. 인간은 세상을 지각하는 자기 나름의 주관적 관점, 자기에 관한 자신의 지각, 자기가치에 대한 느낌을 고려하여 기술되고 이해되어야 한다. 개인이 직면한 핵심 질문은 '나는 누구인가?'이다. 이 질문에 개인이 어떻게 대답하려는지 알기 위해 심리학자는 그 사람과 파트너가 되어야 한다.
2. 인간의 선택, 창의성, 자기실현은 연구해야 할 좋은 주제이다. 사람들은 성이나 공격성 같은 기본적 욕구나 배고픔과 목마름 같은 생리적 욕구에 의해 동기화되는 것이 아니다. 이들은 자신의 잠재력과 능력을 계발하려는 욕구를 느낀다. 성장과 자기실현은 단지 자아 통제나 환경에 대한 적응이 아니라 심리적 건강의 준거가 되어야 한다.
3. 의미 충만함은 연구 문제를 선정할 때 객관성보다 앞서야만 한다. 인본주의 심리학자들은 때때로 덜 강력한 방법이라 할지라도 중요한 인간과 사회 문제를 연구해야 한다고 주장한다. 그리고 심리학자들은 자료를 수집하고 해석하는 데 객관적이 되려고 노

력해야 하지만, 연구 주제의 선택은 가치에 의해 이끌릴 수 있고 또한 이끌려야 한다. 이런 점에서 연구는 가치에서 자유로울 수 없다.

4. 궁극적 가치는 인간의 존엄성에 둔다. 사람들은 기본적으로 선하다. 심리학의 목적은 사람들을 예측하고 통제하는 것이 아니라 이해하는 것이다.

이러한 가치를 공유하는 심리학자들은 다양한 이론적 배경을 지니고 있다. 예를 들어 특질심리학자 고든 올포트 역시 인본주의 심리학자이고, 카를 융, 알프레드 아들러, 에릭 에릭슨과 같은 몇몇 정신분석학자도 프로이트의 견해와는 달리 동기에 대한 인본주의적 입장을 취하고 있다는 것은 이미 지적된 사실이다. 인본주의 운동의 핵심에 있는 이론적 인물은 칼 로저스와 에이브러햄 매슬로이다.

칼 로저스

프로이트처럼 칼 로저스(Carl Rogers, 1902~1987)는 임상 장면에서 환자나 내담자와의 경험을 토대로 그의 이론을 정립했다(Rogers, 1951, 1959, 1963, 1970). 로저스는 성장, 성숙, 긍정적 변화로 나아가려는 인간의 내재적인 경향성이 있다는 것에 감동을 받았다. 그는 인간 유기체를 동기화하는 기본 힘이 **실현 경향성**actualizing tendency—유기체의 역량을 충족하거나 실현하는 방향으로 나아가려는 경향성—임을 믿게 되었다. 성장하는 유기체는 그 유전적 한계 내에서 잠재력을 완전히 발휘하려 한다. 한 개인은 어떤 행위가 성장으로 나아가고 어떤 행위는 그렇지 않은지 언제나 명확하게 지각하지 못할 수 있다. 그러나 일단 그 과정이 분명해지면 그 개인은 성장을 선택한다. 로저스는 생물학적인 욕구와 같은 다른 욕구가 있다는 것을 부인하지는 않았지만, 그러한 욕구가 자신을 향상하려는 동기에 부속되는 것으로 보았다.

칼 로저스는 개인은 성장하려 하고, 성숙하려 하고, 긍정적 변화를 추구하는 선천적 경향성을 갖고 있다고 믿었다. 그는 이것을 자기실현 경향성이라 칭했다.

자기실현화를 우선시한 로저스의 믿음은 그의 비지시적 또는 내담자 중심 치료의 기초가 된다. 이 심리치료법은 모든 개인이 변화하려는 동기와 능력을 갖고 있으며, 개인은 그러한 변화가 일어나야 할 방향을 결정하는 데 가장 훌륭한 전문가라고 가정한다. 치료자의 역할은 내담자가 자신의 문제를 탐색하고 분석하는 동안 합리적인 한 명의 위원으로 활동하는 것이다. 이 접근은 정신분석학 치료와 다른데, 정신분석학 치료에서는 치료자가 환자의 문제를 확인하고 치료 과정을 고안하기 위해 환자의 지난 내력을 분석한다.

자기

로저스의 성격 이론에서 중심 개념은 **자기**self 또는 자기개념이다(로저스는 이 용어를 혼용하여 사용했다). 자기(실제 자기)는 '주체적 나(I)' 또는 '보이는 나(me)'를 규정하는 모든 생각, 지각, 가치로 구성되어 있는데, 여기에는 '현재의 나(what I am)'와 '될 수 있는 나(what I can do)'에 대한 자각이 포함되어 있다. 그리고 이 지각된 나는 세상에 대한 지각과 자신의 행동 둘 다에 영향을 준다. 예를 들어 자신이 강하며 유능하다고 지각하는 여성은 자신이 연약하며 무능력하다고 생각하는 여성과는 아주 다르게 세상을 지각하고 세상에 영향을 가한다. 자기개념이 반드시 현실을 반영하는 것은 아니다. 외부적으로 아주 성공하고 존경받는 사람이 스스로는 실패자라고 생각할 수 있다.

로저스에 따르면 개인은 모든 경험을 자기개념과 관련시켜 평가한다. 사람들은 자기 이미지와 일치하는 방식으로 행동하고 싶어 하고, 일치하지 않는 경험과 감정은 위협적인 것이 되며, 의식에 들어오는 것이 거부될 수도 있다. 이것은 기본적으로 프로이트의 억압 개념인데, 로저스는 이러한 억압이 반드시 필요한 것도 아니고 영구적인 것도 아니라고 생각했다(프로이트는 억압이 불가피하며 개인 경험의 일부 측면은 언제나 무의식에 남아 있다고 말할 것이다).

자기개념과 불일치하기 때문에 개인이 부인하는 경험이 많을수록 자기와 현실 간의 괴리는 더 커지고 부적응 가능성도 더 커진다. 자기개념이 자신의 감정, 경험과 일치하지 않을 경우, 개인은 그 사실로 인해 불안이 야기될 것이기 때문에 사실에 대해 자신을 방어해야만 한다. 그 괴리가 너무 커지면 개인의 방어는 붕괴되고, 그 결과 심한 불안이나 다른 형태의 정서적 혼란이 생겨나게 된다. 반대로 적응이 잘된 개인은 자신의 생각, 경험, 행동과 일치하는 자기개념을 갖고 있으며, 새로운 경험과 아이디어에 동화되면서 변화될 수 있다.

또한 로저스는 각자 자신이 되고 싶어 하는 사람에 관한 개념화인 **이상적 자기**ideal self를 갖고 있다고 제안했다. 이상적 자기가 실제 자기와 비슷할수록 그 개인은 더 충족되고 행복해진다. 이상적 자기와 실제 자기 간의 괴리가 크면 불행하고 불만족스러운 사람이 된다.

따라서 두 가지 유형의 괴리가 발달된다—자기와 실제 경험 간의 괴리, 실제 자기와 이상적 자기 간의 괴리. 로저스는 이러한 불일치가 어떻게 발달하는지에 관한 몇 가지 가설을 제안했다. 로저스는 특히 사람들은 **무조건적 긍정적 존중**unconditional positive regard—부모와 타인들로부터 자신의 감정, 태도, 그리고 행동이 이상적 수준에 미치지 못할지라도 자신이 가치 있는 존재라는 느낌—을 받으면 보다 효율적으로 기능하기 쉽다고 생각했다. 부모의 조건적인 긍정적 존중, 즉 아이가 올바르게 행동하고, 생각하고, 느낄 때만 아동을 가치 있는 존재로 간주한다면 그 아동의 자기개념은 왜곡되기 십상이다. 예를 들어 어린 동생에 대한 경쟁심이나 적대감은 자연스러운 것인데, 부모는 동생을 때리는 것을 용납하지 않고 대체로 벌을 주게 된다. 아동은 어떤 식으로든 이런 감정을 자기개념에 통합해야 한다. 이들은 자신이 나쁜 아이라고 생각하게 되고 창피스럽게 생각할지 모른다. 또한 부모가 자기를 싫어한다고 생각하고 거부당했다고 느낄 수도 있다. 아니면 자신의 감정을 부인하여 동생을 때리고 싶은 것이 아니라고 생각할 수도 있다. 이러한 태도는 모두 진실을 왜곡한다. 위의 대안 중 세 번째 대안은 아동이 수용하기 가장 쉬운 것이긴 하지만, 그렇게 되면 아동은 자신의 실제 감정을 부인하게 되고 그것은 무의식적인 것이 된다. 자신의 감정을 부인하고 타인의 가치를 수용할수록 자신에 관해 더 많은 불편을 느끼게 된다. 로저스는 최선의 접근은 부모가 아이에게 때리는 것이 왜 나쁜 것인지 그 이유를 설명하면서 아이의 감정이 타당하다고 인정하는 것이라고 제안했다.

실제 자기-이상적 자기 일치성의 측정

앞서 우리는 평정자 또는 분류자에게 성격 특질이 적힌 일련의 카드(예: 나는 쾌활하다)를 주고 그 카드를 여러 묶음으로 분류함으로써 개인의 성격을 서술하도록 하는 **Q-소트**라고 불리는 측정 방법에 관해 설명했다. 평정자는 자신과 가장 관련이 없는 것은 왼쪽으로, 관련이 많은 것은 오른쪽으로 분류한다. 다른 진술문들은 중간에 놓이게 되는데, Q-소트에 있는 각 항목은 놓이는 묶음의 위치에 따라 점수를 얻는다. 연구자들은 2개의 Q-소트가 있을 때 여기에 속한 항목 점수들 간의 상관을 계산하여 그 둘을 비교하는데, 그것은 두 Q-소트가 얼마나 유사한지를 측정한다.

로저스는 자기개념을 고찰하는 한 방식으로 Q-소트를 사용한 개척자이다. 그의 Q 세트에는 '나는 나 자신에 대해 만족스럽다', '나는 다른 사람들과 따뜻한 정서적 관계를 맺고 있다', '나는 내 감정을 신뢰하지 않는다'와 같은 진술문이 포함되어 있다. 로저스의 절차에서 개인은 먼저 있는 그대로의 자기(실제 자기)를 분류한다. 그다음 자신이 되고 싶어 하는 자기(이상적 자기)를 분류한다. 이 두 분류 간의 상관은 실제 자기와 이상적 자기 간의 불일치 정도를 나타낸다. 낮거나 부적인 상관은 괴리가 크다는 것을 의미하는데, 이것은 자기존중감이 낮거나 자기가치감이 낮다는 것이 내포되어 있다.

치료 과정에서 이러한 절차를 여러 번 반복함으로써 로저스는 치료의 효율성을 측정할 수 있었다. 한 연구에서 치료를 받으러 온 사람들의 실제 자기와 이상적 자기 간의 상관이 치료 전에는 평균 −.01에서 치료 후에는 +.34로 증가했다. 치료를 받지 않은 통제집단의 상관은 변화가 없었다(Butler & Haigh, 1954). 달리 말하면 그 치료는 개인의 실제 자기와 이상적 자기 간의 괴리 지각을 상당히 감소시켰다. 이런 결과는 두 가지 방식으로 일어날 수 있다. 개인이 이상적 자기에 가깝도록 실제 자기개념을 바꾸었거나, 아니면 이상적 자기를 좀 더 현실적으로 바꾼 것일 수 있다. 치료는 두 가지 변화를 모두 일으킬 수 있다.

보다 최근에 심리학자 토리 히긴스(Higgins & Spiegel, 2004)는 로저스가 언급한 이러한 자기괴리가 정신병리와 관련된다는 것을 보여 주었다. 실제 자기가 이상적 자기 또는 당위적 자기와 괴리가 많다고 생각하는 사람들과 이런 괴리를 극복할 수 없다고 믿는 사람들은 우울과 불안에 취약했다.

에이브러햄 매슬로

에이브러햄 매슬로(Abraham Maslow, 1908~1970)의 심리학은 여러 가지 방식에서 칼 로저스와 중복된다. 매슬로도 처음에는 행동주의에 매료되어 영장류의 성과 지배성에 관한 연구를 수행했다. 그런데 첫아이가 태어났을 때 그는 행동주의에서 이미 멀어졌으며,

그 후 그는 아이를 관찰한 사람이면 누구나 행동주의자가 될 수 없다고 말했다. 그는 정신분석학의 영향을 받았지만 결국에는 정신분석학의 동기 이론에 비판적이 되었고 자기 나름의 이론을 개발했다. 구체적으로 그는 **욕구 위계** hierarchy of needs를 제안했는데, 이는 기본적인 생물학적 욕구에서부터 기본 욕구가 충족된 이후에 중요하게 되는 보다 복잡한 심리적 동기로 나아간다는 것이다(그림 8.4 참조). 보다 상위 수준의 욕구가 행위의 중요한 동기원이 되기 전에 보다 낮은 수준의 욕구가 적어도 부분적으로 충족되어야만 한다. 음식이나 안정을 얻기 힘든 경우, 먼저 이러한 욕구를 충족하려는 노력이 개인의 행동을 지배하고, 보다 상위의 욕구는 별로 중요하지 않게 될 것이다. 기본 욕구가 쉽게 충족될 수 있을 때만 개인은 심미적이고 지적인 것에 시간과 에너지를 쏟게 될 것이다. 음식, 주거지, 안전을 확보하기 위해 전력투구를 해야만 하는 사회에서는 예술적인 노력과 과학적인 노력이 활발하지 않다. 최고의 동기인 자기실현은 하위의 다른 욕구가 충족된 후에라야 성취될 수 있다.

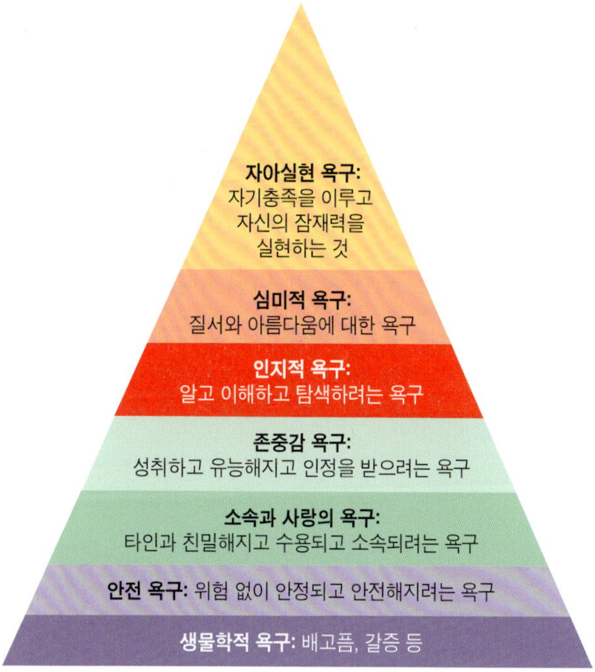

그림 8.4 매슬로의 욕구 위계. 위계상 상위에 있는 욕구가 동기의 주요 원천이 되기 전에 하위에 있는 욕구가 부분적으로 충족되어야만 한다.

매슬로는 자기실현을 한 사람들—자신의 잠재력을 특별히 사용한 남자와 여자—을 연구하기로 했다. 그는 스피노자, 토머스 제퍼슨, 에이브러햄 링컨, 제인 애덤스, 알베르트 아인슈타인, 엘리너 루스벨트와 같은 역사적으로 저명한 인물들의 삶에 대한 연구로부터 시작했다. 이런 식으로 그는 자기실현자들에 대한 조합적인 그림을 그릴 수 있게 되었다. 매슬로는 그 연구를 대학생 집단으로 확장했다. 자신의 자기실현자 정의에 적합한 학생들을 뽑았는데, 그는 이 집단이 대학생 전체 집단 중에서 가장 건강한 1%에 해당된다는 것을 발견했다. 이 학생들은 부적응의 지표가 전혀 없었으며, 자신의 재능과 능력을 효율적으로 사용하고 있었다(Maslow, 1970).

많은 사람들은 매슬로가 **절정 경험** peak experience이라 부르는 자기실현의 일시적 순간을 경험한다. 절정 경험은 행복과 충만감으로 규정되는데, 목표가 성취된, 순간적이고, 얻으려고 애쓰지 않고, 자기중심적이지 않은 상태이다. 절정 경험은 다양한 강도로 창의적 활동, 자연에 대한 감상, 친밀한 관계, 심미적 느낌 또는 신체 활동 등 다양한 맥락에서 일어날 수 있다. 매슬로는 많은 대학생들에게 절정 경험과 비슷한 경험을 기술하도록 요구하여 그 반응을 요약했다. 대학생들은 전체감, 완전함, 생동감, 독특성, 효율성, 자기충족감 그리고 아름다움, 선함, 진실의 가치를 언급했다.

진화론적 접근

성격에서 가장 새롭고 논란이 많은 이론 중의 하나는 실제로는 아주 오래된 이론을 적용한 것이다. 다윈(Darwin, 1859)이 제안한 진화론은 100년이 넘도록 생물학에서 중요한 역할을 해 왔다. 다윈은 과감하게 인간 행동의 진화적 뿌리에 관한 몇몇 아이디어를 말했으나, 현대의 진화론적 심리학 분야는 '사회생물학'에 대한 윌슨(Wilson, 1975)의 연구로 시작되었다. 사회생물학의 기본 전제와 **진화론적 심리학** evolutionary psychology은 유기체의 생존과 후손에게 전달할 기회를 증가시키는 행동이 진화적 역사에서 선택될 것이고, 따라서 인간 성격의 측면이 될 것이라고 말한다.

진화론적 심리학을 성격에 적용한 많은 연구가 배우자 선택에 초점을 맞추고 있다는 것은 조금도 놀랄 일이 아니다. 배우자를 선택하는 것은 경쟁—이성 사이에서 남성은 남성끼리, 여성은 여성끼리의 경쟁—을 포함하고 있다. 그런데 남성과 여성은 재생산에서 서로 다른 역할을 하기 때문에 성에 따라 경쟁하는 양상이 달라진다. 여성은 9개월 동안 아이를 뱃속에 품고, 출산한 후에는 양육하고 보살펴야 하기 때문에 한 아이에게 더 많이 투자하고 남성보다 자손을 더 적게 낳는다. 이것은 여성에게 이점이 있는데, 자신이 재생산할 아이 아버지의 유전적 자질이 좋은지 그리고 아이를 보살필 능력과 각오가 있는지를 살피게 된다. 이에 반해 남성에게 적절한 재생산 책략은 가능한 한 자주 재생산하는 것이다. 따라서 남성은 일차적으로 자신이 접근 가능하고 아이를 잘 낳을 여성을 구할 것이다.

데이비드 부스, 더글러스 켄릭과 다른 진화론적 심리학자들은 그들이 가정하는 남성과 여성의 성격 차이가 재생산 전략에서 이러한 차이로 인해 초래된 것인지를 살펴보았다(Buss, 2007; Kenrick, 2006). 이들은 결혼에 관심이 있는 여성은 자신의 젊음과 아름다움이 생산 능력의 표시이기 때문에 이 두 가지를 강조하지만, 어떤 상대와 결혼을 할 것인가에 대해 남성보다 더 선별적일 것이라고 추론했다. 반면에 결혼에 관심이 있는 남성은 자식을 지원할 수 있는 자신의 능력을 강조하면서 누구를 선택하느냐에 대해서는 여성보다 덜 선별적일 것이다. 여러 가지 사실은 이러한 가설을 지지한다. 이성에게 매력적으로 보이기 위해 무엇을 해야 하는지 물었을 때, 여성들은 화장, 보석, 의상, 머리 스타일을 통해 자신의 아름다움을 높이는 것이라고 응답했다. 남성들은 자신의 성취와 잠재력을 자랑하고, 비싼 소유물을 보여 주고, 근육을 보여 주는 것이라고 응답했다(Buss, 2007). 다른 연구에서는 남성이 여성에 비해 하룻밤 섹스에 더 관심이 있고(Buss & Schmitt, 1993), 하룻밤 지내는 기준이 별로 선별적이지 않은 것으로 나타났다(Kenrick et al., 1993).

생산성을 나타내는 한 가지 대용물은 젊음이고, 경제적 자원을 나타내는 대용물은 나이 듦이다. 진화론은 남성이 보다 젊은 여성과의 결혼에 흥미를 보이는 반면에, 여성은 보다 나이 든 남성과의 결혼에 흥미를 보일 것이라고 제안한다. 결혼 선호에서의 이러한 성차는 37개 문화권에서 확인되었다(Buss, 1989). 켄릭과 키프(Kenrick & Keefe, 1992)는 신문에 있는 독신자 광고에서도 이런 선호에 대한 증거를 발견했다. 광고를 보면 남성은 나이가 들수록 보다 젊은 여성을 더 많이 선호한다고 표현했다. 여성은 자신의 나이에 관계없이 나이 든 남성을 선호한다고 말하는 경향이 있었다.

일부 이론가들은 배우자 선택을 훨씬 넘어, 남성은 여성보다 더 개인주의적이고 지배적이며 문제해결 중심적이라고 진화론적 예언을 확장하는데, 이러한 성격 특성이 역사적으로 재생산 능력을 증가시켰고, 따라서 선택된 것으로 보기 때문이다(Gray, 1992; Tannen, 1990). 이에 반해 여성은 보다 포용적이고 공유를 잘하며 공동적인데, 이러한 성격 특성이 자식의 생존 기회를 증가시키기 때문에 선택된 것이다.

진화론적 이론은 나이 든 남자가 종종 자기보다 훨씬 더 젊은 여자를 찾는 이유를 설명해 준다.

보다 논란이 되는 일부 분야에서 진화론적 심리학자들은 배우자 선택 책략에서의 성차로 인해 성적 불성실과 질투의 원천, 두 가지에 성차가 있다고 주장한다. 자주 짝짓기를 하고 싶어 하는 남성의 욕구는 여성보다 성적으로 더 불성실하도록 만드는 반면에, 자기 자식이 아닌 아이에게 자신의 자원을 투자하지 않으려는 남성은 여성 파트너의 성적 불성실에 더 관심을 갖게 된다. 이 점은 여성보다 남성이 배우자를 더 잘 배신하면서, 역으로 배우자나 파트너가 자신을 배신하면 더 많이 질투한다는 것을 시사한다. 여러 연구는 이 가설을 지지하는 것으로 나타났다(Buss, 2007).

여성을 얻기 위해 남성들 간에 경쟁이 격해지면 폭력이 발생할 수 있는데, 실업자와 같이 자원이 별로 없는 남성의 경우에 특히 그렇다. 윌슨과 데일리(Wilson & Daly, 1985; Daly & Wilson, 1990)는 친척이 아닌 사람들 사이에서 벌어지는 살인은 체면과 지위를 놓고 싸우는 젊은 남성들 사이에서 가장 많이 발생한다는 것을 발견했다. 그런데 가족 내의 살인은 남편이 아내를 죽이는 일이 가장 흔하다는 것을 발견했는데, 연구자들은 이 살인이 여성 파트너의 성적 성실성을 통제하려는 남성의 시도를 의미한다고 주장했다.

첨/단/연/구

뇌 속에 있는 자기 발견하기

Susan Nolen-Hoeksema, 예일대학교

여러 성격 이론에 따르면 '자기'는 성격의 핵심 측면이다. 사람들은 자신에 관한 지각을 묘사하고 조직화하는 자기도식과 개인적 구성개념을 갖고 있다. 개인에 따라 자기주체감이나 자기효능감이 강할 수도 있고 약할 수도 있으며, 자기실현이 잘 될 수도 있고 부족할 수도 있다.

현대의 신경과학자들은 자기에 관한 정보나 자기참조적 정보처리가 뇌의 특정 부위에 집중되어 있는가에 관심을 가져 왔다. 연구자들은 자기 관련 정보처리와 관련된 뇌의 영역을 알아보는 다양한 과제를 사용하고 있다. 예를 들어 일부 연구자들은 사람들에게 성격 특질 형용사나 문장을 주고 이것이 어느 정도 자신을 서술하는지 평가하도록 하거나(Heatherton et al., 2006), 단순하게 자신의 성격에 관해 자유롭게 생각하게 한 후(D'Argembeau et al., 2005), 이런 과제를 수행하는 동안 일어나는 뇌의 활동과 타인의 성격 특질을 생각하거나 사실적 지식을 판단할 때의 뇌의 활동을 비교했다. 가장 일관성 있게 발견되는 사실은 자기참조적 생각이 전전두엽 중앙 부위의 활동과 관련된다는 것이다(그림 8.5 참조).

자기 관련 사고와 자기조절에서 전전두엽의 역할에 대한 관심은 유명한 피니어스 게이지(Phineas Gage)의 사례로 거슬러 올라간다(Damasio et al., 1994). 게이지는 1800년대 중반에 미국 북부에 살았던 25세의 열차 철로 건축감독이었다. 철로를 놓기 위한 평탄화 작업을 위해 폭파 작업이 필요했는데 게이지는 그 폭파 책임자였다. 1848년 9월 13일, 두께 3cm, 길이 109cm 되는 쇠파이프가 게이지의 얼굴, 두개골, 뇌를 통과한 후 하늘로 날아가는 사고가 발생했다. 게이지는 아주 잠깐 기절했으나 곧 의식이 돌아왔으며 주변 사람들의 부축을 받아 옮겨졌다. 이 사고 후 게이지의 지적 능력은 전혀 손상되지 않은 것으로 나타났다. 그러나 성격에는 엄청난 변화가 나타났다. 사고 전에 게이지는 아주 합리적이고 많은 사람들이 좋아하는 사람이었다. 그런데 이 사고 후 그는 무책임하고 무례하며 저속한 사람이 되었다. 자신의 감정과 사회행동에 대한 조절력이 상실된 것처럼 보였다. 약 150년이 지난 후, 연구자들은 게이지의 두개골에 대해 현대의 신경 이미지법을 사용하고 쇠파이프 관통 사건을 컴퓨터로 재현하여 게이지가 입은 뇌의 주 손상이 전전두엽에 있었음을 보여 주었다(그림 8.6 참조).

전전두엽은 인간의 가장 발달된 사고 과정과 관련된 뇌의 영역이다. 전전두엽은 모든 감각기관으로부터 정보를 받고, 뇌의 다른 부위로부터 정보를 받고, 외부 환경으로부터 정보를 받으며, 이러한 정보를 통합하고 그에 대한 반응을 조절하는 부위이다. 이처럼 이 부위는 뇌의 '핵심 집행자'가 된다. 따라서 자신과 관련된 특성, 이러한 특성으로 유발되는 감정, 자신을 조절하는 능력과 같은 자기 관련 측면을 전전두엽에서 처리한다는 것은 전혀 놀라운 사실이 아니다.

그렇다고 해서 자기가 전전두엽에 있다고 말하는 것은 지나친 단순화이다. 연구자들은 자기 관련 처리에서 세분화된 구분을 발견했는데, 예를 들어 개인의 희망과 포부에 관해 생각하는 것과 개인의 의무를 생각하는 것은 각각 전전두엽의 다른 부위를 활성화하며 뇌의 다른 부위를 활성화한다(Johnson et al., 2006). 더 나아가 개인의 행동과 정서를 조절하는 능력은 뇌의 어느 한 부위가 활성화되기보다는 뇌의 여러 부위 활동의 조합과 연관되어 있다(Ochsner & Gross, 2007). 끝으로, 서로 다른 뇌 부위의 활동이 자기감에 영향을 줄 수 있지만, 사람들을 자신에 관해 다르게 생각하도록 훈련하거나(Ray et al., 2005) 명상을 통해(Kennedy et al., 2001) 그러한 뇌의 활동 양상이 바뀔 수 있다.

현대 신경과학은 우리가 자신에 관해 생각할 때 뇌의 어느 부위가 활성화되는지 알 수 있게 해 준다. 그러나 오래된 철학적 질문인 '자기란 무엇인가'에 대한 답은 여전히 해결되지 않은 채 남아 있다.

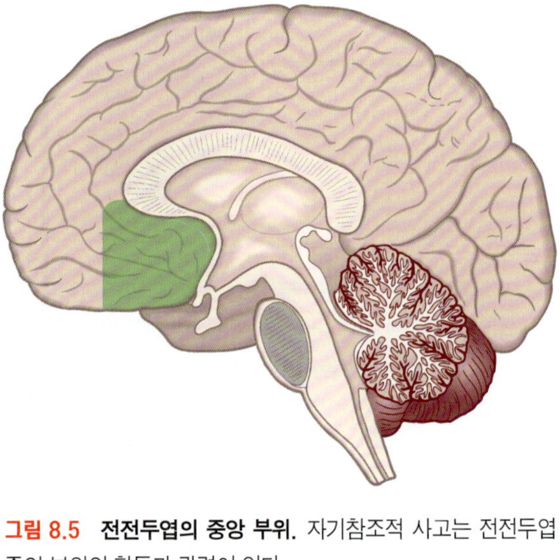

그림 8.5 전전두엽의 중앙 부위. 자기참조적 사고는 전전두엽 중앙 부위의 활동과 관련이 있다.

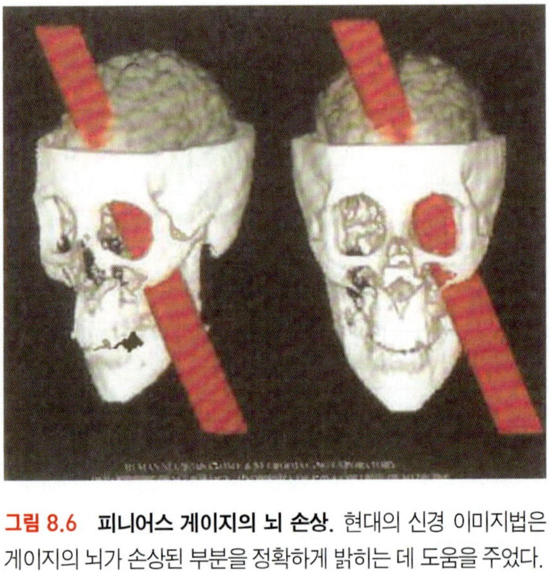

그림 8.6 피니어스 게이지의 뇌 손상. 현대의 신경 이미지법은 게이지의 뇌가 손상된 부분을 정확하게 밝히는 데 도움을 주었다.

지적 능력의 측정

지적 능력을 측정하기 위해 공통적 검사 도구를 사용한 최초의 기록은 중국에서 찾아볼 수 있다. 오래전에 중국에서는 공직에 지원하는 사람들을 선발하기 위해 유교 철학이나 시에 관한 지식을 측정하기 위해 시험을 실시했다. 이러한 방식은 산업혁명기에 유럽까지 전파되었는데, 이때 많은 사람들은 사무 업무 능력을 검사받아야 했다. 오늘날의 산업화된 사회는 학교와 작업장에서의 검사에 많이 의존한다. 학생들은 그와 같은 검사에 기초하여 서로 다른 교육 집단에 배치될 수 있을 것이다. 적성검사나 능력검사는 몇몇 대학이나 대학원 혹은 전문학교에서 선발 절차의 일부로 사용되고 있다. 뿐만 아니라 일반 기업이나 정부 기관은 검사 점수에 기초하여 지원자의 선발, 배치, 승진 등을 결정한다. 비록 능력을 측정하는 검사가 전 세계적으로 사용되고 개인의 인생에 중요한 영향을 미치기는 하지만, 중요한 점은 이러한 검사가 특정 맥락에서 무엇이 중요한 능력인지에 대한 타당한 이론과 이러한 능력을 어떻게 측정할 것인지에 대한 지식에 기초해야 한다는 것이다. 앞으로 살펴보겠지만, 이 두 가지 요건은 쉽게 갖추어질 수 있는 것이 아니다.

초기 지능검사

100여 년 전 영국의 이론가 프랜시스 골턴(Francis Galton)은 사촌 찰스 다윈이 제안한 진화론을 고찰한 후 개인차에 관심을 두게 되었다. 골턴은 어떤 가계는 다른 가계보다 생물학적으로 더 우수하다고 믿었다. 즉 어떤 사람들은 선천적으로 다른 사람들보다 더 강하거나 더 똑똑하다고 생각한 것이다. 그는 지능이 대를 이어 전수되는 특별한 감각과 지각적 기술의 문제라고 추론했다. 모든 정보는 감각을 통해 습득되기 때문에, 개인의 지각체제가 더 민감하고 정확할수록 더 똑똑해진다는 것이다. (지능의 유전성에 대한 믿음 탓에 골턴은 인류의 정신 능력이 우생학이나 선택적 번식을 통해 증진될 수 있다는 제안을 하게 되었다. 그러나 다행스럽게도 그는 우생학 지지자보다는 통계학을 지능 연구에 적용시킨 사람으로 기억되고 있다.)

1884년, 골턴은 런던 박람회에 참석한 9,000명 이상의 방문객들을 대상으로 일련의 검사를 실시했다. 이 검사를 통해 머리 크기, 반응 시간, 시력, 청각 절대역, 시각 형태에 대한 기억과 같은 변인을 측정했다. 그러나 실망스럽게도 그는 머리 크기에서 영국의 저명한 과학자들과 일반인 간에 차이가 없으며, 반응 시간과 같은 측정치도 지능을 재는 다른 측정치들과 관련성이 없다는 것을 발견했다.

현대의 지능검사와 유사한 최초의 검사는 19세기 후반 프랑스 심리학자 알프레드 비네(Alfred Binet)가 고안했다. 1881년 프랑스 정부는 모든 아동에게 의무교육을 받도록 하는 법안을 통과시켰다. 그 이전에 학습 부진아는 대개 학교에 가지 못하고 집에 있어야 했다. 그러나 이제는 교사가 광범위한 개인차에 대처해야만 했다. 정부는 비네에게 지적으로 너무 지체되어 정규교육을 받기 어려운 아동을 가려낼 수 있는 검사를 만들어 달라고 의뢰했다.

비네는 지능을 지각운동 기술보다는 추론과 문제해결 능력을 요구하는 과제를 통해 측정해야 한다고 가정했다. 또 다른 프랑스 심리학자 데오필 시몽(Theophile Simon)과 함께 비네는 1905년에 지능검사를 발간했고, 1908년과 1911년에 이를 개정했다.

비네는 더디거나 둔한 아동은 지적 성장이 지체된 정상아와 같다고 가정했다. 따라서 검사에서 지체 아동은 자신보다 더 어린 정상아와 유사한 수준의 수행을 보일 것이고, 반면 영리한 아동은 자신보다 더 나이 든 아동의 특성을 보이게 될 것이다. 비네는 연령 증가에 따라 변화되는 지능의 여러 측면을 측정할 수 있도록 난이도가 다른 검사 항목으로 검사를 구성했는데, 검사 항목의 난이도는 아동의 연령에 맞추었다. 따라서 검사에서 아동이 정확하게 대답하는 항목의 수가 많아질수록 아동의 정신연령(mental age, MA)이 더 높아진다. 정신연령 개념은 비네의 방법에서 핵심적인 것이었다. 이 방법을 사용하여 아동의 정신연령은 생년월일로 정해지는 신체연령(chronological age, CA)과 비교될 수 있었다.

스탠퍼드-비네 지능검사

비네에 의해 최초로 개발된 검사 항목들은 미국 스탠퍼드대학교의 루이스 터먼(Lewis Terman)에 의해 미국 아동에게 맞게 수정되었다. 터먼은 검사 실시 과정을 표준화했고, 다양한 연령 집단에 속하는 수천 명의 아동을 대상으로 검사를 실시하여 연령 수준별 규준을 개발했다. 1916년, 그는 비네 검사의 스탠퍼드 판을 발간했는데, 지금 이것은 **스탠퍼드-비네 지능검사** Stanford-Binet Intelligence Scale로 불린다. 이 검사는 1937, 1960, 1972, 1986년, 그리고 가장 최근에는 2003년에 개정되었다. 오래되었음에도 불구하고 스탠퍼드-비네 검사는 여전히 가장 많이 사용되는 심리검사 중의 하나이다.

터먼은 비네의 정신연령 개념을 존속시켰다. 각 검사 항목은 특정 연령의 대다수 아동들이 풀 수 있는 수준에서 연령에 따라 등급화했다. 아동의 정신연령은 각 연령 수준에서 통과한 항목의 수를 합산하여 얻어졌다. 아울러 터먼은 독일 심리학자 빌리암 슈테른(William Stern)이 제안한 지능의 지표를 채택했다. 이 지표가 **지능지수** intelligence quotient(IQ)인데, 이는 지능을 신체연령에 대한 정신연령의 비율로 표시한 것이다.

지능지수(IQ)=정신연령/신체연령 × 100

위의 식에서 100이란 수치는 정신연령이 신체연령과 동일할 때 지능지수가 100이 되도록 곱해지는 것이다. 정신연령이 신체연령보다 낮으면 지능지수는 100 이하가 될 것이고, 정신연령이 신체연령보다 높으면 지능지수는 100 이상이 될 것이다.

스탠퍼드-비네 검사의 최신판에서는 지능지수 점수 대신 표준연령(standard age)

스탠퍼드-비네 지능검사에 쓰인 검사 재료.

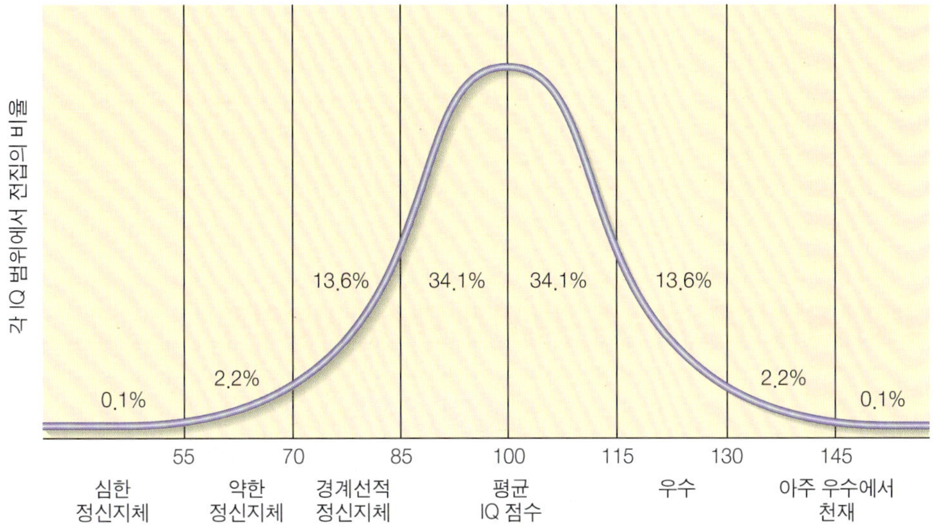

그림 8.7 IQ 점수의 빈도 분포. IQ 점수는 정상분포를 이루는데, 높은 극단과 낮은 극단에는 거의 없고, 대부분의 점수가 100 근처에 몰려 있다.

점수를 사용한다. 이것은 백분위 점수로 해석되는 것으로, 표준화된 집단에서 특정 점수보다 위 또는 아래 점수에 포함되는 사람들의 백분율을 알려 준다. IQ 개념이 아직 지능검사에 사용되고 있긴 하지만 이제는 앞의 방정식을 사용하여 계산하지 않는다. 그 대신 검사에서 얻은 원점수를 각 연령에서 평균이 100이 되도록 한 표준점수로 변환하여 사용하고 있다.

IQ 점수는 대부분의 점수가 100 근처에 모이지만 일부 사람들의 점수는 100보다 훨씬 더 높거나 낮은 종 모양의 정상분포 곡선을 그린다. 그림 8.7은 다양한 범위의 IQ 점수를 보이는 전집의 비율을 제시한 것이다.

지능을 다양한 능력의 조합으로 보는 오늘날의 관점과 일치되게, 스탠퍼드-비네 검사의 최신판에서는 지능검사가 4개의 큰 영역, 즉 언어 추리, 추상적/시각적 추리, 양 추리, 단기기억으로 나누어져 있다.

웩슬러 지능검사

1939년, 데이비드 웩슬러(David Wechsler)는 스탠퍼드-비네 검사가 지나치게 언어 능력에 의존하고 성인에게 적합하지 않다고 생각하여 새로운 검사를 개발했다. **웩슬러 성인용 지능검사**Wechsler Adult Intelligence Scale 또는 WAIS(1939, 1955, 1981)는 언어성 검사와 동작성 검사, 두 부분으로 나누어져 있고, 전체 IQ 점수와 각 영역의 개별 점수를 모두 구하게 된다. 후에 웩슬러는 웩슬러 아동용 지능검사(Wechsler Intelligence Scale for Children, WISC)를 개발했다(1958, 1974, 1991).

동작성 검사 문항은 블록, 그림, 또는 다른 재료를 조작하거나 배열하게 한다. 웩슬러 검사는 각 하위 검사의 점수도 제공하기 때문에 검사자가 개인의 지적 강점과 약점에 대해 분명하게 알 수 있다. 예를 들어 언어성 점수와 동작성 점수 간의 차이가 크면 읽기장애나 언어장애와 같은 특정한 학습 문제가 있는지 살펴볼 필요가 있다.

스탠퍼드-비네 검사와 웩슬러 검사 점수는 모두 학업 성취에 대한 매우 타당한 예측변인이다. 지능점수는 또한 성인의 수입 수준에 대한 타당한 예측변인도 되는데, 학업 성취가 높은 사람이 좋은 직장을 얻을 가능성이 더 높기 때문이다(Ceci & Williams, 1997).

현대의 지능 이론: 소수의 지능인가, 다수의 지능인가

일부 심리학자들은 지능을 다양한 방식으로 나타나는 이해와 추론에 대한 일반적 능력으로 본다. 이것은 비네의 가정이었다. 그의 검사에는 많은 종류의 문항이 포함되어 있지만, 비네는 영리한 아동들이 모든 문항에서 지체 아동들보다 더 높은 점수를 받는 경향이 있음을 관찰했다. 따라서 그는 다양한 과제가 그 기저에 깔려 있는 하나의 기본적인 능력을 반영한다고 가정했다. 이와 유사하게, WAIS에 다양한 하위 검사가 포함되었음에도 불구하고 웩슬러 역시 '지능은 목적적으로 행동하고, 합리적으로 생각하며, 환경에 효율적으로 대처하는 개인의 총합적 능력 또는 포괄적 능력'이라고 믿었다(Wechsler, 1958).

그러나 다른 심리학자들은 '일반 지능(general intelligence)'에 의문을 제기한다. 이들은 지능검사가 비교적 서로 독립적인 다양한 정신 능력을 반영하는 것으로 생각한다. 레이먼드 카텔(Raymond Catell)은 일반 지능을 논리적으로 사고하고, 상황에 대한 지식이 없을 때조차도 새로운 상황에서 문제를 해결할 수 있는 능력인 **유동 지능**(fluid intelligence)과, 습득된 지식이나 기술, 경험을 사용하는 능력인 **결정 지능**(crystallized intelligence)으로 구분했다.

지능검사에서 수행의 차이를 가져오는 능력의 종류가 무엇인지에 관해 보다 정확한 정보를 얻는 한 가지 방법은 **요인분석**factor analysis이다. 이 방법은 많은 검사 간의 상관을 얻고, 가장 상관이 높은 것들을 묶어 요인(factor)이라 부르는, 보다 적은 수의 독립적인 차원으로 줄이는 통계적 기법이다. 요인분석은 기본적으로 서로 높은 상관을 가진 두 검사가 동일한 기저 능력을 측정했을 것이라고 가정한다. 요인분석의 목표는 서로 다른 검사 간에 얻은 상관 양상을 설명하는 데 필요한 최소의 요인 또는 최소의 능력의 수를 발견하는 것이다.

요인분석의 창시자는 바로 찰스 스피어먼(Spearman, 1904)이다. 또한 그는 모든 개인이 정도는 다르지만 하나의 일반적 지능 요인(*g*라고 부름)을 갖고 있다고 처음으로 주장한 사람이기도 하다. 개인이 *g* 요인을 얼마나 소유하고 있느냐에 따라 일반적으로 영리하거나 둔하다고 말할 수 있다. 스피어먼에 따르면 *g* 요인은 지능검사에서 수행 차이의 주요 결정인자이다. 그리고 *s*라고 불리는 특수 요인은 특정한 능력이나 검사에 국한된 것이다. 예를 들어 수리 관계나 공간 관계 검사는 각각 독립된 *s*를 측정하는 것이다. 검사에서 나타난 개인의 지능은 그 개인이 지니고 있는 *g*의 양과 다양한 *s* 요인의 양을 합친 것이다. 예를 들어 수리 지능검사에서의 수행은 개인의 일반 지능과 수학 적성, 두 가지 모두에 의해 영향을 받는다.

이후에 루이스 서스턴(Thurstone, 1938)은 일반 지능을 강조한 스피어먼에 반대했고, 그 대신 요인분석을 통해 지능이 여러 개의 일차적 능력으로 나누어질 수 있다고 제안했다. 서스턴은 여러 번에 걸친 검사 실시, 그 결과의 요인분석, 검사 정제 및 재검사 과정을 거쳐 7개 요인을 확인했는데, 이것이 그의 일차 정신 능력 검사를 구성하는 데 사용되었다.

요인분석을 통해 지능의 기본 요소를 발견하고자 했던 서스턴의 바람은 여러 가지 이유로 인해 완전하게 실현되지 못했다. 한 가지 이유는 그가 주장한 일차적 능력이 완전히 독립적인 것은 아니라는 것이다. 실제로 일차적 능력 간에 상관이 높다는 것은 특수 능력의 기저에 일반 지능 요인이 깔려 있다는 개념을 지지해 준다. 또 다른 이유는 요인분석에 의해 확인된 기초 능력의 수가 검사 문항의 성질에 따라 달라진다는 것이다. 다른 검사 문항과 다른 요인분석 방법을 사용한 연구자들은 지적 능력의 범위에 포함될 수 있는 20개에서 150개에 이르는 요인을 확인했다(Ekstrom, French, & Harman, 1979; Ekstrom, French, Harman, & Derman, 1976; Guilford, 1982).

요인의 수와 종류에 대한 일관적이지 못한 결과가 관찰되었다는 점은 요인분석을 통한 접근이 갖는 가치에 대해 의문을 제기한다. 그럼에도 불구하고 요인분석은 인간의 지적 수행을 연구하는 중요한 기법으로 남아 있다(Lubinski, 2000).

가드너의 다중 지능 이론

하워드 가드너(Gardner, 2004a)는 지능을 논리적 추론에 필요한 정신 능력으로 간주하는 (자신이 명명한) '고전적 접근'에 대한 직접적인 도전으로 다중 지능 이론을 개발했다. 가드너는 문화에 따라 성인의 역할이 다양한데 그러한 역할은 개인이 어떤 기술과 능력을 갖고 있는지에 따라 상이할 수는 있지만, 그 문화에서 성공적으로 살아가기 위해서는 모든 역할이 똑같이 중요하다는 점에 주목했다. 이러한 관찰을 토대로 가드너는 단지 하나의 기본적 정신 능력(혹은 *g*)이 아닌 조합으로 작동하는 다양한 지능이 있다는 결론을 내리게 되었다. 그는 지능을 '특정 문화나 공동체에서 문제를 해결하거나 중요한 산출물을 만들어 내는 능력'으로 정의한다(1993b, p. 15). 사람들이 물리학자, 농부, 무당, 무용가 등과 같은 다양한 역할을 하도록 만드는 것이 바로 이 다중 지능이다.

가드너는 지능이 인간의 머릿속에 있는 일종의 유용한 '것(thing)'이 아니라, 그것이 있음으로 인해 개인이 특정 내용에 적합하게 사고하도록 해 주는 일종의 '잠재력(potential)'이라고 지적한다(Kornhaber & Gardner, 1991, p. 155). **가드너의 다중 지능 이론** **Gardner's theory of multiple intelligence**에 따르면 서로 독립적인 일곱 가지의 분리된 지능이 있는데, 각 지능은 그 나름의 규칙에 따라 뇌에서 독립된 체계(또는 모듈)로 작동한다. 이 일곱 가지 지능에는 (1) 언어 지능, (2) 음악 지능, (3) 논리 · 수리 지능, (4) 공간 지능, (5) 신체 · 운동 지능, (6) 개인 내 지능, (7) 대인관계 지능이 포함된다.

가드너는 몇 가지 관점, 즉 관련된 인지적 조작, 천재와 기타 특출한 능력을 지닌 예외적인 사람, 뇌 손상 사례, 다양한 문화 현상, 진화론적 발달 과정에서 각 종류의 지능을 분석했다. 예를 들어 어떤 종류의 뇌 손상은 지능의 어느 한 유형을 손상하지만 다른 유형의 지능에는 손상을 주지 않는다. 그는 다양한 문화 속에 있는 성인들의 역량은 다양한 지능이 서로 다르게 조합되어 나타난다는 것에 주목한다. 정상인들은 모든 종류의 지능을 어느 정도 활용할 수 있지만, 개인에 따라 상대적으로 더 강하거나 더 약한 지능들이 조합되는 방식은 독특하다(Gardner, 2004a). 이것은 개인차를 설명하는 데 유용하다.

앞서 보았듯이 일반적인 IQ 검사는 대학 성적은 잘 예측하지만 직업적 성공이나 경력 계발은 그렇게 잘 예측하지 못한다. 대인관계 지능과 같은 능력의 측정은 왜 대학 성적이 우수한 일부 사람들이 이후의 삶에서 실패하는 반면, 성적이 좋지 않았던 학생들이 탁월한 지도자가 되는지를 설명하는 데 도움이 될 수 있다. 따라서 가드너와 동료들은 학교에서 학생들에게 지필검사 이외에 다른 방법으로도 자신의 능력을 보일 수 있는 '공평한 지능검사'을 실시해야 한다고 주장했다. 그 한 예가 공간 기술을 측정하기 위해 부품 조립 능력을 측정하는 것이다(Gardner, 2004b).

앤더슨의 지능 이론과 인지 발달

가드너 이론에 대한 한 가지 비판은 다양한 지능 중 어느 한 가지 지능이 높으면 대부분의 경우 다른 지능도 높다는 것이다. 즉 나머지 것과 전적으로 다른 특수한 지적 능력이란 없다는 것이다(Messick, 1992; Scarr, 1985). 게다가 심리학자 마이크 앤더슨은 가드너의 다중 지능이 제대로 정의된 것이 아님을 지적하고 있다—다중 지능은 '어떤 경우에는 행동을, 어떤 경우에는 인지 과정을, 그리고 또 어떤 경우에는 대뇌의 구조가 된다.'(Anderson, 1992, p. 67) 이에 따라 앤더슨은 서스턴과 다른 연구자들이 제안한 일반 지능 아이디어에 근거한 또 다른 이론의 개발을 시도했다.

앤더슨의 지능 이론 Anderson's theory of intelligence은 지능에서의 개인차와 지적 능력에서의 발달적 변화가 서로 다른 기제로 설명된다고 주장한다. 지능의 개인차는 사고를 가능하게 하는 '기본 처리 기제'에서의 차이 때문에 생겨나는데, 사고는 그다음에 지식을 형성한다. 개인은 기본 처리 속도가 다르다. 기본 처리 기제가 더딘 사람은 처리 기제가 보다 빠른 사람보다 지식을 습득하는 데 어려움이 더 많을 것이다. 이것은 속도 처리가 느리면 일반 지능도 낮아진다고 말하는 것과 같다.

그런데 앤더슨은 개인차가 없는 어떤 인지 기제가 있음에 주목한다. 예를 들어 다운증후군을 가진 사람들은 2 더하기 2를 계산할 수 없지만 타인의 생각을 인식할 수 있으며, 타인의 생각에 맞추어 행동할 수도 있다(Anderson, 1992). 이러한 보편적 역량을 제공하는 기제를 '모듈'이라고 한다. 각 모듈은 독립적으로 기능하며 복잡한 계산을 수행한다. 모듈은 기본 처리 과정 기제에 의해 영향을 받지 않고 거의 자동적이다. 앤더슨에 따르면 발달 과정에서 인지 능력이 증가하는 것은 바로 새로운 모듈의 성숙 때문이다. 예를 들어 완전한 문장을 말할 수 있는 능력의 발달은 언어를 담당하는 어떤 모듈이 성숙되었기 때문이라고 설명할 수 있을 것이다.

앤더슨에 따르면 지능은 모듈뿐만 아니라 두 가지 '특수 능력'도 포함하고 있다. 그중 하나는 명제적 사고(언어 수리적 표현)를, 그리고 다른 하나는 시각과 공간 기능을 담당한다. 앤더슨은 이러한 능력과 관련된 과제는 '특수 처리자'에 의해 수행된다고 제안한다. 특정 기능만을 수행하는 모듈과 달리 각각의 특수 처리자는 광범위한 유형의 문제나 지식을 다룬다. 또한 특수 처리자는 모듈과 달리 기본 처리 과정 기제에 의해 영향을 받는다. 고속 처리 기제는 개인이 특수 처리자를 더 효율적으로 사용하게 하여 검사에서 더 높은 점수를 받고 실세계에서 더 많은 것을 달성할 수 있게 해 준다.

따라서 앤더슨의 지능 이론은 지식 획득에 두 가지 경로가 있음을 시사한다. 하나의 경로는 지식을 획득하기 위해 특수 처리자를 통해 작동하는 기본 처리 기제를 사용하는 것이다. 앤더슨의 관점에서 보면 이것은 '사고'를 의미하며, 지능에서의 개인차를 설명한다(그의 관점에서 지능 차이는 지식 차이와 동일한 것이다). 두 번째 경로는 지식을 획득하기 위해 모듈을 사용하는 것이다. 삼차원 공간 지각과 같은 모듈 기반 지식은 그 모듈이 충분히 성숙되었을 경우 자동적으로 나타나는데, 이것은 지능의 발달을 설명한다.

앤더슨의 이론은 아동기에 잦은 경련(convulsion) 증세에 시달리다 자폐 스펙트럼 장애(autism spectrum disorder) 진단을 받은 MA라고 알려진 21세 청년이 예시가 될 수 있다. 그는 성인임에도 말을 할 수 없었고, 심리 측정 검사에서 아주 낮은 점수를 받았다. 그러나 그는 IQ가 128이고 소수(素數)를 파악하는 특별한 능력을 갖고 있는 것으로 확인되었는데, 수학 분야에서 학위를 받은 수학자보다 더 정확했다(Anderson, 1992). 앤더슨은 MA가 기본 처리 기제는 손상되지 않아 추상적 상징에 대해서는 정상적으로 사고할 수 있으나, 언어 모듈에서 손상을 입어 이로 인해 일상적 지식의 습득과 의사소통이 방해를 받은 것이라고 결론지었다.

스턴버그의 삼원 이론

로버트 스턴버그(Sternberg, 2011)도 지능에는 여러 유형이 있다는 것에 동의하지만, **스턴버그의 삼원 이론 Sternberg's triarchic theory**에서는 지능이 분석 지능(analytical intelligence), 창의 지능(creative intelligence), 실용 지능(practical intelligence)을 포함하는 세 가지 범주로 구성되어 있다고 주장한다. 분석 지능은 문제를 확인하고 평가하는 능력, 해결에 이르는 과정을 계획하고 검토하는 능력을 포함한다. 분석 지능은 스탠퍼드-비네 검사나 WAIS와 같은 검사에서 측정하고자 하는 지능과 같은 유형이라고 할 수 있다.

창의 지능은 새로운 상황에 대처하거나 문제에 대해 획기적인 해결책을 찾아낼 수 있는 능력을 포함한다. 예를 들어 저녁 만찬을 준비하고 있는데 중요한 식자재가 없어서 그것 없이도 음식을 만들 수 있는 방법을 찾고자 할 때 창의 지능이 사용된다. 창의 지능은 부분적으로는 선천적인 것이기는 하지만 경험도 중요한 역할을 한다. 만일 특정 상황에 대한 경험이 많다면 생각이나 노력을 거의 하지 않고도(즉 자동적으로) 그 상황에서 발생하는 문제를 해결할 수 있을 것이다. 예를 들어 운전 경험이 많은 운전자는 언제 브레이크를 밟을지, 어떻게 핸들을 돌릴지 일일이 생각해서 하는 것이 아니라 단지 자동적으로 그것을 수행할 뿐이다. 창의 지능은 새로운 상황을 접할 때 혹은 다른 사람들이 생각하지 못하는 해결책을 고안할 때 역할을 하게 된다.

실용 지능은 당신이 직면한 상황에 맞게 계획했던 바를 실행하는 능력을 포함한다. 실용 지능이 높은 사람은 흔히 말하는 '요령 있는 사람'이라 할 수 있다. 예를 들어 저녁 식사에 초대한 손님이 늦게 도착한다면 실용 지능을 사용하여 음식을 망치지 않도록 조리 시간을 조정할 수 있을 것이다. 스턴버그에 따르면 개인이 환경에 적응하거나 혹은 그것에 맞추기 위해 처음으로 사용하는 것이 실용 지능이다. 만일 어떤 환경에 적응하기가 불가능하다면 다른 환경을 선택하려 하거나 환경에 조금이라도 더 적응하기 위해 기존의 환경을 바꾸고자 한다. 예를 들어 현재의 결혼 생활에 만족하지 못하는 부부가 있다고 하자. 이 경우 부부는 다른 환경을 선택하거나(예: 이혼이나 별거) 혹은 기존 환경에 변화를 주고자(예: 상담을 통해) 할 수 있다(Sternberg, 2011). 분석 지능, 창의 지능, 실용 지능은 서로 얽혀 있다. 문제해결 과정에서 각각의 지능이 기능하지만 어느 것도 독립적으로 기능하지는 못한다.

유전과 지능

지능에 관한 가장 맹렬한 논쟁 중의 하나는 개인이나 집단의 지능 수준을 결정하는 데 유전의 역할에 관한 것이다. 특정한 정치적 입장이나 사회 정책에 대한 지지 여부에 따라 사람들은 종종 지능이 유전된 것이라는 아이디어에 찬성하거나 반대한다(예: Herrnstein & Murray, 1994). 이러한 논쟁은 지능과 관련된 경험적 문제에 대해 일반 사람들이 오해하고 있음을 반영하는 것이기 때문에, 여기서는 지능을 포함하여 개인차에 영향을 미치는 유전과 환경 요인의 역할을 측정하기 위해 행동과학자들이 사용하는 논리와 방법을 보다 자세히 서술할 것이다.

표 8.2에는 각각 6명으로 구성된 두 집단의 가상적 검사 점수가 나열되어 있다. 마지막 줄에는 두 집단의 평균 점수가 제시되어 있는데 두 집단 모두 평균이 82.0이다. 그러나 집단 A에 속하는 점수들은 집단 B에 속하는 점수들보다 훨씬 더 넓게 퍼져 있음을, 즉 변산성이 더 크다는 것을 알 수 있다. 달리 말하면 학생들 사이의 점수 차이는 집단 B보다 집단 A가 훨씬 더 크다. 부록에 설명되어 있는 것처럼 어느 한 집단에서 점수가 서로 다른 정도는 변량(variance)이라고 불리는 수학적 개념으로 나타낼 수 있다.

이제 집단 A의 점수를 보자. 이들은 왜 점수가 서로 다른가? 왜 어떤 학생은 다른 학생보다 점수가 더 높은가? 관찰된 변량을 무엇으로 설명할 수 있는가? 분명한 한 가지는 일부 학생들은 다른 학생들보다 더 열심히 공부했으리라는 것이다. 이것이 사실인지, 그리고 어느 정도 사실인지를 확인하기 위해 가상적인 실험을 할 수 있다. 모든 학생들에게 정확하게 3시간만 공부하도록 요구하여 공부 시간 변인을 '통제'한다. 만약 공부 시간이 실제로 학생의 점수에 영향을 준다면 이 점수들의 변량은 어떻게 될 것인가?

첫째, 3시간 이상 공부하여 꽤 점수가 높

표 8.2 두 집단 학생들의 가상적 시험 점수

	집단 A		집단 B
앨리스	100	그레타	89
밥	95	해럴드	88
캐롤	89	일렌	83
댄	83	존	80
에밀리	67	캐런	77
프레드	58	레온	75
평균	82.0	평균	82.0

았던 일부 학생들은 점수가 낮아질 것이다. 예를 들어 100점 만점을 받기 위해 6시간을 공부했을 앨리스에게 3시간만 공부하게 했다면 그레타처럼 89점이 될 수 있다. 둘째, 3시간 이하를 공부해서 점수가 낮았던 일부 학생들은 점수가 올라갈 것이다. 대충 공부했던 프레드는 3시간을 공부하면 58점보다 높은 점수를 받을지 모른다. 레온처럼 적어도 75점 정도를 받을 수 있을지 모른다. 달리 말해 집단 A의 공부 시간을 통제한다면 학생들의 점수가 서로 가까워져 집단 B의 점수처럼 될 것이다. 즉 점수들의 변량이 줄어들 것이다. 만약 이런 실험을 해서 집단 A의 변량이 60%로 줄어든 것을 관찰했다면, 이 경우 공부 시간은 이 집단의 원래 점수 변량의 60%를 설명한다고 할 수 있다. 다시 말해 이 가상적 시험 점수에서 집단 A의 학생들이 서로 점수가 다른 주된 이유는 학생들이 공부하는 데 소모한 시간의 양이 다르기 때문인 것이다.

이론적으로 같은 방식을 사용하여 점수들의 변량이 상이한 잠재적 원천을 검증할 수 있다. 아침을 잘 먹는 것이 학생들의 점수에 영향을 준다고 생각한다면 모든 학생들에게 동일한 아침을 먹이고 점수들의 변량이 줄어드는지 관찰할 수 있다. 일반적으로 '차이를 내는' 어떤 변인을 일정하게 만드는 것은 그 점수의 변량을 줄인다. 극단적으로 모든 관련 변인을 일정하게 만들면 변량이 0이 될 것이다—모든 학생들이 동일한 점수를 받는 경우이다.

그러나 어떤 변인을 일정하게 하더라도 그 점수의 평균이 어떻게 될지에 대해서는 말하기 어렵다. 예를 들어 집단 A에 속한 학생들이 평균 2시간만 공부해서 원래 점수를 얻었다면, 3시간씩 공부하도록 요구하는 경우에는 집단의 평균이 올라갈 것이다. 그러나 평균 4시간씩 공부해서 원래 점수를 얻었다면, 모든 학생들의 공부 시간을 3시간으로 제한할 경우 평균 점수가 더 낮아질 것이다.

유전성

이제 '유전' 문제를 질문해 보겠다. 일부 학생들이 다른 학생들보다 시험 점수가 좋은 것은 유전적으로 어느 정도 더 유능하기 때문인가? 달리 말하면, 시험 점수 변량의 몇 %가 학생들 간의 유전적 차이 탓으로 설명되는가? 일반적으로 한 전집에서 개인들 간의 유전적 차이에 의해 설명되는 특정 특질에서의 변량의 백분율이 그 특질의 **유전성** heritability이다. 어떤 특질에서의 개인차가 유전적 차이에 의한 것일수록 유전성은 100%에 가까워진다. 예를 들면 키는 유전에 의해 크게 영향을 받는다. 다양한 연구를 망라해 보면 키의 유전성 범위는 약 85~95%이다.

그런데 이제 우리는 실제적인 어려움에 봉착하게 된다. 공부 시간에 대해 연구한 방식으로 시험 점수의 변량이 어느 정도 유전에 의한 것인지를 알아보려면, 유전적 변인을 일정하게 만드는 것, 즉 모든 학생들을 유전적 복제물로 바꿔야 하기 때문에 어느 정도가 유전적 차이에 의해 설명되는지는 실험적으로 결정할 수 없다. 하지만 일란성 쌍둥이는 유전적 복제를 지니고 있다는 점을 이용할 수 있다. (부모의 양육과 같은 다른 변인은 배제되었다고 가정하면) 일란성 쌍둥이가 이란성 쌍둥이보다 어느 특질에서 어느 정도 더 닮았는지 살펴봄으로써 그 특질이 유전적인지 또는 유전성 성분을 지니고 있는지 추론할 수 있다.

많은 쌍둥이 연구를 통해 (지능검사에 의해 측정된) 지능의 유전성은 60~80%로 추정되고 있다(Lubinski, 2000). 쌍둥이 연구 결과를 해석하는 데 한 가지 어려움은 이란성 쌍둥이보다 일란성 쌍둥이가 더 유사하게 대우받을 수 있다는 점인데, 이러한 가능성은 왜 이란성 쌍둥이보다 일란성 쌍둥이의 성격이 더 유사한지에 대한 설명도 제공할 수 있을 것이다. 이것이 미네소타대학교의 연구자들이 서로 다른 곳에서 자란 쌍둥이를 연구하기로 결정한 한 가지 이유이다(Bouchard et al., 1990).

미네소타대학교의 분리 성장 쌍둥이 연구 프로젝트에서는 서로 다른 가정에서 성장한 쌍둥이를 대상으로 이들의 여러 가지 능력과 성격을 측정했다. 이와 함께 이들의 아동기 경험, 공포, 취미, 음악 취향, 사회적 태도, 성적 흥미와 같은 주제에 관해 심층 면접도 실시했다. 이 연구에서는 함께 양육된 쌍둥이만큼은 아니더라도 분리되어 성장한 쌍둥이도 다양한 능력에서 서로 매우 비슷하다는 것이 밝혀졌다(그림 8.8 참조). 이러한 결과는 지능에서 유전이 중요하기는 하지만 환경도 역할을 한다는 결론에 이르게 한다(Bouchard et al., 1990; Lykken, 1982; Tellegen et al., 1988).

유전-환경 문제에 대해 공적인 논쟁이 반복되고 있다는 것은 유전성 개념에 관한 오해가 널리 퍼져 있음을 시사한다. 따라서 다음 사항을 명확히 할 필요가 있다.

- 유전성은 개인에 대한 것이 아니라 전집에 대한 것이다. 어떤 특질의 유전성은 한 전집 안에서 개인들 간의 차이를 지칭하는 것이지, 한 개인 안에서 어떤 특질의 백분율을 지칭하는 것이 아니다. 키의 유전성이 90%라는 말은 키의 90%가 유전에서, 그리고 10%가 환경에서 나온 것이라는 뜻이 아니다. 키의 유전성이 90%라는 것은 특정 집단에서

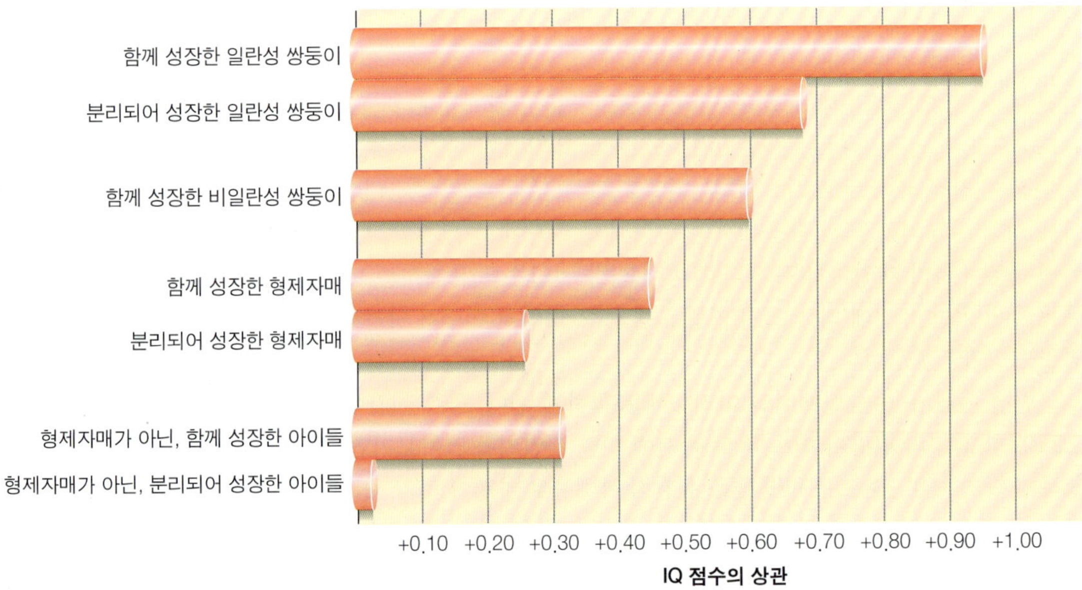

그림 8.8 쌍둥이 연구로부터 나온 IQ 자료. 일란성 쌍둥이는 서로 따로 길러진 경우라 하더라도 이란성 쌍둥이나 다른 형제들보다 IQ가 더 비슷하다.

관찰된 개인 간 키 차이의 90%가 그 개인들이 지닌 유전적 차이 때문이라는 뜻이다.

- 어떤 특질의 유전성은 하나의 고정된 수치가 아니라 특정 시점의 특정 모집단에서 보이는 특질의 속성을 지칭한다. 어느 한 모집단에서 어느 한 특질의 변량에 영향을 미치는 어떤 일이 발생하면 그 특질의 유전성도 바뀌게 된다. 예를 들어 어떤 사회의 모든 사람들에게 갑작스럽게 동일한 교육 기회가 주어지면 이 사회에서의 지적 수행의 변량이 줄어들 것이고, 표준화된 지적 능력 측정치의 점수는 좀 더 비슷해질 것이다(이것은 모든 사람들의 공부 시간을 동일하게 통제한 앞의 가상적 실험에서 나타난 것과 같은 것이다). 그리고 유전성은 개인들 간의 유전적 차이에 의해 생기는 변량의 백분율이기 때문에, 중요한 환경적 요인인 교육으로 인한 변량의 백분율이 줄어든다면 실제로 유전성은 증가할 것이다.
- 유전성은 집단 간 평균 차이가 발생하는 원천에 관해 알려 주는 것이 없다. 가장 논란이 되고 반복되는 논쟁 중의 하나는 서로 다른 인종 집단에서 얻은 지능검사 점수에서의 평균 차이가 그 인종 집단 사이의 유전적 차이 때문인지에 관한 것이다. 이 논쟁에서 지능의 유전성은 종종 유전론을 지지하는 데 사용된다. 그러나 이 주장은 다음의 가상적인 '상상 실험'으로 예시되는 바와 같은 논리적 오류에 바탕을 두고 있다.

> 유전적으로 다양한 옥수수 씨앗을 혼합하여 흰 자루와 검은 자루에 담는다. 각 자루에 담긴 다양한 씨앗의 비율은 똑같게 한다. 그다음 흰 자루의 씨앗을 비옥한 밭 A에 심고, 검은 자루의 씨앗을 황폐한 밭 B에 심는다. 그리고 A 밭과 B 밭을 관찰하면 각 밭에서 자라는 각 옥수수의 키가 아주 다르다. 이 변량은 주로 유전적 요인(씨앗의 차이)에 의한 것일 것이다. 그런데 이와 아울러 A 밭 옥수수의 평균 키가 B 밭 옥수수의 평균 키보다 더 크다는 것을 관찰할 것이다. 이 차이는 전적으로 환경적 요인(땅의 차이)에 의한 것일 것이다. IQ도 마찬가지이다. 각 집단 안에서 발생하는 모든 변량은 유전적 차이에 의한 것이라 하더라도, 다양한 인구 집단 간의 평균 IQ 차이는 전적으로 환경적 차이에 의한 것일 수 있다. (Eysenck & Kamin, 1981, p. 97)

- 유전성은 어떤 특질의 평균 수준에 미치는 환경 변화의 영향에 관해 말해 주지 않는다. 유전성에 관한 또 다른 잘못된 주장은 유전성이 높은 특질은 환경의 변화에 의해 바뀔 수 없다는 것이다. 예를 들어 지적 능력은 유전성이 아주 높기 때문에 빈곤층 아동의 지적 능력을 향상하기 위한 취학 전 아동 개입 프로그램이 무익하다는 주장이 있어 왔다. 한편 1946년과 1982년 사이에 일본의 젊은 성인 남자의 키가 3.3인치 증가했는데 주된 이유는 영양이 개선된 덕택이었다(Angoff, 1988). 그러나 여전히 키는 유전성이 가장 높은 특질 중의 하나이다. 여전히 키 큰 일본 부모의 자녀가 키 작은 부모의 자녀보다 키가 더 크다. 이와 유사하게 IQ 검사 점수는 많은 문화권에서 지난 세기에 걸쳐 상당히 증가했다(Flynn, 1987). 요약하면 유전성은 평균 수준이 아니라 변량에 관한 것이다.

찬|반|논|쟁

프로이트가 심리학에 미친 영향은 아직도 살아 있는가?

프로이트가 심리학에 미친 영향은 아직도 살아 움직인다.

Joel Weinberger, 애들피대학교

프로이트는 아직 살아 있는가? 물론 프로이트는 죽었다. 그는 1939년 9월 23일에 죽었다. 그런데 아이삭 뉴턴이나 윌리엄 제임스가 죽었는지 묻는 사람은 아무도 없다. 이 질문이 프로이트가 창립한 심리학의 한 분야인 정신분석학에 관한 질문이라면 그 대답은 분명히 '그렇다'이다. 정신분석학은 프로이트보다 더 오래 살아 있고 오늘날 번창하고 있다. 미국심리학회 산하 정신분석학 분과는 전체 학회에서 두 번째로 큰 분과이다. 이제는 여러 정신분석학파가 존재하는데, 일부는 아마도 프로이트가 인정하지 않을 분파이다. 이것이 그 창시자가 죽은 지 70년 된 학문에서 기대할 수 있는 것이다.

프로이트의 아이디어는 죽었는가? 전혀 그렇지 않다. 그의 아이디어는 일상 용어로 들어왔다. 그리고 문화 속에 들어와 문화를 바꾸어 버렸다. **원초아**, **자아**, **초자아**, **프로이트식 실언** 등의 용어를 생각해 보라. 정신분석학 작가, 역사가, 정신과 의사, 그리고 물론 심리학자가 있다. 내 생각에 가장 실질적인 질문은 프로이트의 아이디어가 여전히 **타당**하냐는 것이다. 그 대답은 타당한 것도 있고 그렇지 않은 것도 있다는 것이다. 엄청나게 많은 것들이 현대 심리학과 관련이 있고 중심에 있기까지 하다. 따라서 남아 있는 일은 그의 아이디어 중 어떤 아이디어가 아직까지 타당한지를 언급하는 것이라고 생각하는데, 여기서 말하려는 것이 바로 그것이다.

프로이트의 일부 핵심적 아이디어와 그 아이디어가 어떻게 오늘날의 심리학을 진전시켰는지 살펴보자. 프로이트는 인간의 모든 동기가 생물학적 원천, 특히 성과 공격성으로 거슬러 올라간다고 말했다. 현재 진화론적 심리학이라 칭하는 심리학의 한 분파가 있다(Buss, 1994a, 1994b). 또한 사회생물학(Wilson, 1975)과 동물행동학(Hinde, 1982)도 있다. 모두가 우리의 행동에서 생물학적 요인을 강조한다. 그리고 모두 자신들의 주장을 지지하는 자료를 갖고 있다. 프로이트가 생각한 이런 측면은 분명 죽지 않는 것이다. 성과 공격성의 중요성에 관해서는 어떤가? 베스트셀러, 히트한 영화, TV 쇼를 보라. 이 모두 어떤 특징이 있는가? 성과 폭력이다. 할리우드와 출판사는 모두 프로이트를 추종하는 사람들처럼 보인다.

프로이트 시대에 아주 논란이 되었던 그의 또 다른 아이디어는 아동이 성적 감정을 갖고 있다는 것이었다. 이제 그 아이디어는 일반적인 지식이 되었다.

정신분석학자들은 오랫동안 심리치료의 효율성을 설명하는 주요 요인 중의 하나가 치료적 관계라고 주장해 왔다. 수년 동안 이것은 받아들여지지 않았는데, 특히 행동주의 학파에서 그렇다(Emmelkamp, 1994). 이제 우리는 치료적 관계가 치료에서의 성공에 결정적인 요인임을 알고 있다(Weinberger, 1996). 생의 초기 관계에 대한 표상을 계속 지니고 있다는 아이디어, 즉 대상관계 이론(정신분석학의 한 학파)에 의해 확장된 아이디어와 애착 이론(정신분석학자인 존 볼비가 만든) 역시 이제는 심리학에서 널리 받아들여지고 있다.

대체로 프로이트의 공으로 돌릴 수 있는 가장 핵심적인 아이디어는 무의식 과정의 중요성이다. 프로이트에 따르면 우리는 종종 우리가 행동하는 이유를 알지 못한다. 오랫동안 주류를 이루는 학술적 심리학은 이 개념을 거부했다. 이제는 드디어 프로이트를 포착한 것 같다. 이제 현대의 사색가들은 무의식 과정이 우리 행동의 핵심이자 대부분의 행동을 설명할 수 있다고 생각한다. 무의식 과정에 관한 논의는 기억(Graf & Masson, 1993), 사회심리학(Bargh, 1997), 인지심리학(Baars, 1988) 등 여러 분야의 연구로 퍼졌다. 실제로 무의식 과정은 심리학에서 하나의 주된 믿음이다. 방어에 관한 아이디어와 같은 보다 구체적인 프로이트의 개념 역시 경험적 지지를 받고 있다(Shedler et al., 1993; Weinberger, 1990). 무의식적 환상에 관한 프로이트의 아이디어도 마찬가지로 지지를 받고 있다(Siegel & Weinberger, 1997). 또한 프로이트의 전이 개념을 살피는 일부 연구가 진행 중이기도 하다(Andersen & Glassman, 1996; Crits-Christoph et al., 1990).

물론 프로이트의 생각에서 독특한 많은 것이 수난을 당하고 틀린 것으로 판명되었다. 그런데 70여 년 전에 죽은 어느 누구의 아이디어가 변하지 않고 그대로 살아남을 수 있는가? 그러나 전반적인 개관을 보면 프로이트의 아이디어는 살아 있을 뿐만 아니라 활발하게 활동하고 있다. 그중 많은 것이 더 검증되어야 할 것이다. 프로이트의 주장 일부가 틀린 것으로 드러났기 때문에 프로이트는 무시되어야 한다는 주장은 아주 어리석은 것이다. 그것은 영아를 욕조 물속에 던지는 것과 마찬가지이다. 그리고 그의 글은 얼마나 재미있는가!

찬|반|논|쟁

프로이트가 심리학에 미친 영향은 아직도 살아 있는가?

프로이트는 심리학에 전혀 영향을 주지 못하고 있다.

John F. Kihlstrom, 캘리포니아대학교(버클리 캠퍼스)

20세기가 '미국의 세기'였다면, 프로이트는 인간에 대한 이미지를 바꿔 놓았기 때문에 이 세기는 지그문트 프로이트의 세기이기도 했다(Roth, 1998). 코페르니쿠스는 지구가 우주의 중심에 있지 않다는 것을 보여 주었고, 다윈은 인간이 '하급' 동물의 자손임을 보여 주었다. 그런데 프로이트는 인간의 경험, 사고, 행위가 합리적인 의식에 의해 결정되는 것이 아니라 인식과 통제 밖에 있는 불합리한 힘—**정신분석**이라 불리는 집중적인 치료 과정에 의해서만 이해되고 통제될 수 있는 힘—에 의해 결정된다고 주장했다.

또한 프로이트는 우리가 자신과 타인을 이해하는 데 사용하는 용어를 바꾸어 놓았다. 이 책을 펼치기 전에 이미 당신은 원초아, 초자아, 남근 선망과 남근적 상징, 거세 불안, 오이디푸스 콤플렉스에 관해 어느 정도 알고 있었을 것이다. 대중문화에서 심리치료는 정신분석과 동일시되고 있다. 애매한 사건을 해석하는 데 초점을 둔 프로이트의 이론은 탈구축과 같은 문예 비평에 대한 '탈현대적' 접근의 기초를 형성하고 있다. 어느 누구보다도 프로이트가 현대 문화에 미친 영향은 심오하고 지속적이다.

적어도 암묵적으로 프로이트가 문화에 끼친 영향은 그의 이론이 과학적으로 타당하다는 전제하에서이다. 그러나 과학적 관점에서 보면 고전적인 프로이트의 정신분석학은 마음에 관한 이론에서도 치료 방식에서도 죽은 것이다(Macmillan, 1991, 1997). 구강기, 항문기, 남근기, 성기기를 거쳐 발달한다거나 어린 소년이 어머니를 성적으로 갈망하며 아버지를 미워하고 두려워한다는 아이디어처럼 정신분석학 이론의 구체적 명제를 지지해 주는 경험적 증거가 없다. 경험적 증거가 없다는 것은 정신분석학이 체계적 탈감법이나 자기주장 훈련과 같은 다른 형태의 심리치료에 비해 더 효과적이거나 더 효율적인지를 말해 주지 못한다. 정신분석학이 그 효과를 달성하는 기제가 전이와 감정 정화 catharsis처럼 그 이론에서 구체적으로 예측되는 것인지를 입증하는 증거도 없다.

프로이트는 특정 시대에 살았고 그의 이론이 오늘날에는 적절하지 않더라도 그 당시 유럽 문화에 적용될 경우에는 타당할지 모른다. 그러나 최근의 역사적 분석은 프로이트의 사례 자료에 대한 해석이 그의 무의식적 갈등과 유아 성욕에 관한 이론에 의해 체계적으로 왜곡되었고, 자신이 이용할 수 있는 과학적 증거를 잘못 해석하고 잘못 표상했음을 보여 준다. 프로이트의 이론은 단지 그 시대의 부산물만이 아니었다. 프로이트가 출판할 당시에도 그 자료는 오도되고 부정확한 것이었다.

물론 일부 심리학자들은 정신분석학이 21세기 심리학에

도 여전히 영향을 준다고 주장한다(Reppen, 2006). 중요한 한 논문에서, 에모리대학교의 심리학자 드루 웨스턴(Westen, 1998)은 프로이트의 이론이 낡고 시대에 뒤처진 것이지만, 프로이트의 신화는 과학자들이 널리 받아들이는 다음과 같은 많은 이론적 명제 속에서 계속 살고 있다고 주장한다—무의식적 정신과정의 존재, 행동에서의 갈등과 양면성의 중요성, 성인 성격에서의 아동기 기원, 사회행동의 매개자로서 정신적 표상, 심리 발달의 단계. 그러나 이 명제 중 일부는 논란의 여지가 많다. 예를 들어 아동 양육 방식이 성격에 지속적인 영향을 미친다는 증거는 없다(Harris, 2006).

더욱 중요한 것은 이런 주장이 이런 주제들에 관한 프로이트의 관점이 옳았는지에 관해서는 피해 가고 있다는 것이다. 무의식적 동기가 행동에 어떤 역할을 한다고 말하는 것은 우리의 모든 사고와 행동이 억압된 성적 충동과 공격적 충동에 의해 주도된다고 말하는 것과 완전히 다른 것이다. 아이가 이성의 부모에게 성적 충동을 품는다는 것, 그리고 어머니의 사랑을 얻기 위해 어린 소년이 연적으로 간주하는 아버지에게 적대적이 된다는 것, 이것이 프로이트가 믿었던 것인데, 우리는 이 점에서 프로이트가 모든 면에서 틀렸다고 말할 수 있다. 예를 들어 무의식적 마음은 자동화에 관한 실험실 연구에서 드러났고, 암묵적 기억은 정신분석학 이론에서 말하는 무의식적 마음과는 전혀 별개의 것이다(Kihlstrom, 2008).

웨스턴은 또한 정신분석 이론 자체가 프로이트 시대 이후로 발전되었고, 따라서 정신분석학을 프로이트의 억압된 유아기 성적 공격적 충동으로 보는 관점에 그렇게 얽매이는 것은 타당하지 않다고 주장한다. 이것은 사실이다. 영국의 페어베언과 위니콧 같은 많은 신프로이트 학파 사람들, 심지어 프로이트의 딸인 안나 프로이트조차 인간관계에서 무의식적 갈등의 역할은 여전히 중시하는 반면에 성, 공격성, 고전적인 프로이트의 생물학은 덜 중시한다. 그러나 이들 역시 프로이트의 이론이 옳은가라는 주제는 피하고 있다. 더욱이 이러한 '신프로이트 학파'의 이론이 그보다 앞섰던 고전적인 프로이트적 견해보다 더 타당한지는 여전히 해결되지 않은 문제로 남아 있다. 예를 들어 에릭 에릭슨의 심리 발달에 관한 단계 이론이 프로이트의 단계 이론보다 더 타당한지는 전혀 분명하지 않다.

일부 정신분석학자들은 이런 문제점을 인식하고 있으며, 정신분석학이 현대 과학적 심리학과 재연결되어야 한다고 주장하고 있다(Bornstein, 2001, 2005). 이런 노력은 임상심리학이 과학적 토대를 둔 현대적 치료 기준에 부응하는 데 도움을 줄 것임에는 틀림없다. 그러나 이런 노력이 과학적 심리학에 도움이 될지는 그다지 분명치 않다. 프로이트는 20세기 문화에 엄청난 영향을 미치면서 20세기 심리학(특히 성격과 정신치료)과 관련해서는 실질적인 영향을 미치지 못했다.

9 스트레스, 건강 및 대처

재닛은 지금 미칠 지경이다. 온종일 골칫거리가 꼬리에 꼬리를 물고 이어졌으니 말이다. 아침엔 하나 남은 깨끗한 블라우스에 오렌지주스를 엎질렀고, 출근해 보니 이메일이 32통에 전화 메시지도 15통이나 기다리고 있었다. 오후에는 직장 상사가 내일 아침 9시 간부 회의에서 보고해야 할 재무 보고서를 작성하라고 지시했는데 재닛의 컴퓨터가 말썽을 부려서 부서 재무 자료를 찾아볼 수 없었다. 기진맥진해서 집에 돌아온 재닛은 어머니한테 전화해서 위로를 받아 볼까 했지만 아버지가 흉부 통증으로 병원에 입원하셨다는 얘기만 듣고 말았다. 전화를 끊고 나니 재닛의 마음은 어지럽고 가슴은 두방망이질을 쳤으며 편두통이 밀려오기 시작했다.

재닛이 겪는 것과 같은 종류의 스트레스는 누구나 겪어 보았을 것이다. 사소한 실수 때문에 생기는 스트레스, 잔소리 많은 상사 때문에 겪는 스트레스, 대인관계에서 오는 스트레스 등. 스트레스에 의해 불안과 우울 같은 고통스러운 감정을 겪기도 한다. 때로 스트레스는 가벼운 정도에서 심한 증상까지 신체적인 질병을 야기하기도 한다.

그러나 스트레스 상황에서 사람들의 반응은 매우 다양하다. 어떤 사람들은 스트레스에 직면해서 극심한 심신의 문제로 고통 받기도 하고, 어떤 사람들은 같은 상황에서 별다른 문제를 겪지 않으며, 심지어 어떤 이들은 스트레스 상황을 즐거운 도전으로 받아들이기도 한다. 어떻게 스트레스를 주는 상황이 신체적 · 심리적 건강에 영향을 미치는지, 그리고 어떻게 사람들이 스트레스에 반응하는 것이 다 다른지는 건강심리학 혹은 **행동의학** behavioral medicine 분야의 주요 관심사이다. 이 장에서는 스트레스의 개념과 스트레스가 심신에 미치는 영향에 대해 살펴보자. 또한 어떻게 사람마다 스트레스 상황을 다르게 받아들이고 대처하는지에 대해 살펴보고, 이러한 차이가 적응에 어떻게 기여하는지도 생각해 보자.

그러나 먼저 무엇이 스트레스인지 그 정의를 알 필요가 있다. 일반적으로 **스트레스** stress는 개인의 심리적 · 신체적 건강을 해칠 수 있는 상황을 경험하는 것을 말한다. 이러한 상황을 보통 **스트레스원** stressor이라 하며 이에 대한 우리의 반응을 **스트레스 반응** stress response이라 한다.

거의 모든 종류의 사건이, 심지어 그것이 좋은 사건일지라도 스트레스로 경험될 수 있는데, 특히 그것이 삶에 큰 변화나 적응을 요구한다면 더욱 그렇다. 스트레스 연구의 개척자인 홈스와 라헤(Holmes & Rahe, 1967)는 새로이 적응 과정을 거쳐야 하는 삶에서의 변화 과정은 모두 스트레스로 작용할 수 있다고 주장했다. 이들은 삶의 변화가 주는 충격을 정량화하려는 의도에서 표 9.1과 같은 생활사건 척도(Life Events Scale)를 고안했다. 이 척도는 가장 극심한 스트레스를 주는 사건(배우자의 죽음)부터 경미한 정도(경범죄)까지 순위를 매겨 놓았다. 이러한 척도를 도출해 내기까지 연구자들은 수천 건의 면담과 의료 기록을 통해 사람들이 어떤 사건에 스트레스를 느끼는지를 연구했다. 대부분의 사람들에게 결혼은 매우 중요한 사건이므로 결혼을 지수의 중간에 놓고 50점을 부여했다. 그 후 연구진은 다양한 연령대와 환경, 결혼 상태에 있는 400여 명의 남녀에게 다른 사건들과 결혼을 비교하도록 요청했다. 즉 '이 사건이 결혼보다 더 새로운 적응을 필요로 했습니까?' 등의 질문을 던진 것이다. 그리고 각각의 사건에 대해 대답자들이 느끼는 심각성이나 적응에 걸린 시간 등을 고려하여 점수를 부여해 달라고 요청했다. 이 같은 자료를 통해 표 9.1

표 9.1 생활사건 척도

홈즈와 라헤의 사회적 재적응 순위 척도로도 알려진 이 척도는 삶에서 일어나는 변화를 통해 스트레스의 점수를 매겼다.

생활사건	점수	생활사건	점수
배우자의 죽음	100	직업상 책임의 변화	29
이혼	73	자녀의 출가	29
별거	65	배우자 가족과의 불화	29
수감	63	자신의 돋보이는 성취	28
가까운 가족의 죽음	63	부인의 취직 또는 실직	26
자신의 부상, 질병	53	입학 또는 졸업	26
결혼	50	생활 여건의 변화	25
해고	47	개인적 습관의 변화	24
부부의 재결합	45	상사와의 불화	23
퇴직	45	이사	20
가족 구성원의 건강 상태 변화	44	전학	20
임신	40	여가 생활의 변화	19
성적 장애	39	종교 활동의 변화	19
새로운 가족 구성원	39	사회적 활동의 변화	18
직업상 재적응	39	수면 습관의 변화	16
경제 여건의 변화	38	식습관의 변화	15
가까운 친구의 죽음	37	휴가	13
업무의 변화	36	크리스마스	12
담보물 상실	30	경범죄	11

이 탄생했다.

표 9.1에 실린 홈즈와 라헤 척도는 스트레스 연구에 지대한 영향을 미쳤으나 또한 많은 비판을 받기도 한다. 긍정적인 사건 역시 적응을 필요로 하고, 따라서 스트레스를 유발할 수 있지만, 많은 연구자들은 부정적인 사건이 심신 건강에 훨씬 더 큰 영향을 준다고 주장한다. 게다가 홈즈와 라헤 척도는 사람이 얼마나 각 사건에 영향을 다르게 받는지 그 큰 개인차를 고려하지 않았다.

어떤 종류의 부정적 사건이 스트레스로 인식되는가? 이는 세 가지 주요 요인을 기준으로 생각할 수 있다. 이 요인은 **통제 가능성**controllability, **예측 가능성**predictability, **기간**duration이다. 사건이 통제 불가능할수록 더 스트레스를 경험한다. 심각한 통제 불가능 사건은 사랑하는 사람의 죽음, 직장에서의 해고, 심각한 질병 등을 포함한다. 경미한 통제 불가능 사건은 당신이 친구에게 나쁜 짓을 했는데 그 친구가 당신의 사과를 받아들여 주지 않는 것, 항공사가 표를 이중 예약해 버린 바람에 그 비행기를 탈 수 없는 것 등이다.

통제 불가능한 사건은 **학습된 무기력**learned helplessness이라는 일련의 현상을 이끌어 낸다(Seligman, 1975). 일련의 고전 실험은 셔틀박스(칸막이로 나눈 두 칸짜리 박스)에 갇힌 개들이 약한 전기 충격이 가해지면 다른 칸으로 뛰어 넘어가서 전기 충격을 피하는 것을 학습할 수 있다는 사실을 알려 준다. 전기 충격이 오기 몇 초 전에 불을 켜서 신호를 하면 개들은 전기 충격을 피하기 위해 다른 칸으로 뛰어 넘어간다. 하지만 이 개들이 이전에 전기 충격을 피할 가능성이 없는 상자에 갇혀서 전기 충격을 견뎌 내야 했다면, 새로운 상황에서 전기 충격을 피하는 학습을 하기가 매우 어렵다. 이 개들은 그저 가만히 앉아서 전기 충격을 참는다. 그저 별로 높지 않은 칸막이를 뛰어넘어 반대편 칸으로 가기만 하면 되는데도 말이다. 어떤 개들은 심지어 실험자가 다른 칸으로 옮겨 주면서 방법을 가르쳐 주어도 결코 학습하지 못한다. 연구진은 이 동물들이 이전의 경험을 통해 전기 충격을 피할 방법이 없다는 것을 학습했으며, 그 결과 새로운 환경에서도 전기 충격을 피하려는 시도조차 포기하는 것이라고 결론을 내렸다. 이 실험동물들은 학습된 무기력을 극복할 수 없었던 것이다(Overmeier & Seligman, 1967).

어떤 사람들 역시 통제 불가능한 상황에 대해 학습된 무기력, 무감정화, 위축, 무활동 등의 반응을 보인다. 그들은 부정적 상황을 극복하기 위한 기회를 잡으려고 하지 않는 것처럼 보인다. 학습된 무기력 이론은 어려운 상황에 처했을 때 왜 어떤 사람들은 포기하는 것처럼 보이는지에 대한 이해를 돕는다. 예를 들어 이 이론은 과거에 나치 수용소에서 수용수들이 왜 더 많이 반항하지 않았는가를 설명하는 데 사용되곤 했다. 수용수들은 자신들이 처한 상황에 대해 어떤 노력을 해 봐도 소용이 없다고 믿게 되었고, 그 결과 탈출하려는 시도조차 하지 않았다.

상황에 대한 예측 가능성, 즉 어떤 일이 일어날 것인지, 일어난다면 언제 일어날 것인지에 대해 얼마나 예측할 수 있는가도 스트레스 정도에 영향을 미친다. 스트레스 상황이 발생할 것을 예측할 수 있다면 비록 통제할 수는 없을지라도 스트레스를 완화할 수 있다. 7장에서 논의한 바와 마찬가지로, 실험 결과들을 보면 인간과 동물 모두 예측할 수 있는 불쾌한 상황을 예측할 수 없는 것보다 선호한다(Abbott et al., 1984). 사람들은 이미 예측된 전기 충격을 기다리다가 받았을 때는 덜 괴로워하고 스트레스를 덜 느꼈지만, 같은 강도의 전기 충격이라도 예측하지 못한 경우에는 더 불쾌하게 느꼈다(Katz & Wykes, 1985). 혐오스러운 사건이 오기 전에 경고 신호를 주는 것은 사람 혹은 동물이 그 사건을 좀 덜 불쾌하게 느낄 수 있도록 대비하게 해 준다.

또한 부정적인 사건이 일어나기 전에 그 사건이 일어날 것이라는 경고나 신호를 안다면 우리는 다음 경고 신호가 오기 전까지 심신을 이완할 수 있다(Seligman & Binik, 1977). 소방관이나 응급실 담당 의사 같은 직업은 예측할 수 없는 일들의 연속이며 극도로 스트레스가 심한 직업으로 널리 알려져 있다. 고문과 같은 극단적으로 부정적인 사건에서조차 얼마나 피해자가 그 고문이 예측 가능하다고 느꼈는지에 따라 영향을 받는 정도가 다를 수 있다. 감금되어 있는 동안 고문의 종류와 시기를 예측할 수 있었던 피해자들이 전혀 예측할 수 없었던 피해자들에 비해 그들이 풀려났을 때 회복되는 속도가 더 빨랐다(Basoglu & Mineka, 1992).

마지막으로 부정적 사건의 지속 시간은 스트레스 정도를 결정짓는 강한 예측 변수로 보이는데, 시간이 더 긴 사건이 상대적으로 짧은 기간의 사건보다 더 스트레스를 주는 것으로 인식된다. 예를 들어 전쟁의 최전선에 여러 번 배치된 군인이 한 번 배치된 군인보다 심리적 · 신체적 스트레스 징후를 더 경험하는 것으로 보인다(Iversen et al., 2008). 강간을 한 번 당한 사람보다 일정 기간 동안 반복적으로 강간을 당한 사람이 정신건강에 더 문제가 나타나는 것처럼 보인다(Merrill et al., 2001; Resick, 1993).

스트레스에 몸과 마음이 어떻게 반응하는지는 사람에 따라 큰 차이가 난다. 그러나 몇 가지 꽤 일반적으로 나타나는, 스트레스에 대한 육체적 · 정서적 반응이 있다. 뒤에서 이에 대해 설명할 것이다.

스트레스에 대한 생리적 반응

얼어붙은 강에 빠졌다고 상상해 보라. 아니면 칼을 들이대며 을러대는 암살자를 만났다고 해도 좋고, 처음으로 고공낙하를 하려고 벌벌 떠는 모습을 연상해도 좋다. 이때 당신의 몸은 같은 방식으로 반응할 것이다. 스트레스원이 무엇이든 우리의 몸은 위기 상황에 대처하기 위해 자동적으로 준비한다. 이것은 **투쟁 또는 도피 반응** fight-or-flight response으로서, 신체가 위협적인 상황에서 반격 또는 도망을 위해 준비하는 것이다. 신체가 필요로 하는 에너지를 즉시 사용해야 하므로 간은 평소보다 훨씬 많은 글루코스를 분비하여 근육에 연료를 공급하며, 호르몬이 분비되어 지방과 단백질을 당으로 분해시킨다. 신체적 반응에 필요한 에너지를 만들기 위해 신진대사가 활발해진다. 심박, 혈압, 호흡수가 상승하고 근육이 긴장한다. 동시에 소화와 같이 당장 필요하지 않은 작용은 둔해진다. 타액과 점막은 말라 들어서 산소가 폐로 갈 길을 넓힌다. 따라서 스트레스의 초기 신호는 입이 타는 것이다. 신체의 자연적 진통제인 엔도르핀이 분비되고 출혈에 대비하여 혈관 표면적이 줄어든다. 지라에서는 산소 운반을 위해 적혈구가 활발하게 분비되고, 골수는 감염을 막기 위해 백혈구를 생성한다.

이러한 생리적 변화의 대부분은 시상하부의 지배를 받는 두 가지 신경내분비계가 활성화되기 때문이다. 하나는 자율신경계의 교감신경부로서, 이는 근육과 장기에 직접 작용하여 심장박동수를 높이고 혈압을 상승시키며 동공을 확장한다. 교감신경계는 또한 부신내부, 즉 부신수질을 자극하여 에피네프린(아드레날린)과 노르에피네프린을 혈관으로 분비하게 한다. 에피네프린은 근육과 장기에 자율신경계와 같은 작용을 하여 각성 상태를 유지시킨다. 노르에피네프린은 뇌하수체에 작용하지만, 이는 간접적으로 간에서 당분을 더욱 많이 분비하게 만드는 역할을 담당하기도 한다(그림 9.1 참조).

시상하부의 두 번째 역할은 부신피질을 활성화하는 것이다. 시상하부는 뇌하수체에 지령을 내려 부신피질자극호르몬(ACTH)을 분비하게 한다. 부신피질자극호르몬은 신체의 주된 스트레스 호르몬으로 알려져 있다. 부신피질자극호르몬은 부신의 표면(부신피질)을 자극하여 코르티솔을 비롯해 다양한 호르몬을 분비하게 하는데, 이러한 호르몬은 혈중 포

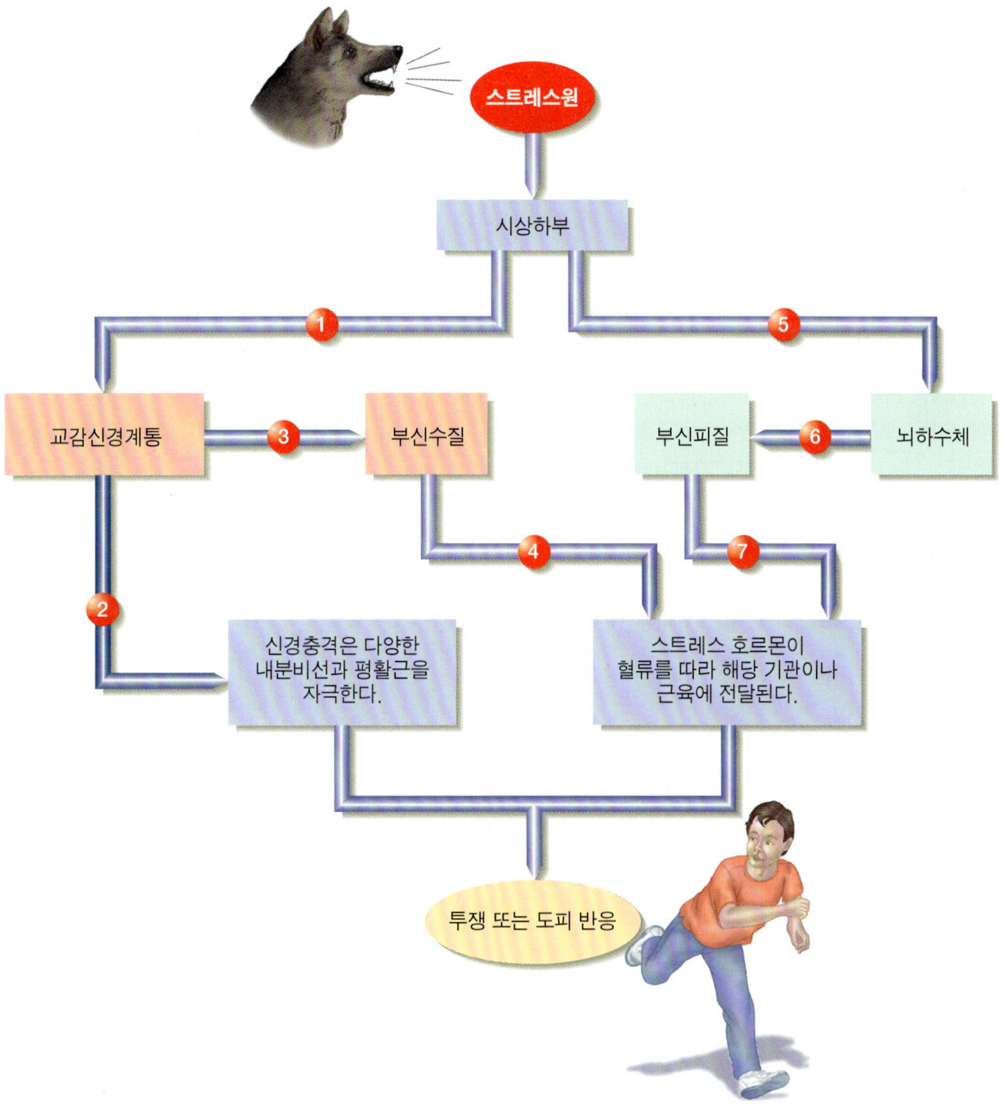

그림 9.1 투쟁 또는 도피 반응. 스트레스 상황은 시상하부를 자극한다. 시상하부는 두 가지 신경내분비계를 관장하는데, 그 하나는 교감신경계(주황색으로 표시)이고 또 하나는 부신피질계(초록색으로 표시)이다. 교감신경계는 시상하부가 내리는 신경자극에 반응하여(1) 다양한 기관을 활성화하고 교감신경계 지배하의 근육을 유연하게 한다(2). 예를 들어 심박 증가와 동공 확장 등이 교감신경계의 영향이다. 또한 교감신경계는 부신수질에 자극을 전달하여(3) 에피네프린과 노르에피네프린을 혈액으로 분비하게 한다(4). 부신피질계는 시상하부가 뇌하수체를 자극하는 물질 CRH를 분비하면 활성화된다(5). 뇌하수체는 부신피질자극호르몬(ACTH) 분비를 관장하는데 ACTH는 혈액을 통해 부신피질로 전달된다(6). 부신피질에서는 혈중 글루코스 수준을 조절하는 코르티솔을 포함한 일련의 호르몬 분비를 담당한다(7). ACTH는 다른 내분비계에 신호를 내려 30여 종의 호르몬을 분비하게 한다. 다양한 스트레스 호르몬의 조합과 자율신경계 중 교감신경계 부분의 신경활성을 통해 투쟁 또는 도피 반응이 완성된다.

도당과 몇 가지 미네랄 수준을 조절한다. 혈액이나 소변 샘플에서 코르티솔양을 측정하여 스트레스 정도를 추정하는 것은 잘 알려진 방법이다. 부신피질자극호르몬은 다른 내분비계에도 작용하여 약 30가지의 호르몬을 분비시키는데, 이것들은 신체가 위급 상황에

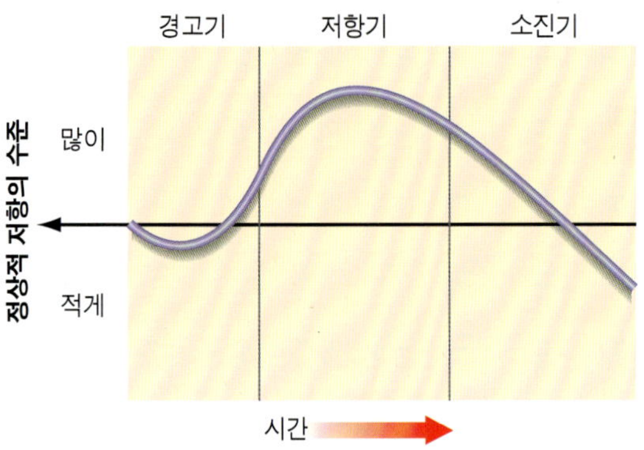

그림 9.2 일반적응 증후군. 한스 셀리에에 따르면 신체는 스트레스원에 세 단계로 반응한다. 첫 단계는 경고기로 신체가 위협에 맞서기 위해 준비하는 단계인데, 일시적으로 저항이 줄어들고 반응할 자원은 증가한다. 저항기는 신체가 적극적으로 위협에 맞서는 단계로 저항 수준이 가장 높다. 위협이 계속되면 신체는 소진기로 접어든다.

적응하는 데 역할을 담당한다.

한스 셀리에(Selye, 1978)는 지금까지도 큰 영향을 발휘하는 혁신적인 연구를 수행했다. 이 연구에서 그는 지금까지 우리가 살펴본 신체적 변화, 즉 스트레스에 반응하여 몸 전체에서 나타나는 일련의 반응을 **일반적응 증후군** general adaptation syndrome이라 명명했다. 일반적응 증후군은 세 가지 단계를 거쳐 진행한다(그림 9.2 참조). 첫 단계는 경고 단계로, 신체는 위기 상황에서 교감신경계를 활성화하여 대처하려고 한다. 두 번째 단계는 저항기로, 신체는 도피 또는 투쟁을 통해 위기를 극복하려고 한다. 마지막 단계는 소진기(피로기)로, 위기에서 도피하거나 투쟁해서 물리치지 못하면 그 과정에서 신체가 스트레스에 대응할 능력, 즉 생리적 자원이 바닥나게 된다.

셀리에는 다양한 신체적 · 심리적 스트레스원이 이 같은 반응을 유발한다고 주장했다. 또한 그는 지속적인 스트레스원 노출과 도피 또는 투쟁으로 스트레스원을 벗어날 수 없게 되어 생리적 자원 고갈이 반복되거나 지속되면 광범위한 신체적 질병으로 발전하게 된다고 주장했다. 그는 이러한 질병을 적응실조성 질환이라 이름했다. 그는 연구실에서 실험동물들을 여러 형태의 지속적인 스트레스원에 노출시켰다. 개중에는 한랭, 피로 등의 조건이 있었는데, 스트레스원의 성질에 무관하게 결국 특정한 신체적 변화가 일어난다는 사실을 발견했다. 그 신체적 변화란 부신 팽창, 임파절 수축, 위궤양 등이었다. 이 같은 신체적 변화는 생물이 감염이나 기타 질병 유발 조건 등의 스트레스원에 취약하게 만든다. 뒤에서 만성적인 각성 상태가 동물과 인간 모두 쉽게 질병에 걸리게 하는 원인임을 살펴볼 것이다.

스트레스와 신체 건강

우리의 몸이 지속적인 스트레스원에 적응하려다 보면 신체 자원이 고갈되고 결과적으로 질병에 취약해진다. 스트레스로 인해 만성적으로 생리적 과다 활성 상태가 계속되면—이를 알로스타 부하(allostatic load)라 한다—몸의 소모가 일어난다(McEwen, 2000). 만성적인 스트레스는 궤양, 고혈압, 심장병 등의 질환을 야기한다. 또한 스트레스는 면역계를 손상하고 유해한 세균이나 바이러스에 대항하는 능력을 떨어뜨린다. 실제로 의사들은 정서적 스트레스가 전체 질병의 반 이상의 원인이 된다고 믿고 있다.

심리생리학적 장애 psychophysiological disorder란 신체적 · 생리적인 문제 중 정서가 핵심적인 역할을 한다고 생각되는 장애를 의미한다. 매우 흔한 잘못된 관념 중 하나는, 심신장애는 진짜 질병이 아니며 따라서 치료를 받을 필요가 없다는 착각이다. 오히려 심리생리학적 장애의 증상은 생리적인 손상과 관련된 조직 손상 및 통증을 수반한다. 일례로 스트레스성 위, 십이지장 소화성 궤양은 아스피린 장기 복용과 같은 스트레스와는 무관한 원인으로 발생하는 궤양과 구분할 수 없다.

전통적으로 심리생리학은 천식, 궤양, 대장염, 류머티즘 관절염 등을 대상으로 연구했다. 연구자들은 특정 질병과 그 환자들의 성격, 병에 대응하는 태도, 스트레스 유발 사건 등을 관련시켜 연구했다. 예를 들어 대장염 환자들은 분노를 잘 표출하지 못하는 것으로 알려져 있다. 그러나 특정 질병과 성격이 대응하는 관계에 있다고 하는 연구들은 재현되지 못하고 있다(Overmier & Murison, 1998). 따라서 스트레스에 유사한 방식으로 반응하는 사람들이 동일한 질환에 취약하다는 가설은 확인되지 않았다. 한 가지 중요한 예외는 관상성 심장 질환과 A 유형 행동 양식에 관한 연구이다.

관상성 심장 질환

만성적인 스트레스원에 의해 과다 각성 상태가 지속되면 관상성 심장 질환을 일으킬 수 있다. **관상성 심장 질환** coronary heart disease(CHD)이란 심장 근육에 혈액을 공급하는 혈관에 플라크라는 단단한 지방 성분이 축적되어 좁아지거나 막혀서 혈액의 흐름을 방해하고, 그 결과 심장으로 산소와 영양이 원활하게 공급되지 못하여 일어난다. 그 결과 협심증이라 불리는 극심한 통증이 가슴과 팔에 걸쳐 발생한다. 심장에 산소 공급이 완전히 차단되면 심근경색 또는 심장마비가 온다.

관상성 심장 질환은 만성 질병과 사망의 가장 큰 원인이다. 1990년 이후 다른 어떤 원인보다 CHD에 의해 사망한 사람이 가장 많다(WHO, 2007). CHD는 유전적 원인이 가장 큰 것으로 보인다—CHD 가족력이 있는 사람은 질병의 위험이 높아진다. 하지만 CHD로 사망하는 사람들의 80~90%는 고혈압, 콜레스테롤, 당뇨, 흡연, 비만과 같이 라이프스타일에 영향을 받은 주요 위험 요인 1개 이상을 겪고 있는 것으로 나타났다(WHO, 2007).

사람들이 마주하는 상황 역시 심장 질환의 위험을 증가시키거나 감소시킬 수 있다. 52개국의 3만 명을 대상으로 한 연구에서 심장 질환 위험의 1/3가량이 사람들의 스트레스 환경과 관련이 있다는 것을 보여 주었다(Rosengren et al., 2004). 높은 스트레스 직업을 가진 사람들은 CHD의 위험이 증가하고, 특히 요구가 많지만 통제를 적게 줄 때 그렇다(Hitsanen et al., 2005; Schneiderman et al., 2005). 이러한 직업의 예는 인간 중심보다 기계 중심인, 신속하고 고품질 생산이 기대되는 조립 라인이다. 스웨덴에서 실시한 종단연구는 다수의 남성과 여성의 표본을 통해 심장마비를 일으키는 일차적 예측 요인이 낮은 통제에 높은 요구, 그리고 낮은 보상에 높은 효과를 요구하는 조합임을 제안한다.

고혈압은 심장병과 심장마비의 주요 위험 요인이다. 고혈압은 혈액이 과도한 힘으로 혈관을 통과해서 혈관 벽에 압박을 주는 상태를 말한다. 만성 고혈압은 동맥의 혈관벽을 딱딱하게 만들고 세포조직을 약화하여 CHD, 심부전, 뇌졸중 등의 발작을 일으키게 한다. 비록 유전이 고혈압에 영향을 미치지만, 단지 10%의 경우만이 유전 혹은 특정한 신체적 원인으로 설명할 수 있다(Klabunde, 2005).

스트레스에 대한 신체적 반응은 혈압의 상승을 이끌며, 따라서 만성적으로 스트레스 받는 상황에서 사는 사람들이 고혈압이 될 가능성이 높다는 것은 놀라운 사실이 아니다(Schneiderman et al., 2005). 예를 들어 낮은 사회경제적 조건 속에 있는 사람들은 매일의 삶에 불충분한 재정적 자원을 가지고 있고, 교육 수준이 낮고, 좋은 직장을 얻기 어려우며, 위험한 이웃들에게 노출되어 있다. 이는 높은 사회경제적 수준인 사람들에 비해 고혈압을 발생시킬 가능성을 높인다(Lehman et al., 2009; Marmot, 2004). 노르웨이의 한 연구는 공장이 문을 닫을 것이라는 소문이 있는 곳에서 일하는 노동자들이 평균에 비해 유의미하게 혈압이 높다는 것을 보여 주었다.

A 유형 행동 양식

행동 양식 또는 성격 중 가장 큰 관심의 대상이 되는 것이 바로 **A 유형 행동 양식**type A pattern이다. 여러 해 동안 의사들은 심장마비 환자들이 공통적으로 적개심이 많고 공격적이며 인내심이 없는 일벌레라는 사실에 주목했다. 1950년대에 두 심장 전문의가 관상성 심장 질환 환자들에게 공통적으로 나타나는 일련의 행동을 정리하여 A 유형 행동 양식이라고 정의했다(Friedman & Rosenman, 1974). A 유형 양식은 시간에 쫓기고, 쉽게 적개심을 드러내며, 성취에 대한 경쟁심에 목말라 한다는 세 가지 구성요소를 가진 것으로 알려져 있다.

8년 반 동안 3,000명 이상의 중년을 대상으로 진행한 획기적인 연구가 있다(Rosenman et al., 1976). 이 기간 동안 A 유형인 사람들은 A 유형이 아닌 사람들에 비해 2배나 많이 심장 발작에 시달렸고, 또 각종 관상성 심장 질환에 걸렸다. 이 결과는 이들의 식생활, 연령, 흡연 여부, 그 밖에 심장 질환에 영향을 줄 수 있는 요소를 모두 고려해도 마찬가지로 나타났다(Rosenman et al., 1976). 다른 연구에서도 남녀 모두 A 유형 행동 양식과 심장병의 연관관계가 동일하게 나타났다(Myrtek, 2007 참조). 아울러 A 유형인 사람들은 사후 부검이나 X선 촬영을 통해 볼 때 관상동맥이 훨씬 심하게 막혀 있음을 알 수 있었다.

몇몇 연구에서는 심장 질환의 위험도를 예측하는 데는 A 유형 행동의 전체적인 지수보다도 적개심이 더 중요함을 밝혔다. 이 연구 중 일부는 적개심 측정을 위한 면담이 아니라 성격검사를 이용했다. 예를 들어 118명의 변호사를 대상으로 25년에 걸쳐 연구한 바에 따르면, 법과대학원 재학 시 성격검사에서 높은 적개심 수치를 기록한 사람들은 동창생들에 비해 50세 이전에 죽을 확률이 5배나 높았다(Barefoot et al., 1989). 의사들을 대상으로 한 이와 유사한 추적 조사에서도 의과대학원에서 실시한 성격검사에서 나타난 적개심 수치는 관상성 심장 질환뿐만 아니라 모든 질병에 의한 사망 가능성을 예측하게 했다(Barefoot et al., 1983). 최근 평균 15년 동안의 추적 연구에서는 적개심을 포함한 심리적 요인이 관상동맥 심장 질환 발생을 예측한다는 것을 발견했다(Boyle et al., 2006). 이러한 연구에서는 적개심과 관상동맥 질환의 상관관계가 흡연, 연령, 혈압 등과 독립적으로 나타났다.

A 유형 행동 양식이나 적개심은 어떻게 심장 질환에 영향을 미칠까? 한 가지 그럴 법한 생물학적 기제는 교감신경계가 스트레스에 반응하는 방식에서 출발한다. 스트레스를 유발하는 상황(예: 실패에 대한 공포, 학대, 경쟁적인 업무 등)에 대한 경험을 돌이키게 하면 대부분의 피험자들은 분노를 느끼고, 자극이 되어 불안을 느낀다. 하지만 특히 적개심이 높게 나타나는 사람들은 혈압도 높고 심박수도 빨라지며 스트레스 관련 호르몬의 분비도 높게 나타난다(Raïkkoenen et al., 1999; Suarez et al., 1998). A 유형과 A 유형이 아닌 사

람들을 비교한 결과도 유사하다. 적개심이 강한 (A 유형) 사람들은 스트레스 상황에서 과도한 반응을 보인다. 이러한 생리적 변화는 심혈관계에 손상을 가져온다.

적개심이 강한 사람들은 당연히 인간관계에서도 갈등이 심하고, 그 결과 사회적 지지를 적게 받는다(예: Keltikangas-Javinen & Ravaja, 2002). 사회적 지지의 감소는 주관적 · 객관적 건강 지표에 직접적인 영향을 미친다(Uchino et al., 1999 참조). 따라서 적개심은 만성적 각성 상태를 야기하여 직접적으로 심혈관계에 영향을 미치고, 간접적으로는 사회적 지지를 감소시켜 건강에 영향을 미친다.

다행히 A 유형 행동 양식도 충분히 확립된 치료 프로그램을 통해 개선할 수 있으며, 그 결과 A 유형 행동이 감소한 경우 관상성 심장 질환의 위험도 줄어든다. 치료에 대해서는 뒤에서 살펴볼 것이다.

면역계

심리신경면역학 psychoneuroimmunology은 스트레스나 기타 심리적 요인에 의해 어떻게 신체의 면역계가 영향을 받는가를 연구하는 학문이다. 면역 반응을 위해 특화된 세포인 임파구를 통해 면역계는 질병을 유발하는 미생물로부터 신체를 방어한다. 또한 면역계는 감염성 질환, 알레르기, 암, 자가면역 질환(류머티즘 관절염과 같이 자신의 정상 조직을 면역세포가 공격해서 생기는 질환) 등에도 영향을 준다. 스트레스는 면역계에 다양한 방식으로 영향을 미친다. 단기간의 스트레스는 면역 반응을 강화한다. 그러나 만성 스트레스는 면역 기능을 약화하는데 부분적으로 그 이유는, 만약 스트레스가 장기적으로 지속된다면 투쟁 또는 도피 반응에서 생기는 코르티솔과 같은 생화학적 물질이 면역계를 억제하기 때문이다(Segerstrom & Miller, 2004).

만약 당신이 많은 스트레스 상황에 노출되었을 때 감기에 걸린 적이 있다면 스트레스 상황이 면역계에 미치는 영향을 경험한 것이다. 한 연구에서는 400명의 건강한 자원자들을 대상으로 다섯 가지 감기 바이러스 중 한 가지를 넣은 코 세정액과 순수한 소금물 세정액에 노출시켰다(Cohen et al., 1991). 그리고 실험 참가자들은 지난해에 겪은 스트레스 상황과 생활에서 주어지는 요구도 및 그것을 어떻게 성취할 것인가에 대한 생각, 그리고 분노나 우울감 같은 부정적인 감정을 느끼는 빈도 등에 대한 설문에 응답했다. 설문 결과에 따라 이들은 3(가장 낮은 스트레스군)부터 12(가장 높은 스트레스군)까지 스트레스 지수에 따라 그룹으로 나뉘었다. 자원자들은 매일 감기 증상이 나타나는지, 그리고 호흡기 분비물 중 감기 바이러스와 항감기 바이러스 항체가 존재하는지 검사를 받았다.

바이러스에 노출된 자원자들 상당수가 감염의 징후를 보였지만 그중 1/3만이 실제로 감기 증상으로 발전되었다. 바이러스 감염 및 실제 감기 발병 정도는 스트레스 정도와 일치하여 증가했다. 스트레스가 가장 낮은 그룹과 비교해 볼 때, 가장 높은 스트레스 그룹은 감기 바이러스 감염률이 현저히 높았으며 감기 발병 정도는 2배나 되었다.

대부분의 연구는 성적 압박, 사별, 부부간의 불화 등 스트레스 상태에서 면역 기능을 측정하는 형태로 이루어진다(Delahanty et al., 1998; Schneiderman et al., 2005). 일례로 1992년 허리케인 앤드루의 피해자를 대상으로 한 연구에서는 가옥 파손이 심할수록, 생명의 위기를 심하게 느꼈을수록, 상대적으로 안전한 상태에 놓여 있었던 피해자들에 비해 면역계의 기능이 저하되는 것을 관찰할 수 있었다(Ironson et al., 1997). 이와 유사한 연구로 1994년 로스앤젤레스 지역의 노스리지 지진에서도, 지진 때문에 피해를 많이 받은 사람일수록, 피해를 적게 받아 스트레스가 훨씬 적었던 사람들에 비해 면역 기능이 낮아졌다는 연구가 있다(Solomon et al., 1997). 특히 지진이 자신의 삶에 미칠 영향에 대해 걱정을 많이 하는 사람일수록 T림프구의 일종으로 바이러스에 감염된 세포를 찾아 제거하는 자연살해세포(natural killer cell)가 감소했음을 알 수 있었다(Segerstrom et al., 1998).

자연재해만이 면역계에 영향을 주는 것은 아니다. 만성적으로 매일 받는 스트레스도 면역계의 기능을 떨어뜨린다. 치매에 걸린 가족을 돌보아야 하는 사람들은 매일 많은 스트레스원을 경험할 것이다. 사랑하는 사람을 씻기고 옷을 입혀야 하며, 매일 똑같은 질문에 대답해 주어야 하고, 가스레인지를 켜 놓고 잊어버리는 것과 같이 위험한 일을 하는지 신경 써야 한다. 치매에 걸린 부모를 돌보는 이런 스트레스는 면역계 기능의 손상과 연관이 있다(Gouin et al., 2012).

스트레스에 대한 통제 가능성 역시 중요한 요소이다. 앞서 이미 통제 가능성이 스트레스의 정도를 결정하는 요인 중 하나임을 살펴보았다. 일련의 동물 실험을 통해 통제 불가능한 충격은 통제 가능한 충격에 비해 면역계에 훨씬 더 큰 영향을 준다는 사실이 밝혀졌다(Laudenslager et al., 1982). 이 일련의 실험은 쥐에게 전기 충격을 주는 방법을 사용했는데, 한 그룹의 쥐들은 지렛대를 눌러 전기 충격을 멈출 수 있게 하고, 다른 그룹은 같은 순서로 전기 충격을 주었지만 지렛대를 눌러도 소용이 없도록 했다(그림 9.3 참조). 한 연구에서는 이 쥐들의 T세포가 침입자를 만났을 때 얼마나 빨리 증식하는지를 관찰했다(T세포는 암세포 등의 유해한 세포를 죽이는 물질을 분비하는 림프구의 일종이다). 연구진은 전기 충격을 통제할 수 있었던 쥐들의 T세포는 아예 스트레스를 받지 않은 쥐들과 비슷한 속도로 증식한다는 사실을 발견했다. 통제 불가능한 전기 충격을 받은 쥐들은 이와 반대로 T세포의 증식이 미약했다. 따라서 전기 충격, 즉 스트레스는 통제 불가능한 경우에만 쥐의 면역계에 영향을 미쳤다(Laudenslager et al., 1983).

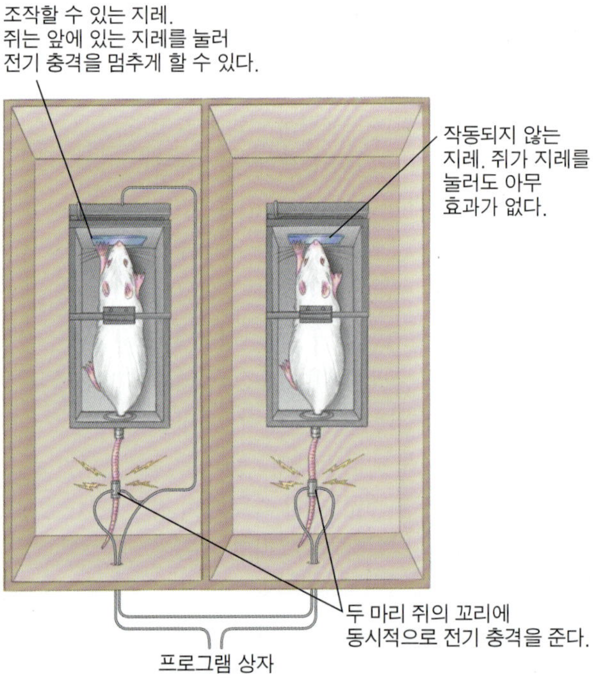

그림 9.3 멍에를 씌워 통제한 스트레스 실험. 일련의 전기 충격을 두 마리의 수컷 쥐에게 동시에 준다. 왼쪽 쥐는 지렛대를 누르면 전기 충격을 멈출 수 있지만 오른쪽 쥐의 지렛대는 작동하지 않는다. 하지만 왼쪽 쥐와 오른쪽 쥐는 멍에로 연결되어 있어서 왼쪽 쥐가 충격을 받는 순간 오른쪽 쥐도 충격을 받고 왼쪽 쥐가 지렛대를 누르면 오른쪽 쥐의 충격도 멈춘다.

다른 연구에서는 쥐에게 암세포를 이식한 뒤 전기 충격을 주고 쥐가 자연방어 시스템을 통해 암세포를 거부할 수 있는지,

아니면 거부에 실패해서 암이 자라나는지를 관찰했다. 동일한 양의 전기 충격을 받았음에도 불구하고 통제 불가능한 전기 충격을 준 쥐는 겨우 27%만이 암세포를 거부할 수 있었지만, 통제 가능한 전기 충격을 받은 쥐들은 63%가 암세포를 거부할 수 있었다(Visintainer et al., 1982).

어떤 연구는 스트레스가 에이즈를 일으키는 원인인 인간 면역결핍 바이러스(HIV)의 진행에 영향을 줄 수 있다고 제안한다(Leserman, 2008). 이 연구의 대부분은 에이즈 확산으로 고통 받는 남성 동성애자들로 이루어졌다. 많은 사람들이 파트너 혹은 친한 친구를 에이즈로 잃었고, 그들 중 대부분은 에이즈 진행을 늦춰 주는 항레트로바이러스제 투여가 가능하기 전에 잃었다. 한 연구는 96명의 동성애자를 9년 동안 추적했고, 기존에 친한 친구나 파트너의 죽음을 경험하는 등 심각한 스트레스원을 경험한 사람들의 에이즈 진행이 빠르다는 것을 밝혔다(Leserman et al., 1999, 2000, 2002). 한 범주의 스트레스를 한 단계 경험할 때마다 에이즈 관련 임상적 상황(예: 뉴머시스티스성 폐렴)이 발생할 가능성이 3배 늘어났다. 이 연구의 마지막에 가서는 74%의 높은 스트레스를 겪은 사람들이 40%의 낮은 스트레스를 겪는 사람들에 비해 에이즈가 진행된 사실을 알 수 있었다.

어떤 동성애자는 다른 사람들에게 거부와 차별을 받지 않기 위해 자신의 성적 성향에 대해 감춰야 한다는 압박을 느낄 수 있고, 이는 만성적 스트레스원으로 작용한다. HIV 양성 동성애자들에 대한 한 연구는 자신의 정체성에 대해 숨긴 사람들이 숨기지 않은 사람들에 비해 병의 진행이 더 빠르다는 것을 보여 주었다(Cole et al., 1995). 더 일반화하여 말하자면 HIV 양성 중 사회적 지지가 약하고 외로운 사람들은 바이러스를 통제할 면역계의 힘이 더 약해 보인다.

물론 HIV는 동성애자만의 병이 아니다. 전 세계적으로 3억이 넘는 사람들이 HIV에 감염되어 있다(WHO, 2008). 618명의 HIV 양성 보유의 젊은이들을 다룬 연구에 따르면 부모의 심각한 질병, 가족의 죽음, 집을 잃는 것과 같은 2개 이상의 스트레스 사건을 경험한 사람의 경우 다른 참가자들보다 해가 갈수록 3배 이상 면역계가 약화된 모습을 보였다(Howland et al., 2007).

비록 HIV에 감염되기 한참 전에 스트레스 상황을 겪었을지라도 이것이 병의 진행 위험을 더 증가시키는 것으로 보인다. HIV에 감염된 남성과 여성 성인을 대상으로 진행된 한 연구(Leserman et al., 2007)에 따르면, 어린 시절 성적·육체적 폭행 혹은 방치를 당했거나 가족이 살해당한 경험 등 트라우마 내력이 있는 사람들은 트라우마 내력이 없는 사람들에 비해 에이즈와 관련이 있는 기회 감염성 질병이 더 빠르게 진행되는 것으로 나타났다(Mugavero et al., 2007).

건강 관련 행동

특정한 건강 관련 행동은 우리 몸이 얼마나 쉽게 질병에 걸릴 수 있는가에 크게 영향을 미친다. 흡연은 심혈관계 질환과 폐기종의 주된 원인 중 하나이다. 고지방 식사는 다양한 암과 심혈관계 질환의 원인이 된다. 적당한 운동을 하지 않으면 심장 질환에 걸리기 쉽고 평균 수명도 짧다. 과도한 알코올 섭취는 간 질환과 심혈관계 질환의 원인이 되며 몇몇 암의 원인이 되는 것으로 추정된다. 또한 성관계 시 콘돔을 착용하지 않으면 HIV에 감염될 확률이 현저하게 높아진다. 과학자들은 산업화된 현대 사회에서 사망에 이르는 질병의 원인이 상당 부분 건강 관련 행동에 영향을 받는다고 본다(Schneiderman et al., 2005).

우리는 스트레스를 받으면 건강하지 못한 행동을 할 가능성이 높아진다. 시험을 앞둔 학생들은 밤을 새워 공부하는데 종종 며칠 밤을 계속 새기도 한다. 식사를 거르고 군것질에 의존하기도 한다. 아내를 잃은 남자들은 요리를 할 줄 몰라서 굶거나 불충분한 식사를 하곤 한다. 아내와 사별한 남자들 중에는 슬픔에 잠겨서 술독에 빠지거나 골초가 되는 이들도 있다. 스트레스를 받으면 매일 하던 운동을 빼먹게 되고 꼼짝도 하기 싫어진다. 그리하여 스트레스는 간접적으로는 건강에 유익한 행동을 덜 하도록 하고 해로운 행동은 더하게 하여 건강에 악영향을 미친다.

건강하지 못한 행동을 하면 스트레스를 더욱 민감하게 느낄 수도 있다. 규칙적으로 술을 많이 마시면 인지 기능에 문제가 생긴다. 과도한 알코올을 마셔 대는 사람은 그렇지 않은 사람에 비해 명료하고 재빠르게 생각하지 못한다. 또한 과도한 음주는 무기력, 피로, 그리고 경증에서 중간 정도의 우울을 유도하여 스트레스 상황을 극복하기 힘들게 할 뿐만 아니라 일상생활을 영위하기도 힘들게 한다.

충분한 수면을 취하지 못하는 사람들 역시 기억, 학습, 논리적 사고, 수학 능력, 복잡한 언어 처리, 결정을 내리는 일 등에 어려움을 겪는다. 이틀간 5시간씩 수면을 취하게 하면 수학 문제 풀이와 창의적 사고 과제에서 현저한 능력 감퇴가 나타난다. 따라서 밤을 새워 시험 준비를 하는 것은 오히려 성적이 나빠지는 길이 될 수도 있다(Wolfson, 2002).

암이나 심혈관계 질환과 같은 중병을 앓는 환자들에게는 스트레스가 삶에 대한 동기를 앗아 가고, 회복과 생존을 위해 필요한 습관을 가지는 것을 방해할 수도 있다(Schneiderman et al., 2005). 예를 들어 의사와 예약을 하고도 병원에 가지 않는다든가, 꼭 복용해야 할 약을 먹지 않는 등의 행동을 생각해 보라. 혹은 당뇨병 환자가 설탕 섭취를 통제하지 못할 수도 있다. CHD가 있는 사람들을 대상으로 한 연구는 트라우마를 주는 스트레스원을 경험한 사람들이 그렇지 않은 사람들에 비해 덜 운동하고 약을 덜 챙겨 먹으며 더 흡연하는 경향이 있다는 것을 발견했다. HIV 감염자를 대상으로 한 연구에서는 스트레스에 시달리는 사람일수록 무방비한 성관계나 정맥 주사로 마약을 투약하는 경향이 있다고 밝혔다(Fishbein et al., 1998).

그와는 반대로 건강한 생활 습관, 즉 저지방 식사, 금주 또는 약간만 술을 마시고 충분한 수면을 취하며 규칙적인 운동을 하는 등의 습관을 가진 사람들은 스트레스 상황에서도 견딜 만하다고 느끼며 자신의 삶을 통제할 수 있다고 생각한다. 따라서 건강한 생활 습관을 갖는 것은 삶의 스트레스를 줄여 줄 뿐만 아니라 여러 가지 심각한 질병의 위험도 줄여 준다.

스트레스와 심리적 건강

스트레스를 주는 상황에서 발생하는 심리적 반응은 (만약 그 사건이 힘들긴 하지만 통제

가능할 때 주는) 유쾌함에서부터 불안, 분노, 위축, 우울까지 다양하다. 만약 스트레스를 주는 상황이 지속된다면 우리의 정서는 대처 능력에 따라 계속 흔들릴 것이다.

천재지변, 강간, 납치와 같이 보통 사람들이 겪는 고통의 범주에서 벗어난 경험을 한 사람들은 종종 심각한 일련의 증상을 겪게 되는데, 이는 **외상 후 스트레스 장애** post-traumatic stress disorder(PTSD)라고 알려져 있다. PTSD는 DSM-5부터 불안장애에 속한 것이 아니라 단독 영역으로 분류된다. DSM-5에서 바뀐 것에 따라 설명하자면, PTSD는 네 종류의 증상군으로 묶인다. 첫 번째는 반복되는 외상 상황의 재현이다. 이들은 매일 밤 외상 상황에 대한 악몽을 꾸고 잠들기 두려워한다. 깨어 있는 동안에도 정신적으로는 생생히 외상 상황을 재현하여 마치 그 상황에 다시 빠진 것처럼 느낀다. 어떤 퇴역 참전 군인은 제트기가 낮게 날 때마다 폭격을 연상하며 머리를 감싸 안고, 전쟁터로 돌아간 느낌에 빠진다. 어떤 강간 피해자는 당시의 상황이 수없이 떠올라서 다른 남자들도 강간범처럼 보이곤 한다.

두 번째는 회피로 묶이는 증상군이다. 이들은 트라우마를 불러일으킬 수 있는 어떤 상황, 사람, 생각, 느낌도 거부하려고 한다.

세 번째 증상군은 인지와 정서에서의 끊임없는 부정적 변화이다. 이 정서 부분은 DSM-IV에서 설명한 감정이 무감각한 증상, 그리고 지속적인 부정적 정서 상태와 같은 새롭게 재구성된 증상을 포함한다. 어떤 일에 대해서도 마치 정서적 반응이 전혀 없는 것처럼 외부에서 일어나는 일에 완전히 무감각해지는 경험이 PTSD 환자들에게서 나타난다. 그들은 다른 사람들로부터 소원해지는 느낌을 받으며 자신의 미래가 완전히 암울한 것처럼 느낀다.

네 번째 증상군은 만성적인 과다 각성 상태로 DSM-IV에서 설명한 각성 증상 대부분을 포함한다. 여기에는 수면장애, 집중 곤란, 과다 경계뿐만 아니라 짜증을 잘 내고 공격적인 행동을 보이며 무모하고 자기파괴적인 행동을 보이는 것도 포함된다.

다른 증상은 PTSD 진단의 공식 범주에 포함되지 않지만, 트라우마로 고통 받는 사람들 사이에서 일반적으로 나타나는 것이다. 어떤 사람들은 다른 이들이 살아남지 못한 상황에서 자신이 살아 있다는 사실 자체에 극도로 죄책감을 느끼는데, 심지어 자신이 남을 구할 형편이 아니었더라도 마찬가지이다. 이 현상을 **생존 죄책감**이라고 한다. 어떤 사람들은 무관심하고 내향적으로 되거나 극단적으로 화를 내고 공격적인 모습이 번갈아 나타나기도 한다. PTSD로 고통 받는 사람들은 스스로를 무감각하게 만들기 위해 알코올이나 향정신성 약물을 남용할 수 있으며, 많은 경우 PTSD와 함께 우울증을 진단받는다.

PTSD는 외상 후 즉시 발생할 수도 있고 몇 주, 몇 달, 심지어는 몇 해 후에 발생할 수도 있으며, 또한 오래 지속될 가능성이 높다. 최근 가장 큰 자연재해 중 하나는 2004년 12월 26일, 동남아시아 지역을 휩쓴 쓰나미이다. 28만 명 이상이 사망, 27,000명은 실종이나 사망 추정, 120만 명이 난민이 된 것으로 추정된다. 인도 타밀나두 마을에서는 7,983명이 사망, 44,207명이 가옥 피해를 입어 캠프로 옮겼다. 연구자들은 이 지역의 성인 13%가 쓰나미 2개월 후 PTSD를 겪었다고 밝혔다(Kumar et al., 2007). 태국 푸껫 해안 지역 서부의 쓰나미 생존자들을 대상으로 한 연구에서 22%의 사람들이 재해 2주 이후 PTSD 증상을 보였고, 30%는 6개월이 지나고 나서 PTSD 증상을 보였다(Tang, 2007).

최근에 있었던 다른 자연재해의 생존자들 중 다수에게서 PTSD가 나타났다. 터키의 지진 생존자 연구에서는 진원지에 있었던 사람들 중 23%가 14개월 후 PTSD를 겪었으며,

16%는 PTSD와 우울증을 겪었다(Basoglu et al., 2004). 타이완의 대규모 지진 생존자 연구에서도 비슷한 비율로 PTSD를 겪은 것으로 나타났다(Lai et al., 2004).

문화와 성별은 흥미로운 방식으로 상호작용하며 PTSD에 대한 취약성에 영향을 미치는 것으로 나타났다. 한 연구에서는 1992년 플로리다를 강타한 허리케인 앤드루와, 1997년 멕시코 아카풀코를 덮친 허리케인 폴리나의 생존자 샘플을 무작위로 비교했다(Norris et al., 2001). 이 두 허리케인은 많은 점에서 유사한데, 카테고리 4 허리케인으로 평가되며 많은 재산 피해, 물리적 부상, 사망을 유발했다. PTSD 증상의 비율은 두 나라 모두 높았다. 두 나라 모두에서 여성이 남성보다 많은 증상을 나타냈으나, PTSD 증상의 차이는 미국 남녀의 차이보다 멕시코 남녀의 차이가 훨씬 컸다. 또한 미국 샘플 내에서 히스패닉이 아닌 백인 여성과 남성 간의 PTSD 증상 차이는 아프리카계 미국인 여성과 남성의 차이보다 유의하게 컸다.

연구자들은 이 세 문화(멕시코계, 히스패닉이 아닌 백인, 아프리카계 미국인)에 걸친 전통적인 성 역할의 힘이 PTSD 증상에 대한 성차의 규모에 영향을 미친다는 것을 시사했다. 미국 문화보다 멕시코 문화에서는 여성에게 수동적, 자기희생, 순응에 대한 사회적 압력이 크고, 남성에게 지배적, 용감함, 강함에 대한 사회적 압력이 크다(Vazquez-Nuttall et al., 1987). 이는 멕시코계 남성에 비해 멕시코계 여성이 트라우마 이후 더 도움을 받지 못한다고 느끼게 했으며, 그들이 필요로 하는 물질적인 도움을 더 적게 얻도록 했다. 미국 문화 내에서는 히스패닉계가 아닌 백인보다 아프리카계 미국인 사이에서 성 역할이 더 평등한 몇 가지 증거가 있다(Davenport & Yurick, 1991). 따라서 아프리카계 미국인 여성은 아프리카계 미국인 남성보다 훨씬 더 많은 PTSD의 고통을 겪지는 않는다.

성폭행이나 신체적 폭력, 테러, 전쟁 등과 같이 사람에 의해 생긴 정신 외상은 천재지변보다 PTSD를 더 일으키기 쉬운데 그 이유는 다음과 같다. 첫째로, 이 같은 외상은 우리가 사람들에게 갖고 있는 기본적인 선함에 대한 믿음을 붕괴시키기 때문에 PTSD에 더 노출되기 쉽다(Janoff-Bulman, 1992). 두 번째로, 사람에 의해 발생한 재난은 공동체 전체보다는 개인에 대한 공격일 경우가 많으므로, 외롭게 외상 상황을 극복해 나가는 과정에서 PTSD를 일으킬 가능성이 더욱 높다.

강간 피해자들을 대상으로 한 연구를 보면, 사건 후 첫 주에는 95%의 피해자가 극심한 PTSD 증상에 시달리며 PTSD로 판정받는다. 사건 후 3개월이 지난 뒤에도 50%의 피해자가 여전히 PTSD에 시달리며, 4~5년이 지난 후에도 25%의 피해자는 여전히 PTSD로 고통받는다(Faravelli et al., 2004; Foa & Riggs, 1995; Resnick et al., 1993).

PTSD가 광범위하게 진단 범주에 포함된 것은 베트남전 참전 군인들이 겪은 고통스러운 경험 때문이었다. 이는 제1차 세계대전 때는 '탄환 충격'으로 불리고, 제2차 세계대전 때는 '전쟁 신경증'으로 불렸다. 군인들에 대한 연구에 따르면 이라크에 배치된 군인들 중 약 15~19%가, 아프가니스탄에 배치된 군인들 중 약 11%가 PTSD로 진단받을 수 있다고 한다(Erbes et al., 2007; Hoge et al., 2004; 2006).

전쟁과 폭력에 둘러싸인 국가의 사람들은 PTSD의 위험에 더욱 노출된다. 아프간 사람들은 수십 년의 전쟁과 탈레반 정권의 점령을 견뎌 냈으며, 미국의 국제무역센터와 펜타곤을 공격한 이후 그들의 나라는 연합군의 폭격을 받았다. 수천 명의 아프간 사람들이 죽임을 당하거나 부상을 입거나, 혹은 고향을 떠나 난민이 되었다. 수천 명은 충분한 물과 음식이 없는 척박한 환경의 간이 텐트에서 여전히 살고 있다. 아프간 사람들을 대상으로 한 연구에서 거의 42%의 사람들이 PTSD로 진단될 수 있으며, 일정 수준의 불안 증세가 72%의 사람들에게서 나타나고 있다(Cardozo et al., 2004). 아프간 여성은 특히 PTSD로 고통 받을 수 있는데, 이는 탈레반이 가장 기본적인 인권조차 박탈하고 있고, 그들의 남편이나 남성 친지를 죽였으며, 남성 없이 생존하는 것이 불가능해졌기 때문이다. 탈레반 정부하의 카불에서 살고 있는 여성을 조사한 연구에서 84%는 적어도 1명 이상의 가족을 전쟁에서 잃었으며, 69%는 그들 혹은 가족 구성원이 탈레반 군에 억류되거나 학대 받은 적이 있고, 68%는 사회 활동이 제한된 적이 있다는 것을 발견했다(Rasekh et al., 1998). 이 여성들 중 42%는 PTSD로 진단되었으며, 90% 이상은 PTSD 징후를 보였다(Scholte et al., 2004 참조).

한편 PTSD로 고통 받는 사람들은 스트레스로 인해 생리적 반응이 통제되지 않는 현상을 보인다. PTSD 환자들을 대상으로 양전자 방사 단층촬영(PET) 연구를 수행한 결과, 이들은 대조군에 비해 정서 반응 및 투쟁 또는 도피 반응을 수행하는 뇌의 영역에서 활성 수준에 몇 가지 차이점을 보인다는 것을 알 수 있었다(Balenger et al., 2004, Nutt & Malizia, 2004). 전장의 참상을 돌이키게 하자, PTSD에 시달리는 참전 용사들은 전측 대상회(anterior cingulate gyrus)와 편도체의 혈류량이 증가했다. 이러한 영역은 정서와 기억을 담당하는 곳으로 추정되고 있다. 반면 PTSD가 없는 참전 용사들은 전장의 참상을 돌이키더라도 이 부위에 혈류량이 증가하지 않는다(그림 9.4 참조). 또한 몇몇 연구에서는 PTSD 환자들에게서 해마 손상을 관찰할 수 있었다. 해마는 기억과 관련되는데, 이는 PTSD 환자 일부에서 기억 손상이 나타나는 원인이 될 수 있다.

이같이 뇌생물학적으로 비정상적인 상태가 PTSD의 원인인지 또는 그 결과인지는 명확하지 않다. 해마 손상은 외상을 입었을 때 코르티솔이 극도로 높은 수준으로 분비된 결과일 수도 있다. 그런데 매우 흥미로운 사실 하나는 PTSD 환자의 휴지 상태(외상 상태를 연상하게 하는 자극에 노출되지 않은 상태) 코르티솔 수준이 대조군에 비해 낮은 경향이 있다는 것이다(Yehuda, 2004). 코르티솔은 스트레스 노출 후 교감신경계의 활성을 차단하는 역할을 하는데, PTSD 환자에게서 나타나는 낮은 수준의 코르티솔은 이들이 스트레스에 노출된 후 지속적으로 교감신경계가 활성화될 가능성을 시사한다. 따라서 이들은 외

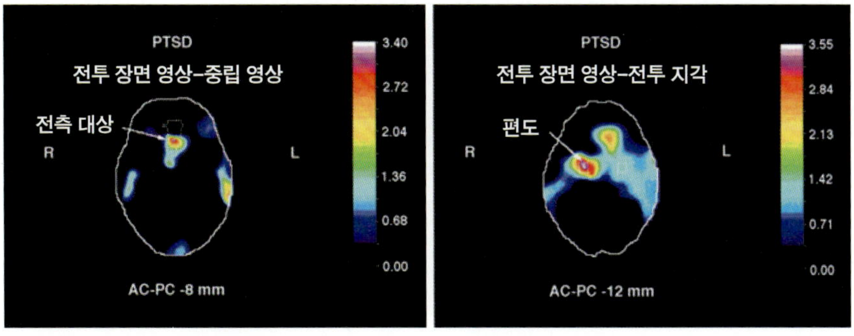

그림 9.4 PTSD와 대뇌 혈류. 양전자 방사 단층촬영을 통해 PTSD에 시달리는 참전 군인들에게서 전측 대상회와 편도체의 혈류량이 더욱 많음을 볼 수 있다.

상과 연관된 자극에 더 잘 반응을 나타내고, 그리하여 PTSD를 일으키게 된다. 한 장기 연구는 교통사고 직후 1~2시간 내에 부상자들의 코르티솔 수준을 측정하고, 6개월 후 이들이 PTSD를 보이는지를 조사했다(Yehuda et al., 1998). PTSD를 보인 환자들은 그렇지 않은 사람들에 비해 사고 직후 코르티솔 수준이 눈에 띄게 낮았음을 알 수 있었다. 이러한 자료를 통해 PTSD 환자들은 외상을 겪기 전의 코르티솔 수준이 비정상적으로 낮고 그것이 PTSD를 일으키는 역할을 한다는 가설을 세울 수 있다.

평가, 대처 및 건강

스트레스 받는 상황은 분명 신체적 · 심리적 건강을 해칠 가능성을 높인다. 그러나 스트레스에 반응하는 방식은 사람마다 차이가 크다. 꽤 심각한 스트레스 상황일지라도 제법 잘 넘기는 사람이 주변에 있을 것이다. 어떤 사람들은 심각한 스트레스원에 부딪히더라도 빠르게 다시 일어선다. 그들은 심지어 스스로를 스트레스 받는 상황으로 몰아가고 도전을 즐기며 자신의 기술을 발전시키거나 증명하는 기회로 삼는다. 그러나 어떤 이들은 약한 스트레스원에도 무너지며, 몸이 아프거나 심리적으로 고통 받는다. 이 사람들 간의 차이는 무엇으로 설명할 수 있을까? 건강심리학자들은 스트레스 상황에 대한 사람들의 평가 및 대처 방식이 그들의 신체적 · 심리적 반응을 결정짓는 주요 요인이라고 여기며 관심을 가져 왔다.

평가

만약 교수가 당신을 수업에서 불러냈다고 하자. 이 사건에 대한 당신의 자동적 반응은 스트레스적일 수도 있고 아닐 수도 있다. 이를 **일차 평가**(primary appraisal)라고 한다(Lazarus & Folkman, 1984). 상황(예: 당신의 과제를 발표할지 안 할지)은 그 사건이 스트레스로 평가되는지 아닌지에 따라 결정된다. 그러나 특정 사건이 스트레스를 주는지는 개인차가 존재한다. 일단 그 사건이 스트레스원이라고 판단한다면 당신은 그것을 처리할 수 있는지 아닌지를 결정하는데, 이 사고 과정을 **이차 평가**(secondary appraisal)라고 한다(Lazarus & Folkman, 1984). 다시 한 번 상황은 이차 평가에서 다뤄진다. 만약 교수가 수업 시간에 다루지 않은 주제에 대해 질문을 한다면 당신은 정답을 말하기가 더 어려울 것이다. 그러나 사람들이 스스로 스트레스원을 다룰 수 있는지를 생각하는 방식은 역시 그들의 성격에 따라 차이가 있다.

낙관주의/비관주의

스트레스 상황에 부딪혔을 때 회복력을 유지하는 사람들은 낙관적인 경향이 있다. 그들은 이 경험을 이겨 낼 수 있다고, 미래가 일반적으로 밝다고 믿는다. 반면 비관적인 사람들은 부정적 사건을 자신의 실수로 생각하고 이것이 미래 결과에 광범위하게 영향을 미칠 것으로 보며, 스트레스에 대해 더 취약하고 포기하는 경향이 있다(Carver et al., 2010; Rasmussen et al., 2009).

많은 연구를 통해 비관주의자가 낙관주의자에 비해 관상 우회 수술 후 회복이 더디고 심한 협심증에 시달릴 가능성이 높다는 것을 밝혔다(Rasmussen et al., 2009). 95,000명 이상의 여성을 대상으로 한 8년의 장기 연구는, 초반에는 모두가 건강했으나 비관주의자는 CHD가 발생할 가능성이 더 높고, 심장 관련 질환으로 사망할 가능성이 높으며, 또한 다른 모든 원인으로 인해 사망할 가능성이 높다고 밝혔다(Tindale et al., 2009). 비슷하게, 네덜란드에서 노인을 대상으로 실시한 한 연구에서는 연구 시작 초기에 상대적으로 비관적 성향이 높은 사람들이 10년 안에 더 많이 사망하는 것으로 나타났다(Giltay et al., 2004).

비관주의는 어떻게 건강에 영향을 미칠까? 비관적인 사람들은 사건을 평가하는 데 더 스트레스라고 여기는 경향이 높았다. 결과적으로 스트레스라고 강하게 느끼는 감각은 신체의 지속적인 투쟁 또는 도피 반응으로 인해 앞서 설명한 생리적인 피해를 낳고 이로 인해 건강이 약화되는 것으로 보인다. 여러 연구가 증거를 제시했다. 한 연구는 3일 동안 매일 비관주의자들과 낙관주의자들의 혈압을 쟀는데, 비관주의자들은 낙관주의자들보다 3일 동안 지속적으로 혈압이 높았다(Raïkkonen et al., 1999). CHD가 있는 환자를 대상으로 한 연구는 더 비관적인 사람이 흡연과 불균형적인 식사 등 건강에 나쁜 행동을 더 하는 경향이 있으며, 결과적으로 비만이나 고콜레스테롤과 같은, 미래의 심장 질환을 일으킬 위험 요소를 더 키울 수 있다고 밝혔다(Cohen et al., 2010).

지속적인 생리적 각성 상태는 비관주의와 연결되어 면역계의 기능 저하로 이어진다. 예를 들어 노인을 대상으로 한 연구에서는 비관적인 노인이 낮은 면역 기능을 보인다는 사실을 밝혔다(Kamen-Siegel et al., 1991). 412명의 HIV 환자를 대상으로 한 연구에서는 기준치 평가에서 비관적인 이들이 18개월 후 낙관적인 이들보다 악화되었다(Milam et al., 2004). 유사하게, HIV 양성의 남성 동성애자를 대상으로 한 연구에서도 부정적인 사건을 자신의 탓으로 돌리는 사람들에게서 18개월 동안 더 심한 면역 기능 감소가 나타났다(Segerstrom et al., 1996). 역시 남성 동성애자를 대상으로 한 다른 연구에서는 HIV 양성, 음성 모두 비관적이고 절망적인 사람일수록 건강한 생활 습관, 즉 적절한 식사와 충분한 수면, 운동 등과는 거리가 먼 생활을 한다는 사실을 알 수 있었다(Taylor et al., 1992). 이는 특히 HIV 양성인 남성에게서 더 심각한 문제가 되는데, 건강한 생활은 에이즈 발병으로 이어질 위험을 줄여 주기 때문이다. 따라서 비관적인 태도는 직접적으로는 면역계의 작용을 저하하여 건강에 위해를 주고 간접적으로는 건강한 행동을 저해하여 역시 건강을 해친다.

강인성

다른 일련의 연구는 스트레스에 높은 저항성을 가진 사람들에게 초점을 맞추었다. 이들은 극도로 중대한 스트레스 상황에 놓였을 때도 신체적으로나 정서적으로 별다른 피해를 입지 않는 사람들이다(Kobasa, 1979; Maddi, 2006). 이러한 특성을 **강인성**hardiness이라고 한다. 강인성에는 세 가지 요소, 즉 몰입, 통제, 도전이 있다. 높은 몰입을 나타내는 사람은 사건과 사람들에게 소속되어 있는 것을 중요하게 여기며, 스트레스 상황에 개의치 않는다. 높은 통제를 나타내는 사람은 장해에 직면하더라도 상황에 영향을 미치는 능력에 대한 신념을 유지한다. 높은 도전을 나타내는 사람은 스트레스를 삶의 일부, 배움과 성장의 기회, 지혜를 성장시키는 기회로 여긴다.

기업 임원을 대상으로 한 2년에 걸친 장기 추적 조사에 따르면 일에 대한 참여도, 통제에 대한 인식, 변화에 대한 긍정적인 반응이 높은 임원들이 이 영역에서 낮은 점수를 받은 임원들에 비해 더 지속적으로 건강함을 알 수 있었다(Kobasa et al., 1982). 가장 중요한 요소는 통제 가능성에 대한 인식과 목표에 대한 헌신이었다(Cohen & Edwards, 1989). 여성을 대상으로 한 다른 연구(Wiebe & McCallum, 1986)와 HIV 증상을 나타낸 환자를 대상으로 한 연구(Farber et al., 2000)에서도 강인성은 심신의 건강과 직결됨을 알 수 있었다.

의미 찾기

이와 연관된 연구에서 연구자들은 다소 놀랍고도 마음이 훈훈해지는 현상을 발견할 수 있었다. 큰 외상에 직면했던 많은 사람들은 그 결과 자신의 삶이 아주 긍정적인 방향으로 바뀌었다고 느낀다. 사별을 겪은 사람, 암 환자, 심근경색증 환자, 골수 이식을 받은 사람, 중풍 환자, 그리고 그들을 간병하는 사람들을 대상으로 한 연구와 HIV 양성으로 밝혀진 사람들 역시 자신의 삶이 더 큰 의미를 지니게 되었고, 스스로가 크게 성장했음을 느낀다고 증언했다(Davis & Nolen-Hoeksema, 출판 중; Helgeson et al., 2006 참조).

사람들은 종종 경험을 통해 인격적으로 성장하고 자신조차 알지 못했던 힘을 발견했다고 한다. 또한 인생에서 진정으로 중요한 일은 무엇인가에 대해 건강한 관점을 갖게 되었고, 이러한 관점을 통해 삶에 중요한 변화를 불러일으켰다고 한다. 많은 사람들은 가족 및 친구들과의 관계가 깊고 의미 있게 바뀌었다고 보고했다.

외상 속에서도 의미를 찾고 긍정적으로 성장하는 것은 사람들이 심리적으로나 신체적으로 적응하는 데 도움을 준다. 여러 연구를 통해 **외상 상황**traumatic event에서도 의미를 찾고 성장하는 사람들은 우울과 불안 정도가 낮다는 사실이 알려졌다. 예를 들어, 최근에 사별을 겪은 사람들을 대상으로 데이비스와 동료들이 수행한 연구(Davis et al., 1998)에서는 상실에서 어떤 의미를 찾거나 긍정적으로 성장했다고 믿는 사람들은 그렇지 않은 사람들보다 사별 후 18개월이 지났을 때 우울 정도가 낮았고 외상 후 스트레스 장애 증상도 적었다. 어떤 의미를 찾았는가와 어떤 방식으로 성장했는가는 심리적 건강에서 별 문제가 안 된다. 자신의 경험을 통해 어떤 의미든 찾고 성장했으면 충분하다.

몇몇 연구에서는 의미를 찾는 것이 신체적 질병과도 관련이 있다고 밝혔다. 애플렉과 동료들이 수행한 연구에서는 심장 질환에 걸린 남성들 가운데 심장 발작의 결과로 인생철학이나 가치관이 변화하는 등 인격적으로 성장했다고 느끼는 사람들이 이후 발작을 덜 일으키고 8년간 심장 질환에 걸릴 확률도 낮았다(Affleck et al., 1987a). HIV 양성인 남성을 대상으로 한 연구에서 바워와 동료들은 에이즈로 친구나 연인을 잃고 그 속에서 의미를 찾은 사람들은 그렇지 않은 사람들에 비해 보다 건강한 면역체를 갖게 되고(CD4 T조세포의 수를 지표로), 이후 2~3년 내에 에이즈로 사망할 확률이 낮다고 밝혔다(Bower et al., 1998).

어째서 어떤 이들은 외상 상황에서도 의미를 찾고 성장할 수 있는데 다른 이들은 그렇지 못할까? 낙관주의가 중요한 역할을 하는 것으로 보인다. 낙관주의자는 스트레스성 사건 이후 비관주의자보다 긍정적인 변화, 혜택, 성장 등을 보고하는 경향이 있다. 이와 유사하게 강인한 사람들도 스트레스를 통해 얻는 것이 있다고 믿는 것으로 나타났다. 예를 들어 보스니아 평화 유지군으로 파병된 미군 중 배치 과정에서 높은 강인성 점수를 기록한 병사들은 보스니아에서의 경험을 통해 개인적 성장과 같은 긍정적인 점이 생겼다고 보고했다(Britt et al., 2001).

대처

스트레스 유발 상황에 직면했을 때 사람들은 다양한 **대처**coping 방법을 시도한다. 대처 전략은 크게 다음과 같이 나뉜다. 하나는 **문제 중심형 대처**problem-focused coping라고 불리는, 스트레스를 주는 상황 혹은 그에 따른 결과의 변화에 집중하는 방법이고, 또 하나는 **정서 중심형 대처**emotion-focused coping라고 불리는, 스트레스를 주는 상황에 따르는 정서를 완화하는 데 초점을 맞추는 방법이다(Lazarus & Folkman, 1984). 스트레스 상황을 해결하려고 할 때 대부분의 사람들은 문제 중심형과 정서 중심형 대처 방법을 모두 사용한다.

문제 중심형 대처

문제해결에는 수많은 방법이 있다. 먼저 해야 할 일은 문제가 무엇인지 판단하는 것이다. 그다음에는 여러 해결책을 생각해 보고 각각의 장단점을 분석한다. 최종적으로는 다양한 대안 중 하나를 선택해야 할 것이다. 문제 중심형 대처는 내적인 방향으로도 진행될 수 있다. 주어진 상황이나 환경을 바꾸는 대신 스스로를 변화시키는 것이 그 예이다. 목표를 변경하거나, 다른 곳에서 충족하거나, 내적인 해결책을 배우는 것 등이 그 방법일 것이다. 어떻게 이런 방법을 적용할 것인가는 경험과 자기조절 능력에 근거한다.

졸업에 꼭 필요한 과목에서 낙제할 상황이 되었다고 하자. 교수님을 찾아가 사정하는 학생도 있겠고, 과제를 완성해서 제대로 점수를 받으려고 계획을 세우는 학생도 있을 것이며, 여름 방학 동안 재수강을 해야겠다고 생각하는 학생도 있을 것이다. 이 모든 반응은 문제 중심형 대처에 해당한다.

문제 중심형 대처를 하는 경향이 있는 사람들은 스트레스 상황에 처했을 때나 그 이후에 우울의 정도를 낮게 보이는 것으로 알려져 있다(Aldao et al., 2010; Taylor & Stanton, 2007 참조). 물론 평상시 덜 우울해하는 사람들은 문제 중심형 대처에 더 능할 수도 있다. 하지만 추적 연구에 따르면 문제 중심형 대처를 하는 사람들은 그렇지 않은 사람들보다 우울함을 느끼는 기간이 짧다. 이런 결과는 애초의 우울 정도를 고려하더라도 마찬가지이다. 또한 우울증을 호소하는 사람들을 상대로 문제 중심형 대처 방법을 가르치는 치료를 통해 우울증을 극복하고 스트레스원에 더 잘 대처할 수 있게 할 수 있다(Nezu et al., 1989). 다른 연구에서는 문제 중심형 대처를 더 많이 사용하는 사람들이 심장 수술 이후 더 건강하다는 것을 보여 준다(Scheier et al., 2003).

정서 중심형 대처

정서 중심형 대처에 치중하는 사람들은 부정적인 정서가 엄습하여 문제를 해결하지 못하는 상황이 오지 않도록 노력한다. 또한 그들은 문제가 해결 불가능할 때도 정서 중심형 대처 방법을 사용한다(deGroot et al., 1997).

부정적인 감정을 극복하기 위해 우리는 다양한 방법을 동원한다. 어떤 연구자들은 이러한 방법을 행동적 전략과 인지적 전략으로 구분하기도 한다(Skinner et al., 2003). 행동적 전략은 신체 활동, 즉 운동 등에의 몰입, 알코올 및 약물 복용, 화풀이, 친구로부터 정서적 지지를 얻는 등이 포함된다. 인지적 전략에는 종종 상황에 대한 재평가가 수반된다(상사가 나에게 화를 내는 것은 그가 피곤하기 때문이지, 내가 뭔가 잘못해서 그런 것은 아니다). 행동적 · 인지적 전략 중 일부는 적응 가능한 반면 과도한 음주 같은 방법은 더욱 심한 스트레스를 유발할 따름임을 명백하게 알 수 있을 것이다.

정서적 · 신체적으로 스트레스원에 대응하는 방법 중 하나는 다른 사람에게 정서적 지지를 구하는 것이다(Hallaraker et al., 2001; Pakenham et al., 2007). 예를 들어 테일러 등(Taylor et al., 2006)은 지지적인 가정에서 자란 청년들이 감정적으로 도발적인 사진에 대해 두뇌의 특정 영역이 덜 반응했으며, 이는 사회적 스트레스에 대한 생리적 반응을 덜 나타냈음을 제안했다.

그러나 외상 후 받은 사회적 지지가 어떠한 성격이었는지도 건강에 큰 영향을 미친다(Taylor, 2007; Warwick et al., 2004). 친지 중에는 스트레스를 덜어 주기는커녕 괴로움만 안겨 주는 사람도 있다. 갈등이 많은 사회적 관계를 주로 영위하는 사람들은 사별 등의 큰 스트레스 상황 후에 건강이 상대적으로 더 나쁘다(Windholz et al., 1985). 갈등 많은 사회적 관계는 면역계의 기능을 저하하여 건강에 영향을 주는 듯하다. 키콜트–글래서 등(Kiecolt-Glaser et al., 1998)이 수행한 연구에 따르면 신혼부부들 중, 결혼 생활의 문제점을 얘기하는 가운데 서로를 미워하고 부정적인 감정을 서로에게 보인 사람들은 차분하고 비적대적인 사람들에 비해 면역 기능의 활성을 나타내는 네 가지 지표에서 큰 저하를 보였다. 또한 혈압 상승 역시 오랜 시간 계속되었다.

반면 자신을 지지하는 사람들과 부정적인 감정, 자신의 인생에서 중요한 문제에 대해 대화하는 것은 건강에 좋은 영향을 준다(예: Panagopoulou et al., 2006). 같이 대화할 수 있는 지지자가 없을 때, 사람들은 일기 혹은 블로그나 SNS에 자신의 걱정거리를 쓰기도 한다. 제임스 페너베이커에 의해 이루어진 일련의 연구(Pennebaker, 2007)에 따르면 자신의 외상에 대해 적는 것은 건강에 좋다. 한 연구에서는 건강한 학부생 50명을 임의로 배정하고, 한 집단에게는 자신의 인생에서 가장 화가 났거나 충격적으로 겪었던 사건에 대해, 다른 집단에게는 사소한 주제에 대해 4일 동안 매일 20분 정도로 작성하게 했다. 그들이 글쓰기를 하기 전, 글쓰기를 하는 마지막 날, 그리고 글쓰기를 하고 나서 6주 뒤에 혈액 샘플을 채취하여 면역력 기능을 측정했다. 또한 글쓰기 과제를 한 후 6주 동안 참여자들이 대학 건강 센터에 얼마나 자주 방문했는지를 확인해서 이 연구를 하기 전에 들른 횟수와 비교했다. 자신의 충격적 경험을 드러내어 작성한 사람들이 통제집단에 비해 더 좋은 면역 기능을 보였으며, 건강 센터에 들른 횟수도 더 적었다(Pennebaker et al., 1988). 반면 사소한 주제에 대해 작성한 집단은 건강 센터에 들른 횟수가 약간 늘어나고 면역 반응도 감소했는데 이에 대한 원인은 정확하지 않다.

자신의 감정을 표현하는 글쓰기는 또한 심장마비를 경험했던 환자들을 도와준다. 윌모트와 다른 연구자들(Wilmott et al., 2011)은 최근 심장마비를 겪은 실험 참여자들을 임의로 나누어 한 집단에게는 자신의 마비에 관한 생각이나 느낌에 대해 작성하게 하고, 다른 집단에게는 일상에 대해 중립적으로 기술하게 했다. 다섯 달이 지난 후, 자신의 심장마비에 대해 작성한 사람들은 중립적 사건을 기술하게 한 집단에 비해 심장 질환이 덜 나타났으며, 의료 센터에 덜 가고 더 낮은 혈압을 보였다.

페너베이커(2007)는 글쓰기를 통해 자신에게 일어난 사건 속에서 의미를 찾고 그것을 이해할 수 있게 되어 건강에 유익했으리라는 결론을 내렸다. 의미를 찾는 것과 이해는 사건에 대해 느끼는 부정적인 감정을 완화해 주어 만성적인 부정적 정서에 기인한 생리적 장애를 막아 주기 때문이다.

어떤 사람들은 스트레스 받는 상황에 대해 다른 사람들과 대화하거나 글로 쓰지만, 또 어떤 사람들은 스트레스원이 주는 생각과 느낌을 의식의 밖으로 몰아내려고 하는데, 이 전략은 회피적 대처를 나타낸다. 회피적 대처는 더 큰 고통(Rosenberger et al., 2004), 외과 수술 과정에 따르는 면역 회복(Stephens et al., 2002), 우울증 환자의 낮은 회복 가능성(Cronkite et al., 1998), HIV 양성 환자가 의료 과정을 잘 지키지 않아 후천적 감염이 더 커지는 것(Weaver et al., 2005), 약물 주사를 맞는 HIV 양성 환자의 더욱 위험한 행동(Avants et al., 2001), 에이즈 간병인들 사이의 신체적 증상이 증가하는 것(Billings et al., 2000)과 같은 수많은 건강 관련 문제와 연결되어 있다. 또한 회피적 대처는 만성 질환 진행 혹은 암(Epping-Jordan et al., 1994), HIV 감염(Laserman et al., 2000), 출혈성 심부전(Murberg et al., 2004), 류머티즘 관절염(Evers et al., 2003)으로 죽는 사람을 예측한다.

명확하게 부정적인 도피적 대처는 반추인데, 이는 얼마나 고통스러운가를 반복해서 생각하고, 스트레스 상황의 결과와 자신의 정서 상태에 대해 끝없이 염려하며, 상황을 바꾸려는 시도나 행동도 없이 불평만 계속하는 것이다. 많은 연구는 스트레스원에 대해 반추하는 사람들이 그렇지 않은 사람들에 비해 더 정서적 · 신체적 병에 걸리는 것처럼 보인다고 설명한다(Nolen-Hoeksema et al., 2008). 예를 들어 사별을 겪은 지 얼마 되지 않은 사람들을 상대로 한 추적 조사에서는 슬픔을 반추하는 사람들이 더 오래 우울에 시달림을 알 수 있었다(Nolen-Hoeksema & Larson, 1999). 또 다른 연구에서는 반추하는 경향이 있던 사람들이 그렇지 않은 사람들에 비해 지진이 난 후 우울증과 PTSD에 더 시달리는 것으로 나타났다(Nolen-Hoeksema & Morrow, 1991). 반대로 스스로의 기분을 증진하고 통제력을 회복하기 위해 즐겁고 건설적인 활동을 하는 사람들은 우울과 불안의 기간이 짧았으며 심각하지 않았다.

또한 반추는 신체적 건강을 훼손한다. 한 실험 연구에 따르면, 실험실에서 스트레스 받는 상황에 대해 반추하도록 유도된 사람들은 유도되지 않은 사람들에 비해 혈압이 더 높았으며 평균 혈압으로 돌아오는 속도도 느렸다(Glynn et al., 2002). 유방암 환자를 대상으로 한 연구를 보면 반추하는 성향이 있는 여성의 경우 유방에 멍울이 생긴 것을 알고 나서 의사에게 연락하기까지 평균 두 달 정도 더 시간이 걸렸으며(Lyubomirsky et al., 2006), 암을 치료하는 동안 육체적인 고통을 더 호소했다(Segerstrom et al., 2003).

스트레스 관리법

이 절에서는 심신에 미치는 스트레스의 부정적인 영향을 감소시키는 여러 기법에 대해 공부할 것이다. 몇 가지 행동적 · 인지적 기법을 통해 스트레스를 관리하는 법을 알아보자. 그리고 이러한 기법이 어떻게 A 유형 행동과 관상성 심장 질환의 위험을 줄일 수 있는지도 살펴보자.

행동적 기법

행동적 기법 중 스트레스 상황에서 신체적 반응을 조절하는 데 도움을 주는 것으로는 바이오피드백, 이완 훈련, 명상, 유산소 운동 등이 있다.

바이오피드백

바이오피드백 biofeedback 훈련 과정에서 피험자들은 자신의 신체 상태에 대해 보고를 받고 그 상태를 바꾸려는 노력을 하게 된다. 예를 들어 불안성 두통 통제를 위한 훈련이라면 피험자의 이마에 전극을 붙여서 지극히 미세한 이마 근육의 움직임도 전기적으로 감지한다. 움직임을 감지하면 그것을 증폭하여 피험자가 소리로 듣게 피드백을 준다. 이 소리 또는 신호는 근육이 수축되면 커지고 이완되면 줄어드는데, 이 소리를 조절하는 방법을 터득하면 근육을 이완할 수 있게 되는 것이다(이마 근육이 이완되면 두피와 목의 근육도 함께 이완된다). 바이오피드백 훈련을 4~8주 정도 하고 나면 피험자들은 피드백 기계에 의존하지 않고도 불안 상황이 시작됨을 인지하고 이완할 수 있다. 바이오피드백 훈련에 관한 94개의 연구를 분석한 결과, 이 훈련이 긴장성 두통과 편두통의 치료에 지속적인 효과를 주는 것으로 나타났다(Nestoriuc et al., 2008).

이완 훈련

이완 훈련 relaxation training이란 근육을 완전히 이완시키고 생각을 한곳에 집중하여 천천히 하게 하는 훈련을 말한다. 자율신경계에 의해 조절되는 생리 현상, 즉 혈압, 심박 등은 과거에는 자율적인 것이라서 자발적인 조절이 불가능하다고 믿었다. 그러나 여러 연구를 통해 스스로 심박과 혈압을 조절할 수 있음이 밝혀졌다. 이 같은 결과를 통해 고혈압 환자를 치료하는 데 이완 훈련을 도입하기에 이르렀다. 한 연구에서는 환자들에게 혈압을 계속 측정하여 그래프로 보여 주는 한편, 여러 근육군을 이완시키는 기법을 가르쳤다. 환자들은 먼저 근육을 긴장시켰다가(주먹을 꽉 쥐거나 배에 힘을 주는 등) 이완시킨 다음 감각의 차이를 인식한다. 발부터 시작해서 발목 근육, 몸통으로 올라와 목과 얼굴에 이르기까지 환자들은 근육 긴장을 푸는 법을 배웠다. 바이오피드백과 이완 훈련의 결합은 몇몇 환자의 경우 혈압을 내리는 데 상당한 효과를 나타냈다(Mukhopadhyay & Turner, 1997; Nestoriuc et al., 2008).

운동

스트레스 조절에서 또 하나의 중요한 요소는 신체적 건강이다. 규칙적으로 조깅, 수영, 자전거 등의 유산소 운동을 하는 사람들은 스트레스 상황에서 심박수와 혈압이 뚜렷하게 낮다는 사실이 알려져 있다(Friedman & Martin, 2007). 결과적으로 신체가 건강한 사람들은 스트레스 상황을 겪더라도 병에 걸릴 확률이 낮다. 이런 결과에 기초하여 다양한 스트레스 관리 프로그램은 신체적 건강과 운동을 강조하고 있다.

운동은 단순히 신체 건강에만 좋은 것이 아니다. 운동을 하는 사람들은 스트레스를 주는 상황에서 우울과 같은 심리적 문제를 덜 겪는 것으로 보인다(Lindwall et al., 2011). 많은 연구는 이미 우울증을 보이는 사람들에게 신체 활동을 더 시킨다면 이는 심리치료나 명상만큼이나 증상을 완화하고 예방하는 데 효과적이라고 밝혔다(Mead et al., 2009).

인지적 기법

실험실 조건에서는 바이오피드백과 이완 기법을 통해 심신의 반응을 조절할 수 있었던 사람들도 막상 현실에서는 그것이 쉽지 않다. 특히 불안을 유발하는 상황이 계속될 때는 더욱 그렇다. 따라서 스트레스 상황에서 인지적 반응의 전환을 통해 스트레스 관리를 해야 할 필요성이 제기된다. **인지행동 이론** cognitive behavior therapy은 심신의 스트레스 증상을 불러일으키는 스트레스 상황의 종류를 파악하고, 그 상황을 극복하는 방법을 바꾸도록 하는 것이다. 예를 들어 불안성 두통에 시달리는 환자가 있다고 하자. 이 환자에게 두통이 찾아올 때마다 그 증상의 정도와 그때의 상황을 기록하게 한다. 다음에는 이러한 스트레스 상황에서의 반응과 그때의 감정, 생각, 사건 전후 및 그 사이의 행동에 대해서도 기록하게 한다. 일정한 기간 동안 이렇게 스스로를 관찰 기록하게 하면 특정한 상황 변수(예: 상사나 동료의 비판), 생각(예: 내가 제대로 하는 게 없지), 그 밖의 정서적, 행동, 생리적 반응(예: 우울, 위축, 두통 등)이 뚜렷이 드러난다.

다음 단계에서는 두통을 예측할 수 있는 상황이나 믿음이 무엇인지 파악한다. 예를 들어 '나는 모든 일을 완벽하게 해야 안심이 되기 때문에 약간의 비난으로도 당황하게 된다', '나는 나 자신을 너무 가혹하게 평가하기 때문에 우울해지고 두통을 느낀다' 등이 그것이다. 마지막 단계는 가장 어려운 단계이기도 한데 스트레스 상황, 각자의 생각, 행동 등에 변화를 시도하는 것이다. 스트레스가 덜한 직업을 찾는 것도 방법일 테고, 실수에 대해 불필요하게 집착하고 분노하지 않도록 노력한다든가 위축되는 대신 적극적으로 행동하는 것도 방법일 것이다.

바이오피드백, 이완 훈련, 운동, 인지적 치료는 모두 스트레스로 인한 심신 반응을 완화하는 데 유용한 것으로 입증되었다. 몇몇 연구에서는 인지적 치료와 행동적 치료 기법을 결합하여 장시간 행한다면 더욱 큰 결과를 기대할 수 있다고 주장한다. 복잡한 요구 상황에서는 단순히 이완하는 것만으로는 스트레스에 대처하기 어렵다. 스트레스 관리 프로그램은 대개 바이오피드백, 이완 훈련, 운동, 인지적 조절 등의 방법을 결합하여 사용하고 있다.

찬|반|논|쟁

스트레스에 대처하는 방식은 공통적일까, 개별적일까?

사람들 사이에 공통적인 대처 방식이 존재한다.

Roslyn Thomas, 웹스터대학교(제네바 캠퍼스)

그래서 어느 쪽인가? 당신은 삶에서 원치 않은 스트레스원에 대해 친구들과 같은 방식으로 대처하고 싶은가, 아니면 이 도전에 **개별적으로** 반응하고 싶은가? 스트레스를 받았을 때 우리 모두가 대처할 수 있는 공통의 대처 전략이 있을까, 아니면 개인 맥락에 따라 다 다르게 반응하는가?

우리의 두뇌가 만 년 이상 본질적으로 그렇게 변하지 않았다는 점을 상기하면, 나는 전자의 선택지가 맞는다고 본다. 니콜슨(Nicholson, 1998)은 주장에 진화심리학을 반영하고 있는데, 이는 우리의 두뇌에 스트레스에 대해 일정 방식으로 반응하도록 생물학적으로 내장된 기제가 있다는 것이다. 이 말은 우리가 모두 동일하다는 것이 아니다. 하지만 분명 우리의 행동에 있어 무언가 깊숙이 우선적인 구조가 공통적으로 깔려서 태어난 것으로 보인다. 이 구조를 생각해 보면 왜 때로는 우리가 스트레스에 대해 안 하느니만 못한 대처를 하는지 그 이유를 알 수 있을지도 모른다. 만약 우리의 두뇌가 자동적으로 반응하도록 세팅되어 있다면, 다시 말해 자기도 모르는 사이에 스트레스원을 극복할 수 있도록 되어 있다면 이성적인 분석에 에너지를 쏟지 않아도 될 것이다. 이는 우리에게 행운인데, 예를 들어 죽느냐 사느냐의 상황, 살아남아야 하는 환경에서 인간은 나쁜 소식에 가장 먼저 초점을 맞춰야 할 것이다. 죽느냐 사느냐의 상황에서 우리는 도망가거나, 얼어 버리거나, 혹은 맞서 싸우는 반응이라는 신체 신호를 자동적으로 보인다. 이렇게 생각해 보면 스트레스에 반응하는 두 가지 방식, 즉 '회피 지향'과 '접근 지향'(Weaver et al., 2005)은 위협이 있는 상황에서 다가갈지 혹은 피할지를 결정짓는 원형으로부터 비롯된 인지적·정서적 반응이라고 볼 수 있다. 다시 한 번 말하지만, 이 원형은 자동적이며 생존을 위해 의도된 것이다.

발달심리학자 시겔(Siegel, 2012)은 어떻게 이런 상호작용이 우리의 대인관계에 영향을 미치는지를 설명한다. 이는 사건이 뇌와 몸에 빠르게 에너지를 보내기를 원할 때 어떻게 뇌간 안에 있는 뉴런이 움직이는지에 관한 것이다. 변연계, 고위대뇌피질 부분과 함께 뇌간은 자극에 대한 우리의 상태를 판단하며 그 스트레스원에 대한 반응을 조절한다. 강한 경보가 떴을 때 몸은 호르몬을 분비하기 위해 부신피질을 자극하고, 코르티솔을 내보내서 이 위협으로부터 도망가야 할지, 얼어 있어야 할지, 아니면 맞서 싸워야 할지를 결정짓기 위해 움직인다. 코르티솔은 단기간에는 매우 적응적이지만, 우리의 체계에 만성화되어 있으면 스트레스원에 대항하는 대처 전략을 제대로 세우지 못하게 한다.

따라서 우리의 조상은 이 일반적인 생존 반응인 도피, 얼어 있기, 투쟁을 적절하게 사용해 왔다. 이 본능적인 반응은 사실 모든 영장류에게 대동소이하며 우리의 의식적 통제에 의해 일어나는 것이 아니다. 이 반응은 다양한 상황 맥락에 따라 예측 가능한 패턴으로 이루어져 있다. 이 맥락에서 예민해진 변연계를 진정시키고, 과도하게 자극을 받은 시상하부와 편도체로부터 발생한 정서를 재정비하는 방법을 찾는 것이 중요할 것이다. 니콜슨(Nicholson, 1998)에 따르면, 우리가 효율적으로 조절하지 못한다는 점은 왜 기본적인 생존에 대한 진화 메커니즘에 의해 잠을 충분하게 자지 못하고 긴장하게 만드는지에 대한 설명을 제공한다.

내 자신의 연구를 통해 보자면(Thomas, 2008), 도우미들은 응급상황이나 전쟁과 같은 위기 상황에 노출되었을 때, 정신건강을 위협하고 도전하는 것에 취약해진다. 전쟁터에서 인도주의적 구조를 하는 사람들을 대상으로 연구했는데, 이 표본에 따르면 폭력에 노출되었을 때 그들의 정체성이 발가벗겨지고 부서지는 듯한 기분을 느낀다고 한다. 극도의 자극을 받으면 사람은 정서를 조절하기 위해 고군분투하는데, 이를 위해 사회적 지지나 이성적 생각 등을 통해 변연계가 과민해지는 것을 진정시켜야 한다. 하지만 이런 파괴적인 경험 때문에 사람들은 실존에 대한 질문에 답하기가 어렵다는 것을 깨닫는다. 정신건강 관점에서 보자면 강한 스트레스 상황은 전두엽에서 관장하는 판단과 결정 과정에 접근하는 능력을 방해하기 때문에 위험할 수 있다.

스트레스에 대한 반응으로서 우리의 정서적 레이다를 점멸시키는 타고난 기제가 진화되어 왔다는 사실을 알지만, 우리는 생물학적 기제의 노예가 아니다. 게다가 우리는 다른 진화적 능력을 잘 사용할 수 있는데, 이는 시겔(Siegel, 2010)에 의해 설명된 대인관계 신경생물학 혹은 '마인드사이트(mindsight)'라고 불리는 것이다. 이는 일종의 주의집중인데, 자기 자신과 자신의 마음속 의사소통을 잘 볼 수 있게 도와주는 것이다. 반영적 대화를 통해 사건을 보는 이 중요한 능력은 좌뇌와 우뇌의 기능이 균형을 다시 찾을 수 있도록 도와준다. 논리적 · 이성적 전략이 변연계가 지배하는 상황을 의도적으로 막아 줌으로써 우리는 자동화된 정서적 반응을 통제 가능한 범주 내에 둘 수 있는 것이다. 우리는 실제로 어떻게 뇌와 신경회로를 재정비해서 덜 과잉 자극 상황으로 만들지를 배울 수 있다.

요약하자면, 사람들은 스트레스를 줄 수 있는 광경, 소리, 상황에 대해 예측 가능한, 일종의 패턴화된 생물학적 반응을 보인다. 우리는 이 상황에 대해 잘 이해함으로써 거기에 지배받지 않아야 한다.

찬|반|논|쟁

스트레스에 대처하는 방식은 공통적일까, 개별적일까?

극단적인 상황에서 사람들은 서로 다른 반응을 보인다.

Erik Mansager, 웹스터대학교(제네바 캠퍼스)

반대편 주장을 수용해서 보자면, 나는 스트레스가 다가올 때 우리 모두가 약간의 불안을 느낄 수 있다는 데 동의한다. 그것은 좋은 스트레스원인지 아닌지와 상관없이 이루어진다. 우리의 자동화된 신경체계는 그것이 기말고사 전에 긴장하는 것인지, 축하 후에 기뻐하는 것인지를 인식하지 못한다. 이는 우리가 어떤 것이든 극단적인 상황에 마주쳤을 때 과열 상태로 만드는 경향성이다. 토머스(Dr. Thomas)가 지적하듯, 우리의 생물학적 상태는 살아남기 위해, 예를 들어 스스로 먹히지 않기 위해('그대로 얼어붙어서' 눈에 띄지 않거나 공포로부터 '도망감') 혹은 수렵 채집을 하면서 급습하기 위해(분노에 '맞서 싸움') 만들어졌다. 그러나 죽기 아니면 살기 상황에서 필요한 얼어붙기-도피하기-투쟁하기라는 진화적 반응이 우리가 가진 전부는 아니다. 우리는 또한 개인적인 반응을 표현하기 위한 능력이 진화되어 왔다. 이 개인의 개성은 우리가 본능적인 패턴에서 벗어난 반응을 하게 도와준다. 뇌의 발달된 부분을 사용하여 새로운 구조로 접근할 때, 즉 문제해결에 관련한 신피질이 관여함으로써 우리는 자신의 정신, 신체적 건강에 직접적으로 영향을 미친다.

스트레스원에 대한 개별성을 풀어 내기 위해 특성과 비슷한 구조를 생각할 수 있는데, 이 구조는 (1) 우리의 사고와 행동을 편향시키며, (2) 개인마다 차이가 있고, (3) 시간에 따라 일관된 경향성이 있다(McCrae et al., 1986). 이 특성을 성격이라고 부르는데, 즉 우리는 우리의 세계에 대해 반응하는 패턴을 개발시킨다는 것이다. 이는 우리가 마주하는 스트레스원에 대한 주고받기 과정이다. 우리가 경험하는 스트레스원은 어떻게 우리가 삶을 대하는지를 형성한다. 우리의 성격은 어떤 스트레스원을 어떻게 겪는지에 영향을 미치며, 우리가 어떻게 세상을 보고 의미를 부여하는지에도 영향을 미친다.

우리는 스트레스원과 마주할 때 생기는 자신의 자동적 반응을 사고와 재평가를 통해 조절함으로써 건전한 대안을 구하고자 한다. 이는 노력과 생각을 바르게 하기 위한 학습을 필요로 한다. 스트레스원에 대해 생각하는 것을 배우는 것은 한편으로는 몇 가지 진화적인 함정을 가지고 있다. 우리는 수천 년에 걸쳐 신피질을 사용해 왔지만, 언제 멈춰야 하고 언제 사고를 그만해야 하는지 항상 아는 것은 아니다. 만약 생각을 별로 하지 않는 것이 도움이 된다고 할지라도, 우리의 보수적인 자아(Adler & Brett, 2009)는 때로 많이 생각하는 것이 도움이 된다고 여기기도 한다. 그 반대인데 말이다! 사고의 반복, 즉 우리가 마주한 끔찍한 것들이 줄 답이 없는 결과를 강조하게 만드는 생각은 우울증의 전조가 된다. 이 반복은 반추 경향성이라고 불리는, 아무런 완화도 없이 계속 부정적으로 떠도는 방식이다(Watkins et al., 2007).

스트레스를 완화하는 방식은 우리의 인지적 능력만으로는 부족한데, 반추하는 사고는 우리의 스트레스를 증가시키기 때문이다. 테일러와 스탠턴(Taylor & Stanton, 2007)의 연구는 문제 중심형 대처와 같이 더 생산적인 방식을 취하는 것이 스트레스로 인한 우울을 실질적으로 경감해 준다고 설명한다. 문제 중심형 대처의 효과를 설명하는 다른 연구는 아서 네즈와 동료들에 의해 실시되었다(Nezu et al., 2006). 연구자들은 스트레스를 주는 상황에 대해 무엇이 '적응적'인지를 생각하기를 제안한다. 그들은 ADAPT를 제안하는데 이는 **A**(attitude, 태도)–문제해결 능력의 증진, **D**(define, 정의)–문제를 설명하고 현실적인 목표를 설정, **A**(alternatives, 대안)–대안 설정, **P**(predict, 예측)–결과를 고려해서 문제에 대한 계획을 수립, **T**(try, 시도)–계획 시도 및 시행 평가이다.

따라서 오늘날의 연구자들은 일반적인 대처 방식보다는 각각의 스트레스 맥락에서 개인의 반응에 초점을 맞춘다. 우리는 더 이상 스트레스에 대응하는 일반적인 방식을 찾지 않는다. 연구자들은 성격 특성에서의 개인차를 고려한 대처 방법을 찾는다. 개인의 대처 능력은 삶의 경험에 의해 조정된 특성의 영향으로 발달된다(Holmberg et al., 2004). 이 학습이 성공적으로 잘 적용되는지는 창의적인 자기표현 능력 혹은 성격에 달려 있다.

나는 다음과 같이 마무리 짓고 싶다. 비록 사람들이 스트레스 받는 상황, 장면, 소리에서 예측 가능한 패턴화된 생물학적 반응을 보인다 할지라도 여기에는 수많은 다양한 반응의 차이가 있을 수 있다. 스트레스 장면에서 우리의 생물학적 요인이 일으키는 공통적인 부분도 있으나 동시에 우리의 문화적 맥락, 개인적 선택, 즉 성격적 측면은 반복적으로 우리의 심리적 삶에 영향을 미친다. 토머스와 나는 우리가 스트레스에 어떻게 대처하는가라는 질문에 극단적인 양자택일 관점을 취하는 것이 사실과 부합하지 않는다는 점에 동의한다. 스트레스에 대한 공통적 · 개별적 반응을 모두 조심스럽게 살펴봄으로써 우리는 풍성한 대처 양식을 얻을 수 있을 것이다.

A 유형 행동 완화

인지적 기법과 행동적 기법의 결합을 통해 A 유형 행동을 완화, 감소시킬 수 있다는 연구가 있다(Friedman et al., 1994). 적어도 한 번 이상 심장 발작을 경험한 1,000명 이상을 대상으로 한 이 연구에서는 참여자를 두 집단으로 나누었다. 하나는 치료 집단으로, 언제나 시간에 쫓기는 느낌을 갖는 A 유형을 완화하기 위해 줄을 서서 기다리는(A 유형이 극도로 견디기 힘들어 하는 상황) 훈련을 하게 했다. 뿐만 아니라 기다리는 중에 이전과는 달리, 평소에 하기 힘들었던 생각을 하게도 하고 사람들을 관찰하거나 낯선 사람에게 말을 걸게 하는 등의 훈련을 시켰다. 또한 다른 사람에게 폭발적으로 감정을 쏟아 내지 않고도 자신을 표현하게 하는 등 특정한 행동(남의 말 끊기, 빨리 말하기, 허겁지겁 식사하기) 양식도 바꾸도록 치료를 했다. 또한 심리치료를 통해, 조급하고 적대적인 행동을 초래했던 이전에 가지고 있던 가치관(예: 성공은 일하는 시간과 비례한다)을 변화시키도록 했다. 마지막으로 가정과 직장에서 스트레스를 덜 받을 길을 모색하게 했다(예: 불필요한 약속을 잡지 않기 등).

이 연구의 핵심은 과연 이들과 대조군, 즉 이 같은 치료를 전혀 받지 않은 사람들 사이에 다음 심장 발작이 일어날 확률이 얼마나 차이가 나는가 하는 것이었다. 4년 반 동안의 연구가 끝날 무렵 치료 집단이 심장 발작을 일으킬 확률은 그렇지 않은 그룹에 비해 반으로 떨어졌다. A 유형 행동을 완화하는 방법을 배운 것이 이들의 건강에 분명한 도움을 준 것이다(Friedman et al., 1994).

이 장에서 기술했던 다른 연구와 마찬가지로 이 연구 역시 마음과 몸이 서로에게 영향을 미친다는 전제하에 있다. 스트레스가 건강에 어떻게 영향을 미치는가에 대한 단순한 모델은 이제 과연 어떻게 생물학적·심리학적·사회적 요인이 상호작용하여 질병 또는 건강에 영향을 주는가 하는 복잡한 모델에 자리를 넘겨주고 있다.

지금까지 살펴본 바와 같이 신체는 스트레스에 대응하여 독특한 생리적 반응을 나타낸다. 생물학적으로 취약한 사람들, 예컨대 유전적으로 심장병에 걸리기 쉬운 경향이 있는 사람 등에게는 스트레스 때문에 일어나는 이러한 생리적 반응이 건강을 해치는 쪽으로 나타나게 된다. 그러나 각자가 스트레스의 정도를 어떻게 받아들이는가는 상황의 특성과 개인사, 사건을 어떻게 해석하는가, 그리고 대처 방식 등에 따라 결정된다. 따라서 심한 스트레스 상황을 겪은 후 나타나는 심리적 스트레스와 건강을 해치는 정도는 생물학적·심리적 취약성 및 그 상황에서 각자가 끌어내는 강인함에 따라 달라진다.

10 정신장애와 치료

이상 행동의 정의
- 문화적 규범으로부터의 일탈
- 비정상
- 부적응 행동
- 개인적 고통
- 정신건강 문제의 분류
- 정신건강 문제에 관한 조망

불안장애
- 공황장애
- 공황장애와 광장공포증의 이해
- 공포증
- 공포증의 이해
- 강박장애
- 강박장애의 이해

우울증과 양극성 장애
- 우울증
- 양극성 장애
- 기분장애의 이해

첨단 연구: 자살의 이해

조현병
- 조현병의 특징
- 행동 증상과 현실로부터의 철수
- 조현병의 이해

성격장애
- 반사회성 성격장애
- 반사회성 성격장애의 이해
- 경계성 성격장애
- 경계성 성격장애의 이해

자폐 스펙트럼 장애
- 자폐 스펙트럼 장애의 진단
- 자폐 스펙트럼 장애의 이해

정신건강치료의 역사적 배경

심리치료 기법
- 행동치료
- 체계적 둔감화와 실제 노출법
- 인지행동치료
- 정신역동치료
- 인본주의 치료

첨단 연구: 정신건강 문제에 대한 마음챙김치료

생물학적 치료
- 정신약물치료
- 생물학적 치료와 심리치료의 결합

정신건강 증진하기

이상 행동의 정의

이상 행동abnormal behavior은 무엇을 의미하는가? 정의에 따르면 '이상'은 '정상에서 멀어진 것'을 뜻한다. 그러나 우리는 어떤 기준으로 '이상'과 '정상' 행동을 구분할 수 있는가? 급속도로 기술이 발전하는 시대에 혈액검사나 뇌 스캔과 같은 몇 가지 객관적 검사로 정신장애를 판정할 수 있지 않겠냐고 생각할 수 있다. 그러나 현재로서 그런 검사는 존재하지 않는다. 대신 우리는 징후와 증상, 그리고 언제 그런 증상이 정신장애를 결정하는지에 대한 주관적 기준에 의존해야 한다. 이상을 정의하기 위해 여러 기준이 제시되었다.

문화적 규범으로부터의 일탈

모든 문화권에는 적절한 행동 및 사고방식에 대한 특정한 기준 또는 규범이 있다. 그리고 이러한 규범으로부터 일탈하는 사람들은 '이상'으로 간주될 수 있다. 문화 상대주의 조망cultural relativist perspective의 지지자들은 정상과 이상에 대한 각 문화권의 정의를 존중해야 한다고 주장한다. 이를 통해 우리는 한 문화권의 기준을 다른 문화권에 강제로 부과하지 않을 수 있다. 그러나 이러한 조망에 반대 입장을 보이는 이들은 그것의 여러 위험성을 지적한다(Szasz, 1971). 히틀러가 홀로코스트를 정당화하기 위해 유대인들에게 '이상'이라는 낙인을 찍었던 것처럼, 역사적으로 사회는 사람들을 조종하거나 침묵시키는 것을 정당화할 목적으로 이상이라는 정의를 남용했다. 심지어 동일한 문화권에서도 시간이 흐르면서 이상의 개념이 급격하게 변화할 수 있다. 즉 정상과 이상에 대한 생각은 사회마다

패션은 시대에 따라 변화한다. 이상에 대한 정의 역시 마찬가지이다.

다르고, 동일한 사회 내에서도 시간이 흐르면서 변화한다.

비정상

사람들이 누군가의 행동이나 사고가 이상하거나 비정상이라고 말할 때, 이는 사람들이 일반적으로 행동하거나 사고하는 방식과는 다르게 이례적이거나 드물다는 것을 의미한다. 물론 무엇이 비정상인지는 부분적으로 문화적 규범에 따라 판단한다. 그러나 여러 문화권에서 종종 **비정상**(unusualness) 혹은 드문 행동을 '이상' 행동으로 정의한다. 그러나 이러한 정의에 의하면 극도로 똑똑하거나 극도로 행복한 사람도 '이상'으로 분류될 수 있다.

부적응 행동

많은 사회과학자들은 이상을 정의하는 데 행동, 사고, 또는 기분이 개인이나 사회집단의 기능에 어떤 영향을 미치는지가 더욱 중요하다고 믿는다. 이 기준에 의하면 개인이나 사회가 원활하게 기능하는 것을 저해하는 행동, 즉 **부적응** maladaptive 행동이 이상 행동이다. 일부 행동이나 경험은 일상생활에서 개인의 기능을 저해하며, 또 어떤 형태의 행동은 사회에 해가 된다(예: 군중에 대한 두려움 때문에 출근길에 버스를 탈 수 없는 남성).

일부 사람들에게는 가족 구성원의 죽음과 같은 특정 스트레스 사건이 급성 정신건강 문제를 일으킬 수 있다.

개인적 고통

이상을 정의하는 네 번째 기준은 개인의 주관적 **고통** distress, 즉 불안, 우울, 초조함, 불면, 식욕 상실, 혹은 수많은 통증이나 고통이다. 개인적 고통이 장애의 유일한 증상인 경우도 있으며, 주변 사람들에게 개인의 이러한 행동은 정상적인 것으로 비춰질 수도 있다.

지금까지 논의한 그 어떤 정의도 이상 행동에 대한 완전히 만족스러운 설명을 제공하지는 않는다. 일반적으로 사회적 일탈, 비정상, 부적응 행동, 개인적 고통, 네 가지 기준 모두 정신건강 문제를 진단하는 데 사용된다.

정신건강 문제의 분류

정신건강 전문가들은 진단과 연구 목적으로 부적응적이고 고통을 야기하는 증상을 장애로 분류하는 체계를 개발해 왔다. 분류체계를 통해 증상의 유사성에 따라 사람들을 분류하고 이들 간의 또 다른 유사성을 찾아봄으로써 그러한 증상의 원인을 밝혀낼 수 있다(예: 특정 삶의 경험, 공통적인 생물학적 특징). 진단명은 정신건강 문제가 있는 사람들을 대상으로 일하는 전문가들 사이에 빠르고 정확한 정보 소통을 가능하게 한다. 그러나 만약 진단명에 과도한 비중을 두게 되면 문제가 발생한다. 진단을 내리는 것은 전문가로 하여금 개인의 고유한 특징을 간과하고 분류된 범주에 맞추어 모든 것을 판단하게 할 수 있다. 우리는 또한 부적응 행동에 대한 명명이 그러한 행동의 설명이 아니라는 사실을 잊을 수도 있다.

국제질병분류 International Classification of Diseases(ICD)는 세계보건기구가 출간한 정신장애 분류체계이다. 이는 미국에서 사용되는 분류체계인 **정신질환의 진단 및 통계 편람** Diagnostic and Statistical Manual of Mental Disorders(줄여서 DSM, 2013년에 발간된 DSM-IV-TR을 DSM-5가 대체)과 일반적으로 일치한다. ICD에 따라 분류된 정신장애의 주요 범주는 개념 설명에 나와 있다. ICD는 진단을 내리기 위해 반드시 나타나야 하는 증상을 서술하고, 각각의 주제에 속하는 하위 범주의 광범위한 목록을 제공한다.

개념 설명

정신장애의 분류

여기 제시된 목록은 현재 ICD 10판에 따른 정신장애의 주요 진단 분류이다. 각 분류는 여러 하위 분류를 포함한다.

분류	서술
기질성(organic), 증후성(symptomatic) 정신장애	뇌 질환이나 손상에 의한 인지장애, 알츠하이머, 섬망, 기질적 기억상실
향정신성 약물 사용으로 인한 정신적·신체적 장애	술, 불법 약물, 처방약을 포함하는 향정신성 약물 남용 및 의존
조현병, 분열형 장애와 망상 장애	사고, 인지 왜곡, 부적절하고 둔화된 감정이 특징인 장애. 일부 단계에서 종종 망상과 환각 발생
기분(정서)장애	정상적 기분의 혼란. 개인은 극도로 우울하거나, 비정상적으로 고양되거나, 또는 고양과 우울 시기가 번갈아 가며 나타날 수 있음
신경증, 스트레스 관련 신체형 장애	과도한 불안, 스트레스에 대한 지속적인 극단적 반응, 정서 문제로 인한 의식과 정체감의 변화, 의학적 원인 없이 발병하는 신체 증상이 특징인 장애
생리적 교란 및 신체적 요인과 관련된 행동 증후군	섭식장애, 수면장애, 성장애, 산후(postpartum)에 나타나는 장애
성인 성격 및 행동 장애	미성숙하고 부적절한 방식으로 스트레스나 문제해결에 대처하는 장기적인 부적응 행동 양식(예: 반사회성 성격장애와 편집성 성격장애)
전반적 학습장애	정신 발달이 저하되거나 불완전하여 기술 손상 야기
심리 발달장애	아동기에 발병하며 언어, 시공간, 운동 기술에서 장애나 지연을 야기하는 장애
일반적으로 아동기나 청소년기에 발병하는 행동적·정서적 장애	과잉운동장애(지속, 주의 어려움, 과다 활동), 행동장애(반사회적 행동), 정서장애, 애착 어려움, 틱장애, 아동기나 청소년기에 처음으로 발생하는 다양한 문제

전통적으로 정신건강 문제는 신경증과 정신증으로 구분했다. **신경증** neurosis은 불안, 불행, 부적응 행동 등으로, 입원이 필요할 정도로 심각하지는 않은 경향이 있다. 신경증을 지닌 사람은 어느 정도 사회생활을 영위해 나갈 수 있다. **정신증** psychosis은 보다 심각한 정신장애이다. 개인의 행동 및 사고 과정이 지나치게 불안하여, 현실에서 멀어지고 일상생활의 요구를 감당할 수 없으며 입원이 필요한 경우가 많다. 전통적 진단체계는 신경증과 정신증이라는 용어로 광범위하게 분류하여 진단이 상당히 부정확한 면이 있다. ICD와 DSM은 정신장애를 보다 협소한 의미에서 정의했고, 결과적으로 보다 더 정확한 진단과 함께 주어진 사례에 적용되는 정신장애에 대한 임상가들 간의 합의가 가능하도록 했다.

여러 정신장애의 유병률은 국가마다 다르다. WHO 세계정신건강협회(WHO World Mental Health Consortium, 2004)는 '정신장애의 유병률 및 심각성과 미충족된 치료 요구에 대한 WHO 정신건강 조사(Prevalence, severity, and unmet need for treatment of mental disorders in the World Health Organization World Mental Health Survey)'를 수행했다. 자료의 변산성은 고통의 표현, 알코올 및 다른 물질 사용에 대한 문화적 규범에서 비롯된 것으로 보였다. 더욱이 많은 문화권에서 ICD나 DSM-5에 제시된 어떤 장애와도 일치하지 않는 정신건강 문제가 나타났다. 이 중 일부는 ICD나 DSM-5에 제시된 특정 장애와 동일한 근본적 원인을 지니고 있을 수 있으나 문화권에 따라 증상이 다르게 나타날 수 있다. 다른 일부 장애는 그 문화권에서만 고유하게 나타나는 것일 수 있다. 이러한 문화 관련 증후군(culture-bound syndrome)의 존재는 ICD와 DSM-5에 제시된 진단이 모든 문화권의 사람들에게 보편적으로 적용되는 장애의 목록이라기보다, 주류를 이루는 유럽과 미국 문화에서만 발생하는 장애일 가능성을 시사한다. 그리고 이는 특정 문화 규범에 대한 고려 없이 이상 행동을 정의할 수 없다고 주장하는 사람들의 입장을 지지한다.

정신건강 문제에 관한 조망

정신건강 문제의 원인을 이해하려는 시도는 세 가지 광범위한 조망 중 하나에 속한다. 의학적 모형 혹은 질환 모형이라고도 불리는 **생물학적 조망** biological perspective은 정신건강 문제가 뇌의 장애에서 기인한다고 본다. 생물학적 조망을 지지하는 연구자들은 개인의 뇌 기능에 영향을 미쳐 특정 정신건강 문제에 취약하게 만드는 유전적 요인을 찾고자 한다. 생물학적 조망의 지지자들은 또한 뇌 특정 부위 이상 혹은 신경화학체계와 신체 다른 부분에서의 기능 장애를 찾으려 시도하며, 정신건강 문제에 대한 약물치료를 옹호한다.

정신건강 문제를 심리적 기능의 문제로 보는 **심리적 조망** psychological perspective도 있다. **행동주의적 조망** behavioral perspective은 두려움이 어떻게 특정 상황과 연합되는지, 부적절한 행동이 어떻게 강화되는지를 탐색한다. **인지적 조망** cognitive perspective은 일부 정신장애 문제가 부적응적 인지 과정에서 야기되었고, 이러한 편향된 인지를 변화시킴으로써 문제가 완화될 수 있다고 본다. **정신분석적 조망** psychoanalytic perspective은 대개 초기 아동기에서 비롯된 무의식적 갈등, 억제된 충동과 정서에 의해 발생되는 불안을 다루기 위한 방어기제의 사용을 강조한다.

문화적 조망 혹은 사회적 조망은 정신건강 문제가 뇌나 개인의 마음에 있기보다 개인이 살아가는 사회적 맥락 속에 있다고 본다. 이러한 조망의 지지자들은 개인이 제대로 기능하지 못하게 하는 차별과 가난 같은 물리적 사회 환경이 스트레스로 작용한다고 본다.

스트레스 취약성 모형 vulnerability-stress model은 이러한 요인을 통합하는 한 가지 방식이 될 수 있다. 스트레스 취약성 모형은 특정 정신건강 문제에 대해 취약하게 만드는 소인과 개인이 접하는 스트레스 환경 조건간의 상호작용을 고려한다. 생물학적 수준의 취약성은 유전적 요인에서 기인한 것일 수 있다. 만성적으로 무망감과 부적절감을 느끼는 것은 우울증에 대한 심리적 수준의 취약 요인이다. 그러나 어떤 사람이 특정 정신건강 문제에 취약하다고 해서 반드시 그런 문제를 겪게 되는 것은 아니다. 취약성이 실제 질병으로 이어지는지는 그 사람이 경험하는 빈곤, 영양실조, 갈등, 혹은 삶의 외상적 사건과 같은 스트레스의 유형에 따라 다르다.

스트레스 취약성 모형의 요지는 취약성과 스트레스 모두 장애의 발병에 중요하다는 것이다. 이는 어떤 사람들은 작은 스트레스에도 심각한 심리적 문제를 겪는 반면, 다른 이들은 크나큰 삶의 고난에도 불구하고 건강한지를 이해하는 데 도움이 된다.

불안장애

불안장애 anxiety disorder는 불안이 주요 증상이거나(범불안이나 공황장애) 개인이 어떤 부적응 행동을 제어하려고 노력할 때 겪는 장애(공포증, 강박장애)를 포함한다(외상 후 스트레스 장애는 DSM-5에서 불안장애로 분류되지 않고 독립 항목으로 분류된다는 것을 주목하라). 다음은 불안장애로 고통 받는 사람의 이야기이다.

> 어느 날 헤이즐은 집 근처 길을 걸어가던 중 갑자기 강렬하고 두려운 신체 증상이 밀려오는 것을 느꼈다. 그녀의 몸 전체가 굳어지고, 땀이 나기 시작하고, 심장박동이 빨라지고, 어지러우면서 방향감각을 잃었다. '심장마비가 온 게 틀림없어. 이걸 이겨 내지 못할 거야. 끔찍한 일이 일어나고 있어. 이렇게 죽는구나.'라고 그녀는 생각했다. 헤이즐은 지나가던 사람이 도와주기 전까지 길 한가운데에서 얼어붙은 채로 서 있었다.

불안에는 네 가지 유형의 증상이 있는데 헤이즐은 각 유형의 증상을 모두 경험했다. 첫째 유형은 생리적 증상 혹은 신체 증상이다. 헤이즐의 심장이 요동치고, 땀이 나기 시작하고, 근육이 긴장되었다. 이 같은 증상은 투쟁 또는 도피 반응의 일부로 볼 수 있으며, 이는 도전적 상황에 대한 신체의 자연스러운 반응이다. 투쟁 또는 도피 반응으로 인한 생리적 변화는 위협에 맞서거나 위협으로부터 도망갈 수 있도록 신체를 준비시킨다.

둘째로 헤이즐은 불안의 인지 증상을 겪었다. 그녀는 자신이 심장마비를 겪고 있고 죽을 것이라고 확신했다. 셋째로 불안의 행동 증상이 있었다. 그녀는 얼어붙은 것처럼 도움을 받기 전까지 몸을 움직일 수가 없었다. 넷째로 그녀는 불안의 정서 증상인 두려움과 공포감을 느꼈다.

이 모든 증상은 현실적인 위협에 직면했을 경우에는 적응적이다. 그러나 맞서 싸우거나 도망쳐야 할 실제 위협이 없을 때 이러한 증상은 부적응적인 반응이 된다. 비록 위협을 인지하여 이러한 증상이 나타난 것이라 해도, 증상이 위협의 수준에 비해 과도하거나 위협이 사라진 후에도 지속된다면 이는 적응적이지 않다.

불안장애의 한 유형인 **범불안장애** generalized anxiety disorder를 가진 사람들은 끊임없는 긴장감과 두려움을 경험한다. 그들은 마음 편히 쉬지 못하고 숙면을 취하지 못할 수 있으며, 빈번한 피로, 두통, 어지러움, 요동치는 심장박동을 경험할 수 있다. 그들은 일어날지도 모르는 문제에 대해 계속 걱정하고, 집중이나 의사결정에 어려움을 겪을 수 있다. 공황장애, 공포증, 강박장애와 같은 다른 불안장애는 범불안장애에 비해 불안의 대상이 보다 구체적이다.

공황장애

헤이즐의 증상은 그녀가 **공황발작** panic attack을 경험했음을 암시한다. 이는 급작스럽게 압도적인 불안이나 공포를 경험함을 의미한다. 공황발작 동안 사람들은 끔찍한 무언가가 일어날 것이라고 확신한다. 이러한 느낌은 대개 심계 항진, 숨 가쁨, 발한, 근육 떨림, 기절, 메스꺼움과 같은 증상을 동반한다. 이러한 증상은 자율신경계의 교감신경계 흥분에 기인하며, 개인이 극도로 두려워할 때 경험하는 것과 동일한 반응이다. 극심한 공황발작을 겪는 동안 사람들은 죽음의 공포를 느낀다.

공황발작은 스트레스를 받을 때 상대적으로 자주 나타나며, 성인의 28%가 이따금 공황발작을 경험한다고 보고한다(Kessler et al., 2006). 대부분의 사람들에게 공황발작은 번거롭지만 삶의 방식을 바꾸지는 않는 별개의 사건이다. 그러나 공황발작이 잦아지고 개인이 이에 대해 걱정하기 시작할 때 **공황장애** panic disorder로 진단 내릴 수 있다. 공황장애는 상대적으로 드물다. 유럽인의 2.1%만이 공황장애를 겪는다(Alonso et al., 2004). 대개 공황장애는 사춘기 후반부터 30대 중반 사이에 나타난다.

공황장애가 있는 사람들의 약 20%는 **광장공포증** agoraphobia을 경험한다(Kessler et al., 2006). 광장공포증이 있는 사람들은 쇼핑몰과 같이 분주하고 사람들로 붐비는 장소에 있는 것을 두려워한다. 그들은 또한 버스나 엘리베이터, 지하철과 같이 혼잡하여 도피하기 어려운 장소 혹은 평원이나 황량한 해변과 같이 탁 트인 장소에 혼자 있는 것을 두려워할 수 있다. 이 모든 장소는 공황발작을 겪거나 다른 위급 상황이 발생할 때 도피하거나 도움을 받기 어렵다는 점에서 광장공포증을 겪는 사람들에게 두려움을 유발한다. 또한 그들은 자신이 공황발작을 하는 모습을 사람들이 보게 되어 수치심을 느끼는 것을 두려워한다.

광장공포증이 있는 사람들은 집에서 가까운 일부 '안전한' 장소에만 머물며, 자신의 활동 반경을 상당히 줄인다. 만일 자신이 신뢰하는 가족 구성원이나 친구들이 동행한다면 '안전하지 않은' 장소에 가 볼 수 있다. 하지만 혼자서 '안전하지 않은' 장소에 가려고 시도하면 가기도 전에 엄청난 불안감을 느끼며, 안전하지 않은 장소에 있게 되면 공황발작을 경험할 수 있다.

공황장애와 광장공포증의 이해

공황장애가 있는 사람들은 이 장애에 대한 유전적 취약성 혹은 다른 생물학적 취약성을 가지고 있다. 그러나 이는 공황장애가 전적으로 유전에 기인한다는 것을 의미하지는 않는다. 가족이 살고 있는 동일한 환경 조건이 공황장애의 발병에 기여했을 수도 있기 때문이다. 한편 쌍둥이 연구는 공황장애의 30~40%에 유전적 요인이 영향을 미친다는 것을 보여 준다(Roy-Byrne et al., 2006; Wittchen et al., 2010).

공황발작에 취약한 사람들은 과도한 투쟁 또는 도피 반응을 보인다. 전반적인 공황발작은 그러한 취약성을 지닌 사람이 투쟁 또는 도피 반응에서 일어나는 초반의 생리적 변화를 자극하는 활동을 할 때 잘 발생한다. 예를 들어 공황장애가 있는 사람들에게 의도적으로 과호흡(hyperventilate)을 시키거나 종이 가방에 대고 호흡하게 하거나, 소량의 이산화탄소를 흡입하게 했을 때 이들은 불안이 높아지는 것을 느끼며, 전반적인 공황발작을 경험할 수 있다(그림 10.1 참조; Craske & Waters, 2005; Wittchen et al., 2010).

과민한 투쟁 또는 도피 반응 또한 공포 반응을 조절하는 데 중요한 역할을 하는 편도체, 해마, 시상, 뇌간 영역의 신진대사가 감소하는 것으로 나타났다(Roy-Byrne et al., 2006). 나아가 공황발작을 겪는 사람들은 자신의 신체 감각에 예민해지며, 부정적으로 신체 느낌을 잘못 해석하고 이에 대한 파국적 사고를 하는 경향이 있다(Clark, 1988; Craske & Waters, 2005).

어떻게 공황장애로부터 광장공포증이 발생하는가? 인지행동 이론에 의하면 공황장애가 있는 사람들은 공황발작을 겪었던 장소를 생생하게 기억한다. 그들은 이러한 장소를 아주 무서워하는데, 이는 다른 비슷한 장소로까지 일반화된다. 이러한 장소를 피하면 불안이 감소하기 때문에 회피 행동이 강화된다. 공황장애가 있는 사람들은 집과 같은 특정 장소에서는 불안을 거의 경험하지 않는다. 이러한 불안의 감소는 상당히 강화되어, 결과적으로 공황장애가 있는 사람들은 '안전한' 장소라고 여기는 곳에만 머물려고 한다. 살코프스키스(Salkovskis, 1991)는 이러한 회피를 **안전행동**(safety behavior)이라 명명했다.

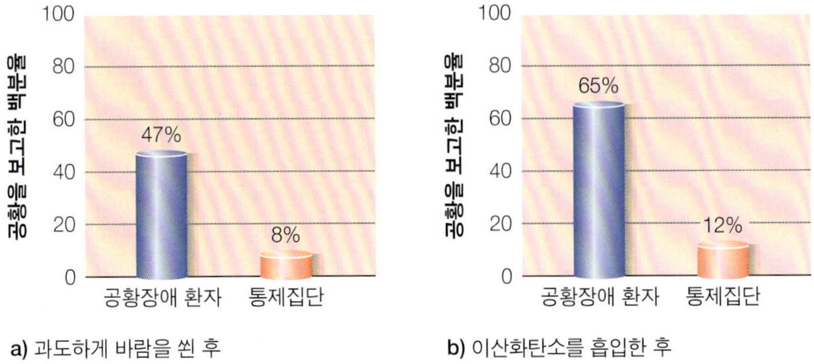

그림 10.1 환자집단과 통제집단의 공황장애. 공황장애가 있는 사람들은 공황장애가 없는 사람들보다 실험실 상황에서 이루어진 실험에서 과호흡을 하거나, 소량의 이산화탄소를 흡입할 때 공황장애가 더 많이 발생할 가능성이 있다.

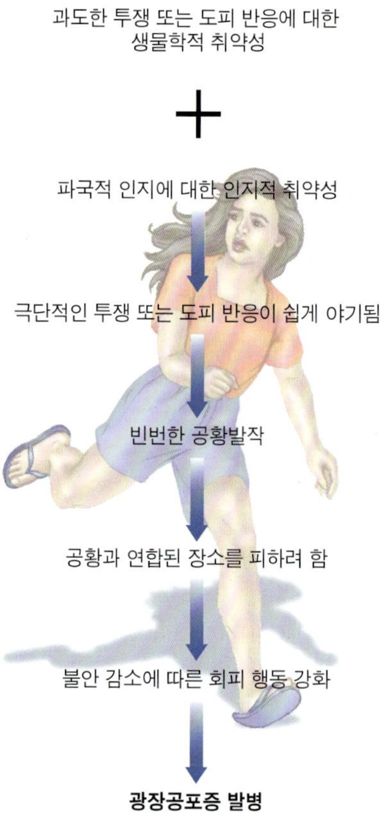

그림 10.2 공황장애와 광장공포증의 스트레스 취약성 모형. 과도한 투쟁 또는 도피 반응에 대한 생물학적 취약성과 파국적 인지(catastrophizing cognitions)에 대한 인지적 취약성의 결합이 공황장애와 광장공포증을 유발하는 일련의 과정을 이끌 수 있다.

몇몇 실험실 연구는 공황발작에서 인지적 요소가 중요한 역할을 하고, 광장공포증 행동이 학습 경험을 통해 조건화된다는 주장을 지지한다(Craske & Waters, 2005). 한 연구는 공황장애가 있는 두 집단에게 소량의 이산화탄소를 흡입시키는 마스크를 착용하게 했다. 두 집단 모두 소량의 이산화탄소를 흡입하는 것이 건강에 위협이 되지 않지만 공황발작을 일으킬 수 있다는 지시를 받았다. 이때 한 집단에게는 마스크에서 나오는 이산화탄소의 양을 통제할 수 없다고 알려 주었다. 다른 집단은 손잡이를 돌려서 이산화탄소의 양을 통제할 수 있다고 알려 주었다. 그러나 사실 두 집단 모두 이산화탄소의 양을 조절할 수 없었으며, 같은 양의 이산화탄소를 흡입했다. 연구 결과, 이산화탄소의 양을 통제할 수 없다고 믿은 집단의 80%가 공황발작을 경험한 반면 이산화탄소의 양을 통제할 수 있다고 믿은 집단에서는 20%만이 공황발작을 경험했다. 이러한 결과는 공황 증상에 대한 통제감이 공황장애에서 중요한 역할을 한다는 것을 명백하게 보여 준다(Sanderson et al., 1989).

공황장애와 광장공포증의 생물학적 이론과 인지행동 이론은 스트레스 취약성 모형으로 통합될 수 있다(Roy-Byrne et al., 2006; 그림 10.2 참조). 공황장애를 겪는 사람들은 과도한 투쟁 또는 도피 반응에 대한 유전적·생화학적 취약성을 가지고 있을 수 있다. 이 경우 사소한 촉발 자극만으로도 그들의 신체는 투쟁 또는 도피 반응의 모든 생리적 증상을 경험하게 된다. 그러나 전반적인 공황장애가 발생하기 위해서는 신체적 변화에 대한 두려움을 느끼는 것뿐만 아니라, 이러한 증상을 파국화하는 경향과 공황발작에 대한 과도한 걱정이 동반되어야 한다. 신체 변화에 대한 잘못된 평가는 다시 생리적 반응성을 강화하고, 이는 다시 전반적 투쟁 또는 도피 반응을 겪을 가능성을 높인다. 광장공포증은 사람들이 공황 증상과 연합된 장소를 피하고, 불안을 적게 느끼는 장소에만 있으려 할 때 발생한다.

공포증

공포증 phobia은 일반적으로 사람들이 특별히 위험하다고 보지 않는 자극이나 상황에 대한 강렬한 공포를 의미한다. 사람들은 한두 가지의 대상에 대해 상당한 공포를 느낀다. 뱀 공포, 곤충 공포, 고소 공포를 예로 들 수 있다. 그러나 이러한 공포가 일상생활에 큰 지장을 초래하지 않는다면 일반적으로 공포증으로 진단하지 않는다. 폐쇄된 공간이 두려워 엘리베이터를 타지 못하는 여성 또는 군중에 대한 공포가 있어서 극장에 가지 못하거나 혼잡한 인도를 걷지 못하는 남성의 경우는 공포증으로 진단된다.

ICD와 DSM-5는 공포증을 특정 공포증(DSM-5 이전에는 단순공포증), 사회불안장애(social anxiety disorder), 광장공포증의 세 가지 광범위한 범주로 나눈다. **특정 공포증** specific phobia은 특정한 사물, 동물, 또는 장소에 대한 공포를 말한다(예: 뱀, 세균, 폐쇄된 공간, 어둠에 대한 강렬한 공포). 특정 공포증은 유럽 인구의 약 8%가 평생 한 번쯤은 진단받을 정도로 상당히 흔하게 나타난다(Alonso et al., 2004).

뱀 공포증은 가장 흔한 공포증 중 하나이다.

사회불안장애 social anxiety disorder(DSM-5 이전에는 사회공포증)가 있는 사람들은 사회적 상황에서 극심한 불안정함을 느끼며, 다른 사람 앞에서 창피를 당하는 것에 대한 과장된 공포를 가지고 있다. 이들은 종종 손 떨림, 빨개진 얼굴, 떨리는 목소리와 같은 징표를 통해 다른 사람들이 자신의 불안을 알아차릴까 봐 두려워한다. 만약 그들이 두려워하던 사회적 상황에 처하면 몸을 떨고, 땀이 나기 시작하고, 당황해하고, 어지럼증을 느끼고, 가슴이 마구 두근거리고, 결국 전반적인 공황발작을 일으키게 된다. 유럽 인구의 2.4%가 평생 한 번은 사회불안장애로 진단받는다(Alonso et al., 2004).

공포증의 이해

프로이트는 사람들이 불안을 자신의 무의식적 동기나 욕구를 상징하는 사물로 대치할 때 공포증이 발생한다고 주장했다. 말에 대해 강한 공포를 가졌던 어린 한스를 대표적인 사례로 들 수 있다. 프로이트는 소년의 공포를 오이디푸스적 공포(Oedipal fear)라는 측면에서 해석하고 다음과 같이 분석했다. 한스는 어머니와 사랑에 빠졌고, 아버지를 질투하고 미워했다. 그리고 자신이 아버지의 자리를 차지하려 했다(오이디푸스 갈등). 하지만 한스는 아버지가 자신을 거세하여 이에 보복할까 봐 두려워했다. 한스의 의식에서 그 욕구는 용납할 수 없는 것이었고, 이런 갈등으로 인해 거대한 불안이 생겨 이 불안이 아무 관련 없는 사물로 대치되었다(한스가 보았던, 거리에서 쓰러진 채 심하게 채찍질 당하던 거대한 말).

프로이트의 공포증 분석을 가장 신랄하게 비판한 이들은 행동주의자였다(Watson & Rayne, 1920). 행동주의자들은 공포증이 무의식적 불안에서 생겨나는 것이 아니라 고전적 조건형성과 조작적 조건형성에 의해 발생한다고 주장했다. 많은 공포증은 외상 경험 이후에 나타난다. 물에 빠져 거의 죽을 뻔한 아이는 물에 대한 공포증이 생기고, 개에 물린 아이는 개에 대한 공포증이 생긴다. 수업 시간에 말하던 중 더듬거리는 바람에 친구들에게 비웃음을 당한 사춘기 청소년의 경우, 대중 앞에서 말하는 것에 대한 공포를 경험한

어떤 사람들은 어린 시절 위협적인 개를 본 이후 개 공포증이 생길 수 있다.

다. 이런 경우 중성자극(물, 개, 대중 연설)이 불안을 일으키는 외상 사건(물에 빠지거나, 개에 물리거나, 당황함)과 연합된다. 고전적 조건형성을 통해 이전에는 중성자극이었던 것이 이제 불안 반응을 유발한다. 더욱이 공포증이 있는 사람은 공포를 유발하는 대상을 회피함으로써 불안이 감소되고, 이러한 공포증 행동은 조작적 조건형성을 통해 유지된다.

일부 공포증은 개인의 경험에서 비롯되기도 하지만 관찰을 통해 대리학습되는 경우도 있다(Muris et al., 1996). 다양한 상황에서 공포를 느끼는 부모의 자녀는 그러한 상황에 처했을 때 부모와 동일한 반응을 보일 수 있다. 쌍둥이 연구는 부분적으로나마 유전적 요인이 영향을 미친다는 것을 보여 준다(Hettema et al., 2001). 공포증 자체가 유전된다기보다 공포증 조건화에 대한 취약성이 유전되는 것으로 보인다(Hettema et al., 2003).

강박장애

한 남성은 매일 밤 몇 번씩 침대에서 나와 모든 문이 확실히 잠겼는지 확인한다. 침대로 돌아가면서 한 가지를 놓쳤을지 모른다는 생각에 괴로워한다. 한 여성은 자신의 아기를 찌를 수 있다는 반복적인 사고 때문에 가위나 칼을 다뤄야 할 때마다 엄청난 공포감을 경험한다. 한 10대 소녀는 학교에 항상 늦는데, 화장대에서 빗 교체하기, 책가방에서 학교 물품 배열하기, 침실 문지방 건너기 등의 행동을 몇 번씩, 주로 앞서 한 행동에 4를 곱한 수만큼 다시 해야 할 것 같은 느낌이 들기 때문이다.

이러한 사람들은 모두 **강박장애** obsessive-compulsive disorder(OCD)를 가지고 있다. **강박사고** obsession는 불쾌한 사고, 심상, 혹은 불안을 일으키는 충동이 지속적으로 침습하는 것을 의미한다. **강박행동** compulsion은 불안을 감소시키는 특정 행동이나 일련의 의식을 행하고자 하는 충동을 의미한다. 강박사고는 종종 강박행동과 관련된다(예: 잠복해 있는 세균에 대한 사고는 식기를 사용하기 전에 몇 번씩 세척하는 강박행동을 야기한다). 강박장애의 주요 특징은 통제력 상실에 대한 주관적 경험이다. 이들은 문제가 되는 생각을 하지 않으려 애쓰고, 행동을 반복하는 것을 멈추려 하지만 그러지 못한다.

강박장애가 있는 사람들은 일상생활에 지장을 줄 정도로 강박적 사고와 행동을 하는 데 지나치게 많은 시간을 보낸다. 이들은 자신의 사고가 비이성적이고 불쾌하다는 것을 알고 있지만 그러한 사고를 무시하거나 억누를 수 없다. 그들은 강박행동이 무의미하다는 것을 알지만 강박행동에 저항하려고 할 때 불안을 느낀다. 그러나 일단 강박행동을 하고

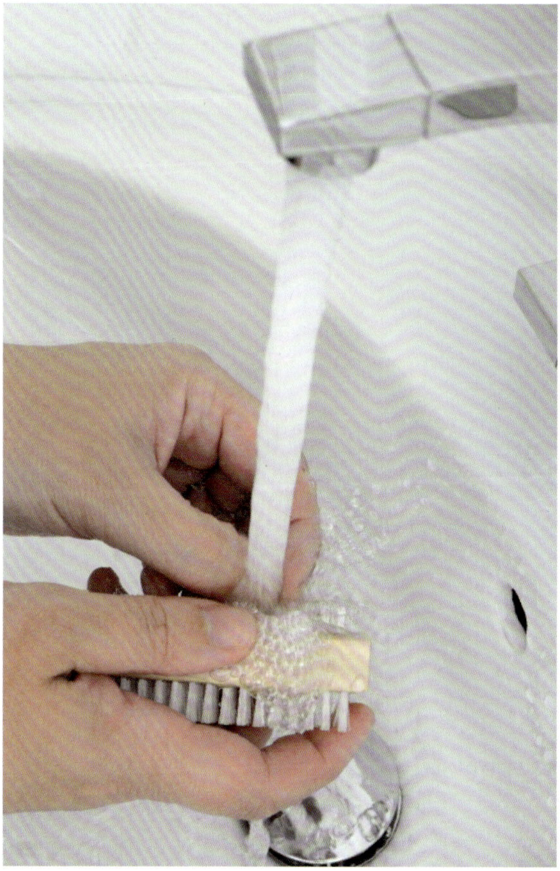

세균에 대한 강박사고는 강박적인 손 씻기로 이어지는 경향이 있다.

나면 해방감을 느낀다.

강박사고는 다양한 주제를 포함하지만 대체로 자기 자신이나 남에게 해를 끼치지 않을까 하는 염려, 전염에 대한 공포, 완료된 업무가 만족스럽게 완수되지 않았다는 의심과 관련이 있다(Leckman et al., 2010). 강박행동의 유형은 다양한데 씻기와 확인하기가 가장 일반적인 유형이다(Foa & Steketee, 1989). '강박적으로 씻는 사람들(washers)'은 특정한 사물이나 사고에 노출되어 전염되었다고 생각하고, 세정 의식을 수행하는 데 몇 시간을 보낸다. '강박적으로 확인하는 사람들(checkers)'은 문, 전등, 오븐, 완료한 일의 정확성 등을 10번, 20번, 또는 100번 확인하거나 반복적인 의식 행동을 계속한다. 강박행동은 개인이 피하고자 하는 해로운 결과를 막기 위한 행동이라는 점에서 안전행동의 또 다른 예이다.

현재 DSM-5가 강박장애를 단순히 불안장애의 하위 범주로 분류하지 않고 개별 범주로 분류하면서 강박장애에 대한 관심이 증가하고 있다. 수집광(hoarding), 피부 뜯기 장애(skin-picking), 털 뽑기 장애(hair-pulling)는 강박장애의 예이다. 강박장애는 어린 나이에 발병하는 경우가 흔하다(Foa & Franklin, 2001). 인구의 1~3% 정도가 평생 한 번 정도 강박장애를 겪을 위험이 있다(Angst et al., 2004; Kessler et al., 2005).

강박장애의 이해

인지행동 이론가들에 따르면 강박장애가 있는 사람들은 엄격하고, 도덕적 사고를 하는 경향이 있어서 침습적 사고를 '꺼버리는 데' 더욱 어려움을 겪는다(Rachman, 1998; Salkovskis, 1999). 강박장애가 있는 사람들은 또한 모든 사고를 통제할 수 있어야 한다고 믿으며, 모든 사람이 간혹 부정적인 사고를 한다는 사실을 받아들이지 못한다. 그들은 이러한 사고를 가지는 것이 스스로 미쳐 간다는 것을 의미하거나 실질적인 행동(만약 내가 내 아이에게 해를 끼친다는 생각을 하는 것만으로도 실제로 아이를 해친 것처럼 죄책감을 느낄 것이다)을 한 것이나 마찬가지라고 여기는 경향이 있다.

강박행동은 강박적인 사람이 어떤 행동을 함으로써 일시적으로 강박사고와 불안이 가라앉은 것을 경험한 후 발생할 수 있다. 이러한 불안의 감소는 강박행동을 강화하고, 강박

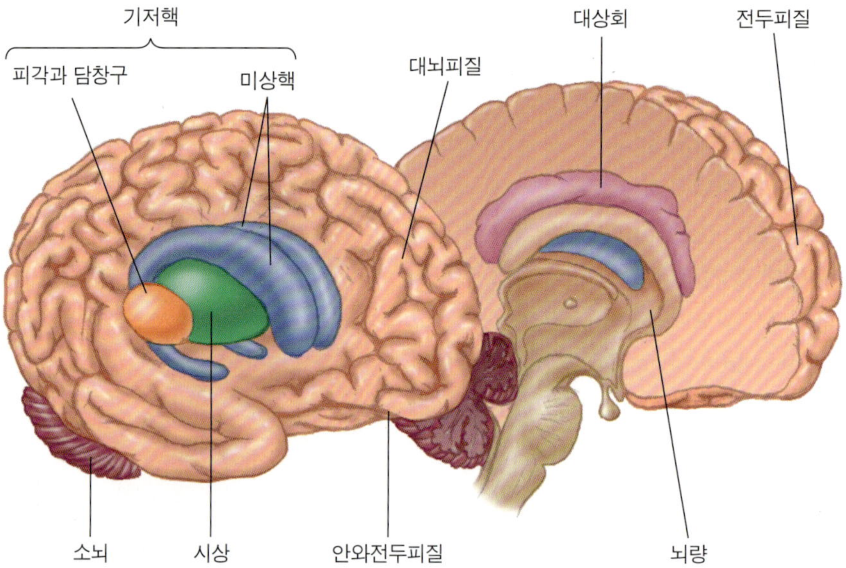

그림 10.3 인간의 뇌와 강박장애. 뇌의 삼차원적 모습은 강박장애와 연관 있는 영역인 안와전두피질과 기저핵의 위치를 보여 준다. 기저핵의 구조 중에서 미상핵은 안와전두피질에서 생기는 강력한 충동을 여과하며, 따라서 가장 강력한 충동만이 시상에 도달한다.

행동을 발생시킨다. 강박사고가 발생할 때마다 불안을 감소시키기 위한 행동을 할 수밖에 없다. 강박장애에 대한 인지행동적 설명은 경험적 연구를 통해 상당한 지지를 받고 있다(Julien et al., 2007).

강박장애에는 생물학적 원인도 있을 수 있다. 일부 가족 연구는 장애 유전자가 어떤 사람이 강박장애에 취약한지를 결정한다는 것을 시사한다(Mundo et al., 2006). 그러나 강박장애의 생물학적 연구 대부분은 운동 기능, 인지, 감정과 관련 있는 뇌의 중요한 회로에 초점을 맞추었다(Milad & Rauch, 2012). 이러한 회로는 전두피질의 특정 부분으로부터 선조체라고 불리는 기저핵 부분, 그리고 기저핵에서 시상까지 뻗어 있으며 전두피질로 되돌아간다(그림 10.3 참조). 생물학적 이론의 지지자들은 강박장애가 있는 사람들의 강박사고 및 행동이 오염, 성행위, 공격성, 반복되는 행동 등 뇌의 신경회로가 처리하는 기능과 관련이 있다고 제안한다(Milad & Rauch, 2012; Rauch, 2003).

요약하면, 생물학적 요인과 심리학적 요인이 함께 작용하여 여러 불안장애가 발병할 수 있다. 이러한 장애를 지닌 사람들은 불안에 대한 유전적 · 신경학적 · 생화학적 취약성을 지니고 있을 수 있다. 그러나 불안장애가 발병하는 데에는 불안을 감소시키기 위한 파국적 사고 경향이나 부적응적 회피행동이 동반되어야 한다.

우울증과 양극성 장애

기분장애 mood disorder는 기분에서의 장애(disturbance)가 특징이다. 기분장애에는 두 가지 유형이 있다. **우울장애** depressive disorder가 있는 사람들은 슬프고 우울하거나 저조한 나날을 보낸다. **양극성 장애** bipolar disorder가 있는 사람들에게는 우울한 기간과 조증(고양되거나 흥분된 기분)의 기간이 번갈아 나타나는데, 대개 이 양극단의 기분 사이에 정상적인 상태로 돌아오기도 한다.

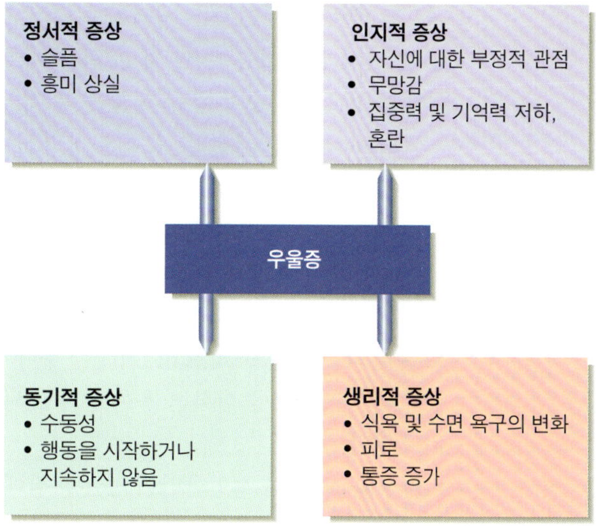

그림 10.4 우울증의 증상. 우울증은 정서적 · 인지적 · 동기적 · 신체적 증상을 포함한다.

우울증

우리 중 대부분은 슬프거나 무기력하고, 즐거운 활동에서조차 흥미를 느끼지 못하는 시기를 겪는다. 그러나 증상이 너무 심각하여 정상적 기능을 방해하고 이것이 몇 주 이상 지속될 때 우울증은 장애가 된다. 인구의 13%가 평생 한 번쯤은 심각한 우울 삽화를 경험할 정도로 우울장애는 상대적으로 흔한 질병이다(Alonso et al., 2004; Merikangas et al., 2011). 우울장애가 발생할 가능성은 남성보다 여성에게서 더 높다.

우울증은 기분장애의 특징을 가지고 있으나, 기분뿐만 아니라 신체 기능과 행동 및 사고에도 영향을 미치는 심각한 질병이다(그림 10.4 참조). 우울증의 정서적 증상은 우리가 일상생활에서 때때로 경험하는 우울한 기분이 아니라 끝이 없는 고통과 절망감을 말한다. 우울증을 겪는 사람들은 즐거움을 느끼는 능력을 잃었다고 보고하는데 이를 **무쾌감증** anhedonia이라 부른다. 인지적 증상은 주로 무가치감, 죄책감, 절망, 심지어 자살에 대한 생각이 주된 부정적 사고로 이루어져 있다. 평소보다 일에 대한 동기도 저조하다. 게다가 우울한 사람은 수동적인 경향을 띠고, 활동을 시작하는 것을 힘들어 한다. 우울한 사람들은 많은 신체 증상을 경험한다. 식욕이 떨어지고, 잠을 많이 자거나 혹은 적게 잘 수 있다. 또한 매우 피곤해하는 경향이 있으며, 에너지가 바닥날 수 있다.

불행하게도 심각한 우울증은 장기간 지속될 수 있다. 심각한 우울증이 있는 사람들에 대한 연구는 1년 중 이들에게 증상이 없었던 기간이 30%에 불과하다고 밝혔다(Kessler et al., 2003). 우울증은 회복한다 하더라도 새로운 삽화의 재발 위험성이 매우 높다.

양극성 장애

기분장애가 있는 일부 사람들은 우울증과 조증을 모두 경험하며, 이에 따라 조울증(manic-depression)으로 알려진 양극성 장애로 진단받게 된다. 개인은 우울증과 극단적인 고양 사이를 교대로 겪는다.

조증 삽화 manic episode를 경험하는 사람들은 표면적으로는 우울증과 반대로 보이는 방식으로 행동한다. 그들은 에너지가 넘치고 열정적이며 자신감으로 가득 차 있다. 그들은 쉴 새 없이 말하고, 잠도 안 자고, 한 가지 활동을 끝내자마자 또 다른 활동에 뛰어들고, 실현 가능성은 전혀 염두에 두지 않은 채 거창한 계획을 세운다.

이러한 에너지, 자신감, 열정은 상당히 매력적으로 보일 수 있으며, 사실 조증 삽화를 겪는 많은 사람들도 증상이 사라지는 것을 원치 않는다. 그러나 어느 시점에 조증 증상은 종종 충만한 기쁨의 상태에서 적대적인 동요 상태로 넘어간다. 조증 삽화를 겪는 사람들은 자신의 행동을 방해하면 화를 내고 폭력적으로 돌변한다. 이들의 충동(성적 충동 포함)은 행동으로 혹은 언어적으로 즉시 표출된다. 조증이 있는 사람들은 마음의 혼란을 겪고 분별력을 잃을 수 있으며, 거대한 부나 성취 혹은 권력에 대한 망상을 경험할 수 있다. 결국 대부분의 조증 삽화는 우울 삽화로 되돌아가며 일부는 극단적인 우울을 경험하는 경우도 있다.

인구의 2% 이하 성인들만이 양극성 장애를 경험한다(Alonso et al., 2004; Merikangas et al., 2011). 양극성 장애는 남성과 여성에게서 동일하게 나타나며, 유전 가능성이 높고, 다른 약물에 반응하지 않으며, 치료하지 않으면 거의 항상 재발한다는 점에서 다른 기분장애와 구별된다.

기분장애의 이해

생물학적 조망

양극성 장애가 있는 사람의 일차 친족(부모, 자녀, 형제자매)은 양극성 장애가 없는 사람의 일차 친족보다 양극성 장애와 우울장애 모두 발병할 확률이 5~10배에 이르는 것으로 나타났다(Farmer et al., 2007). 양극성 장애가 있는 일란성 쌍둥이는 일반 사람들에 비해 양극성 장애 위험률이 45~75배 정도 높다(Farmer et al., 2007).

우울증 역시 유전적 요소가 영향을 미친다는 몇몇 증거가 있다. 가족력 연구에서 우울증 환자의 일차 친족은 다른 이들에 비해 우울증의 비율이 2~4배 높은 것으로 나타났다(Sullivan et al., 2000). 쌍둥이 연구는 우울증에도 유전적 요소가 영향을 미치지만 그 기여도는 양극성 장애에 비해 낮은 수준이라고 제안했다(Levinson, 2009).

기분장애에서 유전적 요인의 구체적 역할은 명확하지 않다. 그러나 생화학적 이상성이 관련이 있는 것으로 보인다. 모노아민 계열의 신경전달물질인 노르에피네프린, 세로토닌, 도파민은 기분장애에서 중요한 역할을 하는 것으로 알려져 있다. 일부 연구는 우울증이나 양극성 장애가 있는 사람들이 특히 시상하부처럼 감정 통제와 관련 있는 뇌 영역의 모노아민 신경전달의 모든 단계에서 이상이 있을 수 있음을 시사한다(Thase, 2009).

컴퓨터 단층영상(CT)과 자기공명 영상(MRI)을 이용한 뇌 영상 연구는 심각한 단극성 우울과 양극성 장애가 있는 사람의 전전두엽 피질 영역이 퇴화한 것을 발견했다(Thase, 2009). 그림 10.5는 양극성 장애 환자의 경우 전전두엽 피질의 한 부분인 대상회에서 활동이 감소되는 것을 보여 준다. 뿐만 아니라 인지 기능 및 감정의 조절과 관련된 시상에서도 활동이 감소되었다. 이와 유사하게 우울한 사람들은 일반인보다 전전두엽 피질 및 시상, 시상하부, 편도체, 해마에서도 마찬가지였다. 이러한 구조적 · 기능적 뇌 이상은 기분장

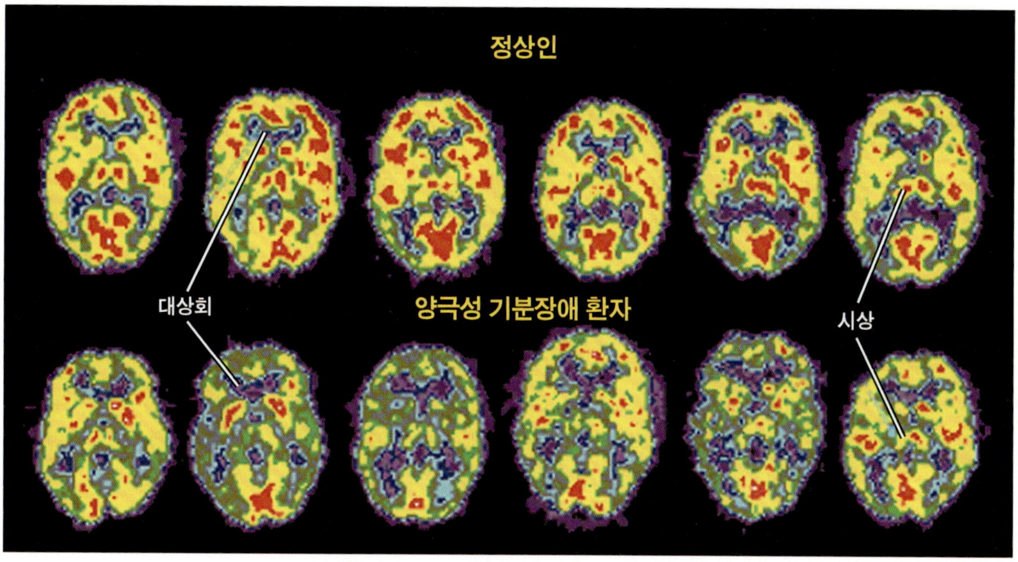

그림 10.5 **양극성 장애의 양전자 단층촬영 스캔.** 통제집단 피험자 6명과 양극성 장애 환자 6명의 양전자 단층촬영(PET) 스캔. 양극성 장애 환자들의 대상회와 시상에서 상대적으로 신진대사 비율이 감소한 것을 주목하라.

애의 전조 및 원인이거나, 뇌에 독성 효과를 미치는 생화학적 과정의 결과일 수 있다.

인지적 조망

인지적 이론에 따르면 사람들은 삶에서 일어나는 사건을 비관적이고 절망적으로 해석하기 때문에 우울해진다(Abramson et al., 2002). 에런 벡(Aaron Beck)은 우울한 사람의 부정적 사고를 세 가지 범주로 나누고 **인지삼제**(cognitive triad)로 정의했다. 이는 자기 자신, 현재 경험, 미래에 대한 부정적 사고를 의미한다(Beck, 1976). 자신에 대한 부정적 사고는 자신이 가치 없고 부적절하다는 개인의 신념을 포함한다. 우울한 사람의 미래에 대한 부정적 관점은 무망감 중의 한 가지 유형이다. 우울한 사람들은 자신의 부적절성과 결함으로 인해 현재의 절망스러운 상황이 나아지지 않을 것이라고 믿는다.

벡은 우울한 사람들의 자신에 대한 부정적 신념(나는 무가치한 존재야, 나는 제대로 하는 게 아무것도 없어)은 부모의 죽음, 동료들로부터의 사회적 거부, 부모나 교사의 비판, 또는 연속적인 비극적 사건과 같은 경험을 통해 아동기 혹은 사춘기 동안 형성된다고 제안했다. 부정적 신념을 학습한 상황과 조금이라도 유사한 다른 새로운 상황에 처하게 될 때 부정적 신념이 활성화되고, 결과적으로 우울증이 발병할 수 있다. 게다가 벡에 의하면 우울증을 겪는 사람은 사고의 체계적 오류를 범하는데, 이는 자신에 대한 부정적 신념에도 영향을 준다. 표 10.1에 이러한 인지적 왜곡의 예시가 제시되어 있다.

우울증이 있는 사람들은 사고의 내용뿐만 아니라 사고 과정에서도 편향을 보인다. 그들은 **반추**(rumination)하는 경향이 있는데, 이는 문제해결을 위해 행동은 하지 않으면서 특정한 방식으로 문제와 감정에 반복적으로 주의를 기울이는 것을 의미한다(Nolen-Hoeksema et al., 2008; Watkins, 2008). 우울한 사람들은 또한 기본적인 주의와 기억

표 10.1 우울증의 인지적 왜곡

벡의 이론에 의하면 다음은 우울증이 있는 사람들이 주로 보이는 사고의 주요 오류이다.	
과잉일반화	한 사건에 근거하여 전체에 대해 일반화된 결론을 내리는 것. 예를 들어 학생은 특정한 날의 수업에서 좋지 않은 성적을 받은 것을 근거로 자신이 서투르고 멍청하다는 결론을 내린다.
선택적 추출	상황의 사소한 세부 사항에는 집중하는 반면 더 중요한 특징은 무시하는 것. 예를 들어 상사가 비서의 전반적인 업무 수행을 칭찬한 대화에서 비서는 다소 비판적으로 해석될 수 있는 말만 기억한다.
확대하기와 축소하기	수행에 대한 평가에서 불쾌한 작은 사건은 확대하고 유쾌한 큰 사건은 최소화하는 경향. 가령 한 여성이 자동차 사고에서 차가 약간 찌그러진 것을 재앙으로 여긴다(확대하기). 반면에 수업에서 훌륭하게 발표했지만 이를 자랑스럽게 여기지 않는다(축소하기).
개인화	세상의 불운한 일에 대한 책임을 부정확하게 추정하는 경향. 예를 들어 야외 뷔페 때 비가 와서 음료 안에 빗물이 들어갔을 때 주최자는 날씨보다 자기 자신을 탓한다.
임의 추론	뒷받침할 증거가 거의 없는데도 임의로 결론을 내리는 것. 예를 들어 한 남성은 아내의 슬픈 얼굴을 보고 아내가 자신에게 실망했다고 생각한다. 만약 그가 상황을 제대로 확인했다면, 아내가 괴로워하는 이유가 친구가 병에 걸렸기 때문임을 알 수 있었을 것이다.

과정에서도 부정적 사고에 대한 편향을 나타낸다(Gotlib & Joormann, 2010). 그들은 우울하지 않은 사람보다 슬픈 표정을 띤 얼굴과 같은 부정적인 자극에 더 오래 주의를 두며, 이러한 자극으로부터 벗어나는 데 어려움을 겪을 가능성이 높다.

대인관계 조망

우울증의 대인관계 이론에 의하면 우울한 사람들은 보통 다른 사람들의 의견과 지지에 지나치게 의존한다(Joiner & Timmons, 2009). 그들은 자신이 다른 사람들로부터 수용되고 사랑 받는다는 확신을 끊임없이 추구한다. 그러나 타인이 주는 확신을 전혀 믿지 않고 계속 불안해하며 매달린다. 시간이 지나면서 가족이나 친구들은 그들의 이러한 행동에 지치고 좌절하거나 적대감을 보일 수 있다. 우울한 사람들은 다른 사람의 짜증을 인지하고 관계에 더 불안을 느끼며, 결과적으로 타인으로부터 자신이 수용되고 있다는 확신을 찾는 데 더 매달리게 된다. 결국 그 사람에 대한 사회적 지지는 모두 철회되고 우울증이 심해진다. 우울한 사람들이 거부에 더 민감하고, 다른 정신장애가 있는 사람들보다 더 과도한 인정 추구 행동을 할 가능성이 높다는 연구가 이러한 이론을 지지한다.

양극성 장애에서 심리사회적 요인

양극성 장애에는 강력한 유전적 근원이 있지만 심리사회적 요인 역시 장애의 경과에 중요한 역할을 한다. 생활 스트레스 사건은 양극성 장애의 새로운 삽화를 촉발할 수 있다(Johnson et al., 2009). 특히 가족 구성원들이 비판적이고, 적대적이고, 서로를 매우 감정

첨/단/연/구

자살의 이해

Susan Nolen-Hoeksema, 예일대학교

우울증의 가장 비참한 결과는 자살이다. 자살을 시도하거나 자살하는 사람 모두가 우울증에 걸린 것은 아니지만, 자살 생각이나 자살 행동은 우울증 환자들에게서 매우 빈번하게 발생한다. 전 세계적으로 매년 약 100만 명 정도가 자살을 하는데, 이는 40초마다 한 명씩 자살을 하는 셈이다(WHO, 2008).

자살 시도는 여성이 남성에 비해 3배 정도 더 많다. 그러나 실제로 자살 성공 가능성은 여성보다 남성이 더 높다(그림 10.6 참조). 여성의 자살 시도가 높은 이유는 아마도 여성의 높은 우울증 발병률과 관련이 있을 것이다. 남성의 자살 시도 성공률이 높은 것은 자살 방법과 관련이 있다. 여성은 손목 긋기나 수면제 복용과 같이 덜 치명적인 자살 방법을 택하는 반면, 남성은 총기나 일산화탄소 흡입, 목을 매는 것과 같은 더 치명적인 방법을 택할 가능성이 높다(CDC, 2007).

자살률은 국가별로 차이가 나는데, 유럽과 과거의 소련연방 국가들, 오스트레일리아는 자살 비율이 높은 반면, 라틴아메리카와 남아메리카는 낮다(그림 10.7 참조; WHO, 2005). 미국의 자살률은 캐나다와 영국, 두 극단 사이에 있다. 이러한 차이는 자살에 대한 문화적 · 종교적 규범과 연관이 있을 수 있다.

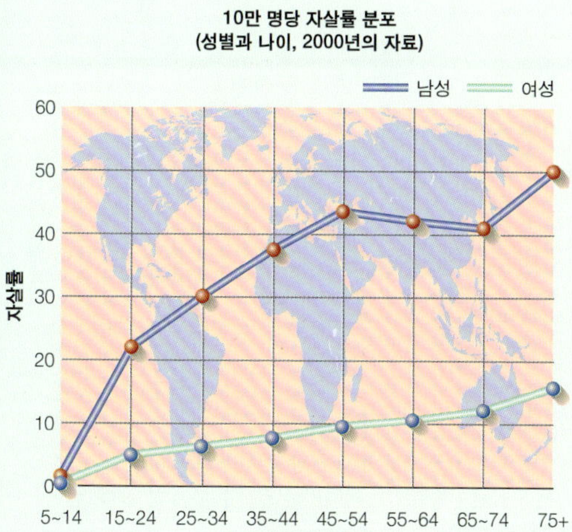

	5~14	15~24	25~34	35~44	45~54	55~64	65~74	75+
남성	1.5	22.0	30.1	37.5	43.6	42.1	41.0	50.0
여성	0.4	4.9	6.3	7.7	9.6	10.6	12.1	15.6

그림 10.6 성별, 나이, 자살. 많은 국가에서 남성은 여성보다 자살에 성공할 가능성이 높고, 자살의 비율은 고연령층에서 가장 높다.

자살한 사람들의 90% 이상이 진단 가능한 정신장애를 앓고 있었으며, 일반적으로 기분장애가 가장 흔하다(Jacobson & Gould, 2009 Fombonne). 덧붙여 약물 남용은 자살에서 중요한 역할을 한다. 알코올 의존증인 사람들의 평생 자살 위험률은 알코올에 의존적이지 않은 사람들보다 7배 높다(Joiner et al., 2005; Nock et al., 2008). 알코올중독이 우울증과 공발할 때 자살의 위험성이 더욱 높아진다. 알코올은 충동적 행동, 심지어 자살 시도와 같은 자기파괴적 행동 억제력을 감소시킨다.

최근 연구는 이미 심리적 문제가 있는 사람들 사이에서 자살이 전염될 수 있음을 시사한다(Jacobson & Gould, 2009). 그 예로, 대만의 연구자들은 M. J. Nee라는 인기 TV 스타의 자살이 미디어에 보도된 직후 우울증이 있는 438명을 인터뷰했다. 그 결과, 이들 중 38.8%는 미디어 보도가 자살 생각을 증가시켰다고 보고했고, 5.5%는 미디어 보고를 본 후 자살을 시도했다고 보고했다(Cheng et al., 2007). 유명 연예인의 자살이 보도되기 한 달 전에 자살을 시도했던 사람의 경우, 최근에 자살을 시도하지 않은 사람보다 자살 소식을 듣고 다시 자살 시도를 할 가능성이 약 12배가 넘는 것으로 나타났다.

사회의 유명 인사가 자살하면 그 사람과 자신을 동일시하는 사람들이 자살을 쉽게 수용한다. 위에서 기술한 대만의 연구 대상자 중 몇몇은 '그는 자살이 부끄러운 일이 아니라는 것을 보여 주었다' 혹은 '그는 내가 품위 있게 따를 수 있는 용감한 순교자였다'고 말했다(Cheng et al., 2007, pp. 72-73). 같은 학교에서 자살 시도가 연속적으로 발생한다든가 유명 인사의 자살을 따라 자살하는 것과 같이 두 번 이상의 자살이나 자살 시도가 비무선적으로 어떤 장소나 시간에서 한꺼번에 발생하는 것을 과학자들은 **연쇄 자살**(suicide cluster)이라고 부른다(Joiner, 1999). 연쇄 자살은 청소년들 사이에서 주로 나타나는 것으로 보인다(Jacobson & Gould, 2009).

만약 친구 혹은 가족 구성원이 자살에 대해 생각하는 것으로 의심된다면 어떻게 해야 할까? 이는 대다수의 사람들이 두려워서 생각하고 싶지 않은 상황일 것이다. 또

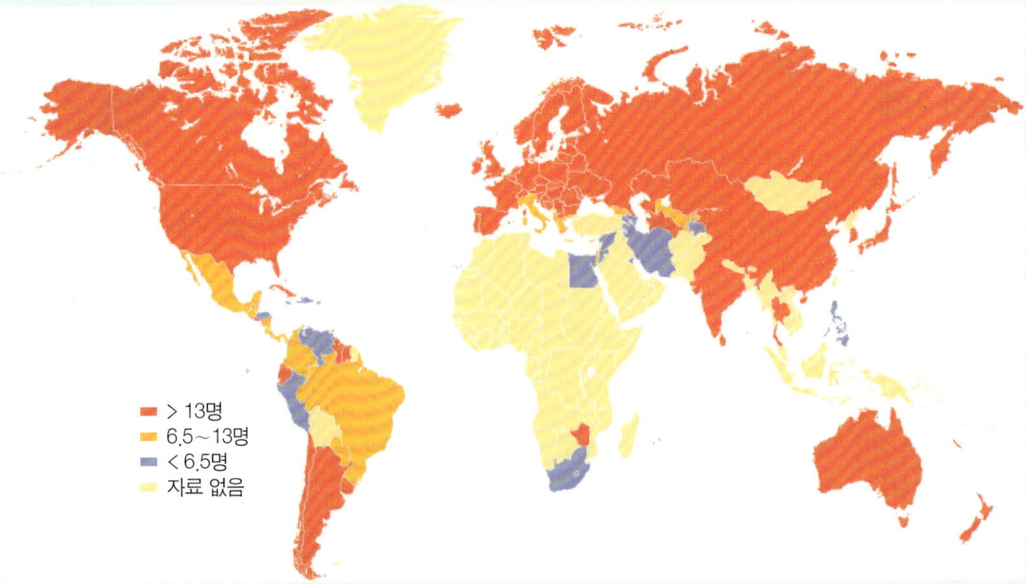

그림 10.7 **자살률 지도.** 자살률은 국가마다 상당히 다르다. 이 지도는 전 세계 여러 지역의 10만 명당 자살률을 보여준다.

한 우리는 그 사람에게 자살하고 싶은지에 대해 직접 물어보거나, 미처 생각해 보지 않은 자살 가능성을 제안하게 될까 봐 염려할 수 있다. 그러나 연구는 자살 사고나 충동을 가진 사람들과 직접적으로 대화하는 것이 중요하다고 제안한다. 이러한 사람들은 종종 누군가가 자신의 생각을 알아차리고 염려해 주는 데 안도감을 느낀다. 직접적인 대화에 이어 치료를 받도록 격려하는 것이 좋다. 만약 스스로 즉시 해를 가하려는 생각을 가지고 있는 사람이 있다면 병원 응급실로 데려가거나 자살 위기 상담 전화에 연락하여 응급치료를 받을 수 있도록 돕는 것이 중요하다.

적으로 대하며, 서로 지지해 주지 못하는 경우, 양극성 장애 증상의 재발 가능성이 높아진다(Hooley, 2007).

조현병

조현병 schizophrenia 환자는 현실과 현실이 아닌 것을 구분하지 못하고, 일상생활에 대응하는 것을 어려워하여 종종 부동의 상태에 빠진다. 전체 인구의 약 1%가 조현병으로 고통 받으며, 남성과 여성에게서 비슷한 비율로 발병하는 것으로 보인다(Linscott & van Os, 2010). 조현병은 개인과 가족, 공동체에게 큰 부담을 부과한다. 이 장애는 보통 사춘기 후반이나 성인기 초반에 시작하는데, 이는 개인이 직장 생활을 시작하거나 가정을 꾸리기 시작하는 때이다. 불행히도 조현병은 낙인이 가장 심한 장애 중 하나이다. 따라서 조현병 환자와 가족은 감당하기 힘든 수치심을 안고 살아야 하는 경우가 흔하다.

조현병의 특징

조현병은 증상의 수가 많고 종류도 다양하다. 최근 DSM-5로 개정되면서, 조현병으로 진단받는 데는 진단 기준 A에 포함된 두 가지 증상이 나타나야 한다. 또한 진단 기준 A에서도 세 가지 주요 양성 증상(망상, 환각, 와해된 언어) 중 적어도 하나를 경험해야 한다.

사고와 주의에서의 장애

조현병 환자들은 사고의 과정과 사고의 내용 모두에서 장애를 겪는다. 조현병이 있는 사람이 쓴 다음 글을 살펴보자.

> 만약 사물이 농업이나 수준의 회전에 의해 돌고 모든 것에 시간이 정해져 있다면, 나는 사실인 이야기를 들었을 때 이전 서류 또한 조사받는다는 것을 가리키는 것이고, 내 딸 메리 로가 오른쪽 아래 갈라진 귓볼을 가지고 있다는 걱정이 있다. 많은 추상적인 것들이 말하지 않은 채 있는데 파손의 수준에서 우유, 날씨, 상업, 정부, 전자 기기에서 퓨즈는 이행되지 않았고 모두 이전의 모든 국가들은 필연적으로 사실화되지 않았다. (Maher, 1966, p. 395).

단어와 구 자체는 말이 되지만 단어와 구 사이의 관계가 이해되지 않는다. 관련 없는 단어나 구의 병렬, 기이한 단어 연상(때로 **단어 샐러드** word salad라고 불림)은 조현병 환자의 글쓰기나 말의 특징이다. 이러한 특징은 **연상의 이완** loosening of association, 즉 개인의 사고가 하나의 주제에서 다른 주제로 관련 없이 옮겨 다니는 것을 반영한다. 게다가 이러한 일련의 사고는 종종 단어의 의미보다는 발음에 의해 영향을 받는 것처럼 보인다.

조현병의 전형적 특징인 혼란스러운 사고 과정은 주의 집중 및 부적절한 자극을 걸러 내는 전반적인 어려움에서 기인하는 듯하다. 우리 대부분은 선택적으로 주의를 집중할 수 있다. 그러나 조현병 환자는 많은 자극을 동시에 수용하여 이를 이해하는 데 어려움을 겪는다. 자신의 주의를 통제할 수 없고 사고에 초점을 맞출 수 없는 느낌이 조현병 환자가 주로 경험하는 것들 중 하나이다.

조현병적 망상을 가진 영국 환자들을 대상으로 한 연구에서는 환자들이 TV 메시지를 통해 통제당하고 있다는 두려움을 가진 것으로 나타났다.

조현병 환자들은 **망상** delusion에도 시달린다. 이는 대부분의 사람들이 보기에 현실을 잘못 해석하는 것으로 보이는 신념을 의미한다. 가장 흔한 망상은 외부 힘이 자신의 사고나 행동을 통제하려 한다는 신념이다. 이러한 조종망상(delusion of influence)은 누군가의 사고가 전 세계로 방송되어 다른 사람들이 들을 수 있다는 신념, (본인의 사고가 아닌) 이상한 사고가 자신의 마음에 주입되거나, 감정이나 행동이 외부의 어떤 힘에 의해 부과된다는 신념을 포함한다. 특정한 사람이나 집단이 자신을 위협하거나 자신을 대상으로 음모를 꾸민다는 신념(피해망상, delusion of persecution)도 빈번한 반면, 자신이 영향력 있거나 중요한 사람이라고 생각하는 신념(과대망상, delusion of grandeur)은 흔하지 않다.

편집 paranoid이라는 용어는 피해에 초점을 맞춘 신념을 지칭할 때 사용된다. 편집증적 망상을 가진 사람은 친구나 가족을 의심할 수 있으며, 독살 당할까 봐 두려워하고, 사람들이 자신을 감시하고 미행하며 자신에 대해 얘기한다고 불평할 수 있다. 드문 경우, 편집증적 유형의 조현병이 있는 사람은 자신에게 해를 가하려 한다고 생각하는 사람들을 공격할 수도 있다. 그러나 조현병을 가진 사람들은 대부분 정신착란으로 인해 자기 자신을 위험에 빠뜨릴 순 있어도 다른 사람들에게 위협이 되진 않는다.

지각에서의 장애

급성 조현병 삽화를 경험하는 사람은 종종 세계가 다르게 보인다고 보고한다. 가령 이들에게는 소음이 더 크게 들리고, 색이 더 강렬하게 느껴진다. 이들의 신체가 이전과 같아 보이지 않을 수도 있다(손이 너무 크거나 작고, 다리가 매우 길고, 눈이 얼굴에서 어긋나 있는 것처럼 보일 수 있다). 가장 극적인 지각장애는 **환각** hallucination으로, 이는 관련이 있거나 적절한 외부 자극이 없을 때도 느끼는 감각경험을 의미한다. 환각 중에서는 청각적 환각(무엇을 하라고 말하거나 행동에 대해 지적하는 목소리)이 가장 흔하다. 다음의 예가 보여 주듯이 환각은 종종 두렵고 무서운 경험이다.

> 어느 시점에 동료들의 얼굴을 보면 그들의 얼굴이 일그러져 보이곤 했다. 그들의 이빨은 나를 집어삼킬 준비가 된 송곳니처럼 보였다. 대부분의 시간 동안 나는 집어삼켜질 것 같은 두려움 때문에 다른 누군가를 쳐다볼 수 없었다. 나는 그 병에서 풀려나 평온할 틈이 없었다. 잠을 청하려는 순간에도 악마는 계속 나를 잠들지 못하게 했다. 그래서 나는 때때로 그들을 찾으려고 집을 돌아다녔다. 잠을 자거나 깨어 있을 때도 내 모든 것이 사로잡혀 있었다. 난 내가 악마에게 사로잡혔다고 느꼈다. (Long, 1996)

청각적 환각은 일반적인 생각에서도 나올 수 있다. 우리는 종종 마음속으로 대화를 나눌 수 있다. 예를 들어 스스로의 행동에 대해 지적하거나 다른 사람과 가상의 대화를 할 수 있다. 어떤 때는 자신에게 소리를 내어 얘기할 수도 있다. 조현병이 있는 사람이 듣는 목소리는 자신을 욕하거나 자신이 무엇을 해야 할지 지시하는데, 이는 마음속으로 나누는 대화와 비슷하다. 그러나 청각적 환각을 경험하는 사람은 목소리가 자신으로부터 나왔다는 것이나, 스스로 목소리를 통제할 수 있다고 믿지 않는다.

정서 표현에서의 장애

조현병을 겪는 사람들은 보통 비정상적인 정서반응을 보인다. 그들은 종종 자신을 슬프거나 행복하게 만드는 상황에서 움츠러들거나 아예 반응하지 않을 수 있다. 예를 들어 조현병이 있는 남성은 딸이 암에 걸렸다는 소식을 들었을 때 아무런 정서적 반응을 보이지 않을 수 있다. 그러나 정서적 표현에서의 둔감함 이면에 내적 혼란이 숨겨져 있을 수 있으며, 폭발적인 분노가 표출될 수 있다.

조현병이 있는 사람들은 가끔씩 상황에 적절하지 않거나 표현하고자 하는 사고와 잘 맞지 않는 부적절한 감정을 표현한다. 예를 들어 이들은 비극적 사건에 대해 말하면서 미소를 지을 수 있다.

행동 증상과 현실로부터의 철수

조현병이 있는 사람들은 때때로 기괴한 행동을 보인다. 몇몇은 조증 상태인 것처럼 매우 흥분하여 쉬지 않고 움직일 수도 있다. 반면에 다른 이들은 전혀 반응을 하지 않거나, 특이한 자세를 취한 채 오랜 시간 미동도 하지 않고 가만히 있을 수도 있다. 이런 긴장증적 부동(catatonic immobility) 상태는 장시간 지속될 수 있다. 이렇게 현실로부터 완전히 철수한 것처럼 보이는 사람도 내적인 사고와 환각에는 반응하고 있을지도 모른다.

기능 저하

조현병이 있는 사람들은 앞서 기술한 특정 증상 외에 매일 반복되는 평범한 일상 수행 능력의 손상을 경험한다. 만약 장애가 청소년기에 발생하면 학교생활에 대처하는 능력이 저하되고, 사회기술이 부족하며, 친구가 거의 없을 것이다. 조현병을 겪는 성인들은 종종 직업을 갖거나 유지하지 못하다. 개인 위생과 몸단장 상태가 좋지 않으며 다른 이들과 동행하는 것을 피하게 된다.

조현병의 이해

DSM-5에 따라 조현병은 이제 스펙트럼상에서 이해되며, 여기에는 조현성(schizoid)과 조현형(schizotypal)으로 알려진 성격장애도 포함된다.

생물학적 조망

가족 연구는 조현병의 유전적 소인이 있다는 것을 보여 준다. 그림 10.8은 조현병으로 진단받은 사람과 유전적으로 얼마나 가까운지가 조현병에 대한 생애 위험률의 함수가 된다는 것을 보여 준다. 조현병 환자가 일란성 쌍둥이일 경우, 다른 한 명도 조현병일 가능성이 이란성 쌍둥이보다 3배 높다. 아무런 관련이 없는 사람보다는 무려 46배나 더 높다.

유전적 이상은 조현병이 있는 사람들의 비정상적 뇌 구조 및 기능 이상을 야기할 수 있다. 이들의 전전두피질은 조현병이 없는 사람들보다 작고 해당 영역의 활동성도 낮은 것으로 나타났다(Andreasen, 2001; Barch, 2005; 그림 10.9 참조). 전전두피질은 언어, 정서 표현, 계획 세우기, 새로운 아이디어 만들기, 사회적 상호작용 매개에서 중요한 역할을 한

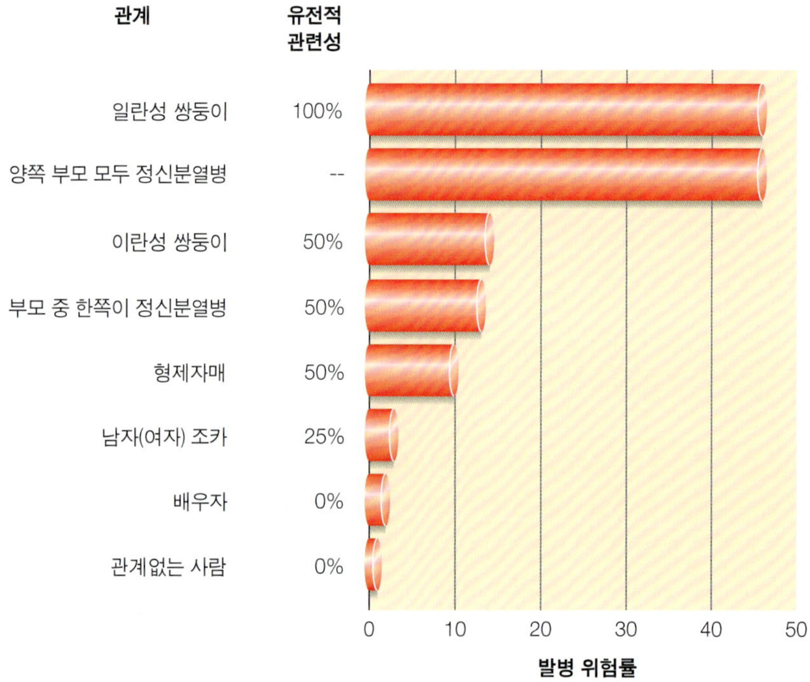

그림 10.8 유전적 관계와 조현병. 조현병의 생애 위험률은 조현병이 있는 사람과 환경을 얼마나 공유하는지가 아니라, 조현병이 있는 사람과 유전적으로 얼마나 가까운지와 더 관련이 있다. 부모가 조현병인 경우, 유전적 관련성은 백분율 측면에서 표현될 수 없지만 개인의 '유전가(genetic value)'를 부모의 유전가에 회귀하는 정도를 백분율로 나타낼 때 100%가 된다. 일란성 쌍둥이도 마찬가지로 100%이다.

다. 따라서 조현병이 있는 사람처럼 전전두피질이 작거나 비활동적인 경우 인지, 정서 및 사회적 상호작용에 광범위한 결함을 보인다는 것이 논리적으로 타당해 보인다.

신경화학적 이론에 따르면 조현병은 도파민이 주범으로 추측된다(Downar & Kapur, 2008). 먼저 피질하 부위인 중변연계는 인지 및 정서와 관련된 곳인데, 이곳에서 과도한 도파민 활동이 있을 수 있다. 이는 결과적으로 환각, 망상, 와해된 사고를 야기한다. 두 번째로 주의와 동기 및 행동의 구성과 관련된 뇌의 전전두엽 영역에서 비정상적으로 낮은 도파민 활동이 있을 수 있다. 전전두엽 영역에서의 낮은 도파민 활동은 동기의 결여, 스스로를 돌보는 능력의 상실, 부적절한 정서 표현을 야기할 수 있다.

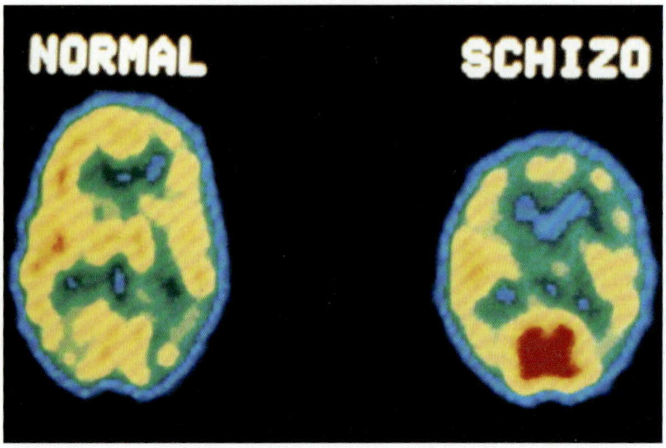

그림 10.9 정상인의 뇌와 조현병이 있는 사람의 뇌. 양전자 방사 단층촬영(PET) 사진은 조현병이 있는 사람과 정상인의 전전두엽 피질에서 신진대사의 차이를 보여 준다.

뇌의 구조와 신경화학적 기능에서의 이러한 이상은 태아나 유아기 때 입은 뇌 손상에서 비롯될 수도 있다. 연구에 따르면 조현병이 있는 사람들은 출산 합병증, 출산 시 뇌 손상, 유아기 중추신경계 감염(뇌수막염), 산모의 임신 합병증이나 임신 중 인플루엔자 감염과 같은 병력이 있을 가능성이 높은 것으로 나타났다(Cannon & Keller, 2006).

심리사회적 조망

최근 연구에서 가장 주목받는 스트레스의 유형은 가족 관련 스트레스이다. 정서 표현을 과도하게 하는 가족 구성원들은 서로의 일에 지나치게 관여하거나, 장애가 있는 가족 구성원을 과보호한다. 동시에 그러한 구성원을 비판하고 적대적으로 대하며 화를 낸다. 조현병이 있는 사람 중 정서 표현이 과도한 가족을 가진 경우, 조현병이 있지만 그런 가족이 없는 사람에 비해 새로운 정신증적 삽화를 겪을 가능성이 3~4배 더 높다(Hooley, 2007).

정서 표출에 대한 연구를 비판하는 이들은 조현병 환자의 일부 가족에게서 관찰된 적대감과 간섭이 장애의 원인이 아니라고 주장한다. 오히려 이는 장애가 있는 구성원에 의해 나타나는 증상의 결과일 수 있다고 제안했다(Parker et al., 1988). 가족은 환각과 같은 양성 증상을 환자 스스로 통제할 수 없는 것으로 여기고 관대하지만, 동기 결여와 같은 음성 증상에 대해서는 너그럽지 못할 수 있다(Hooley, 2007). 이러한 증상이 있는 사람들은 더 많은 부정적 정서 표출을 이끌어 내어 재발에 취약해질 수 있다.

성격장애

성격장애 personality disorder는 장기간 지속되는 부적응적 행동 패턴이다. 지나치게 융통성이 없고 부적응적인 성격 특성은 개인의 기능에 심각한 손상을 가져오는데 이를 성격장애라고 한다. 성격장애가 있는 사람들은 자기 자신을 심하게 괴롭게 하거나 일상생활 기능이 손상되는 방식으로 자신과 세상을 경험한다. 이러한 경험은 아동기나 청소년기에 시작되어 시간과 여러 상황에 걸쳐 지속되며, 삶의 영역 대부분에 영향을 미치게 된다. 이러한 개인이 경험하는 특정 감정, 사고 및 행동은 성격장애의 유형에 따라 다양하다.

ICD와 DSM은 몇 가지 성격장애를 열거한다. 가장 많이 연구되었고 진단 신뢰도가 높은 성격장애는 반사회성 성격장애[ICD에서는 반사회적 인격장애, 비사회적 성격장애(dissocial personality disorder)로 분류되지만 대부분의 경우 반사회성 성격장애라고 불림]이다. 이 절에서는 반사회성 성격장애와 함께 최근 많은 논란이 있는 경계성 성격장애에 대해 논의할 것이다.

반사회성 성격장애

반사회성 성격장애 antisocial personality disorder가 있는 사람들은 책임감과 도덕심, 그리고 타인에 대한 배려가 거의 없다. 그들의 행동은 전적으로 자신의 필요에 의해 결정된다. 다시 말해 그들은 양심이 결여되어 있다. 반사회성 성격장애가 있는 사람들은 자신이 바라는 것만 생각할 뿐, 다른 사람들이 바라는 것은 고려하지 않는다. 이들은 충동적으로 행동하고, 욕구를 즉각적으로 충족하려 하며, 좌절을 견디지 못한다.

반사회적인 행동은 여러 원인에서 비롯된다. 비행을 저지르는 갱단 가담, 범죄 하위 문화, 주목받고 지위를 얻고자 하는 욕구, 현실과의 접촉 상실, 충동성 조절 불능 등이 이에 포함된다. 대부분의 비행 청소년과 성인 범죄자는 다른 사람(예: 가족이나 비행 집단의 구성원)에 대한 어느 정도의 배려가 있으며, 몇 가지 도덕 행동 강령(절대 친구를 배신하지 않는다)을 고수한다. 반면 반사회성 성격장애가 있는 사람들은 자기 자신을 제외한 다른 사람들에게 거의 감정을 느끼지 않고, 자신의 행동이 초래하는 고통이 얼마나 큰지 개의치 않으며, 후회나 죄책감을 거의 느끼지 못하는 것처럼 보인다. 반사회성 성격장애의 또 다른 특징은 거짓말을 매우 잘하는 것과 다칠 수도 있다는 걱정 없이 자극을 추구하는 것, 그리고 처벌을 받아도 행동을 고치지 못하는 것이다. 반사회성 성격장애가 있는 사람들은 가끔 멋지고 지적이며 다른 사람을 다루는 데 능숙한 사람처럼 보인다. 그들은 겉으론 자신감 있고 성실해 보여 좋은 일자리를 구할 수 있지만 이를 유지하지 못한다. 즉 빚을 지고, 가족을 부양하지 않으며, 회사 자금을 횡령하거나 범죄를 저지른다. 반사회성 성격장애가 있는 사람들은 붙잡히면 매우 그럴싸한 변명을 하며 회개하는 듯 보여 종종 처벌을 면하고 다시 기회를 얻기도 한다. 그러나 그들이 하는 말은 자신이 실제로 느끼는 것이나 행동하는 것과는 아무 관련이 없다.

다행히도 반사회성 성격장애의 모든 증상을 가진 경우는 상대적으로 드물다. 남성의 약 3%와 여성의 약 1%가 평생 한 번은 이 장애를 경험하여 여성보다는 남성에게 더 흔한 장애이다(Hare & Neumann, 2008).

반사회성 성격장애의 이해

생물학적 요인

쌍둥이와 입양아 연구에 따르면 반사회적 성격이 유전되며, 초기 아동기에 시작되는 반사회적 성향은 더욱 그러한 것으로 나타났다(Kendler, Jacobson, Myer, & Eaves, 2008).

반사회성 성격장애의 가장 중요한 특징 중 하나는 충동성이다(Rutter, 1997). 많은 동물 대상 연구와 일부 인간 대상 연구는 충동적이고 공격적인 행동이 세로토닌이라는 신경전달물질의 낮은 수준과 연관이 있음을 시사한다(Krakowski, 2003; Mann et al., 2001).

반사회적 성격을 가진 사람들은 또한 집중 유지, 추상적 사고, 목표 수립과 실천, 자기 감찰과 자기인식, 부적응적 행동 패턴을 적응적 패턴으로 바꾸는 것 등에 결함을 보인다(Henry & Moffitt, 1997). 이러한 기능을 포괄하여 집행 기능(executive function)이라 부르는데, 이는 주로 뇌의 측두엽과 전두엽에서 통제된다. 실제로 일부 연구에서 반사회적 성인(주로 교도소 수감자)과 일반 집단을 비교했을 때, 측두엽과 전두엽의 구조 및 기능에 차이가 있다는 것이 발견되었다(Morgan & Lilienfeld, 2000).

다른 연구에서는 반사회성 성격장애가 있는 사람들이 낮은 각성 수준을 보였는데, 심박률과 피부 전도 반응이 상대적으로 낮았다(Sylvers et al., 2008). 각성 수준이 낮다는 것은 위협적인 상황에서도 두려움을 덜 느낀다는 것을 말해 준다. 두려움이 없는 것은 일부 사람들로 하여금 싸움이나 강도와 같이 반사회적이고 폭력적인 행동에 가담하게 한다. 게다가 각성 수준이 낮은 아이의 경우 처벌을 겁내지 않기 때문에, 처벌의 위협 때문에 반사회적 행동을 그만두지는 않을 것이다.

반사회성 성격장애가 있는 사람들은 만성적인 낮은 각성 상태를 불편하게 느끼고, 자극 추구를 통해 이를 완화하려 할 수 있다(Eysenck, 1994). 몇몇 사람들은 자극을 추구하기 위해 위험하거나 충동적인 행동을 하는데, 이는 반사회적 성격을 발달시킬 가능성을 증가시킨다.

사회적 요인

반사회성 성격장애의 유전적 소인을 가진 아이라 할지라도 반사회적 행위를 촉진하는 환경에 노출되지 않는다면 반사회성 성격장애가 발달하지 않을 수 있다(Dishion & Patterson, 1997; Dodge & Pettit, 2003). 반사회성 성격장애가 있는 아이의 부모는 종종 아이에게 무관심하고 아이를 적대적으로 대하는 것으로 보인다. 부모는 아이의 일상에 관여하지 않으며, 아이가 어디에 있는지 혹은 아이의 친구가 누구인지 전혀 알지 못한다. 이런 부모는 아이와 상호작용할 때 아이에게 적대감을 보이며, 신체적 폭력을 행사하고, 아이를 조롱한다(Dishion & Patterson, 1997). 반사회적 성격을 가진 아이의 모든 부모가 이와 같은 설명에 부합하는 것은 아니지만, 부모의 무관심과 적대감은 아이의 반사회성 성격장애에 대한 취약성을 잘 예측하는 변인이다.

반사회적 성격에 영향을 미치는 생물학적 및 가족 요인은 종종 함께 작용한다. 반사회적인 방식으로 행동하는 아이들은 종종 산모의 약물 복용, 태아기 영양실조, 태아기 때나 출생 후 독성물질에의 노출, 아동 학대, 출산 합병증, 저체중 출생 등으로 인한 신경심리적 문제를 안고 있다(Moffitt, 1993). 이러한 신경심리적 문제를 가진 아이들은 화를 잘 내고, 충동적이고, 서툴거나 과민하고, 부주의하며, 또래보다 배우는 속도가 더디다. 이러한 특징을 지닌 아이들을 보살피는 것은 힘든 일이기 때문에 결과적으로 학대당하고 관심 받지 못할 위험이 높아진다. 한편 이러한 아이의 부모는 대부분 10대이거나, 자신도 심리적 문제가 있어 가혹하거나 일관되지 않은 양육을 할 수 있다. 따라서 아이가 파괴적이고 반사회적인 행동을 할 유전적 소인과 이러한 행동에 영향을 미치는 부모의 양육 방식이 결합될 수 있다.

부모가 체벌을 사용하면 아동이 폭력 성향을 발달시킬 가능성이 높아진다.

인지적 요인

반사회성 성격장애가 있는 아이들은 사회적 상호작용에 대한 정보를 공격적인 반응을 촉진하는 방향으로 처리하는 경향이 있다(Crick & Dodge, 1994). 그들은 다른 아이들이 자신에게 공격적일 것이라고 가정한다. 게다가 반사회성 성격장애가 있는 아이들은 자신이 가장 좋아하는 연필을 가져가는 것과 같은 또래의 부정적 행동이 실수가 아니라 고의로 그런 것이라고 생각하는 경향이 있다. 또래 아이들의 도발을 지각하고 어떻게 반응해야 할지 결정할 때, 반사회성 성격장애가 있는 아이들은 보통 공격적으로 행동한다. 이를 대신할 다른 반응을 고려하도록 압력을 준다면 이 아이들은 비효율적이고 모호한 반응을 하며, 공격하는 것 외의 반응이 소용없고 마음에 들지 않는다고 흔히 여긴다.

사회적 상호작용에 대해 이러한 방식으로 생각하는 아이들은 다른 사람들을 대할 때 공격적으로 행동할 가능성이 있으며, 이에 대해 보복당할 수 있다. 다른 아이들은 이런 아이를 때릴 것이고, 부모와 선생님은 이런 아이를 처벌할 것이며, 다른 사람들에게 더 부정적으로 비춰질 것이다. 이러한 행동은 세상이 자신을 등졌다는 가설을 견고히 하여 아이가 다른 사람들의 행동을 그릇된 방식으로 해석하는 경향이 더 심해질 수 있다. 이런 방식으로 공격적이고 반사회적인 행위를 부추기고 유지시키는 상호작용의 악순환이 형성될 수 있다.

경계성 성격장애

경계성 성격장애 borderline personality disorder는 기분, 대인관계 및 자기지각의 극단적인 변동이 특징이다. 경계성 성격장애가 있는 사람들은 사소한 일에도 심각한 우울과 불안을 느끼거나 사소한 자극에도 분노를 자주 표출한다. 자기 자신에 대한 관점은 극도의 자기의심부터 과대한 자기중요성에 이르기까지 매우 극단적이다. 다른 사람과의 관계 역시 불안정하다. 이들은 다른 사람을 이상화하다가도 급작스레 경멸하는 등 변덕스러운 모습을 자주 보인다. 경계성 성격장애가 있는 사람들은 종종 절망적인 공허함을 느낀다. 따라서 초기에는 새로운 사람을 만나거나 치료자에게 매달리며 그들이 자기 안의 크나큰 공허함을 채워 주길 기대한다. 동시에 그들은 다른 사람의 단순한 행동에 대해 자신을 버리거나 거절하는 신호로 잘못 해석하기도 한다. 기분과 자기개념, 대인관계에서의 불안정성은 자해나 자살 시도와 같은, 충동적으로 자신에게 해를 가하는 행동으로 이어지기도 한다. 마지막으로 경계성 성격장애가 있는 사람들은 일시적으로 비현실감을 느끼거나 시간감각을 잃고, 심지어 자신이 누구인지를 잊어버리는 등의 삽화를 겪기도 한다.

경계성 성격장애가 있는 사람들의 경우 물질 남용, 우울증, 범불안장애, 특정 공포증, 광장공포증, 외상 후 스트레스 장애, 공황장애와 같은 다른 장애를 함께 진단받기도 한다(Kraus & Reynolds, 2001). 경계성 성격장애가 있는 사람들을 대상으로 한 종단 연구에서는 약 10%가 자살로 사망하며, 약 75%가 자살을 시도하는 것으로 나타났다(Linehan et al., 2001). 인구의 약 1~4%가 평생 한 번은 경계성 성격장애를 경험한다(Lenzenweger et al., 2007). 경계성 성격장애 진단은 남성보다 여성에게서 더 많다.

경계성 성격장애의 이해

정신분석 이론에 따르면 경계성 성격장애가 있는 사람들은 자기 자신과 타인에 대한 개념 발달이 부진한데, 이는 초기 양육자와의 좋지 못한 관계에서 비롯된다(Kernberg, 1979). 경계성 성격장애가 있는 사람들의 양육자는 아동이 자율적인 자기개념을 발달시키려 시도하는 것을 처벌하고, 자신에게 과도하게 의존하도록 부추긴다. 그 결과, 경계성 성격장애가 있는 사람들은 자신과 다른 사람의 관점을 완전히 구분하는 것을 배우지 못한다. 이는 그들로 하여금 자신에 대한 타인의 의견과 그들로부터 버림받을 가능성에 대해 과민하게 반응하게 만든다. 다른 사람이 자신을 거절한다고 지각할 때, 그들은 스스로를 거부하고 자기처벌이나 자해 행동을 할 수 있다.

정신분석 이론은 또한 경계성 성격장애가 있는 사람들이 자기개념이나 다른 사람에 대한 개념의 긍정적 자질과 부정적 자질을 통합하지 못한다고 주장한다. 이는 그들의 초기 양육자가 자신에게 의존적이며 순종적일 때는 안정감과 보상을 주지만, 그들이 분리되고자 할 때는 적대감을 보이며 거부했기 때문이다. 따라서 경계성 성격장애를 가진 사람들은 자기 자신이나 다른 사람들을 '전적으로 좋은 사람'이나 '전적으로 나쁜 사람'으로 보는 경향이 있으며, 이 두 관점 사이를 오간다. 이러한 과정을 분열(splitting)이라고 한다. 분열은 경계성 성격장애가 있는 사람들의 정서와 대인관계를 불안정하게 만든다. 그들의 정서와 대인관계에 대한 관점이 변덕스러운 것은 '전적으로 좋은' 자신 및 타인에 대한 관점과 '전적으로 나쁜' 자신 및 타인에 대한 관점 사이의 동요를 반영한 것이다.

경계성 성격장애가 있는 사람들을 대상으로 한 연구 결과, 이들은 경계성 성격장애가 없는 사람들에 비해 불안정했던 아동기, 학대, 방임, 그리고 부모가 정신병리 문제를 지니고 있는 경우가 더 많은 것으로 나타났다(Helgeland & Torgersen, 2004).

경계성 성격장애에 대해 영향력 있는 이론가 중 한 명인 마샤 리네한(Linehan et al., 2001)은 경계성 성격장애가 있는 사람들은 정서 조절 능력에 근본적으로 결함이 있다고 주장한다. 상황에 대한 극단적 정서반응은 충동적 행동으로 이어진다. 게다가 리네한은 경계성 성격장애가 있는 사람들은 자신에게 중요한 타인이 자신의 정서 경험을 무시하고 비판한 내력이 있다고 주장한다. 이로 인해 적절한 정서 조절 기술을 배우지 못하고, 사건에 대한 자신의 정서반응을 수용하고 이해하는 것을 힘들어 한다. 또한 이들은 성숙한 방식으로 다른 사람에게 직접 도움을 요청하는 것을 어려워하며, 교묘하고 우회적인 방식으로 다른 사람의 지지를 얻어 내고자 한다.

자폐 스펙트럼 장애

자폐 스펙트럼 장애autism spectrum disorder는 DSM-5가 개정되면서 이전에는 자폐증(autism), 아스퍼거 장애(Asperger's disorder), 소아기 붕괴성 장애(childhood disintegrative disorder), 레트 장애(Rett's disorder), 전반적 발달장애(pervasive developmental disorder)로 구분하던 것을 포괄적으로 재정립한 것이다. 이는 아동기에 처음 발병하며, 사회적 상호작용, 타인과의 의사소통, 일상 행동, 흥미, 활동 등 발달상의 여러 영역에 심각하고 지속적인 손상을 초래한다. 자폐 스펙트럼 장애를 가진 일부 아동은 정상 또는 우수한 수준의 지능과 특기를 갖고 있지만, 많은 아동은 적어도 경미한 수준의 지적장애를 가지고 있다.

자폐 스펙트럼 장애의 진단

자폐 스펙트럼 장애는 사회적 상호작용과 의사소통 및 활동에 결함을 보인다. 자폐 스펙트럼 장애가 있는 사람들은 유아기 때, 대부분의 유아와 달리 양육자의 반응에 웃지 않거나 눈도 잘 마주치지 않는다. 껴안는 것을 좋아하지 않고, 나이가 들면 다른 아이들과 노는 데는 흥미가 없고 혼자 노는 것을 선호한다. 또한 이들은 다른 사람의 감정에 반응하지 않는 것처럼 보인다.

3세인 리처드는 뭐든지 혼자서 하는 것 같았으며 다른 사람에게 냉담한 것처럼 보였다. 리처드는 아침에 엄마에게 인사도 하지 않고, 아빠가 일을 마치고 집에 돌아왔을 때도 반기지 않았으며, 보모와 있을 때는 많은 시간을 소리만 질렀다. 리처드는 다른 아이들에게 흥미가 없고 남동생을 무시했다. 리처드의 옹알이는 대화체 억양이 없었다. 3세가 되었을 때 그는 간단하고 실제적인 지시만을 이해할 수 있었다. 리처드의 말은 이전에 들었던 몇 개의 단어나 구를 말한 사람과 똑같은 강세와 억양으로 되풀이(echoing)하는 것일 뿐이었다. 리처드는 단순 요구 사항을 지시하기 위해 1~2개의 구만 사용할 수 있었다. 예를 들어 리처드가 "물 마시고 싶니?"라고 하는 것은 자기가 목이 마르다는 것을 뜻했다. 같이 있는 사람을 당기거나 원하는 물체에 손을 갖다 대는 것 등을 제외하고 의사소통할 때 얼굴 표정이나 몸짓을 사용하지 않았다. 리처드는 밝은 빛과 빙빙 도는 물체를 매우 좋아하여, 웃고 손을 퍼덕거리고 발끝으로 서서 춤을 추며 이를 바라보곤 했다. 리처드는 아기 때부터 좋아했던 음악을 듣는 동안 줄곧 같은 동작을 했다. 리처드는 밤낮으로 매일같이 손에 쥐고 다니는 장난감 자동차에 강한 애착을 보였다. 그러나 그는 한 번도 그 장난감이나 다른 장난감을 가지고 상상 놀이를 한 적이 없었다. 그림이 보이는지에 상관없이 리처드는 직소 퍼즐을 빨리 맞출 수 있었다(다른 한 손에는 장난감 자동차를 쥐고 있어야 하기 때문에 한 손으로만). 2세부터 리처드는 주방 기구를 모아 온 집 안 바닥에 반복적인 패턴으로 배열했다. 이는 때때로 목적 없이 뛰어다니는 것과 더불어 자발적으로 하는 활동의 전부였다.

자폐 스펙트럼 장애를 가진 아동은 종종 다른 사람과 노는 데 관심을 보이지 않는다.

그의 흥미나 관심을 바꾸거나 확장하고자 할 때 리처드가 강렬한 저항을 보이는 것이 주로 관리해야 할 문제였다. 리처드의 장난감 차를 없애거나, 달걀 거품기나 숟가락을 제자리에 되돌려 놓는 것처럼 퍼즐이나 패턴을 망가뜨렸을 때, 혹은 그림책을 보게 할 때 리처드는 갑작스럽게 성질을 내고는 1시간 이상 비명을 지르고 발길질을 하거나 자기 또는 다른 사람을 물어뜯었다. 이러한 분노발작은 모든 것을 원상태로 되돌리면 뚝 그쳤다. 이 외에 리처드가 좋아하는 음악을 듣거나 오랜 시간 드라이브를 나가는 것이 가끔 효과적이었다.

부모는 리처드가 청각에 문제가 있는 것은 아닌지 의심했지만, 그가 음악을 좋아한다는 것과 정확하게 따라 말하고 옆방에서 초콜릿 포장지를 벗길 때 나는 아주 작은 소리에도 민감한 것으로 보아 리처드의 이상 행동의 원인이 청각은 아니었다. 심리검사 결과 리처드는 물건 조립과 같은 비언어적 기술 측면에서는 3세 정도의 수준이었으나 언어 이해는 18개월 수준에 불과했다.

리처드의 사례처럼 자폐 스펙트럼 장애는 의사소통과 말하기에 많은 어려움을 보인다. 리처드의 말은 자신의 생각에 대한 반응이라기보다 단지 자신이 들은 것을 따라 하는 것에 불과하다. 이는 **반향어**(echolalia)라고 불리는 현상이다. 리처드는 자신을 의미할 때 '나(I)' 대신 '너(you)'를 사용했다. 그리고 거의 기계처럼 단조로운 억양으로 말했다.

마지막으로 자폐 스펙트럼 장애 아동은 반복적이고 상동증적(stereotyped) 행동 패턴을 보인다. 이런 아동은 장난감이나 물건의 한 부분에 집착한다. 어떤 아동은 인형의 팔을 뜯어 내어 계속 한 손에서 다른 손으로 옮겼다. 자폐 스펙트럼 장애가 있는 사람에게는 일상적인 일도 극단적으로 중요한 것이 된다. 가령 아동의 엄마가 학교 가는 길에 은행에 들르는 것같이 자신의 일상적인 절차 중 일부라도 바꾸면 매우 화를 낼 수 있다. 자폐 스펙트럼 장애가 있는 몇몇 사람들은 자신의 신체 일부를 반복적이고 상동증적인 행동에 사용한다. 예를 들어 손을 쉴 새 없이 퍼덕거리거나 벽에 머리를 계속 박을 수 있다. 가끔 이러한 행동은 스스로에게 자극을 주기 위한 것으로 간주되어 **자기자극 행동**(self-stimulatory behavior)이라고 불리지만 실제로 그런 지는 명확하지 않다.

자폐 스펙트럼 장애 아동은 지능검사에서 저조한 수행을 보이며, 50~70%는 중증부터 심각한 정도의 지적 손상이 있다(Sigman et al., 2006). 자폐 스펙트럼 장애 아동 중 극소수에게는 특별한 재능이 있는데, 배우지 않았는데도 악기를 연주하거나 그림을 아주 잘 그릴 수 있으며, 특출한 기억이나 계산 능력이 있을 수도 있다. 이런 재능을 가진 사람을 가끔 **서번트**(savant)라고 부른다. 그러나 이러한 경우는 매우 드물다(Bolte & Poustka, 2004).

자폐 스펙트럼 장애로 진단하기 위해서는 반드시 3세 이전에 증상이 나타나야 한다. 하울린 등(Howlin et al., 2004)과 러터(Rutter, 2004)는 어린 시절 자폐 스펙트럼 장애로 진단된 68명을 추적했다. 연구 대상자의 85%는 전반적 적응 수준이 '저조함' 혹은 '아주 저조함'으로 평가되었다. 그들은 혼자 살거나 직업을 유지할 수 없었고, 의사소통과 사회적인 상호작용에 지속적인 문제가 있었다.

아동의 지능지수와 6세가 되기 전 언어 발달 수준이 자폐 스펙트럼 장애의 예후를 예측하는 가장 좋은 변인이다(Howlin et al., 2004; Nordin & Gillberg, 1998). 지능지수가 50 이상이고 6세 이전에 다른 사람에게 말을 할 수 있는 아동은 지능지수가 50 미만이고 의사소통적 말을 하지 못하는 아동보다 더 나은 예후를 보인다. 자폐 스펙트럼 장애의 유병률은 대략 500명당 1명 정도이며, 남자 아동이 여자 아동보다 3 : 1 정도로 많다.

자폐 스펙트럼 장애의 증상 심각도는 매우 다양하다. 일부 아동은 사회적 상호작용과 행동 및 흥미에 결함을 보이지만 언어적 측면에서는 유의한 지연이나 결함을 보이지 않는다. DSM-5 이전에는 이러한 상태를 **아스퍼거 증후군** Asperger's syndrome으로 지칭했다. 아스퍼거 증후군이 있는 아동은 생후 3년 동안 환경에 대해 정상적인 호기심을 보이며 정상적인 인지 기술을 습득한다. 지능지수 또한 정상 범위에 해당한다.

아스퍼거 증후군이 있는 아동은 타인과의 관계에서 어려움을 겪으며, 전화번호 외우기부터 불가사의한 사실과 쟁점에 몰입하는 것에 이르기까지 특이한 행동을 하는 경향이 있다. 아스퍼거 증후군이 있는 아동은 격식을 차려 말하기 때문에 때때로 '꼬마 교수 증후군'으로 불리기도 한다.

자폐 스펙트럼 장애의 이해

생물학적 요인

자폐 스펙트럼 장애 아동의 형제자매는 그렇지 않은 아동의 형제자매에 비해 자폐 스펙트럼 장애를 보일 가능성이 50배나 높다(Sigman et al., 2006). 쌍둥이 연구에서 일란성 쌍둥이 중 한 명이 자폐 스펙트럼 장애를 가질 경우 다른 한 명이 자폐 스펙트럼 장애를 가질 확률이 60~80%이다. 그리고 자폐 스펙트럼 장애 아동은 취약 X 증후군이나 페닐케톤뇨증(PKU)과 같이 인지적 손상과 관련된 다른 유전적 장애를 갖는 비율이 평균보다 높다(Volkmar et al., 2009). 따라서 자폐 스펙트럼 장애는 몇 가지 유형의 인지적 손상에 대한 유전적 위험과 관련이 있다.

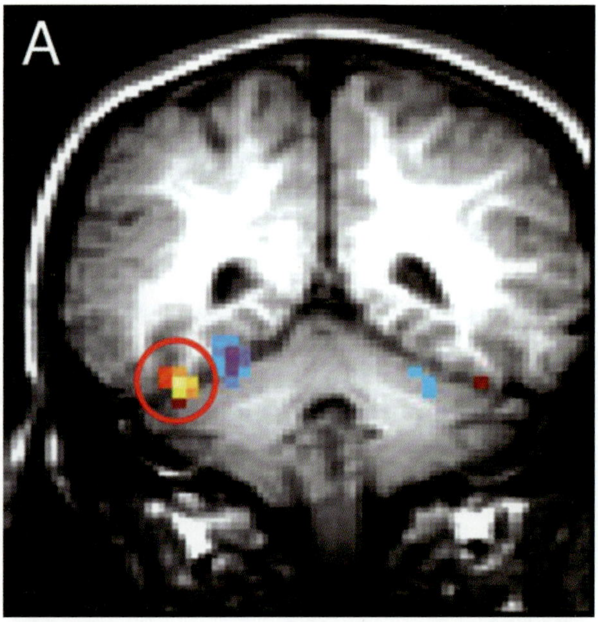

그림 10.10 기능적 MRI에서 발견된 자폐 스펙트럼 장애의 이상성. 자폐 스펙트럼 장애의 경우 방추상회의 비정상적 활성화가 발견된다.

자폐 스펙트럼 장애에서 보이는 광범위한 결함은 두뇌의 정상적인 발달 및 조직의 장애가 있음을 시사한다(DiCicco-Bloom et al., 2006). 게다가 자폐 스펙트럼 장애 아동의 약 30%가 청소년기 즈음에 발작 장애를 겪는데, 이는 심각한 신경학적 기능 이상이 있음을 시사한다(Fombonne, 2003).

뇌 영상 연구를 통해 자폐 스펙트럼 장애 아동이 얼굴 표정 지각, 다른 사람에 대한 관심 및 공감, 사회적 상황에 대한 사고가 요구되는 과제를 하는 동안 이와 관련된 두뇌 기능을 평가했다. 연구에 따르면 자폐 스펙트럼 장애 아동은 앞서 언급된 과제를 수행할 때 주로 사용되는 뇌 영역에 기능 이상이 있는 것으로 나타났다. 예를 들어 얼굴 사진이 주어졌을 때 자폐 스펙트럼 장애 아동은 건강한 아동에 비해 얼굴 지각에 관여하는 뇌 영역인 방추상회(fusiform gyrus)가 덜 활성화되었다(그림 10.10 참조; Schultz, 2005). 얼굴을 지각하고 이해하는 것의 어려움은 자폐 스펙트럼 장애 아동의 사회적 상호작용 결함에 영향을 줄 수 있다.

자폐 스펙트럼 장애 아동은 건강한 아동에 비해 **마음 이론**(theory of mind)과 관련된 과제에서 저조한 수행을 보인다. 마음 이론이란 자신을 포함한 다른 사람들이 정신 상태를 가진다는 것을 이해하고, 이들과 상호작용하고 의사소통하는 데 이러한 이해를 활용하는 능력을 뜻한다(Baron-Cohen & Swettenham, 1997). 자폐 스펙트럼 장애 아동은 마음 이론의 부재로 인해 사회적 환경을 이해하거나 조작하지 못하며, 다른 사람들과 적절히 소통하는 것이 불가능해진다. 또한 그들의 이상한 놀이 행동(특히 상징 놀이의 부재)은 눈앞에 보이는 구체적인 사실 말고는 그 어떤 것도 이해하지 못한다.

정신건강치료의 역사적 배경

역사적으로 정신건강 문제를 보이는 사람의 치료는 그러한 문제를 일으키는 원인에 대한 믿음의 영향을 받았다. 사람들이 보이는 이상 행동은 종종 악마나 악령, 귀신 같은 초자연적인 힘 때문으로 여겨졌다. 이러한 힘은 기도, 주문, 마술 같은 방법을 통해 제거하거나 내쫓았다. 이러한 방법이 효과가 없을 때는 사람의 신체에 악령이 머물지 못하도록 더 극단적인 방법을 행했다. 채찍질, 굶기기, 화형, 다량의 출혈과 같은 방법이 자주 사용되는 '치료'의 형태였다.

중세 후반에는 도시에 정신질환자를 치료하기 위한 수용소(asylum)를 세웠다. 그러나 이러한 수용소는 감옥일 뿐이었다. 입원 환자들은 사슬에 묶인 채 어둡고 더러운 방에 갇혔고, 사람이라기보다는 짐승으로 취급되었다. 상황은 1792년 필리프 피넬(Philippe Pinel)이 파리의 수용소에 부임하고 나서야 다소 개선되었다. 피넬은 입원 환자들을 묶어두었던 사슬을 제거하는 실험을 시도했고 이는 성공적이었다. 사슬에서 풀려나 깨끗하고 햇볕이 잘 드는 방에서 인간적인 대우를 받자, 수년간 가망이 없다고 여겨졌던 많은 정신이상 환자들이 수용소를 떠날 수 있을 정도로 호전되었다.

1950년대에는 우울과 불안을 경감하고 이상 행동을 감소시키는 정신약물(이후에 자세히 논의될 것이다)이 개발되었다. 1960년대에 이러한 약물이 광범위하게 사용 가능해지면서 많은 입원 환자들이 퇴원하여 집으로 돌아가 통원치료를 받을 수 있게 되었다. 1970년대에는 환자들이 외래 진료, 단기 및 부분적 입원(partial hospitalization)과 기타 서비스를 제공하는 지역사회 치료 센터에서 치료받을 것이라는 기대와 함께 유럽 전역의 전문 정신병원들이 문을 닫거나 그 규모가 축소되었다. 부분적 입원을 하는 경우에는 낮 동안 센터에서 치료를 받고 저녁에는 집으로 돌아갈 수 있다. 혹은 낮 동안 일을 하다 센터에서 밤을 보낼 수도 있다. 시설에 수용된 환자의 퇴원과 지역사회 기반의 서비스로의 전환은 **탈시설화** deinstitutionalization 운동으로 알려졌다.

일부 환자들에게는 탈시설화가 성공적이었다. 환자 가족의 도움, 정신약물치료와 더불어 정신건강 센터와 개업 전문의가 제공하는 서비스는 환자가 만족스러운 삶을 재개할 수 있도록 해 주었다. 이는 경제적 수준이 높은 나라에서 특히 그랬다. 예를 들어 영국의 정신병원 두 곳에서 퇴원한 환자 751명을 대상으로 이루어진 한 연구에서는 5년 뒤 90%의 환자들이 지역사회에서 생활했으며, 극히 소수만이 형사상 문제를 일으키거나 노숙자가 되었다(Trieman et al., 1999).

그러나 다른 환자들에게는 탈시설화가 좋지 못한 결과를 가져왔는데, 이는 대개 지역사회 시설이 부적합했기 때문이다. 유럽 국가의 28%는 심각한 정신건강 문제를 가진 사람들을 위한 지역사회 기반 서비스가 부족하거나 부재한 상황이다(WHO, 2004). 입원치료로 호전되어 도움을 받으면 스스로 살아갈 수 있는 많은 사람들이 통원치료와 약물 복용 모니터링, 친구 구하기, 집 장만, 구직과 같은 적절한 사후 관리를 받지 못하고 있다. 결과적으로 스스로 장애를 극복하고자 하는 성공적이지 못한 시도 사이사이에 시설 출입을 반복하는 '회전문' 현상이 초래된다.

대도시에서 정신장애를 앓는 노숙자가 눈에 띄게 증가하는 것은 대중의 우려를 불러일으켜 시설 수용(reinstitutionalization)의 필요성에 대한 움직임을 촉발했다. 그러나 이것은 중요한 윤리적 쟁점을 불러일으켰다. 만약 정신장애가 있는 사람들이 사회에 다시 적응하지 못한다면, 그들 자신의 의지와는 상관없이 정신병원에 강제로 입원시켜야만 하는가?

일부 전문가들은 법적 행위가 한 사람이 다른 사람에게 잠재적으로 위협이 될 경우에만 정당화된다고 주장한다. 정신질환자가 정신병이 발작한 상태에서 아무 죄 없는 보행자를 공격하는 것은 실제로 드문 경우이지만 대중에 많이 알려지기 때문에 대중은 공공 안전에 대한 공포를 갖게 된다. 그러나 그런 사건이 일어날 가능성은 매우 낮다. 한 대규모 연구에 따르면 정신건강 문제를 앓는 사람의 5% 이하만이 정신건강 시설에서 퇴원 후 폭력 범죄를 일으키는 것으로 나타났다(Steadman et al., 1998).

살페트리에르(Salpetriere) 병원 마당의 필리프 피넬.

심리치료 기법

심리치료는 개인이 지니고 있는 문제를 완화하고 사회에서 효과적으로 기능할 수 있도록 돕는 것이 목적인 여러 심리학적 개입을 말한다. 행동치료자 혹은 인지행동치료자와 같은 심리치료자들은 습관적인 사고와 행동 패턴을 변화시키는 데 초점을 둔다. 정신역동치료자와 같은 이들은 개인이 자신의 무의식적 동기와 갈등을 이해하느냐 못 하느냐에 따라 행동수정 여부가 좌우된다고 믿는다. 기법에서의 차이에도 불구하고 대부분의 심리치료 접근은 공통적인 특징이 있다. 그 공통적 특징으로 내담자(환자)와 치료자가 서로 돕는 관계를 들 수 있다. 내담자는 치료자가 자신을 판단하거나 자신의 신뢰를 배신할 것이라는 두려움을 떨쳐 버리고 자유롭게 자신의 고민과 감정, 경험을 의논하도록 격려받는다. 이에 심리치료자는 공감과 이해를 제공하며 신뢰를 형성하고, 환자가 문제를 다루는 데 더욱 효과적인 방법을 개발하도록 돕는다.

⚜ 개념 설명

치료 방법

치료 유형	예시	설명
행동치료	체계적 둔감화	내담자에게 이완 훈련을 시행한 후, 미리 설정된 불안 유발 상황의 위계에 따라 경미한 상황부터 하나씩 상상하면서 이완하도록 지시함
	실제 노출법	환자가 실제 불안 유발 상황에 노출되는 것을 제외하면 체계적 둔감화와 유사
	자극 홍수법	공포증이 있는 사람이 피할 수 없는 상황에서 가장 두려워하는 상황이나 대상에 긴 시간 노출되는 실제 노출법의 한 형태
	선택적 강화	보상과 교환할 수 있는 토큰을 제공하는 절차를 사용해 특정 행동 강화
	모델링	타인을 관찰하고 모방함으로써 행동을 학습하는 절차. 종종 행동시연과 병행됨(예: 자기주장 훈련)
인지행동치료		행동수정 기법뿐만 아니라 역기능적 신념을 변화하도록 설계된 절차를 포함하는 치료법
정신역동치료	전통적 정신분석	자유연상, 꿈 분석과 전이를 통해 환자의 현재 문제의 기초가 되는 무의식을 찾아내고, 보다 합리적인 방식으로 해결하려는 시도
	현대 정신역동치료(예: 대인관계치료)	전통적 정신분석보다 더 구조화되고 단기간 시행. 환자가 타인과 상호작용하는 방법 강조
인본주의 치료	내담자 중심 치료	공감적이고 온정적이며 진솔한 분위기에서 치료자는 환자가 자신의 문제에 대해 해결책을 찾는 과정을 촉진
생물학적 치료	정신약물치료	기분과 행동을 수정하기 위해 약물 사용
	전기경련치료	뇌에 발작을 일으키기 위해 경미한 전류를 흘려보냄

행동치료

행동치료 behavior therapy라는 용어는 학습과 조건형성의 원리에 기반한 수많은 치료적 기법을 포함한다. 행동치료자들에 의하면 부적응 행동은 스트레스를 다루기 위한 일환으로 학습된 것이며, 학습에 관한 실험을 통해 개발된 기법을 사용하여 이러한 부적응적 반응을 더 적절한 반응으로 대체할 수 있다.

행동치료자들은 구체적 상황에서 부적응 행동을 수정하고자 시도한다. 첫 번째 단계는 문제를 명확히 정의하고 이를 세부적으로 나누어 각각에 대한 구체적인 치료 목표를 수립하는 것이다. 만약 내담자가 자신이 부적절하다고 느낀다고 호소한다면 치료자는 그러한 감정을 보다 구체적으로 기술하도록 요구할 것이다. 부적절함과 관련된 감정이 나타나는 구체적 상황의 종류, 그러한 감정과 연합된 행동의 종류를 명확하게 기술하도록 한다. 수정할 필요가 있는 행동이 구체화된다면 치료자와 내담자는 특정 문제에 가장 적절한 치료 방법을 선택하여 치료 프로그램을 진행해 나간다.

체계적 둔감화와 실제 노출법

체계적 둔감화 systematic desensitization는 자극에 대한 두려움을 점진적으로 줄여 나가면서 두려운 상황을 회피하는 것과 같은 부적응 행동을 극복하도록 하는 치료 방법이다. 내담자는 먼저 깊이 이완하는 훈련을 받아 공포 반응을 줄여 나가는 데 사용할 수 있다. 이완의 한 가지 기법은 여러 근육을 순차적으로 긴장시켰다가 이완시키는 것이다. 이렇게 함으로써 자신의 근육이 이완된 상태가 어떤 것인지를 알게 되고, 근육의 상태에 따라 다양한 수준의 긴장을 변별해 내는 방법을 배우게 된다.

그다음 단계는 불안을 유발하는 상황의 위계 목록을 작성하는 것이다. 가장 낮은 수준의 불안을 유발하는 상황에서부터 가장 높은 수준의 불안을 유발하는 상황까지 차례대로 순위를 매긴다. 체계적 둔감화에서 내담자로 하여금 이완 후 위계 목록에서 가장 낮은 불안 상황부터 가장 높은 불안 상황까지 차례대로 상상하게 한다. **실제 노출법** in vivo exposure은 체계적 둔감화와 매우 비슷한 방법으로, 내담자가 불안 유발 상황을 실제로 경험하게 한다.

공포증에 대한 행동치료는 그 사람으로 하여금 실제로 공포증을 가지고 있는 대상과 직면하게 한다. 비행 공포증에 대한 강의가 좋은 예이다.

선택적 강화

선택적 강화 selective reinforcement는 바람직한 특정 행동을 강화하거나 증가시키기 위해 고안된 방법이다. 학교에 잘 안 가고, 숙제를 안 하고, 학급 활동에 참여하지 않고, 몽상을 하며 대부분의 시간을 보내는 9

세 소녀가 있다고 해 보자. 게다가 이 소녀는 사교적이지도 않아서 친구가 거의 없다. 선생님은 학교 숙제 하기, 선생님이 가르쳐 주는 것에 주의 기울이기, 읽기 숙제 하기, 학급 토론에 참여하기와 같은 소녀의 '목표 행동/과제 행동(on-task)'을 강화하고 싶다. 선생님은 소녀가 목표 행동을 할 때마다 포커 칩 같은 토큰을 하나씩 준다. 이 소녀는 자신이 원하는 혜택을 얻는 데 토큰을 지불할 수 있다. 예를 들어 줄의 맨 앞에 설 수 있거나(토큰 3개 필요), 방과 후에 남아서 선생님을 도와 특별 프로젝트를 할 수 있다(토큰 9개 필요).

바람직한 반응의 강화는 바람직하지 않은 반응의 소거를 동반할 수 있다. 예를 들어 엄마의 주의를 끌기 위해 습관적으로 소리를 지르는 소년의 경우, 소리를 지를 때는 무시되지만 엄마에게 다가와 대화조로 말할 때는 엄마의 관심을 받는 방식으로 대화조로 말하는 행동을 강화할 수 있다. 이처럼 바람직한 반응에 대해서는 보상하고 그렇지 않은 반응에 대해서는 보상하지 않는 조작적 조건형성 절차는 야뇨증, 공격성, 발작, 학급에서의 소란 행위, 성적 부진, 사회적 철수와 같은 광범위한 아동기 문제를 치료하는 데 성공적으로 사용되었다.

모델링

행동을 변화시키는 또 다른 효과적인 방법으로 모델링(modeling)을 들 수 있다. 모델링이란 한 사람이 다른 사람을 관찰하고 모방함으로써 행동을 학습하는 절차를 말한다. 다른 사람을 관찰하는 것은 인간이 학습하는 주된 방법이기 때문에 부적응 행동을 하는 사람들은 적응적 행동을 보이는 사람들을 관찰함으로써 더 나은 전략을 배울 수 있을 것이다. 실제로 혹은 영상으로 모델의 행동을 관찰하는 것은 두려움을 줄이고 새로운 기술을 배우는 데 효과적인 것으로 나타났다. 예를 들어 치료자가 거미를 만지는 것을 관찰하는 것은 거미 공포증이 있는 사람의 두려움을 경감하여 결국에는 그 사람도 거미를 직접 만질 수 있게 된다.

인지행동치료

지금까지 논의한 행동치료 절차는 사람의 사고 및 추론 과정에는 거의 주의를 기울이지 않았다. 그러나 사고, 기대, 사건에 대한 해석과 같은 인지적 요인이 행동의 중요한 결정 요인이라는 것이 알려지면서 지금은 인지적 접근이 행동치료와 함께 적용되며 **인지행동치료** cognitive-behavior therapy로 알려지게 되었다(Beck et al., 1979; Beck, 1995).

인지행동치료의 인지적 구성요소는 경험을 보다 효과적으로 생각하고 해석할 수 있도록 가르치는 과정을 통해 불안이나 우울과 같은 정서적 반응을 통제할 수 있도록 돕는다. 가령 우울증을 치료할 때 인지행동치료자들은 내담자로 하여금 그들의 사고에서 왜곡된 부분을 인식하고 현실에 보다 부합하는 방향으로 변화시킬 수 있도록 돕는다. 다음의 대화에서 치료자는 결혼 생활의 실패로 자살 충동을 느끼는 내담자로 하여금 신중한 유도 질문을 통해 그녀의 신념이 비현실적인 것임을 깨닫게 한다.

치료자: 왜 죽고 싶으신가요?

내담자: 레이먼드 없이는 전 아무것도 아니에요. 그 사람 없이는 행복할 수 없어요. … 하지만 우리 결혼 생활이 깨지는 것을 막을 수가 없어요.

치료자: 당신의 결혼 생활은 어땠었나요?

내담자: 첫 시작부터 비참했어요. 레이먼드는 늘 외도를 했죠. 지난 5년간 거의 그를 보지도 못했어요.

치료자: 당신은 레이먼드 없이는 행복하지 않다고 했죠. 그럼 레이먼드와 함께 있을 때는 행복하신가요?

내담자: 아뇨, 맨날 싸우고 기분만 더 나빠져요.

치료자: 당신은 레이먼드 없이는 아무것도 아니라고 했는데, 레이먼드를 만나기 전에도 당신이 아무것도 아닌 것처럼 느꼈나요?

내담자: 아뇨, 저는 존재감이 있는 사람이었어요.

치료자: 당신이 레이먼드를 알기 전에도 존재감이 있는 사람이었다면, 왜 당신은 존재감을 느끼기 위해 레이먼드가 필요한 거죠?

내담자: (혼란스러워하며) 음….

치료자: 당신이 결혼 생활을 끝내고 자유로워진다면 남자들이 당신에게 관심을 보일까요?

내담자: 아마 그럴 거라 생각해요.

치료자: 레이먼드보다 당신을 더 일관되게 사랑해 줄 사람을 찾는 게 가능할까요?

내담자: 모르겠어요… 아마도 가능하겠죠.

치료자: 그럼 당신이 결혼 생활을 끝낸다면 실질적으로 잃는 것은 무엇이죠?

내담자: 잘 모르겠어요.

치료자: 당신이 결혼 생활을 끝내고 더 잘 지내는 것이 가능할까요?

내담자: 확신하지는 못하겠어요.

치료자: 당신은 진정한 결혼 생활을 하고 있나요?

내담자: 그건 아닌 것 같아요.

치료자: 만약 진정한 결혼 생활을 하고 있지 않다면 결혼이 끝난다고 해서 당신이 정말 잃는 것은 뭐죠?

내담자: (긴 침묵) 아무것도 없는 것 같아요.

(Beck, 1976, pp. 280–291)

치료자가 내담자로 하여금 자신이 처한 상황을 대안적인 방식으로 바라볼 수 있도록 격려하고, 그러한 대안적 관점이 가져올 수 있는 영향을 검증해 보도록 격려할 때 이 치료의 행동 요소가 작용을 하게 된다. 예를 들어 앞서 제시된 대화 속 여성 내담자에게 규칙적으로 자신의 기분을 기록하게 하는데, 이를 통해 어떤 행동을 하느냐에 따라 자신의 우울과 자존감이 변화하는지 양상을 알아볼 수 있다. 만약 그녀가 혼자 있거나 다른 사람과 상호작용을 할 때보다 남편과 상호작용을 한 이후에 기분이 더 나빠진다는 것을 깨닫는다면, 이를 통해 '레이먼드 없이는 행복할 수 없다'는 그녀의 신념에 도전할 수 있을 것이다.

인지행동치료자들은 행동의 지속적인 변화를 가져오기 위해 사람의 신념을 바꾸는 것이 중요하다는 데 동의한다. 대부분의 인지행동치료자들은 완전히 언어적인 절차보다 행동적 절차가 사람들의 사고를 변화시키는 데 더 강력한 영향을 미친다고 생각한다. 예를 들면 발표 불안을 극복하기 위해 '나는 내용을 잘 알고 있고, 내 생각을 효과적으로 잘 발표할 수 있어.', '주제가 흥미로운 것이고, 다른 학생들도 내가 발표하는 내용에 흥미가 있을 거야.'와 같이 긍정적으로 생각하는 것이 도움이 될 수 있다. 그러나 먼저 룸메이트 앞에서 발표를 해 보고, 이후 많은 친구들 앞에서 발표를 하는 것이 불안을 줄이는 데 보다 효과적일 것이다. 성공적인 수행은 우리의 숙달감(feeling of mastery)을 증진할 수 있다. 다른 사람의 대처와 성공을 관찰하는 것, 어려운 상황도 다룰 수 있다고 자신을 언어적으로 설득하는 것, 내적 단서를 통해 자신이 이완되어 있고 통제력이 있다고 판단하는 것은 자기효능감을 높이는 데 기여한다. 그러나 가장 큰 효능감은 실제 수행과 숙달의 경험에서 나온다. 즉 성공이 성공을 부르는 것이다(Bandura, 2006).

정신역동치료

정신역동치료 psychodynamic therapy의 핵심 가정은 사람들의 현재 문제가 어린 시절 부모 및 형제자매와의 관계에서 형성된 무의식의 기반에 대한 철저한 이해 없이는 해결될 수 없다는 것이다. 정신역동치료의 목표는 갈등(즉 억압된 감정이나 동기)을 의식의 수준으로 가져와 그 갈등을 보다 합리적이고 현실적인 방식으로 해결하도록 하는 것이다. 정신역동치료는 전통적인 프로이트의 정신분석과 최근에 개발된 치료법을 포함한다(McWilliams & Weinberger, 2003 참조).

정신역동치료자들이 무의식적 갈등을 다루기 위해 사용하는 주요 기법 중 하나로 **자유연상** free association을 들 수 있다. 자유연상은 내담자가 자유롭게 자신의 사고와 감정을 말하는 것으로, 마음속에 떠오르는 무엇이든 수정하거나 검열하지 않고 그대로 말하도록 격려하는 것이다.

전통적인 정신역동치료에 자주 사용되는 또 다른 치료 기법은 **꿈의 분석** dream analysis으로, 이는 개인이 꿈의 내용에 대해 이야기하고 그 내용에 대해 자유연상을 하는 것으로 구성된다. 꿈속에서 무의식적 소망이나 두려움이 위장된 형태로 나타난다. 프로이트는 꿈을 명백하고 의식적인 외현적 내용과 숨겨져 있고 무의식적인 잠재 내용으로 구분했다. 꿈의 외현적 내용에 대해 이야기하고 자유연상을 함으로써 내담자와 분석가는 꿈의 무의식적 의미를 찾아내려는 것이다.

치료가 진행되는 동안 치료자와 내담자가 상호작용을 하는 과정에서 내담자는 치료자에게 종종 과장되거나 부적절해 보이는 방식으로 반응할 수 있다. 내담자는 치료자가 약속 시간을 재조정하거나 변경하려 할 때 분개할 수도 있고, 어떤 경우에는 과도하게 존경을 표현할 수도 있다. **전이** transference라는 용어는 내담자가 치료자를 자신의 감정이나 사고가 향하는 대상으로 삼는 경향을 가리킨다. 내담자는 자신의 삶에서 중요하거나 혹은 중요했던 다른 사람에 대해 느끼는 태도(사고와 정서)를 분석자를 대상으로 나타낼 수 있다. 치료자는 내담자가 자신에게 어떻게 반응하는지를 지적해 줌으로써 내담자로 하여금 자신이 다른 사람에게 어떻게 반응하는지를 보다 잘 이해할 수 있게 해 준다.

전통적인 정신분석은 치료 기간이 길고 강도 높으며 비용이 많이 드는 과정이다. 일부

"꿈꾸고 나서 아침에 전화해요."

사람들은 이러한 비용을 감당할 능력이 없다. 게다가 급성 우울과 불안, 또는 정신병으로 고통 받는 사람들은 구조화되지 않은 전통적 정신분석의 과정을 감당하지 못하며, 그들의 증상을 보다 즉각적으로 완화해 줄 치료를 필요로 한다.

이러한 필요에 더해 프로이트 시대 이후 정신분석이 변화를 거치면서 보다 구조화되고 치료 기간이 짧은 새로운 치료법이 개발되었다. 그중 하나가 **대인관계치료** interpersonal therapy(Weissman & Markowitz, 2002)이다. 치료 회기의 빈도는 보통 일주일에 한 번 정도로 줄어들었다. 또한 아동기 경험의 완벽한 재구성을 덜 중시하고, 현재 다른 사람과 상호작용하는 방식에서 발생하는 문제에 더 주의를 기울인다.

인본주의 치료

인본주의 치료 humanistic therapy는 개인이 지니고 있는 성장과 자아실현을 향한 자연적 경향성을 강조한다. 인본주의 치료에 의하면 심리장애는 환경 상황 요인이나 부모, 선생님, 배우자처럼 다른 사람들이 개인의 잠재력이 발휘되는 것을 방해하는 경우 발생하다고 가정한다. 인본주의 치료는 사람들이 현실 자기(real self)와 접촉하고, 외부 상황이나 사건에 의해 통제받기보다 자신의 삶과 행동에 대해 스스로 선택할 수 있도록 돕는다.

정신분석가처럼 인본주의 치료자는 내담자의 기저에 있는 감정과 동기에 대한 자각을 증진하고자 노력한다. 그러나 (정신분석가가 과거의 경험을 중시하는 것과 달리) 현재 여기서(here and now) 경험하고 있는 것을 중시한다. 인본주의 치료자는 정신분석가처럼 내담자의 행동을 해석하거나, 행동치료자처럼 행동을 수정하려고 하지 않는다. 그들의 목표는 내담자가 자신의 사고 및 감정을 탐색할 수 있도록 촉진하고, 스스로 해결책을 찾도록 돕는 것이다.

내담자 중심 치료 client-centered therapy는 칼 로저스가 발전시킨 것으로, 모든 사람은 자기 자신에 대해 가장 잘 알고 있는 최고의 전문가이며, 자신의 문제에 대한 해결책을 스스로 찾을 수 있다는 가정을 토대로 한다. 치료자가 하는 일은 내담자가 문제에 대한 해결책을 찾는 과정을 촉진하는 것이다. 치료자는 내담자가 자신의 욕구나 감정에 대해 말한 것을 내담자에게 다시 전달하는 과정을 통해 내담자의 자기통찰을 촉진한다. 로저스는 치료자에게 가장 중요한 자질이 공감과 온정, 진실성이라고 믿었다. 로저스는 이 세 가지 특성을 가진 치료자가 내담자의 성장과 자기탐색을 촉진한다고 믿었다(Rogers, 1970).

그러나 내담자 중심 치료에도 몇 가지 한계가 있다. 자발적으로 도움을 구하지 않거나 심각하게 혼란스러워하고, 자신의 감정에 대해 논의할 수 없는 사람에게는 보다 지시적인 치료 방법이 필요하다. 그리고 내담자 중심 치료자는 치료 회기 밖에서의 행동을 무시한

첨/단/연/구

정신건강 문제에 대한 마음챙김치료

Meg Barker, 오픈유니버시티 심리학 부교수

마음챙김(mindfulness)은 최근 몇 년간 가장 빠른 속도로 성장하고 있는 심리치료법으로, 다양한 정신건강 문제에 대해 효과적인 치료법으로 인정받고 있다. 1990년대 이래로 마음챙김에 대한 수많은 연구 문헌이 출간되었으며, 관련 자가 도움 서적(self-help book)이 인기를 얻으면서 일반인들 사이에서도 대중화되었다(예: Williams & Penman, 2011).

마음챙김치료는 불교 철학의 개념과 수행을 서구의 치료 접근과 연결한 것이다. 인지행동치료는 마음챙김을 가장 적극적으로 수용한 접근으로 마음챙김에 기반을 둔 접근이 (첫 번째 동향인 행동치료와 두 번째 동향인 인지적 진화에 이어) 인지행동치료의 제3의 동향을 형성하고 있다. 마음챙김 자체의 이점과 더불어, 마음챙김에 기반한 접근은 상대적으로 짧은 기간 동안(주로 8주 과정) 집단 형태로 교육이 이루어져 정신건강 문제를 치료하는 데 비용 면에서도 효과적이기 때문에 인기가 많다.

마음챙김의 주요 가정은 삶에서 어느 정도의 고통은 불가피하다는 것이다. 우리가 원하는 것을 가지려 하고 원치 않는 것은 피하려는 데서 오는 고통을 회피하려는 시도로 인해 불안, 우울, 중독과 같은 문제로 분투하게 된다는 것이다. 마음챙김이 명상, 천천히 걷기, 우리 몸의 감각과 주변의 소리에 집중하기와 같은 것을 포함하는 것은 이 때문이다. 이러한 것을 수행하는 것은 무언가를 바꾸려고 하는 우리의 습관을 바꾸어 그 자체로 존재하는 것으로 받아들이게 한다(Nhat Hanh, 1991). 혼자서도 쉽게 마음챙김을 시도해 볼 수 있다. 5분간 앉아서 자신이 숨을 들이쉬거나 내쉬는 것을 살펴보라. 집중이 안 되는 것을 깨달을 때마다 다시 숨쉬기에 집중하라. 곧 이것이 얼마나 힘든 일인지 알게 될 것이다.

사람들은 우울할 때, 기분이 저하되어 있다는 사실에 대해 슬퍼하거나, 두려움을 느끼거나, 자기비판적이 되는 반추 과정에 사로잡힌다. 마음챙김 연습은 이러한 고리에 사로잡히지 않도록 도와준다. 슬픈 감정을 과장하지 않으면서도 슬픔을 온전히 느끼고, 경험의 한 부분에만 초점을 맞추는 것이 아니라 전체를 살펴볼 수 있도록 돕는다(Segal et al., 2002). 사람들은 불안을 느낄 때 보통 두려운 것은 무엇이든 회피하려 하고, 이는 역설적으로 불안을 증가시킨다. 어떤 일을 마감 기한까지 미루거나 어려운 대화를 피하는 것이 그 예시이다. 마음챙김은 우리가 두려움을 느끼는 무엇에든지 호기심을 가지고 조심스럽게 접근할 것을 제안한다(Germer, 2005). 예를 들어 직면을 절박하게 피하기보다는 속도를 늦추고 주변의 모든 일을 인지한다. 그리고 어떻게 그 일들에 관여할 수 있을지 더 많은 선택 사항에 대해 개방되어야 한다(이때 자신을 포함하여 관련된 모든 사람에게 공감하는 마음을 가진다).

무선통제 실험(randomized control trials) 연구에 따르면 마음챙김에 기반한 스트레스 관리 프로그램(Mindfullness-Based Stress Reduction, MBSR; Kabat-Zinn, 1996)이나 마음챙김에 기반한 인지치료(Mindfullness-Based Cognitive Therapy, MBCT; Segal et al., 2002), 수용전념치료(Acceptance and Commitment therapy, ACT; Hayes, 2005)와 같이 마음챙김에 기반한 치료적 접근은 불안과 우울(Chiesa & Serretti, 2010 참조) 등 많은 문제에 효과적인 것으로 나타났다. 뇌 영상 연구에서 마음챙김 수행이 시간이 지나면서 두뇌 활동을 변화시킨다는 것을 밝히면서(Hölzel et al., 2011) 마음챙김 효과의 뇌 영상 연구에 대한 관심도 높아졌다. 마음챙김의 주관적 경험에 대한 신경학적 연구와 결과 연구(outcome research)를 병합하는 심리학 연구가 더욱더 필요해졌다(Williams & Kabat-Zinn, 2011).

그러나 서양 문화권의 사람들에게 마음챙김을 알리는 데는 몇 가지 어려움이 있다. 전통적인 불교 이론에서 필수적인 측면이 희석되지 않도록 하면서 동시에 불교도가 아닌 사람들이 이해하기 쉽게 설명하기가 쉽지는 않다. 또한 일부 마음챙김치료자들은 내담자의 내적 세계에 집중하면서 불안과 우울을 일으킬 수 있는 사회문화적 상황을 간과하는 경향이 있다(Cohen, 2010). 자기비판적 사고를 지닌 사람들을 돕는 것과 더불어 그러한 사고가 발생하는 외부 세계를 인지하는 것 또한 중요하다. 예를 들어 물건을 사도록 만들기 위해 자기 자신을 불만족스럽게 느끼도록 조장하는 상업 문화의 영향을 고려할 필요가 있다.

사람들이 두려워하는 상황에 다가가도록 도울 때, 그러한 두려움이 단지 마음에서만 비롯된 것이라고 가정하기보다 빈곤이나 차별과 같은 실제 외부 현실을 인정하는 것이 중요하다. 그러한 요소들이 통합될 수 있다면 마음챙김은 정신건강에 대한 완전한 생물 · 심리 · 사회적(biopsychosocial) 접근이 될 수 있는 큰 잠재력을 지니게 된다(Barker, 2013).

다. 대인관계에 자신이 없고 제대로 관계를 맺지 못한다고 느끼는 사람들은 보다 구조화된 치료 방법을 사용하여 행동을 수정할 필요가 있다.

부부치료와 가족치료

부부나 커플이 참여하는 **부부치료** marital therapy나 가족 전체가 참여하는 **가족치료** family therapy는 한 명 이상의 내담자를 포함하도록 확장된 데다 대인관계에 초점을 둔다는 점에서 특수한 형태의 집단치료로 볼 수 있다. 가족치료와 부부치료에는 여러 접근이 있지만, 대부분의 접근은 개인이 자신의 감정을 다룰 수 있고, 상대방의 욕구에 대한 이해와 감수성을 높이며, 그들 간의 갈등을 보다 효과적으로 다루도록 돕는 데 초점을 두고 있다(Mirsalimi et al., 2003; Robin, 2003). 때때로 커플이나 가족 구성원은 보다 만족스러운 관계를 만들고자 자신의 행동을 변화시키는 데 동의하며, 바람직한 변화를 이루거나 이루지 못한 것에 대한 보상과 처벌을 명시하는 행동계약(behavioral contract)을 맺는다.

생물학적 치료

이상 행동에 대한 생물학적 접근은 정신건강 문제가 신체 질병처럼 뇌의 생화학적 혹은 생리학적 기능 이상으로 나타난다고 가정한다.

정신약물치료

현재까지 가장 널리 이용되는 생물학적 치료는 정서와 행동을 수정하기 위해 약물을 사용하는 것이다. 이러한 약물의 대부분은 뇌의 신경전달물질 기능에 작용하는 것으로 보인다.

조현병의 증상을 경감하는 것으로 밝혀져 가장 먼저 사용되기 시작한 **항정신성 약물** antipsychotic drug은 **페노티아진** phenothiazine 계열에 속하는 약물이다. 5장에서 논의한 바와 같이 조현병의 원인은 도파민의 불균형으로 알려져 있으며, 해당 약물은 도파민 수용기를 차단하는 작용을 한다. 이러한 약물은 환각이나 망상과 같은 증상을 경감하는 데는 효과적이지만 정서적 혼란과 동기 저하에는 그다지 효과적이지 않다.

항우울제 antidepressant drug는 노르에피네프린과 세로토닌이라는 두 신경전달물질 체계를 조절함으로써 우울한 사람의 기분을 고양하는 데 도움을 준다. 가장 자주 사용되는 항우울제는 세로토닌 재흡수 억제제(selective serotonin reuptake inhibitor, SSRI)로 이는 세로토닌의 재흡수를 차단하여 세로토닌 수준을 증가시킨다. 좀 더 최근에 개발된 세로토닌-노르에피네프린 재흡수 차단제(serotonin-norepinephrine reuptake inhibitor, SNRI)와 같은 약물(예: 벤라팍신)은 세로토닌과 노르에피네프린의 사용 가능성을 증가시킨다.

양극성 장애가 있는 사람들은 우울을 통제하기 위해 자주 항우울제를 복용하지만, 조증을 통제하기 위해서는 반드시 다른 약물을 복용해야 한다. **리튬** lithium은 많은 신경전달물질 체계를 안정화함으로써 극심한 기분 변화를 줄이고 좀 더 안정적인 정서 상태로 돌아오게 한다(Thase et al., 2002).

불안을 치료하는 데 전통적으로 사용되는 약물은 **벤조디아제핀** benzodiazepine 계열에 속한다. 이러한 약물은 긴장을 낮춰 주지만 나른하게 만들고 중독이 될 수 있다. 알코올이나 바르비투르(barbiturate)와 같이 중추신경계의 활동을 저하한다.

각성제 stimulant drug는 주의력 결핍 과잉행동 장애(ADHD)가 있는 아동의 주의 문제를 다루기 위해 사용된다. 과잉행동 아동에게 각성제를 주는 것이 이상하게 보일 수 있지만, ADHD 아동의 70~85%는 약물로 인해 산만한 행동이 감소되고 주의가 향상된다(Joshi, 2004). 각성제는 뇌 시냅스에서 도파민 수준을 증가시킴으로써 작용하는 것으로 보인다.

생물학적 치료와 심리치료의 결합

이 장에서 치료법을 심리치료와 생물학적 치료로 구분하여 제시했지만 오늘날에는 이 두 가지 치료를 결합하는 방향으로 나아가고 있다. 우울과 불안장애의 경우, 환자의 생화학적 측면과 사회 및 직업 상황에서의 기능에 모두 영향을 미친다. 이때 생물학적 수준과 심리사회적 수준에서 모두 치료를 하는 것이 도움이 될 수 있다. 조현병과 같이 주된 원인이 생물학적인 장애의 경우에도 환자들은 종종 사회적 기술과 직장에서의 역할 수행 능력에 심각한 손상을 입는다. 약물치료와 더불어 조현병의 영향에 대처하기 위한 심리치료를 제공하는 것은 매우 유용할 수 있다.

어떤 장애(특히 우울)를 치료하는 데 광범위한 심리치료와 약물치료 모두 효과적이라는 사실은 개인의 생물 · 심리 · 사회적 체계의 한 수준에 개입하는 것이 그 체계의 모든 수준에 영향을 줄 수 있음을 시사한다.

정신건강 증진하기

전문적 도움을 받는 것 외에 우리 스스로가 심리적 안녕을 증진할 수 있는 많은 방법이 있다. 자신의 감정과 행동을 살펴봄으로써 우리는 고통을 겪거나 어려움을 느끼게 만드는 행동과 상황을 알 수 있고, 반대로 유익한 행동과 상황을 판단할 수 있다. 우리 삶에서 일어나는 어떤 일이든 수동적으로 받아들이는 것이 아니라 자신의 동기와 능력을 분석함으

흥미와 취미를 개발하는 것은 심리적 안녕의 한 가지 비결이다.

로써 삶에서 능동적으로 선택하는 역량을 키울 수 있다.

자신의 감정을 수용하라

불쾌한 감정은 많은 상황에서 정상적인 반응이다. 향수병을 느끼는 것 혹은 새로운 무언가를 배우는 것을 두려워하거나 자신을 실망시킨 누군가에게 화가 나는 것이 부끄러울 이유는 전혀 없다. 이러한 감정은 자연스러운 것이고 부인하기보다는 인정하는 편이 더 낫다. (가령 직속 상사에게 소리 지르는 것이 현명한 방법이 아닌 것처럼) 감정을 직접 표현하지 못하는 경우에는 스트레스에 대처할 방법을 찾는 것이 도움이 된다. 오랫동안 산책하기, 테니스공 세게 치기, 혹은 친구와 그 상황에 대해 의논하기는 긴장을 완화하는 데 도움이 될 수 있고, 문제해결책을 제공할 수도 있다.

자신의 취약성을 알라

마음을 상하게 하거나 과민반응하게 만드는 상황이 어떤 상황인지 알아내는 것은 스트레스에 대처하는 데 도움이 된다. 아마도 특정한 사람들이 당신을 화나게 할 것이다. 그들을 피하거나 그 사람의 무엇이 당신을 불편하게 만드는지 이해하려고 노력해 볼 수 있다. 불편함을 느끼는 이유를 찾으려고 노력하면 그 상황을 새로운 관점에서 바라보는 데 도움이 될 수 있다. 또한 그 상황을 재해석할 수도 있다. '사람들은 내가 입을 열자마자 기다렸다는 듯 나를 비판할 거야.'라고 생각하는 대신, '사람들은 내 말에 관심을 가질 것이고, 조금 실수를 한다 해도 그 때문에 걱정하지는 않을 거야.'라고 스스로에게 말할 수 있다.

자신의 재능과 흥미를 개발하라

무료해하고 불행한 사람 치고 많은 것에 흥미를 가진 사람을 찾아보기 어렵다. 흔히 한 주제에 대해 많이 알수록 그 주제에 대해(그리고 삶에 대해) 더 흥미를 갖게 된다. 더욱이 기술을 개발하면서 느끼는 유능감은 자아존중감을 북돋아 줄 수 있다.

다른 사람과 가까워져라

고립감과 외로움은 많은 정서적 건강 문제의 핵심에 있다. 우리는 사회적 존재이며, 다른 사람들이 제공하는 지지, 위안, 안도감을 필요로 한다. 당신의 걱정을 다른 사람들과 나누는 것은 당신의 문제를 좀 더 명확하게 바라보는 데 도움이 된다. 또한 다른 사람의 안녕을 염려하는 것은 당신의 존재 가치를 강화할 수 있다.

전문가의 도움을 받아야 할 때를 알라

이러한 제안이 당신의 정서적 안녕을 증진하는 데 도움이 될 수는 있으나 자기이해와 자가 도움만으로는 한계가 있다. 혼자서는 해결하기 힘든 문제들도 있다. 자신이 문제를 통제하기 어렵다고 느낄 때가 바로 전문적인 도움을 받아야 할 때이다. 기꺼이 전문적 도움을 받고자 하는 것은 나약함의 징표가 아니라 정서적 성숙함의 징표이다.

11 사회심리

타인에 대한 인상 형성

호감과 매력

우리 모두가 아름다운 인기 배우가 될 수는 없지만, 아름다운 인기 배우 두 사람이 부부가 되는 경우 그 두 사람은 우리 같은 보통 사람들에게도 적용되는 대인 매력의 몇 가지 결정 요인, 즉 신체적 매력, 근접성, 친숙성, 유사성 등을 예시해 준다. 그러나 오늘날의 높은 이혼율이 보여 주듯 이러한 요인이 장기적인 관계를 유지시켜 주는 충분조건은 아니다.

신체적 매력

우리 대부분은 사람의 외모가 그 사람을 얼마나 좋아할 것인가를 결정하는 요인이 되는 것이 다소 불공평하다고 생각할 것이다. 외모는 성품이나 성격과 달리 우리가 거의 통제할 수 없는 요인인데, 어떤 사람을 좋아하는 하나의 기준으로서 외모를 사용하는 것은 공정하지 못한 것 같다. 실제로 수십 년에 걸쳐 그리고 여러 문화권에서 수행된 조사가 보여 주는 바는, (타인에 대해 호감을 갖는 데 신체적 매력이 얼마나 중요한가라는 질문을 받은) 사람들이 신체적 매력을 매우 중요한 요인으로 평가하지는 않는다는 것이다(Buss, 1989; Perrin, 1921).

그러나 실제 행동에 대한 연구는 그렇지 않다는 사실을 보여 준다(Brehm, 1992). 심리학자들은 남녀 대학생들을 대상으로 무작위로 댄스 파티의 짝을 맺어 주는 컴퓨터 중매 상황을 설정했다. 중간 휴식 시간에 모든 사람들은 익명으로 설문지를 통해 자신의 데이트 상대를 평가했다. 이에 덧붙여 연구자들은 각 사람의 신체적 매력에 대한 평정치를 별도로 받아 놓은 것은 물론이고 개개인의 성격검사 점수도 받아 놓았다. 그 결과를 보면 각 사람이 파트너로부터 호감을 사는 데 기여한 요인은 오로지 신체적 매력뿐이었다. 지능, 사교술, 또는 성격 중 그 어떤 것도 파트너 상호 간의 호감과 관계가 없었다(Walster et al., 1966). 이 실험은 여러 차례 반복 연구되었고, 연구 결과가 방금 서술한 결과와 유사했다. 더욱이 신체적 매력은 첫 데이트뿐만 아니라 첫 데이트 이후의 데이트에서도(Mathes, 1975), 결혼하는 데도 중요하다는 사실이 밝혀졌다(Margolin & White, 1987).

왜 신체적 매력이 그렇게 중요한 것일까? 다른 사람들이 신체적으로 매력 있는 친구와 함께 있는 나를 볼 때 내 사회적 위치와 자존감이 올라간다는 것이 이유 중 하나이다. 사람들은 남성이든 여성이든 가릴 것 없이 매력 없는 연인이나 친구와 함께 있는 사람보다 매력적인 연인이나 친구와 함께 있는 사람을 더 호의적으로 평가한다(Sigall & Landy, 1973). 그러나 흥미롭게도 이와 정반대인 현상도 있다. 즉 남성이든 여성이든 가릴 것 없이 자신보다 신체적으로 더 매력적인 낯선 사람과 함께 있는 사람은 다른 사람들로부터 오히려 덜 호의적인 평가를 받는다(Kernis & Wheeler, 1981). 사람들은 남과 비교되는 것에서 자유로울 수 없는 것 같다. 이러한 영향은 다른 연구에서도 발견되었다. 예를 들어 아름다운 젊은 여성이 주연한 TV 영화를 본 남성 대학생들은 보다 평범한 여성 사진의 매력도를 더 낮게 평가했다(Kendrick & Gutierres, 1980).

다행히 아름답지 못한 사람에게도 희망은 있다. 무엇보다도 지속적인 관계를 맺을

이 이웃들은 단지 근접성이 높다는 것만으로도 우정을 형성할 가능성이 높다.

상대를 선택할 때는 신체적 매력의 중요도가 감소하는 것으로 보인다(Stroebe et al., 1971). 그리고 앞으로 알게 되겠지만, 호감에 영향을 주는 몇 가지 다른 요인이 있다.

근접성

1930년대에 필라델피아에서 5,000건의 혼인신고서를 조사한 바에 따르면 부부 중 1/3이 서로 다섯 블록 이내에 살고 있었다(Rubin, 1973). 이 연구가 보여 주는 바는 두 사람이 친구일지 아닐지를 예언할 수 있는 최상의 단일요인이 **근접성** proximity, 또는 그들이 얼마나 가까이 살고 있는가라는 것이다. 아파트촌에서의 우정 형태에 관한 한 연구에서는 거주자들에게 가장 자주 사교적인 접촉을 가졌던 사람 3명의 이름을 물어보았다. 거주자들이 응답한 것을 보면 바로 옆집에 사는 이웃이 41%, 한 집 건너(약 9m)에 사는 이웃이 21%, 그리고 복도의 반대편 끝에 사는 이웃이 10%였다(Festinger et al., 1950). 대학 기숙사에서 수행된 연구도 비슷한 결과를 보여 주었다. 한 학년이 끝나고 난 후, 같은 방을 쓴 학생들이 친구가 된 경우가 같은 층을 쓴 학생들이 친구가 된 경우의 2배였다. 그리고 이 경우는 같은 기숙사에 거주한 학생들이 친구가 된 경우의 2배가 넘었다(Priest & Sawyer, 1967).

물론 이웃 사람들이 서로 미워하고 같은 방을 쓰는 사람들이 서로 미워하는 경우도 있는데, 처음부터 반목이 있는 경우에는 예외적으로 호감을 촉진하는 근접성의 효과가 나타나지 않는다. 이것에 대한 검증에서 실험 참가자는 실험실에서 자신을 친절하게 대하는 여성 실험 도우미 또는 불친절하게 대하는 여성 실험 도우미와 함께 대기하고 있었다. 실험 도우미가 친절한 경우, 실험 도우미가 실험 참가자에게 보다 가까이 앉을수록 실험 참가자는 실험 도우미를 더 좋아했다. 반대로 실험 도우미가 불친절한 경우, 실험 도우미가 실험 참가자에게 가까이 앉을수록 실험 참가자는 실험 도우미를 덜 좋아했다. 근접성은 단순히 최초 반응의 강도를 증가시켰다(Schiffenbauer & Schiavo, 1976). 그러나 처음 만났을 때 생기는 감정은 대부분 중립적인 감정에서 유쾌한 감정에 이르는 범위 내에 드는 감정이기 때문에, 근접성이 유지될 때 나타나는 가장 빈번한 결과는 호감이다.

기적을 믿는 사람들이 어떤 사람을 사랑하게 되었을 때, 우리 각자에게는 이 세상 어딘가에서 찾아 주기만을 기다리고 있는 완벽한 배필이 이미 정해져 있는데, 그 사람을 만난 것이니 기적이라고 믿을지 모른다. 그러나 이것이 기적이라 하더라도, 운명이 일부러 꾸며서 이 배필을 걸어서 갈 수 있을 만큼 가까운 거리에 살게 했을 가능성은 희박함에도 불구하고 가까운 거리에서 살게 된 현실은 그보다 훨씬 더 큰 기적이다.

친숙성

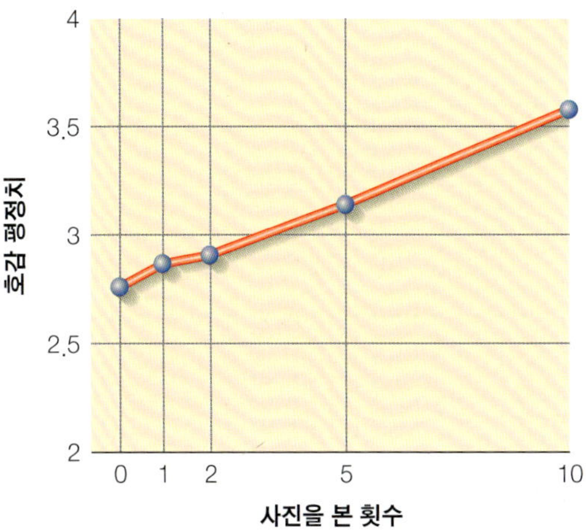

그림 11.1 친숙성은 호감을 낳는다. 사람들에게 낯선 사람의 사진을 보여 주고, 사진 속의 사람과 사귀고 싶은 마음이 얼마나 많이 드는지를 평가하도록 했다. 사진 속 인물에게 갖는 호감을 가장 낮게 평정한 사람들은 그 사진을 처음 본 사람들이었고, 가장 높게 평정한 사람들은 그 사진을 많이 본 사람들이었다. 이것은 단순노출효과를 예시해 준다.

근접성이 호감을 일으키는 주요한 이유 중의 하나는 근접성이 친숙성을 증가시킨다는 것이다(Reis et al., 2011). 실제로 친숙성 그 자체가 호감을 증가시킨다는 발견, 즉 **단순노출효과** mere exposure effect라 불리는 현상을 지지하는 증거가 많다(Zajonc, 1986). 친숙성이 호감을 키우는 효과는 매우 일반적인 현상이다. 예를 들어 모차르트나 쇤베르크의 음악을 반복적으로 들었던 쥐들은 자주 들었던 작곡가의 곡에 대한 선호가 증가했다. 그리고 사람의 경우 몇 개의 무의미 철자나 한자에 반복적으로 노출되면 자신이 가장 자주 본 무의미 철자나 한자를 더 선호하게 된다. 이 효과는 사람들이 사전에 그 자극에 노출되었던 사실을 자각하지 못하는 경우에도 발생한다(Bornstein, 1992; Bornstein & D'Agostino, 1992; Moreland & Zajonc, 1979; Wilson, 1979). 현재의 논의와 관련성이 더 큰 연구는 실험 참가자에게 얼굴 사진을 노출시킨 후, 사진 속의 사람을 얼마나 좋아할 것 같은 생각이 드는지를 물어본 것이다. 실험 참가자들은 특정한 얼굴 사진을 자주 보았을수록 그 얼굴 사진을 좋아하고, 그 사진 속의 사람을 더 좋아하게 될 것 같다고 응답했다(Zajonc, 1968; 그림 11.1 참조). 실제 생활에서 개인들을 상호 간에 노출시켰을 때에도 유사한 결과를 얻었다(Moreland & Beach, 1992).

단순노출효과를 재치 있게 증명해 보인 실험에서 연구자는 여자 대학생들의 사진을 찍고 나서 본래의 얼굴상(남이 보는 얼굴 모습)과 거울에 비친 얼굴상(본인이 보는 얼굴 모습) 두 가지로 인화했다. 이렇게 인화된 사진을 여자 대학생 본인, 동성의 친구, 애인에게 보여 주었다. 여자 대학생 중 68%가 거울에 비친 얼굴상의 사진을 선호했고, 32%는 본래의 얼굴상 사진을 선호했다. 그러나 친구와 애인 중 39%가 거울에 비친 여자 대학생의 얼굴상 사진을 선호했고, 61%는 본래의 얼굴상 사진을 선호했다(Mita et al., 1977). 그 이유를 추측할 수 있겠는가?

당신이 숙제로 풀어야 할 것이 분명해졌다. 만약 당신이 아름답지 못하거나, 당신이 동경하는 사람으로부터 동경받지 못한다면 꾸준히 그 사람의 주위를 맴돌라. 근접성과 친숙성은 당신의 가장 강력한 무기이다.

유사성

옛말에 상극은 서로 끌어당긴다고 했다. 연인은 서로가 얼마나 다른가를 놓고서 얘기하기를 즐긴다. 즉 '나는 보트 놀이를 좋아하는데 그녀는 등산을 더 좋아한다', '나는 공학이 전공이지만 그녀는 역사학을 전공하고 있다.' 그러나 이 연인들이 간과하고 있는 것이 있는데, 두 사람이 똑같이 옥외 활동을 즐긴다는 사실이다. 그리고 그들은 둘 다 예비 전문가이고 민주당원이다. 그들은 국적이 같고, 종교가 같으며, 동일한 사회계층에 속해 있다. 그리고 그들은 교육 수준이 같으며, 나이차도 세 살 이내이고 IQ의 차이도 5점 이내이다. 간단히 말해 상극은 서로 끌어당긴다는 옛말은 대체로 틀렸다고 할 수 있다.

1870년까지 거슬러 올라가 조사한 연구가 이러한 결론을 뒷받침한다. 미국의 부부는 95% 이상이 같은 인종이고 대부분 종교가 같다. 더욱이 통계 조사에서 남편과 아내가 연령, 종교, 교육 수준, 사회경제적 지위 같은 사회적 특징뿐만 아니라 지능과 같은 심리적 특징과 신장, 눈동자 색깔 같은 신체적 특징도 서로 유사했다(Rubin, 1973). 연애 중인 커플에 관한 연구에서도 성행동과 성역할에 대한 두 사람의 태도가 유사했다는 발견에 추가해서 위와 동일한 패턴이 발견되었다. 더욱이 연구가 시작될 당시 배경이 가장 유사했던 커플이 1년 후에도 연애 중일 가능성이 가장 높았다(Hill et al., 1976). 앞의 논의와 특히 관련이 있는 발견은 커플이 신체적 매력도 일치한다는 것이다(Feingold, 1988).

예를 들어 한 연구에서 실험 참가자인 판단자들이 누가 누구의 짝인지를 모른 채, 99 커플의 사진을 신체적 매력 차원에서 평정했다. 커플의 신체적 매력 평정치에서의 일치도가 무선적으로 짝 지어진 커플의 일치도보다 의의 있게 높았다(Murstein, 1972). 실생활에서 개별 관찰자들이 술집과 극장 로비, 사교 모임에서 커플들의 신체적 매력을 평정한 현장 연구에서도 유사한 결과를 얻었다(Silverman, 1971).

이렇듯 커플이 신체적 매력 차원에서 일치하는 현상이 생기는 이유는, 우리가 파트너가 될 가능성이 있는 사람이 우리와 기꺼이 짝이 되려고 할 확률이 얼마나 되느냐에 맞추어서 그 사람의 매력에 두는 비중을 달리하기 때문인 것으로 보인다. 미안하지만, 매력 없는 사람은 자신보다 더 매력적인 사람들로부터 거절당할 것이라고 예상하기 때문에 매력 없는 파트너를 구하는 것이다. 비디오 데이트 서비스에 관한 연구에서 남성과 여성 모두 자신과 신체적 매력이 일치하는 사람들과 관계를 맺고자 하는 경향이 있음을 발견했다. 가장 매력적인 사람들만이 가장 매력적인 파트너와 데이트를 하고자 했다(Folkes, 1982). 이

오랫동안 좋은 관계를 유지하는 사람들은 관심사, 성격 특질, 신체적 매력뿐만 아니라 연령, 인종, 교육 수준 같은 특징도 유사한 경향이 있다.

러한 과정의 전반적인 결과는 신체적 매력의 유사성이다. 즉 우리 대부분은 자기만큼 신체적으로 매력적인 파트너와 짝을 맺게 된다.

그러나 장기간 지속되는 대인관계에서는 신체적 매력보다는 다른 차원에서의 유사성이 오히려 더 중요할 것이다. 결혼한 부부 135쌍에 대한 종단 연구에서는 성격이 유사한 배우자일수록 그들이 즐기는 친구 방문, 외식, 지역사회 활동, 직업상의 회동 같은 일상생활의 활동 면에서도 더 유사하다는 사실을 발견했다. 이들은 덜 유사한 부부들보다 결혼생활의 갈등도 적었으며, 더 가깝고, 우호적이고, 결혼 생활의 만족도가 더 높았다(Caspi & Herbener, 1990).

최근의 연구가 보여 주는 바는 뜻하지 않은 사소한 면에서의 유사성도 호감을 갖게 해 준다는 것이다. 예를 들어 사람들이 자신의 생일, 가령 6월 15일에 들어 있는 숫자인 '6-15'라는 숫자 코드를 임의로 배정받은 다른 사람을 더 좋아한다는 것이다. 이러한 효과는 의식적으로는 전혀 자각되지 않는 수준, 즉 식역하 수준에서 제시한 경우에도 나타난다(Jones et al., 2004). 이러한 놀라운 결과는 **암묵적 자기중심성** implicit egotism의 증거로 해석된다. 우리는 무의식적으로 우리 자신을 떠오르게 만드는 미묘한 자질을 가지고 있는 사람, 장소, 대상에 끌린다.

감정전이

16장에서 감정전이, 또는 내담자가 부모나 배우자 같은 어떤 특정한 주요 인물에 대한 자신의 감정과 생각을 치료자에게 전이하는 경향성에 대해 배웠다. 사회인지 조망에서의 최근 연구는 **감정전이** transference 개념을 보다 일반화하여 적용하기 때문에, 과거에 자신에게 중요했던 누군가를 생각나게 하는 새로운 사람을 만나게 되면 언제라도 그러한 회상(재인)이 새로운 사람에 대한 우리의 지각과 호감에도 영향을 준다고 주장한다(Chen & Andersen, 1999). 이러한 접근은 사회인지의 전통을 따르는 것이다. 그 이유는, 이 접근이 과거에 자신에게 중요했던 누군가를 단순히 떠올리는 것이 그 중요한 누군가에 관한 도식 또는 저장된 지식을 자동적으로 활성화한다는 입장이기 때문이다. 도식이 활성화되면 새로 만난 사람에 관한 정보를 활성화된 도식과 일치시키는 쪽으로 처리하게 된다.

감정전이가 대인 호감에 미치는 영향을 실험실 실험을 통해 검증했다. 한 연구에서 실험 참가자들은 두 번의 검사를 받았다. 사전 단계에서 실험 참가자들은 자신에게 중요한 타인 중 2명, 즉 좋아하는 사람과 싫어하는 사람을 회상하여 그들에 대해 몇 가지를 짤막하게 묘사하도록 했다(예: '테리는 성실하다' 또는 '패티는 춤추러 가는 것을 좋아한다'). 2주 이상의 시간이 흐른 뒤 실험 참가자는 다시 한 번 검사를 받았다. 이때 실험 참가자들은 바로 옆방에 있는(실제로는 있다고 알려 준) 처음 만나게 될 사람과 곧 상호작용하게 될 것임을 알게 되었다. 이 새로운 사람에 대한 묘사는 사전 검사에서 얻은 몇몇 묘사를 베껴서 실험 참가자의 중요한 타인과 닮은 사람으로 조작된 것이다. 한 실험집단은 새로운 사람이 좋아하는 쪽의 중요한 타인과 닮은 경우였고, 또 다른 실험집단은 새로운 사람이 싫어하는 쪽의 중요한 타인과 닮은 경우였다. 묘사 자체의 유인가를 통제하기 위해 각각의 묘사를 또 다른 실험 참가자 집단들에게 주었다. 통제집단의 실험 참가자들에게 제공된 묘사는 실험 참가자 자신이 아닌 다른 누군가의 중요한 타인과 닮은 것으로 조작된 것이었다.

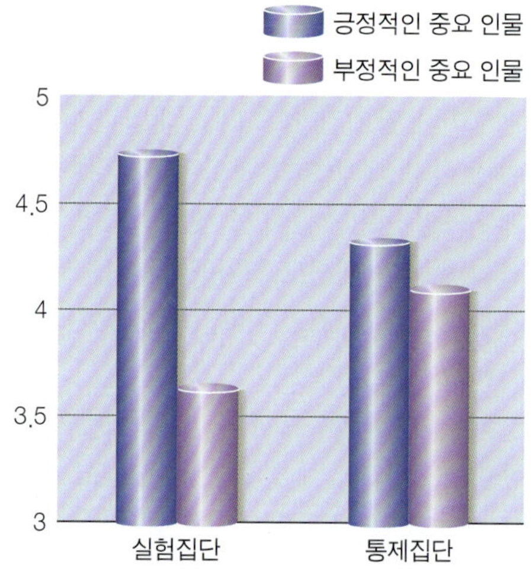

그림 11.2 호감에서의 감정전이. 실험 참가자들이 새로 사귈 사람을 얼마나 좋아할 것인지는 실험 참가자들의 중요한 타인과 새로 사귈 사람이 공통적인 특징을 갖고 있느냐 하는 것과, 실험 참가자들이 자신의 중요한 타인에 대해 긍정적 태도를 갖고 있느냐 부정적 태도를 갖고 있느냐에 달려 있다. 새로 사귈 사람이 실험 참가자에게 중요한 의미를 갖는 타인과 닮았을 때(실험집단)의 평정치가 새로 사귈 사람이 다른 누군가에게 중요한 의미를 갖는 타인과 닮았을 때(통제집단)의 평정치보다 더 극단적인 값을 나타낸다는 사실을 주목하라.

그 결과가 그림 11.2에 나와 있다. 새로운 사람이 중요한 타인을 닮았을 때, 실험 참가자들은 중요한 타인에 대한 자신의 태도에 따라 좋아하거나 또는 싫어했다. 즉 실험 참가자들은 새로운 사람이 자신의 중요한 타인을 닮았을 때 더 많은 미소를 보냈다. 동일한 절차를 사용한 추가 실험은 감정전이가 호감에 미치는 이러한 효과가 활성화된 도식에 의해 일어나는 것임을 확증했다. 도식은 자동적으로 활성화되며(또는 점화되며), 일단 활성화되면 도식은 기억과 추론을 포함해서 정보처리의 다양한 측면에 영향을 미친다. 중요한 타인에 대한 우리의 도식은, 중요한 타인과 어느 모로 닮은 새로운 사람에 의해 그것이 점화되면 사회심리학자들이 예상하는 모든 인지적 효과와 행동적 효과를 발생시킨다(Chen & Andersen, 1999).

여기서 당신이 풀어야 할 숙제는, 만약 당신이 전에 알았던 사람과 다시 관계를 재개하려는 경우가 아니라 새로운 우정이나 대인관계를 맺고자 하는 경우라면, 당신이 아는 어떤 사람과도 닮지 않은 인물과 시작하는 것이 좋다는 것이다. 그리고 누군가가 다가와서 "당신은 누군가를 생각나게 하는 사람이군요."라고 말할 때는 조심해야 한다.

사랑의 심리학

왜 사람들은 사랑에 빠지는 것일까? 왜 사람들은 친밀 관계나 연인 관계를 맺으려 할까? 한 수준에서의 해답은 분명하다. 즉 사랑은 기분 좋은 것이기 때문이다. 그러면 당신은 당연히 왜 사랑은 기분 좋은 것인지를 물을 것이다. 일부 사회심리학자들은 사랑에 빠지는 일차적인 동기가 자기확장의 충동에 있다고 제안했다(Aron et al., 1998). 친밀 관계는 다양한 방식으로 **자기확장** self-expansion을 이루게 해 주거나, 또는 우리의 잠재적 능력과 자원을 증가시켜 준다고 한다. 우리는 타인과 친밀해짐에 따라 그 사람의 친구 모임, 요리 기술, 정치나 종교에 대한 견해, 또는 일반적인 인기 같은 그 사람의 자원, 관점, 정체성에 접근할 기회를 갖게 되어 우리 자신의 목표를 성취하는 데 도움을 받을 수 있다. 즉 사람들의 자기확장 동기는 보다 능력 있는 사람이 되고자 하기 때문만이 아니라 자기확장, 특히 급속한 자기확장은 기분을 돋우어 주기 때문에 생기는 것이다. 이 논리에 따르면 사랑이 급속히 자기확장을 이루어 주기 때문에 사랑에 빠지는 것은 기분 좋은 것이다.

연구자들은 대학교 1학년생으로 이루어진 대규모 집단을 대상으로 가을 학기 내내 사랑에 빠지는 것과 자기확장 간의 연관을 검증했다. 10주 동안 2주마다 이 학생들은 '오늘 현재 당신은 누구인가?'라는 질문에 대해 3분 안에 머리에 떠오르는 자기를 기술하는 단어나 구를 모두 기록했다. 학생들은 또한 앞선 회기 이래로 사랑에 빠진 적이 있는지 없는지를 포함한 수많은 질문에 대해서도 대답했다. 1학년생들은 첫 학기에 사랑에 빠지는 기회가 많았다. 그들의 1/3이 그랬다(Aron, 2002). '사랑에 빠진 행운아' 표집의 규모가 컸기 때문에, 연구자들은 사랑에 빠지기 전의 자신에 대한 기술과 사랑에 빠진 후의 자신에 대한 기술을 비교할 수 있었다. 이러한 비교를 통해 분명한 자기확장의 증거를 찾아냈다. 즉 사랑에 빠진 후의 자신에 대한 기술에서 다양성이 의미 있게 증가했다. 이 효과는 정적 기분의 탓이라고 말할 수 없는 효과인 것이다. (사랑에 빠지지 못한 불운아의 자신에 대한 기술에서, 사랑의 부재에서 예상되는 변화의 정도를 비교해 볼 수 있는 부가적인 비교 기준도 얻었다(Aron et al., 1998).

사랑이 자기확장을 이루어 준다는 개념과 연관된 생각은, 친밀 관계 내에서는 사람들이 자신에 대해 생각하는 방식과 똑같은 방식으로 사랑하는 사람에 대해 생각하는 경향이 있다는 것이다. 즉 친밀한 타인을 자신과 융합하거나, 심지어 자신과 혼동하기도 한다. 한 연구에서 결혼한 부부 실험 참가자들에게 상당히 많은 성격 특질이 들어 있는 목록을 보여 주면서 각각의 성격 특질이 '나'인지, '내가 아닌지'를 가능한 한 빠르고 정확하게 선택하도록 함으로써 우리가 '자기 안에 타인을 포함한다'는 아이디어를 검증했다. 사전 조사에 기초하여 연구자들은 이러한 특질 중 일부는 실험 참가자 자신의 특질이기는 하지만 배우자의 특질은 아닌 것, 그리고 배우자의 특질이기는 하지만 실험 참가자 자신의 특질은 아닌 것을 알고 있었다. 예상한 대로 실험 참가자는 자신과 배우자가 공유하지 않는 특질에 대해 반응하는 경우에 시간이 더 오래 걸리고 오류도 더 많았다(Aron et al., 1991). 예를 들면 당신은 특별히 우아하지는 않지만 배우자는 우아하다면, 우아함이 당신을 나타내는 단어인지 아닌지를 결정하는 데 혼란을 겪게 될 것이다. 당신이 사랑하는 사람이 우아하다는 사실이 당신에게 이롭기는 하지만 당신이 우아하지 않기 때문에 이것을 분류하는 데는 시간이 걸리는 것이다. 그러나 이러한 혼동은 좋은 것이다. 다른 연구에서는 그림 11.3과 같은 단순한 그림 측정 척도상에 나타나는 '자기 안에 타인을 포함하는 경향성'의 정도가 부부로서 유지되는 기간을 예언해 준다는 것을 입증했다(Aron et al., 1992).

열정애와 동료애

몇몇 사회과학자들은 사랑의 종류를 구분하는 일에 노력을 기울여 왔다. 가장 폭넓게 수용되는 사랑의 구분은 열정애와 동료애의 구분이다(Hatfield, 1988).

열정애 passionate love는 '부드럽고 성적인 느낌, 의기양양함과 고통, 불안과 안정, 이타심과 질투심이 감정의 혼동 속에 공존하는' 강렬한 정서 상태로 정의할 수 있다(Berscheid & Walster, 1974, p. 177). 열정애의 경험은 생리적 각성과 사랑하는 사람에 의해 야기된 각성이라는 지각이 결합된 것이라고 주장되고 있다(Berscheid & Walster, 1974).

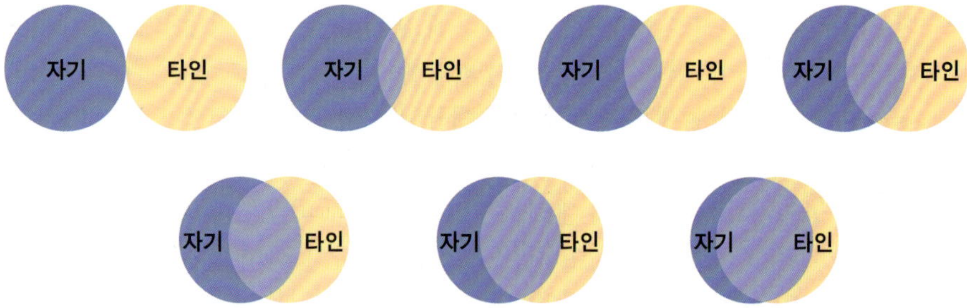

그림 11.3 자기 안에 포함된 타인. 사람들에게 그들의 인간관계를 가장 잘 서술해 주는 그림에 동그라미를 치도록 했다. 연구 결과, 사람들이 자기 안에 타인을 포함하는 정도로 인간관계가 얼마나 오래 지속될지를 예언할 수 있음을 발견했다.

이와 대조적으로 **동료애** companionate love는 '우리가 우리의 삶과 깊이 얽혀 있는 사람들에게 느끼는 애정'으로 정의할 수 있다(Hatfield, 1988, p. 205). 동료애는 격한 감정적 열정보다는 오히려 신뢰, 배려, 상대방의 결점과 특이함을 참고 받아 줌, 그리고 온정과 애정이 어린 감정 상태가 특징이다. 시간이 흐르면서 관계가 계속됨에 따라 상호 의존성이 증가하고, 강렬한 정서의 잠재력이 실제로 증가한다. 오랜 세월 함께한 배우자와 잠시 헤어져 강렬한 외로움과 그리움을 느낄 때, 또는 오랜 세월 함께 살았던 배우자를 잃은 사람이 전형적으로 겪는 정서적 황폐화가 초래될 때, 이러한 현상이 나타나는 것을 볼 수 있다. 그러나 역설적으로, 동료애가 많은 커플은 실제 그들의 삶에서 화목하고 상호 조정을 하기 때문에 강렬한 감정의 실제 빈도가 상당히 낮은 것이 보통이다(Berscheid, 1983).

앞서 인용한 조사 연구에서 많은 젊은 남성과 여성은 만약 결혼 생활에서 사랑이 사라진다면 그것이 결혼 생활을 끝내야 하는 충분한 이유가 된다고 말했다. 어쨌든 사랑은 곧 열정애라고 생각하는 사람들은 실망이 클 것이다. 오랜 시간이 흘러도 신혼 때와 같은 강렬한 사랑의 느낌을 지니고 있는 커플도 있지만(O'Leary et al., 2012), 성공적으로 관계를 유지하는 대부분의 커플은 그들의 관계에서 동료애 요소를 강조하고, 이론과 경험 연구 모두는 열정애의 특징인 강렬한 느낌이 오래 지속되지 않는 경우가 많다는 사실을 시사한다(Berscheid, 1983). 16세기 소설가 지랄디(Giraldi)는 이것을 두고 "사랑의 역사는 어떤 면에서 시간에 대항해서 싸우는 드라마이다."라고 말했다.

노년에 이르면 연애 감정의 열정애 요소는 동료애 요소보다 중요성이 떨어지는 경향이 있다.

이 점은 미국에서 오랫동안 부부 관계를 유지한 사람들, 즉 사랑 때문에 결혼한 커플들과 양가의 부모에 의해 정혼하는 일본의 커플들을 비교한 연구를 통해 예시되고 있다. 예상한 대로 미국의 부부들은 일본의 부부들보다 높은 수준의 사랑 표현과 성적 관심을 나타냈다. 그러나 10년 후에는 사랑 표현이 감소한 총량이 두 집단 간에 차이가 없었다. 이 연구에서 보고된 많은 부부들은 사랑 표현이 감소했음에도 불구하고 결혼 생활에 만족했다. 즉 그들의 결혼 생활이 배우자와의 의사소통, 일의 분담에서의 형평 유지, 동등한 의사결정권 등을 특징으로 하는 깊은 동료애로 발전했던 것이다(Blood, 1967).

당신이 유념해야 할 사항은, 사랑하기 시작한 사람들에게는 열정애가 엄청나게 중요할지 모르지만, 오래도록 좋은 관계를 유지시켜 주는 힘은 흥분을 자아내는 면이 적고, 오히려 보다 많은 노력을 기울이는 데에서 생기며, 열정보다는 평등에서 생긴다는 것이다. 곧 알게 되듯이 실제로 열정애와 동료애는 구조적으로 양립할 수 없는 것일지도 모른다.

사랑의 삼각형 이론

다른 연구자들은 사랑을 열정애와 동료애로 이분하는 책략이 지나치게 단순한 분류법이라고 본다. 보다 사랑을 잘 변별하는 분류법 중 하나는 **사랑의 삼각형 이론** triangular theory of love이다. 이 이론은 사랑의 성분을 세 가지로, 즉 친밀감, 열정, 헌신으로 나누었다(Sternberg, 1986). **친밀감** intimacy은 가까움과 감정의 공유를 포함하고 있는 정서 성분이다. 동기 성분인 **열정** passion은 성적 매력과 '사랑에 빠져든' 낭만적인 느낌으로 구성된다. **헌신** commitment은 인지 성분으로서, 관계를 계속 유지하려는 의도의 반영이다. 이 세 성분을 조합하면 표 11.1에서 볼 수 있는 것처럼 여덟 가지 유형의 관계가 나온다. 표에 나타나 있듯이 이 도식에서는 열정애가 두 가지 유형, 즉 얼빠진 사랑과 낭만적 사랑으로 나뉜다. 이 두 유형의 사랑은 모두 고(높은)열정 및 저(낮은)헌신이 특징인데, 친밀감의 정도에서는 달라 얼빠진 사랑은 저(낮은)친밀감인 반면에 낭만적 사랑은 고(높은)친밀감이다. 동료애는 고(높은)친밀감과 고(높은)헌신, 저(낮은)열정으로 특징지어진다.

유대 형성과 짝짓기 책략

낭만적 사랑과 성적 매력에 대한 또 하나의 접근은 다윈의 진화론에서 나왔다. 1장에서 서술한 바와 같이 진화심리학은 심리적 기제의 기원을 밝히는 분야이다. 생물학적 기제와 마찬가지로 심리학적 기제도 수백만 년을 거쳐 오면서 자연도태 과정을 통해 진화되어 왔다는 것이 그 핵심 아이디어이다. 그럼으로써 심리학적 기제의 발생 기반을 알게 되고, 인류가 과거에 일부 생존 문제를 해결하거나 종족 보존의 가능성을 높이는 데 그 기제가 유용하게 쓰였음을 알 수 있다.

사회심리학자들 사이에서 진화에 대한

표 11.1 사랑의 삼각형 이론

사랑의 삼차원을 조합하면 여덟 가지 유형의 사랑 관계가 나온다.

	친밀감	열정	헌신
사랑이 아님	저	저	저
호감	고	저	저
얼빠진 사랑	저	고	저
낭만적 사랑	고	고	저
공허한 사랑	저	저	고
동료애	고	저	고
착각인 사랑	저	고	고
완벽한 사랑	고	고	고

관심이 다시 일어나면서 몇 가지 행동 현상에 대한 (때로는 논쟁을 불러일으키는) 재검토가 이루어지게 되었다. 재검토된 행동 현상 중에는 인간에게 있어서의 짝과의 유대 형성, 성행동에서의 남성과 여성의 차이와 짝짓기 책략이 있다.

진화론적 관점에서 보면 남성과 여성의 짝짓기는 그들의 유전자를 후세대에 전할 자손을 생산하기 위함이 목적이다. 이러한 목적을 달성하려면 사람들은 (1) 반대 성의 가임 성원에게 접근하기 위해 동성의 경쟁자들을 물리쳐야 하는 것, (2) 자손 생산(reproduction)의 가능성이 가장 큰 짝을 선택하는 것, (3) 임신에 이르는 데 필요한 사회행동과 성행동을 수행하는 것, (4) 짝이 도망가지 않도록 방지하거나 짝을 유기하지 않는 것, (5) 자녀가 생존하고 자손을 생산할 수 있도록 지켜 주는 것을 포함하여 몇 가지 해결하지 않으면 안 될 일이 있다(Buss, 1994). 진화심리학자들에 따르면 인간은 자녀가 자손 생산력을 갖는 연령까지 생존을 지켜 주기 위해 배우자와 강렬하고 장기적인 유대를 형성하도록 진화되어 왔다는 것이다. 3장에서 살펴본 바와 같이 유기체의 신경체계가 복잡할수록 성숙에 도달하는 데 걸리는 시간이 그만큼 더 길다. 침팬지는 인간이 겨우 스스로를 챙길 만한 나이에 벌써 침팬지 사회에서 성인 성원으로서의 기능을 한다. 따라서 인류 역사에서는 양쪽 부모가 자녀를 보살피고 도와주는 양육을 위해 자녀 가까이에 붙어 있는 것이 중요해지게 된 것이다. 인간과는 대조적으로 암수 침팬지 모두 난교 성향이 있으며, 수컷 침팬지는 새끼를 돌보는 일에 거의 관여하지 않거나 아예 관여하지 않는다.

진화심리학은 더 나아가 남성과 여성이 자손 생산에서 다른 역할을 하기 때문에 남성과 여성이 사용하는 짝짓기 책략과 전술 역시 다르게 진화되어 왔다고 주장한다. 이론적으로 남성은 수많은 자녀의 아버지가 될 수 있기 때문에, 진화론적으로 남성은 자신의 유전자를 최대한 많이 후대에 남기기 위해 가능한 한 많은 여성을 임신시키는 것이 유리하다. 그러나 여성은 출산마다 많은 시간과 에너지를 투입해야 하기 때문에 제한된 자녀의 어머니가 될 수밖에 없다. 진화론적으로 여성은 자신의 유전자를 후대에 남길 가능성을 최대로 만들기 위해 자녀를 보호하고 기르는 일을 아주 기꺼이 하려 하고 가장 잘할 수 있는 짝을 선택하는 것이 유리하다. 이러한 추론이 시사하는 바는, 남성은 여성보다 성 파트너를 선택하는 데 덜 가리고 난교 성향을 갖게끔 진화되었을 수 있다는 것이다. 실제로 대부분의 사회에서 남성이 여성보다 더 난교 성향이 있다고 반복적으로 보고되었으며, 한 남성이 1명 이상의 여성을 배우자로 맞을 수 있도록 허용하는 사회가 한 여성이 1명 이상의 남성을 배우자로 맞을 수 있도록 허용하는 사회보다 많다(Wilson, 1978).

또한 진화심리학은 남성이 가장 출산 능력이 많은 젊은 여성, 즉 자신의 자녀를 잉태할 가능성이 가장 높은 여성과 짝짓기를 원할 것임에 틀림없다고 예언한다. 여성은 사회적 지위가 높고 물질적 재원이 풍부한 남성, 즉 자녀가 성인에 이르도록 생존하고 때가 되면 자손 생산을 할 수 있도록 보장해 줄 가능성이 큰 남성과 짝짓기를 원할 것임에 틀림없다. 진화심리학자들은 그 결과로 남성은 (출산 능력이 있는 햇수가 많이 남아 있는) 보다 더 젊은 여성을 선호할 것이고, 반면에 여성은 (더 많은 재원을 가지고 있는) 나이 많은 남성을 선호할 것이라고 예언한다. 짝짓기 선호에서 드러나는 이러한 성차는 37개의 문화권을 연구한 결과에서 확인되었다(Buss, 1989).

고정관념

고정관념에 관한 수십 년간의 연구가 알려 주는 것은, 우리가 좋아하든 좋아하지 않든 다른 사람에 대한 첫인상이 선입견에 의해 편향된다는 것이다. 우리가 어떤 대상이나 사상을 지각할 때는 언제나, 들어오는 정보를 유사한 대상이나 사상에 관해 이전에 가지고 있던 기억과 비교함으로써 그것을 암묵적으로 범주화한다. 앞장에서 기억이란 보통 최초의 자극을 사진처럼 재생하는 것이 아니라 최초의 지각을 단순화하여 재구성한 것임을 알았다. 이러한 표상과 기억 구조를 **도식**schema이라고 부른다. 그리고 도식이란 사람, 대상, 사상, 상황에 대해 조직화된 신념과 지식이다. 들어오는 자료와 가장 일치하는 도식을 기억 속에서 찾아가는 과정을 도식적 처리 또는 하향적 사고라고 부른다. 도식과 **도식적 처리**schematic processing는 엄청나게 방대한 양의 정보를 매우 효율적으로 조직하고 처리할 수 있게 해 준다. 각각의 새로운 대상이나 사상의 아주 세부적인 것들을 기억하고 지각하는 대신에 이미 존재하는 도식 중 하나만을 주목할 수 있어 가장 두드러진 특징만 기억하고 부호화할 수 있다. 예를 들어 도식적 처리는 우리가 음식이나 음료 같은 소비재를 쉽게 분류하여 음식은 접시에 담고 음료는 유리잔에 따를 수 있게 해 준다.

사물이나 사상에서와 마찬가지로 우리는 사람과의 만남에 있어서도 역시 도식과 도식적 처리를 사용한다. 예를 들어 우리는 사람들을 인종, 성, 나이 같은 두드러진 신체적 속성 또는 우리 대 그들(우리 편 대 상대편)같이 자신의 사회 정체감에 따른 관계에 근거해서 집단별로 범주화한다. 도식은 좀 더 좁은 의미로 정의될 수 있다. 즉 어떤 이가 외향적인 성격의 누군가를 만나게 될 것이라는 얘기를 들었을 때 앞으로 있을 만남에 대한 기대로 '외향적인 사람' 도식을 끌어내게 된다. 외향적인 사람 도식은 사교성, 따뜻함, 그리고 소란스럽고 충동적일 것 같은 상호 관련된 특질들의 집합이다. 앞에서 언급했듯이 **고정관념**stereotype은 사람들의 유목이나 하위 유목에 대한 도식이다. 외향적인 사람, 경쟁 관계에 있는 학교에 다니는 어떤 학생, 또는 아프리카계 미국인 등에 대한 고정관념은 특정 특질이나 행동이 다른 어떤 특질이나 행동과 공존한다는 소이론이다. 이 절에서 고정관념에 초점을 두는 이유는 고정관념이 인상 형성에까지 영향을 미치는 일종의 사람에 대한 도식이기 때문이다. 우리가 여러 계층의 사람들에 대한 도식과 아울러 미국 대통령이나 우리의 부모님 같은 특정인에 대한 도식도 지니고 있음을 명심해야 한다. 그리고 우리는 기억 속에 저장된 조직화된 자기개념의 집합인 **자기도식**self-schema 또는 우리 자신에 관한 도식을 가지고 있다(Markus, 1977). 예를 들어 또래 상담가를 모집한다는 구인 광고를 보고 당신은 그 일에 지원할지 말지를 결정하기 위해 상담가라는 도식과 자기도식이 부합하는지를 평가할 수 있다.

고정관념의 자동 활성화

예를 들어 아프리카계 미국인은 적개심이 많다거나 여성은 수동적이라거나, 노인은 동작이 느리다는 고정관념 속에 있는 연상은 과학습되고 자동화될 수 있다. 우리는 반복된 연습을 통해 운전이 습관화, 자동화되어 거기에 의식적으로 주의를 기울일 필요가 거의 없어지게 된다. 사람에 대한 고정관념에 반복 노출되는 경우에도 같은 과정이 나타난다. 즉 고정관념도 의식에 자각되지 않은 채 작용하는, 습관적이고 자동적인 것이 될 수 있다.

점화는 고정관념을 의식에 자각하지 않은 채 자동적으로 활성화할 수 있다. 한 실험에서 대학생들에게 전형적인 대학교수를 상상하여 이 사람의 행동, 라이프스타일 및 외모에 대해 2분 동안 혹은 9분 동안 적도록 했다. 다른 실험 참가자들은 전혀 점화를 시키지 않고 곧바로 다음 과제를 하도록 했다. 무관한 사전 연구라고 알려 준 다음 과제에서 종속 측정치가 수집되었고, 이는 유명한 〈트리비얼 퍼슈트(Trivial Pursuit)〉 게임의 문제에서 뽑은 어려운 일반 상식 시험이었다. 전형적인 교수를 오래 생각한 실험 참가자들이 그 시험에서 더 잘했다. 교수는 똑똑한 사람이라는 생각이 포함된 교수 고정관념을 점화시킨 것이 무의식적 수준에서 학생들의 시험 수행에 영향을 주었다. 두 번째 실험에서는 '축구 훌리건' 고정관념을 2분 혹은 9분 동안 점화시켰다. 멍청하다는 속성을 포함한 전형적인 축구 훌리건을 오래 생각한 학생일수록 일반 상식 성적이 나빴다. 학생들은 특정 고정관념을 점화시키는 과제와 그것의 효과를 알아보는 시험 간의 연관성을 전혀 알지 못했기 때문에 그 효과는 무의식적 수준에서 발생한다고 알려져 있다(Dijksterhuis & van Knippenberg, 1998).

고정관념의 활성화와 고정관념에 따른 행동 간의 연결이 얼마나 확실한지, 단순한 신체적 행위도 고정관념에 따른 사고를 불러일으킬 수 있다. 한 실험에서 대학생들로 하여금 천천히 움직이도록 교묘히 유도한 경우에는 노인에 대한 고정관념이 더 쉽게 적용되었으며, 몸집이 큰 사람의 걸음걸이로 이동하도록 교묘히 유도한 경우에는 과체중인 사람에 대한 고정관념이 더 쉽게 적용되었다. 반면에 평상시의 걸음걸이로 이동하도록 했을 경우에는 노인에 대한 고정관념이나 과체중인 사람에 대한 고정관념 그 어느 것도 나타나지 않았다(Mussweiler, 2006).

여러 형태의 광고는 여성에 대한 고정관념을 활성화하고 성차별주의자의 행동을 촉발할 수 있다.

고정관념 점화의 한 가지 중요한 출처는 TV, 영화, 광고 게시판 같은 시각 미디어이다. 우리는 앞에서 미디어 폭력에의 노출이 분명 아동의 공격 행동을 증가시킨다는 사실을 알았다. 미디어를 통한 고정관념에의 노출도 마찬가지이다. 이제 당신은 시각 대중매체에 등장하는 사람들이 현실 세계의 사람을 대표하는 인물이 아님을 깨닫게 되었을 것이다. 예를 들어 TV에 나오는 사람들은 당신이 집 근처에서 마주치게 되는 사람보다 더 젊고 더 날씬하며 더 매력적이다. 여성에 대한 묘사는 특히 더 정형화(고정관념화)되어 있다. 여성은 외모로 가치를 인정받는, 단순히 성적 대상으로 묘사되는 경우가 많다. 매체에 비쳐진 여성에 대한 고정관념에의 노출은 해가 없는 듯 보이지만 실제로는 유해하다. 앞에서 그러한 매체가 어떻게 소녀와 여성에게 섭식장애를 유발하는지 살펴보았다. 보다 일반적인 현상으로, TV를 많이 보는 사람들은 여성에 대해 더 심한 성차별적 태도를 가지고 있다(Gerbner et al., 1986). 그러나 그러한 사실은 단지 상관관계에 지나지 않는다. 그러므로 TV가 성차별주의를 야기하는 원인이 아닐지도 모른다. 인과관계를 증명하려면 TV에의 노출을 조작한 실험이 필요하다. 연구자들은 남성으로 구성된 한 집단 속에서 성적 대상으로서의 여성에 대한 고정관념을 점화하기 위해 (미국의 주요 시간대 정규 방송에 나온) TV 광고를 사용했다. 통제집단은 다른 광고, 즉 비성차별주의적인 TV 광고를 보았다. 그러고 나서 남성 실험 참가자들로 하여금 연구 보조원으로 뽑을 여성을 인터뷰하게 했다. 통제집단의 남성 실험 참가자들에 비해, TV 광고를 통해 여성을 고정관념적으로 생각하도록 점화시킨 남성 실험 참가자들은 여성 후보자를 인터뷰할 때 성차별적 질문을 더 많이 했고, 보다 성적인 태도로 그 여성을 대했다(Rudman & Borgida, 1995).

한 실험에서 (아프리카계 미국인이 아닌) 실험 참가자에게 의식 수준에서 자각하기에는 너무나 빠른, 아주 짧은 시간 동안(30msec 미만) 젊은 유럽계 미국인 남성 또는 젊은 아프리카계 미국인 남성의 얼굴 사진을 보여 주었다. 이런 무의식적인 식역하의 점화는 지루한 컴퓨터 과제 속에 은근슬쩍 끼워져 있었다. 그 컴퓨터는 실험 참가자들이 그 과제에 상당한 시간을 보낸 후에야 'F11 오류: 데이터 저장 실패'라는 에러 메시지가 뜨도록 일부러 준비된 것이었다. 그다음에 컴퓨터 과제 전체를 전부 다시 해야 할 필요가 있다고 실험 참가자들에게 알려 주었다. 그 얘기를 들은 실험 참가자들의 반응이 몰래카메라에 기록되었다. 아프리카계 미국인의 얼굴로 점화된 사람들이 컴퓨터 에러에 대해 보다 더 적대적으로 반응했다. 여기서는 아프리카계 미국인이 적대적이라는 생각이 포함되어 있는 아프리카계 미국인에 대한 고정관념을 점화한 것이, 점화 사실을 모르고 있는 실험 참가자들에게 자동적으로 적대적 행동을 유발했던 것이다(Bargh et al., 1996). 그런데 사람들이 점화에 의해 영향 받는 그 고정관념에 사적으로 동의할 필요까지는 없다. 즉 인종 차별주의 태도 척도에서 높은 점수를 받은 사람들과 낮은 점수를 받은 사람들에게서 똑같이 고정관념적 행동이 활성화되었던 것이다(Devine, 1989; Fazio et al., 1995 참조).

그래서 어떤 사람을 단순히 만나는 것만으로도 사람들을 인종, 나이, 성 또는 우리 편과 상대편으로 범주화하여 고정관념을 활성화할 수 있다. 그런데 우리가 다른 사람들을 범주화할 때 그들을 평가하기도 할까? 여러 실험은 우리가 그렇게 한다는 사실을 보여 준다. 자동적으로 활성화된 인종 범주화가 감정적 평가를 가져온다는 증거가 아프리카계 미국인과 유럽계 미국인이 아프리카계 미국인과 유럽계 미국인의 얼굴(사진)을 포함한 다른 많은 인종의 얼굴(사진)을 본 일련의 연구에서 나왔다. 아프리카계 미국인에게 유럽계 미국인의 얼굴은 외집단으로 대표되며, 유럽계 미국인에게는 그 반대가 된다. 실험 참가자들이 주어진 형용사(매력적인, 호감이 가는, 성가시게 하는, 공격적인 같은)를 보고 그것이 '좋은' 것인지 '나쁜' 것인지를 가능한 한 빠르고 정확하게 판단해야 하는 단어 평가 과제 속에 은근슬쩍 얼굴(사진)을 끼워 넣었다. 실험 참가자들은 수십 개의 단어에 대해 이러한 판단을 했는데, 그동안 연구자는 실험 참가자들의 반응 시간을 기록했다. 이 연구에

이와 같은 사진을 의식에 자각되지 않게 노출시켜도 충분히 고정관념을 활성화하고 사회 행동에 영향을 미치게 할 수 있다.

서 나타난 결과는 그림 11.4에 나와 있다. 유럽계 미국인 실험 참가자들에게는 아프리카계 미국인의 얼굴을 보는 것이 부정적 단어 선택에 대한 반응을 촉진했고, 아프리카계 미국인의 경우는 그 반대였다. 즉 유럽계 미국인의 얼굴(사진)을 본 것이 아프리카계 미국인의 부정적 단어에 대한 반응을 촉진했다(Fazio et al., 1995). 이러한 결과는 우리가 다른 사람들을 ('우리'의 반대 개념으로서 '그들'인) 외집단으로 범주화할 때, 동시에 자동적으로 부정적 연합이 활성화되고 이것이 부정적 반응을 촉진함을 시사한다.

고정관념과 정보처리

연구는 고정관념이, 이보다 더 일반적인 것으로서의 도식과 마찬가지로 우리의 정보처리를 도와준다는 사실을 확증해 준다. 예를 들어 어떤 사람에 대해 단순히 인상을 형성하라는 지시를 받았을 때보다 가능한 한 많은 정보를 기억하라는 지시를 받았을 때 사람들은 실제로 정보를 덜 기억한다(Hamilton, 1979). 이것은 인상을 형성하라는 지시가 사람들로 하여금 많은 정보를 조직화하고 더 잘 회상하도록 도와주는 관련 도식이나 고정관념을 찾도록 유도하기 때문이다.

그러니까 고정관념이 없다면 우리는 넘치는 정보에 압도될 것이다. 만약 우리가 여러 유형의 사람들에 대해 기대를 조직하거나 접근할 방법이 없다면 다른 사람들에 대한 인상 형성이 상당히 느릴 것이다. 그러나 고정관념 덕분에 효율성은 높아지지만, 주어진 정보에 대한 지각과 기억, 판단에서의 편향이라는 대가를 치러야 한다. 예를 들어 짐이라는 사람의 행동에 대한 다음의 행동을 보고 그에 대한 인상을 형성해 보라.

짐은 몇 가지 학용품을 사려고 집을 나섰다. 그는 친구 두 명과 함께 햇볕이 가득한 거

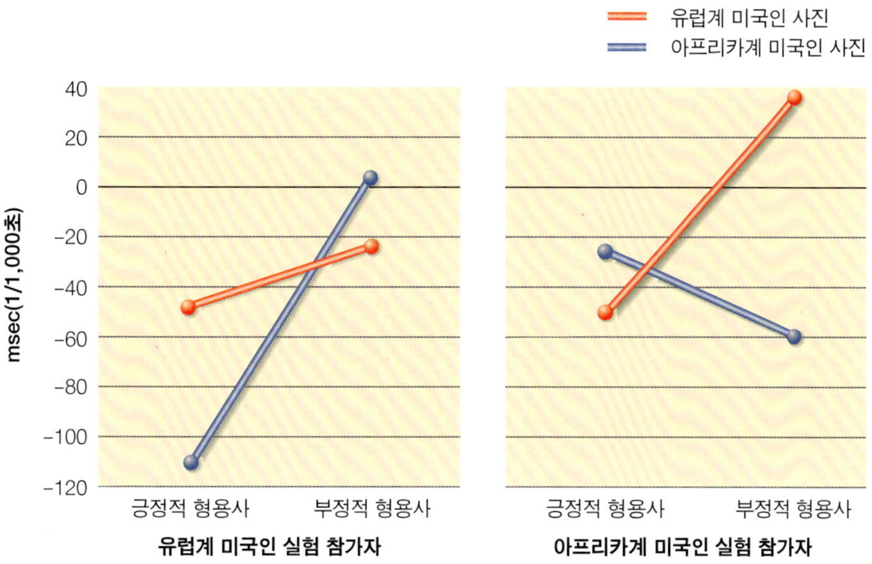

그림 11.4 고정관념의 자동 활성화. 이 두 그래프는 '아프리카계 미국인' 사진과 '유럽계 미국인' 사진을 보여 주고 나서 긍정적인 형용사와 부정적인 형용사를 좋고 나쁨에 따라 분류하도록 했을 때, 실험 참가자들이 분류하는 데 걸린 평균 시간을 나타낸 것이다. 유럽계 미국인의 경우, (분류에) 앞서 '아프리카계 미국인'의 사진을 보여 주었을 때 부정적 판단을 더 빠르게 하는 식으로 긍정적인 형용사와 부정적인 형용사에 대한 반응에 차이가 생김을 주목하라. 이와 정반대의 현상이 아프리카계 미국인에게서도 나타났는데, '유럽계 미국인'의 사진을 본 것이 부정적 판단을 촉진했다. 이러한 자료가 가리키는 바는, 다른 사람들을 '외집단' 인종으로 분류하면 그 분류는 자동적으로 부정적인 평가를 수반한다는 것이다.

리로 나와 햇볕을 흠뻑 쬐면서 걸었다. 짐은 사람들로 붐비는 문구점에 들어갔다. 짐은 점원과 시선이 마주칠 때까지 기다리면서 아는 사람과 얘기를 나눴다. 그가 나가려는데 마침 그 상점으로 들어오는 학교 친구 한 명을 만나 얘기를 나눴다. 상점을 떠나 학교를 향해 걸어갔다. 가는 길에 그는 전날 밤 소개받았던 여자를 만났다. 그들은 잠깐 얘기를 나눴으며, 짐은 다시 학교로 향했다. 방과 후에 짐은 혼자서 교실을 떠났다. 학교에서 출발하여, 걸어서 가자면 먼 거리인 집을 향해 걷기 시작했다. 거리는 햇볕으로 가득 차 찬란하게 빛나고 있었다. 짐은 그늘로 들어서서 거리를 걸어갔다. 짐은 전날 저녁에 만났던 예쁜 소녀가 그를 향해 걸어오는 것을 보았다. 짐은 길을 건너 사탕 가게로 들어갔다. 그 가게는 학생들로 붐비고 있었으며 짐은 몇몇 아는 얼굴을 보았다. 짐은 점원과 시선이 마주칠 때까지 조용히 기다렸다가 주문을 했다. 음료를 가지고 벽에 붙어 있는 테이블로 가서 앉았다. 짐은 음료를 다 마시고 집으로 갔다. (Luchins, 1957, pp. 34–35)

짐에 대한 당신의 인상은 어떤 것인가? 당신은 짐을 친절하고 외향적인 사람이라고 생각하는가? 아니면 수줍음이 많고 내향적인 사람이라고 생각하는가? 만약 짐을 친절한 사람이라고 생각한다면 당신은 이 기술문을 읽은 사람들 중 78%와 의견이 일치한다. 하지만 이 글을 좀 더 자세히 들여다보라. 사실 이 글은 2개의 아주 다른 묘사로 구성되어 있다. '짐은 다시 학교로 향했다'로 끝나는 문장까지 짐은 몇몇 상황 속에서 꽤 친절한 사람으로 그려져 있다. 그러나 그 이후부터는 거의 동일한 상황에서 짐이 매우 외로운 사람임을 보여 준다. 그 기술문의 처음 반만 본 사람들의 95%는 짐을 친절한 사람으로 평가한 반면, 나머지 반만을 본 사람들 중에서는 3%만이 그렇게 평가했다. 따라서 전체 기술문에서는 짐의 친절함이 전체 인상을 지배한다. 그러나 처음에 나오는 문단의 반이 불친절한 것으로서 이루어진 똑같은 기술문을 읽었을 때는 18%만이 짐을 친절한 사람으로 평가했다. 그의 불친절한 행동이 주 인상을 남긴 것이다. 이 연구는 **초두효과**primacy effect를 예시한다. 즉 일반적으로 우리가 받는 최초의 정보가 전체 인상에 더 큰 영향을 미친다.

초두효과는 가상의 인물이 아닌 실제 인물을 사용한 연구를 포함하여 인상 형성에 관한 여러 종류의 연구에서 반복적으로 발견된 현상이다(Jones, 1990). 예를 들어 일련의 어려운 선다형 문제를 풀려고 하는 어떤 남학생을 본 사람들에게 그 학생의 일반적인 능력을 평가하도록 요청했다(Jones et al., 1968). 그 학생이 항상 30문제 중 15문제를 정확히 풀었더라도, 맞춘 문제가 거의 뒷부분에 있는 것보다는 대부분이 앞부분에 있을 때 더 능력이 있는 것으로 판단되었다. 더욱이 그 학생이 얼마나 많은 문제를 풀었는지를 회상하도록 요청했을 때, 15개의 정답이 앞부분에 몰려 있는 것을 본 실험 참가자들은 평균 21개를 맞춘 것으로 추정했으나 뒷부분에 있는 경우에는 평균 13개를 맞춘 것으로 추정했다.

몇몇 요인이 초두효과에 영향을 미치기는 하지만 초두효과는 주로 도식적 처리나 하향적 사고의 결과로서 나타난다. 맨 처음 어떤 사람에 대한 인상을 형성하려고 시도할 때, 우리는 들어오는 정보와 가장 잘 어울리는 도식이나 고정관념을 기억 속에서 적극적으로 찾는다. 어떤 지점에서 우리는 예비 결정을 한다. 즉 이 사람은 외향적이다 또는 이 사람은 영리하다(또는 그와 같은 몇 가지 판단을 한다). 그다음 이후의 정보를 그 판단에 동화시키고, 그 사람을 대표하지 않는 모순되는 정보는 버린다. 예를 들어 짐의 행동에서 명백한 모순을 양립시키라고 요청했을 때, 실험 참가자들은 짐이 실제로는 친절한 사람이지만 아마도 그날의 끝 무렵에 이르러서는 피곤했을지도 모른다는 말을 하기도 한다(Luchins, 1957). 짐의 최초 행동으로 활성화된, 외향적인 사람에 대한 우리의 고정관념이 짐에 관한 모든 후속 정보에 대한 우리의 지각을 이끈다. 더 일반적으로 말하자면 우리의 후속 지각은 도식이 주도한 것이며, 따라서 새로운 정보에 비교적 영향을 받지 않는다.

초두효과에서 도식의 역할을 지지해 주는, 심리적 거리에 대한 **해석수준 이론**construal-level theory은, 예를 들어 당신 자신을 시공간상에서 '지금 여기(here and now)'를 초월하게 만듦으로써, 심리적 거리를 크게 할수록 도식의 특징인 추상적이고 일반화된 사고에 더 이끌리게 된다고 제안한다(Trope & Liberman, 2010). 만약 그렇다면, 당신 자신을 '지금 여기'에 가깝게 해 주는, 심리적 거리를 줄여 주는 조건은 사람들이 도식에 의존하는 것을 줄여 주기 때문에 초두효과가 덜 나타나야 한다. 최근 한 실험이 이 예언을 검증했다. 실험 참가자들은 지금부터 다음 주까지 혹은 6개월 후까지 모집하는 직장에 지원한 사람에 관한 글을 읽었다. 그 지원자를 기술한 특질은 동일했지만, 어떤 실험 참가자들은 긍정적 특질(지적이다, 근면하다)이 먼저 나온 글을 읽었고, 어떤 실험 참가자들은 부정적 특질(시기심이 많다, 고집이 세다)이 먼저 나온 글을 읽었다. 해석수준 이론이 예언한 바와 같이 실험 참가자들에게 사원 모집을 다음 주까지 마쳐야 한다고 요청함으로써 심리적 거리를 줄였을 때는 초두효과가 사라졌다. 이 경우는 **최신효과**recency effect가 나타났다.

우리가 받아들이는 최초의 정보는 그 후의 정보보다 우리가 형성하는 전반적인 인상에 훨씬 더 큰 영향을 미친다. 이 때문에 사람들은 통상적으로 직장의 입사 면접에 임할 때 정장을 차려입고 간다.

즉 실험 참가자들은 마지막에 나오는 정보에 더 많은 가중치를 두었다(Eyal et al., 2011). 그래서 첫인상이 중요하다는 말은 대체로 사실이지만, '지금 여기'와 가까운 맥락에서는 마지막 인상이 훨씬 더 중요할 수도 있다(Fredrickson, 2000b 참조).

또한 고정관념은 우리의 **추론** interference에 도움을 준다. 추론은 주어진 정보를 넘어서서 판단하는 것을 의미한다. 1946년 솔로몬 애쉬의 고전적 연구는 이 효과를 입증했다. 이 연구의 의미를 알기 위해 '지적인, 능숙한, 근면한, 차가운, 결단력 있는, 실용적인, 신중한'으로 기술되는 샘이라는 사람에 대한 인상을 마음속에 형성해 보라. 지금 형성한 인상에 근거해서 볼 때 당신은 샘이 관대한 사람이라고 생각하는가? 당신은 그날 하루 차를 빌려 달라고 샘에게 부탁할 수 있겠는가? 만약 그렇지 않다면 당신은 애쉬의 최초 연구 실험 참가자들과 같은 생각을 가지고 있는 것이다. 즉 어떤 사람에 대해 이런 특질이 주어졌을 때 9%만이 그를 관대한 사람이라고 추론했다. 그러나 만약 샘이 '지적인, 능숙한, 근면한, 따뜻한, 결단력 있는, 실용적인, 신중한' 사람으로 기술되었다면 어떨까? 단 한 가지 특질만 다르다. 즉 '차가운'이 '따뜻한'으로 대체되었을 뿐이다. 지금은 샘이 관대한 사람이라고 생각하는가? 아마도 그럴 것이다. 애쉬의 최초 연구 실험 참가자 중 91%가 '차가운' 대신 '따뜻한'이 포함된 특질의 집합에서 그를 관대한 사람으로 추론했다. 비록 샘의 관대함에 대한 아무런 정보도 주어지지 않았지만, 우리는 주어진 정보를 넘어서서 따뜻한 또는 차가운 사람에 관한 우리의 기대나 고정관념을 사용할 수 있고 추론도 할 수 있었다. 가상의 인물이 아니라 실제의 인물로 애쉬의 절차와 같은 절차를 사용한 연구도 있다. 곧 등장할 강사가 '다소 차가운' 사람이라는 얘기를 들은 학생들은 그를 꽤 부정적으로 평가했다. 반면에 같은 식으로 행동하는 동일한 강사를 관찰했음에도 불구하고 그가 '다소 따뜻한' 사람이라는 얘기를 들은 학생들은 그를 꽤 호의적으로 평가했다(Kelley, 1950). 성격 추론에서 '따뜻한' 대 '차가운' 효과의 놀라운 확장에 대해서는 444쪽에 제시된 첨단 연구를 참조하라. 여기서의 최종 결론은 이전의 평판을 바꾸기 어렵다는 것이다.

인종과 성에 관한 고정관념은 다른 사람의 행동에 대한 해석을 하는 데서도 나타난다. 당신이 수학 시험에서 아주 높은 점수를 받은 누군가를 알고 있다고 가정해 보라. 연구에 의하면 사람들은 그 누군가가 남자라면 대부분의 사람들은 그가 똑똑하다고 생각하고, 여자라면 공부한 문제가 적중해 운이 좋았다고 생각한다는 것이다(Deaux, 1984; Swim et al., 2010). 마찬가지로 사람들은 아프리카계 미국인 남성이 누군가를 때렸다는 이야기를 들었을 때는 그를 공격적인 사람으로 결론짓는 경향이 있지만, 유럽계 미국인 남성이 누군가를 때렸다는 얘기를 들었을 때는 그가 왜 그랬는지 의아하게 생각하는 경향이 있다(Hewstone, 1990; Pettigrew, 1979). 이런 예에서 우리는 고정관념과 일치하는 정보는 그

첨/단/연/구

체화된 사회인지

Barbara L. Fredrickson, 노스캐롤라이나대학교(채플힐 캠퍼스)

최근 사회인지 연구에서 영향력 있는 견해 중 하나는 우리의 마음이 우리 몸의 신체적 경험에 의해 상당히 지배된다는 입장이다. 앞서 논의한 애쉬(Asch, 1946)의 고전적 연구에서 어떻게 '따뜻하다' 대 '차갑다'라는 특질이 그 사람을 믿을 것인지의 여부와 같은 사람의 성향에 관한 추론에도 영향을 주는지를 보여 주었다. 60여 년 후 이 실험을 반복 연구했는데, 실험 참가자들에게 '따뜻하다' 대 '차갑다'라는 단어 대신에 실험자가 우연히 그들에게 뜨거운 커피 혹은 차가운 커피가 담긴 종이컵을 들어 달라고 부탁함으로써 그들이 눈치채지 못하게 신체적으로 따뜻함 혹은 차가움을 느끼도록 만들었다. 이 같은 잠깐 동안의 신체적 경험이 이후 특질 추론에서 애쉬의 원래 연구와 같은 결과를 보여 주었다(Williams & Bargh, 2008). 이후의 연구는 무의식적 수준에서 신체적 따뜻함과 사회적 따뜻함의 개념이 서로 대체될 수 있음을 보여 준다. 즉 신체적으로 차가운 느낌은 사람들을 외롭게 만드는 반면, 신체적으로 따뜻함을 느끼는 것은 사회적 배척의 고통을 줄여 줄 수 있다. 이 결과는 놀랍게도 만성적으로 외로움을 느끼는 것과 뜨거운 목욕을 더 자주 하는 것 간에 연관이 있다는 사실을 설명할 수 있다(Bargh & Shalev, 2012).

예를 들어 누군가가 우리를 보고 미소 짓는 모습을 보는 것과 같이 따뜻함을 나타내는 사회적 징표를 만나면 어떤 일이 생기는가? 특정 얼굴 근육의 움직임이 어떻게 특정 정서 상태를 표현한다고 보편적으로 인식되는지를 논의했던 7장으로 되돌아가 보자. 그러나 일상에서 얼굴에 나타난 정서는 상황마다 본질적으로 다른 의미를 지니고 있기 때문에 미묘하다. 신입생이 강의실을 지나가며 당신에게 짓는 미소의 의미는? 이는 친절한 미소인가? 아니면 추파를 던지는 것인가? 아니면 흡족해하거나, 조롱하거나, 가식적인 웃음인가? 사람들은 여러 가지 이유로 웃으며, 과학자들은 인간이 적어도 50가지의 웃음을 나타낼 수 있다고 추정했다(Niedenthal et al., 2010). 그렇다면 당신은 웃음이 무엇을 의미하는지를 어떻게 알아차릴 수 있는가?

체화된 인지와 관련된 새로운 증거는 정상적인 조건에서 우리는 그것을 본능적으로 알 수 있음을 시사한다. 누군가가 당신에게 미소 짓는 것을 보면 즉각적으로 당신의 얼굴도 그 미소를 따라 하게 된다. 이렇듯 당신의 뇌는 특정 미소와 연관된 신경 상태를 시뮬레이션하기 시작한다. 얼굴 표정의 모방과 신경계 시뮬레이션 간의 조합이 그 웃음의 의미를 직감적으로 알 수 있도록 돕고, 미소 짓는 사람의 의도를 파악하도록 돕는다. 눈 맞춤은 중요한 필수 요건이다. 연구는 상대방의 얼굴을 모방하기 위해 눈 맞춤이 필요하다는 사실을 보여 주는데, 이와 같은 체화된 지혜는 눈 맞춤 없이는 만들어지지 않는다. 눈 맞춤 없이는 모방이 없고, 결국에는 신경 시뮬레이션에 의해 형성되는 직관적 통찰도 없다(Niedenthal et al., 2010).

한 실험에서 진짜 웃음인지 가식적인 웃음인지를 해독하는 데 얼굴의 모방이 역할을 하는지를 검증했다. 무선 배정된 절반의 실험 참가자들에게는 펜을 이와 입술 사이에 물리고 미소를 보여 줌으로써 미소를 모방하지 못하도록 했다. 그들에게는 얼굴의 움직임을 최소화해야 더 객관적인 판단을 할 수 있다고 말해 주었다. 실제로 결과는 정반대였다. 표적 대상의 얼굴을 자유롭게 모방했던 실험 참가자들은 모방을 억제시킨 실험 참가자들에 비해 진짜 미소와 가식적인 미소를 더 잘 구별했다(Maringer, Krumhuber, Fischer & Niedenthal, 2011).

그래서 당신이 누군가와 눈을 마주치면, 비유하자면 잠시 동안 그 사람의 신발 속으로 들어가는 것이 아니라 어느 정도 그 사람의 몸과 뇌 속으로 들어간다. 그렇게 함으로써 그들의 동기에 관한 당신의 추론이 훨씬 더 정확해진다. 이런 선상의 연구는 눈 맞춤이 없기 때문에 얼굴 모방이 어려운 글로 된 메시지나 이메일과 같은, 체화되지 않는 형태의 사회적 의사소통이 왜 대인 간 오해를 더 많이 일으키는지를 설명하는 데 도움을 준다.

그렇다면 무엇이 미소인가? 눈 맞춤의 맥락에서 진짜 미소는 단순히 한 사람이 전달하는 긍정적 정서의 신호 그 이상의 것이다. 그것은 미소 짓는 사람을 만나는 다른 사람들도 기분 좋게 끌어들인다. 얼굴과 신경 간의 부합으로 생겨난 공유된 긍정 상태가 순식간에 두 사람을 연결해 주고 상호 이해를 만들며, 그것은 미묘한 전기적 충전과 같이 한동안 두 사람이 긍정적으로 공감하게 해 준다. 이처럼 체화된 사회적 연결의 따뜻한 순간이 타인과의 사회적 유대를 활기차고 건강하게 잘 맺도록 만들 것이다(Fredrickson, 2013b).

사람의 바탕에 깔려 있는 능력이나 성격 특질로 받아들이는 반면, 일치하지 않는 정보는 그 사람의 특질이 아닌 것으로 간주하고 버린다는 것을 알게 된다.

고정관념에 따라 정보처리를 한 결과는 끔찍할 수도 있다. 1999년에 일어났던 일인데, 뉴욕 시 경찰관 4명이 아마도우 디알로의 인상착의가 범죄 용의자와 일치했기 때문에 그에게 꼼짝 말라고 명령했다. 가나에서 이민을 온 디알로가 주머니에 손을 넣자 경찰관 중 한 사람이 "총이야!"라고 외쳤고 나머지 경찰관들이 총을 쏘았다. 총이 발사되고 난 후에야 디알로가 단순히 지갑을 꺼내려고 했다는 것이 밝혀졌다. 디알로의 죽음은 시민을 분노케 하고 인종 편파에 대한 신랄한 비판을 야기했다. 수십 년 전에 있었던 키티 제노비스의 비극적인 죽음처럼 디알로의 죽음도 사회심리학자들의 연구에 불을 지폈다. 일련의 정교한 실험실 연구를 통해 순간적인 의사결정이 특히 고정관념에 좌우되기 쉽다는 사실이 확증되었다. 컴퓨터 화면에 빨리 지나가는 물건이 총기인지, (연장같이) 무해한 물건인지를 식별하는 과제에서 실험 참가자들은 물건이 제시되기 전에 흑인 얼굴이 제시된 경우에는 백인 얼굴이 제시된 경우보다 무해한 물건을 총기로 훨씬 더 많이 오인했다. 이러한 순간 판단에서의 무기 편향(weapon bias)은 너무도 확실한 현상이어서, 인종 편파를 피하려고 적극적으로 노력하는 경우에도 발생한다(Payne, 2006).

요약하자면 (하향적 사고, 보다 일반적으로는 도식적 처리 같은) 고정관념은 사람들에 관한 정보를 우리가 어떻게 지각하고 회상하고 해석하는지를 결정한다. 그래서 우리는 다른 사람들에 대한 인상을 형성하는 것처럼, 그들에 관한 가용한 정보를 받아들여 이를 편향되지 않는 방식으로 처리하지 못한다. 그 대신에 우리는 이전에 지닌 고정관념을 통해 들어오는 정보를 거르고, 우리의 지각, 기억, 추론을 능동적으로 구성한다. 설상가상으로 지각과 사고에 미치는 고정관념의 효과는 종종 우리 눈에 보이지 않는 것들이다. 즉 우리는 종종 우리가 구성한 것이 실체이며 편향되지 않은 표상이라고 여긴다. 즉 우리는 우리의 해석을 이끄는 고정관념의 역할을 거의 알아채지 못하고, 단지 '있는 그대로의 그것을 말하는 것'이라고 생각한다. 당신은 이제 막 고정관념이 얼마나 자기방어가 잘되어 있고 얼마나 지속적으로 유지되는 성질을 가지고 있는지 알기 시작했다. 최초의 고정관념이 부정확한 것이라 할지라도 사람들은 세상을 그 고정관념대로 구성하고 바라보기 때문에 그 고정관념이 '진실'이라고 믿게 된다.

태도

태도란 무엇인가

태도 attitude는 좋아하고 싫어하는 것, 즉 사물, 사람, 상황, 또는 추상적인 관념과 사회 정책을 포함한 세상사의 측면에 대한 호의적인 평가와 반응 또는 비호의적인 평가와 반응이다. 우리는 종종 자신의 태도를 의견으로 표현한다—'나는 귤을 아주 좋아한다.' 또는 '나는 자유당을 아주 싫어한다.' 그런데 태도가 감정을 표현하는 것이라고 할지라도 종종 인지, 즉 구체적으로 말하자면 태도 대상에 대한 신념('귤은 비타민을 많이 함유하고 있다'

또는 '자유당은 세금 징수와 소비만을 원할 뿐이다')과 연계되어 있다. 더욱이 태도는 때때로 태도 대상에 대해 취하는 우리의 행위('나는 매일 아침 귤을 먹는다' 또는 '나는 절대 자유당 후보에게는 투표하지 않을 것이다')와도 연계되어 있다.

태도에 관한 연구는 수십 년 동안 사회심리학자들을 사로잡아 왔다. 일찍이 1950년대에는 태도가 '사회심리학 전당의 주요한 초석'이라고 불렸다(Allport, 1954). 태도가 그렇게 중요한 것은 정확하게 무엇 때문인가? 두 가지 이유가 가장 중요하다. 첫 번째 이유는 최소한 민주주의 사회에서는 사람들이 자신의 태도에 대해 많이 이야기한다는 사실 때문이다. 사람들은 다른 사람들의 태도에 대해서도 많이 이야기한다. 예를 들어 영화관을 나오면서 친구에게 묻는 첫 번째 질문은 "너, 그 영화 괜찮았니?"이다. 새 연인을 친구들에게 소개하고 나서는 "어떻게 생각하니?"라고 묻는다. 우리는 중대한 선거를 앞두고 평판이 좋은 사람들에게 "누구에게 투표하실 겁니까?"라고 의향을 알아본다. 마케팅과 과학적 여론조사 기관은 이런 의문을 공식적인 여론조사 설문으로 만들어 평가함으로써 할리우드의 흥행 성적부터 대통령 선거의 결과에 이르기까지 모든 것을 예언하고, 선출직 관리에 대한 대중 지지도의 월별 평가부터 초등학교에서 진화론을 가르치는 것에 대한 대중의 태도에 이르기까지 모든 것을 기술한다.

이처럼 태도가 사회심리학에서 중심이 되고 그렇게 많이 언급되고 측정된 두 번째 이유는 태도 개념의 기저에 있는 하나의 핵심적인 가정 때문이다. 즉 사람들의 태도를 알면 그들의 행동을 예언할 수 있다고 가정하기 때문이다. 이 가정은 아주 널리 받아들여졌으며, 경제학 같은 심리학과 인접한 행동과학의 기초가 되고 인간 본성에 대한 다른 합리적 관점의 바탕이 되는 역할을 해 왔다. 이 가정은 세 가지 부분으로 구성되어 있다. 첫째, 인간의 행동은 의도적인 것이며 개인적인 선호의 반영이다. 이것은 경제학 내에서 유용성 이론의 핵심 개념이며, 철학 내에서는 자유의지의 개념인 것이다. 둘째, 태도는 그 사람의 선호를 나타내는 것이다. 셋째, 행동을 예언하기 위해서는 태도를 살펴보는 것만으로 충분하다. 이 논리에 따르면 우리가 사람들의 행동을 변화시키고자 할 때 그들의 태도를 바꾸는 것부터 시작해야 한다는 것이다. 앞으로 보게 되겠지만, 사회심리학자들은 태도가 행동을 예측해 준다는 기본적인 가정에 강한 의구심을 지니고 있었다.

그렇지만 사회심리학자들 사이에서 오랫동안 지속된 연구 주제는 사람들의 태도를 변화시키는 방법을 찾아내려는 것이었다. 자기정당화에 관한 연구는 그 사람들에게 지겨운 과제가 재미있었다고 다른 사람들에게 이야기해 주는 것과 같은 (자신의 태도와는 반대인) 위선적인 행위를 하도록 교묘하게 유도함으로써 때때로 사람들의 태도를 바꿀 수 있음을 보여 준다. 베닝턴대학의 학생들에 대한 연구에서 예증된 것처럼 참조집단이 그 사람들의 태도 변화에 중요한 역할을 할 수도 있다. 여기서 우리는 태도 변화에 대해 보다 직접적으로 접근하려고 한다. 그러한 접근은 정치 연설, 광고, 설교, 그리고 공식적 혹은 비공식적 로비와 같은 설득적 의사소통을 통해 태도 변화를 시도했다.

설득적 의사소통

히틀러 치하의 나치 독일이 저지른 일들이 권위에의 복종에 대한 관심을 낳게 했던 것처

성직자와 정치인은 청중의 태도와 행동을 변화시킬 설득 메시지를 꾸준히 찾는 대표적인 사람들이다.

럼, 전쟁 중에 행해진 선전은 설득적 의사소통에 관한 연구를 촉진했다. 1940년대 말 예일대학교에서 시작된 집중적인 연구에서 연구자들은 설득을 잘하는 전달자, 성공적인 의사소통, 그리고 쉽게 설득당하는 부류 사람들의 특징을 찾아내려고 했다(Hovland et al., 1953). 이러한 주제에 대한 연구가 여러 해 동안 계속되면서 수많은 흥미로운 현상이 발견되었지만 일반 원리는 거의 드러나지 않았다. 그 결과는 점점 복잡해지고 요약하기가 어려워졌으며, 모든 결론이 몇 가지의 '단서 조항'을 붙여야만 성립되는 것으로 보였다. 그러나 1980년대 초부터 관심이 쏠리기 시작한, 우리가 논의한 바 있는 인지 과정의 두 가지 양식, 즉 보다 자동적이며 노력이 필요치 않은 과정과 보다 통제되고 노력이 드는 과정에 대한 관심이 설득적 의사소통을 분석할 수 있는 더욱 통일된 개념틀을 마련해 준 새로운 설득 이론을 출현시켰다(Chen & Chaiken, 1999; Petty & Wegener, 1999).

정교화 개연성 모델

정교화 개연성 모델 elaboration likelihood model은 설득에 관한 이중 과정 이론으로서 매우 뛰어난 이론 중의 하나이다(Petty & Wegener, 1999). 이 모델이 지향하는 바는 주장의 강도와 의사소통 원천의 신뢰성 같은, 설득적 의사소통의 어떤 측면의 역할이 중요할 때와 중요하지 않을 때를 예언하는 것이다. 이 모델의 핵심 개념은 사람들에게 정교화 개연성을 따지는 연속선이 있다는 것이다. 간단히 말해서 우리가 설득적 메시지에 대해 주의를 기울이고 사고하고 정교화하려는 동기가 생기고, 그렇게 할 수 있는 능력이 있는 때가 있는가 하면 그렇지 않은 때도 있다는 의미이다. 어떤 주어진 순간에 우리가 이 연속선상에서 어느 극 쪽에 위치하느냐에 따라 설득을 좌우하는 인지 과정이 결정된다. 따라서 정교화 개연성 모델에 따르면 우리가 그 연속선의 고(높은)정교화 극 쪽에 있다면, 즉 깊이 사고할 용의가 있고 능력이 있다면, 통제되고 노력이 드는 사고가 진행되는 경로인 중심경로를 따라 설득이 이루어진다고 말한다. 반대로 우리가 그 연속선의 저(낮은)정교화 극 쪽에 있다면, 즉 무슨 이유에서든지 깊이 사고할 용의도 없고 능력도 없다면, 자동적이고 노력이 들지 않는 사고가 진행되는 경로인 주변경로를 따라 설득이 이루어진다고 말한다.

설득의 중심경로

개인이 설득적 메시지에 대해 심사숙고하며 반응할 때, 즉 메시지를 정교화할 때, 우리는 설득이 **중심경로** central route를 따라 이루어진다고 말한다. 설득의 중심경로는 우리에게 오직 의사소통 메시지의 실질적인 내용을 따져 보려는 동기가 있고 그렇게 할 수 있는 능력과 기회가 주어졌을 때만 취하는 경로이다. 중심경로에서의 사고는 의사소통 그 자체의 내용에 관한 것일 수도 있고, 전달자의 신뢰성 같은 상황적 측면에 관한 것일 수도 있다. 만약 의사소통 메시지가 옹호 입장을 지지해 주는 사고를 불러일으키면 (메시지를 받은) 개인은 옹호 입장 쪽으로 갈 것이다. 만약 의사소통 메시지가 (반대 주장이나 전달자에 대한 비난 같은) 비지지적 사고를 불러일으키면 개인은 옹호 입장을 확신하지 못한 채로 있거나 오히려 옹호 입장에서 더 멀어질 것이다.

많은 연구는 노력이 드는 사고가 설득에 이르는 중심경로의 주된 과정이라는 증거를 내놓고 있다. 한 연구에서 각 실험 참가자는 논란이 되고 있는 문제에 대한 주장이 담긴 의사소통 메시지를 읽고 나서 주장 하나하나에 대해 한 문장으로 된 자신의 의견을 적었다. 일주일 후에 실험 참가자들에게 의사소통 메시지의 주장과 그러한 주장에 대해 자신이 적었던 반응을 회상하도록 했다. 이 기억 검사는 실험 참가자들이 전혀 예상치 못했던 것이었다. 논란이 되고 있는 문제에 대한 실험 참가자들의 의견은 의사소통 메시지를 받기 전에 이미 측정했으며 기억 검사 시에 또다시 측정했다. 결과가 보여 주는 바는, 의사소통 메시지로 유발된 태도 변화의 양이 의사소통 메시지에 대한 실험 참가자들의 지지적 반응의 양, 자신의 지지적 반응을 회상한 양, 이 둘과는 상관이 있었으나 메시지의 주장 자체를 회상한 양과는 상관이 없었다(Love & Greenwald, 1978). 이 실험은 설득에 이르는 중심경로를 지지해 주는 것일 뿐만 아니라, 변화된 태도의 지속성과 변화를 유발했던 주장에 대한 개인의 기억이 종종 무관하다는, 이전에 관찰되어 왔던 수수께끼 같은 현상도 설명해 준다.

그러므로 어떤 의미에서는 설득에 이르는 중심경로가 의사소통 메시지를 읽거나, 듣거나, 또는 단지 메시지를 받을 것이라고 기대하는 동안에 그 개인이 생성해 내는 사고에 의해 만들어지는 자기 스스로의 설득 과정이라고 볼 수도 있다.

설득의 주변경로

개인이 (메시지에 담긴 주장의 수 같은) 메시지의 비내용적 단서에 반응하거나 (전달자의 신뢰성이나 주변 환경의 쾌적함 같은) 메시지 전달의 맥락에 반응할 때, 우리는 설득이 **주변경로** peripheral route를 따라 이루어진다고 말한다. 주변경로는 무슨 이유에서든지 개인이 의사소통 메시지의 내용을 주의 깊게 평가하는 인지 작업을 할 수 없거나 하지 않으려 할 때 진행되는 과정이다.

고전적 조건형성은 주변경로를 통해 태도를 변화시키는 가장 소박한 수단 중 하나이다. 광고주는 고전적 조건형성을 꽤 많이 이용한다. 애초에는 중성적이거나 알려지지 않은 제품을 매력적인 사람이나 아름다운 경치 같은 정적 감정을 유발하는 이미지나 아이디어와 반복적으로 짝을 지어 제시한다. 시청자들은 설득에 이르는 주변경로, 즉 고전적 조건형성을 통해 새로운 제품에 대해서도 정적 태도를 갖기에 이른다.

설득에 이르는 또 하나의 주변경로는 휴리스틱이나 경험에 비추어 설득 메시지의 타당성을 추론하는 과정이다. 이런 규칙의 예로는 '많은 주장이 포함된 메시지는 소수의 주장이 포함된 메시지보다 더욱 타당할 것이다', '정치가들은 항상 거짓말을 한다', '대학교수들의 이야기는 확실하게 알고서 하는 말이다' 같은 것이 있다(Eagly & Chaiken, 1984). 설령 실질적인 내용이 신뢰성이 없는 경우라도 메시지를 듣는 사람들이 주어진 정보를 정교화하지 않는 이상 이 주먹구구식 법칙을 따르는 의사소통이 설득적일 수도 있다.

중심경로를 통하는가, 주변경로를 통하는가

중심경로 또는 주변경로 중 어느 경로를 통할 것인지를 결정하는 요인이 몇 가지 있다. 그 중 하나가 관여이다. 만약 의사소통 메시지가 개인의 사적인 이해관계와 관련된 문제에 관한 것이라면 그 개인은 더 주의를 기울여 주장을 들으려고 할 것이다. 또한 그런 경우에는 개인이 그 문제에 관해 이전부터 정보와 의견을 가지고 있었을 가능성이 높다. 다른 한편으로, 만약 문제가 자신과 관계없는 것이라면 그 개인은 그 문제에 대한 주장을 지지하거나 반박하기 위해 많은 노력을 기울일 가능성이 별로 없다. 그렇게 되면 어떤 현상이 생길까?

정교화 개연성 모델은 많은 연구에서 검증되었다. 다소 복잡한 한 연구에서 실험 참가자인 대학생들은 대학의 정책 변화에 대해 총장에게 조언하는 일을 책임진 위원회의 위원장이 쓴 글을 읽었다. 그 글에는 대학 당국이 모든 학부생들의 졸업 요건으로 종합시험 제도를 만들어야 한다는 제안이 들어 있었다. 그 문제에 대한 학생들의 관여 정도를 조작하기 위해 학생들 중 반에게는 총장이 채택하는 정책 변화가 내년에 실시될 것이라고 말해 주었고(높은 관여), 나머지 반에게는 10년 후에 실시될 것이라고 말해 주었다(낮은 관여). 또한 제시한 글도 여러 형태가 사용되었다. 강한(타당한) 주장을 포함하는 글도 있었고, 약한(타당하지 않은) 주장을 포함하는 글도 있었다. 세 가지의 주장만을 포함하는 글도 있었고, 아홉 가지의 주장을 포함하는 글도 있었다.

높은 관여 조건에서 학생들의 의사소통 후 태도가 그림 11.5a에 나와 있다. 강한 주장은 약한 주장보다 전반적으로 더 호의적인 태도를 유발했다. 그러나 보다 중요한 것은 아홉 가지 강한 주장은 세 가지 강한 주장보다 더 많은 동의를 이끌어 낸 반면에, 아홉 가지 약한 주장은 세 가지 약한 주장보다 더 적은 동의를 이끌어 냈다는 점이다. 이런 유형의 결과를 어떻게 설명할 수 있겠는가?

정교화 개연성 모델은 높은 관여 조건의 학생들이, 글에 있는 주장의 실질적인 내용을 처리하려고 동기화되기 때문에, 그 주제와 관계 있는 인지 반응을 생성할 것이라고 예언한다. 이것이 설득에 이르는 중심경로인데, 강한 주장이 약한 주장보다 지지적인 인지 반응은 더 많이 유도하는 반면 반대 주장은 더 적게 유발한다. 따라서 강한 주장은 그 글에 대한 동의를 더 많이 이끌어 내는데, 높은 관여 조건의 학생들이 실제로 그랬다. 더욱이 개인이 접하는 주장이 강할수록 더욱더 지지적인 인지 반응을 생성할 것이므로 아홉 가지 강한 주장은 세 가지 강한 주장보다 설득력이 더 클 것이다. 이와 대조적으로 개인이 접하

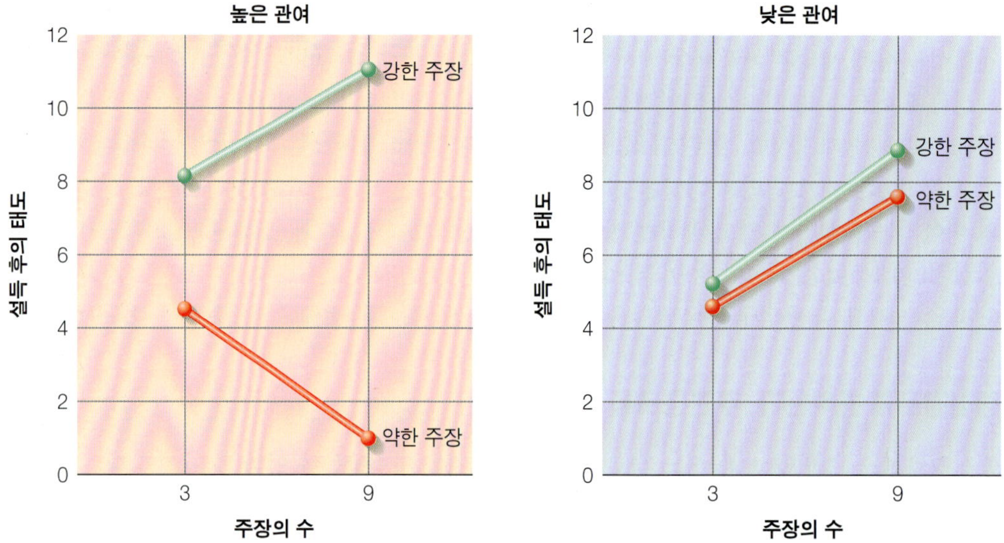

a) 중심경로를 통한 경우 설득 후의 태도. 개인이 주제에 높게 관여된 경우에는 3개의 강한 주장보다 9개의 강한 주장이 더 많은 동의를 이끌어 냈으나, 9개의 약한 주장은 3개의 약한 주장보다 더 적은 동의를 이끌어 냈다.

b) 주변경로를 통한 경우 설득 후의 태도. 개인이 논제에 낮게 관여된 경우에는 주장의 강약에 상관없이 9개의 주장이 3개의 주장보다 더 많은 동의를 이끌어 냈다.

그림 11.5 정교화 개연성 모델의 검증. a) 중심경로를 통한 설득 후의 태도. 사람들이 그 주제에 대해 관여가 높을 때, 9개의 강한 주장은 3개의 강한 주장에 비해 더 많은 동의를 이끌어 냈다. 그러나 9개의 약한 주장은 3개의 약한 주장에 비해 동의를 덜 이끌어 냈다. b) 주변경로를 통한 설득 후의 태도. 사람들이 그 주제에 대해 관여가 낮을 때, 주장이 강하건 약하건 상관없이 9개의 주장은 3개의 주장에 비해 더 많은 동의를 이끌어 냈다.

는 주장이 약할수록 더욱더 많은 반대 주장을 생성할 것이므로 아홉 가지 약한 주장은 세 가지 약한 주장보다 설득력이 더 작을 것이다. 이러한 예언은 그림 11.5a에 나타나 있는 결과와 일치한다.

그림 11.5b에서 볼 수 있듯이 낮은 관여 조건의 학생들에게서는 다른 유형의 결과가 나타났다. 정교화 개연성 모델은 낮은 관여 조건의 학생들에게 글의 주장을 자세히 따져 보려는 동기가 생기지 않을 것이며, 따져 보는 대신에 휴리스틱에 의거해서 글을 평가하고 그에 대한 자신의 태도를 형성할 것이라고 예언한다. 이것이 설득에 이르는 주변경로인데, 개인이 주변경로를 취하는 상황에서는 그 주장이 강한 것인지 약한 것인지조차도 따지지 않을 것이고, 단순히 '많은 주장이 담긴 메시지가 소수의 주장이 담긴 메시지보다 더 타당할 가능성이 크다' 같은 휴리스틱 규칙을 불러일으킬 것이다. 따라서 강한 주장이 약한 주장보다 더 효과적일 리가 없을 것이고, 주장의 강약과 상관없이 아홉 가지 주장이 세 가지 주장보다 설득력이 더 클 것이다. 이것이 그림 11.5b에 나와 있는 바로 그 유형의 결과이다. 전반적으로 말하자면 강한 주장과 약한 주장 간에는 그 효과에 의의 있는 차이가 없었지만, 두 실험 조건 모두에서 아홉 가지 주장이 세 가지 주장보다 더 효과적이었다(Petty & Cacioppo, 1984).

또 다른 실험에서는 모든 실험 참가자들에게 그들의 대학이 내년에 졸업시험 제도의 설치를 고려하고 있다고 말해 주었다. 이는 그들과 관련되는 상황이기 때문에 이 시나리오는 모든 실험 참가자들에게 높은 관여를 만들어 줄 것이다. 그런 다음 이 같은 정책 변화를 지지하는 강한 혹은 약한 일련의 주장을 읽게 한 후 그들의 의견을 알아보았다. 전형적인 조건하에서 정교화 개연성 모델은 그림 11.5a와 같이 실험 참가자들이 약한 주장보다는 강한 주장에 의해 더 설득될 것으로 예측한다. 그러나 주장을 보기 전에 무선적으로 절반의 실험 참가자들에게는 5분간 인지적 자원을 고갈시키는 과제를 하도록 배정했고, 나머지 절반에게는 매우 단순한 과제를 하도록 했다. 연구자들은 잠시 동안의 인지적 고갈로 인해 관여가 높아야 하는 사람들도 주변경로를 사용하게 되는지를 검증했다. 실제로 인지적 자원이 고갈된 실험 참가자들은 강한 주장과 약한 주장에 의해 동일하게 설득되었다. 주장에 대한 그들의 생각을 조사해 본 결과는 그들이 약한 주장을 반박할 인지적 자원이 없었음을 시사했다(Wheeler et al., 2007). 이 결과는 중요한 경고를 하고 있다. 당신이 피곤하거나 기운이 고갈되었을 때 누군가가 당신에게 나쁜 아이디어를 제시하더라도 그것에 저항하기 훨씬 힘들다는 것이다.

비록 설득에 관한 많은 연구는 실험실에서 행해졌지만, 실험실에서 발견된 사실을 실제에 적용하려는 관심이 항상 있었다. 중학생들로 하여금 흡연을 권하는 동료 학생들의 압력에 대항할 수 있도록 면역을 시키려는 교육 프로그램이 그 한 예이다. 고등학생들이 중학교 1학년 학생들에게 반대 주장을 생성하는 방법을 가르치는 회기를 담당했다. 예를 들어 역할 실연 회기에서 중학생들에게 담배를 피우지 않으면 '애송이'로 불리는 것에 대해 개의치 않도록 가르쳐 주었는데, "내가 너에게 좋게 보이려고 담배를 피운다면 그거야말로 내가 애송이임을 증명하는 거야."라고 말하게 했다. 또한 중학생들에게 흡연하는 여성은 제약을 벗어던진 여성임을 암시하는 광고에 말려들지 않도록 가르쳐 주었는데, "담배에 코가 꿴 여성은 진정으로 제약을 벗어던진 여성이 아니야."라고 말하게 했다. 중학교 1학년과 2학년 동안에 몇 번의 면역 회기가 실시되었고, 연구가 시작된 시점부터 중학교 3학년 때까지 흡연 학생의 수를 기록했다. 그 결과를 보면 면역 교육 프로그램을 거친 학생들 중 흡연 학생이 (면역 프로그램을 거친 학생들과 짝 지어진) 전형적인 흡연 교육 프로그램을 거친 학생들 중 흡연 학생의 절반밖에 안 되었다(McAlister et al., 1980). **반박** counterarguing, 또는 메시지의 주장에 대한 직접적인 반박이 설득에 저항하는 가장 효과적인 책략이라고 할 것이다. 놀랍게도 설득 시도에 맞서는 가장 흔한 또 다른 반응인 **태도 옹호** attitude bolstering, 즉 메시지의 주장에 대해 직접적인 반박을 하지 않은 채 자신의 본래 태도를 지지하는 생각을 생성해 내는 것은 설득에 대한 저항을 위한 효과적인 책략이 아니다(Jacks & Cameron, 2003).

타인이 존재함의 효과

몰개성화

귀스타브 르봉은 저서 『군중심리(The Crowd)』(LeBon, 1895)에서 '군중은 홀로 있을 때의 개인보다 지적으로 열등하다'고 불평을 토로했다. 린치를 자행하는 폭도들(그리고 그의

사람들은 종종 군중 속에서는 혼자 있을 때와 다르게 행동한다. 일부 연구자들은 사람들이 폭동과 같은 상황 속에 휩쓸려 있을 때는 몰개성화의 경험, 즉 개인 정체감의 상실과 익명의 존재로서 집단 속에 들어 있다는 느낌을 갖는다고 생각한다.

관점에서 본 프랑스 혁명 가담자들)의 공격적이고 비도덕적인 행동은 개인의 도덕감과 자기통제를 와해시키면서 질병이 전염되듯 폭도나 군중에게로 전염되어 퍼져 나간다고 믿었다. 그는 그와 같은 와해가 개인이 혼자 있을 때는 저지르지 않을 파괴적인 행동을 군중으로서는 저지르게 만드는 원인이라고 주장했다.

군중 행동에 대한 르봉의 초기 관찰이 불씨가 되어 사회심리학자들이 **몰개성화** deindividuation라고 부르는 개념을 발전시켰다. 비록 이 현상에 대한 설명은 수십 년에 걸쳐 바뀌었지만, 어떤 집단 상황에서는 사람들의 개인 정체감이 최소화되어 대중에게 해명해야 할 의무감이 줄어듦으로써 공격적이거나 비일상적인 행동이 나오게 된다는 것이 몰개성화 개념의 핵심 아이디어이다(60개 연구에 대한 메타분석은 Postmes & Spears, 1998 참조). 1990년대 중반에 있었던 북아일랜드의 폭동을 예로 들면, 신원 확인이 가능한 공격자들에 의한 폭동과 신원을 감추기 위해 위장한 공격자들에 의한 폭동이 있었다. 신원 확인이 가능한 공격자들보다 위장한 공격자들이 현장에서 더 많은 사람들을 공격하고 더 심각한 상해를 입혔다(Silke, 2003). 몰개성화 효과에 대한 초기 설명에서, 대중에게 해명해야 할 의무감의 감소로 충동적이고 규칙에 위배되는 행동에 제동을 걸지 못하기 때문이라고 주장했다(Diener, 1980; Festinger et al., 1952; Zimbardo, 1969).

이는 그림 11.6에서 보듯 외집단에 대한 편견이 익명성으로 인해 촉진되어 공격성을 일으킨 1930년대 미국 KKK(Ku Klux Klan)의 활동이 잘 보여 준다.

그림 11.6 익명성은 공격 행동을 증가시킬 수 있다. 이는 외집단에 대한 편견이 익명성으로 인해 촉진되어 공격성을 일으킨 1930년대 미국 KKK의 활동이 잘 보여 준다.

몰개성화에 관한 또 하나의 유명한 연구에서는 4명의 여대생으로 구성된 집단으로 하여금 다른 1명의 (학습자 역할을 맡은) 여대생에게 전기 충격을 가하도록 요청했다. 그 집단들의 절반에게는 성원들이 자신을 모른다고 느끼게 함으로써 몰개성화를 시켜 놓았다. 그들에게는 통짜로 된 실험복을 입히고 얼굴을 가리는 후드를 씌웠으며, 연구자는 성원들의 이름을 거명하지 않고 개인이 아닌 집단으로 상대했다. 나머지 절반의 집단들은 개성화를 시켰는데,

입고 온 의상을 그대로 입게 하고 큼지막한 명찰을 달아 주었다. 또한 개성화된 집단의 경우에는 한 사람씩 호명하면서 서로에게 소개시켜 주었다. 실험이 진행되는 동안 학습자가 오류를 범하면 각 실험 참가자 앞의 전기 충격 단추를 누르게 했다. 실험 참가자들에게는 단추를 누르면 (실제로는 그렇지 않지만) 학습자에게 전기 충격이 전달된다고 알려 주었다. 그 결과, 몰개성화된 참가자들이 개성화된 참가자들보다 2배 더 많이 전기 충격을 가했다(Zimbardo, 1969).

또 다른 연구는 핼러윈데이 밤에 몇몇 가정에서 수행되었다. 밖에서 "사탕과자 안 주면 장난칠 거예요!"라고 외치는 아이들에게 아주머니 한 사람이 문 밖에 나와 사탕과자를 1개씩만 가져가라고 일러 주고, 아이들이 사탕과자를 더 많이 집어 갈 기회를 주기 위해 사탕과자가 든 바구니를 놓아 둔 채 재빨리 집 안으로 사라진다. 이때 일부 아이들에게는 이름을 물어 확인했고, 나머지 아이들은 익명성이 유지되도록 했다. 무리 지어 몰려온 아이들이나 익명인 아이들은 혼자서 왔거나 자신의 이름을 대답한 아이들보다 더 많이 사탕과자를 훔쳐 갔다(Diener et al., 1976).

그러나 이러한 실험이 결정적인 것은 아니다. 예를 들어 첫 번째 연구의 실험에서 실험 참가자들이 착용한 외투와 후드는 그림 11.6에서 볼 수 있는, 미국 역사상 가장 증오하는 집단인 KKK단의 의상과 흡사하다. 이와 마찬가지로 핼러윈데이에 입는 의상은 마귀 할멈, 괴물, 또는 유령을 형상화한 것이 많다. 이러한 것들은 모두 공격성이나 부정적인 의미를 내포하고 있다. 이러한 의상은 익명성을 보장해 주었을 뿐만 아니라 공격성을 부추기는 사회규범을 활성화했을지도 모른다. **사회규범**social norm은 용인되는 행동과 신념의 내현적이거나 외현적인 규칙을 말한다. 익명성보다는 사회규범이 공격적인 행동을 야기한 것이 아닌가를 검증하기 위해 전기 충격 실험을 되풀이해 보았다. 그런데 이번에는 실험 참가자로 하여금 세 가지 종류의 의상, 즉 KKK단 같은 의상, 간호사 복장, 또는 실험 참가자가 입고 온 옷 중에서 어느 하나를 입도록 했다. 자신이 입고 온 옷을 그대로 입고 있었던 집단과 비교해 보았을 때, KKK단 같은 의상을 입은 실험 참가자들은 학습자에게 전기 충격을 더 주는 경향성이 있었다. 그런가 하면 간호사 복장을 했던 실험 참가자들은 자신이 입고 온 옷을 입었던 집단에 비해 전기 충격을 확실히 덜 가했다. 이 연구는 익명성이 보장되면 반드시 공격 행동을 많이 한다는 것은 사실이 아님을 보여 준다(Johnson & Downing, 1979).

상황 특유의 단서(예: 간호사 복장 같은 단서)가 익명의 집단 내에서 행동을 좌우하는 사회규범을 촉발한다는 사실은 몰개성화에 포함되어 있는 정신과정에 관한 수정된 이론을 탄생시켰다. 이러한 이론적 관점에서는 집단의 규모와 익명성 같은, 대중에게 해명해야 할 의무감을 감소시키는 상황은 사람들의 개인적 정체감의 현저함을 감소시킬 뿐만 아니라, 그와 동시에 사람들의 집단 정체감의 현저함을 높이는 것으로 본다. 그래서 몰개성화에 대한 이전의 설명은 집단과 익명성이 규칙 위배 행동을 제지하는 억제력을 와해한다고 주장했던 데 반해, 보다 최근의 설명은 집단 상황이 갖고 있는 이 같은 특징들이 상황 특유의 사회규범을 따르는 동조를 증대한다고 주장한다(Lea et al., 2001; Postmes & Spears, 1998).

몰개성화에 관한 연구도 사람들의 행동을 결정 짓는 상황의 위력을 다시 한 번 시사해 준다. 이다음에라도 익명성이 보장된다고 느끼는 대규모의 집단 상황에 처할 때(대학 캠퍼스에서 흔히 겪을 수 있는 경우), 당신은 자신이 집단의 행동에 휩쓸려 감을 알아차릴 수 있을 것이다. 집단이 (테러리스트에 의해 희생된 영혼을 위한 촛불 철야 기도 같은) 평화적인 활동을 벌일 때, 당신은 혼자 있을 때보다 더욱더 애국적이고 거룩하게 행동할지 모른다. 즉 집단이 (약탈하거나 남을 괴롭히는 것 같은) 난장판을 만들고 있을 때는 그 상황의 힘이 당신을 잡아당긴다는 사실을 잊지 말라.

방관자 효과

1964년 새벽 3시경에 키티 제노비스라는 젊은 여성이 뉴욕의 자기 아파트 근처에서 괴한의 습격을 받았다. 그로부터 2주 후 「뉴욕타임스」의 표지 면에 이런 큰 제목이 실렸다. '살인을 목격한 37인, 경찰을 부르지도 않았다: 시민의 무감각에 수사관 충격을 받다' 이어지는 기사의 내용을 보면, 키티 제노비스를 살해한 범인이 그녀를 뒤따라와서 칼로 찌르는 것을 30분 이상이나 목격한 38명의 목격자 중 어느 누구도 경찰을 부르지 않았다는 것이다. 그녀가 죽은 후에야 단 한 사람이 경찰에 신고했다.

이 사건을 접한 미국 시민은 공포로 전율했다. 약 40년이 지나 수행한 조사 연구에서 제노비스 살인 현장을 실제로 목격한 사람의 수가 훨씬 적었음이 밝혀지긴 했지만(Manning et al., 2007), 수수방관한 목격자의 수가 38명이었다는 앞의 보도 기사에서 받은 강한 인상은 사회심리학자들로 하여금 다른 사람들이 있을 때는 개인이 나서서 돕는 행동을 할 개연성이 낮아진다는 사실을 지칭하는 **방관자 효과**bystander effect의 원인에 관한 연구를 촉발했다. 만약 당신이 위급 상황에 처해 도움을 필요로 할 때 목격자가 많으면 그만큼 도움을 받을 가능성이 높다고 생각할 것이다. 단순히 확률을 따져 본다면 사람이 많아야 그 가운데에서 도움을 베풀 사람이 나올 가능성도 커진다. 과연 그럴까? 안타깝게도 그렇지 않다. 방관자 효과에 관한 연구 결과는 그와 정반대이다. 우리가 행동을 취해야 할 때 종종 우리의 행동을 가로막는 요인은 바로 타인의 존재이다. 라타네와 달리(Latané & Darley, 1970)는 타인의 존재가 (1) (방관자 모두에 대한) 방관자 모두의 무지 과정을 통해 개인으로 하여금 그 상황을 위급 상황이 아닌 것으로 판단하도록 만듦으로써, (2) 행동해야 할 책임감을 분산시킴으로써 개인이 행동을 취하지 않도록 한다고 제안했다.

상황에 대한 정의

위급 상황은 처음에 애매해 보이는 경우가 많다. 비틀거리는 저 사람은 어디가 아픈 것일까, 단지 술에 취한 것일까? 저 여자는 낯선 남자에게 위협을 당하고 있는 것일까, 남편과 다투고 있는 것일까? 창틈으로 새어 나오는 연기는 불이 나서 나오는 연기인가, 단순히 김(증기)에 불과한 것인가? 그와 같은 불확실성을 다루는 데 사람들이 흔히 취하는 방법은 조처를 미루고 아무 일도 아니라는 듯이 행동하면서, 다른 사람들이 어떻게 반응하는지를 신중하게 살펴보는 것이다. 그러니까 당신도 마찬가지 이유로 아무 일도 아니라는 듯이 행동하는 다른 사람들을 보게 될 가능성이 높다. 사람들은 애매한 상황에 처했을 때 아무런 표현도 하지 않는다. 특히 냉정함을 유지하려고 애쓸 때 그렇다. 이 때문에 (방관자 모두에 대한) **방관자 모두의 무지**pluralistic ignorance 상태가 생기게 된다. 즉 집단에 있는 모든 사람이 그 상황을 위급 상황이 아니라고 규정 지음으로써 다른 모든 사람을 오도하는 상태가 되는 것이다. 군중 속에서는 한 사람 한 사람이 다른 모든 사람들로 하여금 도가 지나치게 반응하도록 만들기 때문에, 누구나 군중이 공황 상태에 빠져든 사례에 관한 얘기를 듣게 된다. 위와는 정반대로 군중이 그 성원들로 하여금 아무 행동도 하지 않도록 만드는 경우가 있는데, 아마도 이러한 경우가 (공황 상태에 이르는 경우보다) 더 흔할지 모른다. 이 효과를 검증해 보인 실험이 여럿 있다.

한 실험에서는 남자 대학생들을 인터뷰에 초청했다. 그들이 작은 대기실에 앉아 설문지에 응답하고 있을 때 벽의 틈새로 연기 같은 것이 새어 나왔다. 일부 실험 참가자들은 연기 같은 것이 새어 나올 때 혼자 있었고, 다른 일부 참가자들은 3명이 한 조인 집단으로 있었다. 연구자는 일방 거울을 통해 실험 참가자들을 관찰하면서, 누군가가 어떤 행위를 취하거나 그러한 상황을 보고하려고 대기실을 나오는지 보기 위해 6분간 기다렸다. 혼자서 설문지에 응답하던 참가자들 중 75%가 방에서 나와 불이 났을지 모른다고 보고했다. 이와 대조적으로, 집단으로 있었던 참가자들은 설문지를 작성하기 위해 손으로 연기를 저어야 될 정도로 방 안에 연기가 가득 찼는데도 13%도 채 안 되는 사람들만이 연기가 새어 들어온다고 보고했다. 연기가 새어 들어온다고 보고하지 않은 사람들의 대답은 연기 같은 것이 김(증기)이나 에어컨에서 나오는 수증기나 스모그임에 틀림없을 것이라고 여기면서, 화재 발생이나 위급 상황과는 무관한 사태로 단정했다는 것이었다. 이와 같이 이 실험은 방관자들이 서로가 서로에게 그 상황을 위급 상황이 아니라고 규정 짓게 만들 수 있음을 보여 주었다(Latané & Darley, 1968).

그런데 어쩌면 이 참가자들은 단순히 겁쟁이로 보이는 것을 두려워했을 수도 있다. 이러한 가능성을 확인해 보기 위해 유사한 연구를 계획했다. 이 연구에서는 개인적인 위험이 없는 '위급 상황'을 연출했다. 실험 참가자들은 검사실에서 대기하고 있는 중에 옆 연구실에서 여자 연구자가 걸상에 올라가 서가의 책을 꺼내려다 넘어지면서 바닥으로 떨어지고, "젠장, 아, 내 발… 움직일 수가 없어. 어어… 내 발목… 이걸 걷어 낼 수가 없어."라고 비명을 지르는 소리를 듣게 된다. 여자 연구자는 약 1분 동안 계속해서 신음하고 있었다. 전체 사건의 경과 시간은 약 2분 정도 되었다. 참가자가 혼자서 또는 둘이서 대기하고 있었던 검사실과 여자 연구자의 연구실 사이에는 커튼 하나만이 쳐져 있을 뿐이었다. 연기를 사용한 연구에서 발견한 사실이 이 연구에서도 확인되었다. 혼자서 대기하던 참가자들 중에서는 70%가 여자 연구자를 도와주러 갔으나, 둘이서 대기하고 있던 참가자들 중에서는 40%만이 도와주러 갔다. 나중에 물어봤을 때, 도와주지 않은 사람들은 이번에도 역시 무슨 일이 발생한 것인지 잘 몰랐고 심각한 사태가 아니라는 결론을 내렸다고 대답했

많은 통행인들이 보도 위에 남자가 누워 있다는 것을 알았지만, 그를 돕기 위해, 즉 그가 자고 있는지, 아픈지, 술에 취해 있는지, 또는 죽었는지 확인해 보기 위해 걸음을 멈춘 사람은 아무도 없었다. 연구는 다른 방관자가 그곳에 없는 경우에 사람들이 그 남자를 도와줄 가능성이 높다는 사실을 보여 준다.

첨/단/연/구

동정심 붕괴

C. Daryl Cameron, 아이오와대학교

학자들은 오랫동안 도덕적 행동을 하도록 하고 협동 사회를 유지시키는 동정심의 힘을 알고 있었다(Batson, 2011; Goetz et al., 2010). 그러나 사람들이 타인에 대한 동정심을 느끼지 못하는 경우도 많다. 자연재해, 전쟁, 대학살 및 고질적인 가난 속에서 많은 희생자들이 고통을 겪을 때도 종종 사람들은 동정심이 부족하다.

이오시프 스탈린은 1명의 희생자는 비극이지만, 100만 명의 희생자는 그저 통계 숫자일 뿐이라고 말했다. 테레사 수녀는 만약 자신이 세상에서 고통 받는 모든 사람들을 생각했다면 그들을 구할 행동을 하지 못했을 것이라고 말했다. 이들의 이념 차이에도 불구하고 이 두 사람은 많은 희생자들에게 동정심을 느끼는 것이 어렵다는 사실에 동의하고 있다.

여러 연구는 사람들이 여러 희생자보다는 1명의 희생자에게 더 동정심을 느낀다는 사실을 보여 주었고, 이 결과는 '동정심의 붕괴'로 여겨졌다. 당신에게는 동정심의 붕괴가 놀라울 수도 있다. 사람들은 고통 받는 사람이 많을 때 더 동정심을 느낄 것으로 예상한다. 그러나 사람들은 많은 희생자를 접할 때, 아이러니하게도 1명의 희생자를 볼 때보다 동정심을 덜 느낀다.

왜 그런가? 한 설명(Slovic, 2007)에 따르면 사람들은 많은 사람들이 고통 받을 때 많은 동정심을 느낄 수 없다는 것이다. 이 관점에서 보면 사람들은 고통 받는 각기 다른 많은 사람들에게 한꺼번에 주의를 기울이기 어렵기 때문에 강한 정서적 반응이 부족해진다. 키스 페인(Keith Payne)과의 공동 연구에서 나는 동정심 붕괴에 대한 다른 설명을 찾아보았다(Cameron & Payne, 2011).

고통을 겪는 희생자가 많을 때 사람들은 더 동정심을 느낄 것으로 기대한다. 이러한 기대는 그들로 하여금 이 같은 강렬한 정서에 대한 비용을 염려하게 만들지도 모른다. 사람들은 많은 희생자에 대한 동정심에 경제적으로 부담으로 느끼거나 자신의 동정심이 물통의 단 한 방울일지도 모른다고 염려한다. 그렇지 않으면 사람들은 이 같은 강렬한 정서로 인해 자신이 심리적으로 압도되고 탈진되는 것을 염려할 수도 있다. 사람들은 많은 희생자에 대한 동정심에 따른 비용을 생각하기 때문에 전략적으로 동정심을 줄인다. 이 견해에 따르면 동정심의 붕괴는 우리가 얼마나 동정심을 많이 느끼느냐에 대한 근본적인 제약 때문이 아니라 능동적인 정서 조절의 결과라는 것이다.

한 실험에서 우리는 실험 참가자들에게 아프리카의 다르푸르에서 온 1명 혹은 8명의 전쟁 피난 아동에 대한 글을 읽고, 실험 후에 돈을 기부하게 될 것이라는 예상을 하도록 했다. 또한 우리는 정서 조절 기술의 개인차도 측정했다. 이전 연구처럼 사람들은 8명의 희생자보다는 1명의 희생자에게 더 동정심을 느꼈다. 그러나 우리의 정서 조절 설명을 지지하듯 이런 결과 패턴은 자신의 정서 조절 능력이 우수한 사람들에게서만 나타났다. 자신의 정서를 잘 조절하지 못하는 사람들이 동정심의 붕괴를 보여 주지 않았다는 사실은 동정심 붕괴의 발생에서 정서 조절이 필수적임을 시사하는 것이다.

한 후속 연구에서 우리는 그 설명에 대한 인과적 증거를 제시하기 위해 정서 조절을 조작했다. 일부 실험 참가자들에게는 1명 혹은 8명의 다르푸르 아동 피난자에 대한 정보를 보는 동안 자신의 정서를 통제하려 노력하지 말고 자유롭게 정서를 경험하라고 말해 주었다. 다른 실험 참가자들에게는 그 피난자들에 대해 읽는 동안 자신의 정서를 조절하라고 말해 주었다. 자신의 정서를 경험하도록 한 사람들은 동정심 붕괴를 보이지 않았다. 사람들에게 정서를 조절하지 말고 수용하도록 함으로써 동정심 붕괴를 막았다. 한편 자신의 정서를 조절하도록 한 사람들은 동정심 붕괴를 보여 주었고, 이는 정서 조절이 동정심 붕괴의 원인임을 시사하는 것이다.

이 같은 연구는 사람들이 다수의 고통 받는 사람들에 대해 동정심을 느낄 것인지 아닌지를 통제할 수 있음을 보여 준다. 또한 이 연구는 희망적인 결말을 갖고 있다. 만약 동정심 붕괴가 사람들이 자신의 정서를 줄임으로써 발생한 결과라면, 우리는 사람들이 다른 선택을 하도록 설득할 수 있을 것이다. 점차 과학자들은 동정심과 동정 행동을 구축하는 방법을 개발하고 있다. 예를 들어 의식하지 못하는 유사성 단서를 제공하는 것과 같은 단기적 개입은 낯선 사람에 대한 동정심을 증가시킬 수 있다(Valdesolo & DeSteno, 2011).

다른 한편으로 장기적인 동정심 훈련은 사람들이 타인

에 대해 동정심을 느끼는 것에 대한 두려움을 줄여 준다(Jazaieri et al., 2012). 이런 훈련 프로그램은 사람들로 하여금 많은 희생자에 대한 동정심으로 압도당하는 두려움을 극복할 수 있게 해 줌으로써 동정심 붕괴에 대해 직접적인 함의를 지니고 있다. 동정심에 대한 과학이 발전함에 따라 우리는 사람들이 동정심이 가장 필요할 때 그것을 느끼게 할 수 있는 방법을 알게 되기 시작할 것이다.

다(Latané & Rodin, 1969). 이러한 실험에서 타인의 존재는 방관자 모두의 무지를 만들어냈다. 즉 위급 상황인지 아닌지를 판단해야 하는 기로에서 한 사람 한 사람이 다른 사람들이 가만히 있는 것을 보고서 위급 상황이 아니라고 결정 내림으로써 상황의 애매함이 해결되었다.

방관자 효과의 예로서 도저히 갈피를 잡기가 어려운, 보다 최근에 발생한 사건도 방관자 모두의 무지에 의해 좌우되었던 것 같다. 1993년 영국의 리버풀 근처 쇼핑몰에서 10세 소년 2명이 제임스 벌저라는 두 살짜리 아기를 유괴했다. 소년들은 아장아장 걷는 아기를 구불구불한 길로 끌고 가면서 잔인하게 고문하고 때려서 마침내 죽게 만들었다. 그러한 과정 중에 적어도 38명의 어른이 그 세 아이와 마주쳤다. 그 후에 이 방관자들의 증언에서 드러난 사실은 그 아이들이 형제라고 생각했거나 형제라는 말을 들었다는 것이었다(Levine, 1999). 공격 행동을 '가족 간의 사소한 다툼'으로 해석한 것이 그 상황을 위급하지 않은 상황으로 규정 짓게 한 것 같다. 그런데 특히 이해하기 어려운 점이 있다. 그 아이들이 실제로 형제라 하더라도 공포에 질려 있고 상처를 입은 아기가 어른의 개입이 필요한 상태가 아니란 말인가? 마찬가지로, 애인이나 남편에게 위협을 당하는 여자는 낯선 사람에게 위협을 당하는 여자보다 덜 곤경에 처해 있는 것일까? 범죄 통계에 따르면 그렇지 않다.

책임감 분산

방관자 모두의 무지는 개인들로 하여금 어떤 상황을 위급 상황이 아닌 것으로 단정 짓게 할 수 있다. 그러나 방관자 모두의 무지는 위급 상황임이 명백했던 제노비스 살인 사건 같은 사고를 설명해 주지는 못한다. 더욱이 제노비스의 이웃들은 창문에 쳐진 커튼에 가려 서로를 볼 수 없어서 이웃들이 침착한지 공포에 질려 있는지 알 수가 없었다. 이러한 경우는 **책임감 분산**diffusion of responsibility이 결정적인 과정으로 작용했던 것이다. 모든 사람이 자신 말고도 다른 많은 사람들이 있다는 것을 알고 있을 때는 책임을 혼자만이 져야 한다는 부담을 덜게 된다. 모든 사람이 '틀림없이 지금쯤 누군가가 무언가 조치를 취했을 거야.' 또는 '누군가가 나서겠지.'라고 생각할 수 있다.

이 가설을 검증하기 위해 연구자들은 실험 참가자들을 각 방에 따로 있게 한 후, 대학생들이 안고 있는 개인적인 문제에 대한 집단 토론을 하게 될 것이라고 알려 주었다. 당혹감이 드는 것을 피하기 위해 토론은 인터컴 시스템을 통해 벌인다고 하고 각자 발표 시간이 2분이라고 말해 주었다. 마이크는 발표하는 참가자의 방에만 켜지므로 연구자는 들을 수 없게 되어 있음을 알려 주었다. 그러나 실제로는 참가자의 목소리를 제외한 모든 목소리가 미리 녹음된 것이었다. 첫 번째 회기에서 한 사람이 자신은 간질발작의 문제가 있다고 말했다. 두 번째 회기에서는 이 사람이 실제로 발작이 시작된 것처럼 하면서 도와 달라

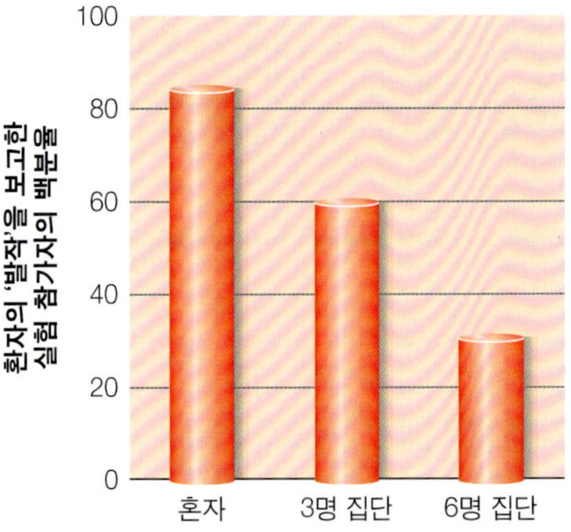

그림 11.7 책임감 분산. 토론 집단의 성원 수가 많을수록 환자가 발작을 일으킨 것 같다고 보고한 실험 참가자의 비율이 낮았다.

고 간청했다. 연구자들은 참가자들이 위급 상황을 알리기 위해 방을 나서는지, 그리고 방을 나서기까지 얼마나 시간이 걸리는지를 보기 위해 기다리고 있었다. 여기서 (1) 위급 상황임이 애매하지 않고 분명했다는 점, (2) 모든 실험 참가자가 다른 방에 있는 방관자들의 반응을 알 수 없었다는 점, (3) 실험 참가자들은 (연구자는 실험 참가자들 방에서 나는 소리를 들을 수 없기 때문에) 연구자가 실험 참가자 방에서 발생하는 위급 상황을 모른다는 것을 알고 있었다는 점에 주목할 필요가 있다. 일부 실험 참가자들은 토론 집단에 단 둘(즉 자신과 발작을 일으킨 환자)뿐이라고 알고 있었다. 다른 일부 실험 참가자들에게는 토론 집단이 3명으로 구성되어 있다고 알려 주었고, 나머지 실험 참가자들에게는 토론 집단이 6명으로 구성되어 있다고 알려 주었다.

자신만이 그 환자의 발작을 알고 있다고 생각한 참가자들 중 85%가 위급 상황을 보고했고, 3명이 토론한다고 알고 있던 참가자들 중에서는 62%, 그리고 6명이 토론한다고 알고 있던 참가자들 중에서는 31%만이 보고했다(그림 11.7 참조). 그 후의 인터뷰에서 모든 실험 참가자들이 그 상황을 실제의 위급 상황으로 알았음이 확인되었다. 대부분의 참가자들은 고통을 겪고 있는 그 환자를 그대로 둘 것인지, 도우러 달려갈 것인지 심한 갈등을 겪었다. 실제로 발작 사태를 보고한 참가자들보다 보고하지 않은 참가자들이 더 심한 갈등을 겪은 것으로 나타났다. 분명한 점은 이러한 사태에서 개입하지 않은(즉 도움을 주지 않은) 실험 참가자가 무감각하다거나 무관심한 사람이라고 해석할 수 없다는 것이다. 그보다는 타인의 존재가 개인의 (조치를 취해야 할) 책임감을 분산시킨 것이었다(Darley & Latané, 1968; Latané & Darley, 1968).

다른 사람들의 존재가 책임감을 분산시키는 과정은 정확히 어떤 것인가? 그 해답은 몰개성화와 관계가 있거나, 사람들이 집단의 일부로 자신을 간주하는 경우에 책무를 맡고자 하는 생각이 별로 들지 않기 때문이라는 것과 관계가 있다. 실제로 최근의 실험은 만약 사람들의 이름이나 비디오카메라를 눈에 띄게 만듦으로써 사람들의 의무감을 강조하면, 방관자가 있을 때 실제로 더 남을 돕는다는 사실을 보여 준다(van Brommel et al., 2012). 또 다른 실험은 사람들이 무관한 과제를 수행하기 조금 전에 집단의 한 구성원이라고 상상하도록 한 경우에도 책임 분산을 경험하고 남을 도울 개연성이 떨어진다는 사실을 보여 준다(Garcia et al., 2002). 집단의 일원이라는 상상은 자신이 책임을 지지 않아도 된다는 것과 연관된 생각을 떠올리게 하여, 책임감을 지녀야 할 상황에서 일탈된 (무책임한) 행위를 하게 만든다. 몰개성화와 의무감의 실종은 도시의 인구 규모와 밀도가 낯선 사람에 대한 친절도와 반비례하는 이유를 설명하는 데 도움이 된다(Levine et al., 2008).

만약 방관자 모두의 무지와 책임감 분산이 최소화된다면 사람들은 서로를 도울 것인가? 이를 확인하기 위해 세 심리학자가 뉴욕 시의 지하철을 실험실로 삼아 연구했다(Piliavin et al., 1969). 2명의 남자 연구자와 2명의 여자 연구자가 따로 지하철에 탑승했다. 남자 연구자들은 내내 서 있었고, 여자 연구자들은 자리에 앉아 기록을 했다. 전동차가 움직이기 시작했을 때, 남자 연구자 중 한 사람이 앞쪽으로 비틀거리다가 넘어져서는 도움을 받을 때까지 넘어진 채로 천장을 응시하고 있었다. 아무도 도와주지 않았을 때는 다른 남자 연구자가 그를 일으켜 세워 주었다. 이런 상황을 여러모로 변형해 가면서 연구했는데, 희생자가 (시각장애인처럼 보이도록) 지팡이를 짚고 있는 상황이나 (술에 취한 것처럼 보이도록) 술 냄새를 풍기는 상황을 만들기도 했다. 희생자 역할을 한 사람이 백인인 경우도 있었고 흑인인 경우도 있었다. 지팡이를 짚고 있던 사람이 넘어진 것은 전혀 애매하지 않은 상황이다. 그런 경우는 피해자가 도움이 필요하다는 것이 분명하므로 방관자 모두의 무지가 최소화되었다. 그런 경우는 각 방관자가 자신 이외에 누군가가 도울 것이라는 생각만 계속하고 있을 상황이 아니므로 책임감 분산도 최소화되었다. 따라서 방관자 모두의 무지와 책임감 분산이 남을 돕는 것을 가로막는 주 장애 요인이라고 한다면, 이 상황에서는 사람들이 지팡이를 짚고 있던 피해자를 도와주어야 마땅하다.

실험의 결과는 이러한 낙관적 예상을 충족해 주었다. 지팡이를 짚은 피해자는 모든 시행 중 95%가 넘는 시행에서, 그리고 평균적으로 5초 이내에 자발적인 도움을 받았다. '술 취한' 피해자는 모든 시행 중 반에서만, 그리고 평균적으로 2분 만에 도움을 받았다. 뉴욕 지하철에서 수행한 연구에서 지팡이를 짚은 흑인 피해자와 백인 피해자 모두 흑인 방관자와 백인 방관자 모두로부터 도움을 받았지만, 보다 최근의 연구가 시사하는 바는 방관자가 희생자와 집단 정체성이 같은 경우(예: 둘 다 같은 맨유 축구 팀의 팬인 경우)에 특히 더 잘 돕는다는 것이다(Levine et al., 2005).

돕는 모델의 역할

지하철에서 수행한 연구에서 어느 한 사람이 도우려고 나서자마자 많은 사람들이 따라서 도와주려고 나섰다. 이러한 사실이 시사하는 바는, (방관자 모두의 무지에서처럼) 개인들이 어떤 상황을 비위급 상황으로 규정 지을 때 다른 사람들을 모델로 삼듯이, 다른 사람을 도와야 하는 때가 언제인지를 알려 주는 모델로도 삼는다는 것이다. 이러한 설명의 타당성을 검증하기 위해 펑크 난 차를 길가에 세워 둔 여자를 보고는 가던 길을 멈추고 도와주려는 운전자의 수를 세어 보았다. 400~500m 앞에서 차에 문제가 있는 여성이 도움을 받고 있는 것을 목격한 운전자들이 (그렇지 않았던 운전자들보다) 더 많이 차를 멈추고 도와주었다. 마찬가지로 구걸하는 사람에게 다른 사람들이 기부하는 것을 본 경우, (그렇지 않은 경우보다) 더 많은 사람들이 기부한다(Bryan & Test, 1967; Macaulay, 1970). TV에 나오는 역할 모델도 도움 행동을 증진할 수 있다. 이러한 실험은 다른 사람들이 위급 상황에서 우리가 행위를 취하지 않아도 되는 때라는 결정을 내리도록 하는 역할도 하지만, 선량한 사람이 되는 방법과 시기를 시범 보이는 모델의 역할을 한다는 사실을 말해 준다.

정보의 역할

당신이 책을 읽고서 위급 상황에서 방관자들이 돕는 것을 막는 요인이 무엇인지를 알았다고 했을 때, 차후 그와 같은 상황에 처하게 되면 개입하여 도울 가능성이 높아지겠는가? 몬태나대학교에서 수행한 실험은 당신이 개입하여 도울 가능성이 높아짐을 시사한다. 학부생들에게 여기서 다룬 내용의 자료에 의거한 강의를 해 주거나 영상물을 보여 주었다.

2주 후에 그 학부생들 한 명 한 명은 (연구자의 실험 도우미인) 다른 한 사람과 같이 걸어가는 도중에 모의 위급 상황에 처하게 되었다. 도움이 필요한 사람은 복도에 큰 대자로 뻗어 있는 사람이었다. 실험 도우미는 그 상황이 위급 상황이 아닌 것처럼 반응하도록 훈련을 받았다. 강의를 들었거나 영상물을 본 학생들은 그렇지 않은 학생들보다 더 많이 도왔다(Beaman et al., 1978). 이러한 연구는 우리에게 희망을 던져 준다. 즉 당신이 지금 배우고 있는 것처럼 단순히 사회심리학적 현상에 대해 배우는 것은, 잘못된 행동을 하게 만드는(즉 위급 상황에서 개입을 막거나 제지하는) 상황의 위력을 약화시킬 수 있다.

사회촉진 및 사회억제

심리학자 노먼 트리플릿(Norman Triplett)은 1898년 사이클(경륜) 선수들의 속도 기록을 검토하다 많은 선수들이 혼자 달렸을 때의 기록보다 상호 경쟁하면서 달렸을 때의 기록이 더 좋다는 사실을 발견했다. 이러한 관찰을 계기로 그는 사회심리학에서 가장 초기의 실험실 실험 중 하나인 실험을 수행하게 되었다. 그는 아동들에게 정해진 시간 내에 낚싯줄을 가능한 한 빨리 감도록 지시했다. 어떤 경우에는 같은 방에서 두 아동이 각자 자신의 낚싯대를 가지고서 동시에 낚싯줄을 감도록 했다. 또 어떤 경우에는 혼자서 낚싯줄을 감도록 했다. 트리플릿은 많은 아동들이 혼자서 낚싯줄을 감을 때보다 자신과 같은 일을 수행하고 있는 다른 아동들이 있을 때(즉 **공동행위** coaction 상황일 때) 더 빨리 감았다고 보고했다.

1898년 심리학자 노먼 트리플릿은 사이클 선수가 홀로 시계로만 기록을 측정할 때보다는 다른 선수들과 경쟁할 때 더 좋은 기록을 낸다는 사실에 주목했다. 이러한 관찰은 그가 사회촉진이라는 현상을 연구하는 계기가 되었다.

트리플릿의 실험 이래 100년 이상 동안 많은 연구가 인간과 동물에게서 공동행위의 촉진적 효과를 입증해 보였다. 예를 들어 일개미가 집단으로 땅을 팔 때는 혼자서 팔 때보다 한 마리당 파낸 모래의 양이 3배나 많았고(Chen, 1937), 많은 동물들이 동종의 다른 동물들이 옆에 있으면 먹이를 더 많이 먹었으며(Platt et al., 1967), 대학생들은 혼자서 곱셈 문제를 풀 때보다 공동행위 상황에서 더 많은 문제를 풀었다(Allport, 1920, 1924).

공동행위에 관한 트리플릿의 실험이 있은 후, 심리학자들은 공동행위자가 아닌 관중으로서의 타인이 존재하는 상황에서도 수행 성과가 촉진된다는 사실을 발견했다. 예를 들어 공동행위자가 있었던 이전 실험의 결과와 마찬가지로, 관중이 있는 것도 대학생들의 곱셈 문제 풀이를 촉진했다(Dashiell, 1930). **사회촉진** social facilitation은 공동행위자와 관중이 수행을 촉진하는 효과를 지칭하는 용어로 사용되고 있다.

그러나 단순한 사회 영향으로 보이는 사회촉진 현상도 사회심리학자들이 처음에 생각했던 것보다 훨씬 복잡한 현상임이 판명되었다. 예를 들어 연구자들은 사람들이 혼자서 풀 때보다 공동행위 상황이나 관중이 있는 상황에서 곱셈 문제를 풀 때 더 많은 오류를 범한다는 사실을 발견했다(Dashiell, 1930). 즉 속도는 증가했지만 정확도는 떨어졌다. 공동행위자와 관중이 가끔 수행을 저하시키는 효과를 지칭하기 위해 **사회억제** social inhibition 라는 용어가 등장했다.

타인이 공동행위를 하든 관찰만 하든 타인의 존재가 우리의 수행을 촉진할 것인지, 저해할 것인지를 어떻게 예언할 수 있겠는가? 이 물음에 대한 최초의 답은 1960년대 중반에 출현했으며(Zajonc, 1965), 20년이 경과하는 동안 수행된 241개의 연구를 메타분석한 결과 그 답이 확고한 것으로 밝혀졌다(Bond & Titus, 1983). 그 기본적인 발견은 공동행위자와 관중의 존재가 단순하거나 이미 학습이 잘되어 있는 과제에서는 수행의 속도와 정확도를 향상하지만, 복잡하거나 부실하게 학습되어 있는 과제에서는 수행의 속도와 정확도를 저해한다는 사실이다.

그러므로 단순한 과제에서는 사회촉진이 일어나고, 복잡한 과제에서는 사회억제가 일어난다. 이러한 일반화가 유용하기는 하지만 좀 더 설명이 필요하다. 왜 이러한 결과가 나타나는 것일까? 이에 대해 사회심리학자들은 2개의 경쟁적인 설명을 제시했다.

첫 번째 설명은 로버트 자이언스(Zajonc, 1965)가 제시한 것으로, 이 설명은 동기에 관한 추동 이론에 근거하고 있다. 추동 이론의 주장은 유기체의 추동 또는 각성의 수준이 높아지면 우세한 반응이 활력을 받게 된다는 것이다. 동종의 다른 성원이 단지 가까이에 존재하는 것이 유기체의 일반적인 각성 수준 또는 추동 수준을 높이면 우세한 반응은 촉진될 것이다. 단순하거나 학습이 잘된 행동의 경우에는 우세한 반응이 정확한 반응이기 때문에 수행이 촉진된다. 복잡하거나 현재 배우고 있는 행동의 경우에는 우세하거나 발생확률이 높은 반응이 부정확한 반응일 가능성이 높다. 앞에서 예로 들었던 곱셈 문제를 생각해 보자. 정확한 반응은 단지 하나뿐이고 부정확한 반응이 많을 것이다. 그러므로 이러한 복잡한 과제에서의 정확한 수행은 억제되게 마련이다.

이러한 예언은 수많은 실험에서 확증되었다. 예를 들어 관중이 없을 때보다 있을 때 사람들은 '단순 미로'나 쉬운 단어 목록을 더 빨리 학습하지만, '복합 미로'나 어려운 단어 목록은 더 늦게 학습한다(Cottrell et al., 1967; Hunt & Hillery, 1973). 바퀴벌레를 대상으로 실험한 연구에서는 바퀴벌레들이 빛을 피해 도망가는 경우, 혼자서 도망갈 때에 비해 다른 바퀴벌레가 옆쪽에서 보고 있을 때(또는 같이 도망갈 때) 쉬운 통로(예: 단순 미로)에서는 더 빨리 달려가지만 어려운 통로(예: 복잡한 미로)에서는 더 느리게 달려간다는 사실을 발견했다(Zajonc et al., 1969). 최근의 실험에서 얻은 결론은 사람이 직접 옆에 있지 않더라도 이러한 효과가 일어난다는 것이다. 컴퓨터 화면에 등장해서 인공지능을 통해 관찰하는 실물 같은 가상 인물이 현존하는 경우에도 효과가 있듯이(Park & Catrambone, 2007), 전자장치를 통한 감시도 우세 반응을 촉진하기에 충분하다(Feinberg & Aiello, 2006).

사회촉진과 사회억제에 대한 두 번째 설명은 주의집중 요인과 관련이 있다(Baron, 1986; Huguet et al., 1999). 그 핵심적인 아이디어는, 다른 성원들의 존재가 종종 사라들의 주의를 분산시키는데 이것이 정신적으로 과부하를 초래하고, 그 결과로 주의의 초점이 좁아진다는 것이다. 이러한 관점도 단순 과제와 복합 과제에서의 효과가 다른 것을 설명할 수 있다. 과제가 쉬운 것이어서 소수의 중심 단서에만 초점을 맞추면 될 때는 당연히 사회촉진이 일어날 것이고, 과제가 어려워서 광범위한 단서에 초점을 맞추어야 할 때는 사회억제가 일어난다는 것이다.

집단 속에서의 행동

권위에의 복종

제2차 세계대전 중 나치 독일에 의해 자행된 계획적인 800만 명 이상의 인종 학살, 즉 이보다 더 끔찍한 예를 찾아볼 수 없을 정도로 인간의 잔혹성을 드러내는 일면을 이야기하면서 이 장을 시작했다. 그 참혹한 학살의 주모자인 아돌프 히틀러는 정신병자라고 보아야 마땅할 것 같다. 그러나 히틀러 혼자서는 그 참사를 저지를 수 없었을 것이다. 학살 작전의 임무를 수행했던 사람들, 가마와 가스실을 건조한 사람들, 거기에 사람들을 채워 넣는 일을 한 사람들, 시체의 수를 헤아리는 일을 한 사람들, 그리고 필요한 서류 작성 일을 한 사람들은 어떤 사람들인가? 그들도 모두 정신병자였는가?

수백만 명의 유대인을 학살한 죄목으로 유죄 판결을 받고 사형에 처해진 나치 전범 아돌프 아이히만의 재판을 방청했던 사회철학자 한나 아렌트(Arendt, 1963)에 따르면 아이히만은 정신병자가 아니다. 그녀는 아이히만이 거대한 기계의 작은 톱니바퀴 하나에 불과했으며, 우둔한 사람이고, 보통의 관료였다고 서술했다. 부제가 '사악함의 평범성에 관한 보고서(A Report on the Banality of Evil)'인 아이히만에 관한 저서에서 아렌트는 독일 제3제국의 그 '사악한 사람들' 대부분이 위에서 내린 명령을 따른, 그저 평범한 사람들이었다고 결론을 내렸다. 이것이 시사하는 바는 우리도 모두 그와 같이 사악한 존재가 될 수 있을지 모른다는 것과 나치 독일이 정상적인 인간 조건에서 우리가 생각하고 싶어 하는 것만큼 그렇게 크게 벗어난 경우도 아니라는 것이다. 아렌트가 말했듯이 '대부분의 점잖은 보통 사람들도 어떤 상황에서는 범죄자가 될 수 있다.' 이것은 받아들이기 쉽지 않은 결론이다. 왜냐하면 사악한 짓은 사악한 자나 저지르는 것이라고 믿는 편이 더 마음 편하기 때문이다.

1968년 베트남에서 자신들은 단지 명령에 따랐을 뿐이라고 주장하는 한 집단의 미군 병사들이 미라이 마을의 주민을 살해한 사건이 발생했을 때 권위에의 복종이라는 문제가 또다시 제기되었다. 일반 대중은 또 한 번, 보통 시민이 자신의 도덕적 양심에 위배되는 경우라도 기꺼이 권위에 복종할 가능성이 있음을 생각해 볼 수밖에 없었다.

아이히만은 단순히 명령에 복종했을 뿐인 평범한 관료였다는 아렌트의 주장은 현대 역사학자들의 심한 비평을 받고 있다(Cesarani, 2004; Lozowick, 2002). 역사학자들은 아이

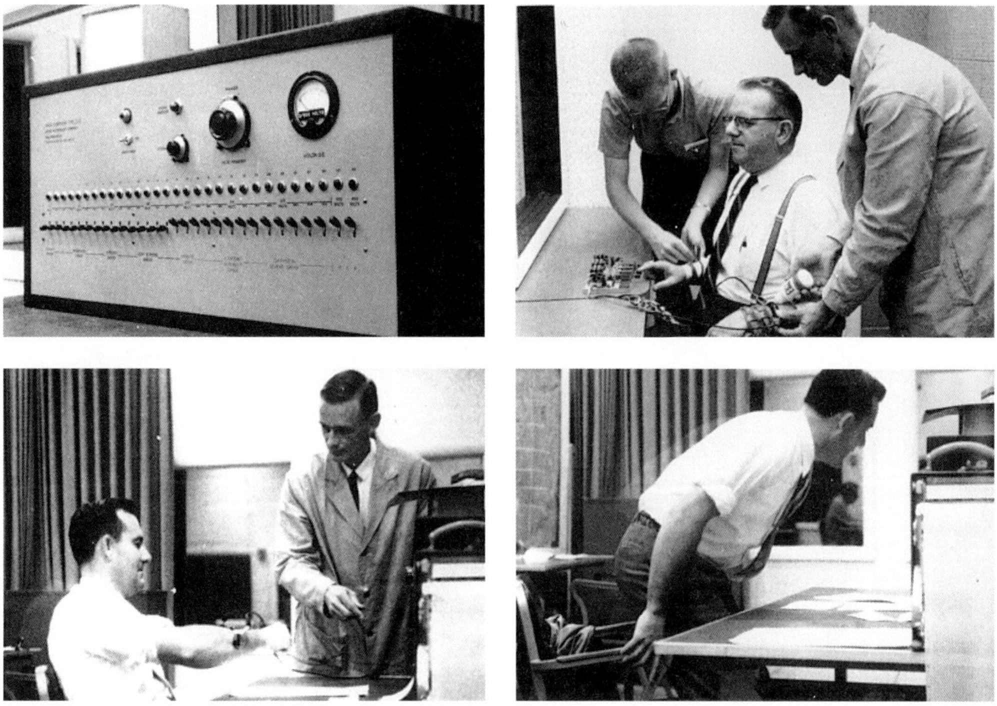

복종에 관한 밀그램의 실험에 사용된 '전기 충격 발생기'(위 왼쪽). '학생 역할자'가 '전기 의자'에 묶여 있다(위 오른쪽). 실험 참가자가 '가르치는 회기'를 시작하기에 앞서 표본 충격을 받는다(아래 왼쪽). 실험 참가자가 실험을 계속 진행할 수 없다고 거부한다(아래 오른쪽). 대부분의 실험 참가자들이 요청에 의해 맡은 역할로 인해 대단한 심적 혼란을 겪었다. 즉 실험이 완료될 때까지 있을 것인가, 아니면 실험 도중에 안 하겠다고 거부할 것인가 고민했다.

히만이 나치 당원이 될 초기에는 평범한 사람이었을지 모르지만, 그가 나치 운동에 점차 동일시해 감에 따라 유대인들을 강제 수용하고 살해하는 독창적인 새로운 방법을 개발한 것을 인정받아 특전을 입은 '대량 학살자'로 변질되었다고 주장한다. 사회심리학 내에서도 이와 맥을 같이하는 주장이 일고 있다. 그 한 가지 주장은 이렇다. 사악한 상황이 사악한 행동을 낳는다는 고전적 주장을, 개인이 집단과 동일시하는 방식과 개인이 강력한 상황을 조성하고 강력한 상황에 의해 조성되는 방식, 이 두 방식 간의 미묘한 상호작용이 있다는 주장으로 수정하고 있다(Reicher et al., 2012). 한편으로는 개인의 정체감, 목표, 욕망, 다른 한편으로는 개인이 처한 끊임없이 변화하는 상황, 이 둘 간의 역동적인 상호작용에 관한 것이 현대 사회심리학 내에서 연구와 논쟁의 주제가 되고 있다.

상황의 힘이 상상도 못 할 행동을 만들어 낸다는 사실을 가장 잘 보여 주는 기념비적 연구를 1960년대에 스탠리 밀그램이 예일대학교에서 수행했다(Milgram, 1963, 1974). 신문에 '기억에 관한 연구'에 참여하면 시간당 4달러를 준다는 광고를 내서 평범한 남녀 시민을 실험 참가자로 모집했다. 실험 참가자들이 실험실에 도착하면 각 실험 참가자는 (사실은 연구자의 실험 도우미인) 또 한 사람의 실험 참가자를 만난다. 그리고 이 연구에서 둘 중 한 사람은 선생 역할을 하고 다른 한 사람은 학생 역할을 하게 될 것이라고 알려 주었다. (역할을 무선배정하기 위해) 실험 참가자 두 사람은 모자에서 역할이 적힌 종이쪽지를 집었다. 실제의 실험 참가자는 자신이 선생 역할을 맡게 되었음을 알게 된다. 선생 역할을 맡은 실험 참가자는 단어 쌍이 적힌 목록을 학생 역할을 맡은 다른 실험 참가자(실험 도우미)에게 읽어 주고 나서, 각 쌍의 첫 번째 단어를 읽어 주고 4개의 단어 중에서 정답인(즉 두 번째로 읽어 준) 단어를 골라 답하게 한다. 학생 역할을 맡은 사람이 오류를 범할 때마다 실험 참가자는 그 사람에게 전기 충격을 주는 장치의 레버 스위치를 눌러야 한다.

실험 참가자는 학생 역할자가 의자에 묶이고 전기 충격기의 전극이 손목에 부착되는 것을 목격했다. 그다음 실험 참가자는 옆방으로 안내되어 30개의 레버 스위치가 수평으로 장착된 전기 충격기 앞에 앉았다(463쪽의 사진 참조). 각 스위치에는 15V에서 450V까지 전압 수치가 적혀 있었는데, 15V 스위치 옆에 있는 일군의 스위치 아래에는 '경미한 충격'이라고 적혀 있었고, '위험: 극심한 충격'이라고 적혀 있는 일군의 스위치를 지나 끝에 있는 일군의 스위치 아래에는 'XXX'라고만 적혀 있었다. 스위치를 누르면 버저 소리가 울리고 불빛이 번쩍번쩍하면서 전압기의 바늘이 오른쪽으로 기울었다. 전기 충격기의 작동 상황을 알려 주기 위해 실험 참가자들에게 45V의 전기 충격을 직접 체험하도록 했다. 실험 절차가 진행되기 시작했을 때, 연구자는 실험 참가자에게 학생 역할자가 오류를 범할 때마다 매번 전기 충격 수준을 한 단계씩 높이라고 지시했다(그림 11.8 참조).

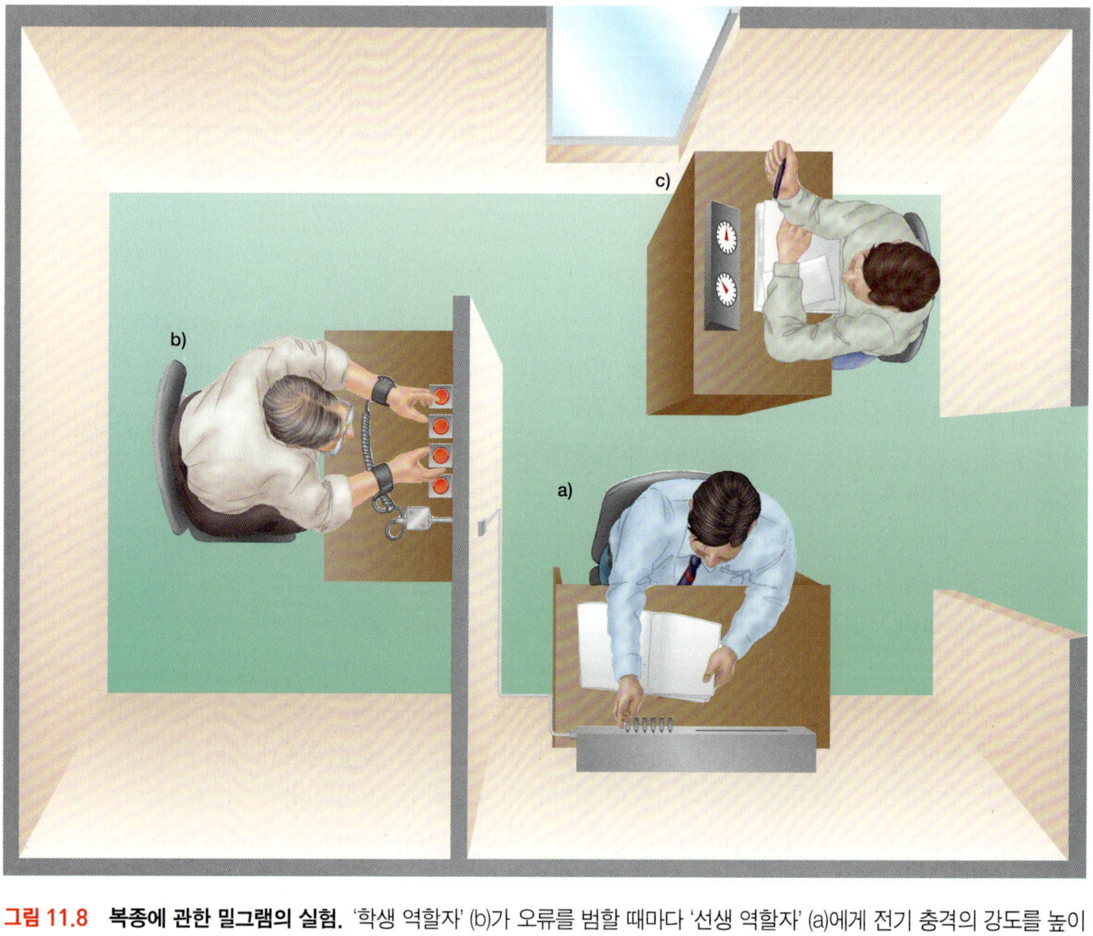

그림 11.8 복종에 관한 밀그램의 실험. '학생 역할자' (b)가 오류를 범할 때마다 '선생 역할자' (a)에게 전기 충격의 강도를 높이라고 지시했다. 만약 '선생 역할자'가 이의를 제기하면 연구자 (c)는 실험을 계속해야 한다고 주장한다.

학생 역할자(실험 도우미)는 실제로는 전기 충격을 받지 않았다. 학생 역할자는 자신의 역할에 대해 특별 훈련을 받은 47세의 온순한 남자였다. 그가 자꾸 오류를 범하기 시작하고 전기 충격의 수준이 상승했을 때, 그가 항변하는 소리가 옆방의 벽을 통해 들려왔다. 전기 충격이 더 강해졌을 때 그는 소리를 질러 대고 욕설을 퍼붓기 시작했다. 전기 충격이 300V에 이르렀을 때 그는 벽을 발로 차기 시작했으며, 그다음 ('극심한 충격'이라고 적혀 있는) 수준의 전기 충격을 가했을 때는 더 이상의 대답도 안 하고 아무 소리도 들리지 않았다. 당신도 예상할 수 있듯이, 많은 실험 참가자들은 남에게 고문을 가하는 이러한 절차에 대해 연구자에게 이의를 제기하기 시작했고 중지해 주기를 청원했다. 그러나 연구자는 실험 참가자가 실험을 계속 진행하도록 만드는 데 필요한 만큼의 촉구를 정해진 순서에 따라 침착하게 일러 주었을 뿐이었다. 정해진 순서의 촉구는 "계속해 주시기 바랍니다.", "귀하께서 계속하셔야 실험이 됩니다.", "귀하께서 계속하시는 것이 절대적으로 필요합니다.", "귀하는 선택의 여지가 없습니다. 반드시 계속하셔야 합니다." 등이었다. 권위에의 복종의 양은 실험 참가자가 계속하기를 거부한 시점 전까지 가한 최대 전기 충격치로 측정했다.

대학생들에게 밀그램의 세부적인 실험 절차를 말해 주고, 그들이 선생 역할자라고 했을 때 학생 역할자가 벽을 두드리기 시작한 후에도 전기 충격을 계속 주겠는지 물었다. 밀그램의 실험 절차를 처음으로 알게 된 대학생들 중 약 99%는 전기 충격을 주지 않겠다고 대답했다(Aronson, 1995). 밀그램도 일류 의대 정신과 의사들을 대상으로 조사했다. 그 의사들은 대부분의 실험 참가자들이 충격 수준이 150V를 넘으면 전기 충격 가하기를 거부할 것이고, 300V를 넘으면 전기 충격을 가하는 사람이 약 4% 정도밖에 안 될 것이며, 450V까지 가하는 사람은 1% 미만일 것이라고 예측했다.

밀그램이 발견한 사실은 무엇일까? 실험 참가자의 65%가 전기 충격의 마지막 단계(즉 450V, 'XXX')에 이를 때까지 계속해서 복종했다. 학생 역할자가 벽을 차기 시작하는 전기 충격 수준인 300V 수준 이전에 진행을 멈춘 실험 참가자는 1명도 없었다(그림 11.9 참조).

우리는 왜 밀그램의 연구에서 명백하게 나타난 복종의 정도를 예측하지 못하는 것일까? 그 답은 이 장의 서두에 소개했던 기본적 귀인 오류와 다시 결부된다. 우리는 사람들의 행동을 사람들 내면의 특징, 즉 바람과 성격의 반영이라고 가정한다. 우리는 상황이 우리를 좌우하는 위력에 대해 과소평가한다. 또한 간과하기조차 한다. 그렇기 때문에 우리는 대부분의 사람들이 무고한 다른 사람의 신체에 위해를 가하며 괴롭히는 것을 바라지 않을 것이라는 지식에 의거해서 밀그램의 절차를 따져 보고, 복종하는 사람이 거의 없을 것이라는 결론

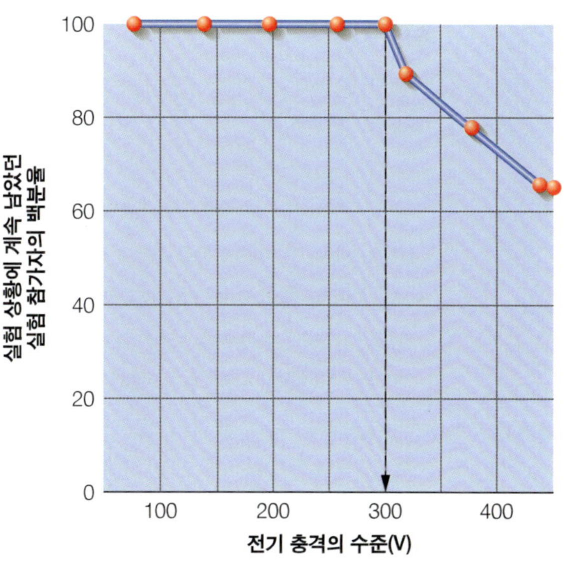

그림 11.9 권위에의 복종. 처벌로서의 전기 충격을 기꺼이 가하는 실험 참가자의 비율이 전기 충격의 강도가 300V 수준(위험 수준)에 이를 때까지 떨어지지 않았다.

을 내린다. 물론 원해서 복종한 사람은 거의 없었다. 대부분이 상당한 심적 고통을 토로했으며 전기 충격을 줄 것인지 망설였다. 그럼에도 불구하고 사람들은 전기 충격을 계속 주었다. 어쨌든 의도를 표명했다고는 하나 '해를 가하지 않겠다는' 그들의 의도가 행위를 다스리지는 못했다. 우리는 사람들의 의도가 사람들의 행동을 좌우한다고 가정하고 있었기 때문에, 상황에 들어 있는 미묘한 특징이 어떻게 우리를 복종하도록 강력하게 이끌었는지를 이해하지 못했던 것이다.

여기서 작용하는 힘이 상황이라는 것을 우리는 어떻게 아는 것일까? 혹시 그 사람들이 특히 공격적이거나 줏대 없는 사람들이었을 수도 있지 않을까? 혹시 밀그램이 프로이트가 주장했던 사람들의 무의식적 공격 충동이 발산되도록 만들었던 것은 아닐까?

여기서 작용한 힘이 상황이라는 것을 알 수 있는 이유는, 밀그램이 그의 표준적인 실험 절차를 변형하여 여러 실험을 수행했고, 다른 상황에 실험 참가자들을 무선적으로 배정하여 실험했기 때문이다. 상황이 달라짐에 따라 복종률이 뚜렷하게 달라졌다. 상황이 지닌 네 가지 중요한 특징은 (1) 감시, (2) 완충장치, (3) 역할 모델의 존재, (4) 출현 상황의 본질 등이다.

감시

상황 변인의 조작 중 하나는 연구자가 실험 참가자를 감독하는 정도를 달리해 본 것이었다. 연구자가 방을 떠나서 전화로 지시했을 때는 복종률이 65%에서 21%로 떨어졌다(Milgram, 1974). 더욱이 이러한 상황에서도 복종을 계속했던 사람들 중의 몇몇은 주어진 수준보다 더 낮은 수준의 충격을 주는 부정행위를 했다. 이렇듯 연구자의 항시 존재나 감시는 복종을 이끄는 하나의 상황 요인이다.

완충장치

상황 변인의 조작 중 또 하나는 선생 역할자와 학생 역할자 간의 물리적 근접 정도를 달리해 본 것이었다. 표준적인 실험 절차에서는 학생이 옆방에 있어서 볼 수가 없고 단지 벽을 통해서 소리만 들을 수 있었다. 학생 역할자가 실험 참가자와 같은 방에 있었을 때는 복종률이 65%에서 40%로 떨어졌다. 실험 참가자가 학생의 손을 충격판에서 떼지 못하게 누르고 있게 했을 때는 복종률이 30%로 떨어졌다. 이와 대조적으로 심리적 거리를 증가시키고 옆방 학생의 언어적 피드백이 없게 했을 때는 복종률이 100%로 솟구쳤다. 이렇듯 복종으로 이끄는 두 번째 상황 요인은 완충장치이다. 밀그램 실험의 참가자들은 자신이 폭력행위를 저지르고 있다고 생각했지만, 이러한 사실을 모호하게 만들거나 행위의 즉시성을 희석시키는 완충장치가 몇 가지 있었다. 피해자가 당하는 고통을 실험 참가자가 직접적으로 경험할수록, 즉 개인과 개인의 행위 결과 사이에 완충장치가 적을수록 참가자는 복종을 덜 하게 된다.

가장 흔한 완충장치는 전쟁 같은 상황에서 개인과 폭력의 최종 산물 간의 원격성에서 찾아볼 수 있다. 그렇기 때문에 아이히만은 자신이 유대인 학살에 직접적인 책임이 없다고 주장했던 것이다. 그는 유대인을 죽음에 이르게 한 일을 주선했을 뿐이었다. 밀그램은 이러한 '사슬에 끼어 있는 하나의 고리' 역할을 유추한 실험을 했는데, 또 다른 선생 역할자

(실험 도우미)가 학생 역할자에게 전기 충격을 줄 수 있게 하는 스위치만을 실험 참가자들이 누르도록 했다. 이러한 상황에서는 복종률이 치솟았는데, 실험 참가자들 중의 93%가 마지막 단계의 충격 수준에 도달할 때까지 복종했다. 이 상황에서는 실험 참가자들이 직접 전기 충격을 준 사람에게 책임을 전가할 수 있다.

현대의 전쟁은 사람들에게 자신은 적군의 죽음에 대해 아무런 책임이 없다는 느낌을 갖게 함으로써, 사람들로 하여금 눈앞에서 실제 저지르는 살인이라는 생각이 들지 않게 하면서 살인 행위를 하도록 만든다.

실제로 전기 충격을 보낸 것은 사람이 아닌 기계였기 때문에 전기 충격기 그 자체가 완충장치로서의 역할을 할 수 있다. 만약 실험 참가자들에게 학생 역할자를 주먹으로 치게 했다면 복종률이 얼마나 떨어질지 상상해 보라. 실생활에서 우리는 이런 기술을 갖고 있다. 즉 우리는 그들이 고통을 당하는 모습을 보지 않아도 되게, 멀리 떨어진 곳에 있는 사람들을 원격 조정으로 죽일 수 있는 기술을 가지고 있다. 비록 우리 모두는 한 사람을 돌로 쳐 죽이는 것보다 유도탄을 발사하는 단추 하나를 눌러 수천 명을 죽이는 것이 더 나쁜 일이라는 데 의견의 일치를 보이겠지만 심리적으로는 단추를 누르는 것이 더 용이하다. 그와 같은 것이 완충장치의 효과이다.

역할 모델

밀그램의 실험에서 그렇게 높은 수준까지 복종이 일어났던 한 가지 이유는 사회 압력이 외톨이인 개인에게 집중되어 있었다는 것이다. 만약 실험 참가자가 외톨이가 아니라면 복종을 덜 했을까? 우리는 이미 그 가능성을 지지하는 일부 자료를 보았다. 즉 애쉬 실험에서 적어도 다른 한 이단자가 있는 경우에는 실험 참가자들이 집단의 오답에 따라갈 가능성이 줄어들었다.

밀그램의 복종 상황에서도 이와 비슷한 일이 일어났다. 표준적인 절차를 변형한 실험에서 실험 도우미 2명을 더 추가로 참여시켰다. 그들 역시 선생 역할을 할 것이라고 소개했다. 선생 1은 단어 쌍 목록을 읽고, 선생 2는 학생의 답이 맞았는지 틀렸는지를 말하고, 선생 3(실험 참가자)은 전기 충격을 주는 역할을 할 것이라고 알려 주었다. 실험 도우미들은 150V까지는 지시에 복종했으나 선생 1이 자기는 여기서 실험을 포기하겠다고 연구자에게 말했다. 연구자가 계속해야 한다고 끝까지 촉구했지만 선생 1은 결국 자기 자리에서 일어나 다른 쪽에 가서 앉았다. 210V의 전기 충격을 주고 나서 선생 2도 역시 실험을 포기했다. 그러자 연구자는 실험 참가자 쪽으로 몸을 돌려 혼자서 계속하도록 지시했다. 이러한 상황에서는 10%의 실험 참가자들만이 끝까지 임무를 수행했다. 변형된 두 번째 실험에서는 선생 2명을 추가한 것이 아니라 연구자가 2명이었다. 전기 충격이 몇 번 주어진 후 두 연구자가 다투기 시작했다. 그중 한 사람은 실험을 중단해야 한다고 말했고, 다른 한 사람은 실험을 계속해야 한다고 말했다. 두 번째 연구자가 계속하라는 지시를 내렸음에도 이러한 상황에서는 단 1명의 참가자도 계속하지 않았다(Milgram, 1974). 결국 불복종하는 역할 모델은 실험 참가자들로 하여금 그들 자신의 양심에 따르도록 해 준다. 그런데 사회 압력에 직면해서도 자신의 자율성을 발휘한 실험 참가자에게 축하를 보내기 전에, 이러한 발견이 지닌 함의를 좀 더 면밀히 고려해 보아야 한다. 이러한 발견이 시사하는 바는 실험 참가자들의 선택이 복종과 자율성 중에서의 선택이 아니라 복종과 동조 중에서의 선택이었다는 것이다. 지시를 내린 연구자에게 복종할 것인지 아니면 복종하지 말아야 한다는 출현 규범에 동조할 것인지 중에서 출현 규범에 동조한 것이다.

복종을 선택하더라도 또는 동조를 선택하더라도 당신은 그것을 영웅적인 선택이라고 생각하지는 않을 것이다. 그러나 이러한 과정은 인간 사회에서 사람들의 사회적 결속을 만들어 내는 과정 중의 일부인 것이다. 한 사회역사학자는 이렇게 말했다. "범죄의 동기가 아닌 도덕적이거나 종교적이거나 정치적인 동기에서의 불복종은 항상 집단적 행위이며, 집단성이 지닌 가치와 구성원들의 상호적인 약속에 의해 정당화된다."(Walzer, 1970, p. 4)

복종에 관한 최근의 실험에서도 역할 모델의 효과가 실제로 나타났다(Wiltermuth, 2012). 먼저 실험 참가자들에게 캠퍼스를 걸어가는 실험자를 몇 걸음 뒤에서 따라오도록 지시했다. 무선배정을 통해 어떤 실험 참가자들에게는 실험자가 오른발로 걸을 때는 그들도 오른발로 걷는 등 실험자와 똑같이 하도록 했다. 다른 실험 참가자들에게는 실험자와 똑같이 걷지 말도록 하거나 어떻게 걸을지에 대해 아무런 지시도 하지 않았다. 이후에 또 다른 연구라고 위장하여, 실험자는 모든 실험 참가자들에게 커피 분쇄기를 변형하여 만든 '박멸기'라는 기계 속으로 들어가는 판 위에 벌레를 가능한 한 많이 갖다 놓도록 지시했다. 앞서 실험자와 똑같이 걷도록 지시받았던 실험 참가자들은 다른 사람들보다 유의하게 더 많은 벌레를 '박멸'했다(실험 참가자들은 몰랐지만, 실제로는 분쇄기 입구에 있는 깔때기의 스토퍼 덕분에 벌레가 분쇄되지 않았다). 이 실험은 행동을 일치시키는 것과 같은 미묘한 무언가가 권위에 대한 복종을 증가시킨다는 사실을 보여 준다. 아마도 이것은 군대의 훈련에서 행진 등의 통일된 행동을 지속하는 이유일 것이다.

출현 상황의 본질

지금까지 상황의 위력에 대해 논의하면서 상황을 상당히 거시적으로 묘사해 왔다. 예를 들어 의견에서 만장일치를 이루는 집단이 어떻게 1명의 이단자가 있는 집단보다 더 많은 사회 압력을 발휘하는지를 살펴보았다. 이러한 거시적인 묘사는 어떤 주어진 상황의 의미가 시간이 지남에 따라 드러나고 변화한다는 사실을 흐려 놓을 수 있다. 친절한 의도로 시작한 것이 우리도 모르는 사이에 두려움을 느끼게 하는 무엇인가로 진전될 수 있다. 더 일반적인 상황이 지닌 위력을 이해하지 못하는 것과 마찬가지로 우리는 종종 당장의 출현 상황이 지닌 본질을 이해하지 못한다.

예를 들어 밀그램의 연구에 대해 들은 많은 사람들이 궁금해하는 것은 왜 전기 충격을 가하는 데 처음부터 동의했을까 하는 것이다. 거의 모든 사람이 자기라면 하지 않았을 것이라고 주장한다. 그러나 그것은 사람들이 이야기의 종말, 즉 실험 참가자들이 의식을 잃은 사람에게 그 밑에 'XXX'라고 적힌 강렬한 전기 충격을 가하는 것으로 끝나는, 너무도 잔혹스러운 상황에 초점을 맞추기 때문에 그러한 것이다. 우리는 상황의 출발이 어떠했으며, 더욱 중요한 것으로 상황이 어떻게 진전되었는지에 주목할 필요가 있다.

그것은 아무런 해도 끼치지 않을 상황에서 시작되었다. 실험 참가자들은 광고에 응해 예일대학교에서 수행하는 연구에 참가하는 데 동의한 것이었다. 실험 참가자들은 그렇게 함으로써 연구자에게 협조하고, 연구 책임자의 지시에 따르고, 실험을 마치는 것에 암묵적으로 동의했던 것이다. 이것은 매우 강력한 사회규범이며, 사람들은 그와 같은 동의를 파기하고 자신이 협조하겠다고 속으로 한 말을 어기기 어려워하지만, 우리는 사람들의 그 어려워함을 과소평가하는 경향이 있다. 실험 참가자들은 실험실에 도착해서 자신이 학습에 관한 실험에 참가한다는 것을 실감하고 있었다. 그들은 '이러한 단순한 단어 쌍을 학습하기가 얼마나 어려운 것일까?', '내 생각에는 전기 충격의 위협이 틀림없이 학습 과정을 촉진할 것 같다.'라고 생각했는지도 모른다.

게다가 첫 번째 전기 충격은 아마 느끼지도 못할 정도인 15V에 불과한 것이었다. 그리고 전기 충격의 수준도 한 번에 15V씩만 증가시키는 것이었다. 450V의 전기 충격을 가하는 것이 선한 일이 아님은 너무나도 분명하게 알 수 있다. 그러나 무해한 전기 충격에서 얼마나 유해한지 모를 정도의 전기 충격까지 이어진 변화는 그렇게 분명히 알 수 있는 것이 아니다. 실험 참가자가 일단 첫 번째 전기 충격을 주었으면 그다음부터는 어느 지점에서 멈추어야 할지 알기가 어렵다. 그들이 그만두고 싶어졌을 때는 이미 함정에 걸려든 상태였다. 시간이 지남에 따라 그 상황이 지닌 진정한 특성이 서서히 드러났던 것이다.

사태를 더 어렵게 만드는 것은, 실험 참가자가 실험을 포기하기 위해서는 자신이 처음부터 잘못 생각했음을 인정해야 하는 죄책감과 당혹감에 시달려야 했다는 것이다. 그리고 포기의 시기가 늦어질수록 자신의 오판을 인정하기가 더 어려워진다. 나쁜 행동을 계속하는 것이 자신의 잘못을 인정하는 것보다 더 쉽다.

밀그램의 실험에 참가했던 사람들이 돌이켜 생각해 볼 수 있는 시간적 여유가 없었다는 사실이 아마도 가장 큰 이유였을 것 같다. 그 사람들은 자신이 처한 그 낯선 상황과 자신의 양심을 감찰할 시간이 없었다. 이것은 실험 참가자들로 하여금 그 상황에 대한 ('두려움에 떨게 하는' 상황 같은) 자기 나름대로의 정의를 내릴 수 없게 하는 효과가 있었다. 오히려 실험 참가자들의 마음은 상황에 대해 두 가지 대립하는 정의, 즉 '연구자는 당신이 계속하기를 요구한다'라는 권위자의 정의와 '여기서 벗어나게 해 주시오! 심장의 고통이 심해지기 시작하오!'라는 피해자의 정의로 갈라져 있었다. 이렇게 급속히 돌아가는 상황에서는 대부분의 경우 실험 참가자들의 행동이 상황에 대한 다른 사람들의 정의, 즉 연구자가 내놓는, 복종으로 이끌어 가는 정의를 따르거나, 아니면 실험을 포기한 동료들이 내놓는, 불복종으로 이끌어 가는 정의를 따른다. 흥미롭게도 힘겹게나마 불복종할 수 있었던 사람들 중의 대다수는 학생 역할자가 처음으로 실험을 멈추게 해 달라고 요청한 시점인 150V의 전기 충격을 주어야 하는 시점에 불복종했다(Packer, 2008). 이것이 시사하는 바는 복종과 마찬가지로 불복종도 역시 상황의 촉발 요인과 긴밀하게 연결되어 있다는 것이다. 실험 참가자 자신의 바람과 소망이 토로되기는 했지만 이것이 행동을 이끌어 내지는 못했다. 만약 300V의 전기 충격 후에 15분간의 휴식 시간을 두었다면 복종률이 얼마나 더 많이 감소했을지 상상해 보라.

다수의 영향과 소수의 영향

다수 집단에의 동조

우리는 어떤 이슈를 두고 집단 내에서 소수 집단의 입장일 때가 있다. 이러한 현상은 우리 대부분이 익숙한 삶의 한 부분이다. 종종 우리는 너무 자기중심적이어서 대중의 지혜를 흡수하지 못하지만(Mannes et al., 2012), 만약 다수 집단이 우리의 경험보다 더 타당한 정보의 원천이라고 결정하면 우리는 마음을 바꾸어 다수 집단의 의견에 동조할 것이다. 그러나 집단의 의견이 틀리고 당신의 의견이 맞는 것임이 명백한 상황에 처해 있다고 상상해 보라. 그러한 경우에 당신은 사회 압력에 굴복하여 동조하겠는가? 당신은 대부분의 사람들과 마찬가지로 동조하리라고 생각하지 않을 것이다. 다른 사람들은 양들이 무리를 따라가듯이 다수 집단을 따라가더라도, 당신은 자신의 신념과 원칙에 따라서 행동할 것이라고 생각하기 십상이다(Pronin & Kugler, 2010). 그러나 당신이 자신의 자율성을 확신하는 그것은 상황의 위력에 대한 과소평가의 또 하나의 증거일 가능성이 높다. 사회심리학자인 솔로몬 애쉬가 수행한, 동조에 관한 일련의 고전적인 연구는 이것이 사실임을 보여 주었다(Asch, 1952, 1955, 1958).

애쉬 실험의 표준적인 절차를 보면 한 실험 참가자가 7~9명의 다른 사람들(실제로 이들 모두는 연구자의 실험 도우미임)과 함께 테이블에 자리 잡고 앉는다. 그리고 이 집단의 사람들에게 수직 선분이 하나 그려진 판과 수직 선분이 3개 그려진 판을 보여 주면서(그림 11.10 참조), 3개의 수직 선분 중에서 어느 것이 다른 판의 한 수직 선분과 길이가 같은지 판단하라고 한다. 순서대로 각자의 판단을 말하는데 실험 참가자는 끝에서 두 번째 자리에 앉아 있다. 정답은 명백하다. 그러므로 대부분의 시행에서 사람들은 모두 다 똑같은 대답을 했다. 그런데 미리 정해 놓은 몇몇 시행에서는 모든 실험 도우미들에게 오답을 말하도록 지시해 두었다. 그런 다음 애쉬는 이 실험 절차가 실험 참가자들에게 얼마나 동조를 유발하는지를 관찰했다.

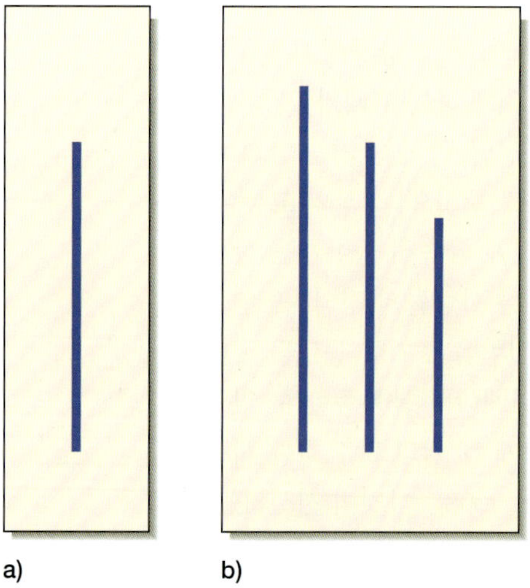

그림 11.10 애쉬의 연구에 쓰인 대표적 자극. 실험 참가자들에게 (a) 판을 보고 나서 (b) 판에서 같은 길이의 선분을 지적하도록 했다. 여기에 제시된 판의 선분은 정답이 명백한 것이다.

그 결과는 놀랄 만한 것이었다. 정답이 무엇인지 항상 명백했음에도 불구하고 실험 참가자들이 평균적으로 세 번 중 한 번은 집단의 오답에 동조했고, 실험 참가자들 중 약 75%가 적어도 한 번은 동조했다. 더욱이 집단이 크지 않아도 그와 같은 동조가 일어났다. 애쉬는 집단의 크기를 2~16명으로 달리해서 관찰했는데, 실험 도우미의 수가 3~4명이면 동조를 유발하는 효과가 그보다 더 큰 집단이 유발하는 효과와 같음을 발견했다(Asch, 1958).

정답이 명백한데도 왜 실험 참가자들은 자신의 독립성을 유지하지 못하고 다수 집단을 좇는가? 단순한 감각 판단을 내릴 수 있는 자신의 능력에 대한 실험 참가

다수 집단의 의견에 동조하는 것에 관한 연구에서 (위쪽) 왼쪽에서 여섯 번째 남자를 제외한 모든 집단 성원은 열여덟 번의 시행 중 열두 번의 시행에서 일률적으로 오답을 말하도록 사전 교육을 받은 실험 도우미이다. 그러므로 시각 판단에 관한 실험에 참가한다고 알고 있는 6번 참가자는 자신이 정답을 댔을 때 자신만이 유일하게 다른 의견을 가진 사람임을 알게 된다. (아래 왼쪽) 반복적으로 다수 집단과의 불일치를 보인 실험 참가자는 불안을 느끼고 몸을 앞으로 숙여 판(a판, b판)을 응시하고 있다. (아래 오른쪽) 이 실험 참가자는 '자기가 보는 대로 대답해야 한다'고 말하면서 자신의 의견을 계속 밀고 나갔다.

자의 확신감은 왜 동조에 대항하는 강력한 힘이 못 되는가? 한 주장에 따르면 정답이 명백하다는 사실이 동조를 일으키는 강력한 힘이라는 것이다(Ross et al., 1976). 실제 생활에서의 의견 불일치는 어떤 경제 정책이 경기 침체를 예방할 것인가 또는 어느 그림이 더 미감을 돋우는가와 같은 어렵고 주관적인 판단이 개입된 문제에서 주로 발생한다. 이러한 경우에는 종종 서로 의견이 불일치할 것이라고 예상한다. 우리는 다른 경우에는 만장일치를 이루던 집단에서 자기 혼자만 소수 집단의 입장이 되는 경우가 마음은 편치 않더라도 얼마든지 가능하다고 생각한다.

애쉬의 실험에서 재연된 상황은 훨씬 더 극단적인 경우이다. 여기서는 실험 참가자가 하나의 단순한 물리적 사실에 대해서 자신을 제외한 다른 모든 사람들이 자신과 생각을 달리한다는, 도저히 합리적으로는 설명할 수 없는, 선례도 없고 기상천외한 사태에 직면하게 된다. 실험 참가자들은 믿기지 않아 눈을 비비고 선분을 더 가까이서 보려고 몸을 일으킨다. 그들은 당혹스러움에 움찔하고, 혼자 중얼거리고, 킥킥대기도 하고, 이 불가사의를 해결할 단서를 찾으려고 다른 사람들을 예의 주시하며 살핀다. 실험이 끝난 후 그들은 착시에 대한 억지 가설을 내놓거나, 아마도 가끔 첫 번째 사람이 실수를 하면 그다음 사람들이 동조 압력 때문에 앞사람을 따라 하는 것이라고 주장하기도 한다(Asch, 1952).

주변 정황이 이러할 때 다수 집단과 생각을 달리한다는 것이 무엇을 뜻할지 고려해 보자. 실험 참가자는 집단의 판단을 자신이 이해할 수 없듯이 집단 사람들에게는 자신의 판단이 이해할 수 없는 것으로 보이리라 믿는다. 집단의 성원들은 틀림없이 이단자를 무능하다고 판단할 것이다. 현실 감각을 상실한 사람이라고 판단할 수도 있다. 마찬가지로 실험 참가자가 되풀이해서 이의를 제기하면 그것은 집단의 역량에 대한 도전으로 비칠 것이다. 갑작스럽고 불가사의하게 자신의 지각 능력에 대해 의문이 생긴 때, 자신의 지각이 옳다고 주장하며 집단에 도전하려면 엄청난 용기가 있어야 할 것이다. 그와 같은 도전은 다른 사람들을 모독해서는 안 된다는 강력한 사회규범을 해치는 것이다. 애쉬의 실험에서 '다른 사람들이 나를 어떻게 생각할까?' 그리고 '다른 사람들이 내가 그들을 어떻게 생각한다고 생각할까?' 하는 두려움이 이의 제기를 억제시키고 강한 동조 압력을 만드는 것이다.

애쉬의 동조 실험 상황이 실생활 대부분의 상황과는 다른 상황이라고 했을 때, 애쉬는 왜 정답이 명백한 과제를 사용했던 것일까? 그 이유는 애쉬가 **응종**compliance, 즉 실험 참가자들이 정답에 대한 자신의 생각을 실제로 바꿀 가능성이 배제된, 전적으로 공공연한 동조를 연구하고 싶어 했다는 데 있다. 몇 가지 변형된 애쉬의 실험에서는 더 어렵거나 주관적인 판단을 해야 하는 과제를 사용했다. 이러한 실험 상황은 실생활에서의 동조를 제대로 반영하기는 하지만, 다수 집단에의 순수한 동조 압력을 알아볼 수가 없다. 개인이 소수의 입장에 선 자신의 판단이 맞다고 확신하면서도 다수 집단에 동조하는 것을 보아야만 순전히 다수 집단에의 동조 압력 효과를 평가할 수 있는 것이다(Ross et al., 1976).

동조에 관한 애쉬의 실험과 그 후의 실험에서 찾은 가장 중요한 발견 중의 하나는 집단이 만장일치를 이루지 않았을 때는 동조 압력이 매우 미약해진다는 사실이다. (실험 도우미인) 다수 집단에서 단 1명의 실험 도우미가 일탈하더라도 동조량은 (전체 시행 중에서 동조가 발생한 시행의 백분율이) 32%에서 약 6%로 떨어진다. 실제로 8명 집단에서 1명의 이단자가 있었을 때의 동조는 3명 집단이 만장일치를 이루었을 때의 동조보다 더 적었다(Allen & Levine, 1969; Asch, 1958). 놀라운 사실은 이단자가 정답을 댈 필요조차 없다는 것이다. 이단자의 답이 다수 집단의 답보다 더 부정확한 것이라 하더라도 다수 집단의 영향력이 상실되며, 실험 참가자들은 자기 자신의 정답을 대는 쪽으로 기울었다(Asch, 1955). 또한 이단자가 누구든 관계없었다. 이단자가 자극을 볼 수 없을 정도로 시각적인 장애를 가지고 있는 사람인, 터무니없는 상황에서도 동조가 감소했다(Allen & Levine, 1971). 인정받지 못하는 처지나 조롱당할 처지에 함께 놓일 다른 한 사람이 존재함이 실험 참가자로 하여금 자신만이 완전한 외톨이라는 느낌을 벗고 이의를 제기할 수 있게 해 준다는 것은 분명한 사실인 듯하다.

우리는 여기서 다시 한 번 행동을 만드는 상황의 위력을 본다. 우리가 만장일치의 다수 집단과 당면하는 상황에서는 동조로 끌어가는 강한 힘이 생겨난다. 이와 대조적으로, 만장일치가 깨지는 것 같은 작은 변화가 우리로 하여금 '우리 자신이 되는 것'을 돕는다. 만장일치의 다수 집단이냐 여부가 상황의 중심 특징이므로 그것에 따라 동조율이 달라지는 것은 이상한 일이 아니다. 그런데 상황의 미묘한 배경 특징은 어떠한가? 즉 당신이 방금 읽은 신문 기사나 방 한구석에 있는 TV 화면에 보이는 장면 같은 것은 어떠한가? 애쉬의 실험을 변형한 최근의 실험에서 단어와 그림에의 단순 노출이 우리에게 얼마나 동조 압력을 가하는지를 검증함으로써 그와 같은 사소해 보이는 상황 요인의 영향을 살펴보았다. 핵심은 이러한 단어나 그림이 동조를 상기시키느냐, 비동조를 상기시키느냐 하는 것이다. 한 실험에서 일부 실험 참가자들은 신봉하다, 응종하다, 동조하다 같은 단어를 보았고, 다른 일부 실험 참가자들은 도전하다, 직면하다, 일탈하다 같은 단어에 노출되었다(Epley & Gilovich, 1999). 또 하나의 실험에서는 연구자가 일부 실험 참가자들에게 '회계사 노먼'의 사진을 보여 줌으로써 동조를 점화시켰고, 다른 일부 실험 참가자들에게는 '펑크 록 가수 노먼'의 사진을 보여 줌으로써 비동조를 점화시켰다(Pendry & Carrick, 2001). 이 두 실험 모두에서 사전에 단순한 동조에 대한 아이디어에 노출되었던 참가자들이 후에 만장일치의 다수 집단을 만났을 때 실제로 더 동조하는 쪽으로 행동했다. 이러한 증거는 우리의 행동이 얼마나 절묘하게 상황 요인에 반응하는지를 보여 준다. 배경에 물러나 있는, 즉 우리의 의식에 자각되지 않는 상황의 특징조차도 위력을 발휘할 수 있으며, 우리를 동조 쪽으로 이끌어 갈 수 있다.

물론 우리가 다른 사람들의 행동에 동조하는 이유는 여러 가지이다. 우리는 때때로 애매한 상황에 처해서 어떻게 행동해야 할지 모를 때가 있다. 예를 들어 멋진 레스토랑에 처음 가서 여러 개의 포크 중에서 어느 것을 사용해야 할지 모를 때 당신은 어떻게 행동하는가? 남들이 어떻게 하는지를 살펴보고서 그대로 따라 한다. 이러한 유형의 동조는 **정보적 사회 영향**informational social influence이라고 부른다. 이러한 경우에는 애매한 상황에 대한 다른 사람들의 해석이 우리의 해석보다 더 정확하다고 믿기 때문에 동조한다. 어떤 때는 그저 집단과 보조를 맞추고 집단에 수용되기를 원하는 때도 있다. 아마 당신은 대학에 입학했을 때 이런 식으로 느꼈을 것이다. 이러한 유형의 동조는 **규범적 사회 영향**normative social influence이라고 부른다. 이러한 경우에 우리는 호감을 얻고 수용되기 위해 집단의 사회규범 또는 집단의 전형적인 행동에 동조한다. 우리는 서로 잘 지내는 방향으로 행동

단순한 이미지가 동조할 생각이나 동조하지 않을 생각을 일으킬 수 있다. 이러한 생각이 일단 활성화되면 사람들의 행동에 영향을 미칠 수 있다. 연구자들은 '펑크 록 가수 노먼'의 사진을 본 사람들보다는 '회계사 노먼'의 사진을 본 사람들 중에서 더 많은 동조가 발생했음을 발견했다.

한다. 애쉬의 유명한 연구에서는 정답인 선분의 길이가 애매하지 않았기 때문에, 우리는 애쉬 실험의 참가자들을 동조로 이끌어 간 것이 규범적 사회 영향이었음을 안다. 다행히도 연령이 동조에 중요한 역할을 하는 것으로 판명되었다. 정보적 사회 영향은 노년층에서도 여전히 동조를 유도하지만, 즉 우리는 나이가 들어도 다른 사람들의 전문성에 여전히 가치를 부여하지만, 규범적 사회 영향에 불을 지피는 압력, 즉 보조를 맞추고 호감을 얻어야겠다는 압력은 나이가 들수록 줄어든다(Pasupathi, 1999).

집단의 규범이 집단 성원들의 행동에 분명히 나타나서 집단 규범이 어떤 것인지를 쉽게 알 수 있는 때도 있다. 이것이 사실임을 애쉬의 실험에서 또다시 볼 수 있다. 그런데 실생활에서는 집단의 규범을 확인하기가 더 어려울 수 있다. 이러한 경우에는 방관자 모두의 무지가 실제의 사회규범이 아닌 상상의 사회규범에 동조하게 만들 수 있다. 방관자 모두의 무지는 집단 성원들 자신이 다른 성원들이 무슨 생각을 하고 있는지를 안다고 잘못 믿을 때 생겨나는 것임을 상기하라. 방관자 효과의 사례에서 사람들은 다른 사람들이 그 상황을 비위급 상황으로 보고 있다고 잘못 믿는다. 이러한 집단 수준의 현상은 위급 상황에 대한 방관자들의 반응을 넘어선 다른 많은 상황에서도 나타난다. 아마도 당신과 급우들은 대형 강의를 수강하면서 이런 경험을 수없이 했을 것이다. 교수님이 어떤 복잡하고 새로운 자료를 제시하고 설명한 후에 질문이 있느냐고 묻는다. 당신은 질문이 있다고 손을 드는가? 아마도 안 들 것이다. 당신이 이해하지 못한다는 것을 자인할 이유가 어디 있겠는가? 급우들은 손을 드는가? 안 든다. 급우들은 그 학습 자료를 분명하게 이해하고 있는 것처럼 보인다. 이것이 바로 질문할 것이 있어도 속으로만 품게 만드는 이유가 되는 것이다. 당신은 방관자 모두의 무지가 작용한다는 것을 알 수 있겠는가? 당신과 모든 급우들은 일률적인 행동을 보인다. 즉 모두 아무런 질문도 하지 않는 채 조용히 앉아 침묵하고 있다. 그러나 당신의 행동과 똑같은 급우들의 행동을 보면서도 당신 자신의 감정이 급우들의 감정과 다르다고 해석하는 것이 보통이다. 즉 급우들은 이해하고 확신에 차 있는데 자신만 이해하지 못해 혼동된 느낌이 든다는 생각을 한다. 이러한 경우, 방관자 모두의 무지는 학생들로 하여금 소외감을 느끼게 할 수 있다. 만약 옆자리의 급우가 당신 쪽으로 몸을 슬쩍 기울이면서 "나는 교수님이 무슨 말 하시는지 하나도 모르겠어." 라고 속삭인다면 당신의 마음이 얼마나 편해질지 상상해 보라. 어쩌면 질문하려고 손을 들 용기까지 생길 것이다.

종종 방관자 모두의 무지는 규범적 사회 영향에서 하나의 역할을 하기도 한다. 한 예는 대학 캠퍼스의 폭음에서 찾아볼 수 있다. 폭음은 취하기 위해 짧은 시간 내에 많은 양의 술을 마시는 것이다. 미국 전역에 걸쳐 대학생의 폭음은 부모와 대학 행정 당국자들의 골칫거리이다. 대학생의 사망 원인 가운데 첫째가 폭음과 관련된 사고이며, 폭음은 성적 하락 및 파괴적 행동과 연관이 있다. 조사에 의하면 90%의 대학생이 폭음 경험이 있고, 25%에 해당하는 대학생들은 폭음과 같은 문제를 갖고 있었다. 우리는 동료들이 대학생의 폭음에 지대한 영향을 미친다는 사실을 잘 알고 있다. 문제는 어떻게 영향을 미치는가 하는 것이다. 동료들이 서로 간에 '일배일배부일배'를 부추기는가? 때로는 그렇다. 또 어떤 때는 방관자 모두의 무지가 작용한다. 90%의 대학생이 폭음을 한다면 모든 대학생이 이 사실을 알고 마음을 놓을 듯하다. 그러나 조사에 의하면 많은 대학생들은 폭음에 대한 불안을 가지고 있다. 아마도 당신은 탈이 난 동료를 간호한 경험이 있을 것이고, 최근에 폭음으로 인한 사망 사고 소식을 들었을 것이고, 당신 자신이 숙취 때문에 성적이 떨어진 적이 있을 것이다. 당신이 모임에서 한두 잔을 마시는 사람이라 하더라도 대학 캠퍼스에서 폭음으로 소비되는 술의 양을 보고는 마음이 편치 않을 것이다.

여기서 또다시 방관자 모두의 무지의 한 유형을 볼 수 있다. 술을 마시는 모든 사람의 행동이 기본적으로는 동일하다. 즉 그들은 술을 마실 때 즐거워 보인다. 그러나 많은 대학생들이 가득 찬 맥주잔을 손에 들고서 폭음에 대해 염려하지 않는 것이 집단 규범이라는 생각을 하면서도, 개인적으로는 폭음에 대한 불안을 갖고 있는 것이다. 이렇게 집단 규범을 오지각하는 것의 결말은 무엇일까? 그 규범에 동조하는 것이다.

소수 집단의 영향

유럽의 수많은 학자들은 북아메리카에서의 사회심리학 연구가 동조 및 다수 집단이 소수 집단에 미치는 영향에 대해서만 몰두한다고 비판을 가해 왔다. 그들이 정확히 지적하듯이 지적 혁신, 사회 변화, 정치 혁명은 종종 명석하고 식견이 높은 소수의 사람들이 다른 사람들의 관점을 전환시키는 데에서 비롯된다(Moscovici, 1976). 왜 소수 집단이 다수 집단에 미치는 영향과 혁신에 대해서는 연구하지 않는가?

이러한 유럽 연구자들은 자신들의 관점을 분명히 하기 위해 의도적으로 애쉬의 동조 상황과 실질적으로 동일한 실험실 상황을 만들어서 실험 연구를 시작했다. 실험 참가자들은 일관되게 오답을 대는 실험 도우미들의 면전에서 일련의 단순한 지각 판단을 하도록 되어 있었다. 이 연구자들은 여러 실험 도우미 가운데 단 1명의 실험 참가자를 두는 대신에, 4명의 실험 참가자 가운데에 일관되게 오답을 대는 실험 도우미 2명을 심어 놓았다. 이 연구자들은 소수 집단이 전체 실험 참가자들의 32%에게 적어도 한 번은 오답을 말하도록 영향을 미칠 수 있음을 발견했다. 그런데 이런 일이 발생하려면 소수 집단이 실험 내내 일관성을 유지해야만 한다. 만약 소수 집단이 판단에 동요를 보이거나 일관되지 않다면 다수 집단에 영향을 미칠 수 없다(Moscovici et al., 1969).

소수 집단의 영향에 관한 이 최초의 실증이 제시된 이래로 90개가 넘는 관련 연구가 유럽과 북아메리카에서 수행되었는데, 몇몇 실험은 단순한 지각적 판단이 아닌 사회 문제와 정치 문제에 대한 토론 상황에서의 동조를 연구한 것이었다(Wood et al., 1994). 소수 집단의 영향(minority influence)에 관해 밝혀진 일반적 사실은 소수 집단이 완고하거나 독단적이거나 거만하게 보이지 않으면서 일관된 입장을 표명한다면 소수 집단도 다수 집단을 자신들의 관점으로 끌어올 수 있다는 것이다. 그와 같은 소수 집단은 더 확신감에 찬 사람

때로는 소수의 사람들이 권력을 쥐고 있는 다수 집단을 설득하여 그들의 태도를 바꾸는 것을 성사시킴으로써 남아프리카에서 인종 격리 정책의 종식과 같은 사회 변혁을 불러올 수 있다.

들로 지각되고, 경우에 따라서는 다수 집단보다 더 유능한 사람들로 지각된다(Maass & Clark, 1984). 또한 소수 집단이 사회에서 점차 자리 잡고 있는 사회규범과 일치하는 주장을 펴는 입장이라면 더욱 효과적으로 영향을 미친다. 예를 들어 여성 존중 문제를 토론하는 상황을 재연한 두 실험에서 여성 존중 규범과 배치되는 소수 집단의 입장보다는 여성 존중 규범과 일치하는 소수 집단의 입장이 실험 참가자들을 더 크게 움직였다(Paicheler, 1977).

그러나 이러한 연구에서 가장 흥미로운 발견은 연구에 참여했던 다수 집단의 성원들이 애쉬 실험에서 발견된 공개적인 동조가 아닌 내면화, 즉 사적인 태도의 변화를 보였다는 사실이다. 실제로 소수 집단이 때로는 다수 집단의 공개적인 동조를 이끌어 내지 못한 때조차도 다수 집단 성원들의 사적인 태도를 변화시킨다. 이러한 태도의 변화는 대개 어느 정도 시간이 경과한 후에야 나타난다(Wood et al., 1994).

한 연구자는 소수 집단이 다수 집단의 사람들로 하여금 그 문제를 재고하게 유도하기 때문에 다수 집단의 태도를 변화시킬 수 있다고 설명한다. 소수 집단이 자신의 입장을 다수 집단에게 확신시키지 못한 때라도 다수 집단의 성원들로 하여금 폭넓게 의견을 수용할 용의가 생기게 한다. 이와 대조적으로 만장일치의 다수 집단은 다른 사람들에게 자신들의 입장을 숙고하도록 만드는 경우가 드물다(Nemeth, 1986).

또 하나의 견해는 소수 집단의 영향이 생기게 하는 일부 이유가 다수 집단은 소수 집단에게 영향을 받지 않을 것이라고 생각하기 때문에 예의상 그들의 의견을 들어주자는 데 있다고 본다. 즉 다수 집단의 성원들은 단지 자신들이 개방적인 마음을 가지고 있음을 보이기 위해 소수 집단의 의견을 사려 깊게 고려하는 것일 뿐, 이러한 숙고가 자신들의 견해를 변화시킬 것이라고는 예상하지 못한다. 그렇지만 이율배반적으로 이러한 생각이 사람의 마음을 변화시킨다. 그 이유는 심사숙고가 관련된 모든 신념을 펼쳐 놓게 만들고, 이는 변화를 초래할 가능성을 높이기 때문이다. 이 과정은 심리학자들이 소수 집단의 성원들을 다룰 때의 **암묵적 관용 계약**implicit lenience contract이라는 과정이다. 그 의미는 다수 집단의 성원들이 단지 자신들을 공정한 사람으로 보이기 위해 소수 집단의 성원들에게 할 말을 다 하도록 용인하고, 용인하다 보니 자신들도 모르게 소수 집단의 영향이 들어오도록 문을 열어 놓은 격이 된다는 것이다(Crano & Sayranian, 2009).

소수 집단의 견해를 주의 깊게 고려한다는 것이 설명의 전부는 아니다. 그 이유는 수적으로 소수인 집단이 약한 주장을 펴는 경우에도 소수 집단이 다수 집단 성원들을 설득할 수 있다는 사실을 우리가 알고 있기 때문이다. 보다 최근의 연구는 끈기 있는 소수 집단이 다수 집단의 반대에 맞서서, 나아가 박해에도 불구하고 자신의 본래 견해를 지키도록 용기를 불어넣어 주기 때문에 우리의 태도를 변화시킬 수 있는 것이라고 주장한다(Baron & Bellman, 2007). 추종을 고취하는 것은 그와 같은 용기를 지각하는 데에 있는 것이다.

이러한 결과는 우리에게 다수 집단은 전형적으로 인정과 불인정, 수용과 배척을 할 수 있는 힘을 가지고 있다는 사실을 상기시키며, 공개적인 응종 또는 동조를 일으키는 것이 바로 이러한 사회적 힘인 것이다. 이와 대조적으로 소수 집단은 그와 같은 사회적 힘을 거의 갖지 못한다. 그러나 소수 집단이 용기 있고 신뢰성이 높은 경우에는 진정한 태도 변화를 일으킬 수 있고, 그로 인해 혁신, 사회 변화, 심지어 혁명까지도 가능케 하는 힘이 있다.

집단 의사결정

많은 의사결정이 개인에 의해서가 아니라 집단에 의해서 결정된다. 한 가족의 구성원들은 가족 휴가를 어디로 갈지를 함께 결정한다. 배심원단은 피고의 유죄 여부를 판단한다. 시의회는 재산세를 올리는 안건을 놓고 투표한다. 이와 같은 의사결정은 개인의 의사결정과 비교하여 어떻게 다른가? 집단 의사결정이 더 나은가, 더 못한가? 또는 더 모험적인가, 더 신중한가? 우리가 이 절에서 다루려고 하는 것은 이런 질문이다.

집단극화

1950년대에는 집단에 의한 의사결정이 대개 신중하고 보수적이라는 신념이 널리 퍼져 있었다. 예를 들어 위원회에 의한 여러 가지 사업 결정이 점점 더 많아지고 있었기 때문에 앤드루 카네기 같은 기업가의 과감하고 혁신적인 모험 선택은 과거의 일이라는 주장이 있었다(Whyte, 1956). MIT 경영대학원의 학생이었던 제임스 스토너는 이런 가정을 검증해 보기로 결정했다(Stoner, 1961).

스토너의 연구에서는 실험 참가자들에게 여러 가지 가상적인 딜레마 상황을 고려해 보라고 지시했다. 어떤 상황에서 한 전기 기술자는 충분하지는 않지만 적당한 급여를 받고 있는 현재 일자리를 고수할 것인지, 혹은 더 많은 돈을 주는 새로운 회사의 일자리, 즉 성공한다면 동업도 가능하지만 장기적인 안정성을 보장할 수 없는 벤처 기업의 일자리를 택할 것인지를 결정해야만 한다. 또 어떤 상황에서는 심한 심장병을 앓고 있는 한 남자가 병 치료를 위해 지금까지의 생활 방식을 완전히 바꾸는 방법을 취할 것인가, 아니면 병을 완치할 수 있는 수술이긴 하지만 자칫 목숨을 잃을 수도 있는 수술을 받는 쪽을 택할 것인가의 기로에 서 있다. 참가자들에게 그 사람에게 더 모험적인 결정 과정을 시도해 보라는 조언을 하기 전에, 성공 가능성이 어느 정도이면 추천할 만한지를 따져 보라고 했다. 예를 들어 새로운 모험이 성공할 가능성이 5/10 혹은 3/10 혹은 1/10일 때 그 전기 기술자에게 추천한다면 점점 더 모험적인 일자리를 택하라고 권하는 것이 된다고 할 수 있다. 이와 같이 숫자로 나타낸 가능성을 이용함으로써 스토너는 서로 다른 의사결정의 모험 정도를 양적으로 비교할 수 있었다.

집단극화는 종종 배심원단에서 생기는데, 특히 그들이 만장일치의 결정을 내려야 할 때 그렇다.

처음에 참가자들은 단독으로 여러 가지 결정을 했다. 그다음에 그들은 집단으로 모여서 각 딜레마에 대한 결정을 했다. 집단 토의를 하고 난 후에 그들은 다시 그 딜레마에 대해 혼자 단독으로 다시 결정했다. 집단 의사결정을 (집단 의사결정 이전의) 단독 의사결정 평균과 비교해 보았을 때, 스토너는 집단 의사결정이 개인들의 최초 의사결정보다 더 모험적이었음을 발견했다. 더욱이 이러한 변화는 집단 의사결정에 대한 공개적인 동조를 반영하는 것이 아니라 집단 성원들의 진정한 의견 변화를 반영하는 것이었다. 즉 집단 토의를 하고 난 이후에 이루어진 개인 의사결정이 최초의 개인 의사결정보다 의의 있게 더 모험적으로 변했던 것이다.

이러한 발견은 다른 연구자들에 의해서도 반복해서 검증되었는데, 가상적인 모험 상황이 아니라 실제적인 모험을 제시했던 상황에서도 동일한 결과를 발견했다(Bem et al., 1965; Wallach et al., 1962, 1964). 처음에는 이 현상을 **모험이행 효과**라고 불렀다. 그러나 이것은 현상의 특징을 정확하게 반영하지 못하는 것으로 판명되었다. 초기 연구에서조차 집단 의사결정은 한두 가지 가상적인 딜레마 상황에서 신중한 (또는 보수적인) 방향으로 변화하는 경향이 적지만 일관되게 나타났다(Wallach et al., 1962). 지금 이 현상은 **집단 극화 효과group polarization effect**라고 불리는데, 그 이유는 훨씬 더 많은 연구가 수행되고 난 후에 보니 집단 의사결정이 언제나 더 모험적인 것은 아니었고 개인 의사결정보다 더 극단적인 결정이었다는 사실이 분명해졌기 때문이다. 만약 집단 성원들이 특정한 딜레마 상황에서 최초에 모험 쪽으로 치우쳐 있다면 그 집단의 의사결정은 더 모험적인 결정이 될 것이다. 만약 집단 성원들이 최초에 신중한 쪽이었다면 그 집단은 한층 더 신중한 결정을 내릴 것이다(Myers & Lamm, 1976).

집단극화 효과에 대한 300개 이상의 연구가 수행되었고, 중요한 관련 변인이 다루어졌다. 예를 들어 한 연구에서는 진짜 강도들이 실제로 여러 집을 미리 둘러보고 난 다음에 각 집이 얼마나 털기 쉬운 집인가에 대한 개인 추정치와 집단 추정치를 내놓았다. 개인 추정치에 비해 집단 추정치가 더 보수적이었다. 즉 집단으로서는 자신들이 둘러본 집들을 성공적으로 털기가 더 어렵다고 평가했다(Cromwell et al., 1991).

집단극화는 모험이냐 신중이냐를 넘어서는 문제이다. 예를 들어 집단 토의 결과 대통령에 대한 프랑스 학생들의 최초의 정적 태도는 한층 더 정적으로 바뀌었고, 미국인에 대한 최초의 부적 태도는 한층 더 부적으로 바뀌었다(Moscovici & Zavalloni, 1969). 이와 유사하게 배심원단도 더 극단적인 평결을 내린다(Isozaki, 1984). 배심원단에서의 극화는 (피고가 유죄이냐 무죄이냐 같은) 사실 문제와 관련된 판단에 대해서보다는 (유죄가 인정된 피고에게 적정 형량을 정하는 것 같은) 가치 및 의견과 관련된 판단에 대해 발생할 가능성이 더 높다. 그리고 그들에게 만장일치의 결정을 하도록 요구하는 경우에 집단극화를 보일 가능성이 가장 높다(Kaplan & Miller, 1987).

집단극화 효과에 대한 많은 설명이 수년에 걸쳐 제시되었지만, 가장 철저한 검증을 거친 두 가지 설명은 앞에서 우리가 다수 집단에 대한 동조를 논의하면서 고찰했던 정보적 사회 영향과 규범적 사회 영향이라는 개념이다(Isenberg, 1986). 정보적 사회 영향은 사람들이 타인을 정보의 타당한 원천으로 생각할 때 일어난다. 집단 토의 과정에서 집단 성원들은 새로운 정보를 학습하고 의사결정과 관련된 새로운 주장을 듣게 된다. 예를 들어 전기 기술자들이 거의 항상 모험적인 방향으로 결정을 내리는 사안인 새로운 벤처 사업을 벌일지에 대해 토의할 때, 집단 성원들 중에서 '전기 기술자들은 언제나 훌륭히 일을 해내므로 벤처 사업의 성공이 보장될 수 있다'고 주장하는 누군가가 나오는 것은 아주 흔한 일이다. 강도들을 대상으로 한 연구에서 보수적인 방향으로의 이행은 집단 성원 중 1명이 오후 3시쯤이면 아이들이 학교와 가까운 놀이터에서 곧 돌아올 수도 있음을 주지시키고

난 후에 일어났다.

어떤 입장을 지지하는 주장이 더 많이 제기될수록 집단이 그 입장 쪽으로 이동할 가능성은 점점 더 높아진다. 그것이 편향을 일으키기 시작하는 시점인 것이다. 즉 집단의 성원들은 최초에 선호하는 입장을 지지하는 관점만을 제시하고, 이미 공유하고 있는 정보만 가지고 토의할 가능성이 높다(Stasser et al., 1989; Stasser & Titus, 1985). 그러므로 토의는 바로 그 집단의 최초 입장을 지지하는 쪽으로 편향되고, 집단 성원 중의 많은 사람들이 설득되면서 집단이 그 입장 쪽으로 이동하게 되는 것이다. 흥미롭게도 집단극화 효과는 실험이 시작되기 전에 모든 참가자들에게 폭넓은 주장이 담긴 목록을 제공해 준 경우에도 일어나는데, 이것은 정보적 사회 영향에만 토대를 두는 (집단극화 효과에 대한) 설명을 의심케 하는 발견이다(Zuber et al., 1992).

기억하겠지만, 규범적 사회 영향은 사람들이 집단으로부터 호감을 받거나 수용되기를 원할 때 일어난다. 이런 형태의 사회 영향 아래에 있는 사람들은 그들 자신의 관점을 집단의 규범과 비교한다. 토의 과정에서 그들은 다른 성원들이 자신과 유사한 태도를 가지고 있거나 자신의 태도보다 한층 더 극단적인 관점을 가지고 있음을 알게 된다. 만약 그들이 집단(성원들)에게 자신이 호의적으로 보이기를 간절히 바란다면 집단의 입장에 동조하거나 그 집단보다 더 극단적인 입장을 나타내기까지 할 것이다. 한 연구자가 언급했듯이 '올바른 방향과 올바른 정도로 평균과의 차이를 벌리는 것은 … 미덕이 된다.'(Brown, 1974, p. 469)

하지만 규범적 사회 영향은 단순한 동조 압력이 아니다. 집단은 종종 그 성원들을 위한 참조틀, 즉 집단 성원들이 그들의 최초 입장을 재평가하는 맥락이 되어 준다. 집단극화 실험에서 자주 일어나는 하나의 흥미롭고 흔한 현상이 이것을 예시해 준다. 예를 들어 전기 기술자가 직면한 딜레마에 대한 토의를 하는 집단의 한 성원이 확신에 차서 다음과 같이 말함으로써 토의를 시작했다. "내가 느끼기에 이 친구는 정말 여기서 기꺼이 모험을 감행해야 할 거야. 이 친구는 성공할 확률이 5/10일 뿐이라 하더라도 새 사업을 벌여야 할 거야." 다른 성원들은 고개를 갸우뚱했다. "당신 생각에 5/10의 성공 확률이 모험이라는 거야? 만약 이 친구가 할 마음만 있다면 성공 확률이 1/10이라 하더라도 새 사업을 벌여야 한다고. 내 말뜻은 이 친구가 실제로 잃는 것이 무엇이냐는 거지." 모험 감행자로서의 명성을 되찾고자 열망하는 최초의 발언자는 재빨리 자신의 입장을 한층 더 모험적인 방향으로 바꾸었다. '모험성'을 재정의함으로써 집단은 집단 자체의 결정과 집단 성원들의 토의 후 태도 둘 다를 모험 쪽 극단으로 이동했다(Wallach et al., 1962; 저자들의 주석).

이러한 사례가 예시하듯이 정보적 사회 영향과 규범적 사회 영향은 집단 토의에서 동시적으로 발생한다. 그래서 여러 연구는 그 둘을 구분하려고 시도해 왔다. 어떤 연구가 보여 준 결과에 따르면 집단극화 효과는 참가자들이 집단의 다른 성원들의 실제 입장을 알지 못하고서 단순히 집단의 주장을 듣는 경우에 일어난다(Burnstein & Vinokur, 1973, 1977). 이것은 정보적 사회 영향 그 자체가 극화를 일으키는 충분조건임을 증명하는 것이다. 다른 연구가 보여 준 결과에 따르면 집단극화 효과는 사람들이 다른 성원들의 입장은 알지만 그들의 어떤 지지 주장도 듣지 못한 경우에도 일어난다. 이 같은 결과는 규범적 사회 영향 그 자체가 집단극화를 일으키는 충분조건임을 증명하는 것이다(Goethals & Zanna,

1979; Sanders & Baron, 1977). 그러나 대체로 정보적 사회 영향의 효과가 규범적 사회 영향의 효과보다 더 크다(Isenberg, 1986).

집단사고

'우리가 어떻게 그토록 멍청할 수 있었단 말인가?' 이 말은 1961년 카스트로 정권을 전복하기 위해 쿠바의 피그스 만 침공을 도모하려다가 실패한 자신의 행정부 관료들에 대한 케네디 대통령의 반응이었다. 그 침공 계획은 여러 수준에서 잘못된 것이었다. 예를 들어 최초의 상륙에 실패하면 침략자는 산 속으로 퇴각하기로 되어 있었다. 하지만 계획을 세운 집단(위원회)의 어느 누구도 지도를 철저하게 연구한 사람이 없었으며, 따라서 어떠한 군대도 상륙 지점과 산을 가로지른 약 130km의 늪지대를 통과할 수 없다는 사실을 깨닫지 못했다. 이미 밝혀졌듯이 이것이 문제가 아니었다. 왜냐하면 침공군이 퇴각 상황에 이르기도 전에 전멸당하게 된 데는 다른 오판이 있었기 때문이다.

그 침공은 대통령과 소규모의 자문위원들이 고안하고 계획한 것이었다. 쿠바 피그스 만 침공 계획의 고문 중 한 사람인 역사가 아서 슐레진저 주니어는 4년 후 기고에서 다음과 같이 스스로를 질책했다.

> 반론을 폈더라도 골치 아픈 존재로 낙인찍힐 뿐 별다른 소용이 없었을 것임을 알기 때문에 나의 죄책감이 완화되기는 하지만, 대통령 자문실에서 있었던 이러한 결정적 토의 과정에서 침묵을 지키고 있었던 나 자신을 질책할 수밖에 없다. 이러한 터무니없는 일에 대해 경적을 울리려 했던 한 사람의 충동이 토의 분위기의 정황에 의해 허사가 되었다고 말하는 것이, 그때 내가 왜 소심하게 몇 가지 질문밖에는 제기하지 못했는지에 대한 설명이다. (Schlesinger, 1965, p. 255)

집단이 재난을 초래할 이와 같은 행위 과정을 밟도록 만든 '토의 분위기의 정황'은 무엇이었던가? 슐레진저의 설명을 읽고 난 후에 사회심리학자인 어빙 재니스는 한 집단의 성원들이 집단 합의에 대한 관심으로 그들 자신의 이견을 억누르도록 만드는 현상을 기술하기 위해 **집단사고** groupthink라는 용어를 도입했다(Janis, 1982). 여러 가지 다른 대외 정책 결정을 분석한 뒤에 재니스는 집단사고의 원인과 결과를 기술하는 폭넓은 이론 하나를 발표했다.

재니스의 이론에 따르면 집단사고는 (1) 의사결정자들로 구성된 집단의 응집력이 높은 경우, (2) 집단이 외부 영향으로부터 고립된 경우, (3) 서로 다른 행위 과정에 관한 찬반 양론을 모두 고려할 수 있게 해 주는 체계적인 절차가 없는 경우, (4) 집단의 리더가 지시적이고 특정 입장을 분명하게 선호하는 경우, (5) 종종 외부 위협과 최근의 실패, 도덕적 딜레마, 그리고 실행 가능한 대안의 부족에 기인하는 스트레스가 높은 경우에 발생한다. 이 이론은 위의 조건들이 집단 합의를 달성하고 유지하려는 강한 욕구, 그리고 이견의 제시 때문에 집단이 동요되는 일이 없도록 하려는 강한 욕구를 촉진한다는 것이다.

재니스는 집단사고의 결과나 징후에는 (1) (자신들의 집단이) 완전무결하고 높은 도덕성을 지니고 있으며 만장일치를 이루고 있다는 착각을 공유함, (2) 이단자에 대한 직접적인 압력, (3) (슐레진저 설명의 주석처럼) 자가검열, (4) 결정의 장점과 약점에 대한 현실적인 검토가 아닌, 결정에 대한 집단적인 합리화, (5) 결정의 효과성이나 도덕성에 도전할 수 있는 정보를 고려하지 못하도록 막음으로써 집단을 보호하고자 하는 일부 성원들, 즉 집단 성원들의 마음을 감시하는 파수꾼임을 자처하는 일부 성원들이 포함된다고 주장했다. 예를 들어 검찰총장(케네디 대통령의 동생인 로버트)은 사적으로 슐레진저에게 '대통령은 이미 마음을 굳혔다. 더 이상 괴롭히지 말라'고 경고했다. 국무장관은 쿠바 침공에 반하는 경고를 했던 정보 전문가들의 정보를 보류했다(Janis, 1982). 재니스는 집단사고의 이러한 징후가 결합되어서 불완전한 정보 탐색과 비상 대책의 결여 같은 의사결정 과정에서의 치명적인 결함을 낳고, 이러한 결함이 형편없는 결정을 내리게 한다고 제안했다.

재니스의 집단사고 이론은 사회심리학 내에서, 사회과학 영역에서, 문화 전반에서 매우 큰 영향력을 발휘해 왔다(Turner & Pratkanis, 1998b). 그러면서도 이 이론은 또한 날카로운 비판을 받았다(예: Fuller & Aldag, 1998). 첫째, 이 이론은 실험실 실험보다는 임의로 선정한 사례에 대한 역사적 분석에 더 근거하고 있다는 것이다. 이에 덧붙여 이 이론을 검증했던 몇 안 되는 실험조차도 일관된 결과를 보이지 않고 제한된 지지 결과만을 산출했다. 한 가지 예로서, 응집력이 높은 집단이 집단사고에 빠질 가능성이 가장 높다는 재니스의 주장은 경험적으로 검증되지 못했다. 응집력이 높은 집단은 실제로 심리적 안전감을 제공하며, 심리적 안전감은 집단 학습과 수행을 증가시키는 것으로 보인다(Nembhard & Edmondson, 2006). 실험적 자료에 의해 지지를 받은 후에 수정한 이론에서는 집단 응집력이 집단의 정적 이미지에 대한 위협과 결합되어 있을 때만 형편없는 결정을 산출한다고 주장했다. 이와 같은 위협에 직면하면 집단 성원들은 주의의 초점을 그들의 정적인 집단 정체성을 보호하고 유지하는 목표에 국한하게 되는데, 주의의 초점이 이러한 목표에 국한되는 데 따른 대가는 효과적인 의사결정의 손실이다(Turner & Pratkanis, 1998a).

또 하나의 수정된 이론에서는 집단이 지닌 사회규범의 특유한 내용에 따라 집단사고가 생기기도 하고 생기지 않기도 한다고 주장한다. 사회규범이란 용납될 수 있는 행동과 신념이 무엇인지를 가리키는 내현적이거나 외현적인 규칙임을 상기하라. 집단의 규범이 합의 유지를 선호하는 것인 경우에는 집단사고의 유해한 효과가 발효됨으로써 결국 형편없는 의사결정에 이르게 된다. 집단의 규범이 비판적 사고를 선호하는 것인 경우에는 집단 결정의 질이 향상된다. 한 실험에서 이 생각을 검증했다(Postmes et al., 2001). 이 실험에서 연구자들은 여러 집단(각 집단이 4명의 대학생으로 구성됨)을 합의 추구 규범을 촉구하는 과제(함께 포스터를 만드는 과제) 또는 비판적 사고 규범을 촉구하는 과제(대중의 인기를 끌지 못하는 정책[안]을 놓고서 토의하는 과제)를 수행하는 조건에 무선적으로 배정함으로써 집단 규범을 조작했다. 그런 다음 모든 집단이 앞의 과제와 관계없는 집단 의사결정 과제에 참가했다. 연구자들은 집단 토의 전과 후에 의사결정의 질을 평가했다. 그림 11.11을 살펴보면 집단 규범이 합의를 선호하는 규범일 때는 집단 토의가 의사결정의 질을 전혀 향상하지 않았지만, 집단 규범이 비판적 사고를 선호하는 규범일 때는 집단 토의가 의사결정의 질을 극적으로 향상했음을 알 수 있다. 주목해야 할 것은 이 개정된 집단사고 이론이 앞에서 서술한 몰개성화의 수정된 이론적 개념을 반영하고 있다는 점이다. 두 경우 모두에서 집단 응집력이나 개인의 익명성 같은 집단의 일반적인 특징보다는 상황 특유의 사회규범이 행동을 더 많이 좌우하고 있다.

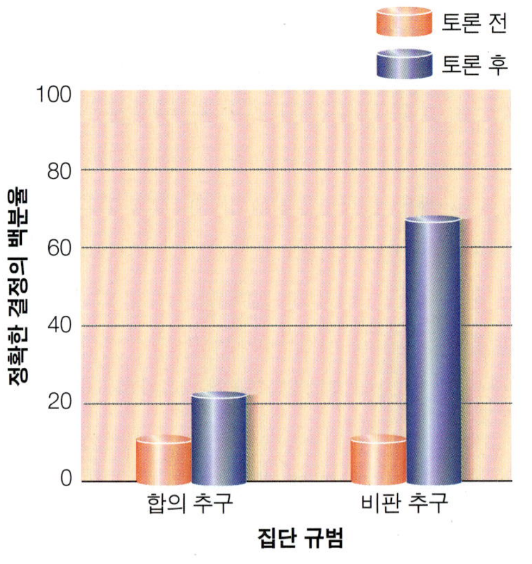

그림 11.11 집단 규범과 집단 의사결정의 효율성. 집단 규범은 집단 의사결정의 질에 영향을 미칠 수 있다. 이 실험에서 합의 추구 규범을 가진 집단이 내린 결정은 집단 토의의 이득을 보지 못한 반면에, 비판적 사고 규범을 가진 집단은 집단 토의가 이득을 본 결정을 내렸다.

찾아보기

[ㄱ]

[ㄴ]

[ㄷ]

[ㄹ]

[ㅁ]

[ㅂ]

[ㅅ]

[ㅇ]

[ㅈ]

[ㅊ]

[ㅋ]

[ㅌ]

[ㅍ]

[ㅎ]

[기타]

역자 소개

■ 정영숙
서울대학교 대학원 심리학과(박사)
현, 부산대학교 심리학과 교수
yschong@pusan.ac.kr

■ 신현정
미국 인디애나대학교 대학원 심리학과(박사)
현, 부산대학교 심리학과 교수
hjshin@pusan.ac.kr

■ 정봉교
서울대학교 대학원 심리학과(박사)
현, 영남대학교 심리학과 교수
bkchung@ynu.ac.kr

■ 이광오
Hokkaido University(박사)
현, 영남대학교 심리학과 교수
yiko@yu.ac.kr

■ 양윤
미국 캔자스주립대학교 심리학과(박사)
현, 이화여자대학교 심리학과 교수
yyang@ewha.ac.kr

■ 고재홍
서울대학교 대학원 심리학과(박사)
현, 경남대학교 심리학과 교수
kopsy@kyungnam.ac.kr

■ 이재식
미국 아이오와대학교 심리학과(박사)
현, 부산대학교 심리학과 교수
jslee100@pusan.ac.kr

■ 심은정
이탈리아 로마교황청립 살레시안대학교 심리학과(박사)
현, 부산대학교 심리학과 부교수
angelasej@pusan.ac.kr

앳킨슨과 힐가드의 심리학, 제16판
Atkinson & Hilgard's Introduction to Psychology

발 행 일 | 2022년 8월 29일 초판 2쇄 발행
저　　자 | Susan Nolen-Hoeksema · Barbara L. Fredrickson
Geoffrey R. Loftus · Christel Lutz
역　　자 | 정영숙 · 신현정 · 정봉교 · 이광오 · 양윤 · 고재홍 · 이재식 · 심은정
발 행 인 | 구본하
발 행 처 | 도서출판 **박학사**
주　　소 | 서울시 마포구 월드컵북로5길 33 동아빌딩 2층
전　　화 | (02)3142-3764~5
팩　　스 | (02)3142-3766
웹사이트 | www.pakhaksa.co.kr
등록번호 | 제10-2230호

정가 24,000원 ISBN 978-89-98521-54-7